Maenner, Sachenrecht

Das Sachenrecht

nach dem Bürgerlichen Gesetzbuche

und der

Grundbuchordnung für das Deutsche Reich

von

Karl Maenner,
Reichsgerichtsrat.

2. neubearbeitete Auflage
des „Rechts der Grundstücke".

München 1906.
J. Schweitzer Verlag (Arthur Sellier).

Vorwort zur ersten Auflage.

Das Recht der Grundstücke oder, um mich eines geläufigeren Ausdrucks zu bedienen, das Immobiliarrecht des Bürgerlichen Gesetzbuchs nimmt für die Übergangszeit eine besondere Stellung ein. In vollem Umfange erlangt es Geltung erst mit dem Zeitpunkte, in welchem das Grundbuch als angelegt anzusehen ist, einige seiner Vorschriften werden gleichzeitig mit dem Bürgerlichen Gesetzbuch in Kraft treten, Kenntnis aller Bestimmungen wird heute schon bei denjenigen vorausgesetzt, die mit den Vorbereitungsarbeiten zur Anlegung des Grundbuchs betraut sind oder die als Anwälte oder Notare dem Publikum über die Gestaltung des künftigen Rechtes Auskunft geben sollen. Bei solchen Verhältnissen dürfte es erklärlich sein, daß der Gedanke entstehen konnte, zu versuchen, ob nicht dieser Teil des Rechtsstoffes aus dem Bürgerlichen Gesetzbuche sich herausgreifen und losgelöst von den übrigen Bestimmungen des Gesetzes sich zur Darstellung bringen lasse. Im Verlauf meiner Arbeit habe ich mich überzeugt, daß eine strenge Scheidung des Immobiliarrechtes von dem Rechte der beweglichen Sachen nicht durchführbar ist und daß eine Bearbeitung des reinen Immobiliarrechtes für die Praxis ohne Wert wäre. So hat sich denn das „Recht der Grundstücke" zu einem Sachenrechte ausgewachsen, in welchem allerdings die beweglichen Sachen nicht in der gleichen Ausführlichkeit behandelt sind wie die Grundstücke. Wegen dieser ungleichen Behandlung der Immobilien und der Mobilien ist der ursprünglich in Aussicht genommene Titel beibehalten worden, obgleich diese Bezeichnung mit dem Inhalte nicht mehr übereinstimmt.

Das Buch ist bestimmt, den Bedürfnissen der Praxis zu dienen; aus diesem Grunde sind die Ausführungen kurz gehalten. In mündlichen Vorträgen, die ich als Grundbuchaufsichtsbeamter zu halten hatte, habe ich mich überzeugt, daß eine größere Ausführlichkeit nicht erforderlich ist. Ein tieferes Eindringen in Einzelfragen läßt sich an der Hand der Citate oder mit Hilfe sonstiger Kommentare — nicht alle konnten angeführt werden — unschwer vornehmen.

Die Schwierigkeit, eine systematische Darstellung eines Rechtes zu geben, das erst in Monaten zur Einführung gelangt, wird die Mängel der Arbeit entschuldbar erscheinen lassen.

Zweibrücken, im Frühjahr 1899.

Maenner.

Vorwort zur zweiten Auflage.

In der zweiten Auflage erscheint das „Recht der Grundstücke" unter dem Namen „Sachenrecht". Die Gründe, aus denen diese Bezeichnung nicht von vornherein gewählt wurde, sind in dem Vorwort zur ersten Auflage dargelegt. Die bei der Neubearbeitung durchgeführte gleichmäßige Behandlung der einzelnen Teile des Sachenrechts rechtfertigt die Änderung des Titels.

Die seit dem Jahre 1899 erschienene Literatur ist tunlichst berücksichtigt, jedoch sind die Zitate eingeschränkt, diejenigen Schriftsteller, auf die in zitierten Werken schon hingewiesen ist, sind regelmäßig nicht wieder genannt. Die wichtigeren Entscheidungen der Gerichte, vornehmlich die Entscheidungen des Reichsgerichts, wurden, soweit sie mir bekannt geworden sind, angeführt.

Dem Sachregister ist ein Verzeichnis der Gesetzesstellen beigefügt, das geeignet sein dürfte, den Gebrauch des Buches zu erleichtern.

Leipzig, im Dezember 1905.

Der Verfasser.

Inhalt.

Einleitung.

Erster Abschnitt.

Die Grundbucheinrichtung.

Zweiter Abschnitt.

Der Besitz.

Dritter Abschnitt.

Das Eigentum.

Seite.

Vierter Abschnitt.

Das Erbbaurecht.

Fünfter Abschnitt.

Dienstbarkeiten.

Sechster Abschnitt.

Vorkaufsrecht.

Siebenter Abschnitt.

Reallasten.

Abkürzungen.

Achilles-Strecker = Die Grundbuchordnung nebst den Preußischen Ausführungsbestimmungen, von A. Achilles und O. Strecker, Berlin 1901.

Becher = Das rechtsrheinisch-bayerische Landeszivilrecht und Landeszivilprozeßrecht, dargestellt von Heinrich Becher, München 1896.

Best = Das Grundbuch- und Hypothekenrecht der neuen bürgerlichen Gesetzgebung, erörtert von G. Best, Gießen 1896/97.

Biermann = Das Sachenrecht des Bürgerlichen Gesetzbuchs, erläutert von Johannes Biermann, 2. Aufl., Berlin 1903.

Biermann Widerspr. = Widerspruch und Vormerkung nach deutschem Grundbuchrecht, von J. Biermann, Jena 1901.

Bruck EigentHyp. = Die Eigentümerhypothek, von E. Bruck, Jena 1903.

Buchka = Vergleichende Darstellung des Bürgerlichen Gesetzbuchs und des Gemeinen Rechts von Gerhard von Buchka, Berlin 1897.

Cosack = Lehrbuch des deutschen Bürgerlichen Rechts, von Konrad Cosack, 4. Aufl., Jena 1904.

Crome = System des deutschen Bürgerlichen Rechts, von Carl Crome, Tübingen und Leipzig, 1900—1905.

Crome Allg. T. = Allgemeiner Teil der modernen französischen Privatrechtswissenschaft, von Carl Crome, Mannheim 1892.

Dernburg = Das Sachenrecht des Deutschen Reichs und Preußens von Heinrich Dernburg, 3. Aufl., Halle 1904.

Dittenberger = Der Schutz des Kindes gegen die Folgen eigener Handlungen, von H. Dittenberger, Berlin 1903.

Endemann = Lehrbuch des Bürgerlichen Rechts, von F. Endemann, 7. Aufl., Berlin 1900.

Enneccerus = Lehrbuch des Bürgerlichen Rechts, von Ludw. Enneccerus, 3. Aufl., Marburg 1905.

Fischer-Henle = Bürgerliches Gesetzbuch, Handausgabe, 6. Aufl., München 1904.

Förster-Eccius = Preußisches Privatrecht, auf der Grundlage des Werkes von Hans Förster, bearbeitet von M. E. Eccius, 7. Aufl. Berlin 1896—1897.

Förtsch = Vergleichende Darstellung des code civil und des Bürgerlichen Gesetzbuchs, von R. Förtsch, Berlin 1897.

Fuchs = Materielles und formelles Grundbuchrecht, von Eugen Fuchs, Berlin 1902--1905.

Goldmann-Lilienthal = Das Bürgerliche Gesetzbuch systematisch dargestellt von E. Goldmann und L. Lilienthal, 2. Aufl., Berlin 1903 und 1905.

Habicht = Die Einwirkung des Bürgerlichen Gesetzbuchs auf zuvor entstandene Rechtsverhältnisse, von Herm. Habicht, 2. Aufl., Jena 1900.

Hachenburg = Das Bürgerliche Gesetzbuch, Vorträge von Max Hachenburg, Mannheim 1897.

Jaeckel = Das Reichsgesetz über die Zwangsversteigerung und die Zwangsverwaltung, von Paul Jaeckel, 2. Aufl., Berlin 1904.

Jaeger = Kommentar zur Konkursordnung, von Ernst Jaeger, 2. Aufl. Berlin 1904.

Kohler = Lehrbuch des Bürgerlichen Rechts, von J. Kohler, Berlin 1904.
KProt. = Protokolle der Kommission für die zweite Lesung, bearbeitet von Achilles, Gebhard und Spahn, Berlin.
Leske = Vergleichende Darstellung des Bürgerlichen Gesetzbuches und des Preußischen Allgemeinen Landrechts, von Franz Leske, Berlin 1898—1903.
Matthiaß = Lehrbuch des bürgerlichen Rechtes, von Bernhard Matthiaß, 3./4. Aufl., Berlin 1900.
Oberneck = Das Reichsgrundbuchrecht, von H. Oberneck, 3. Aufl., Berlin 1904.
Oberneck EigentHyp. = Die Eigentümerhypothek im Lichte der Praxis, Berlin 1903.
Othmer Vorm. = Die rechtliche Wirkung der Vormerkung, von W. Othmer, Breslau 1902.
v. d. Pfordten = Kommentar zu dem Ges. über die Zwangsversteigerung und die Zwangsverwaltung von Theod. von der Pfordten, München 1905.
Planck = Bürgerliches Gesetzbuch, erläutert von G. Planck, teils 3., teils 2. Aufl. Berlin.
Predari = Die Grundbuchordnung, von C. Predari, Berlin 1900—1904.
Staub = Kommentar zum Handelsgesetzbuch, von Herm. Staub, 7. Aufl., Berlin 1900.
Staudinger = J. von Staudingers Kommentar zum Bürgerlichen Gesetzbuch, 2. Aufl. München.
Steiner = Gesetz über die Zwangsversteigerung und die Zwangsverwaltung, erläutert von Anton Steiner, München 1905.
Stobbe-Lehmann = Handbuch des deutschen Privatrechts, von Otto Stobbe, 3. Aufl., bearbeitet von H. O. Lehmann, Berlin 1893—1900.
Strecker = Die allgemeinen Vorschriften des Bürgerlichen Gesetzbuchs über Rechte an Grundstücken, von O. Strecker, Berlin 1898.
Strohal = Der Sachbesitz, von Emil Strohal, Jena 1897, auch
= Das deutsche Erbrecht, 3. Aufl., Berlin 1903—1904, und
= Kommt dem Vorgemerkten der öffentliche Glaube des Grundbuchs zu statten? Leipzig 1904.
Turnau-Förster = Das Liegenschaftsrecht nach den deutschen Reichsgesetzen und den Preußischen Ausführungsbestimmungen, von W. Turnau und K. Förster, 2. Aufl., Paderborn 1902 und 1903.
Willenbücher = Das Liegenschaftsrecht des Bürgerl. Gesetzbuchs und die Reichs-Grundbuchordnung, Berlin 1904.
Windscheid = Lehrbuch des Pandektenrechts, Frankfurt a. M. 7. Aufl., 1891.
Zach.-Crome = Handbuch des Französischen Zivilrechts, begründet von Zachariä, bearbeitet von Carl Crome, 8. Aufl., Freiburg 1894/95.

Im übrigen sind die Kürzungen nach den Vorschlägen des deutschen Juristentages vom 13. September 1904 vorgenommen.

Einleitung.

§ 1. Das Recht.

Man spricht von „Recht" in einem doppelten Sinne, in einem objektiven und in einem subjektiven.

Das Recht im objektiven Sinne ist entweder öffentliches Recht oder bürgerliches Recht. Das öffentliche Recht regelt die Verhältnisse der Gesamtheit, das bürgerliche die Verhältnisse der Einzelnen. Eine scharfe Abgrenzung des bürgerlichen Rechts von dem öffentlichen ist durch die Reichsgesetzgebung nicht getroffen, obgleich durch Art. 55 des EinfGes. zum BGB. die privatrechtlichen Vorschriften der Landesgesetze aufgehoben werden, soweit nicht in dem BGB. und dem Einführungsgesetze ein Anderes bestimmt ist, während die öffentlich-rechtlichen Vorschriften der Landesgesetze unberührt bleiben, soweit nicht aus den reichsgesetzlichen Bestimmungen ein Anderes sich ergibt.

Im allgemeinen wird man das bürgerliche Recht als den Inbegriff der Normen bezeichnen dürfen, welche die den Personen als Privatpersonen zukommende rechtliche Stellung und die Verhältnisse, in denen die Personen als Privatpersonen unter einander stehen, zu regeln bestimmt sind.[1])

Auch der Begriff des Rechtes im subjektiven Sinne wird von dem BGB. nicht festgestellt. Es wird jedoch den Bestimmungen des BGB. entsprechen, wenn die Windscheid'sche Definition zu Grunde gelegt wird. Darnach[2]) ist Recht eine von der Rechtsordnung verliehene Willensmacht. Innerhalb der durch den Inhalt eines Rechtes bestimmten Grenzen soll der Wille des Berechtigten maßgebend sein.[3])

§ 2. Der Rechtsinhaber.

Die Fähigkeit, Inhaber von Rechten zu sein, kommt dem einzelnen Menschen zu. Der einzelne Mensch, und zwar jeder

---

Zu § 1.

[1]) Mot. 1 S. 1. — Vergl. Stobbe-Lehmann 2 §§ 71—74.

[2]) Windscheid 1 S. 88. Vergl. dagegen Stobbe-Lehmann 2 § 75.

[3]) Vergl. Planck 1 S. 51.

einzelne Mensch, ist rechtfähig, ist Person. Die Rechtsfähigkeit des einzelnen Menschen dauert solange als er selbst lebt, sie beginnt mit der Geburt[1]) und endigt mit dem Tode.

Die Rechtsfähigkeit wird von der Rechtsordnung auch gewissen von Menschen geschaffenen und von Menschen geleiteten Einrichtungen verliehen, die dadurch zu Personen werden. Im Gegensatze zu den Menschen — den natürlichen Personen — heißen diese Personen juristische Personen. Als juristische Personen auf dem Gebiete des bürgerlichen Rechts nennt das BGB. Vereine und Stiftungen, als juristische Personen des öffentlichen Rechts führt es den Fiskus, die Körperschaften, Stiftungen und Anstalten des öffentlichen Rechtes an.[2])

Die juristischen Personen des öffentlichen Rechts treten auch im bürgerlichen Recht als Rechtsinhaber auf. Der Gegensatz zu den juristischen Personen des bürgerlichen Rechts liegt darin, daß die juristischen Personen des bürgerlichen Rechts einem Privatrechtsgeschäft ihre Entstehung verdanken, die Rechtsfähigkeit der juristischen Personen des öffentlichen Rechts dagegen auf Normen des öffentlichen Rechts beruht.[3])

Bei den Vereinen oder den Körperschaften wird dadurch, daß die einzelnen Personen in der von der Rechtsordnung vorgeschriebenen Weise zusammentreten, eine neue Persönlichkeit gebildet. Bei den Stiftungen oder den Anstalten sind Einrichtungen, durch die bestimmte Zwecke dauernd verwirklicht werden sollen, Träger der Persönlichkeit.[4]) Ein Rechtssubjekt kann aber auch aus einer Mehrheit einzelner Personen bestehen, die keinen Verein und keine Körperschaft bildet. In einem solchen Falle ist der Einzelne Mitinhaber des Rechts; das Recht steht den mehreren Personen gemeinschaftlich zu. Die Befugnisse des Einzelnen in der Ausübung des Rechtes sind verschieden, je nachdem es sich um eine Gemeinschaft nach Bruchteilen oder um eine Gemeinschaft zur gesamten Hand handelt.

Es können ferner Rechte mit einem Rechtssubjekt verknüpft werden, das nicht individuell bestimmt ist; so kann als Subjekt eines Rechtes jede Person bezeichnet werden, der das Eigentum an einem bestimmten Grundstück zusteht. Rechte, deren Subjekt der jeweilige Eigentümer eines Grundstückes ist[5]), werden subjektiv-dingliche Rechte genannt. Berechtigt ist aber auch hier die Person, nicht das Grundstück.

Zu § 2.

[1]) § 1 BGB.
[2]) § 89 BGB.
[3]) Crome 1 § 49 Nr. 1, Enneccerus 1 S. 232, Rehbein 1 § 21—51 Anm. 1.
[4]) Leske 1 § 14.
[5]) Vergl. §§ 96, 1018, 1094 Abs. 2, 1105 Abs. 2 BGB.

§ 3. Der Gegenstand des Rechts.

Jedes subjektive Recht muß einen Gegenstand haben, über den es dem Rechtsinhaber die Verfügung gewährt. Gegenstand eines Rechtes können sein die körperlichen Dinge und das Tun und Lassen der Personen. Es wäre wohl richtiger, zu sagen, Gegenstand eines Rechts könne nur das Tun und Lassen, das Verhalten von Personen sein [1]), da im Reiche des Rechtes die Herrschaft über ein körperliches Ding nur negativen Inhalt (Untersagung der Einwirkungen Nichtberechtigter) haben kann, — aber das BGB. nimmt diesen Standpunkt nicht ein, bei der Auslegung und Anwendung dieses Gesetzes ist davon auszugehen, daß durch die Rechtsordnung auch unmittelbare Beziehungen zwischen den Menschen und den körperlichen Dingen hergestellt werden.

Ist der Berechtigte befugt, unmittelbar auf den körperlichen Gegenstand einzuwirken, so ist sein Recht ein dingliches, ist er nur befugt, auf das Verhalten, auf den Willen von Personen einzuwirken, so ist sein Recht ein persönliches.[2])

Das Merkmal der Dinglichkeit ist das Verhältnis der unmittelbaren Herrschaft zur Sache. Das persönliche Recht kann auf das Geben eines bestimmten körperlichen Gegenstandes gerichtet sein, Gegenstand des Rechtes ist in einem solchen Fall nicht die Sache selbst, sondern die Leistung. Andererseits kann mittels eines dinglichen Rechts auch ein Tun einer Person verlangt werden, auch wird wohl ausnahmslos mittels des dinglichen Rechtes ein Unterlassen — das Unterlassen von Beeinträchtigungen — von anderen begehrt. Der Charakter der Dinglichkeit wird dadurch nicht geändert.

Ob die unmittelbare Macht der Person über den körperlichen Gegenstand von dem Berechtigten nach eigenem Belieben ausgeübt werden darf oder ob ein besonderes von der Rechtsordnung festgesetztes Verfahren einzuhalten ist (z. B. Zwangsvollstreckung bei dem Rechte des Hypothekgläubigers an dem belasteten Grundstück (§ 1147 BGB.), ist ohne Belang. Entscheidend ist für die Frage der Dinglichkeit, daß das Recht sich ohne den Willen eines anderen zu betätigen vermag[3]).

Besteht ein Recht (z. B. ein Pfandrecht) an einem dinglichen Rechte (z. B. an einer Grundschuld), so ist eine unmittelbare Einwirkung auf das körperliche Ding (in dem angenommenen Falle: auf das mit der Grundschuld belastete Grundstück (§ 1291

Zu § 3.

[1]) Windscheid 1 S. 91, dagegen Stobbe-Lehmann § 74; vergl. Cosack § 39.

[2]) Vergl. Windscheid 1 §§ 38 und 39, Förster-Eccius 1 § 23, Stobbe 1 S. 624.

[3]) Mot. 3 S. 2.

mit § 1282 BGB.) durch denjenigen möglich, dem das Recht an dem dinglichen Rechte des Andern zusteht, seinem eigenen Rechte kommt daher selbst Dinglichkeit zu. Man spricht aber auch von Dinglichkeit bei Rechten an persönlichen Rechten, insbesondere an Forderungen d. h. an Rechten der Gläubiger, von den Schuldnern Leistungen zu fordern (§ 241 BGB.). Die Betätigung eines Rechtes an einer Forderung läßt sich ohne Einwirkung auf den Willen eines Andern (des Schuldners) nicht erreichen, ein körperlicher Gegenstand, auf den unmittelbar eingewirkt werden könnte, ist nicht vorhanden; trotzdem werden Rechte an Forderungen ebenfalls dinglich (im übertragenen Sinne dinglich) genannt, insofern der Berechtigte, ohne des Gläubigers, des Inhabers der Forderung, zu bedürfen, über die Forderung verfügen kann, also der Wille des Berechtigten maßgebend ist für das zwischen dem Gläubiger und dem Schuldner bestehende Rechtsverhältnis[4]).

Nach dem Umfange der Befugnisse, welche die dinglichen Rechte an körperlichen Gegenständen gewähren, unterscheidet man das Eigentum und die begrenzten Rechte[5]). Das Eigentum ist das umfassende, unbegrenzte Recht an dem körperlichen Gegenstand, der Wille des Berechtigten ist hier für die Sache in allen ihren Beziehungen maßgebend; bei den begrenzten Rechten dagegen ist der Wille des Berechtigten nur in gewissen Beziehungen der Sache maßgebend[6]) (z. B. der Nießbraucher hat ein Nutzungsrecht (§ 1030 BGB.), der Pfandgläubiger ein Veräußerungsrecht (§ 1228 BGB.).

An dinglichen Rechten kennt das BGB. außer dem Eigentum nur: Erbbaurecht, Grunddienstbarkeiten, Nießbrauch, beschränkte persönliche Dienstbarkeiten, Vorkaufsrecht, Reallasten, Hypothek, Grundschuld, Rentenschuld und Pfandrecht[7]). Die Zahl der Arten der dinglichen Rechte ist eine geschlossene [8]); dingliche

---

[4]) Vergl. Förster-Eccius 3 S. 478, Kohler § 199. — Die Motive (3 S. 2) sagen: Dingliche Rechte können nur stattfinden an Sachen im eigentlichen Sinne, an körperlichen Dingen. Über Dinge, welche nur in der Vorstellung bestehen, namentlich über Sachgesamtheiten und Rechte, läßt sich eine reale Macht nicht üben.

[5]) Mot. 3 S. 2 Anm. 1. — Der Ausdruck „begrenzte dingliche Rechte" wird dem Ausdruck „beschränkte dingliche Rechte" (Stobbe-Lehmann § 78) vorzuziehen sein, da das Wort „Eigentumsbeschränkungen" nicht zu entbehren ist.

[6]) Von Rechten an fremder Sache zu sprechen wird unter dem BGB. (vergl. §§ 889, 1163, 1173, 1177, 1196, 1256 Abs. 1) nicht am Platze sein.

[7]) Als begrenzte dingliche Rechte an beweglichen Sachen kommen hauptsächlich der Nießbrauch (§ 1030 BGB.) und das Pfandrecht (§ 1204) in Betracht. Es werden aber auch bewegliche Sachen von dem Erbbaurecht (§§ 1017, 926), dem Vorkaufsrecht (§ 1096), von Hypothek-, Grundschuld und Rentenschuld (§§ 1120, 1121, 1192, 1199) berührt.

[8]) Das Mietrecht gehört nicht zu den dinglichen Rechten, selbst dann nicht, wenn seine Eintragung im Grundbuch vereinbart wird. RG 8 IV

Rechte können nur insoweit begründet werden als das Gesetz die Begründung ausdrücklich zuläßt, eine Sache oder ein Recht kann nur insoweit belastet werden, als das Gesetz die Belastung gestattet[9])[10]).

Nach der Wirkung lassen sich die Rechte unterscheiden in relative und absolute. Das persönliche Recht wirkt in der Regel nur relativ, es begründet für den Berechtigten einen Anspruch auf eine Leistung gegen den Verpflichteten; regelmäßig stehen sich bestimmte Personen als berechtigt und als verpflichtet gegenüber. Das dingliche Recht dagegen wirkt regelmäßig absolut; mag es als Eigentum die Sache dem Willen des Berechtigten in allen, oder als begrenztes Recht nur in gewissen Beziehungen unterwerfen, — insoweit es die Sache dem Willen des Berechtigten unterwirft, schließt es die Einwirkung eines jeden Anderen aus, es kann sich gegen einen Jeden betätigen, dessen Verhalten mit ihm in Widerspruch steht. Die absolute Wirkung kann übrigens einem dinglichen Rechte durch besondere Bestimmung des

---

1903. E. 54 S. 235. Die Eintragung ist unzulässig. Dasselbe gilt für das Pachtrecht. — Fuchs 1 S. 35 rechnet das Miet- oder Pachtrecht, auf Grund dessen dem Mieter oder Pächter das Grundstück überlassen ist, zu den dinglichen Rechten; vergl. GruchBeitr. 46 S. 566, 840.

[9]) Für Rechte, mit denen eine Sache oder ein Recht am 1. Jan. 1900 belastet ist, gilt im allgemeinen der Satz, daß sie mit dem aus den bisherigen Gesetzen sich ergebenden Inhalt und Rang bestehen bleiben (Art. 184 EG.). Ob ein am 1. Jan. 1900 bestehendes Recht eine Sache oder ein Recht belastet, also dinglich ist, bestimmt sich nach dem bisherigen Recht. Eintragung im Grundbuch ist nicht erforderlich; Art. 184 betrifft auch solche dingliche Rechte, zu deren Begründung es nach den bisherigen Gesetzen der Eintragung nicht bedurfte und die infolgedessen nicht eingetragen sind (RG 11 XI 1903. E. 56 S. 13; vergl. E. 48 S. 63). Ist das Recht nach den bisherigen Gesetzen als dingliches entstanden, ist es aber nicht vor dem Inkrafttreten des BGB. eingetragen worden, so kann die Eintragung nachgeholt werden, sollte auch nach den früheren Gesetzen die Wirksamkeit gegen Dritte von der Eintragung abhängig gewesen sein (RG 12 IV 1904, JW. 1904 S. 282[1]).

[10]) Bis das Grundbuch als angelegt anzusehen ist, erfolgen auch nach dem Inkrafttreten des BGB. der Erwerb und Verlust des Eigentums sowie die Begründung, Übertragung, Belastung und Aufhebung eines andern Rechts an einem Grundstück oder eines Rechtes an einem solchen Rechte nach den bisherigen Gesetzen, doch kann vom 1. Jan. 1900 ab ein nach den Vorschriften des BGB. unzulässiges Recht nicht mehr begründet werden (Art. 189 EG.) — Unzulässig ist ein Recht, das seiner Art nach unzulässig ist, d. h. nicht in den Kreis der vom BGB. zugelassenen dinglichen Rechte fällt, oder das einen Inhalt hat, der nach dem BGB. unzulässig ist (Planck 6 S. 376). Darauf, ob die Unzulässigkeit im Zusammenhang mit der Grundbucheinrichtung steht, kommt es nicht an. A. A. Oberneck 1 S. 31. Soweit ein Vorbehalt für landesgesetzliche Vorschriften gemacht ist, müssen selbstverständlich Rechte, die nach diesen Vorschriften begründet werden, als zulässig erscheinen, wenn auch das BGB. solche Rechte nicht kennt. So ist das Erbpachtrecht (Büdnerrecht, Häuslerrecht) in den Bundesstaaten, in denen solche Rechte am 1. Jan. 1900 bestanden, kein unzulässiges Recht (Art. 63 EG.). Vergl. Art. 197 EG. — Eintragung einer Fischereiberechtigung s. RG 25 IX 1903. E. 55 S. 314.

Gesetzes versagt werden, ohne daß der Charakter der Dinglichkeit dadurch verloren geht[11]).

Mit der Unterscheidung zwischen absoluten und relativen Rechten hängt ein anderer Begriff, der Begriff Anspruch, zusammen. Das BGB. versteht (§ 194) unter Anspruch das Recht, von einem Anderen ein Tun oder ein Unterlassen zu verlangen. Im Sinne des BGB. liegt ein Anspruch[12]) nur vor, wenn das Recht auf ein Tun oder ein Unterlassen, auf eine Leistung, gegen eine bestimmte Person begründet ist. Bei den relativen Rechten, insbesondere bei den obligatorischen (§ 241 BGB.), ist durch den Begriff des Rechts selbst eine bestimmte Person als Verpflichteter gegeben[13]), so daß mit dem Rechte auch ein Anspruch besteht. Bei den absoluten Rechten dagegen liegt ein Anspruch erst dann vor, wenn jemand in einem das absolute Recht beeinträchtigenden Zustande sich befindet; der Anspruch geht alsdann darauf, daß die Person, welche in den das absolute Recht beeinträchtigenden Zustand (z. B. in den Besitz der fremden Sache) geraten ist, ihn beseitigt und den Zustand wiederherstellt, welcher dem absoluten Rechte entspricht (in dem angenommenen Falle also die fremde Sache dem Eigentümer herausgibt).

§ 4. Die Sache.

Im Sinne des BGB. sind Sachen die körperlichen Gegenstände[1]). Der Körper des lebenden Menschen scheidet aus, er zählt nicht zu den Rechtsobjekten, er gehört zu dem Rechtssubjekt[2]). Auch in Schuldverhältnissen und in den Verhältnissen des Familienrechts ist der Mensch, selbst wenn er

---

[11]) Mot. 3 S. 2: Die Begriffe der Dinglichkeit und der Absolutheit decken sich nicht. Wenn auch das obligatorische Recht grundsätzlich nur relativ wirkt, so gibt es doch eine Reihe anderer persönlicher Rechte, welche absolute Wirkung haben; so namentlich verschiedene Rechte, welche dem Familienrechte angehören, und die sogenannten immateriellen Rechte. Die Absolutheit kann nur als eine regelmäßig dem dinglichen Rechte beiwohnende Eigenschaft angesehen werden.

[12]) Über den Begriff Anspruch s. Bolze GruchBeitr. 46 S. 753 ff.

[13]) Planck 1 S. 52.

Zu § 4.

[1]) § 90 BGB. Mot. 3 S. 32, KProt. 3 S. 1.

[2]) Dagegen sind abgetrennte Teile des menschlichen Körpers Sachen. Sonderbestimmungen über die Zulässigkeit von Rechtsgeschäften, die solche Abtrennungen zum Gegenstand haben, und hinsichtlich der Zulässigkeit von Verfügungen über abgetrennte Teile sind im BGB. nicht gegeben. In diesen Beziehungen dürfte die Bestimmung des § 138 BGB. ausreichen. In Betracht kommen auch (§ 134 BGB.) strafgesetzliche Bestimmungen, da die Strafbarkeit einer Körperverletzung durch die Zustimmung des Verletzten nicht ausgeschlossen wird (RGEntsch. in Strafs. 2 S. 521, 4 S. 187, vergl. jedoch EntschStrafs. 28 S. 213). Künstliche Ergänzungen des menschlichen Körpers (Gebisse, Augen u. a.) gehören ebenfalls zu den Sachen, nach

lediglich verpflichtet, nicht zugleich berechtigt ist, immer nur als Rechtssubjekt verpflichtet[3]).

Die körperlichen Gegenstände mit Ausnahme der lebenden Menschen[4]) fallen unter den Sachbegriff. Man wird sagen dürfen,[5]) daß unter Sache das einzelne Stück der vernunftlosen Natur zu verstehen ist. Ob der Stoff, aus welchem die Stücke der vernunftlosen Natur bestehen, fest, flüssig oder luftförmig ist, bleibt für die Körperlichkeit ohne Bedeutung[6]).

Welche Stücke als Einzelsachen zu betrachten sind, bestimmt sich nach der Verkehrsauffassung. Sachgesamtheiten kennt das BGB. nicht; eine Mehrheit von Sachen, die im Verkehr mit einem besonderen Namen bezeichnet zu werden pflegt (z. B. Herde), ist als eine Mehrheit von Einzelsachen zu behandeln. Dagegen spricht das BGB. von einem Sachinbegriff. Nach § 92 hat die Zugehörigkeit zu einem Sachinbegriff, dessen bestimmungsmäßiger Gebrauch in der Veräußerung der einzelnen Sachen besteht, für die beweglichen Sachen zur Folge, daß sie als verbrauchbar gelten, nach § 1035 sind bei dem Nießbrauch an einem Inbegriffe von Sachen der Nießbraucher und der Eigentümer einander verpflichtet, zur Aufnahme eines Verzeichnisses der Sachen mitzuwirken, ebenso hat nach § 260 derjenige, welcher verpflichtet ist, einen Inbegriff von Gegenständen (also von Vermögensgegenständen überhaupt ohne Rücksicht darauf, ob sie wirt-

---

§ 811 Nr. 12 ZPO. sind sie der Pfändung nicht unterworfen. Dernburg § 1 Nr. 5 betrachtet sie als Glieder des Rechtssubjekts, rechnet sie nicht zu den körperlichen Gegenständen; ebenso Fischer-Henle § 90 Anm. 2.

[3]) Vergl. Rehbein §§ 90—103 Anm. 1a, anders Crome 1 § 58 Nr. 1, Kohler § 198. — Die Vorschrift des § 883 ZPO. läßt sich auf die Herausgabe eines Kindes nur entsprechend anwenden. Vergl. RG 3 X 1904; JW. 1904 S. 556[19].

[4]) Der Leichnam des Menschen ist Sache. Die Beerdigungspflicht ist öffentlich-rechtlicher Natur. Soweit nicht Bestimmungen des öffentlichen Rechts entgegenstehen, wird für die Art der Behandlung der Leiche in erster Linie der letzte Wille des Verstorbenen maßgebend sein. Über die Anordnung der Feuerbestattung s. Hilse ArchBR. 26 S. 361. Liegt keine letztwillige Verfügung hierüber vor, so haben die Erben, denen § 1968 BGB. die Kosten der standesmäßigen Beerdigung auferlegt, über die Art der Beerdigung zu bestimmen. Zur Erbschaft (§ 1922 BGB.) gehört der Leichnam nicht. Vergl. hierzu Gareis SeuffBl. 70 S. 316 ff.; Merkel SächsArch. 14 S. 677 ff.; Josef BayZfR. 1 S. 122 ff. — Rechtsstreit über Aufbewahrung von Aschenresten RG 3 XII 1903 SeuffBl. 70 S. 14, über Schmückung eines Grabes (vermögensrechtl. Anspruch) RG 22 Febr 1904 IV 313/03, ferner Recht 1904 S. 451 Nr. 1864 (der Anspruch auf Entfernung einer Leiche aus einer Grabstätte ist ein vermögensrechtlicher Anspruch).

[5]) Windscheid 1 § 137. Vergl. Enneccerus 1 S. 282, Planck 1 S. 160.

[6]) Von körperlichen Gegenständen ausgehende Kräfte, Wirkungen, sind keine Sachen. Bestritten ist, ob der elektrische Strom ein körperlicher Gegenstand ist. RGStrafs. 29 S. 111, 32 S. 178, in Zivils. 17 S. 271 verneinen die Frage, ebenso Rehbein 1 S. 77, Crome 1 S. 273, Enneccerus 1 S. 283 u. a. Anderer Ansicht sind Dernburg 1 Nr. 3, Pfleghart ArchBR. 24 S. 300 ff. u. a. Vergl. auch Schlecht SeuffBl. 67 S. 8 ff.

schaftlich ein Ganzes bilden) herauszugeben oder über den Bestand eines solchen Inbegriffs Auskunft zu erteilen, dem Berechtigten ein Verzeichnis des Bestandes vorzulegen. Das BGB. hat auch besondere Bestimmungen getroffen für das Inventar eines Grundstücks (§§ 586 ff., 1048). Indem aber in dieser Weise das Gesetz eine Mehrheit von Sachen mit einem gemeinschaftlichen Namen bezeichnet, schafft es in der Vereinigung nicht etwa eine neue, wenn ich so sagen darf, juristische Sache, es bleiben vielmehr auch unter dem Gesamtnamen die einzelnen Sachen Gegenstand des Rechtes.[7] [8] [9]

Von großer Bedeutung war in dem bisherigen Rechte die Unterscheidung der Sachen in bewegliche und unbewegliche. Der erste Entwurf des BGB. hatte in § 781 die Bestimmung: „Unbewegliche Sachen sind die Grundstücke." Begründet war dieser Satz mit der Behauptung, die Einteilung der Sachen in bewegliche und unbewegliche sei von Natur gegeben, unbeweglich seien nur die Grundstücke, alle übrigen Sachen seien beweglich.[10] Die zweite Kommission hat den Rechtssatz gestrichen, weil er nur terminologische Bedeutung habe.[11] Das BGB. spricht demgemäß zwar von beweglichen, nicht aber von unbeweglichen Sachen, es stellt in Gegensatz zu den beweglichen Sachen die Grundstücke[12]; dagegen ist der Ausdruck unbewegliches Vermögen[13] beibehalten in § 1551, doch zählt Abs. 2 dieses Paragraphen die Gegenstände auf, die im Sinne dieser Vorschrift das unbewegliche Vermögen bilden. Andere Reichsgesetze verhalten sich weniger ablehnend gegen den Begriff unbewegliche Sachen. Die Zivilprozeßordnung kennt auch in der neuen Fassung unbewegliche Sachen: §§ 24, 848, 855, 885, sie spricht sogar von „körperlichen Sachen" in § 846. Die Konkursordnung gebraucht den Ausdruck „unbewegliche Gegenstände" (§§ 126, 134), das neue Handelsgesetzbuch die Ausdrücke „unbewegliche Sachen" (§ 93) und „unbewegliche Gegenstände" (§ 207 Abs. 1, anders in Abs. 5).

---

[7]) Vergl. Mot. 3 S. 28, dagegen Dernburg § 2 Nr. 2. — Verpfändung eines Holzlagers RGE. 53 S. 218, Erwerb von Rechten an Teilen eines Teerlagers RGE. 52 S. 385.

[8]) Räumlich getrennte Grundstücke können übrigens zu einer rechtlichen Einheit verbunden werden, vergl. § 890 BGB.

[9]) Wie die zu einem Sachinbegriff gehörenden einzelnen Sachen in einem Klagantrag zu bezeichnen sind, damit der Vorschrift des § 253 ZPO. genügt werde, hängt von den Umständen des einzelnen Falles ab. Vergl. JW. 1888 S. 262[44]; OLGRechtspr. 5 S. 154, Recht 1902 S. 461[28].

[10]) Mot. 3 S. 36.

[11]) KProt. 3 S. 3.

[12]) RGE. 59 S. 21.

[13]) Vermögen ist der Inbegriff der einer Person zustehenden wirtschaftlichen Güter. Über Vermögen und über Vermögensteile enthält das BGB. besondere Bestimmungen in §§ 310, 311, 419, 718, 1085, 1089 u. a. Vergl. Staudinger 1. S. 258, Fischer-Henle § 90 Anm. 1.

Für das bürgerliche Recht wird als Regel aufzustellen sein, daß die Sachen[14]) entweder beweglich sind oder unbeweglich, und daß im Sinne des BGB. und der Grundbuchordnung unbewegliche Sachen nur die Grundstücke sind. Als beweglich sind demnach zu behandeln alle Sachen[15]) mit Ausnahme der Grundstücke.[16])

Durch Rechtsgeschäft läßt sich kein Grundstück in eine bewegliche Sache umwandeln, noch einer beweglichen Sache Grundstückseigenschaft geben.

Bei den beweglichen Sachen unterscheidet das BGB. vertretbare und verbrauchbare. Vertretbare Sachen sind bewegliche Sachen, die im Verkehre nach Zahl, Maß oder Gewicht bestimmt zu werden pflegen,[17]) verbrauchbare solche, deren bestimmungsmäßiger Gebrauch in dem Verbrauch[18]) oder in der Veräußerung[19]) besteht, doch gelten als verbrauchbar auch bewegliche Sachen, die zu einem Warenlager oder zu einem sonstigen Sachinbegriffe gehören, dessen bestimmungsmäßiger[20]) Gebrauch in der Veräußerung der einzelnen Sache besteht.

Dem BGB. fremd ist die Einteilung der Sachen in Sachen in und außer dem Verkehr. Nach dem Preuß. Landrecht (I 4 § 15) können durch Natur oder Gesetz und auch durch recht-

---

[14]) Auf Rechte ist diese Einteilung nicht anwendbar. Vergl. jedoch § 1551 Abs. 2 und § 96 BGB.

[15]) Auch die Schiffe, doch besteht für Schiffe, die im Schiffsregister eingetragen sind, ein besonderes Pfandrecht (§§ 1259 ff. BGB.); auch unterliegen diese Schiffe der Zwangsvollstreckung in das unbewegliche Vermögen (§ 864 CPO.). Vergl. v. d. Pfordten S. 500.

[16]) Was für die Grundstücke gesagt ist, gilt auch für die Bestandteile der Grundstücke. Sachen, die nur zu einem vorübergehenden Zwecke mit dem Grund und Boden verbunden sind, sowie Gebäude und andere Werke, die in Ausübung eines Rechtes an einem fremden Grundstücke von dem Berechtigten mit dem Grundstück verbunden worden sind, gehören aber nicht zu den Bestandteilen des Grundstücks (§ 95 BGB.), sind also im Sinne des BGB. bewegliche Sachen, auch wenn jede Möglichkeit, sie von der Stelle zu bringen, ausgeschlossen ist. Gebäude dieser Art können demnach Zubehör sein (RG. 19 IX 1903 E. 55 S. 284); sie werden als bewegliche Sachen, auch im Sinne des Stempelsteuergesetzes, veräußert (RG 23 IX 1904 E. 59 S. 20). A. A. Kohler BuchZ. 32 S. 59, Dernburg § 4 Nr. 2.

[17]) § 91 BGB. Mot. 3 S. 33. KProt. 3 S. 2. Es kommt auf die Behandlung der Sachen im Verkehr an, nicht auf die jeweilige Vereinbarung. Vergl. Rehbein § 91 Anm. 7 c.

[18]) § 92 BGB., Mot. 3 S. 34. KProt. 3 S. 2. Der bestimmungsmäßige Gebrauch besteht in dem Verbrauch, wenn gerade die Zerstörung der Sache (Verzehren der Lebensmittel, Verbrennen des Holzes ꝛc.) den Nutzen zu liefern pflegt, der aus ihr zu ziehen ist. Die Abnützung durch Gebrauch kommt nicht in Betracht. Vergl. RG 9 V 1899 JW. 1899 S. 427.

[19]) Zu den Sachen, deren bestimmungsmäßiger Gebrauch in der Veräußerung besteht, gehören Geldstücke, Banknoten, Zinsscheine, Dividendenscheine ꝛc.

[20]) Die Bestimmung beruht zwar auf dem Willen des Eigentümers, wird aber in dem Sachinbegriff objektiv verwirklicht und erkennbar gemacht. Mot. 3 S. 35.

liche Privatverfügungen Sachen dem Verkehr entzogen werden. Das BGB. enthält keine solche Bestimmung. Allerdings wird auch unter der Herrschaft des BGB. die Natur der Dinge die Begründung von Rechten an allen Sachen ausschließen, die vermöge ihrer natürlichen Beschaffenheit der tatsächlichen Beherrschung durch menschliche Willkür entzogen sind; aber fraglich erscheint, ob es auf unserm Erdball körperliche Gegenstände gibt, die vermöge ihrer natürlichen Beschaffenheit unfähig wären, Gegenstand eines Rechtes zu sein.[21]) Gesetzliche Bestimmungen, die einer Sache die Fähigkeit entzögen, Gegenstand von Rechten zu sein, finden sich im BGB. nicht. Unberührt bleiben die landesgesetzlichen Vorschriften über das Recht zur Benutzung eines Platzes in einem dem öffentlichen Gottesdienste gewidmeten Gebäude oder auf einer öffentlichen Begräbnisstätte[22]). Für die öffentlichen Wege und Gewässer, die Grundstücke der landesherrlichen Familien, des Fiskus und anderer juristischer Personen kann durch landesherrliche Verordnung bestimmt werden, daß sie nur auf Antrag ein Grundbuchblatt erhalten[23]); dem Verkehr entzogen sind sie nicht[24]). Nach dem öffentlichen Rechte bestimmt sich, wer zur Verfügung über Sachen, die einem bestimmten Zwecke gewidmet sind oder dem Gemeingebrauche dienen, befugt ist. Vom Standpunkte des bürgerlichen Rechts aus erscheint es zulässig, daß solche Sachen von dem Verfügungsberechtigten ihrer bisherigen Bestimmung entzogen, veräußert oder dinglich belastet werden. Daraus folgt aber nicht, daß es auch zulässig sein müsse, daß die persönlichen Gläubiger ohne Zustimmung des Verfügungsberechtigten ihren Zugriff auf derartige Bestandteile des Vermögens ihrer Schuldner nehmen. Wie weit die Verkehrsbeschränkung geht, richtet sich nach

---

[21]) Nach § 1 J. de rer. div. 2, 1 werden gewöhnlich angeführt die Luft, das Wasser und das Meer. Daß die Meeresufer Gegenstand von Privatrechten sein können, dürfte nicht zu bestreiten sein (Mot. 3 S. 26; RG 5 V 1900 JW. 1900 S. 511[11]). Ob das fließende Wasser Gegenstand von Privatrechten sein kann, ist eine Frage des der Landesgesetzgebung überlassenen Wasserrechts (Art. 65 EG.). Das offene Meer wird als Gegenstand eines Privatrechtes außer Betracht bleiben können. Was die Luft angeht, so hat das BGB. den Luftraum geteilt (§ 905 BGB.); Einwirkungen auf die über einem Grundstück befindliche Luft können Ansprüche nach § 1004 BGB. begründen. Über luftrechtliche Fragen s. Matthiaß DJZ. 1905 S. 431.

[22]) Art. 133 EG. Vergl. RGE. 8 S. 200 (Erbbegräbnis), RG 5 I 1903 JW. 1903 S. 111[42] (Kirchenstuhlrecht), 19 XI 1903 E. 56 S. 25 (Negatorienklage wegen Läutens mit Kirchenglocken). Rehbein § 90—103 Anm. 1b, Josef über Friedhofsrecht Recht 1903 S. 91 ff., Gareis über Rechtsverhältnisse an Begräbnisstätten SeuffBl. 70 S. 308 ff.

[23]) § 90 GBO.

[24]) Vergl. RG 7 V 1903 JW. 1903 S. 254[49] (Sperrung eines öffentlichen Weges), 17 IX 1901 JW. 1901 S. 717[1] (Grunddienstbarkeit an Weggrundstück), 23 VI 1900 E. 46 S. 296 und 19 II 1902 JW. 1902 S. 218[21] (Übergänge an Landstraßen), 12 VI 1900 JW. 1900 S. 569[13] (Benutzung des Bürgersteigs zum Gewerbebetrieb).

dem öffentlichen Recht. — Durch Privatverfügung, durch Rechtsgeschäft, kann einer Sache die Fähigkeit, Gegenstand von Rechten zu sein, nicht genommen werden; dagegen hat ein rechtsgeschäftliches Verfügungsverbot obligatorische Wirkung[25]).

Die Einzelsache besteht aus Teilen, die, durch Natur oder durch Kunst zusammengesetzt, das Ganze, die Sache bilden. Das BGB. unterscheidet wesentliche und nicht wesentliche Bestandteile. Wesentliche Bestandteile[26]) sind solche, die von einander nicht getrennt werden können, ohne daß der eine oder andere Teil[27]) zerstört oder in seinem Wesen verändert wird[28]). Diese Bestimmung gilt für Grundstücke und für bewegliche Sachen. Für bewegliche Sachen ist keine weitere Vorschrift gegeben, wohl aber für die Grundstücke.

Grundstücke sind mathematisch begrenzte Erdausschnitte. Die Begrenzung wird durch Flächen bewirkt, welche von den auf der Oberfläche befindlichen Grenzlinien nach dem Mittelpunkte der Erde sich ausdehnen, bis sie zusammentreffen. In die äußere Erscheinung tritt ein solcher Ausschnitt durch die Begrenzung seiner Oberfläche; das einzelne

---

[25]) § 137 BGB.

[26]) § 93 BGB., Mot. 3 S. 40, KProt. 3 S. 4.

[27]) Nach Preuß. Landrecht I 2 § 4 gehören zur Substanz alle Teile und Eigenschaften einer Sache, ohne welche dieselbe nicht das sein kann, was sie vorstellen soll, oder wozu sie bestimmt ist. Das ALR. läßt also den Einfluß der Teile auf das Ganze entscheiden, während nach dem BGB. die Beschaffenheit des abgetrennten Teiles maßgebend ist. Leske 1 S. 53. Nach neuem Recht ist bei Entscheidung der Frage, ob eine Maschine gemäß § 93 BGB. wesentlicher Bestandteil des Grundstücks ist, nicht davon auszugehen, ob das Fabrikgebäude nach Fortnahme der Maschine noch das ist, was es nach seiner Bestimmung sein sollte und durch die Einbringung der Maschine geworden war. Anders RG 24 IV 1901, JW. 1901 S. 362, 5 III 1902 E. 50 S. 243 (vergl. Urt 7 II 1903 BuchZ. 35 S. 19), 29 III 1904 Buch. Z. 35 S. 385, 6 V 1904 JW. 1904 S. 354[9] (auch GruchBeitr. 48 S. 865), 28 VI 1904 E. 58 S. 341, 24 IX 1904 JW. 1904 S. 548[2], 2 V 1905 JW. 1905 S. 387[2]. Vergl. Osthelder SeuffBl. 70 S. 360, Geiler DJZ. 1904 S. 543.

[28]) Die Unterscheidung zwischen wesentlichen und nicht wesentlichen Bestandteilen beruht nicht auf Rechtsgründen, sondern auf wirtschaftlichen Rücksichten. Der nutzlosen Entwertung oder Wertsminderung soll vorgebeugt werden. Mot. 3 S. 41. RGE. 58 S. 341. Die Frage, ob ein Bestandteil wesentlich oder nicht wesentlich ist, läßt sich nur nach den Umständen des einzelnen Falles beantworten. Daß ein Zwanzigmarkstück nur wesentliche Bestandteile hat, wie Cosack 1 S. 130 behauptet, dürfte zu bezweifeln sein. Ob Tisch und Platte, Ring und Stein, Buch und Einband wesentliche Bestandteile sind, läßt sich, wie Rehbein 1 § 93 Anm. 3c hervorgeht, nicht allgemein entscheiden, so kann ein Buch sich trennen lassen, ohne daß der kunstvolle Einband oder die eingebundenen Zeichnungen überhaupt eine oder eine erhebliche Wertsminderung erleiden. — Nach Tobias ArchZivPr. 94 S. 378 ist wesentlicher Bestandteil einer Sache jeder Teil, welchen der Benutzer oder Verbraucher nicht anders als zusammen mit der Hauptsache (?) zu bekommen pflegt. Daß diese Begriffsbestimmung von Nutzen wäre, möchte nicht anzunehmen sein.

Grundstück stellt sich daher dar als ein räumlich abgegrenzter Flächenabschnitt[29]).

Was mit dem Grund und Boden körperlich zusammenhängt, ist Bestandteil des Grundstücks, sofern[30]) es nicht zu einem vorübergehenden Zwecke[31]) mit dem Grund und Boden verbunden ist oder als Gebäude oder anderes Werk[32]) in Ausübung eines Rechtes an dem fremden Grundstücke[33]) von dem Berechtigten[34]) mit dem Grundstücke verbunden worden ist. Eine Sache, bei der eine dieser Voraussetzungen zutrifft, ist kein Bestandteil des Grundstücks, weder ein wesentlicher noch ein nichtwesentlicher. Von den Sachen, die hienach als Bestandteile der Grundstücke sich darstellen, bei denen also keine der Ausnahmen gegeben ist, erklärt das BGB.[35]) — ohne Rücksicht darauf, ob die Begriffsbestimmung des § 93 im einzelnen Falle paßt oder nicht, — als wesentliche Bestandteile: die mit dem Grund und Boden fest verbun-

---

[29]) Mot. 3 S. 48. Das Grundstück kann eine Mehrheit von Parzellen enthalten (§ 890 BGB.). BayObLG. Recht 1904 S. 482[04].

[30]) § 95 BGB. Die Beweislast trifft denjenigen, der behauptet, daß die Ausnahme vorliege.

[31]) z. B. für die Dauer der Mietzeit, bis zur Fertigstellung eines Gebäudes (Bauhütte), bis zum Verkaufe (Bäumchen in Baumschule, Pflanzen des Handelsgärtners). Die Aussaat des Pächters fällt nicht unter die Ausnahme; was der Pächter pflanzt, soll, solange es existiert, mit dem Grundstück verbunden bleiben, gehört also zu den (wesentlichen) Bestandteilen des Grundstücks. Dagegen sind die für die Dauer der Pachtzeit errichteten Gebäude keine Bestandteile des Grundstücks, sondern bewegliche Sachen. RG 19 IX 1903 E. 55 S. 284, 23 IX 1904 E. 59 S. 20. Die Annahme, ein Pächter könne die Verbindung stets nur zu einem vorübergehenden Zwecke herstellen (KG. OLGRechtspr. 5 S. 76, Recht 1902 S. 432[64]), ferner, es müsse ein Zustand bestehen, der erkennen lasse, daß die Trennung des Gebäudes von dem Grund und Boden in Aussicht genommen sei (BayObLG. Recht 1903 S. 338[96]), dürfte zu weit gehen. — Vorübergehend ist ein Zweck nicht bloß dann, wenn er sich in kurzer Zeit erreichen läßt, sondern in allen Fällen, in denen ihm nach seiner Natur eine zeitliche Begrenzung innewohnt. Vergl. RG 5 VII 1905 JW. S. 524.

[32]) Z. B. Wasserleitung, nicht auch Pflanzen.

[33]) Unter einem Rechte an einem Grundstück versteht das BGB. nur ein dingliches Recht (z. B. Erbbaurecht, Nießbrauch, Grunddienstbarkeit), nicht auch ein persönliches (z. B. Pachtrecht). Vergl. Planck 1 S. 167. Dagegen Staudinger § 95 Anm. 3. Das Recht, eine Röhrenleitung auf einem Grundstück zu haben, kann Inhalt eines Erbbaurechtes sein. KG. Recht 1905 S. 328[54]. Ueber das Rechtsverhältnis zwischen konzessionierten Anstalten und Stadtgemeinden s. Kohler Buch Z. 32 S. 47 ff. Soweit nicht öffentliches Recht in Frage kommt, wird erforderlich sein, daß die Anstalt ein dingliches Recht an den Grundstücken sich erwerbe, in das sie zu dauerndem Zwecke die Röhren legen will, damit nicht die Röhren Bestandteile der fremden Grundstücke werden. A. A. Tobias ArchZivPr. 94 S. 406, Dennler BayZfR. 1 S. 166. Sind die Röhren keine Bestandteile der fremden Grundstücke, so kann es sich nur fragen, ob die Röhrenleitung wesentlicher Bestandteil der Zentrale ist (RG. E. 39 S. 205 und 48 S. 267) oder Zubehör (RG 24 VI 1885 JW. 1885 S. 276[18], KG. Recht 1905 S. 328).

[34]) oder für ihn von einem andern.

[35]) § 94 BGB., Mot. 3 S. 42, KProt. 3 S. 6.

denen Sachen[36]), insbesondere Gebäude[37]), sowie die Erzeugnisse[38]) des Grundstücks, so lange sie mit dem Boden zusammenhängen. Samen wird mit dem Aussäen, eine Pflanze wird mit dem Einpflanzen wesentlicher Bestandteil des Grundstücks[39]).

Für **Gebäude** trifft das BGB. ähnliche Bestimmungen wie für Grundstücke: Sachen, die nur zu einem vorübergehenden Zwecke in ein Gebäude eingefügt sind, gehören nicht zu den Bestandteilen des Gebäudes[40]); Sachen, welche Bestandteile des Gebäudes sind, gehören zu den wesentlichen Bestandteilen, wenn

---

[36]) Verbindung mit Kalk und Mörtel ist nicht erforderlich, Einstecken in den Boden (bei Weinbergspfählen, Baumpfählen, Zäunen) kann genügen. Bohnenstangen werden zu einem vorübergehenden Zwecke in den Boden gesteckt, gehören (§ 95 BGB.) nicht zu den Bestandteilen des Grundstücks. Ob eine feste Verbindung mit dem Grund und Boden besteht, ist wesentlich Tatfrage (RGE. 50 S. 243), es kann auch der Wille der Beteiligten (des Verkäufers und des Käufers) von Bedeutung sein bei leicht löslichen, mit keiner Beschädigung der Maschine oder des Grundstücks verknüpften Verbindungen (RG 4 XII 1903 SächsArch. 14 S. 347). — Keine feste Verbindung liegt vor, wenn eine Akkumulatorenbatterie lose auf Holzgestellen steht und durch kupferne Schienen oder Drähte mit den Maschinen des Gebäudes verbunden ist (RG 25 XI 1902 JW. 1903 Beil. S. 4[8]), ebenso, wenn ein Petroleummotor in festgemauerte Schrauben aufgesetzt und durch Anziehen von Schraubenmuttern befestigt wird; eine solche Verbindung ist leicht lösbar (RG I 2 1904 JW. 1904 S. 110[4], SächsArch. 14 S. 353). Vergl. BayObLG. BayZfR. 1 S. 205 und Recht 1904 S. 385[84].

[37]) Die feste Verbindung mit dem Erdboden wird für den Begriff des Gebäudes wesentlich sein. Ein Gebäude muß unbeweglich sein, darf nicht in seiner Gesamtheit, unbeschadet seiner Gestalt und Verbindung, transportabel sein. Die allein durch die Schwere begründete Verbindung wird genügen können. RGRechtspStrafs. 6 S. 138. Man wird unter Gebäude zu verstehen haben ein selbständiges, von Menschen errichtetes, mit dem Erdboden fest verbundenes Werk, das bestimmt ist, Menschen oder Sachen gegen äußere Einflüsse Schutz zu gewähren, das zugleich aus einem zweckentsprechend dauerhaften und festen Material hergestellt ist und einen größeren räumlichen Umfang hat, sodaß der Eintritt von Menschen ermöglicht wird. Vergl. RGEStrafs. 32 S. 128. Schiffe sind keine Gebäude. — Dauernde Verbindung mit dem Erdboden wird für den Begriff des Gebäudes nicht wesentlich sein, aber ein nur vorübergehenden Zwecken dienendes Bauwerk (Zirkus, Ausstellungsgebäude) erscheint infolge der Bestimmung des § 95 BGB. nicht als Bestandteil des Grundstücks, kann also auch kein wesentlicher Bestandteil des Grundstücks sein.

[38]) Erzeugnisse des Grundstücks sind die mit oder ohne menschliche Arbeit aus dem Grundstück entstehenden organischen Sachen. Staudinger § 94 Anm. 3b. Die Bodenbestandteile selbst (Erde, Sand, Lehm, Ton, Kies, Steine usw.) werden, da die in ihnen wurzelnden Erzeugnisse wesentliche Bestandteile sind, nicht als nicht wesentliche angesehen werden können. Staudinger § 94 Anm. 3d, Planck § 94 Anm. 3, anders Rehbein § 90—103 Anm. 3c S. 85, Turnau-Förster § 94 Anm. 9.

[39]) Gleichviel, wer das Aussäen oder Einpflanzen vorgenommen hat. — Daß die Pflanze Wurzel gefaßt hat, ist nicht erforderlich.

[40]) § 95 Abs. 2 BGB. Z. B. ein eingemauerter Wandspiegel eines Mieters. Vergl. RG 12 IV 1904 JW. 1904 S. 336[1] (Lokomobile in einem gepachteten Zimmereigeschäft).

sie zur Herstellung des Gebäudes eingefügt sind [41]). Es kommt hiebei auf den wirtschaftlichen Zweck des Gebäudes an [42]), nicht auf die Art der Einfügung [43]); Sachen, die nicht zur Herstellung des Gebäudes in diesem Sinne, sondern für den persönlichen Gebrauch desjenigen eingefügt sind, der das Gebäude benutzt, gehören nicht schon auf Grund des § 94 Abs. 2 zu den wesentlichen Bestandteilen des Gebäudes, sie können, falls sie nicht zu einem vorübergehenden Zwecke eingefügt sind, auf Grund des § 93 wesentliche Bestandteile des Gebäudes sein.

Die einzelnen Flächenabschnitte eines Grundstücks sind keine wesentlichen Bestandteile des Grundstücks, sie lassen sich von einander ohne Veränderung ihres Wesens trennen. Bis zur rechtlichen Abtrennung sind die Bestandteile des Grundstücks, nach der Abtrennung selbständige Grundstücke [44]).

Nicht immer erfordert das BGB. für die Bestandteile des Grundstücks körperlichen Zusammenhang. Es können räumlich getrennte Flächen ein einheitliches Grundstück bilden (Hofgut, Rittergut u. s. w.); die Verbindung der einzelnen Flächenabschnitte zu dem einheitlichen Grundstück erfolgt durch Vereinigung oder Einverleibung [45]).

Wesentliche Bestandteile einer Sache können nicht Gegenstand besonderer Rechte sein [46]). Solange also ein derartiges Verhält-

---

[41]) § 94 Abs. 2 BGB. Hiebei ist in erster Linie an Baumaterialien, dann aber auch an Fenster und Türen u. dergl. gedacht. Mot. 3 S. 44. RGE. 50 S. 243. Die Vorschrift umfaßt alle zur Herstellung des Gebäudes verwendeten und zur dauernden Bildung desselben als eines in sich vollendeten wirtschaftlichen Ganzen bestimmten Sachen. Darauf, ob die Sachen bei der ersten Herstellung oder bei einer Ausbesserung eingefügt werden, kommt es nicht an.

[42]) Immerhin ist verlangt, daß die Sachen zur Herstellung des Gebäudes verwendet sind. Den Gegensatz dürfte die innere Einrichtung des Gebäudes bilden. Unter der Nachwirkung des alten Rechtes (s. Anm. 27) wird auch bei der Anwendung des § 94 Abs. 2 BGB. das Hauptgewicht darauf gelegt, ob das eingerichtete Gebäude ohne die Teilsache das sein kann, was es vorstellen soll oder wozu es bestimmt ist. Die Vorschrift des § 98 BGB. kommt dabei nicht zur Geltung. Vergl. RG 24 IV 1901 JW. 1901 S. 362, 5 III 1902 E. 50 S. 241, 6 V 1904 JW. 1904 S. 354 [2].

[43]) Ein Einfügen muß stattgefunden haben. Die Hausschlüssel sind keine wesentlichen Bestandteile, wohl aber die Dachziegel. — Zum Einfügen wird erfordert, daß der einzufügende Gegenstand zwischen andere Teile, überhaupt in ein größeres Ganze hineingebracht und zugleich in eine für ihn bestimmte Stelle eingepaßt werde, so daß eine Verbindung mit den ihn umschließenden Stücken hergestellt wird. Das Aufstellen der Zellen einer Akkumulatorenbatterie auf Balken genügt zur Einfügung nicht. RG 22 XII 1903 E. 56 S. 288. Eine feste Verbindung ist nicht erforderlich; das Einhängen hölzerner Fensterläden ist hinreichend. RG 8 V 1905 JW. 1905 S. 387 [3].

[44]) Über landesgesetzliche Untersagung oder Beschränkung der Teilung von Grundstücken s. Art. 119 EGBGB.

[45]) § 890 BGB., Mot. 3 S. 56. Vergl. Dennler SeuffBl. 70 S. 225.

[46]) § 93 BGB., Mot. 3 S. 41, KProt. 3 S. 4. Es gilt kein Eigen-

nis dauert, ist das Bestehen eines dinglichen Rechtes, das nicht das Ganze ergreift, ausgeschlossen [47]). Dagegen können obligatorische Rechte hinsichtlich wesentlicher Bestandteile einer Sache begründet werden, stehende Bäume und andere Früchte eines Grundstücks können verkauft, [48]) Wohnräume in einem Teile eines Gebäudes können vermietet werden.

Wird eine Sache zum wesentlichen Bestandteile einer anderen Sache gemacht, so geht das dingliche Recht, das vor der Einverleibung an ihr bestand, unter, lebt auch nicht wieder auf, wenn später eine Trennung erfolgt. So erstreckt sich, wenn eine bewegliche Sache mit einem Grundstück dergestalt verbunden wird, daß sie wesentlicher Bestandteil des Grundstücks wird, das Eigentum an dem Grundstück auf diese Sache, gleichzeitig erlöschen die sonstigen an der Sache bestehenden Rechte [49]), ohne Rücksicht auf guten oder bösen Glauben. Der Eigentümer oder sonstige Berechtigte, der in dieser Weise einen Verlust erleidet, kann in der Regel nur eine Vergütung in Geld fordern. S. unten unter Erwerb des Eigentums.

Da die einzelnen Flächenabschnitte eines Grundstücks keine

---

tumsvorbehalt bei wesentlichen Bestandteilen. — Das bisherige Sondereigentum an wesentlichen Bestandteilen ist mit dem 31. Dez. 1899 erloschen (Art. 181 EGBGB.). RG 18 und 22 XII 1903 E. 56 S. 243 und 289. — Das bei Inkrafttreten des BGB. bestehende Stockwerkseigentum bleibt nach Art. 182 EG. bestehen, das Rechtsverhältnis der Beteiligten untereinander bestimmt sich nach den bisherigen Gesetzen. Eine Neubegründung ist nicht zulässig (vergl. BayOLG. Recht 1903 S. 41 [161]). Landesgesetzliche Vorschriften über das Miteigentum behält Art. 131 EGBGB. vor. Die Kellerrechte des rheinischen Rechts sind als Dienstbarkeiten oder Erbbaurechte aufzufassen (RG 13 I 1904 E. 56 S. 260). — Wie das Stockwerkseigentum, so bleibt auch das vor dem 1. Januar 1900 begründete Sondereigentum an stehenden Erzeugnissen eines Grundstücks, insbesondere an Bäumen, bestehen (Art. 181 Abs. 2 EG.), obgleich ein solches Sondereigentum und das Stockwerkseigentum mit der Bestimmung des § 93 nicht in Einklang stehen.

[47]) Eine Ausnahme enthält die Bestimmung des § 810 ZPO., wonach Früchte, die von dem Boden noch nicht getrennt sind, gepfändet werden können, solange nicht ihre Beschlagnahme im Wege der Zwangsvollstreckung in das unbewegliche Vermögen erfolgt ist. Als wesentliche Bestandteile (§ 94 BGB.) sind sie den an dem Grundstück bestehenden Rechten unterworfen. Die Beschlagnahme des Grundstücks umfaßt auch sie (§§ 21, 148 ZVG.). Der Pfändung kann ein Gläubiger, der ein Recht auf Befriedigung auf dem Grundstück hat, nach Maßgabe des § 771 ZPO. widersprechen, sofern nicht die Pfändung für einen dem Rechte des Gläubigers vorgehenden Anspruch erfolgt ist. Vergl. Jäckel S. 12 ff., v. d. Pfordten S. 14 ff. — Keine Ausnahme liegt vor, wenn das ganze Grundstück mit einem Rechte belastet ist, kraft dessen bestimmte Bodenbestandteile (z. B. Steine, Torf) bezogen werden dürfen.

[48]) Bei dem Verkauf von Holz auf dem Stamme kann der Eigentümer nicht mehr durch symbolische Übergabe das Eigentum übertragen, er kann sich nur obligatorisch verpflichten, die Bäume zu fällen, fällen zu lassen und dem Andern die Wegnahme zu gestatten. RG 24 III 1905 JW. 1905 S. 280 [1].

[49]) §§ 946, 949 BGB. Verbindung mit einer beweglichen Sache § 947 Abs. 2.

wesentlichen Bestandteile des Grundstücks sind, so lassen sich an ihnen gesonderte Rechte begründen, doch soll ein Grundstücksteil, wenn er mit einem anderen Rechte als einer Dienstbarkeit oder einer Reallast belastet werden soll, im Grundbuch von dem Grundstück abgeschrieben und als selbständiges Grundstück eingetragen werden[50]).

Was die nicht wesentlichen Bestandteile einer Sache betrifft, so teilen auch sie im Allgemeinen das rechtliche Schicksal der Sache, dies gilt aber nur, soweit nicht im einzelnen Falle besondere Rechte an ihnen begründet sind. So wird durch die Übertragung des Eigentums der Sache das Eigentum an den nicht wesentlichen Bestandteilen nicht übertragen, welche im Eigentum eines Anderen stehen (vorbehaltlich der Bestimmungen der §§ 932, 892); ebenso berührt die Belastung der Sache mit einem Rechte diejenigen Bestandteile nicht, über die der Verfügende zu verfügen nicht berechtigt ist. Wird eine Sache als nicht wesentlicher Bestandteil mit einer anderen Sache verbunden, so bleiben die an ihr begründeten Rechte bestehen und kann Trennung verlangt werden[51]).

Der Bestandteilsbegriff bezieht sich nur auf körperliche Gegenstände, auf Sachen. Dagegen werden auch Rechte, die mit dem Eigentum an einem Grundstück verbunden sind (sogen. subjektiv dingliche Rechte), wie Bestandteile des Grundstücks behandelt. Sie sind keine Bestandteile des Grundstücks, aber sie gelten als solche[52]). Daß sie als wesentliche Bestandteile zu gelten hätten, ist nicht bestimmt, infolgedessen erscheint es möglich, daß z. B. ein an einem Grundstück bestehender Nießbrauch nicht auf die mit dem Grundstücks-Eigentum verbundene Grunddienstbarkeit sich erstreckt. Ob ein subjektiv-dingliches Recht von dem Eigentum an dem Grundstück getrennt werden kann, ist aus den für das betreffende Recht geltenden Vorschriften zu entnehmen[53]). Derartige Rechte können öffentlichrechtlicher Natur sein[54]); regelmäßig sind es Rechte des bürgerlichen Rechts, nämlich Grunddienstbarkeiten, Reallasten und Vorkaufsrechte. Im Grundbuch werden Rechte, die dem jeweiligen Eigentümer eines Grundstücks zustehen, auf Antrag auf dem Blatte des Grundstücks (des Berechtigten) vermerkt[55])[56]).

---

[50]) Vergl. § 6 GBO.

[51]) Planck 1 S. 163.

[52]) § 96 BGB. Mot. 3 S. 60, KProt. 3 S. 17.

[53]) Vergl. §§ 1103, 1110 BGB.

[54]) Z. B. das Recht auf Sitz und Stimme in einer politischen Körperschaft, das Patronatsrecht. Vergl. §§ 578 ff. ALR. II 11 und JW. 1901 S. 174[38], 1903 S. 300[34].

[55]) § 8 GBO.

[56]) Für die Überbau- und Notweg-Rente gelten besondere Vorschriften (§§ 912 ff. BGB.). Vergl. Predari S. 82 Anm. 2.

Von den Bestandteilen einer Sache ist das Zubehör zu unterscheiden. Es können Sachen, die an sich völlig selbständig sind, mit einer andern Sache, der Hauptsache, in einem solchen Verhältnisse stehen, daß sie im Verkehr als zu dieser Sache gehörig angesehen werden; solche Sachen werden Zubehör genannt[57])[58]). Zubehör können nur bewegliche Sachen[59]) sein. Unbewegliches Zubehör kennt das BGB. nicht; auch wenn ein Grundstück dazu bestimmt ist, dem wirtschaftlichen Zwecke eines anderen Grundstückes zu dienen, ist es rechtlich kein Zubehör. Zubehör kann ferner nicht sein, was Bestandteil ist; Zubehör können nur selbständige Sachen sein[60]). Selbständige bewegliche Sachen, die dem wirtschaftlichen Zwecke[61]) der Hauptsache zu dienen[62]) bestimmt sind[63]) und zu ihr in einem dieser Bestimmung ent-

---

[57]) § 97 BGB., Mot. 3 S. 61, KProt. 3 S. 17.

[58]) Die Frage der Zubehöreigenschaft einer beweglichen Sache und ihrer Mithaftung für eine vor dem 1. Jan. 1900 eingetragene Hypothek ist nach BGB. zu beurteilen (RG 26 IX 1903 JW. S. 388[17]), doch finden die Bestimmungen des BGB. keine Anwendung (Art. 189 EGBGB.), solange das Grundbuch noch nicht angelegt ist (RG 4 XII 1903 Sächs Arch. 14 S. 352). — Wird Zurückbringung von Zubehörstücken gefordert, so ist nach den zur Zeit des Verkaufs und der Wegschaffung geltenden Gesetzen die Zubehöreigenschaft zu beurteilen (RG 10 XI 1900 Recht 1901 S. 16[6]).

[59]) Aber Gebäude (§ 95 BGB.) können Zubehör sein. RG 19 IX 1903 E. 55 S. 284.

[60]) Das Schloß an der Haustüre ist Bestandteil, der Schlüssel Zubehör; die Fenster des Wohnhauses sind Bestandteile, die Winterfenster Zubehör. — Die Selbständigkeit der Sache geht nicht durch eine Verbindung mit der Hauptsache verloren; nur wenn die Verbindung derartig ist, daß die Sache als Bestandteil erscheint, kann die Zubehöreigenschaft nicht angenommen werden. BayObLG. Recht 1904 S. 385[86], SeuffBl. 70 S. 356 ff.

[61]) Gegensatz ist der persönliche Gebrauch durch den Besitzer der Sache; die Braufässer sind Zubehör, das Weinfaß, aus dem der Bierbrauereibesitzer sich seinen Tischwein zapft, hat nicht dem wirtschaftlichen Zwecke des Brauhauses zu dienen.

[62]) Die Sache muß nicht dem Betriebe unmittelbar zu dienen bestimmt sein. RG 26 I 1901 E. 47 S. 199 (Gerätschaften zu Vergnügungszwecken als Zubehör eines Restaurationsgrundstücks).

[63]) Wer die Sachen zu diesem Dienste bestimmt hat, der Eigentümer oder wer sonst, ist gleichgültig. Jedenfalls müssen die Sachen zur dauernden Benutzung bestimmt sein (RGE. 47 S. 201), die vorübergehende Benutzung einer Sache für den wirtschaftlichen Zweck einer anderen begründet nicht die Zubehöreigenschaft (§ 97 Abs. 2 BGB.). So wird das vom Pächter mitgebrachte Inventar regelmäßig kein Zubehör des Landguts werden. Planck § 97 Anm. 2d. — Zubehör werden ferner nur solche Sachen sein, die als bewegliche Sachen dem wirtschaftlichen Zwecke der Hauptsache zu dienen bestimmt sind, so daß Materialien, welche zur Ausbesserung, Vergrößerung oder Verschönerung eines Gebäudes bestimmt und auf dem Bauplatz befindlich sind, nicht als Zubehör des Gebäudes sich darstellen. A. A. Dernburg § 6 Anm. 14. Dagegen ist ein Dampfkessel, der auf dem Fabrikhof liegt, um als Nebensache Verwendung zu finden, sobald Bedarf eintritt, schon vor dieser Verwendung Zubehör (RG 3 V 1902 E. 51 S. 272).

sprechenden räumlichen Verhältnisse[64]) stehen, sind Zubehör[65]), sofern sie nicht[66]) im Verkehre nicht als Zubehör angesehen werden[67]). Das Zubehörverhältnis endigt, sobald eine im Gesetze angegebene Voraussetzung der Zubehöreigenschaft wegfällt, die vorübergehende Trennung eines Zubehörstückes von der Hauptsache hebt jedoch die Zubehöreigenschaft nicht auf.

Daß bei Gebäuden und Grundstücken, welche durch ihre Einrichtung[68]) zum Betriebe eines Gewerbes[69]), besonders der Landwirtschaft, bestimmt sind, das Inventar dem wirtschaftlichen Zwecke der Hauptsache, nicht den persönlichen Zwecken des Besitzers, zu dienen bestimmt ist, erkennt das BGB. ausdrücklich an. Es sind[70]) dem wirtschaftlichen Zwecke der Hauptsache zu dienen bestimmt bei einem Gebäude, das für einen gewerblichen Betrieb dauernd eingerichtet ist, insbesondere bei einer Mühle, einer Schmiede, einem Brauhaus, einer Fabrik, die zum Betriebe[71]) bestimmten Maschinen[72]) und sonstigen Gerätschaften[73])[74]),

---

[64]) Der Regel nach wird dieses räumliche Verhältnis darin bestehen, daß die Nebensache sich in, an oder auf der Hauptsache befindet (Turnau-Förster 1 S. 29), die Nebensache kann jedoch auch in einem abgetrennten Raume oder auf einem Nachbargrundstück (RG 19 IX 1903 E. 55 S. 285) oder auf einem nicht angrenzenden Grundstück sein (RG 26 I 1901 E. 47 S. 200).

[65]) Gewillkürtes Zubehör gibt es nach BGB. nicht (RGE. 55 S. 293).

[66]) Denjenigen, der die Zubehöreigenschaft bestreitet, trifft die Beweislast. RGE. 47 S. 201.

[67]) Ist das Zaumzeug des Pferdes Zubehör? Es wird auf die Auffassung des Verkehrs ankommen. — Öfen können Bestandteile oder Zubehör sein oder dem persönlichen Gebrauch des Besitzers dienen. Mot. 3 S. 63, KProt. 3 S. 19. — Nach RG 23 X 1901 (JW. 1901 S. 844[27]) sind Kachelöfen allgemein als Zubehör anzusehen.

[68]) Daß das Gebäude durch seine bauliche Einrichtung zu dem Gewerbebetrieb bestimmt sei, ist nicht verlangt; das Gewerbe (z. B. Schankwirtschaft) kann in einem Teile eines Wohngebäudes betrieben werden. RGE. 48 S. 207.

[69]) Auf die etwa erforderliche Konzession kommt es nicht an. RG. 30 III 1904 JW. 1904 S. 265[16] (Naturheilanstalt).

[70]) § 98 BGB. Mot. 3 S. 66, KProt. 3 S. 17, 22.

[71]) Zum Betrieb gehört auch der Vertrieb der hergestellten Waren. RGE. 47 S. 262 u. 199.

[72]) Da Zubehör nur Sachen sein können, die keine Bestandteile der Hauptsache sind, nach dem bisherigen Rechte aber angenommen wird (s. Anm. 27 und 42), daß auch die Maschinen, die zur Einrichtung eines Gewerbebetriebs gehören, wenn nicht nach § 93 so doch nach § 94 BGB. wesentliche Bestandteile seien, so ist bisher der Satz, daß die zum Betrieb einer Fabrik ꝛc. bestimmten Maschinen dem wirtschaftlichen Zwecke des Fabrik ꝛc.-Gebäudes zu dienen bestimmt seien, von keiner Bedeutung gewesen.

[73]) Der Ausdruck Gerätschaft dürfte nur leblose Gegenstände umfassen, nicht auch Tiere. Die bei Turnau-Förster 1 S. 37 angeführten Entscheidungen des RG. (insbesondere auch E. 47 S. 263) sind auf Grund der Bestimmungen des ALR. ergangen. Die Zubehöreigenschaft der zu einem Betrieb bestimmten Tiere ist allein nach § 97 BGB. zu beurteilen.

[74]) Vergl. RG 26 I 1901 E. 47 S. 197 (Zubehör eines Restaurations-

bei einem Landgut[75]) das zum Wirtschaftsbetriebe bestimmte Gerät und Vieh[76]), die landwirtschaftlichen Erzeugnisse[77]), soweit sie zur Fortführung der Wirtschaft bis zu der Zeit erforderlich sind[78]), zu welcher gleiche oder ähnliche Erzeugnisse voraussichtlich gewonnen werden, sowie der vorhandene auf dem Gute gewonnene Dünger[79]). Diese Sachen sind Zubehör, wenn sie keine Bestandteile der Hauptsache sind und wenn sie zu der Hauptsache in einem entsprechenden räumlichen Verhältnisse stehen, sofern nicht der Verkehr sie nicht als Zubehör ansieht.

Ein Recht kann weder Zubehörstück noch Hauptsache sein; auch die Hypothekurkunde ist kein Zubehör der Hypothekforderung[80]).

Während die Bestandteile einer Sache zur Vollendung derselben dienen und von den auf die Sache sich beziehenden Rechtsgeschäften begriffsmäßig getroffen werden, so daß die Rechte, welche an der Sache erworben werden, ohne weiteres auf jeden Bestandteil sich erstrecken, folgt das Zubehör an sich nur den obligatorischen Beziehungen der Hauptsache. Wo das Gesetz nicht bestimmt, daß ein an der Hauptsache begründetes Recht auch das Zubehör ergreift, teilen die Zubehörstücke das sachenrechtliche Schicksal der Hauptsache nur insoweit, als bezüglich ihrer die Voraussetzungen

---

grundstücks), 22 V 1901 E. 48 S. 207 (Schankwirtschaft), 17 V 1904 JW. 1904 S. 403 [3] (Hotelinventar). — Die dem persönlichen Gebrauch der Besitzer dienenden Gegenstände gehören nicht zu dem Zubehör. Daß die Einrichtung der Fremdenzimmer eines Gasthauses Zubehör ist, erscheint nicht zweifelhaft (vergl. PuchZ. 35 S. 148).

[75]) Landgüter sind Grundstücke, die zum selbständigen Betriebe der Landwirtschaft eingerichtet sind. Vergl. RGE. 20 S. 262. — Förster-Eccius 1 S. 110 Anm. 10: Landgut ist ein Gut, mit welchem Ackerbau und Viehzucht verbunden ist, gleichviel, ob das Grundstück auf städtischem Territorium oder auf dem platten Lande liegt, oder ob die Viehzucht in einem Züchten zum Verkauf besteht oder überhaupt nur im Interesse der Landwirtschaft gepflegt wird. — Eine Villa, die keine Beziehung zur Kultur des Grund und Bodens hat, ist nicht als Landgut anzusehen.

[76]) Gerät und Vieh sind nur dann Zubehör, wenn sie zum Wirtschaftsbetrieb bestimmt sind; Luxuswagen und Luxuspferde, die der Gutsbesitzer zum persönlichen Gebrauch hält, haben nicht Zubehöreigenschaft. Turnau-Förster 1 S. 38.

[77]) Daß die Erzeugnisse auf dem Gute gewonnen sind, ist nicht, wie bei dem Dünger, vorausgesetzt. Planck § 98 Anm. 3b, dagegen Staudinger Anm. 3b.

[78]) Eine abweichende Bestimmung des Besitzers ist rechtlich bedeutungslos. Turnau-Förster 1 S. 38.

[79]) Darauf, ob der Dünger zur Fortführung der Wirtschaft erforderlich ist, kommt es nicht an. Künstlicher Dünger ist nicht Zubehör (KProt. 3 S. 23), auch nicht nach § 97 BGB., denn er wird angeschafft, um als wesentlicher Bestandteil des Bodens verwendet zu werden. A. A. Planck § 98 Anm. 3c.

[80]) Jedoch kann ein Recht Zubehör haben, sofern die auf Grundstücke sich beziehenden Vorschriften für das Recht gelten (§ 1017 BGB., Art. 63, 68 EGBGB.).

erfüllt sind, von denen das Gesetz den Rechtserwerb abhängig macht[81])[82]).

Allgemeine Vorschriften gibt das BGB. noch über die Früchte einer Sache und über die Früchte eines Rechtes. **Früchte einer Sache** sind die Erzeugnisse der Sache und die sonstige Ausbeute, welche aus der Sache ihrer Bestimmung gemäß gewonnen wird[83]). Die Erzeugnisse der Sache sind Früchte, ohne Unterschied, ob die Sache wirtschaftlich zur Fruchtziehung bestimmt ist oder nicht. Ebensowenig ist der Fruchtbegriff beschränkt auf die Erzeugnisse, welche ohne Verminderung der Substanz der Sache gezogen werden können. Letzteres gilt auch für die Ausbeute, die aus der Sache gewonnen wird, auch hier ist die wirtschaftliche Ausnutzung keine Voraussetzung des Fruchtbegriffes[84]). Dagegen ist die Ausbeute nur dann als Frucht zu behandeln, wenn sie zur bestimmungsmäßigen Nutzung der Sache gehört (es gehört demnach z. B. die Ausbeute an Steinen zu den Früchten eines Steinbruches, aber nicht zu den Früchten eines Weinberges, dagegen gehören die Rebstöcke ebensogut zu den Früchten des Weinbergs wie die Trauben)[85]). Während hienach auch die Ergebnisse eines

---

[81]) Zubehörstücke können also Gegenstand besonderer Rechte sein. Das Eigentum kann vorbehalten werden (vergl. §§ 926, 1120 BGB., RG 27 IV 1901 JW. 1901 S. 382, 17. V 1904 JW. 1904 S. 403[3]). Zubehörstücke können auch selbständig verpfändet werden, s. Turnau-Förster 1 S. 35. Pfändung kann nicht stattfinden (§ 865 Abs. 2 ZPO.).

[82]) Mot. 3, 62. Der Wiederverkäufer hat den gekauften Gegenstand nebst Zubehör herauszugeben (§ 498 BGB.); die dem Ehegatten gehörenden Grundstücke nebst dem Zubehör sind eingebrachtes Gut (§ 1551). Soll sich die Veräußerung eines Grundstücks auf das Zubehör erstrecken — im Zweifel ist dies anzunehmen —, so erlangt der Erwerber mit dem Eigentum an dem Grundstück auch das Eigentum an den Zubehörstücken, jedoch nur soweit sie dem Veräußerer gehören, das Eigentum an fremden Zubehörstücken erlangt er nur durch gutgläubigen Erwerb des Besitzes dieser Sachen (§§ 926, 932 ff.). Gleiches gilt für den Nießbrauch (§ 1031). Die Hypothek erstreckt sich auf das Zubehör, jedoch mit Ausnahme der Zubehörstücke, welche nicht in das Eigentum des Grundeigentümers gelangt sind (§ 1120). Vergl. § 1265, ferner §§ 314, 1062, 1096, 2164 BGB., §§ 20, 21, 55, 99 ZVG. — Über Ausschließung von Zubehörstücken bei der Zwangsversteigerung s. RG 24 Okt 1903 JW. 1903 S. 434[10]. — Was den Besitz des Zubehörs betrifft, so wird, da es sich bei dem Besitze um ein tatsächliches Verhältnis, nicht um ein Recht handelt, mit dem Besitze der Hauptsache nicht ohne weiteres der Besitz des Zubehörs erworben. Stobbe 1 S. 618, Biermann § 854 Anm. 10.

[83]) § 99 Abs. 1 BGB. Mot. 3 S. 67, KProt. 3 S. 23. Z. B. Feldfrüchte, Tierjunge, Milch der Kühe, Wolle der Schafe, Viehdünger; Ausbeute des Steinbruchs, der Kiesgrube, der Mineralquelle usw.

[84]) Dagegen sagt Dernburg § 8 IV, nur eine solche Ausbeute aus der Sache entspreche ihrer Verkehrsbestimmung, welche unbeschadet des Kapitalstocks geschehe.

[85]) Die Bestimmung des Grundstücks zur Gewinnung der Ausbeute ergibt sich aus der Natur des Grundstücks oder erfolgt durch den Eigentümer. Planck 1 S. 173. Vergl. § 1037 BGB.

Raubbaues unter den Fruchtbegriff fallen, hat das BGB. das Recht auf den Bezug der Früchte eingeschränkt. So ist dem Pächter der Genuß nur an den Früchten zu gewähren, die nach den Regeln einer ordnungsmäßigen Wirtschaft als Ertrag anzusehen sind (§ 581), in ähnlicher Weise treffen die §§ 993, 1039, 2133 Vorkehrungen.

Früchte einer Sache sind ferner die Erträge, welche die Sache vermöge eines Rechtsverhältnisses gewährt[86]).

Früchte eines Rechtes sind in erster Linie die Erträge, welche das Recht seiner Bestimmung gemäß gewährt, insbesondere bei einem Rechte auf Gewinnung von Bodenbestandteilen die gewonnenen Bestandteile[87]). Diese Erträge entsprechen den natürlichen Früchten einer Sache (§ 99 Abs. 1). Sodann sind Früchte eines Rechtes auch die Erträge, welche das Recht vermöge eines Rechtsverhältnisses gewährt, z. B. bei Verpachtung des Rechts[88]).

Die Früchte einer Sache oder eines Rechtes sowie die Vorteile, welche der Gebrauch (Gegensatz: Verbrauch) der Sache oder des Rechtes gewährt, bezeichnet das BGB. mit dem Worte Nutzungen[89]).

Tritt ein Wechsel in der Person des Nutzungsberechtigten ein, so bedarf es häufig einer Auseinandersetzung hinsichtlich der Früchte. Für die Fälle, in denen weder durch besondere gesetzliche Bestimmung[90]) noch durch Rechtsgeschäft die Verteilung der Früchte geordnet ist, hat das BGB. allgemeine Vorschriften gegeben. Ist jemand berechtigt, die Früchte einer Sache oder eines Rechtes bis zu einer bestimmten Zeit oder von einer bestimmten Zeit an zu beziehen, so gebühren ihm die natürlichen Früchte einer Sache (§ 99 Abs. 1), auch wenn er sie als Früchte eines Rechtes zu beziehen hat, insoweit, als sie während der Dauer der Berechtigung von der Sache getrennt werden[91]), andere Früchte soweit, als sie während der Dauer der Berechtigung

---

[86]) § 99 Abs. 3 BGB. Den wichtigsten Fall bilden die für Sachen zu entrichtenden Miet- und Pachtgelder.

[87]) § 99 Abs. 2 BGB. Z. B. Reallastleistungen, das Wild, das ein Jagdberechtigter sich aneignet, die Ausbeute des Nießbrauchberechtigten, des Pächters, Sachen, die kraft einer Grunddienstbarkeit gewonnen werden, u. dergl.

[88]) § 99 Abs. 3 BGB. Hierher (nicht unter Abs. 2) dürften die Zinsen ausstehender Forderungen gehören (Rehbein Anm. 5d, Planck Anm. 4), ferner Renten, Dividenden, nicht aber Amortisationszahlungen (diese sind Kapitalsrückzahlungen), dagegen Pachtgelder bei Verpachtung eines Rechtes.

[89]) § 100 BGB. Mot. 3 S. 70, KProt. 3 S. 24. Gebrauch eines Reitpferdes, Zugtieres, eines Wohnhauses, Gartens usw.

[90]) Vergl. §§ 1039, 2133 BGB. Art. 59 EGBGB.

[91]) Über die Rechtsverhältnisse hinsichtlich Dienstlandes s. Josef Recht 1904 S. 498.

fällig[92]) werden, jedoch gebührt dem Berechtigten ein der Dauer seiner Berechtigung entsprechender Teil, wenn die Früchte in der Vergütung für die Überlassung des Gebrauchs oder des Fruchtgenusses, in Zinsen, Gewinnanteilen oder anderen regelmäßig wiederkehrenden Erträgen bestehen [93]). Diese Vorschriften finden Anwendung, gleichgültig ob das Bezugsrecht ein dingliches oder obligatorisches ist, also z. B. für die Auseinandersetzung unter mehreren aufeinanderfolgenden Eigentümern, für das Verhältnis zwischen Eigentümer und Nießbraucher, zwischen Verpächter und Pächter. Die Ausdehnung auf den Besitzer verfügt § 993 Abs. 2 BGB. Fällt der Erwerb des Eigentums an den Früchten nicht mit der Bezugsberechtigung zusammen, so kann der Bezugsberechtigte die Herausgabe von dem Eigentümer verlangen. Wer hienach oder auf Grund einer sonstigen gesetzlichen Bestimmung [94]) oder rechtsgeschäftlich zur Herausgabe von Früchten verpflichtet ist, kann Ersatz der auf die Gewinnung der Früchte verwendeten Kosten insoweit verlangen, als sie einer ordnungsmäßigen Wirtschaft entsprechen und den Wert der Früchte nicht übersteigen [95]).

Wie die Verteilung der regelmäßig wiederkehrenden Erträge nach dem Verhältnisse der Dauer der Berechtigung erfolgt, so hat auch, wer verpflichtet ist [96]), die Lasten einer Sache oder eines Rechtes bis zu einer bestimmten Zeit oder von einer bestimmten Zeit an zu tragen, sofern nicht ein Anderes bestimmt ist [97]), die regelmäßig wiederkehrenden Lasten [98]) nach dem Verhältnisse der Dauer seiner Verpflichtung zu tragen, andere Lasten, also einmalige oder in unbestimmten Zeiträumen wiederkehrende, treffen ihn insoweit, als sie während der Dauer seiner Verpflichtung zu entrichten sind [99]).

§ 5. Das Rechtsgeschäft.

Rechtsgeschäft im Sinne des BGB. ist eine Privatwillenserklärung, die gerichtet ist auf die Hervorbringung eines recht-

---

[92]) Der Zeitpunkt ist demnach maßgebend, in welchem nach dem betreffenden Rechtsverhältnisse die Leistung gefordert werden kann; eine Stundung kommt nicht in Betracht.

[93]) § 101 BGB. Mot. 3 S. 71, KProt. 3 S. 24.

[94]) Vergl. §§ 292, 347, 446, 487, 667, 818, 987, 1656, 2020, 2023, 2184. Besondere Vorschriften über den Kostenersatz geben die §§ 592, 998, 1055, 1421 BGB.

[95]) § 102 BGB. KProt. 3 S. 357, 6 S. 119. Es werden auch außergewöhnliche Bestellungskosten früherer Jahre in Ansatz zu bringen sein. Dernburg § 9. II. 3.

[96]) Vergl. §§ 446, 546 BGB.

[97]) S. §§ 995, 1047, 1385 BGB.

[98]) Z. B. Grundsteuern, Hypothekzinsen, Renten bei Rentenschuld.

[99]) § 103 BGB. Mot. 3 S. 76, KProt. 3 S. 25.

lichen Erfolges, dessen Eintritt die Rechtsordnung von dem Wollen abhängig macht[1]). Nur die Willenserklärungen von Privatpersonen nennt man Rechtsgeschäfte; Verfügungen, die vermöge einer Amtsgewalt ergehen, Urteile, Beschlüsse, Eintragungen in das Grundbuch u. s. w., sind keine Rechtsgeschäfte. Ist aber eine Person zur Abgabe einer Willenserklärung verurteilt, so gilt die Erklärung als abgegeben, sobald das Urteil die Rechtskraft erlangt hat[2]); eine derartige urteilsmäßig abgegebene Willenserklärung fällt unter die Rechtsgeschäfte. Die Erklärung gilt als abgegeben in der Weise und vor der Behörde, wie es nach dem Zwecke, dem sie dienen soll, erforderlich ist. Das rechtskräftige Urteil ersetzt eine formgerecht abgegebene Willenserklärung des Verurteilten[3]).

Zu den Rechtsgeschäften gehören auch Willenserklärungen, die kraft gesetzlicher Vorschrift als abgegeben gelten, sobald ein bestimmtes Ereignis eingetreten ist, z. B. in den Fällen der §§ 108 Abs. 2, 177 Abs. 2, 1396 Abs. 2, 1448 Abs. 2 BGB.

Der Wille des Privaten muß erklärt sein, wenn er als Rechtsgeschäft in Betracht kommen soll. Erst dadurch, daß er durch eine Handlung in die Außenwelt tritt, erhält er für das Recht eine Bedeutung. Die Erklärung oder die Äußerung des Willens kann ausdrücklich oder stillschweigend sein, sie muß aber dem inneren Vorgange, dem Willen, entsprechen[4]).

Der kundgegebene Wille muß auf die Hervorbringung eines rechtlichen Erfolges gerichtet sein. Regelmäßig wird es sich um die Entstehung oder die Änderung, Übertragung oder Aufhebung oder auch um die Sicherung eines Rechtes handeln. Aus der Willenserklärung muß sich das Rechtsverhältnis erkennen

---

Zu § 5.

[1]) Mot. 1 S. 126. Dagegen Staudinger 1 S. 293: Rechtsgeschäft sei nicht die Willenserklärung als solche, sondern der die Rechtswirkung begründende, eine Willenserklärung als wesentliches Element enthaltende Tatbestand in seiner Gesamtheit. Nach Enneccerus 1 S. 335 ist Rechtsgeschäft ein Tatbestand, der eine Willenserklärung (oder eine Mehrheit von solchen) enthält und die in dieser als gewollt bezeichnete Rechtswirkung herbeiführt. Cosack 1 § 51 sagt, Rechtsgeschäft sei eine Willensäußerung, d. h. eine Handlung, aus welcher das Vorhandensein eines bestimmten Willens auf seiten der handelnden Personen zu folgern sei. Crome 1 § 73 Anm. 1 erklärt es für verfehlt, Willensäußerung und Willenserklärung zu identifizieren.

[2]) § 894 ZPO.

[3]) Mot. 3 S. 197, KProt. 3 S. 68. Vergl. RGE. 31 S. 359, Turnau-Förster 1 S. 105.

[4]) Ist der Sinn der Willensäußerung zweifelhaft, so ist der wirkliche Wille zu erforschen, wobei nicht an dem buchstäblichen Sinne des Ausdruckes zu haften ist (§ 133 BGB.). Die Abweichung von dem buchstäblichen Sinn hat allerdings ihre Grenzen, ein Wille, der keinen Ausdruck gefunden hat, kann auch nicht auf dem Wege der Auslegung festgestellt werden. Vergl. RGE. 54 S. 111, JW. 1905 S. 336[3].

lassen, welches behufs Erreichung des wirtschaftlichen Zweckes, den die Beteiligten vor Augen haben, gewollt wird, mag auch der Erklärende nicht aller rechtlichen Konsequenzen des betreffenden Rechtsverhältnisses sich bewußt sein[5]).

Es muß endlich die Rechtsordnung die Verwirklichung des beabsichtigten rechtlichen Erfolges durch Rechtsgeschäft zulassen. Abgemeine Bestimmungen in dieser Beziehung enthalten die §§ 134, 138 BGB. Im Übrigen ergeben die auf die einzelnen Rechtsverhältnisse sich beziehenden Vorschriften des BGB., ob und in welcher Art ein Rechtsverhältnis durch Rechtsgeschäft begründet oder geändert werden kann. Auf dem Gebiete der Schuldverhältnisse gilt im allgemeinen der Grundsatz der Vertragsfreiheit; was nicht für unzulässig erklärt ist, ist zulässig. Anders ist es auf dem Gebiete des Sachenrechts; im Sachenrecht sind die zulässigen Rechtsverhältnisse besonders bestimmt.

Ein Rechtsgeschäft, das aus irgend welchem Grunde den gewollten rechtlichen Erfolg nicht hat, wird als unwirksam bezeichnet.

Willenserklärungen (Handlungen), an welche Rechtswirkungen sich anschließen, für deren Eintritt aber nach der Rechtsordnung gleichgiltig ist, ob sie von dem Handelnden gewollt oder nicht gewollt sind, fallen nicht unter den Begriff Rechtsgeschäft, sie gehören zur Kategorie der Rechtshandlungen[6]).

Die Fähigkeit zur Vornahme wirksamer Rechtsgeschäfte bezeichnet das BGB. als Geschäftsfähigkeit. Geschäftsunfähig sind Kinder unter 7 Jahren, ferner die wegen Geisteskrankheit Entmündigten und solche Personen, welche sich in einem die freie Willensbestimmung ausschließenden Zustande krankhafter Störung der Geistesthätigkeit befinden, sofern nicht der Zustand seiner Natur nach ein vorübergehender ist[7]). Die Willenserklärungen Geschäftsunfähiger sind nichtig. Nichtig sind auch Willenserklä-

---

[5]) Wird ein Rechtsgeschäft vorgenommen in der Annahme, ein bestimmter rechtlicher Erfolg (z. B. Übergang eines Gewährleistungsanspruchs) trete kraft Gesetzes mit der Vornahme des Rechtsgeschäfts (z. B. Abtretung einer Hypothekforderung) ein, so ist auch dieser Erfolg gewollt. A. A. RG. 13 IV 1905, IV 503/1904.

[6]) Mot. 1, 127. Die wichtigsten Rechtshandlungen sind die unerlaubten Handlungen (§§ 823 ff.), außer ihnen werden in den Motiven angeführt die Begründung und Aufhebung des Wohnsitzes, die Führung fremder Geschäfte ohne Auftrag, die Besitzerwerbshandlung, die Spezifikation. Die Grenze ist häufig bestritten, z. B. bei der Mahnung (§ 284), bei der Aufgabe des Eigentums (§ 959), bei der Aneignung (§ 958). Soweit das Gesetz nicht Bestimmungen getroffen hat (§§ 8, 682), ist bei den einzelnen Rechtshandlungen zu prüfen, ob die Fähigkeit zur Vornahme nach den Vorschriften über die Geschäftsfähigkeit zu beurteilen ist. Vergl. Planck 1 S. 186.

[7]) § 104 BGB. Vergl. § 51 StGB.

rungen, die im Zustande der Bewußtlosigkeit oder vorübergehenden Störung der Geistesthätigkeit abgegeben werden [8]).

Beschränkt geschäftsfähig sind die Minderjährigen, welche das 7. Lebensjahr vollendet haben, die wegen Geistesschwäche, Verschwendung oder Trunksucht Entmündigten und die nach § 1906 BGB. unter vorläufige Vormundschaft Gestellten [9]). Diese Personen bedürfen zu Willenserklärungen der Einwilligung, d. h. der vorherigen Zustimmung, des gesetzlichen Vertreters; ausgenommen sind Willenserklärungen, durch die sie lediglich einen rechtlichen Vorteil erlangen, ferner Willenserklärungen, welche der Betrieb eines Erwerbsgeschäftes mit sich bringt (§ 112), und Willenserklärungen, welche die Eingehung oder Aufhebung eines Dienst- oder Arbeitsverhältnisses oder die Erfüllung der sich aus einem solchen Verhältnisse ergebenden Verpflichtungen betreffen (§ 113 BGB.).

Die Einwilligung des gesetzlichen Vertreters reicht unter Umständen nicht aus; nimmt nämlich der beschränkt Geschäftsfähige mit der Einwilligung des gesetzlichen Vertreters ein einseitiges Rechtsgeschäft einem Andern gegenüber vor, so ist das Rechtsgeschäft unwirksam, wenn der beschränkt Geschäftsfähige die Einwilligung nicht in schriftlicher Form vorlegt und der Andere das Rechtsgeschäft aus diesem Grunde unverzüglich zurückweist. Doch ist die Zurückweisung ausgeschlossen, wenn der Vertreter den Anderen von der Einwilligung in Kenntnis gesetzt hatte [10]).

Mangelt die Einwilligung des gesetzlichen Vertreters, so können Verträge, die der beschränkt Geschäftsfähige geschlossen hat, wirksam werden durch Genehmigung, d. h. nachträgliche Zustimmung, des Vertreters oder des unbeschränkt geschäftsfähig Gewordenen selbst (§§ 108, 109) oder durch Erfüllung mit Mitteln, die dem beschränkt Geschäftsfähigen zur Verfügung stehen (§ 110). Einseitige Rechtsgeschäfte dagegen (z. B. Kündigungen), die der beschränkt Geschäftsfähige ohne die erforderliche Einwilligung des gesetzlichen Vertreters vornimmt, sind unwirksam [11]).

Die Unwirksamkeit von Rechtsgeschäften hat häufig ihren Grund in Willensmängeln. Es kann sein, daß ein Wille, der in einer Erklärung (Handlung) ausdrücklich erscheint, in Wirklichkeit nicht vorhanden ist. Der Wille kann fehlen, weil der Erklärende absichtlich eine seinem Willen nicht entsprechende Erklärung

---

[8]) § 105 BGB. Für Empfangnahme von Willenserklärungen s. § 131 BGB.

[9]) §§ 106, 114 BGB.

[10]) §§ 107, 111 BGB.

[11]) Über die Verantwortlichkeit für unerlaubte Handlungen s. §§ 827—829, für Verletzung obligatorischer Verpflichtungen § 276 BGB. Über die Geschäftsfähigkeit der Ausländer Art. 7 EGBGB., der Ehefrauen Art. 200 Abs. 3 EGBGB.

abgibt, er kann auch fehlen infolge eines Irrtums des Erklärenden, sei es, daß der Erklärende infolge des Irrtums nicht erkannte, daß er eine Erklärung des betreffenden Inhalts abgebe, oder daß er den Inhalt seiner Erklärung unrichtig auffaßte [12]). Ist sich der Erklärende der Nichtübereinstimmung der Erklärung mit seinem Willen bewußt, so ist die (nicht dem Willen entsprechende) Erklärung nichtig. So ist eine nicht ernstlich gemeinte Willenserklärung, die in der Erwartung abgegeben wird, der Mangel der Ernstlichkeit werde nicht verkannt, nichtig [13]), ferner ist eine Willenserklärung, die einem Anderen gegenüber abzugeben ist, nichtig, wenn sie mit dessen Einverständnis nur zum Schein abgegeben wird [14]). Ebenso ist eine empfangsbedürftige Willenserklärung nichtig, wenn der Erklärende sich insgeheim vorbehält, das Erklärte nicht zu wollen (also nicht im Einverständnis mit dem Anderen handelt), der Andere aber den Vorbehalt kennt [15]). Dagegen ist eine Willenserklärung (ohne Unterschied, ob empfangsbedürftig oder ob nicht empfangsbedürftig) nicht deshalb nichtig, weil sich der Erklärende, ohne daß der Andere den Vorbehalt kennt, insgeheim vorbehält, das Erklärte nicht zu wollen [16]).

In den Fällen, in denen der Erklärende im Irrtum über die Abgabe der Erklärung oder im Irrtum über den Inhalt seiner Erklärung ist, ist die Erklärung unter 'gewissen Voraussetzungen anfechtbar. Wer bei der Abgabe einer Willenserklärung über deren Inhalt im Irrtum war oder eine Erklärung dieses Inhalts überhaupt nicht abgeben wollte, kann die Erklärung anfechten, wenn anzunehmen ist, daß er sie bei Kenntnis der Sachlage und bei verständiger Würdigung des Falles nicht abgegeben haben würde [17]). Unter der gleichen Voraussetzung kann eine Willenserklärung angefochten werden, welche durch die zur Übermittelung

---

[12]) Planck 1 S. 209.

[13]) § 118 BGB.; hierher gehören z. B. die Fälle des Scherzes, der Prahlerei. Jedoch kann nach § 122 BGB. eine Schadensersatzpflicht eintreten.

[14]) § 117 BGB.; Scheingeschäft. Die Nichtigkeit gilt auch Dritten gegenüber, unbeschadet der Vorschriften, die zu Gunsten derjenigen gegeben sind, welche Rechte von einem Nichtberechtigten herleiten (vergl. §§ 892, 932). Schadensersatzpflicht gegebenen Falles nach §§ 823 ff. BGB. Ist durch das Scheingeschäft ein anderes Rechtsgeschäft verdeckt, so ist das verdeckte Rechtsgeschäft wirksam, wenn es den für solche Rechtsgeschäfte geltenden Vorschriften entspricht (§ 117 Abs. 2).

[15]) § 116 BGB.

[16]) Mentalreservation § 116 Satz 1 BGB.

[17]) § 119 BGB. Ein Irrtum über den Gegenstand oder die Art des Rechtsgeschäfts sowie über die Person, mit welcher das Rechtsgeschäft vorgenommen wird, ist immer ein Irrtum über den Inhalt des Rechtsgeschäfts. Planck 1 S. 213. Als Irrtum über den Inhalt der Erklärung gilt auch der Irrtum über solche Eigenschaften der Person oder der Sache, die im Verkehr als wesentlich angesehen werden (§ 119 Abs. 2). — Schadensersatzpflicht nach § 122 BGB.

verwendete Person oder Anstalt unrichtig übermittelt worden ist[18]). Die Anfechtung muß unverzüglich (ohne schuldhaftes Zögern) erfolgen, nachdem der Anfechtungsberechtigte von dem Anfechtungsgrunde Kenntnis erlangt hat, sie ist ausgeschlossen, wenn seit der Abgabe der Willenserklärung 30 Jahre verstrichen sind[19]).

Da der Wille frei sein soll, kann auch derjenige, der zur Abgabe einer Erklärung durch arglistige Täuschung oder widerrechtlich durch Drohung bestimmt worden ist, die Erklärung anfechten[20]). Die Anfechtung kann nur binnen Jahresfrist erfolgen; sie ist ausgeschlossen, wenn seit der Abgabe der Willenserklärung 30 Jahre verstrichen sind[21]).

Was die einzelnen Arten der Rechtsgeschäfte anlangt, so unterscheidet das BGB. vor allem einseitige Rechtsgeschäfte und Verträge. Das Rechtsgeschäft ist ein einseitiges, wenn zu seiner Vollendung die Willensäußerung einer einzigen Person genügt (z. B. Testament). Bedarf es zum Eintritt des rechtlichen Erfolges der zusammentreffenden und ihrem Inhalte nach sich entsprechenden Willensäußerung mehrerer Personen, die einander gegenüber stehen[22]), so ist das Rechtsgeschäft ein mehrseitiges oder ein Vertrag. Nur in wenigen Fällen (z. B. Annahme einer Erbschaft §§ 1943, 1946) genügt zur Herbeiführung der rechtlichen Wirkung die einseitige irgendwie abgegebene Willenserklärung. In den meisten Fällen muß die Willenserklärung um wirksam zu sein, gegenüber einer Privatperson (z. B. bei der Anfechtung § 143) oder gegenüber einer Behörde (z. B. Verzicht auf das Eigentum an einem Grundstück § 928) oder entweder gegenüber einer bestimmten Privatperson oder einer Behörde (z. B.

---

[18]) § 120 BGB. Auf welchen Gründen die Unrichtigkeit der Übermittelung beruht, ist gleichgültig. — Schadensersatzpflicht nach § 122 BGB.

[19]) § 121 BGB. Die Anfechtung erfolgt durch Erklärung gegenüber dem Anfechtungsgegner (§ 143 BGB.). Die einem Abwesenden gegenüber erfolgte Anfechtung (§ 130) gilt als rechtzeitig erfolgt, wenn die Anfechtungserklärung unverzüglich abgesandt worden ist (§ 121 Abs. 1 Satz 2). — Wird ein anfechtbares Rechtsgeschäft angefochten, so ist es als von Anfang an nichtig anzusehen (§ 142 BGB.).

[20]) Hat ein Dritter die Täuschung verübt, so ist eine Erklärung, die einem Anderen gegenüber abzugeben war, nur dann anfechtbar, wenn dieser Andere die Täuschung kannte oder kennen mußte. Soweit ein Anderer als derjenige, welchem gegenüber die Erklärung abzugeben war, aus der Erklärung unmittelbar ein Recht erworben hat, ist die Erklärung ihm gegenüber anfechtbar, wenn er die Täuschung kannte oder kennen mußte (§ 123 BGB.).

[21]) § 124 BGB. Die Frist beginnt im Falle der arglistigen Täuschung mit dem Zeitpunkte, in welchem der Anfechtungsberechtigte die Täuschung entdeckt, im Falle der Drohung mit dem Zeitpunkt, in welchem die Zwangslage aufhört. Auf den Lauf der Frist finden die für die Verjährung geltenden Vorschriften des § 203 Abs. 2 und der §§ 206, 207 entsprechende Anwendung.

[22]) Die Zustimmung eines Gewalthabers macht das Rechtsgeschäft nicht mehrseitig.

in den Fällen der §§ 875, 876, 880 Abs. 2) abgegeben werden. Darauf beruht die Unterscheidung zwischen **empfangsbedürftigen** und **nicht empfangsbedürftigen** Rechtsgeschäften.

Von besonderer Bedeutung ist die Scheidung zwischen Schuldvertrag oder obligatorischem Vertrag und dinglichem Vertrag. **Schuldvertrag** ist die wechselseitige Einigung zur Begründung, Änderung, Übertragung oder Aufhebung eines Schuldverhältnisses, **dinglicher Vertrag**[23]) ist die Willenseinigung über die Begründung, Änderung, Übertragung oder Aufhebung eines dinglichen Rechtes. Der obligatorische (oder Schuld-)Vertrag begründet die persönliche Verpflichtung zu einer Leistung, der dingliche Vertrag bewirkt die Leistung, ist Vollzug des obligatorischen[24]). Der dingliche Vertrag ist unmittelbar auf den Eintritt der beabsichtigten Rechtsänderung gerichtet. Der Wille, sich zu einer künftigen Leistung zu verpflichten, ist in den Erklärungen, die zur dinglichen Einigung erforderlich sind, nicht enthalten.[25])

Für die Rechtsgeschäfte, durch welche unmittelbar ein Recht übertragen, belastet, geändert oder aufgehoben wird, hat das BGB. ein besonderes Wort, es nennt diese Rechtsgeschäfte **Verfügungen**[26])[27]). Enger sind die Begriffe Veräußerung und Be-

---

[23]) Das BGB. spricht in den §§ 873, 880, 925, 929, 1015, 1032, 1205 nicht von Vertrag, sondern von Einigung der Parteien. Diese Einigung ist Vertrag, es finden daher auf eine solche Einigung die allgemeinen Vorschriften über Rechtsgeschäfte und Verträge Anwendung. Vergl. Planck 3 S. 20. Turnau-Förster 1 S. 90. S. auch RGE. 54 S. 366.

[24]) Durch den Kaufvertrag z. B. wird der Verkäufer verpflichtet, dem Käufer die Sache zu übergeben und das Eigentum an der Sache zu verschaffen (§ 433). Durch den Abschluß dieses (obligatorischen) Vertrages entstehen nur persönliche (obligatorische) Beziehungen zwischen dem Verkäufer und Käufer. Verletzt der Verkäufer seine Vertragspflicht, indem er z. B. die Sache einem Dritten zu eigen gibt, so hat der Käufer Ansprüche gegen den Verkäufer, aber nicht gegen den Dritten, auch wenn dieser Kenntnis von dem Kaufabschlusse hatte. Der Vertragswille erstreckt sich bei dem obligatorischen Vertrage nicht über die Person der Parteien und ihrer Universalsuccessoren hinaus, ein dingliches Recht, eine unmittelbare Herrschaft über die Sache, erzeugt der obligatorische Vertrag nicht. Erst durch den Abschluß des dinglichen Vertrags, erst durch die Einigung, daß das Eigentum übergehe, kommt das dingliche Recht, hier das Eigentumsrecht des Käufers, zur Entstehung. Selbstverständlich können, soweit nicht Formvorschriften bestehen, der obligatorische und der dingliche Vertrag in Einem Akte vor sich gehen.

[25]) Streitig ist, ob durch die Einigung ein obligatorischer Anspruch auf Erfüllung begründet wird, ob also auf Grund der dinglichen Einigung auf Ausstellung oder Aushändigung einer formgerechten Eintragungsbewilligung geklagt werden kann. Die Frage ist zu verneinen, nur aus dem Kausalgeschäft können Ansprüche entstehen. Ebenso Planck § 873 Anm. 4, Willenbücher S. 5, Predari S. 110 Anm. 13, Biermann § 873 Anm. 3, Cosack 2 S. 20 u. a., auch wohl Turnau-Förster § 873. III B 1. A. A. Förster Recht 1903 S. 55, Oberneck S. 183, Fuchs S. 64, Staudinger § 873 VIId, Endemann 2 § 21 Nr. 3.

[26]) Mot. 1 S. 128. Vergl. §§ 135, 137, 161 ꝛc. Der Begriff der Ver-

lastung. Unter Veräußerung versteht das BGB. nur die Übertragung des Eigentums oder eines sonstigen Rechtes, unter Belastung die Begründung eines dinglichen Rechtes an einem Gegenstand. Außer der Veräußerung und Belastung umfaßt der Begriff Verfügung auch die Änderung und Aufhebung eines Rechtes. Als Aufhebung stellt sich auch die Annahme einer geschuldeten Leistung dar, desgleichen der Erlaß einer Forderung; die Kündigung eines Rechtsverhältnisses durch den Berechtigten erscheint als Änderung des Rechts.

Mit der Unterscheidung in obligatorische und dingliche Rechtsgeschäfte deckt sich nahezu die Unterscheidung in kausale und abstrakte Rechtsgeschäfte. Jede rechtsgeschäftliche Willenserklärung, durch die aus dem Vermögen des Einen etwas in das Vermögen eines Anderen gebracht werden soll, geschieht entweder zum Zwecke der Erlangung eines Gegenwertes oder zum Zwecke der Erweisung einer Freigebigkeit. Dieser Zweck bildet zugleich den Grund, aus welchem das Rechtsgeschäft vorgenommen wird, den Rechtsgrund oder die Kausa. Hinter dem unmittelbaren Rechtsgrunde, der zur Abschließung des Rechtsgeschäfts führt, können andere Beweggründe stehen. Eine Schenkung z. B. kann aus Dankbarkeit, aus Wohlwollen erfolgen, ein Kauf aus dem Grunde, weil man mit dem Kaufobjekt eine Schenkung machen oder weil man durch Weiterverkauf Gewinn erzielen will. Diese Beweggründe sind rechtlich regelmäßig ohne Bedeutung, aber der

---

fügung ist nicht auf die Fälle einzuschränken, in denen Jemand ein ihm zustehendes Recht überträgt, belastet, ändert oder aufhebt, das BGB. kennt auch Verfügungen Nichtberechtigter. Die Zustimmung des Berechtigten zu der Verfügung des Nichtberechtigten (§ 185 BGB.) ist gleichfalls Verfügung (BayOLG. Recht 1902 S. 150[90]). — Setzt der Begriff der Verfügung voraus, daß der Gegenstand, über den verfügt wird, schon vorhanden ist? Vergl. Eccius GruchBeitr. 48 S. 465 u. DJZ. 1904 S. 53. Soweit zur Verfügung die Übergabe einer Sache erforderlich ist, kann sie nicht vor sich gehen, ehe die Sache vorhanden ist. Die Abtretung künftiger, nur als möglich vorausgesetzter, Forderungen ist in einem Urteile des RG. vom 29. Sept. 1903 E. 55 S. 334 für zulässig erklärt. Es möchte vorzuziehen sein, die Zulässigkeit der Abtretung einzuschränken auf Forderungen, die in einem bereits bestehenden Rechtsverhältnisse ihre Grundlage haben. Vergl. RG. 29 IV 1904 JW. 1904 S. 364[30]. BayZfR. 1 S. 152, 153.

[27]) Obligatorische Rechtsgeschäfte fallen nicht unter den Begriff Verfügung, durch ein solches Rechtsgeschäft kann man sich nur zu einer Verfügung verpflichten (vergl. z. B. § 1444). Die Prozeßführung gehört nicht zu den Verfügungen (Mot. 1 S. 129).

Häufig ist der rechtsgeschäftlichen Verfügung eine Verfügung gleichgestellt, die im Wege der Zwangsvollstreckung oder der Arrestvollziehung oder durch den Konkursverwalter erfolgt, vergl. §§ 135, 161, 184, 353, 499, 883, 2115.

Der Ausdruck Verfügung wird im BGB. noch in zwei anderen Bedeutungen gebraucht. Es wird von gerichtlicher Verfügung, einstweiliger Verfügung, Verfügung der Staatsgewalt, ferner von Verfügung von Todeswegen oder letztwilliger Verfügung gesprochen.

Rechtsgrund hat immer rechtliche Bedeutung. Diese Bedeutung ist verschieden, je nachdem der Rechtsgrund einen wesentlichen Bestandteil des Rechtsgeschäftes bildet oder nicht. Rechtsgeschäfte, bei denen der Rechtsgrund zum Wesen des Rechtsgeschäftes gehört, heißen kausale, Rechtsgeschäfte, bei denen der Rechtsgrund nicht wesentlich ist, heißen abstrakte[28]). Bei dem abstrakten Rechtsgeschäft wird von dem Rechtsgrund abgesehen, es ist wirksam ohne Rücksicht darauf, ob ein Rechtsgrund bestand und worin er bestand. Abstrakter Natur sind z. B. die Rechtsgeschäfte, welche den sachenrechtlichen Verkehr vermitteln. An den Inhalt des dinglichen Rechtsgeschäftes stellt das BGB. nur die Anforderung, daß der auf die Herbeiführung des rechtlichen Erfolges (also auf die Begründung, Änderung, Übertragung oder Aufhebung des dinglichen Rechtes) gerichtete Wille der Beteiligten erklärt wird.[29]) Diese Kundgebung des Willens genügt, auf einen Rechtsgrund kommt es nicht an. Die Parteien mögen bei einem dinglichen Vertrage verschiedene Rechtsgründe vorausgesetzt haben, es kann auch der vorausgesetzte Rechtsgrund ungültig oder nicht vorhanden sein, die Wirksamkeit des dinglichen Vertrages wird dadurch nicht berührt.[30]) Der Mangel des Rechtsgrundes äußert seine Bedeutung auf dem obligatorischen Gebiete. Wer durch die Leistung eines Anderen oder in sonstiger Weise auf dessen Kosten etwas ohne rechtlichen Grund erlangt, ist ihm zur Herausgabe verpflichtet; diese Verpflichtung besteht auch dann, wenn der rechtliche Grund später wegfällt oder der mit einer Leistung nach dem Inhalte des Rechtsgeschäfts bezweckte Erfolg nicht eintritt[31]). Hat demnach z. B. im Vollzuge eines nichtigen Kaufvertrags die Einigung über den Übergang des Eigentums an einem Grundstücke stattgefunden und ist der Käufer als Eigentümer in das Grundbuch eingetragen, so hat der Verkäufer, da auf seine Kosten der Andere ohne rechtlichen Grund die Liegenschaft erlangt hat, gegen ihn einen persönlichen Anspruch auf Rückübertragung des Eigentums an dem Grundstück.[32])

---

[28]) Vergl. RGE. 52 S. 114.

[29]) Willensmängel, die bei der dinglichen Einigung vorliegen (Irrtum, Betrug usw.), beeinflussen das dingliche Rechtsgeschäft. Inwieweit anzunehmen ist, daß ein dem Kausalgeschäft zu Grunde liegender Willensmangel bei dem dinglichen Rechtsgeschäft fortdauert, hängt von den Umständen des einzelnen Falles ab.

[30]) Vergl. Denkschr. S. 657. — Der unsittliche Charakter eines Rechtsgeschäfts macht nicht das dingliche Rechtsgeschäft nichtig. U. A. RG 19 II 1904 E. 57 S. 95. Planck § 138 Anm. 1b. Dagegen s. Förster Recht 1905 S. 356.

[31]) §§ 812 ff. BGB.

[32]) Gerät der Erwerber in Konkurs, so hat der Veräußerer keinen Anspruch auf Aussonderung (§ 43 KO.), sondern eine Konkursforderung. Anders verhält es sich, wenn das dingliche Rechtsgeschäft nichtig ist, dann ist das Eigentum auf den Erwerber nicht übergegangen.

Daß im Sachenrecht keine Vertragsfreiheit gilt, ist schon hervorgehoben[33]); die Beteiligten können auf dem Gebiete des Sachenrechts nur solche Rechte begründen, deren Begründung das Gesetz zuläßt, es ist nicht gestattet, jedem beliebigen persönlichen Rechte, welches sich auf eine bestimmte Sache bezieht, dinglichen Charakter beizulegen. Für die Rechtsgeschäfte des Sachenrechts gilt auch der Grundsatz der Formfreiheit nicht. Regelmäßig muß die erforderliche Willenserklärung in einer bestimmten Form abgegeben werden oder doch von einem formalen Elemente begleitet sein, um die beabsichtigte sachenrechtliche Wirkung hervorzubringen. Dieses formale Element ist für die beweglichen Sachen die Übergabe (Tradition), für die unbeweglichen die Eintragung in das Grundbuch, in gewissen Fällen die Übergabe des Hypotheken-, Grund- oder Rentenschuldbriefes[34]). Soweit allerdings das Gesetz eine Form nicht vorgeschrieben hat, ist natürlich im Sachenrecht ebensowenig wie im Recht der Schuldverhältnisse eine Form zu beobachten. Ein Rechtsgeschäft, das der durch Gesetz vorgeschriebenen Form ermangelt, ist nichtig; ist durch Rechtsgeschäft eine Form bestimmt, so hat der Mangel der Form im Zweifel gleichfalls Nichtigkeit zur Folge[35]).

Bei den obligatorischen und bei den dinglichen Rechtsgeschäften kann die rechtliche Wirkung durch eine aufschiebende oder eine auflösende Bedingung sowie durch die Bestimmung eines Anfangs- oder Endtermins beschränkt werden. Für einzelne Rechtsgeschäfte ist dies untersagt, insbesondere für die Auflassung[36]). Soweit kein derartiges Verbot besteht, ist bei allen Rechtsgeschäften die Beifügung einer Bedingung oder die Bestimmung eines Termins zulässig.

Im Sinne des BGB. ist Bedingung die in einem Rechtsgeschäft enthaltene Bestimmung, kraft welcher die Wirkung des Rechtsgeschäfts erst mit dem Eintritt eines zukünftigen ungewissen Ereignisses eintreten oder mit dem Eintritte des Ereignisses aufhören soll[37]). So lange die aufschiebende Bedingung nicht erfüllt ist, ist die rechtliche Wirkung des Rechtsgeschäfts nicht eingetreten, das Recht noch nicht entstanden. Mit dem Eintritt der Bedingung tritt die rechtliche Wirkung ohne weiteres ein, aber

---

[33]) S. 5, 24.

[34]) Mot. 3, 7.

[35]) § 125 BGB. Der Mangel der gesetzlichen Form kann durch Erfüllung geheilt werden in den Fällen der §§ 313, 518, 766 BGB.

[36]) § 925 BGB.

[37]) Planck 1 S. 274. Ist die Bedingung zur Zeit der Vornahme des Rechtsgeschäfts bereits eingetreten oder ausgefallen, so liegt ein bedingtes Rechtsgeschäft auch dann nicht vor, wenn die Parteien den Eintritt oder den Ausfall der Bedingung nicht gekannt haben. Rechtsgeschäfte dieser Art sind jedoch wie bedingte Rechtsgeschäfte zu behandeln.

ohne Rückwirkung[38]). Vorher besteht nur eine rechtliche Gebundenheit. Hat jemand unter einer aufschiebenden Bedingung über einen Gegenstand verfügt, so ist jede weitere Verfügung, die er während der Schwebezeit über den Gegenstand trifft, insoweit unwirksam, als sie die von der Bedingung abhängige Wirkung vereiteln oder beeinträchtigen würde[39]). Der rechtsgeschäftlichen Verfügung steht eine Verfügung gleich, die während der Schwebezeit im Wege der Zwangsvollsstreckung oder der Arrestvollziehung oder durch den Konkursverwalter erfolgt. Die eintretende Unwirksamkeit der Verfügungen ist eine absolute, sie kann von Jedem geltend gemacht werden; es finden aber die Vorschriften zu Gunsten derjenigen, welche Rechte von einem Nichtberechtigten erwerben (insbesondere die §§ 892, 932, 936, 1032, 1138, 1155, 1207, 1208, 1244 BGB.) entsprechende Anwendung, so daß das durch den Eintritt der Bedingung erlangte Recht gegenüber demjenigen versagt, der in Unkenntnis der dinglichen Gebundenheit des Verfügenden erworben hat[40]). Hat der Gebundene während der Schwebezeit das von der Bedingung abhängige Recht durch sein Verschulden vereitelt oder beeinträchtigt, so ist er im Falle des Eintritts der Bedingung dem anderen Teile zu Schadensersatz verpflichtet[41]).

Fällt bei dem aufschiebend bedingten Rechtsgeschäft die Bedingung aus, so entsteht die davon abhängig gemachte rechtliche Wirkung nicht.

Die rechtliche Wirkung eines unter einer auflösenden Bedingung vorgenommenen Rechtsgeschäfts ist bei Eintritt der Bedingung eine zeitlich beschränkte, mit dem Eintritte der Bedingung hebt sich das Recht ohne Zutun der Beteiligten auf und fällt an den früheren Inhaber zurück. Auch der Eintritt der auflösenden Bedingung hat keine rückwirkende Kraft. Wem das Recht bedingt übertragen war, der bleibt für die Zwischenzeit Berechtigter. Dingliche Gebundenheit besteht auch hier. Die Verfügungen desjenigen, dessen Recht mit dem Eintritt der Be-

---

38) Ist nach dem Inhalte des Rechtsgeschäfts die Zurückbeziehung auf einen früheren Zeitpunkt gewollt, so ist diese Zurückbeziehung keine dingliche, sondern nur eine obligatorische; die Beteiligten sind verpflichtet, einander zu gewähren, was sie haben würden, wenn die an den Eintritt der Bedingung geknüpften Folgen in dem früheren Zeitpunkt eingetreten wären (§ 159 BGB.).

39) Ist z. B. das Eigentum an einer beweglichen Sache unter einer aufschiebenden Bedingung übertragen, so wird der bedingt Berechtigte mit dem Eintritt der Bedingung Eigentümer, der Dritte, dem während der Schwebezeit die Sache unbedingt zu eigen übergeben worden ist, ist dem Herausgabe-Anspruch des nunmehrigen Eigentümers ausgesetzt.

40) §§ 158, 161 BGB. Das rechtskräftige Urteil, welches in einem von dem Gebundenen über den Gegenstand der Verfügung geführten Prozeß ergeht, wirkt auch für und gegen den bedingt Berechtigten; mit dem Eintritt der Bedingung wird er Rechtsnachfolger der Partei.

41) § 160 BGB. Vergl. § 916 ZPO. § 154 KO.

dingung endigt, sind ebenso unwirksam wie die Verfügungen desjenigen, der unter einer aufschiebenden Bedingung über einen Gegenstand verfügt hat. Auch besteht eine gleiche Schadensersatzpflicht (wie bei der aufschiebenden Bedingung) zu Gunsten desjenigen, an den das Recht zurückfällt[42]).

Fällt die auflösende Bedingung aus, so hat das Rechtsgeschäft dieselbe Wirkung wie ein unbedingt vorgenommenes[43])[44]).

Bei den Rechten, die in das Grundbuch eingetragen werden, bedarf auch die dem dinglichen Rechtsgeschäft beigefügte Bedingung der Eintragung. Das Grundbuch gibt aber nur über die Bedingtheit Auskunft; ob und wann eine Bedingung erfüllt ist, muß außerhalb des Grundbuchs ermittelt werden.

Einem Rechtsgeschäft kann ein bestimmter künftiger Zeitpunkt oder ein künftiges Ereignis, dessen Eintritt gewiß ist, als Anfangstermin beigefügt werden in der Weise, daß die rechtliche Wirkung des Rechtsgeschäfts sofort eintritt, und nur die Geltendmachung auf den Anfangstermin hinausgeschoben wird[45]), es kann aber auch bei Vornahme eines Rechtsgeschäfts der Eintritt der durch das Rechtsgeschäft bezweckten rechtlichen Wirkung selbst auf einen Anfangstermin hinausgeschoben werden. Die Feststellung, ob im einzelnen Falle das Eine oder das Andere gewollt ist, ist Sache der Auslegung. Ist die Wirkung des Rechtsgeschäfts auf einen Anfangstermin hinausgeschoben, so finden die für die aufschiebende Bedingung geltenden Vorschriften der §§ 158, 160, 161 BGB. entsprechende Anwendung. Ist für die Wirkung eines Rechtsgeschäfts bei dessen Vornahme ein Endtermin bestimmt worden, so finden die für die auflösende Bedingung geltenden

---

[42]) §§ 158, 161, 160 BGB. Die Zurückbeziehung auf einen früheren Zeitpunkt kann nur mit obligatorischer Wirkung bedungen werden. § 159 BGB. Derjenige, zu dessen Gunsten beim Eintritt der Bedingung der frühere Rechtszustand wieder eintritt, ist nicht Rechtsnachfolger des Gebundenen; das gegen diesen ergehende Urteil wirkt nicht gegen ihn. Vergl. Planck 1 S. 280.

[43]) Wird der Eintritt der aufschiebenden oder auflösenden Bedingung von der Partei, zu deren Nachteil er gereichen würde, wider Treu und Glauben verhindert, so gilt die Bedingung als eingetreten. Wird der Eintritt der Bedingung von der Partei, zu deren Vorteil er gereicht, wider Treu und Glauben herbeigeführt, so gilt der Eintritt als nicht erfolgt (§ 162 BGB.).

[44]) Was die Beweislast bei bedingten Rechtsgeschäften angeht, so trifft, wenn Beklagter einwendet, das Geschäft sei unter einer aufschiebenden Bedingung geschlossen, den Kläger die Beweislast für den bedingungslosen Abschluß; behauptet dagegen der Beklagte die Beifügung einer auflösenden Bedingung, so trifft den Beklagten selbst die Beweislast. Windscheid § 86 Z. 4 und 6. Entsch. d. RG. 18 S. 158, 28 S. 145, ferner RG 29 X 1901 JW. 1901 S. 863[65], 10. und 28 IV 1902 JW. 1902 S. 312[13] und 376[53]. — Ueber die Beweislast bei Behauptung einer Abänderung der gesetzlichen Rechtsfolgen eines Rechtsgeschäfts s. RGE. 57 S. 49.

[45]) Entw. I § 141.

Vorschriften der §§ 158, 160, 161 entsprechende Anwendung[46]). Mit dem Eintritt des Endtermins tritt der frühere Rechtszustand von selbst ein.

Rechtsgeschäfte können durch Vertreter abgeschlossen werden. Keine Vertretung liegt vor, wenn der Wille einer Person durch eine andere Person kundgegeben wird. Derjenige, der den Willen eines Anderen übermittelt, ist Bote, nicht Vertreter; er erscheint rechtlich als bloßes Werkzeug.

Ein Rechtsgeschäft kommt durch die Mitwirkung eines Vertreters zu stande, wenn die in dem Rechtsgeschäft abgegebene Erklärung den eigenen Willen des Erklärenden zum Ausdruck bringt, das Rechtsgeschäft aber nicht als von dem Erklärenden, sondern von einem Dritten abgeschlossen rechtlich in Betracht kommt. Damit diese Wirkung eintreten kann, muß der Handelnde Vertretungsmacht haben und es muß bei Abgabe der Willenserklärung durch den Vertreter oder ihm gegenüber erkennbar gemacht werden[47]), daß die Wirkung nicht für ihn, sondern für den Vertretenen eintreten soll. Da das Gesetz unter Vertretung nur eine Vertretung im Willen versteht, die Willenserklärung eines Geschäftsunfähigen aber nichtig und eine dem Geschäftsunfähigen gegenüber abgegebene empfangsbedürftige Willenserklärung nicht wirksam ist[48]), so kann Vertreter nur sein, wer nicht geschäftsunfähig ist. Dagegen wird die Wirksamkeit einer von oder gegenüber einem Vertreter abgegebenen Willenserklärung nicht dadurch beeinträchtigt, daß der Vertreter in der Geschäftsfähigkeit beschränkt ist[49]), gleichgültig, ob die Vertretung eine gesetzliche ist oder auf Rechtsgeschäft beruht.

Die durch Rechtsgeschäft (also durch Willenserklärung) erteilte Vertretungsmacht heißt Vollmacht. Die Erteilung erfolgt durch Erklärung gegenüber dem zu Bevollmächtigenden oder dem Dritten,

---

[46]) § 163 BGB.

[47]) Es macht keinen Unterschied, ob die Erklärung ausdrücklich im Namen des Vertretenen erfolgt oder ob die Umstände ergeben, daß sie in dessen Namen erfolgen soll. § 164 Abs. 1 und 3 BGB. Tritt der Wille, in fremdem Namen zu handeln, nicht erkennbar hervor, so kommt der Mangel des Willens, im eigenen Namen zu handeln, nicht in Betracht (§ 164 Abs. 2 BGB.). Nach Planck 1 S. 285 ist diese Bestimmung dahin zu verstehen, daß in einem solchen Falle die Erklärung als von dem Erklärenden im eigenen Namen abgegeben gilt und ihre rechtlichen Wirkungen (Verpflichtungen und Rechte) in seiner Person eintreten. Diese Auslegung wird als richtig erscheinen müssen, weil eine solche Norm schon in dem heutigen Rechte sich findet. Preuß. Landrecht: RG. 2. Jan. 1897, JW. 1897 S. 93 Ziff. 44. Franz. Recht: Zach.-Crome 2 S. 696, RG. 29. Jan. 1897, JW. 1897 S. 163 Ziff. 59, 13. Juli 1883 PuchZ. 15 S. 67. Gemeines Recht: Entsch. d. RG. 2 S. 167.

[48]) §§ 105, 131 BGB.

[49]) § 165 BGB.

dem gegenüber die Vertretung stattfinden soll[50]). Vertretung ist bei allen Rechtsgeschäften zulässig, soweit das Gesetz nicht anders bestimmt (z. B. §§ 1317, 1336).

Die Erfordernisse der Willenserklärung werden aus der Person des Vertreters beurteilt. Soweit die rechtlichen Folgen einer Willenserklärung durch Willensmängel oder durch die Kenntnis oder das Kennenmüssen gewisser Umstände beeinflußt werden, kommt nicht die Person des Vertretenen, sondern die Person des Vertreters in Betracht. Beruht jedoch die Vertretung auf einer Vollmacht und hat der Vertreter nach bestimmten Weisungen des Vollmachtgebers gehandelt, so kann der Vollmachtgeber in Ansehung solcher Umstände, die er selbst kannte, sich nicht auf die Unkenntnis des Vertreters berufen. Die Unkenntnis des Vertreters nützt ihm in einem solchen Falle nicht; hat der Vertreter Kenntnis, so kommt es auf die Frage, ob der Vertretene Kenntnis hat, überhaupt nicht an. Kennt der Vollmachtgeber z. B. die Unrichtigkeit des Grundbuchs und weist er Jemanden an, das Grundstück von dem Nichtberechtigten zu erwerben, so kann er sich auf die Unkenntnis des Vertreters) nicht berufen. Dasselbe gilt von Umständen, die der Vollmachtgeber kennen mußte, sofern das Kennenmüssen der Kenntnis gleichsteht (§§ 122, 932 u. a.)[51])[52]).

Tritt Jemand als Vertreter eines Anderen auf, ohne Vertretungsmacht zu haben, sei es, daß er überhaupt keine Vertretungsbefugnis hat, sei es, daß er seine Befugnisse überschreitet, so ist zu unterscheiden, ob es sich um einen Vertrag oder um ein einseitiges Rechtsgeschäft handelt. Schließt Jemand ohne Vertretungsmacht im Namen eines Anderen einen Vertrag, so hängt die Wirksamkeit des Vertrags für und gegen den Vertretenen von dessen Genehmigung ab. Bis zur Genehmigung des Vertrages ist der andere Teil zum Widerrufe berechtigt, sofern er nicht den Mangel der Vertretungsmacht bei dem Abschlusse des Vertrags gekannt hat[53]). Bei einem einseitigen Rechtsgeschäft ist Vertretung ohne Vertretungsmacht unzulässig. Handelt es sich aber um ein empfangsbedürftiges einseitiges Rechtsgeschäft, so finden die Vorschriften über Verträge entsprechende Anwendung, wenn derjenige, welchem gegenüber das Rechtsgeschäft vorzunehmen

[50]) § 167 BGB. Die Erklärung bedarf nicht der Form, welche für das Rechtsgeschäft bestimmt ist, auf das sich die Vollmacht bezieht.

[51]) § 166 BGB. Da die rechtlichen Wirkungen des Rechtsgeschäfts in der Person des Vertretenen eintreten, muß die Fähigkeit, die durch das Rechtsgeschäft begründeten Rechte zu erwerben, in der Person des Vertretenen vorhanden sein (so z. B. Art. 88 EGBGB.).

[52]) Erlöschen der Vollmacht §§ 168 ff. BGB.

[53]) §§ 177, 178 BGB. Haftung des angeblichen Vertreters nach § 179 BGB.

war, die von dem Vertreter behauptete Vertretungsmacht bei der Vornahme des Rechtsgeschäfts nicht beanstandet hat oder damit einverstanden gewesen ist, daß der Vertreter ohne Vertretungsmacht handele, ferner, wenn ein einseitiges Rechtsgeschäft gegenüber einem Vertreter ohne Vertretungsmacht mit dessen Einverständnis vorgenommen ist[54]). Demnach hängt in solchen Fällen die Wirksamkeit des Rechtsgeschäfts von der Genehmigung des Vertretenen ab.

Mit sich im eigenen Namen oder als Vertreter eines Dritten kann ein Vertreter regelmäßig kein Rechtsgeschäft vornehmen[55]), ausnahmsweise ist es zulässig, wenn das vorzunehmende Rechtsgeschäft ausschließlich in der Erfüllung einer Verbindlichkeit besteht (z. B. Zahlung) oder wenn das Selbstkontrahieren dem Vertreter sei es durch das Gesetz oder durch die Vollmacht gestattet ist[56]). Selbstverständlich muß dem Vertreter zur Vornahme des beabsichtigten Geschäftes überhaupt Vertretungsmacht zustehen und muß das Rechtsgeschäft in irgend einer Weise (z. B. durch Eintragen in ein Buch) in die äußere Erscheinung treten[57]).

Wie schon angeführt, hängt die Wirksamkeit der Rechtsgeschäfte der beschränkt geschäftsfähigen Personen von der Einwilligung oder der Genehmigung dritter Personen, die Wirksamkeit der Rechtsgeschäfte der Vertreter ohne Vertretungsmacht von der Genehmigung der Vertretenen ab; ebenso bedarf es der Zustimmung eines Dritten, wenn ein Nichtberechtigter über einen Gegenstand verfügt, oder wenn Jemand, indem er über ein ihm zustehendes Recht verfügt, ein fremdes Recht beeinträchtigt. Für die Fälle, in denen die Wirksamkeit eines Vertrages oder eines empfangsbedürftigen einseitigen Rechtsgeschäfts von der Zustimmung eines Dritten abhängt, gibt das BGB. einige allgemeine Vorschriften. Die Erteilung oder die Verweigerung der Zustimmung des Dritten kann sowohl dem einen als dem anderen Teile gegenüber erklärt werden, sie muß entweder dem einen oder dem anderen Teile gegenüber erklärt werden. Die Zustimmung bedarf keiner besonderen Form[58]); wird aber ein einseitiges empfangsbedürftiges Rechtsgeschäft mit Zustimmung des Dritten vorgenommen, so ist das Rechtsgeschäft unwirksam, wenn diese Zustimmung nicht in schriftlicher Form vorgelegt wird

---

[54]) § 180 BGB. Wird ein einseitiges Rechtsgeschäft einer Behörde gegenüber vorgenommen, so ist die Vertretungsmacht nachzuweisen.

[55]) Das Rechtsgeschäft ist nichtig. RGE. 51 S. 426, anders RGE. 56 S. 107. Vergl. Staudinger § 181 Anm. 5.

[56]) § 181 BGB. Vergl. RGE. 52 S. 130 (Verwahrer fremder Wertpapiere ersetzt abhanden gekommene durch neue).

[57]) Vergl. RG 3 I 1903 JW. 1903 Beil. S. 31[63].

[58]) Sie kann dem einen oder dem andern Teile gegenüber stillschweigend erklärt werden. Vergl. BayObLG. Recht 1904 S. 192[79].

und der Andere das Rechtsgeschäft aus diesem Grunde unverzüglich zurückweist, doch ist die Zurückweisung ausgeschlossen, wenn der Dritte den Anderen von der Zustimmung in Kenntnis gesetzt hatte[59]). Die vorherige Zustimmung wird als Einwilligung bezeichnet; sie ist bis zur Vornahme des Rechtsgeschäfts widerruflich, soweit sich nicht aus dem ihrer Erteilung zu Grunde liegenden Rechtsverhältnisse ein Anderes ergibt. Der Widerruf kann sowohl dem einen als dem anderen Teile gegenüber erklärt werden[60]). Die Widerruflichkeit ist gesetzlich ausgeschlossen in den Fällen der §§ 876, 880, 1071, 1245, 1255, 1276 u. a. Die nachträgliche Zustimmung wird Genehmigung genannt. Sie wirkt auf den Zeitpunkt der Vornahme des Rechtsgeschäfts zurück, soweit nicht ein Anderes bestimmt ist. Das genehmigte Rechtsgeschäft gilt als von Anfang ab wirksam; jedoch werden durch die Rückwirkung Verfügungen nicht unwirksam, die vor der Genehmigung von dem Genehmigenden über den Gegenstand des Rechtsgeschäfts getroffen worden oder im Wege der Zwangsvollstreckung oder der Arrestvollziehung oder durch den Konkursverwalter erfolgt sind[61]). Widerruflich ist eine erteilte Genehmigung nicht. Die Weigerung, eine Genehmigung zu erteilen, steht einer späteren Genehmigung nicht im Wege, vorausgesetzt, daß durch die Erklärung, nicht zu genehmigen, nicht das zu genehmigende Rechtsgeschäft zu bestehen aufgehört hat[62]).

Für Verfügungen, also für einseitige oder mehrseitige Rechtsgeschäfte, durch welche unmittelbar ein Recht übertragen, belastet, geändert oder aufgehoben wird[63]), gilt noch eine besondere Bestimmung. Eine Verfügung, die ein Nichtberechtigter über einen Gegenstand trifft, ist wirksam, wenn sie mit Einwilligung des Berechtigten erfolgt, sie wird (mit rückwirkender Kraft § 184) wirksam, wenn der Berechtigte sie genehmigt. Die Verfügung wird ohne rückwirkende Kraft wirksam, wenn der Verfügende den Gegenstand erwirbt oder wenn der Verfügende von dem Berechtigten beerbt wird und dieser für die Nachlaßverbindlichkeiten unbeschränkt haftet; sind mehrere miteinander nicht in Einklang stehende Verfügungen getroffen worden, so wird nur die frühere Verfügung wirksam[64]) [65]).

---

[59]) § 182 BGB.

[60]) § 183 BGB.

[61]) § 184 BGB.

[62]) Vergl. §§ 108, 177, 415 BGB.

[63]) S. Ziff. 26.

[64]) § 185 BGB. — Die Bestimmung gilt nicht für obligatorische Rechtsgeschäfte (RGE. 49 S. 416), sie findet auch keine Anwendung auf den Erwerb eines Pfändungspfandrechtes (RG 31 I 1905 JW. 1905 S. 168[6]). Dagegen gilt sie für Verfügungen, die der Eintragung bedürfen, z. B. für die Abtretung einer Buchhypothek durch einen Nichtberechtigten (RGE. 54 S. 366). Demgemäß kann die Entgegennahme der Auflassungserklärung

nicht davon abhängig gemacht werden, daß der Veräußerer als Eigentümer eingetragen ist (Turnau-Förster 1 S. 380), dagegen soll die Eintragung abgelehnt werden, solange nicht der Veräußerer im Grundbuch als Berechtigter eingetragen ist (§ 40 GBO.). Die Nichtbeachtung dieser Vorschrift macht die Eintragung nicht nichtig; wird die Verfügung nach § 185 Abs. 2 wirksam, so wird das Eigentum erworben, ohne daß es einer neuen Auflassung und Eintragung bedürfte.

[65]) Schließt jemand im Namen eines andern ohne Vertretungsmacht einen dinglichen Vertrag, so kommt § 177 BGB. zur Anwendung. Vergl. KG. Recht 1901 S. 352[99], Falkmann DJZ. 1904 S. 492. — RGE. 53 S. 275.

I. Abschnitt.

Die Grundbucheinrichtung.

§ 6. Grundsätze.

Da die dinglichen Rechte regelmäßig gegen Alle wirken[1]), erscheint es notwendig, sie auch für Alle erkennbar zu machen. Bei den beweglichen Sachen dient zur Kenntlichmachung der Besitz, bei den unbeweglichen werden die Rechtsverhältnisse erkennbar gemacht durch die Eintragung in ein öffentliches Buch, das Grundbuch.

Die Voraussetzung der Rechte an einer fremden Sache ist das Eigentum, welches durch diese Rechte eingeengt wird, die Voraussetzung des Eigentums ist der Gegenstand, welchen es ergreift. Die Aufgaben der Grundbucheinrichtung sind daher darin zu erblicken, die Grundstücke, deren Rechtsverhältnisse erkennbar gemacht werden sollen, zu ermitteln und so zu bezeichnen, daß sie mit Sicherheit in der Natur aufzufinden sind, das Eigentum zu sichern und zu befestigen und die sonstigen Rechte an den Grundstücken darzustellen. Nach dem Grundbuchsystem wird das Eigentum um seiner selbst willen, nicht bloß der Hypotheken wegen veröffentlicht[2]).

Als Hauptgrundsätze des Grundbuchrechts sind hervorzuheben das Eintragungsprinzip, das Prinzip des dinglichen Vertrags (auch materielles Konsensprinzip genannt) und der Grundsatz des öffentlichen Glaubens des Grundbuchs (auch Öffentlichkeitsprinzip im materiellen Sinne genannt)[3]).

Zu § 6.

[1]) S. § 3 Text bei Ziff. 11.

[2]) Mot. 3, 19.

[3]) Als formelles Konsensprinzip wird die Norm des § 19 GBO. bezeichnet, wonach eine Eintragung auf Bewilligung desjenigen erfolgt, dessen Recht von ihr betroffen wird, ohne daß geprüft wird, ob die materiellrechtlichen Voraussetzungen der Rechtsänderung vorliegen (vergl. Mot. 3, 158); Ausnahmen s. §§ 20 ff. GBO. Der Name Öffentlichkeitsprinzip im formellen Sinne oder formelles Publizitätsprinzip wird für die Norm des § 11 GBO. beliebt, wonach die Einsicht des Grundbuchs demjenigen gestattet ist, der ein

Das Eintragungsprinzip bedeutet nicht, daß der Eintritt einer jeden Rechtsänderung von der Eintragung und nur von der Eintragung abhängig ist. Nur die rechtsgeschäftliche Rechtsänderung, die Änderung auf Grund eines Rechtsgeschäfts, tritt (in der Regel) nicht ein, wenn sie nicht in das Grundbuch eingetragen ist. Wenn aber die Eintragung — unter Eintragung ist auch die Eintragung eines Löschungsvermerks, also die Löschung[4]) zu verstehen — erfolgt, so bewirkt die Eintragung die Rechtsänderung nicht für sich allein; die Eintragung schafft nicht Recht, sie ist nur eines der Erfordernisse der Rechtsänderung. Ein weiteres Erfordernis der Rechtsänderung ist das dingliche Rechtsgeschäft, nämlich die Einigung der Beteiligten oder, in bestimmten Fällen, die einseitige Erklärung des Berechtigten (Konsensprinzip oder Prinzip des dinglichen Vertrags). Der abstrakte Konsens der Beteiligten[5]) in Verbindung mit der Eintragung vermittelt die Rechtsänderung.

Die Eintragung schafft zwar für sich allein nicht Recht, sie begründet aber die Vermutung, daß, wenn im Grundbuch für Jemand ein Recht eingetragen ist, ihm das Recht zustehe, und daß, wenn im Grundbuch ein eingetragenes Recht gelöscht oder ein eintragungsfähiges Recht nicht eingetragen ist, das Recht nicht bestehe[6]). Ob die Eintragung zur Entstehung oder Endigung des Rechts erforderlich war oder ob sie nur beurkundender Natur ist, ist belanglos.

Gegenstand der Vermutung ist das Bestehen oder Nichtbestehen von Rechten. Es wird vermutet, daß ein im Grundbuch eingetragenes Recht besteht und daß es dem als berechtigt Eingetragenen zusteht, ferner, daß ein im Grundbuch gelöschtes Recht nicht mehr besteht[7]). Tatsächliche Angaben, die im Grundbuch enthalten sind, Angaben über Größe und Wert, Bebauungs-

---

berechtigtes Interesse darlegt. Außer den schon erwähnten sog. Prinzipien spricht man noch von einem Prioritätsprinzip (§ 879 BGB.), einem Spezialitätsprinzip (Strecker S. 21: Der Grundsatz, daß die Grundstücke und Rechte, welche von einer Eintragung betroffen werden, und ebenso der Inhalt der eingetragenen Rechte bestimmt bezeichnet werden müssen; Förtsch S. 75: Das Prinzip, daß bei allen Eintragungen im Grundbuch immer die einzelnen Grundstücke bezeichnet werden, auf die sie sich beziehen), endlich von einem Legalitätsprinzip (§ 46 der Preuß. Grundbuchordnung vom 5. Mai 1872: „Der Grundbuchrichter ist verpflichtet, die Rechtsgültigkeit der vollzogenen Auflassung, Eintragungs- oder Löschungsbewilligung nach Form und Inhalt zu prüfen." Vergl. § 29 GBO.)

[4]) § 47 GBO.

[5]) S. § 5 Text bei Ziff. 28.

[6]) § 891 BGB. Mot. 3 S. 153, KProt. 3 S. 48.

[7]) Maßgebend ist der jeweilige Inhalt des Grundbuchs. — Die Vermutung ist auch für den Grundbuchrichter bindend, es sei denn, daß sich sachliche Bedenken wegen der Richtigkeit des Grundbuches ergeben. RG. Recht 1905 S. 263[52].

art, Reinertrag der Grundstücke[8]), sowie die Feststellung von Vormerkungen[9]) Widersprüchen[10]), Verfügungsbeschränkungen[11]), werden durch die Eintragungen als öffentliche Urkunden[12]) bewiesen.

Die Vermutung greift regelmäßig nur Platz für Eigentum, für begrenzte dingliche Rechte, und für Rechte an den dinglichen Rechten. Durch besondere Bestimmung[13]) ist sie für die gewöhnliche Hypothek ausgedehnt auf die Forderung des Hypothekgläubigers und auf die dem Eigentümer nach § 1137 BGB. zustehenden Einreden.

Die Vermutung gilt allgemein; jeder kann sich darauf berufen, der an dem Bestehen des eingetragenen oder an dem Nichtbestehen des gelöschten Rechts ein Interesse hat. Sie erspart den Beweis der Richtigkeit der Eintragungen. Die durch das Grundbuch festgestellte Erwerbung oder Aufhebung eines Rechtes gilt für und gegen denjenigen, der von der Feststellung betroffen wird, als bewiesen, bis dieser Beweis durch Gegenbeweis — soweit er nicht durch andere Vorschriften ausgeschlossen ist[14]) — entkräftet wird, gleichgültig, ob dingliche oder persönliche Ansprüche geltend gemacht werden. Der Gegenbeweis muß dahin geliefert werden, daß das eingetragene Recht nicht besteht, oder, daß das gelöschte Recht noch besteht; die Tatsachen sind nachzuweisen, aus denen das Gegenteil des Eintrags sich ergibt[15]). Der Nachweis, daß formelle Voraussetzungen bei der Eintragung fehlten, genügt nicht.

Die Vermutung versagt gegenüber einer Eintragung, für die ebenfalls die Vermutung gilt[16])[17]).

---

[8]) Vergl. RG 23 III 1901 JW. S. 341[36].

[9]) S. § 11.

[10]) Eine Vermutung zu Gunsten des Rechtes, für das ein Widerspruch eingetragen ist, besteht nicht. Die Eintragung des Widerspruchs macht das Recht noch nicht zu einem eingetragenen, nimmt ebensowenig dem Recht, gegen das Widerspruch erhoben ist, die Eigenschaft eines eingetragenen Rechts. A. A. Dernburg § 48 Nr. 8, Willenbücher S. 31, dagegen Oberneck 1 S. 293, Planck § 891 Anm. 5a, Staudinger § 891 Anm. 3.

[11]) Die Vermutung steht der eingetragenen Verfügungsbeschränkung nicht zur Seite, auch wird nur vermutet, daß dem als berechtigt Eingetragenen das Recht zustehe, nicht, daß er darüber verfügen könne. Turnau-Förster 1 S. 197.

[12]) § 415 ff. ZPO.

[13]) § 1138 BGB. Die Vermutung erstreckt sich auf die Forderung des Hypothekgläubigers nur insoweit, als die Hypothek, das dingliche Recht, von der Forderung abhängig ist; sie gilt nicht überhaupt für das persönliche Schuldverhältnis. RGE. 49 S. 8; vergl. RG 21 VI 1902 JW. S. 421[14], 3 II 1904 E. 57 S. 320.

[14]) Z. B. § 892, § 1148 BGB.

[15]) Vergl. RG 27 VI 1903 JW. 1903 Beil. S. 91[211].

[16]) Ist ein Grundstück auf mehreren Grundbuchblättern eingetragen, so steht auch Dritten gegenüber keinem der eingetragenen Eigentümer die Vermutung zur Seite. RG 25 XI 1903 E. 56 S. 60.

[17]) Die Bestimmung des § 891 kommt auch zur Anwendung für Rechte, welche zu der Zeit bestehen, zu welcher das Grundbuch als angelegt anzusehen ist (Art. 186 EGBGB.) RGE. 49 S. 8; vergl. Planck 6 S. 366.

§ 7. Der öffentliche Glaube des Grundbuchs.

Vermöge des öffentlichen Glaubens, der dem Grundbuch beigelegt wird, gilt der Inhalt des Grundbuchs als richtig zu Gunsten desjenigen, welcher ein Recht an einem Grundstück oder ein Recht an einem solchen Rechte durch Rechtsgeschäft erwirbt, es sei denn, daß ein Widerspruch gegen die Richtigkeit eingetragen oder die Unrichtigkeit dem Erwerber bekannt ist [1] [2]).

Während die Vorschrift des § 891 BGB. nur eine Vermutung begründet, die durch Gegenbeweis entkräftet werden kann, stellt § 892 eine Fiktion auf. Der Inhalt des Grundbuchs gilt als richtig, auch wenn er der wirklichen Rechtslage nicht entspricht; Gegenbeweis ist ausgeschlossen. Den Inhalt des Grundbuchs, der als richtig zu gelten hat, bilden die gesamten Einträge, die, falls sie mit der wirklichen Rechtslage nicht im Einklang stehen, der Berichtigung unterliegen, demnach die Einträge in Ansehung der Rechte an dem Grundstück, der Rechte an solchen Rechten und der Verfügungsbeschränkungen, denen die Berechtigten hinsichtlich der eingetragenen Rechte zu Gunsten bestimmter Personen unterworfen sind [3]). Die Einträge gelten als der wirklichen Rechtslage entsprechend, sollten sie selbst mit ihr in Widerspruch stehen [4]); sie gelten auch als vollständig; eintragungsfähige, aber nicht eingetragene Rechte gelten als nicht bestehend, gelöschte als aufgehoben [5]). Darauf, in welcher Abteilung des Grundbuchblattes der Eintrag sich findet, kommt es nicht an [6]). Sind für ein Grundstück mehrere Grundbuchblätter vorhanden,

---

Zu § 7.

[1]) § 892 BGB. Mot. 3 S. 208, KProt. 3 S. 75.

[2]) Soweit der Erwerb vor Einführung des BGB. oder vor der Grundbuchanlegung erfolgt ist, gelten die Bestimmungen des alten Rechts, geht dagegen der Rechtserwerb unter neuem Grundbuchrecht vor sich, so kommt § 892 zur Anwendung ohne Rücksicht darauf, wann die Eintragungen vorgenommen wurden und ob sie unter altem Recht geschützt waren. Ebenso Cosack S. 59. Vergl. RGE. 47 S. 231.

[3]) Vormerkungen und Widersprüche stehen nicht unter dem Schutze des § 892.

[4]) Darunter fallen insbesondere die Angaben über den Inhalt des Rechts, die Person des Berechtigten, den Rang des Rechts. — Positive Richtung des öffentlichen Glaubens des Grundbuchs.

[5]) Negative Richtung des öffentlichen Glaubens. — Auch Rechte, welche zu ihrer Entstehung der Eintragung nicht bedürfen, aber der Eintragung fähig sind (§§ 1075, 1287 BGB.), fallen unter § 892, dagegen nicht die Rechte, welche der Eintragung nicht fähig sind (§§ 914, 917). Biermann S. 82 Anm. 4, Strecker 87, 88, Planck 3 S. 140, Staudinger 3 S. 98. Zu den nicht eintragungsfähigen Rechten gehört auch die Nutznießung des Ehemannes und die Nutznießung der Eltern. Vergl. Staudinger 3 S. 50.

[6]) RGE. 55 S. 343.

die widersprechende Einträge enthalten, so hat weder der eine noch der andere dieser Einträge den öffentlichen Glauben für sich. Die Angaben des Grundbuchs über Größe, Wert, Bebauungsart der Grundstücke werden von dem öffentlichen Glauben des Grundbuchs nicht gedeckt, dagegen gehört die Bezeichnung des Grundstücks als des Gegenstandes, an dem die im Grundbuch eingetragenen Rechte bestehen, zum Inhalt des Grundbuchs im Sinne des § 892[7]). Soweit im Grundbuch auf den Inhalt von Urkunden Bezug genommen ist[8]), erstreckt sich auch hierauf der öffentliche Glaube des Grundbuchs, nicht aber deckt er den Inhalt sonstiger Urkunden, Grundakten oder der über Grundbucheinträge ausgefertigten Urkunden[9]).

Die Fiktion gilt nur zu Gunsten[10]) des Erwerbs durch Rechtsgeschäft. Der Erwerb im Wege der Zwangsvollstreckung oder der Arrestvollziehung steht dem rechtsgeschäftlichen Erwerbe nicht gleich, vorausgesetzt, daß nicht der als Berechtigter eingetragene Schuldner verurteilt ist, in eine Rechtshandlung zu willigen; in diesem Falle — Verurteilung zur Abgabe einer Willenserklärung — handelt es sich um einen rechtsgeschäftlichen Erwerb, der nicht anders zu beurteilen ist als wenn der Schuldner das Recht freiwillig bestellt[11]). Der Schutz des § 892 wird sonach nicht gewährt dem pfändenden Gläubiger, mag ihm eine eingetragene Forderung zur Einziehung oder an Zahlungsstatt überwiesen sein, und nicht dem Gläubiger, für den eine Zwangs- oder Arresthypothek eingetragen ist[12]). Nicht zu dem rechtsgeschäftlichen Erwerb gehört ferner der Erwerb durch Zwangsversteigerung (§ 90 ZVG.). Der Charakter des Erwerbs durch Zwangsenteignung und einer agrarrechtlichen Erwerbung bestimmt sich nach den Landesgesetzen (Art. 109, 113 EG. z. BGB.) Auch dem Erwerb, der kraft Gesetzes vor sich geht, kommt die Bestimmung des § 892 nicht zu statten. Kraft Gesetzes, nicht durch Rechtsgeschäft, vollzieht sich die Erwerbung der ehelichen

---

[7]) Mot. GBO. 1889 S. 35, Denkschrift zu § 2 GBO. Daß die aus den Katasterkarten sich ergebenden Grundstücksgrenzen als die richtigen zu gelten haben (Biermann S. 79), dürfte nicht anzunehmen sein. Vergl. Predari S. 34 ff., Turnau-Förster 1 S. 208. Die Katasterfeststellungen liefern Beweis nach § 418 ZPO.

[8]) Vergl. § 874 BGB.

[9]) Auf den öffentlichen Glauben des Grundbuchs kann sich nicht berufen, wer von einer Person erwirbt, die fälschlich unter dem Namen des Eingetragenen verfügt hat; denn nicht sein Vertrauen auf das Buch, sondern sein Vertrauen auf die Person des Kontrahenten hat ihn getäuscht.

[10]) Rechte, die eingetragen sind, ohne rechtsbeständig zu sein, gelten nicht in der Richtung gegen den Erwerber des belasteten Gegenstandes als rechtsbeständig, weil dieser beim Erwerbe die Richtigkeit des Buchinhalts angenommen hat. Staudinger 3 S. 97.

[11]) §§ 894, 898 ZPO.

[12]) RG 7 III 1903 E. 54 S. 105.

und der elterlichen Nutznießung (§ 1363 und § 1649 BGB.) und die mit dem Gütergemeinschaftsvertrage eintretende Rechtsgemeinschaft der Ehegatten an dem unbeweglichen Vermögen (§§ 1438 Abs. 2, 1519 BGB.[13]) Ebensowenig wird geschützt der Erwerb nach §§ 46, 88 BGB., § 54 FGG., Art. 91 EG. z. BGB., ferner der Erwerb, der kraft Gesetzes, wenn auch infolge eines Rechtsgeschäfts, eintritt, wie der Übergang einer Forderung oder einer Hypothek auf denjenigen, der den Gläubiger befriedigt, oder der Übergang der Hypothek auf den Eigentümer infolge Verzichts des Gläubigers. Der Erbe erhält, auch wenn er durch Verfügung von Todeswegen bestimmt wird, kraft gesetzlicher Vorschrift das Vermögen als Ganzes in aktiver und in passiver Beziehung; die Berufung auf den öffentlichen Glauben des Grundbuchs steht ihm nur aus der Person des Erblassers zu[14]). Anders verhält es sich in Fällen der Sondernachfolge in ein Vermögen; in diesen Fällen werden die einzelnen Gegenstände durch Rechtsgeschäft erworben[15]).

Der rechtsgeschäftliche Erwerb steht unter dem Schutze des öffentlichen Glaubens des Grundbuchs ohne Unterschied, ob es entgeltlicher oder unentgeltlicher[16]) Erwerb ist. Er wird auch geschützt, wenn die Eintragung in das Grundbuch keine Voraussetzung des Erwerbes ist.

Die Fiktion der Richtigkeit des Grundbuchinhaltes gilt nicht nur zu Gunsten desjenigen, der ein Recht an einem Grundstück oder ein Recht an einem solchen Rechte durch Rechtsgeschäft erwirbt, sie findet auch Anwendung, wenn an denjenigen, für welchen ein Recht im Grundbuch eingetragen ist, auf Grund dieses Rechtes eine Leistung[17]) bewirkt oder wenn zwischen ihm und einem Andern in Ansehung dieses Rechtes ein nicht unter die Vorschriften des § 892 fallendes (d. h. nicht ein auf Erwerb eines Rechtes gerichtetes) Rechtsgeschäft vorgenommen wird, das eine Verfügung[18]) über das Recht enthält (wenn z. B. der eingetragene

---

[13]) Mot. 3 S. 214.

[14]) Mot. 3 S. 214. Der Vermächtnisnehmer erwirbt durch Rechtsgeschäft.

[15]) §§ 419, 2371 BGB. Planck 3 S. 136.

[16]) Ein Unterschied besteht allerdings infolge der Bestimmung des § 816 BGB.

[17]) Zinszahlungen auf Grund eingetragener Rechte, Entrichtung der Leistungen aus Reallast, Zahlung der Ablösungssumme bei Reallast, Kapitalzahlung auf Buchhypothek 2c., nicht auch Kapitalzahlungen auf Briefrechte; der Schuldner kann mit Sicherheit nur leisten, wenn der Brief vorgelegt wird, er ist durch die Vorschriften der §§ 1144, 1150, 1160 BGB. geschützt. RGE. 56 S. 415. — Die Leistung an den eingetragenen Nichtberechtigten hat dieselbe Wirkung, wie die Leistung an den Berechtigten, gegebenen Falls demnach auch die Wirkung des kraft Gesetzes erfolgenden Übergangs der Hypothek. Vergl. Biermann § 893 Anm. 6a.

[18]) Begriff der Verfügung s. § 5 Anm. 27. Hauptsächlich kommen hier

Nichtberechtigte einem Anderen gegenüber[19]) auf das Recht verzichtet, eine Hypothek gekündigt wird)[20]). Auch bei den hier in Frage kommenden Rechtsgeschäften steht die erzwungene Willenserklärung (§ 894 ZPO.) der freiwilligen gleich[21]).

Der Grundsatz des öffentlichen Glaubens des Grundbuchs gilt nicht ausnahmslos; im Falle des § 1028 BGB. finden die Vorschriften des § 892 keine Anwendung, ebenso nicht in den Fällen der §§ 1158, 1159. Grunddienstbarkeiten des bisherigen Rechts sind eintragungsfähig, bedürfen aber zur Erhaltung der Wirksamkeit gegenüber dem öffentlichen Glauben des Grundbuchs nicht der Eintragung (Art. 187 EinfGes. z. BGB.). Gesetzliche Pfandrechte des bisherigen Rechtes können durch landesherrliche Verordnung dem öffentlichen Glauben des Grundbuchs entzogen werden, ebenso dingliche Miet- und Pachtrechte (Art. 188 Einf.-Ges. z. BGB.). Ablösungsrenten und Reallasten der in Art. 114 EinfGes. z. BGB. bezeichneten Art bedürfen nach landesgesetzlicher Vorschrift zur Wirksamkeit gegenüber dem öffentlichen Glauben des Grundbuchs nicht der Eintragung.

Auf der andern Seite erscheint der Grundsatz des öffentlichen Glaubens des Grundbuchs erweitert in der Bestimmung des § 1138 BGB. Nicht allein das dingliche Recht steht bei der gewöhnlichen Hypothek unter der Wirkung des öffentlichen Glaubens des Grundbuchs, sondern auch die persönliche Forderung des Hypothekgläubigers nebst den dem Eigentümer nach § 1137 zustehenden Einreden; auch bezüglich der persönlichen Forderung gilt der Inhalt des Grundbuchs für das dingliche Rechtsverhältnis als richtig und es sind die bezeichneten Einreden ebenso gut ausgeschlossen, wie nach § 892 die Einwendungen gegen das dingliche Recht. Vergl. auch § 1157 BGB.

Der öffentliche Glaube des Grundbuchs erstreckt sich auch auf Verfügungsbeschränkungen. Ist der Berechtigte in der Verfügung über ein im Grundbuch eingetragenes Recht zu Gunsten einer bestimmten Person beschränkt, so ist diese Beschränkung demjenigen gegenüber, der ein Recht an einem Grund-

---

in Betracht Änderungen des Inhalts und des Ranges der Rechte. — Die Bewilligung einer Vormerkung stellt sich nicht als Verfügung dar. Vergl. Turnau-Förster 1 S. 164, a. M. Strohal S. 18 ff., Kretzschmar SächsArch. 14 S. 595, gegen Kretzschmar Stintzing SächsArch. 15 S. 1.

[19]) Wird der Verzicht dem Grundbuchamt gegenüber erklärt (§ 875 BGB.), so kommt die Vorschrift nicht zur Anwendung. Vergl. KProt. 3 S. 87, Turnau-Förster 1 S. 231. Nach Planck 3 S. 142 soll auf diesen Fall § 893 entsprechend angewendet werden. Das erscheint bedenklich.

[20]) § 893 BGB. Mot. 3 S. 223, KProt. 3 S. 86.

[21]) Die Prozeßführung als solche ist kein Rechtsgeschäft; der den Rechtsgeschäften gewährte Schutz erstreckt sich demnach nicht auf die Prozeßführung mit demjenigen, der als Berechtigter in das Grundbuch eingetragen ist, ohne daß ihm das Recht zusteht. Mot. 3 S. 223.

stück oder ein Recht an einem solchen Rechte durch Rechtsgeschäft erwirbt, nur wirksam, wenn sie aus dem Grundbuch ersichtlich oder dem Erwerber bekannt ist[22]).

Zu den Verfügungsbeschränkungen, von denen hier die Rede ist, gehören nicht die Fälle, in denen der Berechtigte über das für ihn eingetragene Recht nicht verfügen kann, weil er geschäftsunfähig oder in der Geschäftsfähigkeit beschränkt ist. Eine Eintragung, die sich nur auf die Willenserklärung einer solchen Person zu stützen vermag, ist infolge der Nichtigkeit dieser Erklärung unzulässig, und, wenn sie gleichwohl vorgenommen wird, wirkungslos. Nicht hierher gehören ferner Eigentumsbeschränkungen[23]); sie beschränken den Inhalt des Rechts, enthalten aber keine Verfügungsbeschränkung zu Gunsten bestimmter Personen. Auch kommen hier nicht in Betracht die im öffentlichen Interesse verhängten Verfügungsbeschränkungen[24]); ihre Eintragung ist ausgeschlossen, sie wirken (§ 134 BGB.) unabhängig davon, ob derjenige, zu dessen Gunsten verfügt wird, die Beschränkung kennt.

Nur die Verfügungsbeschränkungen zum Schutze des Interesses bestimmter Personen bedürfen, um absolute Wirkung zu erlangen, der Eintragung[25]). Solche Verfügungsbeschränkungen können durch Gesetz oder durch Anordnung einer Behörde begründet sein.

Die wichtigste gesetzliche Verfügungsbeschränkung ist diejenige, die sich an die Konkurseröffnung knüpft. Mit der Eröffnung des Konkurses verliert der Gemeinschuldner die Befugnis, sein zur Masse gehöriges Vermögen zu verwalten und über dasselbe zu verfügen, Rechtshandlungen, die der Gemeinschuldner nach der Eröffnung des Verfahrens vornimmt, sind den Konkursgläubigern gegenüber unwirksam[26]). — Eine ähnliche Wirkung hat gemäß § 1984 BGB. die Anordnung der Nachlaßverwaltung. — Eine gesetzliche Verfügungsbeschränkung kann auch durch die Rechtshängigkeit begründet werden, wenn ein eingetragenes Recht Gegenstand oder Voraussetzung der Klage gegen den als berechtigt Eingetragenen bildet. Die Rechtshängigkeit hindert die Veräußerung des Streitgegenstandes nicht, aber die Veräußerung darf nur so vorgenommen werden, daß das ergehende Urteil in Ansehung der Sache selbst auch gegen den Sondernachfolger

---

[22]) § 892 BGB. Mot. 3 S. 216, KProt. 3 S. 76. — Eine zur Zeit des Inkrafttretens des BGB. bestehende Verfügungsbeschränkung bleibt bestehen, unbeschadet der Vorschriften des BGB. zu Gunsten derjenigen, welche Rechte von einem Nichtberechtigten herleiten (Art. 168 EG.).

[23]) Vergl. Predari S. 169.

[24]) Die Mot. 3 S. 216 führen hiezu an § 93 StGB., § 480 StPO., ferner die gesetzlichen Verbote der Teilung oder Zusammenschlagung gewisser Grundstücke (Art. 119 EGBGB.).

[25]) Vergl. § 135 BGB.

[26]) §§ 6, 7 KO.

wirksam ist[27]). Unter den Voraussetzungen des Abs. 3 des § 325 ZPO. hat diese Beschränkung absolute Wirkung, im übrigen wirkt sie gegen den Erwerber nur, wenn sie ihm bekannt oder wenn sie aus dem Grundbuch ersichtlich ist[28]).

Als gesetzliche Verfügungsbeschränkungen gelten auch die in Rechtsgeschäften sich gründenden, nach gesetzlicher Vorschrift gegen Dritte wirksamen Verfügungsbeschränkungen[29]). Dazu gehört die Beschränkung der Verfügungsbefugnis des Vorerben (§§ 2113, 2129) und des Erben bei Verwaltung durch Testamentsvollstrecker (§ 2211 BGB.)[30]), desgleichen die Beschränkung, die nach §§ 161, 163 BGB. mit bedingten oder befristeten Verhältnissen verbunden ist[31]). Derartige Verfügungsbeschränkungen werden nicht selbständig eingetragen, sie ergeben sich als gesetzliche Folgen aus dem eingetragenen Rechtsverhältnisse.

Die Beschränkungen, denen die Verfügungsbefugnis der Ehefrau unter dem gesetzlichen Güterrecht unterliegt, bedürfen der Eintragung nicht; ein Dritter muß sie auch dann gegen sich gelten lassen, wenn er nicht gewußt hat, daß die Frau eine Ehefrau ist[32])[33]).

Zu den Verfügungsbeschränkungen, die durch Anordnung einer Behörde begründet werden[34]), sind zu rechnen alle Anordnungen, durch die das Gericht die Verfügung über ein eingetragenes Recht dem Berechtigten zum Schutze des Interesses eines Anderen untersagt, insbesondere die Beschlagnahme zu Gunsten der Staatskasse nach §§ 325, 326 StPO.[35]), ferner die Anord-

---

27) §§ 265, 325 ZPO. Turnau-Förster 1 S. 213.

28) Die Eintragung kann erfolgen auf Grund Bewilligung des als berechtigt Eingetragenen (§ 19 GBO.) oder ohne die Bewilligung bei Nachweis der Verfügungsbeschränkung (§ 22 GBO.), nötigenfalls auf Grund einstweiliger Verfügung. Planck 3 S. 79. Wird durch einstweilige Verfügung die Eintragung angeordnet, so bleibt die Verfügungsbeschränkung selbst doch eine gesetzliche. A. A. Staudinger 3 S. 100.

29) Vergl. Entw. I § 107, KProt. 1 S. 125.

30) Vergl. §§ 52, 53 GBO.

31) Auch die Eintragung einer Vormerkung beschränkt kraft gesetzlicher Bestimmung die Verfügungsbefugnis des Berechtigten (Turnau-Förster 1 S. 213), eine Verfügungsbeschränkung im Sinne des § 892 liegt jedoch nicht vor, die Wirkungen der Vormerkung sind an die Eintragung gebunden.

32) § 1404 BGB. Die Eintragung ist überflüssig, daher muß sie auch als unzulässig erscheinen. Gegenüber dem vertragsmäßigen Güterrecht der Ehegatten bleiben, soweit nicht § 1404 anwendbar ist, die allgemeinen Bestimmungen über den öffentlichen Glauben des Grundbuchs maßgebend. Turnau-Förster 2 S. 233.

33) Landesgesetzliche Verfügungsbeschränkungen können bestehen nach Art. 57—59, 61, 62, 112 EGBGB.

34) Vergl. § 136 BGB.

35) Die Motive 3 S. 218 nennen auch die Arrestbefehle. Wie Turnau-Förster 1 S. 214 mit Recht hervorheben, gibt die Anordnung des Arrestes dem Gläubiger nur die Befugnis, dem Arrest durch Vollziehung in bestimmte

nungen, welche im Wege der einstweiligen Verfügung nach § 938 ZPO.[36] [37]) erlassen werden können, auch das Veräußerungsverbot nach § 106 KO.[38]). Die Wirkung eines Veräußerungsverbots hat auch die Beschlagnahme nach §§ 20, 23, 146 ZVG.

Durch Rechtsgeschäft kann die Befugnis zur Verfügung über ein veräußerliches Recht nicht ausgeschlossen oder beschränkt werden[39]), dagegen ist die persönliche Verpflichtung, über ein Recht nicht zu verfügen, wirksam[40]).

Über die Eintragung von Verfügungsbeschränkungen sind im BGB. besondere Bestimmungen nicht getroffen; soweit nicht für die einzelnen Fälle besondere Anordnungen gegeben sind (z. B. in §§ 113, 114, 115 KO., § 941 ZPO., §§ 52, 53 GBO., § 19 ZVG.), greifen die allgemeinen Vorschriften der GBO. Platz, d. h. die Eintragung erfolgt nur auf Antrag (§ 13 GBO.), sie erfolgt, wenn derjenige sie bewilligt, dessen Recht von ihr betroffen wird (§ 19 GBO.), es bedarf aber zur Berichtigung des Grundbuchs für die Eintragung oder Löschung einer Verfügungsbeschränkung dieser Bewilligung nicht, wenn die Unrichtigkeit nachgewiesen wird (§ 22 GBO.). Durch die Eintragung

---

Vermögensstücke des Schuldners Wirkung zu verschaffen; wird der Arrest in bewegliches Vermögen durch Pfändung, in ein Grundstück durch Eintragung einer Sicherungshypothek vollzogen, so wird dadurch ein dingliches Recht des Gläubigers begründet.

[36]) Die durch einstweilige Verfügung angeordnete Verfügungsbeschränkung, die auch in dem Verbot einer Handlung bestehen kann, tritt mit der Zustellung des Beschlusses an den Gegner in Kraft. Durch ihre Eintragung in das Grundbuch wird die Verfügungsbeschränkung inhaltlich nicht geändert, namentlich wird sie dadurch nicht in der Richtung erweitert, daß das erlassene Verbot auch zugunsten anderer Personen wirksam wird als derjenigen, deren Schutz sie bezweckt. Durch die Eintragung wird vielmehr die Wirkung der Verfügungsbeschränkung nur in der Weise verstärkt, daß der Erwerber eines eingetragenen Rechtes, in Ansehung dessen der Berechtigte zugunsten einer bestimmten Person in der Verfügung beschränkt ist, sich nicht damit entschuldigen kann, daß ihm die Verfügung nicht bekannt gewesen sei (§ 135 Abs. 2, § 892 BGB.). RG 2 V 1903 JW. 1903 Beil. S. 75[172].

[37]) Auf welche Rechtsgeschäfte das Verbot sich erstreckt, hängt von seinem Inhalte ab. In einem gerichtlichen Verbot, an eine bestimmte Person aufzulassen, ist die Untersagung weiterer Belastungen des Grundstücks nicht enthalten; bei der streng formalen Bedeutung und Wirkung des Grundbuchrechts ist eine ausdehnende Auslegung über den Wortlaut hinaus unzulässig. RG 10 II 1904 GruchBeitr. 48 S. 936.

[38]) Eintragung nach § 113 KO.

[39]) Nach § 399 BGB. kann eine Forderung nicht abgetreten werden, wenn die Abtretung durch Vereinbarung mit dem Schuldner ausgeschlossen ist. Durch eine solche Vereinbarung wird der Inhalt des Schuldverhältnisses geändert, keine Verfügungsbeschränkung begründet. Vergl. Turnau-Förster 1 S. 212. Über Pfändung s. § 851 Abs. 2 ZPO., Schutz des Erwerbers bei Vorhandensein einer Schuldurkunde s. § 405 BGB. — Auch aus dem Abschluß eines dinglichen Vertrags ergibt sich keine Verfügungsbeschränkung. RGE. 55 S. 342.

[40]) § 137 BGB.

einer Verfügungsbeschränkung wird keine Sperre des Grundbuchs herbeigeführt; das Grundbuchamt hat weiter beantragte Eintragungen zu vollziehen[41]). Doch erscheint für den Fall der Konkurseröffnung eine Einschränkung geboten. Da mit der Eröffnung des Konkurses der Gemeinschuldner die Befugnis verliert, über sein zur Konkursmasse gehöriges Vermögen zu verfügen, und das Verfügungsrecht durch den Konkursverwalter ausgeübt wird, kann das Grundbuchamt Verfügungen des Gemeinschuldners nicht eintragen[42]).

Die Berufung auf den öffentlichen Glauben des Grundbuchs ist ausgeschlossen, wenn ein Widerspruch gegen die Richtigkeit des Grundbuchs eingetragen oder die Verfügungsbeschränkung aus dem Grundbuch ersichtlich ist. Über Widerspruch s. § 11.

Die Wirkungen des öffentlichen Glaubens des Grundbuchs sind ferner ausgeschlossen, wenn derjenige, der von dem Eingetragenen erwirbt, an ihn leistet oder mit ihm sonst ein Rechtsgeschäft abschließt, die Unrichtigkeit des Buchinhalts oder das Bestehen einer aus dem Buche nicht ersichtlichen Verfügungsbeschränkung gekannt hat[43]). Es wird kein Beweis der Erwerbung in gutem Glauben verlangt, es wird vielmehr von dem, der bei einem Rechtsgeschäft das Grundbuch für sich hat, angenommen, daß er im Glauben an die Richtigkeit des Inhalts des Buches, dessen Einsicht ihm gestattet war (§ 11 GBO.), gehandelt hat. Sache des Gegners ist es, die Kenntnis der Unrichtigkeit darzutun[44]). Nur die wirkliche Kenntnis der Unrichtigkeit, nicht auch die verschuldete Unkenntnis der Unrichtigkeit, schließt den Schutz des öffentlichen Glaubens des Grundbuchs aus. Regel-

---

[41]) Vergl. Colmar BuchZ. 33 S. 165.

[42]) Die Frage ist streitig, s. Jaeger § 113 Anm. 7. Planck 3 S. 78 steht auf dem Standpunkt des KG., das im allgemeinen Eintragungen auf Grund Bewilligung des Gemeinschuldners zuläßt (Recht 1901 S. 463[21]), aber für Löschungen eine Ausnahme macht, weil nach der Löschung nichts übrig bleibe, woran die Konkursgläubiger sich halten könnten, ihr Recht also durch die Löschung vereitelt würde (OLGRechtspr. 4 S. 197). Es beeinträchtigt jedoch eine Löschungseintragung die Rechte der Konkursgläubiger nicht stärker als eine sonstige Eintragung. — Arreste und Zwangsvollstreckungen finden während der Dauer des Konkursverfahrens nicht statt, auch darf keine Vormerkung auf Grund einstweiliger Verfügung eingetragen werden (§ 14 KO.).

[43]) Die Kenntnis einer obligatorischen Verpflichtung des Rechtsvorgängers ist ohne Einfluß, auch die Kenntnis einer entgegenstehenden Eintragungsbewilligung oder eines entgegenstehenden Eintragungsantrags schließt die Berufung auf den öffentlichen Glauben des Grundbuchs nicht aus. Ob die Eintragung wird erfolgen können, ist eine andere Frage.

[44]) Die Frage ist nicht — wie nach § 9 Abs. 2 Preuß. Ges. vom 5. Mai 1872 (s. JW. 1903 S. 112[43]) — dahin zu stellen, ob die Rechte „im Glauben an die Richtigkeit des Grundbuchs erworben" sind. A.A. RG. 7 VII 1905 JW. S. 531[13].

mäßig wird die Kenntnis der Unrichtigkeit des Buchinhalts auf der Kenntnis der Tatsachen beruhen, aus denen die Unrichtigkeit sich ergibt. Es kann aber auch die Kenntnis der Unrichtigkeit des Buchinhaltes vorliegen, ohne daß der Betreffende die Tatsache kennt, aus der die Unrichtigkeit sich ergibt (z. B. wenn die Kenntnis auf einer Mitteilung einer glaubwürdigen Person beruht); umgekehrt entzieht die bloße Kenntnis der Tatsache, aus der die Unrichtigkeit sich ergibt, dem Handelnden den Schutz nicht, wenn er infolge Rechtsirrtums aus dieser Tatsache nicht die Unrichtigkeit des Buches entnommen hat. Immer aber muß eine Kenntnis der Unrichtigkeit vorliegen, das Kennenmüssen (§ 122 Abs. 2 BGB.) steht dem Kennen hier nicht gleich, zu Nachforschungen über die Richtigkeit des Grundbuchs (Durchsicht der Grundakten oder dergl.) besteht keine Verpflichtung[45]). Hat ein Erwerber in gutem Glauben ein Recht erlangt, so schadet es nicht, wenn dessen Rechtsnachfolger Kenntnis von der früheren Unrichtigkeit des Grundbuchs hat[46]). Kenntnis des Vertreters s. § 5 Text bei Ziff. 50.

Hinsichtlich der Frage, welcher Zeitpunkt für die Kenntnis des Erwerbers maßgebend ist, ist zwischen den Fällen, in denen zu dem Erwerbe des Rechtes Eintragung erforderlich ist, und den Fällen, für welche dieses Erfordernis nicht gilt, zu unterscheiden[47]). Ist zu dem Erwerbe Eintragung nicht erforderlich, so entscheidet der Zeitpunkt des Erwerbes[48]). Ist Eintragung erforderlich, so ist für die Kenntnis des Erwerbers maßgebend die Zeit der Stellung des Antrags auf Eintragung oder, wenn Einigung erforderlich ist, diese aber erst nach der Eintragung zu stande kommt, die Zeit der Einigung. Erlangt der Erwerber später Kenntnis von der Unrichtigkeit des Grundbuchs, so ist dies unschädlich. — In den Fällen des § 893 ist die Zeit der Bewirkung der Leistung oder der Vornahme des Rechtsgeschäfts maßgebend.

Was die Ausschließung der Berufung auf den öffentlichen Glauben des Grundbuchs betrifft, die auf dem Eintrage eines Widerspruchs oder einer Verfügungsbeschränkung beruht, so kommt es, wenn zu dem Erwerbe Eintragung erforderlich ist, darauf an, ob der Widerspruch oder die Verfügungsbeschränkung zur

---

[45]) Denkschrift S. 660. Da anzunehmen ist, daß der Erwerber einer Briefhypothek von dem Inhalte des Briefes Kenntnis nimmt, so ist (§ 1140 BGB.) die Berufung auf die Vorschriften der §§ 892, 893 ausgeschlossen, soweit die Unrichtigkeit des Grundbuchs aus dem Hypothekenbriefe oder einem Vermerk auf dem Briefe hervorgeht. Dasselbe gilt für Grundschuld- und Rentenschuldbriefe.

[46]) KProt. 3 S. 85. Erwirbt aber der Bösgläubige von dem Gutgläubigen zurück, so wirkt sein früherer böser Glaube. Turnau-Förster 1 S. 220.

[47]) § 892 Abs. 2 BGB. KProt. 3 S. 79.

[48]) Sind mehrere Akte erforderlich (z. B. Erklärung der Abtretung einer Briefhypothek und Übergabe des Briefes), so ist der Zeitpunkt des zuletzterfolgenden Aktes maßgebend.

Zeit der Eintragung[49]) des Rechtserwerbes eingetragen ist. Da die Eintragungen nach der Reihenfolge der Anträge vor sich gehen (§ 17 GBO.), so empfiehlt es sich, bei Stellung eines Eintragungsantrages auch die noch nicht erledigten Eintragungsanträge in Berücksichtigung zu ziehen.

Mit dem Schutze desjenigen, der sich auf den Glauben des Grundbuchs berufen kann, ist notwendig ein Rechtsverlust für den nicht eingetragenen Berechtigten verbunden. Unter Umständen kann dieser von dem Nichtberechtigten, der durch seine Verfügung oder durch die Annahme der Leistung den Rechtsverlust veranlaßt hat, nach den Vorschriften über unerlaubte Handlungen (§§ 823 ff. BGB.) Schadensersatz verlangen. In jedem Falle steht ihm gegen den Nichtberechtigten ein Anspruch auf Herausgabe des durch die Verfügung oder die Leistung Erlangten nach Maßgabe der Vorschriften über die Herausgabe einer ungerechtfertigten Bereicherung zu (§ 816 Abs. 1 und 2 BGB.)[50]). Gegen denjenigen, der von dem eingetragenen Nichtberechtigten unentgeltlich einen rechtlichen Vorteil erlangt hat, steht dem nicht eingetragenen Berechtigten ein persönlicher Anspruch auf Herausgabe des Erlangten zu (§ 816 Abs. 1 BGB.).

---

[49]) Insoweit die Tatsache, daß ein Widerspruch oder eine Verfügungsbeschränkung eingetragen ist, für die Berufung auf den öffentlichen Glauben des Grundbuchs in Betracht kommt, ist Abs. 2 des § 892 nicht maßgebend, denn dort ist nur bestimmt, auf welchen Zeitpunkt es für die Kenntnis des Erwerbers ankommt, in Absatz 1 des § 892 aber ist unterschieden, ob der Ausschluß wegen der Eintragung oder wegen der Kenntnis erfolgt. Soll die Berufung auf den öffentlichen Glauben des Grundbuchs wegen eines Eintrags ausgeschlossen sein, so kann nur die Priorität unter den Eintragungen entscheiden. Wollte man anders verfahren, so müßte man der Eintragung des Widerspruchs stärkere Kraft beilegen als der Eintragung des durch den Widerspruch zu schützenden Rechtes selbst. Hat der Erwerber sein Recht eintragen lassen, und erfolgt darauf die Eintragung eines kollidierenden Rechtes, so geht das zuerst eingetragene Recht vor, erfolgt aber nach Eintragung des Rechtes des Erwerbers die Eintragung eines Widerspruchs zugunsten des kollidierenden Rechts, so würde bei Anwendung des Abs. 2 des § 892 der Widerspruch die Berufung auf den öffentlichen Glauben des Grundbuchs ausschließen, falls die für das Recht des Erwerbers erforderliche Einigung erst später zustandekäme. Ein derartiges Ergebnis dürfte schwerlich angemessen erscheinen, es wird deshalb vorzuziehen sein, die Bestimmung des § 892 Abs. 2 ihrem Wortlaute gemäß anzuwenden und unter den Eintragungen der älteren Eintragung den Vorrang zu lassen. Daß es nicht angängig erscheint, bei Eintragung des Rechtes des Erwerbes einen schon eingetragenen Widerspruch unbeachtet zu lassen, weil der Eintragungsantrag von dem Erwerber vor Eintragung des Widerspruchs gestellt war, möchte ebenfalls kaum zweifelhaft erscheinen (Cosack § 180 bei 13a). Wenn bei dem Widerspruch die Priorität der Eintragung maßgebend ist, wird für die Eintragung der Verfügungsbeschränkung kein anderer Grundsatz leitend sein dürfen; den Nachweis der Kenntnis der Verfügungsbeschränkung nach Abs. 2 des § 892 zu erbringen, bleibt dabei dem Beteiligten unbenommen. Teilweise abweichend Biermann S. 86.

[50]) Denkschrift S. 661.

§ 8. Eintragung und dinglicher Vertrag.

Bei den Eintragungen, die in das (angelegte) Grundbuch vorgenommen werden, kann man endgültige und vorläufige Eintragungen unterscheiden. Die endgültigen Eintragungen bezwecken entweder, eine Rechtsänderung herbeizuführen, oder, den Inhalt des Grundbuchs mit der wirklichen Rechtslage in Einklang zu bringen. Die vorläufigen Eintragungen dienen dazu, endgültige Eintragungen vorzubereiten und für den Fall der Erfüllung ihrer Voraussetzungen sicher zu stellen (Widerspruch, Vormerkung).

Hier kommen die endgültigen Eintragungen zum Zwecke von Rechtsänderungen in Betracht.

Zur Übertragung des Eigentums an einem Grundstücke, zur Belastung eines Grundstücks mit einem (begrenzten) Rechte, zur Übertragung oder Belastung eines solchen (begrenzten) Rechtes und zur Änderung des Inhalts eines Rechtes an einem Grundstücke ist die Einigung des Berechtigten und des anderen Teiles über den Eintritt der Rechtsänderung und die Eintragung der Rechtsänderung in das Grundbuch erforderlich, soweit nicht das Gesetz ein anderes vorschreibt[1][2].

Diese Regel gilt nur für die auf Rechtsgeschäft, nicht aber für die auf anderen Gründen beruhenden Rechtsänderungen. Demgemäß vollzieht sich der Erwerb des Eigentums an einem Grundstück außerhalb des Grundbuchs bei der Erbfolge (§§ 1922, 1942, 2032 BGB.), auch bei der Nacherbfolge (§ 2139 BGB.)[3] sowie bei der ehelichen Gütergemeinschaft (§§ 1438, 1519, 1549 BGB.) und bei der Zwangsversteigerung (§ 90 ZVG.)[4]. Der landesgesetzlichen Regelung sind überlassen die Fälle der Art. 57—59 EGBGB. (Güter der Landesherrn ꝛc.), Art. 62 (Rentengüter), Art. 64 (Anerbenrecht), Art. 65 (Wasser-

---

Zu § 8.

[1]) §§ 873, 877 BGB. Mot. 3 S. 158, KProt. 3 S. 52, 4 S. 586.

[2]) Übergangsvorschriften sind enthalten in Art. 189, 186 EGBGB.

[3]) Rechtsgeschäftlich dagegen ist der Erwerb nach § 2174 (Vermächtnis), § 2374 (Erbschaftskauf). Verfügt ein Miterbe über seinen Anteil an dem Nachlasse (§ 2033 Abs. 1), so ist für dieses Rechtsgeschäft keine Eintragung erforderlich, auch wenn Grundstücke zu dem Nachlaß gehören (vergl. §§ 2033 Abs. 2, 2040).

[4]) Auch der Eigentumsübergang bei Eintritt der Bedingung oder des Termines vollzieht sich kraft Gesetzes (§§ 158, 163 BGB.); da unter der Herrschaft des BGB. eine Auflassung, die unter einer Bedingung oder einer Zeitbestimmung erfolgt, unwirksam ist (§ 925 Abs. 2 BGB.), sind diese Bestimmungen für den Eigentumserwerb von geringer Bedeutung.

recht), Art. 67 (Bergrecht)[5]), Art. 109 (Enteignung), Art. 112 (Privateisenbahnen), Art. 113 (Flurbereinigung 2c.), Art. 126 (Übertragung des Eigentums an einem Grundstück durch Landesgesetz), Art. 127 (Übertragung des Eigentums an buchungsfreien Grundstücken, vergl. § 90 GBO.).

Wie zur (rechtsgeschäftlichen) Übertragung des Eigentums an einem Grundstück Einigung der Beteiligten und Eintragung erforderlich ist, ist Einigung und Eintragung auch verlangt: zur Belastung eines Grundstückes mit einem Rechte, also, da die Zahl der dinglichen Rechte eine geschlossene ist, zur Begründung eines Erbbaurechtes, Begründung einer Dienstbarkeit, Bestellung eines dinglichen Vorkaufsrechtes, Begründung einer Reallast, Bestellung einer Hypothek, einer Grundschuld oder einer Rentenschuld. Einigung ist jedoch nicht erforderlich, vielmehr genügt die einseitige vom Eigentümer dem Grundbuchamt gegenüber abgegebene Erklärung zur Bestellung einer Hypothek für die Forderung aus einer Schuldverschreibung auf den Inhaber (§ 1188 BGB.), zur Bestellung einer Grundschuld auf den Inhaber (§ 1195 BGB.) und zur Bestellung einer Grundschuld für den Eigentümer (§ 1196 BGB). Kraft Gesetzes tritt die Nutznießung des Ehemannes und der Eltern ein (§§ 1363, 1649 BGB.). Ohne Eintragung kann ein Nießbrauch an einem Grundstück entstehen im Falle des § 1075, eine Sicherungshypothek im Falle des § 1287 BGB., vergl. § 848 ZPO. Unzulässig ist die Eintragung einer ein Grundstück belastenden Überbau- oder Notweg-Rente (§§ 914, 917 BGB.).

Einigung und Eintragung ist sodann verlangt für die Übertragung eines begrenzten Rechtes, demnach für die Übertragung eines Erbbaurechtes, Vorkaufsrechtes, einer Reallast (§ 1111 BGB.), einer Hypothek, Grundschuld oder Rentenschuld. Nicht übertragbar sind Nießbrauch (§ 1059) und beschränkte persönliche Dienstbarkeiten (§ 1092), nur mit dem Eigentum an dem Grundstück des Berechtigten lassen sich die Grunddienstbarkeiten übertragen. Ohne Eintragung kann die Übertragung einer Briefhypothek, Briefgrundschuld oder Briefrentenschuld vor sich gehen (§§ 1154, 1192, 1199), ferner einer Sicherungshypothek im Falle des § 1187 BGB., einer Inhabergrundschuld (§ 1195 mit § 793 BGB.), der Forderung auf Rückstände von Zinsen und anderen Nebenleistungen (§§ 1159, 1192, 1200 BGB.). Die Übertragung der begrenzten Rechte, die der landesgesetzlichen Regelung unterliegen, richtet sich nach Landesrecht (vergl. § 83 GBO.); einige besondere Vorschriften enthalten die Art. 63 und 68 EGBGB.

---

[5]) RGE. 56 S. 190 (über die Formvorschrift des § 313 BGB. bei Grundabtretung).

Zur Belastung eines begrenzten Rechtes wird ebenfalls Einigung und Eintragung gefordert. Das Erbbaurecht kann wie ein Grundstück belastet werden[6]), Belastung eines anderen Rechtes ist nur mit Nießbrauch oder Pfandrecht möglich, aber die Belastung mit Nießbrauch (§§ 1068, 1069) oder mit Pfandrecht (§ 1274) setzt die Übertragbarkeit des Rechtes voraus. Da die Bestellung eines Nießbrauchs oder eines Pfandrechts nach den für die Übertragung des zu belastenden Rechtes geltenden Vorschriften erfolgt, gilt hier gleichfalls das bezüglich der Übertragung eines begrenzten Rechtes Gesagte.

Die Erfordernisse, die für die Entstehung eines Rechtes an einem Grundstück vorgeschrieben sind, gelten auch für die rechtsgeschäftlichen Änderungen des Inhaltes eines solches Rechtes,[7]) also für Änderungen in den Befugnissen des Berechtigten. Es kann z. B. der Inhalt einer Grunddienstbarkeit, einer beschränkten persönlichen Dienstbarkeit, eines Vorkaufsrechtes geändert werden, eine Briefhypothek kann in eine Buchhypothek und umgekehrt, eine Sicherungshypothek in eine gewöhnliche Hypothek und umgekehrt, eine Hypothek in eine Grundschuld, eine Grundschuld in eine Hypothek umgewandelt werden, die bei Bestellung des Rechtes getroffenen Stipulationen können geändert werden. In allen diesen Fällen sind die für die Begründung des Rechtes gegebenen Vorschriften zu beachten. Besondere Vorschriften sind gegeben in §§ 880, 1151, 1109, 1116, 1132, 1180 BGB.

Der Eintragung in das Grundbuch bedarf es ferner regelmäßig zur rechtsgeschäftlichen Aufhebung eines Rechtes an einem Grundstück[8]); eine Ausnahme bildet der Verzicht auf die Hypothek für Rückstände von Zinsen und anderen Nebenleistungen (§ 1178 Abs. 2 BGB.). Keine Eintragung ist erforderlich zum Erlöschen eines Rechtes ohne Rechtsgeschäft, z. B. bei subjektiv-persönlichen Rechten zum Erlöschen durch den Tod des Berechtigten, ferner zum Erlöschen eines Rechtes durch Eintritt einer auflösenden Bedingung oder eines Endtermins, zum Erlöschen eines Vorkaufsrechtes oder einer Reallast durch Ausschlußurteil, zum Erlöschen einer Grunddienstbarkeit durch Verjährung (§ 1028), zum Erlöschen von Rechten durch den Zuschlag bei der Zwangsversteigerung (§ 91 ZVG.). Eintragung ist nur notwendig bei der rechtsgeschäftlichen Aufhebung von Rechten an Grundstücken, keiner Eintragung bedarf es zur rechtsgeschäftlichen Aufhebung eines (Nießbrauch- oder Pfand-) Rechtes an einem begrenzten dinglichen Rechte. Die Erklärung des Nießbrauchers

---

[6]) Ebenso die Rechte nach Art. 63, 68 EGBGB.

[7]) § 877 bezieht sich nicht auf Änderungen des Rechts an einem Rechte am Grundstück (vergl. § 1071 Abs. 2, § 1276 Abs. 2 BGB.).

[8]) § 875 BGB. Mot. 3 S. 200, 460; KProt. 3 S. 69. — Aufgabe des Eigentums an einem Grundstück s. § 928 BGB.

gegenüber dem Berechtigten oder dem Besteller, daß er den Nießbrauch aufgebe, genügt [9]). Gleiches gilt für die Aufhebung des Pfandrechts [10]). Die Löschung im Grundbuch erfolgt in solchen Fällen nur zur Berichtigung des Grundbuchs.

Zum Eintritt einer Rechtsänderung ist außer der Eintragung noch nötig: für die Aufhebung eines Rechtes an einem Grundstücke die Erklärung des Berechtigten, daß er das Recht aufgebe, im Übrigen (d. h. zur Übertragung des Eigentums an einem Grundstücke, zur Belastung eines Grundstücks mit einem Rechte, zur Änderung, Übertragung oder Belastung eines solchen Rechtes) die Einigung des Berechtigten und des anderen Teiles über den Eintritt der Rechtsänderung.

Die Einigung des Berechtigten und des anderen Teiles [11]) muß den Anforderungen eines Rechtsgeschäfts (§§ 104 ff. BGB.), und zwar eines Vertrags (§§ 145 ff. BGB.) entsprechen [12]). Berechtigter ist derjenige, dessen Recht von der Änderung betroffen wird; daß er zur Zeit des Abschlusses des dinglichen Vertrags im Grundbuch als Berechtigter eingetragen wäre, ist nicht erfordert. Erst bei der Eintragung soll er als Berechtigter eingetragen sein [13]). Schließt ein Nichtberechtigter den Vertrag, durch den er über das Recht verfügt, so ist die Verfügung wirksam, wenn sie mit Einwilligung des Berechtigten erfolgt, sie wird wirksam, wenn der Berechtigte sie genehmigt oder wenn der Verfügende den Gegenstand erwirbt oder wenn er von dem Berechtigten beerbt wird und dieser für die Nachlaßverbindlichkeiten unbeschränkt haftet [14]). Ist der Nichtberechtigte im Grundbuch als Berechtigter eingetragen, so kann auf Grund seiner Verfügung die Rechtsänderung kraft des öffentlichen Glaubens des Grundbuchs vor sich gehen.

Verlangt ist die Einigung über den Eintritt der Rechtsänderung [15]). Ein bestimmter Wortlaut ist nicht vorgeschrieben; es genügt, ist aber auch zu fordern, daß aus den Erklärungen der auf den Eintritt der Rechtsänderung gerichtete Wille der Beteiligten hervorgeht. Der Wille ist nötigenfalls im Wege der

---

[9]) §§ 1072, 1064 BGB. — Nießbrauch an einem Erbbaurecht wird behandelt wie Nießbrauch an einem Grundstück.

[10]) §§ 1273, 1255 BGB.

[11]) § 873 BGB.

[12]) S. § 5 Anm. 23. — Zulässigkeit der Vertretung s. § 5 bei Anm. 47 ff.

[13]) § 40 GBO.

[14]) § 185 BGB. Vergl. RGE. 54 S. 366. — Ein Grundstückskäufer kann hiernach eine Hypothek bewilligen, ehe er als Eigentümer eingetragen ist, ein Grundstückserwerber kann einem Dritten die Auflassung erklären, ehe er selbst als Eigentümer eingetragen ist.

[15]) Einigung über die Eintragung der Rechtsänderung (Turnau-Förster 1 S. 356) ist nicht verlangt. Vergl. RG 15 III 1905, JW. S. 290 [16].

Auslegung zu ermitteln.[16]) — Verschieden von der dinglichen Einigung ist die Eintragungsbewilligung. Die Eintragung im Grundbuch erfolgt, wenn derjenige sie bewilligt, dessen Recht von ihr betroffen wird[17]). Die Eintragungsbewilligung ist regelmäßig eine Voraussetzung der Eintragung, in keinem Falle ein Bestandteil der dinglichen Einigung.[18])

Die dingliche Einigung ist in der Regel formlos. Besondere Formen verlangt das BGB. nur für die Auflassung und für die Bestellung und Übertragung eines Erbbaurechts[19]). Die Auflassung, die Einigung des Veräußerers und des Erwerbers eines Grundstücks, muß ebenso wie die Bestellung und Übertragung des Erbbaurechtes bei gleichzeitiger Anwesenheit beider Teile vor dem Grundbuchamte erklärt werden[20]); doch kann durch Landesgesetz bestimmt werden, daß die Erklärung auch vor Gericht, vor einem Notar, vor einer anderen Behörde oder einem anderen Beamten erklärt werden kann, und daß es bei der gerichtlichen oder notariellen Auflassung eines Grundstücks in einem Versteigerungstermine der gleichzeitigen Anwesenheit beider Teile nicht bedarf[21]).

Für die Auflassung und für die Übertragung des Erbbaurechtes[19]) besteht ferner die Vorschrift, daß die Einigung nicht

---

[16]) § 133 BGB. — Vergl. RGE. 54 S. 111.

[17]) § 19 GBO., Formvorschrift in § 29 GBO.

[18]) Ob in der Aushändigung einer Eintragungsbewilligung eine stillschweigende Einigungserklärung zu finden ist, hängt von den Umständen des Falles ab. — Begrifflich enthält auch die Einigung nicht die Eintragungsbewilligung in sich. Die Beteiligten können über den Vertrag einig sein, aber die Eintragung hinausschieben wollen, von einem Vorbehalt, einer Bedingung, einer Zeitbestimmung abhängig machen. Es läßt sich daher nicht mit RGE. 54 S. 383 sagen, die Rechtsänderung trete mit der Eintragung ein, daher enthalte die Erklärung des Berechtigten, daß er die Rechtsänderung wolle, mit Notwendigkeit auch die Erklärung, daß er mit der Eintragung einverstanden sei. Aus § 2 des Preuß. Ges. über den Eigentumserwerb vom 5. Mai 1872 („Die Auflassung . . . erfolgt durch die . . . Erklärungen des eingetragenen Eigentümers, daß er die Eintragung des neuen Erwerbers bewillige, und des letzteren, daß er diese Eintragung beantrage") wird für das neue Recht keine Norm zu schöpfen sein, nur zur Auslegung des Willens der Beteiligten und der Absicht der Urkundsperson wird das frühere Gesetz sich verwenden lassen. Wenn demnach in einem Gebiete, in dem französisches Recht galt, ein Notar einen Akt aufnimmt, in welchem ein „Verkauf" beurkundet wird, und daran anschließend der „Verkäufer" bewilligt, daß die Käuferin als Eigentümerin in den Grundbüchern eingetragen werde, die Käuferin aber ihre Eintragung nach dieser Bewilligung beantragt (RGE. 54 S. 378), so wird man kaum fehlgehen in der Annahme, daß die dingliche Einigung in dem Worte „verkaufen" (Art. 1138, 1583 c.c.) zum Ausdruck kommen sollte. — Vergl. hierzu Planck § 873 Anm. 3.

[19]) Auch Art. 63, 68 EGBGB.

[20]) §§ 925, 1015, 1017 BGB. — Wird die Willenserklärung eines Beteiligten durch Urteil ersetzt (§ 894 ZPO.), so genügt die Anwesenheit der andern Partei unter Vorlage des Urteils.

[21]) Art. 143 EGBGB.

unter einer Bedingung oder Zeitbestimmung erfolgen kann[22]), während im übrigen die dinglichen Rechtsgeschäfte unter Bedingungen und Zeitbestimmungen vorgenommen werden dürfen. Soweit ein bedingter oder befristeter dinglicher Vertrag zulässig ist, lassen sich auch die Bestimmungen des obligatorischen (Kausal-) Vertrags[23]) mit dem dinglichen Vertrag verbinden. An sich ist der dingliche Vertrag abstrakter Natur[24]). Es genügt die Einigung darüber, daß die Rechtsänderung eintrete, es bedarf keiner Einigung über den Rechtsgrund, auch keiner Angabe eines Rechtsgrundes. Den dinglichen Vertrag berührt das obligatorische Rechtsgeschäft nicht, selbst wenn beide Rechtsgeschäfte verbunden wären. Ist der obligatorische Vertrag unwirksam, so bleibt die auf Grund des abstrakten dinglichen Vertrages und der Eintragung erfolgte Rechtsänderung zunächst zu Recht bestehend[25]). Der bisherige Berechtigte kann jedoch nach §§ 812 ff. BGB. von dem Erwerber verlangen, daß dieser die Rechtsänderung rückgängig mache. Bis diese Rückgängigmachung erfolgt, ist der Erwerber dinglich Berechtigter; überträgt er Rechte an Dritte, so sind diese Rechte zu Recht bestehend. Leidet der dingliche Vertrag an demselben Mangel wie das obligatorische Rechtsgeschäft, ist z. B. ein Kaufvertrag anfechtbar wegen Betrugs oder wegen widerrechtlicher Drohung oder wegen Irrtums und beruht auf diesen Einwirkungen auch die Auflassungserklärung, so ist der dingliche Vertrag in gleicher Weise anfechtbar wie das obligatorische Rechtsgeschäft[26]), wird er angefochten, so ist die Rechtsänderung nicht eingetreten, die im Grundbuch erfolgte Eintragung ist auf dem Wege der Berichtigung zu beseitigen, vorausgesetzt, daß nicht ein Dritter auf Grund des öffentlichen Glaubens des Grundbuchs Rechte erworben hat[27]).

Die Eintragung kann der Einigung nachfolgen oder vorausgehen. Im Allgemeinen braucht die Einigung dem Grundbuchamte nicht nachgewiesen zu werden, die Eintragung erfolgt schon auf Bewilligung desjenigen, dessen Recht von ihr betroffen wird[28]);

---

[22]) §§ 925 Abs. 2, 1017 Abs. 2 BGB.

[23]) S. § 5 bei Anm. 24. — Über § 313 BGB. s. § 24.

[24]) Verstoß gegen die guten Sitten s. § 5 Anm. 30, auch Philipp BayZfR 1905 S. 382.

[25]) Im Falle des § 313 BGB. wird die Nichtigkeit des Kausalgeschäfts durch den Vollzug geheilt.

[26]) Die Auflassung wäre rechtsbeständig, wenn der Veräußernde vor der Auflassung z. B. Kunde von der Täuschung erhielte.

[27]) Aus dem dinglichen Vertrag entsteht kein Anspruch auf Erfüllung. S. § 5 Anm. 25.

[28]) § 19 GBO. Ein Grundeigentümer kann demnach ohne Mitwirkung des Gläubigers eine Hypothek eintragen lassen; einigt er sich mit dem Gläubiger der Eintragung gemäß, so ist die Hypothek wirksam bestellt, kommt es nicht zur Einigung, so ist die Belastung des Grundstücks nicht eingetreten, die Eintragung kann dann höchstens auf Grund der Fiktion der Richtigkeit des Grundbuchs zur Begründung eines Rechtes führen.

aber im Falle der Auflassung eines Grundstücks sowie im Falle der Bestellung oder Übertragung eines Erbbaurechtes darf die Eintragung nur erfolgen, wenn die erforderliche Einigung des Berechtigten und des anderen Teils erklärt ist[29]). Durch Zuwiderhandlung würde eine Schadensersatzpflicht begründet.

In der Regel werden die Willenserklärungen der Beteiligten der Eintragung vorausgehen. In diesen Fällen ist der Vertrag[30]) zwar mit seinem Abschlusse, d. h. mit dem Zeitpunkte, in welchem die gegenseitigen Erklärungen der Vertragschließenden zusammentreffen, vollendet, auch ist es auf die Wirksamkeit der Willenserklärung ohne Einfluß, wenn der Erklärende nach der Abgabe stirbt oder geschäftsunfähig oder in der Geschäftsfähigkeit beschränkt wird[31]), allein der Widerruf ist zugelassen. Die Beteiligten sind vor der Eintragung an die Einigung nur gebunden,

wenn die Erklärungen gerichtlich oder notariell beurkundet[32]),
oder wenn sie vor dem Grundbuchamt abgegeben[33]),
oder wenn sie bei dem Grundbuchamt eingereicht[33]) sind,
oder wenn der Berechtigte dem anderen Teile eine den Vorschriften der GBO.[34]) entsprechende Eintragungsbewilligung ausgehändigt[35]) hat[36]).

---

[29]) § 20 GBO. Erfolgt nachträglich die Auflassung, so bedarf es keiner neuen Eintragung. Predari S. 121. — Bezüglich der in Art. 63, 68 EGBGB. bezeichneten Rechte s. § 84 GBO.

[30]) Es handelt sich hier nur um den dinglichen Vertrag; für das obligatorische Rechtsgeschäft kommen die Bestimmungen der §§ 873 ff. nicht in Betracht. Für das obligatorische Rechtsgeschäft sind die Vorschriften des Rechts der Schuldverhältnisse maßgebend. Soweit nicht eine Form für das obligatorische Rechtsgeschäft vorgeschrieben ist (z. B. in §§ 313, 1017, 518, 780 BGB.), ist es ohne weiteres verpflichtend. Vergl. RG 24 IV 1901 E. 48 S. 133, 8 I 1902 E. 50 S. 77, 18 IV 1902 JW. 1902 Beil. S. 233[105], 13 XI 1903 GruchBeitr. 48 S. 350.

[31]) Mot. 3 S. 176, KProt. 3 S. 64. § 130 Abs. 2 BGB.

[32]) § 128 BGB. Durch eine öffentliche Beglaubigung wird die Beurkundung nicht ersetzt. Vergl. § 129 Abs. 2 BGB. Die Landesgesetze können bestimmen, daß zur Beurkundung von Rechtsgeschäften entweder nur die Gerichte oder nur die Notare zuständig sind, und daß zur Beurkundung der dinglichen Verträge nach § 873 Abs. 2 BGB. außer den Gerichten und Notaren auch andere Behörden und Beamte zuständig sind. Art. 141, 142 EGBGB.

[33]) Abgabe und Einreichung müssen der Vorschrift des § 29 GBO. entsprechen, da nur unter dieser Voraussetzung die Beteiligten Alles getan haben, was zur Vornahme der Eintragung erforderlich ist. Mot. 3 S. 175, KProt. 3 S. 63. Vergl. RGE. 50 S. 83, Turnau-Förster 1 S. 94, Predari S. 113, Biermann S. 47 u. A.; dagegen Cosack 2 S. 19, Oberneck 1 S. 255, Planck 3 S. 85 u. A. — Die Einreichung bei dem Grundbuchamt muß mit dem Willen der Beteiligten erfolgt sein.

[34]) § 29 GBO.

[35]) Ausstellung genügt nicht, es ist Übertragung des unmittelbaren Besitzes erforderlich. Mit der Annahme tritt die Bindung ein.

[36]) § 873 Abs. 2 BGB.

Bis zu dem Zeitpunkte, wo der dingliche Vertrag unwiderruflich wird, können auch im Falle des Todes oder der Geschäftsunfähigkeit eines Vertragschließenden die Rechtsnachfolger oder Vertreter von dem Widerrufsrechte Gebrauch machen.

Ist in der angegebenen Weise die Willenserklärung des Berechtigten unwiderruflich geworden, so wird sie nicht dadurch unwirksam, daß, bevor die Eintragung vor sich geht, der Berechtigte in der Verfügung beschränkt wird, vorausgesetzt jedoch, daß die Verfügungsbeschränkung erst eintritt, nachdem der Antrag auf Eintragung (§ 13 GBO.) bei dem Grundbuchamt gestellt worden ist[37]. Die Eintragung wird damit nicht auf den Zeitpunkt der Antragstellung zurückbezogen, es wird nur den nach der Stellung des Antrags eintretenden Ereignissen, wodurch der Berechtigte in der Verfügung beschränkt wird[38], der Einfluß auf die Wirksamkeit der Eintragungsbewilligung entzogen.

Erfolgt die Einigung der Beteiligten über die Rechtsänderung erst nach der Eintragung, so ist der dingliche Vertrag sofort bindend und unwiderruflich. Das Rangverhältnis des eingetragenen Rechtes bemißt sich nach der Eintragung, auch wenn die Einigung erst nach der Eintragung zu stande kommt[39], das Recht also erst nach der Eintragung entsteht.

Keiner Einigung, sondern nur einer Erklärung des Berechtigten bedarf es (neben der Löschung) zur (rechtsgeschäftlichen) Aufhebung[40] eines Rechtes an einem Grundstücke[41]. Die Erklärung des Berechtigten hat dahin zu erfolgen, daß er sein Recht aufgebe. Sie ist dem Grundbuchamt oder demjenigen gegenüber abzugeben, zu dessen Gunsten sie erfolgt[42]. Verzicht und

---

[37]) § 878 BGB. Mot. 3 S. 190, KProt. 3 S. 65. Wird der Antrag zurückgewiesen oder zurückgenommen, so ist § 878 nicht mehr anwendbar. — Wird ohne Einigung von dem Berechtigten einseitig die Eintragung eines Rechts bewilligt und beantragt, und tritt alsdann vor der Eintragung die Verfügungsbeschränkung ein, so bleibt § 878 außer Anwendung. Predari S. 124.

[38]) Konkurseröffnung, Veräußerungsverbot 2c. S. § 15 KO. — Die Anfechtung bleibt dem Konkursverwalter unbenommen. RG 9 V 1902 E. 51 S. 284.

[39]) § 879 Abs. 2 BGB.

[40]) § 875 BGB. Mot. 3 S. 200, KProt. 3 S. 69. — Für den Übergang s. Art. 189 EGBGB.

[41]) Für die Aufhebung von Rechten (Nießbrauch, Pfandrecht) an eingetragenen Rechten gelten andere Bestimmungen (§§ 1064, 1072, 1255, 1273 BGB.). Die Löschung erfolgt in diesen Fällen zur Berichtigung des Grundbuchs.

[42]) Die Verzichtserklärung ist ein abstraktes, empfangsbedürftiges (nicht einer Annahme bedürftiges), einseitiges Rechtsgeschäft. Sie kann bedingt oder betagt sein, sie ist formlos. Als dingliches Rechtsgeschäft erzeugt sie keinen Anspruch auf Erfüllung. Wie andere Willenserklärungen kann sie durch Urteil ersetzt werden (§§ 894, 895 ZPO.). — Der Verzicht auf das Eigentum an einem Grundstück kann nur dem Grundbuchamt gegenüber erklärt werden (§ 928 BGB.).

Eintragung (Löschung) bewirken die Aufhebung des Rechtes, Verzicht ohne Eintragung genügt nicht[43]) (Ausnahme § 1178 Abs. 2 BGB.), auch die Löschung ohne den Verzicht des Berechtigten führt die Aufhebung nicht herbei, wenn sie auch auf Grund Verjährung das Erlöschen des Rechtes zur Folge haben kann (§ 901 BGB.). Die Verzichtserklärung kann vor oder nach der Eintragung erfolgen. Wird sie dem Grundbuchamt gegenüber[44]) abgegeben, so ist sie unwiderruflich, mag die Löschung vorhergegangen sein oder nachfolgen. Wird die Verzichtserklärung demjenigen gegenüber, zu dessen Gunsten sie erfolgt, abgegeben, so ist der Berechtigte nur dann an sie gebunden, wenn die Löschung schon vorhergegangen ist oder der Verzichtende dem Anderen eine den Vorschriften der Grundbuchordnung entsprechende Löschungsbewilligung ausgehändigt hat[45]). Ist die Erklärung für den Berechtigten bindend geworden und ist der Antrag auf Löschung bei dem Grundbuchamt gestellt, so wird die Verzichterklärung nicht dadurch unwirksam, daß der Berechtigte in der Verfügung beschränkt wird[46]).

Die Aufhebung eines Rechtes an einem Grundstück (Eigentum, Erbbaurecht, Dienstbarkeit, Vorkaufsrecht, Reallast) ist hiernach von dem einseitigen Willen des Berechtigten abhängig gemacht, nur bei Hypotheken, Grund- und Rentenschulden gilt dieser Satz nicht, denn der Verzicht auf ein solches Recht hat nicht das Erlöschen des Rechts, sondern den Übergang auf den Eigentümer zur Folge[47]), zur Aufhebung durch Rechtsgeschäft ist die Zustimmung des Eigentümers erforderlich[48]). Eine Hypothek, eine Grundschuld oder eine Rentenschuld darf daher nur mit Zustimmung des Eigentümers gelöscht werden[49]).

Die Zustimmung eines Dritten ist auch erforderlich, wenn das aufzuhebende Recht mit einem Rechte des Dritten unmittelbar oder mittelbar belastet ist. Ein Recht an einem Grundstück kann, wenn es ein veräußerliches Recht ist, unmittelbar be-

---

[43]) Verfügt der Berechtigte über das Recht, nachdem er in unwiderruflicher Weise darauf verzichtet hat, aber bevor die Eintragung erfolgt ist, so ist die Verfügung wirksam. Durch den Verzicht ist das Grundbuch nicht unrichtig geworden, auch ist keine Verfügungsbeschränkung infolge des Verzichts eingetreten.

[44]) Die Erklärung braucht nicht (wie in § 873 Abs. 2 verlangt ist) vor dem Grundbuchamt, d. h. zu Protokoll des Grundbuchamtes abgegeben zu sein, sie kann in einer öffentlichen oder öffentlich beglaubigten Urkunde (§ 29 GBO.) abgegeben werden. S. Anm. 33.

[45]) § 875 Abs. 2 BGB. Die Löschung erfolgt durch Eintragung eines Löschungsvermerks. § 47 GBO.

[46]) § 878 BGB. S. Anm. 37.

[47]) §§ 1168, 1175, 1192, 1199 BGB.

[48]) §§ 1183, 1192, 1199 BGB.

[49]) § 27 GBO.

lastet sein entweder nach den Vorschriften über die Belastung von Grundstücken, wenn es Grundstücksqualität hat (Erbbaurecht, Rechte nach Art. 63, 68 EGBGB.) oder nach den Vorschriften über Nießbrauch und Pfandrecht an Rechten. Ist ein Recht an einem Grundstück mit dem Rechte[50]) eines Dritten belastet, so ist zur Aufhebung des belasteten Rechtes oder zur Änderung seines Inhaltes[51]) die Zustimmung des Dritten erforderlich[52]). Steht das aufzuhebende oder zu ändernde Recht dem jeweiligen Eigentümer eines anderen Grundstücks zu (subjektiv-dingliches Recht)[53]), so ist eine mittelbare Belastung möglich, insofern das Recht als Bestandteil des Grundstücks[54]) von der auf diesem Grundstück ruhenden Belastung ergriffen wird. In einem solchen Falle ist zur Aufhebung oder Änderung des subjektiv-dinglichen Rechtes die Zustimmung des Dritten erforderlich[55]), dem an dem (herrschenden) Grundstück ein Recht zusteht, es sei denn, daß das Recht des Dritten von der Aufhebung oder Änderung des subjektiv-dinglichen Rechtes nicht berührt wird[56]).

Die Zustimmung des Dritten ist dem Grundbuchamt oder demjenigen gegenüber zu erklären, zu dessen Gunsten sie erfolgt; sie ist unwiderruflich[57]). Sie kann vor oder nach der Verzichtserklärung, selbst nach der Löschung erfolgen. Solange die Zustimmung des Dritten fehlt, bleibt das Recht bestehen, dagegen hindert die fehlende Zustimmung nicht, daß die Einigung der Beteiligten über die Änderung (§§ 877, 873 Abs. 2 BGB.) oder

---

[50]) Die Überlassung der Ausübung eines Nießbrauchs (§ 1059 BGB.) gibt nur persönliche Rechte.

[51]) Die Änderung im Inhalte stellt sich regelmäßig als teilweise Aufhebung des Rechtes dar, aber auch da, wo sie eine Erweiterung der Befugnisse des Berechtigten herbeiführen soll, ist die Zustimmung erforderlich.

[52]) § 876 BGB. Mot. 3 S. 463, KProt. 3 S. 72. — Die Zustimmung ist eine abstrakte, empfangsbedürftige Willenserklärung. Daß sie durch Urteil ersetzt werden kann, ist selbstverständlich.

[53]) Grunddienstbarkeit (§ 1018), Vorkaufsrecht (§ 1094), Reallast (§ 1105 BGB.).

[54]) § 96 BGB.

[55]) Landesgesetzliche Vorschriften, nach denen im Falle der Aufhebung eines subjektiv-dinglichen Rechtes die Zustimmung nicht erforderlich ist, wenn von der zuständigen Behörde die Unschädlichkeit festgestellt wird, sind aufrecht erhalten (Art. 120 Abs. 2 Ziff. 2 EGBGB.).

[56]) Die Aufhebung eines Vorkaufsrechtes (§ 1094 Abs. 2) berührt z. B. das Recht eines Nießbrauchberechtigten nicht. A. A. Turnau-Förster 1 S. 126 Anm. 5 für den Fall, daß das durch Ausübung des Vorkaufsrechts zu erwerbende Grundstück ebenfalls dem Nießbrauchrecht unterliegen soll. — Die Möglichkeit einer Beeinträchtigung des dritten Berechtigten, welche sich für den Fall der Umwandlung seines Rechtes in einen Anspruch auf Befriedigung aus dem Erlöse der Zwangsversteigerung ergeben könnte, kommt nicht in Betracht. Mot. 3, 465.

[57]) § 876 BGB. Der Dritte ist an die Zustimmung gebunden, auch wenn sie formlos demjenigen gegenüber erklärt ist, zu dessen Gunsten sie erfolgt.

die Verzichtserklärung des Berechtigten (§ 875 Abs. 2 BGB.) bindend wird; erfolgt hinterher die Zustimmung und kommt es zur Eintragung, so ist das Recht aufgehoben oder die Rechtsänderung eingetreten[58])[59]).

Nach der Regel des § 19 GBO. wäre die Eintragung der Rechtsänderung oder Aufhebung in allen Fällen von der Bewilligung der Dritten abhängig, gemäß § 21 GBO. bedarf es jedoch zur Eintragung einer Änderung oder Aufhebung eines subjektiv-dinglichen Rechtes der Zustimmung derjenigen, welche Rechte an dem (herrschenden) Grundstück haben nur dann, wenn das subjektiv-dingliche Recht auf dem Blatte des Grundstücks vermerkt ist (§ 8 GBO.). Kommt es hiernach zu einer Eintragung, ohne daß die erforderliche Zustimmung des Dritten vorliegt oder nachher erteilt wird, so ist das Grundbuch unrichtig.

§ 9. Rangverhältnis dinglicher Rechte.

Aus dem Grundbuch soll nicht allein das Bestehen von Rechten an einem Grundstück ersichtlich sein, sondern auch das Rangverhältnis unter den Rechten[1]).

Daß das Eigentum allen Rechten nachsteht, mit denen ein Grundstück belastet ist, ist selbstverständlich; denn die Belastung eines Grundstücks mit einem begrenzten Rechte enthält eine Einschränkung der in dem Eigentum liegenden Befugnisse.

Was die begrenzten Rechte betrifft, so muß in der Regel das ältere Recht dem jüngeren vorgehen, weil Niemand mehr Rechte übertragen kann als er selbst hat. Das Alter der Rechte bestimmt sich, sofern zur Entstehung Eintragung erforderlich ist, nach der Eintragung[2]). Wenn die Rechte in derselben Abteilung des Grundbuchs eingetragen sind, ist die räumliche Aufeinanderfolge maßgebend, der Rang bestimmt sich alsdann nach

---

[58]) Wird der Dritte nach Abgabe der zustimmenden Erklärung in der Verfügung beschränkt, so bleibt die Erklärung wirksam, auch wenn der Antrag auf Eintragung noch nicht gestellt ist; § 878 verweist nicht auf § 876. RGE. 52 S. 416.

[59]) Veräußert der Dritte nach Abgabe der zustimmenden Erklärung vor Löschung des aufzuhebenden Rechts sein eigenes Recht, so muß der Erwerber nach der Regel der §§ 404, 413 BGB. die Zustimmung gegen sich gelten lassen, darf sich aber auf den öffentlichen Glauben des Grundbuchs berufen. War ihm bei dem Erwerb bekannt, daß sein Rechtsvorgänger die Zustimmung erteilt hatte, so kann ihn insoweit der öffentliche Glaube des Grundbuchs nicht schützen. Abw. Turnau-Förster 1 S. 125 Anm. 4. Vergl. Planck 3 S. 96.

Zu § 9.

[1]) Übergangsvorschriften Art. 184, 187—189 EGBGB.

[2]) Denkschr. S. 658.

der Reihenfolge der Eintragungen[3]), ohne Rücksicht auf das Datum[4]). Sind die Rechte in verschiedenen Abteilungen[5]) eingetragen, so ist die zeitliche Aufeinanderfolge maßgebend: das unter Angabe eines früheren Tages eingetragene Recht hat den Vorrang; Rechte, die unter Angabe desselben Tages eingetragen sind, haben gleichen Rang[6])[7]).

Der Grundbuchbeamte hat, wenn mehrere Eintragungen in einer Abteilung des Grundbuchs zu bewirken sind, ihnen die Reihenfolge zu geben, welche der Zeitfolge der Anträge entspricht; sind die Anträge gleichzeitig[8]) gestellt, so ist im Grundbuch zu vermerken, daß die Eintragungen gleichen Rang haben. Sind die Eintragungen in verschiedenen Abteilungen unter Angabe desselben Tages zu bewirken, so ist, wenn die Eintragungen nicht gleichzeitig beantragt sind, im Grundbuch zu vermerken, daß die später beantragte Eintragung der früher beantragten im Range nachsteht[9]). Bei Beachtung dieser Vorschriften erhalten die Rechte Rang nach dem Zeitpunkt der Stellung der Eintragungsanträge. Wird gegen diese Vorschriften verstoßen, so entsteht eine Verpflichtung zur Entschädigung, das Grundbuch selbst wird dadurch nicht unrichtig[10]).

---

[3]) Ob die selbständigen Eintragungen gleiche Nummern tragen, ist ohne Einfluß.

[4]) Jede Eintragung soll den Tag angeben, an welchem sie erfolgt ist. § 45 GBO.

[5]) Hat eine Abteilung mehrere Spalten, so ist eine räumliche Aufeinanderfolge nur in derselben Spalte möglich. Jede Spalte, die für selbständige Eintragungen bestimmt ist, ist als besondere Abteilung anzusehen. Vergl. Turnau-Förster 1 S. 136.

[6]) § 879 Abs. 1 BGB. Mot. 3 S. 225, KProt. 3 S. 88. — Die Vorschriften der §§ 879 bis 881 gelten auch für das Rangverhältnis der an einem Schiffe bestellten Pfandrechte (§ 1261 BGB.).

[7]) Ist eine Eintragung nicht datiert, so geht sie jedenfalls der in derselben Abteilung folgenden Eintragung vor, infolgedessen wird ihr auch andern Einträgen gegenüber der dem Datum dieser nächsten Eintragung entsprechende Rang zukommen müssen. Folgt auf die nicht datierte Eintragung kein datierter Eintrag, so kann den in anderen Abteilungen vorgetragenen Rechten gegenüber kein Vorrang und auch kein gleicher Rang beansprucht werden, vorausgesetzt, daß die anderen Rechte datiert sind. Vergl. Biermann S. 55.

[8]) Z. B. mit derselben Post. Nach § 13 GBO. soll der Zeitpunkt, in welchem ein Antrag bei dem Grundbuchamt eingeht, auf dem Antrage genau vermerkt werden. Unter Umständen ist die Angabe der kleinsten Zeiteinheit erforderlich.

[9]) § 46 GBO. Diese Vorschriften gelten auch für die Eintragung von Vormerkungen und Verfügungsbeschränkungen. Sie finden nur insoweit keine Anwendung, als ein Rangverhältnis nicht besteht oder das Rangverhältnis von den Antragstellern abweichend bestimmt ist.

[10]) Vergl. RG. 31 V 1905 JW. S. 432[13]. Die Kenntnis von dem früheren Eintragungsantrag steht dem Inhaber des Rechts, das den Vorrang erhält, nicht entgegen. Es läßt sich auch kein Anspruch aus ungerechtfertigter

Die Eintragung ist für das Rangverhältnis maßgebend, auch wenn die Einigung erst später erfolgt[11]), also das Recht erst später entsteht, ebenso, wenn das Recht erst durch Ersitzung erworben wird[12]), nicht minder, wenn es sich um bedingte oder befristete[13]) Rechte handelt.

Der Rang von Rechten, die zur Entstehung keiner Eintragung bedürfen, bemißt sich nach dem Zeitpunkt der Entstehung der Rechte, z. B. im Falle des § 1287, des § 1075 BGB. Die zu Unrecht gelöschten Rechte behalten ihren Rang, soweit sie nicht infolge des öffentlichen Glaubens des Grundbuchs beeinträchtigt werden. Besondere Bestimmungen über den Rang einiger Rechte treffen die §§ 914, 917, 1131 BGB. und Art. 118 EGBGB. Ist der Anspruch auf Einräumung eines Rechtes durch Vormerkung[14]) gesichert, so bestimmt sich der Rang des Rechtes nach der Eintragung der Vormerkung[15])[16]). Über die Rangordnung der Rechte bei der Zwangsversteigerung s. §§ 10 ff. ZVG.

Den Beteiligten steht es frei, das Rangverhältnis von Rechten abweichend von der gesetzlichen Regelung zu bestimmen. Die abweichende Bestimmung des Rangverhältnisses bedarf der Eintragung in das Grundbuch[17]).

Das Rangverhältnis kann nachträglich geändert werden[18]). Zur Rangänderung ist die Einigung des zurück-

---

Bereicherung damit begründen. RG 13 IV 1904 E. 57 S. 277, vergl. E. 53 S. 285. — Ist der Vorteil durch eine unerlaubte Handlung erlangt, so besteht ein Anspruch nach §§ 823 ff. BGB. — Vergl. KProt. 3 S. 89.

[11]) § 879 Abs. 2 BGB.

[12]) § 900 Abs. 2 BGB.

[13]) Abw. Endemann 2 § 13 Anm. 1.

[14]) Die Eintragung eines Widerspruchs gewährt keinen Rang, sie schützt nur das schon bestehende Recht gegen die Gefahren, die der öffentliche Glaube des Grundbuchs den nicht eingetragenen Rechten bringt. Den Rechten, die nach Eintragung des Widerspruchs zur Eintragung gelangen, geht es als älteres Recht, nicht kraft des Widerspruchs, vor.

[15]) § 883 BGB.

[16]) Für das Rangverhältnis der Rechte an Grundstücksrechten dürfte § 879 entsprechend anzuwenden sein. Soweit solche Rechte in derselben Abteilung eingetragen sind, entscheidet die räumliche, soweit sie in verschiedenen Abteilungen eingetragen sind, entscheidet die zeitliche Aufeinanderfolge. Vergl. Biermann S. 56 Anm. 6.

[17]) § 879 Abs. 3 BGB. Die abweichende Bestimmung kann nur vor der Eintragung der Rechte erfolgen, da mit der Eintragung ein Rangverhältnis entsteht (vergl. § 880 BGB.). Die Festsetzung des Rangverhältnisses gehört in solchen Fällen zu dem Inhalt der einzutragenden Rechte. Wird das festgesetzte Rangverhältnis nicht oder nicht richtig eingetragen, so sind die Rechte nicht richtig eingetragen, das Grundbuch ist also unrichtig und bedarf der Berichtigung. Abw. Biermann S. 55 Anm. 2.

[18]) Bei der nachträglichen Änderung des Rangverhältnisses wird vorausgesetzt, daß entweder die Rechte sämtlich eingetragen sind oder wenigstens ein Recht eingetragen ist, die übrigen mit der das eingetragene Recht betreffenden Rangänderung eingetragen werden.

tretenden und des vortretenden Berechtigten[19]) und die Eintragung der Änderung in das Grundbuch erforderlich[20]). Erfolgt die Einigung vor der Eintragung der Rangänderung, so sind die Beteiligten an die dingliche Einigung nur gebunden, wenn die Erklärungen gerichtlich oder notariell beurkundet oder vor dem Grundbuchamt zu Protokoll gegeben oder bei diesem Amte eingereicht sind oder wenn der Zurücktretende dem andern Teile eine den Vorschriften der Grundbuchordnung entsprechende Eintragungsbewilligung ausgehändigt hat[21]). Die von dem Zurücktretenden abgegebene Erklärung wird nicht dadurch unwirksam, daß er in der Verfügung beschränkt wird, nachdem die Erklärung für ihn bindend geworden und der Antrag auf Eintragung bei dem Grundbuchamte gestellt worden ist[22]). Zweckmäßig erfolgt die Eintragung bei dem vortretenden und bei dem zurücktretenden Rechte[23]).

Die Rangänderung wirkt dinglich, nicht bloß obligatorisch. Die Rechte, welche den Rang zwischen dem zurücktretenden und dem vortretenden Rechte haben, werden aber durch die Rangänderung nicht berührt, sie haben keinen Nachteil und auch keinen Vorteil von der Änderung. Die Rangänderung ist ein Stellentausch[24]). Gegenüber den Zwischenrechten ist der Umfang der Rangabtretung begrenzt durch den Betrag des zurücktretenden

---

[19]) Da § 880 BGB. zu der Rangänderung die Einigung des zurücktretenden und des vortretenden Berechtigten verlangt, kann, wenn die beiden Rechte demselben Berechtigten zustehen, die Rangänderung erst mit dem Uebergang eines der Rechte auf einen Anderen bewirkt werden. Vergl. Planck 3 S. 104, a. M. KG. Recht 1901 S. 206[57], Turnau-Förster 1 S. 143.

[20]) § 880 BGB. Mot. 3 S. 228, KProt. 3 S. 91. — Die Einigung ist abstrakter Natur. Das obligatorische Rechtsgeschäft ist formfrei, soweit nicht Ausnahmen angeordnet sind (z. B. für Schenkungsversprechen RG. 24 IV 1901 E. 48 S. 133, 16 II 1904 PuchZ. 35 S. 212). — Eintragung allein genügt nicht. RG 17 XII 1904 E. 59 S. 313 (Vorrang für Höchsthypothek eingetragen, während nach der Einigung Vorrang nur soweit eingeräumt werden sollte, als die Forderung zur Entstehung gelange); 27 V 1905 JW. S. 434[14] (Vorrang für Baugelder, aber nicht für die Eigentümerhypothek).

[21]) § 880 mit § 873 Abs. 2 BGB. S. hierzu § 8 Anm. 32 ff.

[22]) § 880 mit § 878 BGB. S. § 8 Anm. 37.

[23]) KProt. 3 S. 99. Wesentliches Erfordernis ist der doppelte Eintrag nicht, es genügt, wenn auf dem Grundbuchblatt die Eintragung überhaupt erfolgt ist. Daß die Eintragung bei dem zurücktretenden Rechte zu geschehen hätte, erscheint nicht zutreffend. Abw. Planck 3 S. 105. Wenn, wie die Bayer. Dienstanweisung vorschreibt, die Änderung unter einer besonderen Nummer in der chronologischen Reihenfolge eingetragen wird, so wird damit dem Erfordernis der Eintragung genügt, gleichviel ob daneben noch bei dem vortretenden und bei dem zurücktretenden Recht durch einen Vermerk auf diese Eintragung hingewiesen wird.

[24]) Die Rechte werden nicht getauscht, jeder Teil behält das ihm am Grundstück zustehende Recht, er behält es aber mit der von dem anderen Rechte her übertragenen Rangeigenschaft. Jäckel S. 56, 57. Eine **Belastung** des zurücktretenden Rechtes liegt in der Rangänderung nicht. Abw. Planck 3 S. 103.

Rechtes[25]). Fällt das vortretende Recht später weg, so äußert das zurücktretende an der nunmehr freien Stelle den zwischenstehenden Rechten gegenüber dieselbe Wirksamkeit, wie wenn die Rangänderung nicht stattgefunden hätte[26]), denn mit der Rangabtretung will der vorstehende Gläubiger nur hinter denjenigen zurücktreten, dem er den Vorrang eingeräumt hat, er will aber nicht, daß nach Wegfall des vorgetretenen Rechts die Zwischenberechtigten aufrücken und er seine bevorzugte Rechtsstellung auch ihnen gegenüber verliert. Der dem vortretenden Rechte eingeräumte Rang geht nicht dadurch verloren, daß das zurücktretende Recht durch Rechtsgeschäft (z. B. Zahlung, Verzicht) aufgehoben wird. Wohl aber macht eine nicht auf Rechtsgeschäft beruhende Aufhebung des zurücktretenden Rechtes die Einräumung des Vorranges gegenstandslos (z. B. Erlöschen durch Eintritt einer auflösenden Bedingung, Endigung des Nießbrauchs durch den Tod des Nießbrauchers[27]). Da die Rangabtretung (nach § 893 BGB.) unter dem Schutze des öffentlichen Glaubens des Grundbuchs vor sich geht, wird, wenn das zurücktretende Recht zu Unrecht eingetragen war und nach der Rangänderung gelöscht wird, von dieser Löschung der Rangvortritt, den der vortretende Gläubiger in gutem Glauben erlangt hat, nicht mitbetroffen, jedoch dürfen die Zwischenrechte keinen Nachteil erleiden[28]).

Der Eigentümer des Grundstücks wird durch eine Rangänderung an sich nicht beeinträchtigt. Die Möglichkeit einer Schädigung ergibt sich für ihn dann, wenn eine Hypothek, eine Grundschuld oder eine Rentenschuld[29]) zurücktreten soll, da, wenn die Forderung nicht zur Entstehung gelangt, oder das Recht des Gläubigers, sei es durch dessen Befriedigung, sei es in anderer Weise erlischt[30]), regelmäßig der Eigentümer das Recht erwirbt. Soll daher eine Hypothek, eine Grundschuld oder eine Rentenschuld auf Grund eines Rechtsgeschäftes zurücktreten, so ist auch die Zustimmung des Eigentümers erforderlich. Die Zustimmung

---

[25]) Soweit die Belastung, die durch das vortretende Recht bewirkt wird, die Belastung des zurücktretenden Rechtes überwiegt, verbleibt dem vortretenden Recht der Rang nach den Zwischenrechten, wenn auch mit Vorrang vor dem zurückgetretenen Rechte. Ist das zurücktretende Recht nicht eine Hypothek, Grund- oder Rentenschuld (vergl. § 1199 Abs. 2 BGB.), so kann der nach § 882 BGB. im Grundbuch angegebene Wertbetrag einen Maßstab zur Ermittlung der (durch das zurücktretende Recht bewirkten) Belastung geben, fehlt die Wertangabe, so entscheidet sich erst in der Zwangsversteigerung, ob und inwieweit die Zwischenrechte der Rangänderung entgegenstehen. Turnau-Förster 1 S. 146.

[26]) Denkschr. S. 659.

[27]) Denkschr. S. 658.

[28]) § 880 Abs. 5 BGB. Vergl. Planck 3 S. 106 unter b.

[29]) Nicht auch, wenn es sich um den Rücktritt einer Vormerkung zur Sicherung des Anspruchs auf Bewilligung eines solchen Rechtes handelt.

[30]) Vergl. §§ 1143, 1163, 1168, 1170, 1192, 1199 BGB.

des Eigentümers ist dem Grundbuchamt oder einem Beteiligten gegenüber zu erklären; sie ist unwiderruflich[31]). Diese Zustimmung ist auch erforderlich, wenn beide Rechte, das vortretende und das zurücktretende, demselben Gläubiger zustehen, sie ist aber nicht erforderlich bei Teilung einer Hypothekforderung zur Änderung des Rangverhältnisses der Teilhypotheken[32])[33]).

Ist das zurücktretende Recht mit dem Rechte eines Dritten belastet, so wird auch das Recht des Dritten durch die Rangänderung berührt. In einem solchen Falle ist auch die Zustimmung des Dritten erforderlich; sie ist dem Grundbuchamt oder demjenigen gegenüber zu erklären, zu dessen Gunsten sie erfolgt, sie ist unwiderruflich. Das Gleiche gilt, wenn das zurücktretende Recht dem jeweiligen Eigentümer eines Grundstücks zusteht und dieses Grundstück mit dem Rechte eines Dritten belastet ist[34]).

Auch im Voraus kann eine Abweichung von der gesetzlichen Rangordnung begründet werden, und zwar durch einen Rangvorbehalt. Bei der Belastung des Grundstücks mit einem begrenzten Rechte kann sich der Eigentümer die Befugnis vorbehalten, ein anderes, dem Umfange nach bestimmtes Recht[35]) mit dem Range vor jenem Rechte eintragen zu lassen. Der Vorbehalt bedarf der Eintragung im Grundbuch; die Eintragung muß bei dem Rechte erfolgen, das zurücktreten soll[36]). Wird das Grund-

---

[31]) § 880 Abs. 2 BGB. — Hat sich der Eigentümer einem Anderen gegenüber verpflichtet, die Hypothek, welche zurücktreten soll, löschen zu lassen, falls sie sich mit dem Eigentum in einer Person vereinigt, und ist zur Sicherung dieses Anspruchs auf Löschung eine Vormerkung eingetragen (§ 1179 BGB.), so ist die in der Zustimmung zum Rücktritt liegende Verfügung des Eigentümers insoweit unwirksam, als sie das Recht des Vormerkungsberechtigten vereiteln oder beeinträchtigen würde (§ 883 Abs. 2 BGB.). Strecker S. 83 hält für zulässig und notwendig, daß der Eigentümer verspricht, seine Zustimmung zu einer Rangänderung zu versagen, und daß diesem Versprechen durch Eintragung einer Vormerkung dingliche Wirksamkeit verschafft wird. Vergl. Biermann Widerspruch u. Vormerkung S. 140, 142, Oberneck 1 S. 283.

[32]) § 1151 BGB. Gilt auch für Grundschulden und Rentenschulden (§§ 1192, 1199 BGB.).

[33]) Die Zustimmung des persönlichen Schuldners ist nicht erforderlich. Räumt ein Hypothekgläubiger einem anderen Rechte den Vorrang ein, so wird der persönliche Schuldner insoweit frei, als er ohne diese Verfügung bei Befriedigung des Gläubigers aus der Hypothek hätte Ersatz erlangen können (§ 1165 BGB.).

[34]) §§ 880 Abs. 3, 876 BGB. S. § 8 Ziff. 57 ff.

[35]) Nur der Umfang muß bestimmt sein, der Benennung des Berechtigten bedarf es nicht.

[36]) Der Vorbehalt ist kein selbständiges Recht, sondern eine im Eigentum liegende Befugnis. Indem der Eigentümer unter dem Rangvorbehalt ein Recht an dem Grundstück bestellte, begründet er ein inhaltlich beschränktes Recht. Soweit das bestellte Recht das Grundstück nicht belastet, ist die

stück (freiwillig oder zwangsweise) veräußert, so geht die vorbehaltene Befugnis auf den Erwerber über. Macht der Eigentümer von der Befugnis, die er sich vorbehalten hat, Gebrauch und erhält das Recht den vorbehaltenen Rang, so ist bei der Eintragung dieses Rechtes die von der gesetzlichen Rangordnung abweichende Bestimmung des Rangverhältnisses in das Grundbuch einzutragen [37]).

Wird nach dem mit dem Vorbehalt eingetragenen Rechte zunächst ein Recht ohne den entsprechenden Vorbehalt eingetragen und gelangt nunmehr erst das Recht, welchem der Vorrang vorbehalten ist, zur Eintragung, so darf das zwischenstehende Recht durch den für das nacheingetragene Recht begründeten Vorrang nicht berührt werden, aber auch das Recht, welches infolge des Vorbehalts zurückzutreten hat, darf nicht die Schmälerung erfahren, daß ihm das Zwischenrecht und das nacheingetragene vorgehen; daher hat der Vorrang insoweit keine Wirkung, als das mit dem Vorbehalt eingetragene Recht infolge der inzwischen eingetretenen Belastung eine über den Vorbehalt hinausgehende Beeinträchtigung erleiden würde [38]).

Verfügungsgewalt hinsichtlich des Grundstücks im Eigentum verblieben. — Planck 3 S. 108, 109 nimmt an, daß der Vorbehalt das bestellte Recht belaste und daß dieses das begrenzte Recht belastende Recht wegen der Verbindung mit dem Eigentum ein subjektiv-dingliches Recht sei.

[37]) § 881 BGB. Mot. 3 S. 233, KProt. 3 S. 99. Die Motive (3 S. 233) führen als Beispiel an: Ein Bauunternehmer erwirbt zu Bauzwecken ein Grundstück, leistet auf den Kaufpreis eine geringe Anzahlung, bestellt für den Rest dem Veräußerer eine Hypothek, behält sich dabei das Recht vor, einer neu einzutragenden Post von einem bestimmten Betrage den Vorrang vor der Kaufgeldhypothek beizulegen, sobald der Bau bis zu einer gewissen Höhe vorgeschritten sein wird.

[38]) § 881 Abs. 4 BGB. — Beispiel: Das Grundstück wird belastet mit einem Rechte des A im Wertbetrage von 5000 M unter Vorbehalt des Vorranges für eine Belastung in Höhe von 8000 M, nach dem Rechte des A kommt eine Zwangshypothek des B für 10000 M zur Eintragung, an dritter Stelle wird das vorbehaltene Recht als Hypothek des C für 8000 M eingetragen. Der Gläubiger B hat Befriedigung nur aus der Summe zu erwarten, die nach Abzug der Forderung des A übrig bleibt. Um das, was B erhält, mindert sich der Vorbehalt des C. Der Rest des Erlöses dient zur Befriedigung des A, sodann des C, soweit dieser nicht vor A zum Zuge gekommen ist.

Beträgt der Erlös 5000 M, so erhält B (5000 M Erlös — 5000 M Forderung des A) nichts. Da B nichts erhält, bezieht C auf Grund des Vorbehalts den ganzen Erlös. — Beträgt der Erlös 10000 M, so hat B (10000 M Erlös — 5000 M Forderung des A) 5000 M zu erhalten, verbleibt Rest 5000 M. C erhält (8000 M Vorbehalt — 5000 M, die B erhält) 3000 M. Die noch zu verteilenden 2000 M bezieht A. — Beträgt der Erlös 15000 M, so hat B (aus 15000 M Erlös — 5000 M Forderung des A) 10000 M zu erhalten. Da der Betrag, den B zu bekommen hat, den Vorbehalt übersteigt, geht C mit dem Vorbehalt leer aus, dagegen erhält A seine ganze Forderung ausgezahlt.

Es läßt sich nicht sagen, daß der Vorbehalt sich um das vorbehaltlos

§ 10. Berichtigung des Grundbuchs.

Das Grundbuch soll die Rechte am Grund und Boden richtig und vollständig nachweisen [1]). Steht der Inhalt des Grundbuchs in Ansehung eines Rechtes an dem Grundstück, eines Rechtes an einem solchen Rechte oder einer Verfügungsbeschränkung mit der wirklichen Rechtslage [2]) nicht in Einklang, so ist das Grundbuch unrichtig.

Zwischen dem Inhalte des Grundbuchs und der wirklichen Rechtslage kann in mannigfacher Weise eine Verschiedenheit entstehen. Ein Recht oder die Belastung, Übertragung oder Aufhebung eines Rechtes kann zur Eintragung kommen, obschon die wesentlichen Erfordernisse, von welchen das Gesetz die Rechtsänderung abhängig macht, nicht erfüllt sind, der dingliche Vertrag oder eine sonst erforderliche Willenserklärung fehlt oder mit dem Eintrag nicht übereinstimmt, das dingliche Rechtsgeschäft nichtig ist, der Erbschein gefälscht, das Urteil nicht gegen den passiv Beteiligten ergangen oder wieder aufgehoben, das noch bestehende Recht zu Unrecht gelöscht worden ist. In solchen und ähnlichen Fällen [3]) ist das Grundbuch von vornherein unrichtig, weil die Rechtsänderung, die den Gegenstand der Eintragung bildete, überhaupt nicht oder nicht so wie eingetragen stattgefunden hat. Ein Recht kann ferner völlig unanfechtbar eingetragen, demnächst aber weggefallen [4]) oder auf einen Andern übergegangen sein [5]), es kann auch ein Recht ohne Eintragung zur Entstehung

---

eingetragene Recht mindert, wie Strecker S. 85 anzunehmen scheint. Dort ist angegeben, wenn sich ein Berechtigter bei der Eintragung seines Rechtes den Vermerk des Vorbehalts für eine Hypothek von 12000 *M* zu Gunsten einer Sparkasse habe gefallen lassen und hierauf eine Hypothek von 5000 *M* zu Gunsten eines Dritten vorbehaltlos eingetragen werde, bleibe der Sparkassenhypothek nur noch der Vorrang für 7000 *M*. Es wird auf die Höhe der Forderung des Ersteingetragenen (A) und auf die Höhe des Erlöses ankommen. Beträgt die Forderung des A z. B. 12000 *M* oder darüber und stellt sich der Erlös auf 12000 *M* oder darüber, jedoch ohne die Forderung des A zu übersteigen, so erhält die Sparkasse volle 12000 *M*.

Zu § 10.

1) Für die Übergangszeit s. RGE. 47 S. 158, 48 S. 48, 51 S. 418, 53 S. 412.

2) Die Richtigstellung rein tatsächlicher Angaben (über Größe des Grundstücks, Art der Behauung rc.) erfolgt weder nach § 894 BGB. noch nach § 22 GBO. (anders Biermann S. 90). Es ist Sache des Landesrechts, Bestimmungen zu treffen, durch welche die Übereinstimmung des Grundbuches mit den amtlichen Verzeichnissen (§ 2 Abs. 2 GBO.) erhalten wird.

3) Verletzung von Ordnungsvorschriften macht das Grundbuch nicht unrichtig (vergl. § 9 Ziff. 10).

4) Z. B. Erlöschen des Nießbrauchs durch Tod des Nießbrauchers, Eintritt der auflösenden Bedingung (RG 26 III 1902 JW. 1902 Beil. S. 222 [78]).

5) Z. B. durch Erbfolge, im Falle des § 1438 BGB., Eigentümerhypothek.

gelangt sein[6]). Eine Verfügungsbeschränkung endlich kann widerrechtlich eingetragen oder eine rechtmäßig eingetragene Beschränkung kann aufgehoben oder zu Unrecht gelöscht worden sein[7]).

In solchen Fällen — nicht auch, wenn ein obligatorischer Anspruch auf Änderung der Rechtslage besteht, — kommt es zur Berichtigung des Grundbuchs und zwar kann derjenige, dessen Recht nicht oder nicht richtig eingetragen oder durch die Eintragung einer nicht bestehenden[8]) Belastung oder Beschränkung beeinträchtigt[9]) ist, die Zustimmung zur Berichtigung von dem verlangen[10]), dessen Recht durch die Berichtigung betroffen wird[11])[12]).

---

[6]) Z. B. Entstehung einer Sicherungshypothek im Falle des § 1287 BGB.

[7]) Mot. 3 S. 236. Auch die Eintragung bestehender Verfügungsbeschränkungen kann im Wege der Berichtigung herbeigeführt werden und zwar sowohl der selbständigen als auch derjenigen, die sich als gesetzliche Folgen aus besonderen Rechtsverhältnissen ergeben; bei den nicht selbständigen Verfügungsbeschränkungen (z. B. der aus einem bedingten Rechtsverhältnisse sich ergebenden Beschränkung, vergl. § 7 Ziff. 31) erfolgt die Eintragung im Wege der Berichtigung des unrichtig eingetragenen Rechtsverhältnisses, aus dem die Beschränkung hervorgeht. Da die Verfügungsbeschränkung nicht erst durch Eintragung begründet wird, so steht, wenn die Verfügungsbeschränkung nicht oder nicht richtig eingetragen ist, der Inhalt des Grundbuchs in Ansehung der Verfügungsbeschränkung mit der wirklichen Rechtslage nicht im Einklange. Die Person, zu deren Gunsten die Verfügungsbeschränkung besteht, kann die Berichtigung verlangen, denn ihr Recht ist nicht oder nicht richtig eingetragen. Vergl. Planck 3 S. 145, abw. Biermann S. 88.

[8]) Vergl. RGE. 51 S. 421.

[9]) Beeinträchtigt können mehrere Personen sein, z. B. bei dem Eintrag eines nicht bestehenden begrenzten Rechts der Eigentümer und die Inhaber der gleich- und nachstehenden Rechte.

[10]) Daß der Beklagte geltend machen kann, der Kläger sei nicht der materiell Berechtigte, erscheint nicht zweifelhaft. Vergl. Biermann S. 88.

[11]) § 894 BGB. Mot. 3 S. 234, KProt. 3 S. 102. Ausdehnung der Vorschriften der §§ 894 ff. nach §§ 1138, 1155, 1157 BGB. Eintragung nach §§ 19, 29 GBO.

[12]) Gegen Widerspruch und Vormerkung ist der Berichtigungsanspruch nach § 894 BGB. nicht gegeben, wohl aber die gewöhnliche negatorische Klage. Die Wirkungen des Widerspruchs und der Vormerkung knüpfen sich an die Eintragung, weder das durch Widerspruch geschützte dingliche Recht noch der durch die Vormerkung gesicherte obligatorische Anspruch steht unter dem öffentlichen Glauben des Grundbuchs; auch wenn das dingliche Recht und der obligatorische Anspruch nicht zu Recht bestehen, ist der Inhalt des Grundbuchs nicht unrichtig. Als unrichtig kann der Inhalt des Grundbuchs allerdings im Falle des § 887 Satz 2 BGB. bezeichnet werden, allein in diesem Falle kann die Löschung auf Grund des Ausschlußurteils nach § 22 GBO. erfolgen, des Verfahrens nach §§ 894, 899 BGB. bedarf es nicht. A. A. Planck 3 S. 145, Biermann S. 87. — Auch die Eintragung eines Widerspruchs oder einer Vormerkung kann nicht im Wege der Berichtigung verlangt werden. Eine analoge Anwendung der Vorschrift des § 894 BGB. erscheint nicht statthaft; bei den Verfügungsbeschränkungen liegen die Verhältnisse anders, die Verfügungsbeschränkungen sind ohne Eintragung wirksam, Widerspruch und Vormerkung aber sind nur wirksam von der Eintragung ab bis zur Löschung. Abw. Planck 3 S. 145.

Dieser Anspruch entspringt dem gefährdeten dinglichen Rechte[13]), die Nichtübereinstimmung des Buches mit der Rechtslage ist eine Beeinträchtigung dieses Rechtes. Den Inhalt des Anspruchs bildet die Zustimmung[14]) zur Berichtigung; derjenige, dessen Recht durch die Berichtigung betroffen wird[15]), hat mitzuwirken zur Herstellung des Zustandes, der dem sicher zu stellenden Rechte entspricht. Gibt der Andere die Zustimmung zur Berichtigung nicht freiwillig — in der Form des § 29 GBO. —, so wird sie auf Klage durch Urteil ersetzt[16]).

Häufig kann die Berichtigung erfolgen, ohne daß derjenige, dessen Recht durch die Eintragung betroffen wird, sie bewilligt (§ 19 GBO.); es bedarf dieser Bewilligung — insbesondere auch, wenn es sich um die Eintragung oder Löschung einer Verfügungsbeschränkung handelt — regelmäßig nicht, wenn die Unrichtigkeit des Grundbuchs nachgewiesen wird[17]). Wird

---

[13]) Berechtigt ist nur der dinglich Berechtigte, der Berichtigungsanspruch läßt sich von dem dinglichen Rechte nicht loslösen, er läßt sich nicht ohne das dingliche Recht abtreten, nicht durch Pfändung von dem dinglichen Recht 2c. trennen. Er kann nur als ein dem dinglich Berechtigten zustehender Anspruch durch den dinglich Berechtigten oder für ihn geltend gemacht werden. Durch die Übertragung des Berichtigungsanspruchs kann auch nicht der Erwerb dinglicher Rechte, der sich nach Maßgabe der §§ 873 und 925 BGB. zu vollziehen hat, vermittelt werden. S. RG 13 XII 1904 E. 59 S. 293, 7 II 1903 E. 53 S. 408; anders RGE. 46 S. 230, JW. 1901 S. 527[22]. Vergl. du Chesne SächsArch. 14 S. 603 ff., Meyer SeuffBl. 70 S. 166.

[14]) Es kann nicht etwa von dem Nichtberechtigten die Abtretung oder Rückauflassung verlangt werden. Vergl. RG 7 V 1902 JW. 1902 Beil. S. 240[126].

[15]) Bei Wiedereintragung einer zu Unrecht gelöschten Hypothek werden z. B. die Rechte des Eigentümers und der gleich- und nachstehenden Berechtigten betroffen.

[16]) § 894 ZPO.; ist das Urteil vorläufig vollstreckbar, so gilt die Eintragung eines Widerspruchs als bewilligt (§ 895 ZPO.). — Gegen den Klaganspruch dürfte die Einrede des Beklagten, er habe auf die dem Buchinhalt entsprechende Rechtsänderung einen obligatorischen Anspruch, nicht zulässig sein. Wenn ein solcher obligatorischer Anspruch besteht, mag er geltend gemacht und die dingliche Einigung herbeigeführt werden. Mit der Grundbucheinrichtung vertrüge es sich nicht, wenn Unrichtigkeiten des Grundbuchs nicht beseitigt werden könnten. Auch ein Verzicht auf den Berichtigungsanspruch erscheint nicht statthaft, wohl aber kann unter Umständen durch den Verzicht die Unrichtigkeit beseitigt werden (vergl. § 185 BGB.). Abw. Planck 3 S. 149, Biermann S. 89.

[17]) § 22 GBO. Ein Recht, das auf die Lebenszeit des Berechtigten beschränkt ist oder das mit der Erreichung eines bestimmten Lebensalters des Berechtigten oder mit dem Eintritt eines sonstigen bestimmten Zeitpunktes oder Ereignisses erlischt, könnte demnach bei Nachweis des Todes oder der Todeserklärung oder nach Eintritt des bestimmten Zeitpunktes oder Ereignisses ohne Bewilligung des Passivbeteiligten gelöscht werden; allein in diesen Fällen darf, wenn Rückstände von Leistungen nicht ausgeschlossen sind, die Löschung nur mit Bewilligung des Berechtigten oder seines Rechtsnachfolgers vor sich gehen, wenn sie binnen Jahresfrist erfolgen soll oder der Berechtigte oder sein Rechtsnachfolger der Löschung bei dem Grundbuchamt widersprochen hat. Ein solcher Widerspruch wird von Amtswegen in das Grundbuch ein-

z. B. eine Hypothek durch den Eigentümer abgetragen, so kann auf Grund einer nach § 29 GBO. ausgestellten Quittung die Löschung oder die Umschreibung der Hypothek auf den Eigentümer vor sich gehen.

Es kann vorkommen, daß der Passivbeteiligte selbst nicht eingetragen ist, während doch nach § 40 GBO. eine Eintragung nur erfolgen soll, wenn derjenige, dessen Recht durch sie betroffen wird, als der Berechtigte eingetragen ist[18]). In einem solchen Falle geht der Anspruch des Berechtigten auch dahin, daß der Andere sein Recht[19]) eintragen lasse[20]). Die Eintragung des Anderen kann der zur Berichtigung Berechtigte selbst beantragen, wenn die Unrichtigkeit des Grundbuchs nachgewiesen wird. Die Berichtigung des Grundbuchs durch Eintragung eines Eigentümers oder Erbbauberechtigten darf aber nur mit Zustimmung des einzutragenden Eigentümers oder des Erbbauberechtigten oder auf Grund eines gegen diese Personen vollstreckbaren Titels erfolgen[21]).

Eine andere Schwierigkeit könnte sich aus der Bestimmung ergeben, daß bei einer Hypothek (Grundschuld oder Rentenschuld), über die ein Brief erteilt ist, eine Eintragung nur erfolgen soll, wenn der Brief vorgelegt wird[22]). Betrifft die Berichtigung eine Brief-Hypothek, -Grundschuld oder -Rentenschuld und ist die Vorlegung des Briefes erforderlich, so kann derjenige, zu dessen Gunsten die Berichtigung erfolgen soll, von dem Besitzer[23]) des Briefes verlangen, daß der Brief dem Grundbuchamte vorgelegt wird[24]).

---

getragen. Auch unter den angeführten Voraussetzungen bedarf es übrigens der Bewilligung nicht, wenn im Grundbuch eingetragen ist, daß zur Löschung des Rechtes der Nachweis des Todes des Berechtigten oder der Eintritt des bestimmten Zeitpunktes oder Ereignisses genügen soll (§§ 23, 24 GBO.).

[18]) Beispiel: Ein Recht an einem Grundstück ist aus Versehen gelöscht worden, der Eigentümer ist gestorben, der Erbe noch nicht eingetragen.

[19]) Vergl. RG 4 III 1903 E. 54 S. 85 (Eintragung der Bruchteile bei Miteigentum).

[20]) § 895 BGB. KProt. 6 S. 223. Der Anspruch besteht nur, wenn die Berichtigung ohne die Eintragung des Passivbeteiligten nicht erfolgen kann. Vergl. §§ 40, 41 GBO.

[21]) §§ 14, 22 Abs. 2 GBO. Beispiel: Eintragung einer Zwangshypothek gegen den Erben des eingetragenen Eigentümers. Den Nachweis für das Recht des Einzutragenden hat der Antragsteller zu erbringen. Bedarf er eines Erbscheines oder einer anderen Urkunde, die dem Einzutragenden auf Antrag von einer Behörde, einem Beamten oder einem Notar zu erteilen ist, so kann er die Erteilung an Stelle des Anderen verlangen (§ 792 ZPO.).

[22]) §§ 42, 43 GBO.

[23]) Der Anspruch richtet sich gegen den Besitzer, gleichviel ob er derjenige ist, dessen Recht von der Berichtigung betroffen wird. RG 19 XII 1900 E. 47 S. 158. Vergl. RG 18 XII 1903 JW. 1904 S. 92[12].

[24]) § 896 BGB. Mot. 3 S. 745, KProt. 6 S. 386. Vergl. §§ 1145, 1150, 1167 BGB.

Diese verschiedenen, mit der Berichtigung zusammenhängenden Ansprüche unterliegen nicht der Verjährung[25]), sie erlöschen erst mit dem Rechte, zu dessen Sicherung die Berichtigung dienen soll. Selbstverständlich besteht ein Berichtigungsanspruch nicht mehr, wenn die anfänglich unrichtige Eintragung (z. B. durch Buchersitzung oder durch Erwerb eines gutgläubigen Dritten) rechtmäßig geworden und das nicht eingetragene Recht erloschen ist.

Die Kosten der Berichtigung des Grundbuchs und der dazu erforderlichen Erklärungen hat, sofern nicht aus bestehenden Rechtsverhältnissen ein Anderes sich ergibt, derjenige zu tragen, der die Berichtigung verlangt[26])[27]).

§ 11. Vorläufige Eintragungen; Widerspruch, Vormerkung.

Die vorläufigen Eintragungen dienen teils zum Schutze bestehender Rechte gegen die Gefahren, welchen die Rechte durch den öffentlichen Glauben des Grundbuchs insolange ausgesetzt sind, als der Inhalt des Buches der wirklichen Rechtslage nicht entspricht. teils bezwecken sie die Sicherung persönlicher Ansprüche auf Einräumung oder Aufhebung eines dinglichen Rechtes. Jene Art der Eintragung bezeichnet das Gesetz als Widerspruch, diese als Vormerkung.

A. Widerspruch.

Sind die Voraussetzungen gegeben, unter denen die Berichtigung des Grundbuchs verlangt werden kann, so kann, da die Durchführung des Berichtigungsanspruchs häufig nicht ohne Weiterungen möglich ist, durch einen vorläufigen Vermerk — Widerspruch[1]) — der Berechtigte gegen die Gefahr geschützt werden, daß eine buchmäßige Verfügung erfolgt, die infolge des öffentlichen Glaubens des Grundbuchs seinem Rechte Nachteil bringt[2]).

---

[25]) § 898 BGB. KProt. 3 S. 102. Die Berichtigung kann demnach verlangt werden, wenn auch die Unrichtigkeit schon über 30 Jahre besteht.

[26]) § 897 BGB. Mot. 3 S. 237, KProt. 3 S. 102. Für Prozeßkosten sind die Bestimmungen der ZPO. maßgebend.

[27]) Hat das Grundbuchamt eine Eintragung vorgenommen, die ihrem Inhalte nach unzulässig ist, ist z. B. ein Recht eingetragen, das an einem Grundstück überhaupt nicht begründet werden kann, so ist die Eintragung von Amtswegen zu löschen (§ 54 Abs. 1 GBO.).

Zu § 11.

[1]) § 899 BGB. Mot. 3 S. 237, KProt. 3 S. 107. — Ausdehnung der Vorschrift in §§ 1138, 1157 BGB. — Ein Widerspruch, der aus dem Brief oder einem Briefvermerk hervorgeht, steht einem im Grundbuch eingetragenen Widerspruch gleich. § 1140 BGB. — Über den Widerspruch im Anlegungsverfahren s. RG 2 VII 1904 E. 58 S. 364.

[2]) Die Zulässigkeit des Widerspruchs beschränkt sich auf die Fälle des § 894 BGB. Da, wie § 10 Ziff. 12 ausgeführt, gegen oder für Widerspruch

Die Eintragung[3]) des Widerspruchs geschieht — von der Bestimmung des § 1139 BGB. abgesehen — entweder auf Bewilligung desjenigen, dessen Recht durch die Berichtigung betroffen wird[4]), oder auf Grund einer einstweiligen Verfügung oder, in bestimmten Fällen, von Amtswegen. Für die Eintragung auf Bewilligung des Passivbeteiligten kommen die allgemeinen Bestimmungen der §§ 19, 29, 13 GBO.[5]) in Betracht[6]). Die Eintragung eines Widerspruchs gilt als bewilligt[7]), wenn durch ein vorläufig vollstreckbares Urteil der Schuldner verurteilt ist, seine Zustimmung zur Berichtigung des Grundbuchs zu erteilen; die Eintragung erfolgt auf Antrag des Gläubigers, ohne daß es einer weitern Bewilligung des Schuldners bedürfte. Die Erlassung einer einstweiligen Verfügung richtet sich nach den Vorschriften der ZPO., doch ist nicht erforderlich, daß eine Gefährdung des Rechtes des Widersprechenden glaubhaft gemacht wird; das Gericht[8]), welches die Verfügung erläßt, ist befugt, das Grundbuchamt um die Eintragung zu ersuchen[9]).

---

und Vormerkung kein Berichtigungsanspruch besteht, kann auch kein Widerspruch stattfinden. Die Frage ist streitig. S. Turnau-Förster 1 S. 164 unter f, Biermann S. 93, Planck 3 S. 153. — Was den Widerspruch hinsichtlich der Verfügungsbeschränkungen angeht, so bedürfen die Verfügungsbeschränkungen nach § 892 BGB. zum Schutze gegen den öffentlichen Glauben des Grundbuchs der Eintragung, und gibt § 894 BGB. den Berichtigungsanspruch, falls der Inhalt des Grundbuchs in Ansehung einer Verfügungsbeschränkung mit der wirklichen Rechtslage nicht im Einklang steht (s. § 10 Ziff. 7), es kann daher der Widerspruch zu Gunsten einer Verfügungsbeschränkung nicht als unzulässig angesehen werden. Gleiches müßte folgerichtig auch für den Widerspruch gegen eine eingetragene Verfügungsbeschränkung gelten, allein ein solcher Widerspruch entbehrt jeder rechtlichen Bedeutung, erscheint daher unzulässig. Vergl. Planck 3 S. 153 Anm. 2, abw. Biermann S. 88, Staudinger 3 S. 112.

[3]) Der Widerspruch kann während des Konkursverfahrens eingetragen werden. Jaeger § 14 KO. Anm. 28.

[4]) Die Vorschrift des § 878 BGB. findet keine Anwendung.

[5]) Soll durch den Widerspruch das Eigentum an einem Grundstücksteil gesichert werden, so bedarf es keiner Abschreibung; § 6 GBO. ist nicht anwendbar. Vergl. Predari S. 73.

[6]) Zur näheren Bezeichnung des Inhalts des zu sichernden Rechts kann auf die Eintragungsbewilligung Bezug genommen werden. Für die Eintragung des Widerspruchs ist zwar keine Bestimmung, wie sie § 885 Abs. 2 BGB. für die Bezeichnung des durch die Vormerkung zu sichernden persönlichen Anspruchs enthält, gegeben, doch unterliegt die entsprechende Anwendung der Bestimmung des § 874 BGB. keinem Bedenken. Abw. Turnau-Förster 1 S. 255 Anm. 12. Allerdings darf die Bezugnahme nicht zur Bezeichnung des Berechtigten und der Art seines Rechtes erfolgen, sondern nur zur näheren Bezeichnung des Inhalts des Rechtes.

[7]) § 895 ZPO. Die Eintragung erfolgt auf Antrag des Gläubigers, der das mit der Vollstreckungsklausel versehene Urteil vorzulegen hat. Turnau-Förster 1 S. 116, abw. Planck 3 S. 121.

[8]) Vergl. § 942 Abs. 2 ZPO.

[9]) § 941 ZPO., § 39 GBO.

Von Amtswegen ist durch das Grundbuchamt ein Widerspruch einzutragen zu Gunsten eines Antrags, dessen Eintragung ein Hindernis entgegensteht (§ 18 Abs. 2 GBO.), vorausgesetzt, daß es sich bei der Eintragung um die Erhaltung eines schon bestehenden, nicht um die Begründung eines dinglichen Rechtes handelt, ferner, wenn sich ergibt, daß das Grundbuchamt unter Verletzung gesetzlicher Vorschriften eine Eintragung vorgenommen hat, durch die das Grundbuch unrichtig geworden ist (§§ 54, 71 GBO.), endlich in Fällen der Beschwerde auf Anordnung des Beschwerdegerichts (§ 76 GBO.)[10]. Ein Widerspruch zur Sicherung von Ansprüchen aus dinglichen Rechten ist von Amtswegen unter den in §§ 23, 24 GBO. bestimmten Voraussetzungen einzutragen; dieser Widerspruch richtet sich nicht gegen die Fiktion der Richtigkeit des Inhaltes des Grundbuchs, sondern verhütet die Löschung eines erloschenen Rechtes ohne Bewilligung des Berechtigten oder seines Rechtsnachfolgers.

Ein besonderer Fall des Widerspruchs ergibt sich aus der Bestimmung des § 1139 BGB. Ist für ein Darlehen eine Buchhypothek bestellt, so kann der Eigentümer einen Widerspruch gegen die Fiktion der Richtigkeit der Forderung[11]) darauf gründen, daß die Hingabe des Darlehens unterblieben sei. Wird dieser Widerspruch vor dem Ablaufe eines Monats nach der Eintragung der Hypothek erhoben, so erfolgt seine Eintragung auf bloßen Antrag des Eigentümers, also ohne einstweilige Verfügung und ohne Bewilligung des Hypothekgläubigers.

Bei einer Briefhypothek soll eine Eintragung nur erfolgen, wenn der Brief vorgelegt wird. Für die Eintragung eines Widerspruchs bedarf es jedoch der Vorlegung nicht, wenn die Eintragung durch eine einstweilige Verfügung angeordnet ist oder gemäß § 54 GBO. von Amtswegen erfolgt und der Widerspruch sich darauf gründet, daß die Hypothek oder die Forderung, für welche sie bestellt ist, nicht bestehe oder einer Einrede unterliege oder daß die Hypothek unrichtig eingetragen sei[12]). Entsprechende Anwendung finden diese Vorschriften auf die Grundschuld und auf die Rentenschuld, sofern nicht der Grundschuld- oder Rentenschuldbrief auf den Inhaber ausgestellt ist. Ist das Recht für den Inhaber des Briefes eingetragen, so bedarf es der Vorlegung des Briefes nur dann nicht, wenn der Eintragungsantrag durch

---

[10]) Die Eintragung eines Widerspruchs wird in den Fällen am Platze sein, in denen die Zurückweisung eines Antrags auf Berichtigung des Grundbuchs oder eine von dem Grundbuchamte vorgenommene unrichtige Eintragung den Gegenstand der Beschwerde bildet. Denkschr. zum Entw. der GBO. § 74.

[11]) § 1138 BGB.

[12]) §§ 42 Abs. 1, 54 Abs. 2 GBO. Der Widerspruch ist nachträglich auf dem Briefe zu vermerken. § 62 GBO.

die Bewilligung eines nach § 1189 BGB. bestellten Vertreters oder durch eine gegen ihn erlassene gerichtliche Entscheidung begründet wird[13])[14]).

Der Widerspruch[15]) sichert das bestehende, aber nicht oder nicht richtig eingetragene Recht gegen die Gefahren, welche aus dem öffentlichen Glauben des Grundbuchs sich ergeben[16]). Ist ein Widerspruch in dem Grundbuch eingetragen[17]), so kann demjenigen gegenüber, dessen Recht durch den Widerspruch gewahrt ist, Niemand auf die Fiktion[18]) der Richtigkeit des Grundbuchs sich berufen. Das Recht, wegen dessen ein Widerspruch eingetragen ist, wird dadurch nicht zu einem eingetragenen;[19])[20]) es läßt sich also auf Grund eines Widerspruchs z. B. kein Vertrag über Veräußerung oder Belastung des Grundstücks eintragen. Dagegen steht das Recht, wegen dessen ein Widerspruch eingetragen ist, hinsichtlich der Verjährung der Ansprüche einem eingetragenen Rechte gleich[21]), ferner ist der Lauf der Frist bei der Buchersitzung gehemmt, solange ein Widerspruch gegen die Richtigkeit der Eintragung besteht[22]), auch ist dem Ausschluß-

---

[13]) §§ 43, 54 Abs. 2 GBO.

[14]) Auch in den Fällen der §§ 18 Abs. 2 und 76 GBO. wird die Eintragung des Widerspruchs nicht von der Vorlegung des Briefes abhängig zu machen sein. Abw. Biermann Widerspruch u. Vorm. S. 120.

[15]) Ob der Eintrag gerade mit dem Worte Widerspruch bezeichnet ist, erscheint nicht von Bedeutung, sofern nur aus dem Eintrag zu erkennen ist, daß es sich um die Sicherung eines bestehenden Rechtes handelt. Eine falsche Benennung macht die Eintragung nicht nichtig. RG 10 X 1903 E. 55 S. 343.

[16]) Der Widerspruch selbst ist ein Grundbuchvermerk, kein Recht. Er steht nicht unter dem Schutze des § 892 BGB. (s. § 7 Ziff. 3), die Bewilligung der Eintragung des Widerspruchs fällt nicht unter § 893 BGB.

[17]) Der Widerspruch erlangt erst durch die Eintragung Existenz und Wirkung; Existenz und Wirkung hören mit der Löschung auf. Auch wenn der Widerspruch zu Unrecht gelöscht wurde, kann er selbst dem Erwerber eines Rechts gegenüber nicht geltend gemacht werden, dem bekannt war, daß die Löschung zu Unrecht erfolgte, nur die Kenntnis der Unrichtigkeit des Grundbuchs steht auch einem solchen Erwerber entgegen. Turnau-Förster 1 S. 256.

[18]) Die Vermutung des § 891 BGB. bleibt unberührt.

[19]) Das durch Widerspruch geschützte Eigentum eines Dritten ist kein der Zwangsversteigerung entgegenstehendes Recht. § 28 ZVG. Vergl. v. d. Pfordten S. 94.

[20]) Es tritt auch keine Sperre des Grundbuchs ein; derjenige, gegen dessen Recht Widerspruch eingetragen ist, kann ungehindert Verfügungen treffen, allein die Gültigkeit seiner Verfügungen hängt davon ab, ob ihm materiell rechtlich das Recht, gegen das Widerspruch erhoben ist, — so wie eingetragen — zusteht. Ergibt sich, daß der Widersprechende Recht hat, so ist Anlaß zur Berichtigung des Grundbuchs gegeben, und zwar nicht auf Grund des Widerspruchs, sondern auf Grund des dem Widersprechenden zustehenden materiellen Rechtes.

[21]) § 902 Abs. 2 BGB.

[22]) § 900 BGB.

urteil die Wirkung gegen den Dritten versagt, dessen Eigentum durch Widerspruch gesichert ist[23]), endlich sind im Zwangsversteigerungsverfahren bei Feststellung des geringsten Gebots die durch Widerspruch gesicherten Rechte wie eingetragene zu berücksichtigen[24]). Der Rang eines Rechtes bestimmt sich nicht nach der Eintragung des Widerspruchs[25]); aber der einem Rechte zukommende Rang läßt sich, soweit nicht schon auf Grund des öffentlichen Glaubens des Grundbuchs Rechte erworben sind, durch Eintragung eines Widerspruchs sichern. In dem Falle des § 1139 BGB. hat sogar der Widerspruch, der sich auf den Nichtempfang des Darlehens stützt, rückwirkende Kraft, sofern er innerhalb des Monats nach Eintragung der Hypothek eingetragen wird.

Kommt es zur Berichtigung des Grundbuchs, so wird das Recht, das durch den Widerspruch gesichert war, endgültig eingetragen.

Die Löschung eines Widerspruchs erfolgt, wenn derjenige sie bewilligt, dessen Recht durch sie gesichert wird[26]). Dieser Bewilligung bedarf es nicht, wenn die einstweilige Verfügung oder das vorläufig vollstreckbare Urteil, auf Grund dessen der Widerspruch eingetragen worden, durch eine vollstreckbare Entscheidung aufgehoben ist[27]). Von Amtswegen erfolgt die Löschung, wenn bei dem Zusammentreffen mehrerer Eintragungs-Anträge zu Gunsten des früher gestellten ein Widerspruch eingetragen worden war, der früher gestellte Antrag aber zurückgewiesen wird[28]), sowie, wenn das Beschwerdegericht die Eintragung angeordnet hatte, die Beschwerde aber zurückgenommen oder zurückgewiesen wird[29]).

B. Vormerkung.

Während der Widerspruch das schon bestehende dingliche Recht sichert, dient die Vormerkung zum Schutze obligatorischer Ansprüche. Durch Vormerkung lassen sich Ansprüche auf Einräumung (Begründung und Übertragung) oder Aufhebung eines Rechtes an einem Grundstück oder an einem das Grundstück belastenden Rechte oder Ansprüche auf Änderung des Inhaltes oder

---

[23]) § 927 Abs. 3 BGB.

[24]) § 48 ZVG. Bezweckt der Widerspruch die Löschung einer zu Unrecht erfolgten Eintragung, so wird durch den Widerspruch nicht ein Recht des Gläubigers gesichert. Jäckel S. 183. Vergl. v. d. Pfordten S. 130.

[25]) Das Recht behält den ihm, ganz abgesehen von dem Widerspruch, zukommenden Rang.

[26]) § 19 GBO. Die Bewilligung ist auch im Falle des § 54 Abs. 1 Satz 1 GBO. erforderlich. — Auf dem Wege der Berichtigung kann die Löschung nicht stattfinden (s. § 10 Ziff. 12).

[27]) § 25 GBO.

[28]) § 18 Abs. 2 GBO.

[29]) § 76 Abs. 2 GBO.

des Ranges solcher Rechte sicher stellen[30]). Gegenstand einer Vormerkung sind nur solche Ansprüche, die ihre Erfüllung in einer endgültigen Eintragung finden können. Was nicht eingetragen werden darf, kann auch nicht vorgemerkt werden[31]). Fälligkeit der Ansprüche ist nicht erfordert. Auch für einen künftigen[32]) oder bedingten[33]) oder von einer Gegenleistung abhängigen[34]) Anspruch kann eine Vormerkung eingetragen werden. Worauf der obligatorische Anspruch sich gründet, ist gleichgültig, er kann auf Vertrag, auf Vermächtnis, auf gesetzlicher Vorschrift[35]) beruhen.

Die Vormerkung entsteht durch die Eintragung des Anspruchs. Die Eintragung hat sich gegen den Schuldner zu richten, dessen dingliches Recht von der Verwirklichung des persönlichen Anspruchs berührt wird. Nach den Vorschriften der Grundbuchordnung[36])

---

[30]) § 883 BGB. KProt. 3 S. 108, 743. — Für die Übergangszeit s. Art. 184, 170, 192 EGBGB.; RGE. 48 S. 61 (Eintragung eines vorgemerkten Nutzungspfandrechts — der Satz S. 63, daß im Sinne des Art. 184 unter den Rechten, mit denen ein Grundstück belastet sei, nur eingetragene Rechte zu verstehen seien, ist aufgegeben in RGE. 56 S. 13 —, 49 S. 106 (Zwangsvollstreckung aus Arrestvormerkung), 52 S. 40 (Umschreibung einer im Wege der Zwangsvollstreckung eingetragenen Vormerkung zur Erhaltung des Rechtes auf Eintragung einer Hypothek), 53 S. 412 (Vormerkung „zur Erhaltung" eines Rechtes).

[31]) RG 11 VII 1903 E. 55 S. 273. Gegenstand einer Vormerkung können z. B. sein der Anspruch auf Auflassung, auf Bestellung oder Uebertragung oder Aufhebung einer Hypothek (Grundschuld, Rentenschuld), auf Bestellung oder Übertragung oder Aufhebung eines Erbbaurechts, auf Bestellung einer Dienstbarkeit, auf Bestellung eines Nießbrauchs oder Pfandrechts an einem eingetragenen Recht. — Verfügungsbeschränkungen und Widersprüche sind zwar eintragungsfähig, sind aber keine Rechte an Grundstücken oder an Grundstücke belastenden Rechten. Ansprüche auf Einräumung oder Aufhebung oder Aenderung von Verfügungsbeschränkungen und Widersprüchen können daher nicht Gegenstand einer Vormerkung sein. — Ein Anspruch auf die nach §§ 876 ff., 880 BGB. erforderliche Zustimmung eines Dritten ist nicht vormerkungsfähig (abw. Planck S. 113 unter b), die Zustimmung kommt nicht zur Eintragung. — Der Anspruch des anfechtungsberechtigten Gläubigers läßt sich nicht durch Vormerkung sichern, er geht nicht auf eine dingliche Rechtsänderung. RG 9 V 1905 JW. S. 432[12]. Für die Anfechtung des Konkursverwalters s. RGE. 56 S. 142, dagegen Kretzschmar Recht 1905 S. 484.

[32]) Daß der Anspruch auf Eigentumsübertragung auf einem formgültigen (§ 313 BGB.) Veräußerungsvertrage beruhen müßte, andernfalls die Vormerkung nichtig wäre (Biermann S. 62 Anm. 1a, auch Planck 3 S. 112 Anm. 1a), erscheint daher nicht zutreffend.

[33]) Da eine Auflassung, die unter einer Bedingung oder einer Zeitbestimmung erfolgt, unwirksam ist, ist es von großer Bedeutung, den Anspruch auf Uebertragung oder auf Rückübertragung des Eigentums an einem Grundstück für den Fall des Eintritts einer aufschiebenden oder auflösenden Bedingung dinglich sichern zu können.

[34]) Vergl. RGE. 56 S. 251.

[35]) Z. B. § 648 BGB. — Die Vorschriften der ZPO. über Arrest- und Zwangshypotheken gewähren keinen obligatorischen Anspruch auf Einräumung einer Hypothek, der Gläubiger kann daher auf diese Vorschriften hin keine Vormerkung verlangen. Gleiches gilt für Pfändungen (RG 11 XI 1903 E. 56 S. 14).

[36]) § 40 GBO.

soll eine Eintragung nur erfolgen, wenn derjenige, dessen Recht durch sie betroffen wird, als der Berechtigte eingetragen ist. Zur Eintragung des Anspruchs ist deshalb erforderlich, daß der Verpflichtete als Inhaber des dinglichen Rechts im Grundbuch eingetragen ist[37]).

Die Eintragung des Anspruchs erfolgt entweder auf Bewilligung desjenigen, dessen Grundstück oder dessen Recht von der Vormerkung betroffen wird, oder auf Grund einer einstweiligen Verfügung[38]) oder endlich von Amtswegen. Für die Eintragung auf Bewilligung sind die Bestimmungen der §§ 19, 29, 13 GBO. maßgebend[39]). Ist der Schuldner durch ein vorläufig vollstreckbares Urteil zur Abgabe der Willenserklärung verurteilt, so gilt die Eintragung einer Vormerkung als bewilligt[40]). Zur Erlassung einer einstweiligen Verfügung ist nicht erforderlich, daß eine Gefährdung des zu sichernden Anspruchs glaubhaft gemacht wird; der Anspruch selbst bedarf der Glaubhaftmachung. Das Gericht kann das Grundbuchamt um die Eintragung ersuchen[41])[42]). Von Amtswegen sind Vormerkungen einzutragen bei Zusammentreffen mehrerer Eintragungsanträge im Falle des § 18 Abs. 2 GBO. und auf Anordnung des Beschwerdegerichts (§ 76 GBO.)[43])[44]).

---

[37]) § 1179 BGB. macht eine Ausnahme. Es darf eine Vormerkung eingetragen werden für die Verpflichtung des Eigentümers, eine bestimmte Hypothek, die für einen Andern eingetragen ist, löschen zu lassen, wenn sie sich mit dem Eigentum in einer Person vereinigt.

[38]) § 885 Abs. 1 BGB. KProt. 3 S. 108. — Bei der Eintragung kann zur näheren Bezeichnung des zu sichernden Anspruchs auf die einstweilige Verfügung oder die Eintragungsbewilligung Bezug genommen werden. § 885 Abs. 2 BGB.

[39]) Einer Einigung bedarf es nicht, auch ist die Bewilligung keine Erklärung nach §§ 873, 875, 877 BGB., es kommt deshalb § 878 BGB. nicht zur Anwendung, der Eintritt der Verfügungsbeschränkung des Bewilligenden macht auch nach Stellung des Antrags auf Eintragung die Bewilligung unwirksam. Vergl. Turnau-Förster 1 S. 174, Biermann S. 54 Anm. 4, Staudinger 3 S. 82, abw. Planck 3 S. 121. — Die Bewilligung soll in der durch § 29 GBO. vorgeschriebenen Form erteilt werden. — Bezieht sich die Vormerkung auf einen Grundstücksteil, so bedarf es zur Eintragung nicht der Abschreibung des Teils (§ 6 GBO.). Abw. Predari S. 72.

[40]) § 895 ZPO. S. Anm. 7. — Ist die vorläufige Vollstreckbarkeit von einer Sicherheitsleistung abhängig gemacht, so bedarf es des Nachweises, daß die Sicherheit geleistet ist. A. M. Turnau-Förster 1 S. 116.

[41]) § 941 ZPO. § 39 GBO.

[42]) Während der Dauer des Konkursverfahrens kann in Ansehung der zur Konkursmasse gehörigen Grundstücke sowie der für den Gemeinschuldner eingetragenen Rechte an Grundstücken oder an eingetragenen Rechten keine Vormerkung auf Grund einer einstweiligen Verfügung zu Gunsten einzelner Konkursgläubiger eingetragen werden. § 14 Abs. 2 KO. Vergl. § 221 Abs. 2 KO.

[43]) Soll eine Vormerkung bei einer Briefhypothek eingetragen werden, so soll die Eintragung nur erfolgen, wenn der Brief vorgelegt wird (§§ 42, 62 GBO.).

[44]) Über unrichtige Bezeichnung des Eintrags s. Anm. 15.

Was die Wirkung der Vormerkung angeht, so wird das obligatorische Recht durch die Vormerkung nicht in ein dingliches Recht umgewandelt, der eingetragene Anspruch bleibt ein persönlicher Anspruch[45][46]. Jedoch gewährt die Vormerkung, Schutz gegen Nachteile, die infolge des Todes oder des Konkurses des Schuldners oder aus einem Zwangsversteigerungsverfahren erwachsen können. Stirbt der Verpflichtete, so kann sich der Erbe dem Vormerkungsberechtigten gegenüber nicht auf die Beschränkung seiner Haftung berufen[47], auch werden Gläubiger, deren Ansprüche durch eine Vormerkung gesichert sind, von einem Aufgebot der Nachlaßgläubiger nicht betroffen[48]. Gerät der Schuldner in Konkurs, so kann der durch die Vormerkung gesicherte Gläubiger von dem Konkursverwalter die Befriedigung seines Anspruchs verlangen[49]. In dem Zwangsversteigerungsverfahren werden bei Feststellung des geringsten Gebots die durch Vormerkung gesicherten Rechte wie eingetragene Rechte berücksichtigt; Vormerkungsgläubiger gelten als Beteiligte in dem Verfahren[50].

---

[45]) Über die rechtliche Natur der Vormerkung herrscht Streit. Die Vormerkung, sagt Othmer (S. 67), hat, abgesehen von den Vermutungen des § 891 BGB., dieselben Wirkungen wie die definitive Eintragung. Die Vormerkung, lehrt Jaeger (S. 194), wirkt als bedingte Rechtsänderung und zwar führt sie diejenige dingliche Rechtsänderung, auf welche der gesicherte Anspruch hinzielt, unter einer aufschiebenden Bedingung herbei, sie bewirkt also je nach dem Inhalt dieses Anspruchs eine aufschiebend bedingte Übereignung 2c. Die Vormerkung ist ein beschränktes dingliches Recht erster oder zweiter Ordnung, ein Recht „am" Grundstück oder „an" einem Recht ist das Vormerkungsrecht niemals (Cosack 2 S. 26). Soweit der Anspruch auf Erwerb eines Rechtes gerichtet ist, wird durch Eintragung einer Vormerkung eine gegen Jedermann wirkende dingliche Erwerbsberechtigung verbunden (Enneccerus 1 S. 104). Von Andern werden andere Auffassungen vertreten. Es wird vorzuziehen sein, sich streng an das Gesetz zu halten. Darnach ist die Vormerkung ein Grundbucheintrag, der gewisse persönliche Ansprüche — oder genauer ausgedrückt (Biermann S. 64), die Verwirklichung der im § 883 genannten Ansprüche — in dinglicher Weise sichert. Vergl. § 883 Abs. 1 BGB., RGE. 55 S. 272.

[46]) Da der eingetragene Anspruch ein persönlicher bleibt, so erlischt er bei Vereinigung von Forderung und Schuld; § 889 BGB. findet keine Anwendung. Soweit der Anspruch übertragbar ist, erfolgt die Übertragung nach Maßgabe der §§ 398 ff. BGB.; geht die dingliche Sicherung nicht mit über, so wird die Vormerkung gegenstandslos. Die Übertragung kann eingetragen werden. Eintragung kann auch erfolgen, wenn der Anspruch verpfändet oder gepfändet ist. — Der Erwerber eines durch Vormerkung gesicherten Anspruchs kann sich auf die Bestimmung des § 892 BGB. nicht berufen, erst das dingliche Recht kommt unter den Schutz des öffentlichen Glaubens des Grundbuchs, auch die Bewilligung der Vormerkung geht nicht (§ 893 BGB.) unter dem Schutze des öffentlichen Glaubens des Grundbuchs vor sich. S. § 7 Ziff. 18.

[47]) § 884 BGB. KProt. 5 S. 779. — Vergl. §§ 1975 ff., aber auch § 1990 Abs. 2 BGB.

[48]) § 1971 mit § 2016 Abs. 2 BGB.

[49]) § 24 KO.

[50]) §§ 48, 9 ZVG. — Daß der durch Eintragung gesicherte Anspruch

Im übrigen wird durch die Eintragung der Vormerkung das Rechtsverhältnis zwischen dem Gläubiger und dem Verpflichteten nicht berührt. Vorgemerkte Ansprüche sind insbesondere auch der Verjährung nicht entzogen. Der Verpflichtete behält die gegen den Anspruch begründeten Einwendungen.

Durch die Eintragung der Vormerkung wird keine Sperre des Grundbuchs herbeigeführt[51]), wohl aber wird der Schuldner durch die Eintragung der Vormerkung in der Verfügung über das Grundstück oder das Recht beschränkt, auf das sich die Vormerkung bezieht. Verfügungen, die nach der Eintragung der Vormerkung über das Grundstück oder das Recht getroffen werden, sind insoweit unwirksam, als sie den Anspruch vereiteln oder beeinträchtigen würden; dies gilt nicht blos von Verfügungen, die der Schuldner trifft, sondern auch von den Verfügungen, die im Wege der Zwangsvollstreckung oder der Arrestvollziehung oder durch den Konkursverwalter erfolgen[52]). Der durch die Vormerkung geschützte Anspruch kann aber nur gegenüber dem Schuldner geltend gemacht werden. Hat der Gläubiger seinen persönlichen Anspruch gegen den Schuldner durchgesetzt, vermag der Schuldner aber infolge der Verfügung, die er über den Gegenstand getroffen hat, nicht mehr dem Anspruch des Vormerkungsgläubigers Genüge zu leisten, so ist der Schuldner wohl regelmäßig kraft des Schuldverhältnisses verpflichtet, die Mitwirkung des Dritten, zu dessen Gunsten er verfügt hat, herbeizuführen. Der Vormerkungsberechtigte kann aber selbst kraft der Vormerkung von dem Dritten die Zustimmung zu der Eintragung oder Löschung verlangen[53]), die zur Verwirklichung des durch die Vormerkung gesicherten Anspruches erforderlich ist. Der Schuldner hat demnach die Verfügung[54]) zu treffen, die auf Grund des durch die Vormerkung gesicherten Anspruchs von ihm verlangt wird (Einigung mit dem Gläubiger oder Abgabe einer sonst erforderlichen Willenserklärung), die beteiligten Dritten haben die Verfügung durch ihre Einwilligung oder Genehmigung[55]) wirksam zu machen[56—60]).

---

auf Auflassung kein der Versteigerung entgegenstehendes Recht ist, bedarf kaum der Hervorhebung. Vergl. Jäckel S. 154, v. d. Pfordten S. 108.

[51]) Für Löschungen eine Ausnahme zu machen besteht kein Grund, der Löschungsvermerk beeinträchtigt den Vormerkungsberechtigten ebensowenig wie eine sonstige Eintragung. Daß die Löschung nicht endgültig ist, ergibt sich aus dem Grundbuch. Abw. Planck 3 S. 118 unter f., Predari S. 206.

[52]) § 883 Abs. 2 BGB.

[53]) Dem Dritten stehen Einwendungen auch aus dem zwischen dem Vormerkungsgläubiger und dem Vormerkungsschuldner bestehenden Schuldverhältnisse zu. RG 8 XI 1902 E. 53 S. 32.

[54]) War der Schuldner bei Eintragung der Vormerkung nicht verfügungsberechtigt, so ist die Vormerkung wirkungslos.

[55]) § 185 BGB.

[56]) § 888 BGB. KProt. 3 S. 743. Beispiele: A hat sich verpflichtet, dem B das Eigentum an seinem Grundstück zu übertragen, der Anspruch

War der Anspruch auf Einräumung eines Rechts gerichtet, und ist das Recht begründet, so bestimmt sich der **Rang** nach der Eintragung der Vormerkung [61]).

---

des B wird durch Vormerkung gesichert, A veräußert sein Grundstück an C, ohne Mitwirkung des C kann A dem B das Eigentum nicht mehr übertragen, B hat nun von A die Auflassung und von C die Zustimmung zu verlangen. — A hat sich verpflichtet, dem B ein Recht an seinem Grundstück (Grunddienstbarkeit, Hypothek rc.) zu bestellen, er veräußert das Grundstück an C, nachdem Vormerkung eingetragen worden ist; B verlangt die Bestellung des dinglichen Rechtes von A, C hat zuzustimmen. — A hat dem Gläubiger B gegenüber eine Verpflichtung nach § 1179 eingegangen, der Anspruch ist vorgemerkt, A überträgt jedoch die ihm zugefallene Hypothek an C, B hat von A die Löschung der Hypothek und von C die Zustimmung zur Löschung zu verlangen. — A hat sich verpflichtet, dem B das Eigentum an seinem Grundstück zu übertragen, der Anspruch des B wird durch Vormerkung gesichert, A gibt eine Grunddienstbarkeit an dem Grundstück des C auf; B verlangt von A die Auflassung, von C die Zustimmung zur Wiederherstellung des Grunddienstbarkeits-Eintrags (die Aufhebung der Grunddienstbarkeit ist unwirksam). Der Löschungseintrag wird demnach gelöscht, das Grundbuch wird dahin berichtigt, daß die Grunddienstbarkeit noch besteht. Ohne die Zustimmung des C läßt sich der Eintrag über die Grunddienstbarkeit nicht wiederherstellen, C muß die Unwirksamkeit der Aufhebung anerkennen. Einfache Berichtigung (nach § 22 GBO.) kann in solchen und ähnlichen Fällen (z. B. bei Bestellung einer Hypothek, Biermann S. 72 Anm. 3) nicht eintreten, denn Eigentümer wird B erst mit seiner Eintragung auf Grund der Auflassung. Die Bestimmung des § 883 Abs. 3 BGB. ändert daran nichts. — Soweit Eintragungsbewilligungen und Zustimmungserklärungen abzugeben sind, sind sie selbstverständlich in grundbuchmäßiger Form zu erteilen.

[57]) Ist nach Eintragung der auf Übertragung des Grundstücks zielenden Vormerkung eine Belastung des Grundstücks mit einer Hypothek erfolgt, so kann, wenn die Beteiligten wollen, statt der Löschung der Hypothek auch die Übertragung auf den Eigentümer vor sich gehen. Die Bestellung wird hierbei durch Genehmigung des Eigentümers wirksam. Abw. Biermann S. 72 Anm. 3.

[58]) Erforderlich ist die Zustimmung aller Personen, zu deren Gunsten nach Eintragung der Vormerkung Verfügungen getroffen sind, die das Recht des Vormerkungsberechtigten vereiteln oder beeinträchtigen würden. Handelt es sich z. B. um die Bestellung eines Rechts am Grundstück, so kann dieses Recht im Range vor den nach Eintragung der Vormerkung begründeten Rechten erst eingetragen werden, wenn die Inhaber dieser Rechte zustimmen, denn es steht jedem von ihnen frei, zu bestreiten, daß die Voraussetzungen vorliegen, unter denen sein Recht dem Rechte des Vormerkungsberechtigten den Vorrang zu lassen hat. Abw. Turnau-Förster 1 S. 188.

[59]) Wird nach Eintragung der Vormerkung zum Nachteile des Vormerkungsgläubigers über ein Recht verfügt, das auf einem andern Grundbuchblatt eingetragen ist (z. B. eine Grunddienstbarkeit aufgegeben), so wird es erforderlich sein, in dem Löschungseintrag anzuführen, daß die Vormerkung besteht. Geschieht dies nicht, so könnte der Vormerkungsgläubiger auf Grund des öffentlichen Glaubens des Grundbuchs Schaden leiden.

[60]) Veräußerungsverbote können gleichen Zwecken dienen wie Vormerkungen. Die Veräußerungsverbote sind ohne Eintragung wirksam gegen Jeden, der Kenntnis von ihnen hat (§§ 136, 135 BGB.), bei Eintragung bedarf es der Kenntnis nicht (vergl. § 7 Ziff. 22, 34). Für Konkurs s. § 13 KO. Wird ein Erwerb gegen ein Veräußerungsverbot gemacht, so wird die Unwirksamkeit in derselben Weise zur Geltung gebracht, wie wenn eine Sicherung durch Vormerkung stattgefunden hätte. § 888 Abs. 2 BGB.

[61]) § 883 Abs. 3 BGB.

Die Vormerkung erschwert dem Verpflichteten weitere Verfügungen über den Gegenstand, auf den die Vormerkung sich bezieht[62]). Besteht der behauptete Anspruch nicht, so kann die Beseitigung der Störung verlangt werden. Die Beseitigung kann auch verlangt werden, wenn demjenigen, dessen Grundstück oder dessen Recht von der Vormerkung betroffen wird, eine Einrede[63]) zusteht, durch welche die Geltendmachung des durch die Vormerkung gesicherten Anspruchs dauernd ausgeschlossen wird[64]).

Damit die Vormerkung beseitigt werden kann, auch wenn der Gläubiger unbekannt ist, ist ein Aufgebotsverfahren zugelassen. Der Vormerkungsgläubiger kann mit seinem Rechte ausgeschlossen werden, wenn seit der Eintragung der Vormerkung 10 Jahre verstrichen sind und das Recht des Gläubigers nicht innerhalb dieser Frist von dem Verpflichteten in einer nach § 208 BGB. zur Unterbrechung der Verjährung geeigneten Weise anerkannt worden ist. Besteht für den Anspruch eine nach dem Kalender bestimmte Erfüllungszeit, so beginnt die Frist nicht vor dem Ablaufe dieses Termins. Antragsberechtigt ist auch derjenige, welcher auf Grund eines im Range gleich oder nachstehenden Rechts Befriedigung aus dem Grundstück verlangen kann, sofern er für seinen Anspruch einen vollstreckbaren Schuldtitel erlangt hat. Mit der Erlassung des Ausschlußurteils erlischt die Wirkung der Vormerkung, nicht auch der persönliche Anspruch[65]).

Im Übrigen erfolgt die Löschung einer Vormerkung, wenn derjenige sie bewilligt, dessen Recht von ihr betroffen wird[66]). Die durch das Grundbuchamt von Amtswegen zu Gunsten eines Antrages eingetragene Vormerkung wird von Amtswegen gelöscht, wenn der Antrag zurückgewiesen wird, ebenso wird die durch das Beschwerdegericht angeordnete Vormerkung gelöscht, wenn die Beschwerde zurückgenommen oder zurückgewiesen ist[67]).

---

[62]) Wenn die Vormerkung auch keine Verfügungsbeschränkung ist, so hat sie doch ähnliche Wirkungen. — Nach § 439 BGB. hat der Verkäufer die Vormerkungen auf Bestellung von Hypotheken, Grundschulden, Rentenschulden und Pfandrechten zu beseitigen.

[63]) Einrede im Sinne des BGB. ist das Recht, die Erfüllung eines bestehenden Anspruchs zu verweigern. Unter Einwendung ist zu verstehen die Geltendmachung der die Entstehung des gegnerischen Rechts hindernden oder dasselbe aufhebenden Tatsachen sowie das Vorschützen von Einreden im eigentlichen Sinne. Vergl. Mot. 2 S. 699.

[64]) § 886 BGB. KProt. 3 S. 741. — Einrede der Verjährung (§ 222 BGB.), Einrede des mangelnden Rechtsgrundes (§ 821 BGB.), Einrede der unerlaubten Handlung (§ 853 BGB.).

[65]) §§ 887, 1170 BGB; §§ 988, 1024 ZPO. KProt. 3 S. 742. Die Löschung kann nach § 22 GBO. erfolgen.

[66]) § 19 GBO.

[67]) §§ 18 Abs. 2, 76 Abs. 2 GBO.

Ist eine Vormerkung auf Grund einer einstweiligen Verfügung eingetragen, so bedarf es zur Löschung nicht der Bewilligung des Gläubigers, wenn die einstweilige Verfügung durch eine vollstreckbare Entscheidung aufgehoben ist; dasselbe gilt, wenn auf Grund eines vorläufig vollstreckbaren Urteils eine Vormerkung eingetragen ist[68]).

§ 12. Verjährung und Ersitzung.

Nach § 194 BGB. unterliegt das Recht, von einem Anderen ein Tun oder ein Unterlassen zu verlangen (Anspruch), der Verjährung. Von dieser Regel ist auch der dingliche Anspruch nicht ausgenommen. Nur der aus einem familienrechtlichen Verhältnis hervorgehende Anspruch unterliegt, soweit er auf die Herstellung des dem Verhältnis entsprechenden Zustandes für die Zukunft gerichtet ist, der Verjährung nicht. Die aus dinglichen Rechten entspringenden Ansprüche unterliegen der Verjährung, auch soweit sie auf die Herstellung des dem dinglichen Rechte entsprechenden Zustandes für die Zukunft gerichtet sind. So entspringt aus dem Eigentum der Anspruch auf Herausgabe der Sache gegen den Besitzer. Dieser Anspruch kann verjähren; mit dem Eintritt der Verjährung ist das dingliche Recht dem betreffenden Dritten gegenüber schutzlos.

Nur für Rechte, die im Grundbuche eingetragen sind, gelten andere Bestimmungen. Die Ansprüche aus eingetragenen Rechten[1]) unterliegen nicht der Verjährung[2]); ein Recht, wegen dessen ein Widerspruch gegen die Richtigkeit des Grundbuchs eingetragen ist, steht einem eingetragenen Rechte gleich[3]). Aber nicht alle Ansprüche aus eingetragenen Rechten sind unverjährbar; das Grundbuch gibt über das Fortbestehen oder die Tilgung von Ansprüchen, die auf Rückstände wiederkehrender Leistungen oder auf Schadensersatz gerichtet sind, keine Auskunft, diese Ansprüche (auf rückständige Zinsen 2c.) unterliegen der Verjährung.

---

[68]) § 25 GBO. Vergl. RGE. 55 S. 140 (Vormerkung war auf Grund des § 648 BGB. durch einstweilige Verfügung angeordnet, Schuldner verlangt Löschung gegen Sicherheitsleistung).

Zu § 12.

[1]) Eintragung des Rechts genügt; die Eintragung hat Wirkung zu Gunsten des nicht benannten Rechtsnachfolgers und, bei Eintragung eines Nichtberechtigten, zu Gunsten des Berechtigten.

[2]) § 902 BGB. Mot. 3 S. 250, KProt. 3 S. 117.

[3]) Die Eintragung wirkt als Unterbrechung, doch erscheint § 216 Abs. 1 BGB. entsprechend anwendbar (§ 25 GBO.). Biermann S. 98. Mit der Löschung des Widerspruchs beginnt eine neue Verjährung.

Das eingetragene Recht kann ein Eigentum an einem Grundstück, ein begrenztes Recht oder ein Recht an einem solchen Rechte sein. Bei der Hypothek sind nur die Ansprüche aus dem dinglichen Rechte der Verjährung entzogen, die persönliche Forderung unterliegt der Verjährung, obgleich sie bei der gewöhnlichen Hypothek unter dem Schutze des öffentlichen Glaubens des Grundbuchs steht (vergl. § 223 BGB.).

In Einem Falle unterliegt auch ein Anspruch aus einem eingetragenen Rechte der Verjährung. Wird eine Grunddienstbarkeit oder beschränkte persönliche Dienstbarkeit durch eine auf dem belasteten Grundstück errichtete Anlage beeinträchtigt, so unterliegt der Anspruch auf Beseitigung der Beeinträchtigung der Verjährung, auch wenn die Dienstbarkeit im Grundbuch eingetragen ist. Mit der Verjährung des Anspruchs erlischt die Dienstbarkeit, soweit der Bestand der Anlage mit ihr in Widerspruch steht[4]).

Ansprüche aus nicht eingetragenen Rechten unterliegen der Verjährung. Ist ein Recht an einem fremden Grundstück nicht eingetragen, so kann der dem Berechtigten gegen den Eigentümer zustehende Anspruch verjähren. Die Verjährung beginnt mit der Entstehung des Anspruchs, d. h. mit der Entstehung eines Zustandes, welcher der in dem begrenzten Rechte liegenden Herrschaft über das Grundstück nicht entspricht[5]). Tritt Verjährung des Anspruchs ein, so läßt sich das dingliche Recht, das von der Verjährung selbst nicht berührt wird, nicht mehr gegen den Eigentümer geltend machen, weil dem Anspruch die Einrede der Verjährung entgegensteht. Gemäß § 901 BGB. erlischt es daher mit der Verjährung des Anspruchs, gleichgültig, ob es schon im Grundbuch eingetragen war und dort mit Unrecht gelöscht worden ist oder ob es kraft Gesetzes entstanden war und nicht zur Eintragung gelangt ist[6])[7]).

Ähnlich ist der Erwerb zu Unrecht eingetragener Rechte, die Buchersitzung (Tabularersitzung)[8]), geregelt. Ist Jemand

---

[4]) §§ 1028, 1090 BGB.

[5]) § 198 BGB. Mot. 1, 307. Vergl. Kohler ArchZivPr. 87 S. 296. Mit dem Entstehen des Berichtigungsanspruchs (§ 894 BGB.) beginnt die Verjährung noch nicht (§ 898 BGB.).

[6]) § 901 BGB. KProt. 3 S. 412, 738. Vergl. §§ 1075, 1287 BGB., § 848 Abs. 2 ZPO. — Die Vorschrift des § 901 Satz 2 BGB. bezieht sich nur auf eintragungsfähige Rechte.

[7]) Eintragung eines Widerspruchs s. Ziff. 3.

[8]) § 900 BGB. Mot. 3 S. 307, KProt. 3 S. 192. — Kohler (s. Anm. 5) stellt der Tabularersitzung eine „Tabularversitzung“ gegenüber, es dürfte jedoch richtiger sein, in dem Falle des § 901 BGB. nur von einer Anspruchsverjährung zu sprechen, das Erlöschen des Rechtes tritt auf Grund der gesetzlichen Vorschrift mit der Verjährung des Anspruchs ein; bei der Ersitzung liegen die Verhältnisse etwas anders, ersessen wird das dingliche Recht.

zu Unrecht als Eigentümer eines Grundstücks im Grundbuch eingetragen, so erwirbt er das Eigentum, wenn die Eintragung 30 Jahre bestanden hat und er während dieser Zeit das Grundstück im Eigenbesitze gehabt hat. Guter Glaube oder ein Titel ist nicht erforderlich. Die Berechnung der 30jährigen Frist erfolgt in derselben Weise wie bei der Ersitzung einer beweglichen Sache gemäß §§ 938—944 BGB.[9]); der Lauf der Frist ist jedoch auch gehemmt, solange ein Widerspruch gegen die Richtigkeit der Eintragung im Grundbuch eingetragen ist. In dieser Weise können auch begrenzte Rechte, die zu dem Besitze des Grundstücks berechtigen — Erbbaurecht, Nießbrauch und Wohnungsrecht[10]) — oder deren Ausübung nach den für den Besitz geltenden Vorschriften geschützt ist — Grunddienstbarkeiten und beschränkte persönliche Dienstbarkeiten —, durch Ersitzung erworben werden. Voraussetzung ist, daß das begrenzte Recht zu Unrecht im Grundbuch eingetragen ist und daß der als Berechtigter Eingetragene bei Erbbaurecht, Nießbrauch und Wohnungsrecht das Grundstück 30 Jahre in Besitz gehabt, bei den übrigen beschränkten persönlichen Dienstbarkeiten und bei den Grunddienstbarkeiten, daß er das Recht während dieser Zeit ausgeübt hat[11]). Mit dem Eintritt der Ersitzung entsteht das Recht, wie wenn es rechtsgeschäftlich begründet worden wäre. Eintragung und Ausübung müssen sich dabei decken; nur soweit sich Beides deckt, ist das Recht entstanden. Für den Rang ist die Eintragung maßgebend.

Im übrigen gibt es keine Ersitzung von Grundeigentum oder von Rechten an Grundstücken, abgesehen von Dienstbarkeiten an buchungsfreien Grundstücken[12]).

Bis das Grundbuch als angelegt anzusehen ist, erfolgt die Ersitzung des Eigentums an einem Grundstück sowie die Ersitzung eines nach dem Bürgerlichen Gesetzbuch zulässigen begrenzten Rechtes nach den bisherigen Gesetzen. Ist eine Ersitzung bei

---

[9]) S. hierüber § 24.

[10]) Auch die Rechte nach Art. 63, 68 EGBGB.

[11]) Wegen der Bestimmung des § 1029 wird (von Biermann S. 96 Anm. 2, Cosack 2 S. 205, 206 u. A.) alljährliche Ausübung der Grunddienstbarkeit und (§ 1090 BGB.) der beschränkten persönlichen Dienstbarkeit zur Ersitzung für erforderlich erklärt. Die entsprechende Anwendung der Vorschriften des § 900 Abs. 1 auf die Fälle des § 900 Abs. 2 wird jedoch dahin führen, die Bestimmungen der §§ 938 ff. über den Eigenbesitz auf die Ausübung des begrenzten Rechtes und die Bestimmungen dieser Paragraphen hinsichtlich der Verjährung des Herausgabeanspruchs auf die Verjährung des negatorischen Anspruchs (§ 1004) anzuwenden. Darnach wird der Ersitzende eine alljährliche Ausübung der Dienstbarkeit nicht zu beweisen haben, es wird vielmehr genügen, wenn er nachweist, daß er am Anfang und am Ende der dreißigjährigen Frist die Dienstbarkeit ausgeübt hat; die Frage, ob eine Unterbrechung der Ersitzung stattgefunden hat, wird nach den §§ 940 ff. zu beantworten sein. Vergl. Willenbücher S. 45, Planck 3 S. 158.

[12]) Art. 128 EGBGB.

Eintritt des Grundbuchrechtes noch nicht vollendet, der Besitzer aber als Berechtigter im Grundbuch eingetragen, so finden die Bestimmungen des § 900 BGB. Anwendung. Ist die 30jährige Frist des BGB. kürzer als die des bisherigen Rechts, so werden die 30 Jahre vom Inkrafttreten des Grundbuchrechtes an berechnet; läuft aber die längere Frist des bisherigen Rechtes früher ab als diese Frist des BGB., so ist die Ersitzung mit dem Ablaufe der längeren Frist des bisherigen Rechts vollendet. Ist die 30jährige Frist des BGB. länger als die Ersitzungsfrist des bisherigen Rechts, so bedarf es des Ablaufes der 30jährigen Frist vom Beginne der Ersitzung ab. Der Beginn sowie die Hemmung und Unterbrechung der Ersitzung bestimmen sich in jedem Falle für die Zeit vor dem Eintritt des Grundbuchrechtes nach den bisherigen Gesetzen[13]). Ist der Besitzer bei Eintritt des Grundbuchrechtes nicht eingetragen, so kann erst von der später erfolgenden Eintragung ab die Buchersitzung des neuen Rechtes ihren Anfang nehmen.

§ 13. Grundbuchführung.

Die Grundbuchordnung für das Deutsche Reich behandelt die Einrichtung der Grundbücher, gibt Bestimmungen über die Aufbewahrung von Urkunden bei dem Grundbuchamt, über die Einsicht des Grundbuchs, Erteilung von Auszügen, über die Verantwortlichkeit der Grundbuchbeamten, sie ordnet die Eintragungen in das Grundbuch nach ihren Voraussetzungen und ihrem Inhalte, regelt die Erteilung der Hypotheken-, Grundschuld- und Rentenschuldbriefe, und gibt Vorschriften über die Rechtsmittel in Bezug auf die Entscheidungen des Grundbuchamtes.

Das Gesetz ist, soweit es die Anlegung des Grundbuchs betrifft, gleichzeitig mit dem BGB. in Kraft getreten; im übrigen erlangt es für jeden Grundbuchbezirk mit dem Zeitpunkt Geltung, in welchem das Grundbuch als angelegt anzusehen ist. Was das Verhältnis zu anderen Gesetzen anlangt, so finden die Art. 2 bis 5, 32, 55 des EGBGB. entsprechende Anwendung[1]). Soweit in diesem Einführungsgesetze zu Gunsten der Landesgesetze Vorbehalte gemacht sind, gelten die Vorbehalte auch für die Vorschriften der Landesgesetze über das Grundbuchwesen; den Landesgesetzen stehen nach Maßgabe der Art. 57, 58 des EGBGB. die Hausverfassungen gleich[2]). Weitere Vorbehalte für das Landesrecht sind in der Grundbuchordnung teils ausdrücklich

---

[13]) Art. 189 mit 169 EGBGB.

Zu § 13.

[1]) § 82 GBO.
[2]) § 83 GBO.

bestimmt (§§ 98—102 für Gesetzgebung, §§ 1, 85—92 für landesherrliche Verordnungen, §§ 2, 93—97 für Justizverwaltung), teils aus solchen Vorschriften zu entnehmen, die zu ihrer Durchführung eine ergänzende Tätigkeit der Landesgesetzgebung voraussetzen. Das Verfahren, in welchem die Anlegung der Grundbücher erfolgt, sowie der Zeitpunkt, in welchem das Grundbuch für einen Bezirk als angelegt anzusehen ist, werden für jeden Bundesstaat durch landesherrliche Verordnung bestimmt[3]). Das Gleiche gilt für das Verfahren zum Zwecke der Eintragung von Grundstücken, die bei der Anlegung des Grundbuchs aus irgend welchen Gründen kein Blatt erhalten haben, und für das Verfahren zum Zwecke der Wiederherstellung eines ganz oder teilweise zerstörten oder abhanden gekommenen Grundbuchs, wobei auch darüber Bestimmungen getroffen werden können, in welcher Weise bis zur Wiederherstellung des Grundbuchs die zu einer Rechtsänderung erforderliche Eintragung ersetzt werden soll.[4]).

Die Führung angelegter Grundbücher obliegt Grundbuchämtern[5]). Die Bestimmungen über die Einrichtung dieser Ämter, über ihre Zuständigkeit, über die Ausschließung und Ablehnung der Grundbuchbeamten sind stillschweigend der Landesgesetzgebung überlassen[6]). Die Ämter können durch richterliche Beamte oder durch Verwaltungsbeamte, durch Staats- oder durch Gemeindebeamte verwaltet werden. Die Regelung dieser Verhältnisse ist Sache des Landesrechts. In einem wichtigen Punkte aber hat das Reichsrecht Vorsorge getroffen: Eine Eintragung in das Grundbuch ist nicht aus dem Grunde unwirksam, weil ein Grundbuchbeamter sie bewirkt hat, der von der Mitwirkung bei der Eintragung kraft Gesetzes oder infolge einer Ablehnung ausgeschlossen ist[7]).

Wie die Grundbücher einzurichten sind, bestimmt sich nach den Anordnungen der Landesjustizverwaltung, soweit nicht die GBO. selbst die Einrichtung geregelt hat[8]). Die Anordnungen sind Ordnungsvorschriften[9]).

---

[3]) Art. 186 Abs. 1 EGBGB.

[4]) §§ 91, 92 GBO.

[5]) § 1 Abs. 1 GBO.

[6]) Denkschrift zu GBO. § 82.

[7]) § 10 GBO. Also keine Nichtigkeit oder Anfechtbarkeit einer Eintragung wegen Ausschließung oder Ablehnung eines Grundbuchbeamten. — Für die Beschwerdegerichte s. § 81 Abs. 2 GBO.

[8]) § 1 Abs. 2 GBO. Die Landesjustizverwaltung kann auch Bestimmungen treffen, daß gewisse tatsächliche Angaben, die nicht zum Inhalt des Grundbuchs im Sinne des BGB. gehören, insbesondere Angaben, die zur Bestimmung des Wertes der Grundstücke dienen, in das Grundbuch aufzunehmen sind. Unter dem öffentlichen Glauben des Grundbuchs stehen solche Angaben, z. B. über die Ertragsfähigkeit eines Grundstückes, nicht.

[9]) RGE. 55 S. 343.

Die Grundbücher sind für **Bezirke** einzurichten[10]; die Bestimmung der Bezirke ist dem Landesrecht überlassen. Durch landesherrliche Verordnung kann bestimmt werden, daß für gewisse Gattungen von Grundstücken besondere nicht für Bezirke eingerichtete Grundbücher geführt werden[11].

Die **Bezeichnung der Grundstücke** erfolgt in den Grundbüchern nach einem amtlichen Verzeichnisse, in welchem die Grundstücke unter Nummern oder Buchstaben aufgeführt sind. Die Einrichtung des Verzeichnisses (Flurbuch, Kataster, Lagerbuch rc.) wird durch landesherrliche Verordnung bestimmt[12]. Notwendig ist jedenfalls, daß das Grundstück so bezeichnet wird, daß es auf der Erdoberfläche mit Sicherheit aufzufinden ist. Die in dem amtlichen Verzeichnisse enthaltenen weiteren Angaben über die Lage und Größe des Grundstücks werden natürlich von dem öffentlichen Glauben des Grundbuchs, der sich nur auf Rechtsverhältnisse erstreckt, nicht gedeckt, auch wenn das Grundbuch sie wiedergibt oder auf sie Bezug nimmt. Das Verfahren zum Zwecke der Berichtigung solcher Angaben im Grundbuch, insbesondere nach Änderungen im Flurbuch, bestimmt sich nach landesrechtlichen Vorschriften[13][14].

Übereinstimmend mit dem Grundbuch oder durch Hinweisung auf das Grundbuchblatt ist auch in den Eintragungsbewilligungen oder den Eintragungsanträgen das Grundstück zu bezeichnen[15].

Jedes Grundstück[16] erhält im Grundbuch eine besondere Stelle (**Grundbuchblatt**). Das Grundbuchblatt ist für das Grundstück als das Grundbuch im Sinne des BGB. anzusehen[17]. Die nähere Gestaltung des Blattes, namentlich die

---

[10] § 2 Abs. 1 GBO.

[11] § 85 GBO.

[12] § 2 Abs. 2 GBO.; vergl. §§ 89, 96 GBO. In dem Verzeichnisse dürfen die Grundstücke auch in Gruppen geteilt sein, wenn nur innerhalb jeder Gruppe die zugehörigen Grundstücke unter Nummern oder Buchstaben aufgeführt sind. Kommiss.-Bericht zu § 2 GBO.

[13] Denkschrift zur GBO. § 2, Mot. z. 1. Entw. S. 35. Vergl. Predari S. 34, Oberneck 1 S. 307, Wolff Recht 1905 S. 271.

[14] Über die Grundstücksbezeichnung in der Bekanntmachung des Versteigerungstermins s. RGE. 57 S. 200.

[15] § 28 GBO. — Vergl. RGE. 46 S. 225 (Nichtübereinstimmung des Willens mit der Erklärung und der Eintragung).

[16] Das Grundstück (der räumlich abgegrenzte Teil der Erdoberfläche) erhält ein Blatt, nicht das Eigentum. Ideelle Anteile an einem Grundstück sind keine Grundstücke, sie können nicht gesondert auf mehrere Blätter eingetragen werden, sondern es ist für das Grundstück ein Blatt anzulegen, auf dem die Bruchteile angegeben werden (§ 48 GBO.). Turnau-Förster 2 S. 36, Predari S. 49, Achilles-Strecker S. 15.

[17] § 3 GBO. Was auf dem Blatte des Grundstücks eingetragen ist, gilt als im Grundbuch eingetragen; was nicht darauf eingetragen ist, gilt nicht als eingetragen, mag es immerhin auf einem anderen Blatte desselben Grundbuchs eingetragen sein. Eintragungen, die nicht auf dem Blatte des Grundstücks stehen, sind wirkungslos. Turnau-Förster 2 S. 35.

Bildung besonderer Abteilungen (vergl. § 879 BGB.), ist den Anordnungen der Landesjustizverwaltung vorbehalten [18]). Ist ein Grundstück doppelt gebucht, so heben sich die einander widersprechenden Einträge gegenseitig auf; weder für den einen, noch für den anderen Eintrag kann man sich auf den Inhalt des Grundbuchs berufen [19]). Der Parteistreit ist nach materiell rechtlichen Grundsätzen zu entscheiden [20]).

Durch landesherrliche Verordnung [21]) kann bestimmt werden, daß die Grundstücke des Fiskus (wozu auch der Reichsfiskus gehört) oder gewisser juristischer Personen, ferner die öffentlichen Wege und Gewässer, sowie solche Grundstücke, welche einem dem öffentlichen Verkehre dienenden Bahnunternehmen gewidmet sind, nur auf Antrag ein Grundbuchblatt erhalten. Das Gleiche gilt von den Grundstücken eines Landesherrn und den Grundstücken, die zum Hausgut oder Familiengut einer landesherrlichen Familie, der Fürstlichen Familie Hohenzollern oder der Familie des vormaligen Hannoverschen Königshauses, des vormaligen Kurhessischen, des vormaligen Herzoglich Nassauischen und des Herzoglich Holsteinischen Fürstenhauses gehören [22]). Steht demjenigen, der hiernach von der Verpflichtung zur Eintragung befreit ist, das Eigentum an einem Grundstück zu, über das ein Blatt geführt wird, oder erwirbt er ein solches Grundstück, so ist auf seinen Antrag das Grundstück aus dem Grundbuch auszuscheiden, wenn keine Eintragung vorhanden ist, von der das Recht des Eigentümers betroffen wird [23]).

Über mehrere Grundstücke desselben Eigentümers, die im Bezirke desselben Grundbuchamtes belegen sind, kann ein gemeinschaftliches Grundbuchblatt geführt werden, solange hiervon Verwirrung nicht zu besorgen ist. Durch landesherrliche Verordnung kann bestimmt werden, daß diese Vorschrift auch dann Anwendung findet, wenn mehrere Grundstücke desselben Eigentümers in den Bezirken verschiedener Grundbuchämter ge-

---

[18]) S. Ziff. 9.

[19]) RG 25 XI 1903 E. 56 S. 58.

[20]) Dagegen unterliegt das Verfahren behufs Löschung der Einträge in Ansehung eines untergegangenen oder tatsächlich nicht mehr nachweisbaren Grundstücks der Regelung durch das Landesrecht (Denkschr. zur GBO. § 3).

[21]) Für Preußen VO. v. 13. XI. 1899, für Bayern VO. v. 1. VII. 1898.

[22]) § 90 Abs. 1 GBO., Reichsges. v. 25. III. 1904. — Buchungsfreie Grundstücke. — Als antragsberechtigt erscheint derjenige, dem die Verfügung über das Grundstück zusteht, aber auch der nach § 14 GBO. Berechtigte (Denkschr. zur GBO. § 90). — Vergl. RG 13 XI 1901 JW. S. 858[56] (öffentlicher Fluß auf dem Grundbuchblatt eines Privatgrundstücks).

[23]) § 90 Abs. 2 GBO. (Ausbuchung).

legen sind[24]). Regel ist hiernach, daß jedes rechtlich selbständige Grundstück getrennt von anderen selbständigen Grundstücken seine Stelle im Grundbuch hat. Ein Zusammenschreiben selbständiger Grundstücke auf einem und demselben Blatte, mag es nach Realfolien oder nach Personalfolien vor sich gehen, ist nur so lange zulässig, als keine Verwirrung zu besorgen ist. Es kann hiernach bei Personalfolien vorkommen, daß ein Eigentümer so viele Artikel erhält, als er Grundstücke besitzt. Die gemeinschaftliche Buchung ist von Amtswegen aufzuheben, sobald eine der gesetzlichen Voraussetzungen ihrer Zulässigkeit wegfällt, sobald also die Grundstücke verschiedene Eigentümer erhalten oder aus einem sonstigen Grunde (z. B. wegen gar zu verschiedenartiger Belastung) von der Beibehaltung des gemeinschaftlichen Blattes Verwirrung zu besorgen ist[25]).

Durch landesherrliche Verordnung kann bestimmt werden, daß ein bisher geführtes Buch oder mehrere bisher geführte Bücher für sich allein oder zusammen mit einem neuen Buche oder mehreren neuen Büchern als Grundbuch gelten sollen. Diese Bestimmung ist auch dann zulässig, wenn für Grundstücke, die nicht denselben Eigentümer haben, ein gemeinschaftliches Blatt besteht; für den Fall aber, daß von einer solchen Buchführung Verwirrung zu besorgen ist, hat die Vorschrift des § 4 GBO. zu gelten[26]). Werden mehrere Bücher geführt, so muß jedes Grundstück in einem der Bücher eine besondere Stelle haben. An dieser Stelle ist auf die in den anderen Büchern befindlichen Eintragungen zu verweisen. Die Stelle des Hauptbuchs und die Stellen, auf welche hingewiesen wird, gelten zusammen als das Grundbuchblatt[27]). Sind in einem Buche, das zufolge landesherrlicher Verordnung als Grundbuch gilt, die Grundstücke nicht nach einem amtlichen Verzeichnisse (Flurbuch ꝛc.) bezeichnet, so ist diese Bezeichnung von Amtswegen zu bewirken[28]).

Bei dem gemeinschaftlichen Grundbuchblatt (§ 4 GBO.) bleiben die äußerlich zusammengeschriebenen Grundstücke rechtlich selbständig. Es lassen sich aber auch Grundstücke zu einer rechtlichen Einheit verbinden, so daß eine einheitliche Belastung und Übertragung ermöglicht wird. Das kann auf zwei Arten geschehen; der Eigentümer kann die zu einem Grundstück zu vereinigenden

---

[24]) §§ 4, 86 GBO. Selbstverständlich darf auch ein gemeinschaftliches Grundbuchblatt nicht die Grundstücke der Ehefrau oder der Kinder des Eigentümers umfassen, vorbehaltlich der Bestimmung des § 87 GBO.

[25]) Antragstellung des Eigentümers ist weder zur Bildung noch zur Aufhebung des gemeinschaftlichen Blattes erforderlich. Beschwerdeführung s. § 71 GBO.

[26]) § 87 GBO.

[27]) § 88 GBO.

[28]) § 89 GBO. S. Anm. 12.

Grundstücke als ein Grundstück in das Grundbuch eintragen lassen, er kann auch das eine Grundstück[29]) dem andern als Bestandteil zuschreiben lassen[30]). In dem ersten Falle wird aus mehreren rechtlich gleichwertigen Grundstücken ein neues Ganze, ein neues Grundstück, hergestellt. In dem zweiten Falle wird einem Grundstück[31]) ein anderes Grundstück als Bestandteil hinzugefügt. Die Rechtsfolgen sind verschieden, je nachdem die Vereinigung oder die Zuschreibung erfolgt. Ob das eine oder das andere zu geschehen hat, hängt von dem Willen des Eigentümers ab. Seine Erklärung hat er in der Form des § 29 GBO. abzugeben. Der Zustimmung der Inhaber begrenzter Rechte bedarf es nicht. Von Amtswegen kann die Verbindung nicht erfolgen. Durch die Vereinigung oder Zuschreibung werden die bisher selbständigen Grundstücke Bestandteile eines einzigen Grundstücks. Da es nicht wesentliche Bestandteile sind, bleiben die bisherigen Sonderbelastungen bestehen, im Falle der Zuschreibung aber erstrecken sich die an dem Hauptgrundstück, dem das andere Grundstück zugeschrieben wird, bestehenden Hypotheken, Grundschulden und Rentenschulden — nicht auch andere begrenzte Rechte — auf das zugeschriebene Grundstück, jedoch gehen die Rechte, mit denen das zugeschriebene Grundstück bei der Zuschreibung schon belastet ist, im Range vor[32]). Die später erfolgenden Belastungen ergreifen das einheitliche Grundstück.

Ein Grundstück soll aber nur dann einem anderen Grundstück als Bestandteil zugeschrieben oder mit ihm vereinigt werden, wenn keine Verwirrung davon zu besorgen ist[33]). Die beantragte Buchung wird namentlich dann abzulehnen sein, wenn die Belastung der Grundstücke so ungleichmäßig ist, daß sie das Grundbuch unübersichtlich machen würde[34]). Liegen die Grundstücke in den Bezirken verschiedener Grundbuchämter, so ist die Frage, welches Amt zuständig ist, nach dem Landesrecht zu entscheiden[35]).

Da die einzelnen Flächenabschnitte eines Grundstücks keine wesentlichen Bestandteile des Grundstücks sind, so können sie

---

[29]) Die Zuschreibung eines Bruchteils eines Grundstücks zu einem anderen Grundstück ist unzulässig. S. Anm. 16. KG 16 V 1904 Recht 1904 S. 615.

[30]) § 890 BGB. Mot. 3 S. 56, KProt. 3 S. 13, 552.

[31]) Es wird z. B. von dem Eigentümer eines Hofgutes, das eine rechtliche Einheit bildet, ein Grundstück zu dem Hofgut erworben.

[32]) § 1131 BGB.

[33]) § 5 GBO. Die Aufhebung der Vereinigung oder der Zuschreibung kann nicht von Amtswegen erfolgen.

[34]) Unberührt bleiben die landesgesetzlichen Vorschriften, welche die Vereinigung oder die Zuschreibung untersagen oder beschränken (Art. 119 N. 3 EGBGB.). Vergl. Art. 112 EGBGB.

[35]) Denkschr. GBO. § 5. Liegen die Grundstücke in den Gebieten verschiedener Bundesstaaten, so bedarf es einer Vereinbarung der beteiligten Staaten. Mot. 1. Entw. GBO. S. 42.

Gegenstand besonderer Rechte sein. Weil aber auf einem Grundbuchblatt nur solche Grundstücke aufgeführt werden dürfen, die demselben Eigentümer gehören, so muß, wenn von einem Grundstück ein Teil abgetrennt und veräußert wird[36]), der veräußerte Teil im Grundbuch abgeschrieben werden[37]). Auch die Zulässigkeit der gesonderten Belastung[38]) eines Grundstücksteiles ist durch die GBO. beschränkt. Regelmäßig ist ein Grundstücksteil, der mit einem Rechte[39]) belastet werden soll, von dem Grundstück abzuschreiben und als selbständiges Grundstück einzutragen, sei es auf dem nämlichen Blatte (§ 4 GBO.), sei es auf einem anderen Blatte. Nur wenn das Recht, mit dem der Grundstücksteil belastet werden soll, eine Dienstbarkeit oder eine Reallast[40]) ist, kann die Abschreibung unterbleiben, wenn hiervon keine Verwirrung zu besorgen ist[41]). Inwieweit für die Fälle, in denen ein Teil eines Grundstücks von diesem abgeschrieben oder ohne Abschreibung mit einer Dienstbarkeit oder einer Reallast belastet werden soll, die Eintragung von einer Änderung des amtlichen Verzeichnisses der Grundstücke (Flurbuch 2c.) oder von der Beibringung einer die Lage und die Grenzen des Grundstücksteiles darstellenden Karte abhängig sein soll, hat die Landesjustizverwaltung zu bestimmen[42]).

Da ein Zusammenschreiben von Grundstücken auf einem gemeinschaftlichen Blatte nur zulässig ist, sofern die Grundstücke denselben Eigentümer haben, lassen sich Grundstücke, die Jemand in Alleineigentum hat, nicht mit Grundstücken zusammenschreiben, die er gemeinschaftlich mit Anderen besitzt. Ebenso können gemeinschaftliche Grundstücke nur zusammengeschrieben werden, wenn dieselben Personen an allen Grundstücken in gleicher Weise beteiligt sind, also dasselbe Gemeinschaftsverhältnis besteht und,

---

[36]) Unberührt bleiben die landesgesetzlichen Vorschriften, welche 1. die Veräußerung eines Grundstücks beschränken, 2. die Teilung eines Grundstücks oder die getrennte Veräußerung von Grundstücken, die bisher zusammen bewirtschaftet worden sind, untersagen oder beschränken (Art. 119 A. 1, 2 EGBGB.).

[37]) Die Abschreibung erfolgt von Amtswegen.

[38]) Eine gesonderte Belastung eines Grundstücksteiles tritt auch ein, wenn eine Belastung nur in Ansehung eines Teiles des Grundstücks gelöscht werden soll. Auch für diesen Fall gilt die Beschränkung.

[39]) Durch Eintragung einer Vormerkung erfolgt noch keine Belastung mit einem Rechte. Erst wenn der durch die Vormerkung gesicherte persönliche Anspruch zu dem Abschlusse des dinglichen Rechtsgeschäfts geführt hat und die Eintragung verlangt wird, kommt die Belastung mit einem Recht in Frage. Abw. Predari S. 72. Vergl. OLG. Dresden ZBlFG. 5 S. 551.

[40]) Erbbaurecht gehört nicht hierher. S. Ziff. 44.

[41]) § 6 GBO. Ordnungsvorschrift. Eine im Widerspruch damit auf einen nicht abgeschriebenen Grundstücksteil erfolgte Eintragung ist nicht materiell ungültig. Turnau-Förster 2 S. 59.

[42]) § 96 GBO.

bei Miteigentum, die Bruchteile bezüglich aller Grundstücke die gleichen sind[43]).

Es gibt einige Rechte, die wie Grundstücke behandelt werden. So gelten für das **Erbbaurecht**[44]) die sich auf Grundstücke beziehenden Vorschriften. Das Erbbaurecht wird erworben wie das Grundeigentum; es kann mit Hypotheken und Grundschulden und mit sonstigen Rechten belastet werden wie ein Grundstück. Die zur Bestellung des Erbbaurechtes erforderliche Eintragung (§ 873 BGB.) erfolgt auf dem Blatte des zu belastenden Grundstücks[45]). Ist das Erbbaurecht auf dem Blatte des Grundstücks eingetragen, so ist auf Antrag[46]) für das Recht ein besonderes Grundbuchblatt[47]) anzulegen. Die Anlegung wird auf dem Blatte des belasteten Grundstücks vermerkt. Die Anlegung erfolgt von Amtswegen, wenn das Erbbaurecht veräußert[48]) oder belastet werden soll[49])[50]).

Gleiches gilt für die in den Art. 63 und 68 EGBGB. bezeichneten Rechte (die Erbpachtrechte und die vererblichen und veräußerlichen Rechte zur Gewinnung eines den bergrecht-

---

[43]) In der Reichstagskommission ist (nach dem Bericht zu § 5 GBO.) die Frage eines Kommissionsmitgliedes, ob die Eintragung des Miteigentums an einem gemeinschaftlichen Hof oder einer Einfahrt, die sich zwischen zwei Nachbarhäusern befinde, auf das Grundbuchblatt eines jeden der beiden Grundstücke als Bestandteil derselben möglich sei, aus der Mitte der Kommission bejaht worden unter der Voraussetzung, daß Hof wie Einfahrt eine selbständige, katastermäßig bezeichnete Fläche bilde und die ideelle Eigentumsquote an derselben feststehe. Dies wird schwerlich zutreffend sein. Wenn zwischen den Anwesen a und b der Nachbarn A und B das Grundstück c als gemeinschaftliches Eigentum von A und B liegt, so werden die 3 Grundstücke a, b und c gesondert einzutragen sein, die Benutzungsrechte, welche den Eigentümern der Grundstücke a und b an dem Grundstück c zustehen (vergl. § 1009 BGB.), werden auf dem Blatte des Grundstücks c als dingliche Lasten, auf den Blättern für a und b als Rechte nach § 96 BGB. und § 8 GBO. zur Eintragung kommen können. Dagegen kann das Miteigentum an c nicht als Bestandteil des Eigentums an a und b behandelt werden. S. Anm. 16.

[44]) § 1017 BGB.

[45]) Soll nur ein Teil des Grundstücks mit dem Erbbaurecht belastet werden, so ist dieser Teil abzuschreiben und als selbständiges Grundstück einzutragen (§ 6 GBO.).

[46]) § 13 Abs. 2 GBO.

[47]) Das Recht kann gleich einem Grundstück mit Grundstücken des Erbbauberechtigten zusammengeschrieben werden.

[48]) Übergang kraft Gesetzes, z. B. durch Erbfolge, gilt nicht als Veräußerung. Turnau-Förster 2 S. 61.

[49]) § 7 GBO. Änderungen des Inhalts und Aufhebung des Rechts sind auf dem Blatte des belasteten Grundstücks einzutragen. Nur die Einträge auf dem Blatte des belasteten Grundstücks stehen in Ansehung der Entstehung, des Inhalts und der Endigung des Erbbaurechts unter dem öffentlichen Glauben des Grundbuchs.

[50]) Nachträgliche Anlegung wegen Zwangsversteigerung s. KG 19 XII 1904 Recht 1905 S. 327.

lichen Vorschriften nicht unterliegenden Minerals)[51]. Ist zur Begründung eines landesgesetzlich geregelten Rechtes[52]) keine Eintragung in das Grundbuch erforderlich, so kann für das Recht ein besonderes Grundbuchblatt auch dann angelegt werden, wenn kein Grundbuchblatt für das belastete Grundstück vorhanden ist.

Ebenso erfolgt, wenn ein Recht an einem Grundstück zu Gunsten des jeweiligen Eigentümers eines anderen Grundstücks bestellt wird (sog. subjektiv-dingliches Recht), die zur Bestellung erforderliche Eintragung ausschließlich auf dem Blatte des zu belastenden Grundstücks. Wie schon angeführt, gelten aber die mit dem Eigentum an einem Grundstück verbundenen Rechte als Bestandteile des Grundstücks[53]); die Belastung des Grundstücks mit dem Rechte eines Dritten erstreckt sich auf die subjektiv-dinglichen Rechte; nach §§ 876 Satz 2 und 877 BGB. können sie nur mit Zustimmung des Dritten aufgehoben oder geändert werden. Wegen dieser Verbindung des subjektiv-dinglichen Rechtes mit dem Eigentum des (herrschenden) Grundstücks kann der Eigentümer dieses Grundstücks oder jeder Dritte, dessen Zustimmung zur Aufhebung erforderlich ist, beantragen, daß das subjektiv-dingliche Recht auch auf dem Blatte des (herrschenden) Grundstücks vermerkt werde[54]). Bei einer Änderung oder Aufhebung des Rechtes wird dieser Vermerk von Amtswegen berichtigt[55]).

Das Grundbuchamt nimmt Eintragungen in der Regel nur auf Antrag vor. Eintragungen von Amtswegen sind Ausnahmen[56]); soweit sie nicht besonders vorgeschrieben sind, sind sie unzulässig. Berechtigt, eine Eintragung zu beantragen, ist Jeder, dessen wirkliches oder nur buchmäßiges Recht von der Eintragung betroffen wird oder zu dessen Gunsten die Eintragung erfolgen soll[57]). Antragsberechtigt kann auch ein mittelbar Beteiligter sein[58]). Insbesondere kann die Löschung eines nicht entstandenen oder eines erloschenen Rechtes von einem nachstehenden

---

[51]) § 84 GBO. — Vergl. RGE. 59 S. 289.

[52]) Der Landesgesetzgebung sind zur Regelung insbesondere noch überlassen Bergrecht (Art. 67 EG.), Fischerei (Art. 69 EG.), Zwangsrechte, Bannrechte, Realgewerbeberechtigungen (Art. 74 EG.). Vergl. § 83 GBO.

[53]) § 96 BGB.

[54]) S. § 21 GBO.

[55]) § 8 GBO. Der Vermerk setzt die Eintragung auf dem Blatte des belasteten Grundstücks voraus, kann also nicht erfolgen, wenn das Recht (z. B. eine Grunddienstbarkeit nach Art. 187 EGBGB.) nicht eingetragen ist.

[56]) §§ 7, 8, 18, 23, 24, 49, 52, 53, 54, 76 GBO.

[57]) § 13 GBO.

[58]) Denkschr. zu GBO. § 13. Eine andere Auffassung war in den Motiven zu Entw. I. GBO. S. 53 vertreten. Streit besteht deshalb, ob eine mittelbare Beteiligung genüge, und wann eine unmittelbare Beteiligung anzunehmen sei. Vergl. Turnau-Förster 2 S. 95, Predari S. 260. — § 13

Berechtigten beantragt werden, um das in Wirklichkeit bestehende Rangverhältnis seines Rechtes im Grundbuch ersichtlich zu machen[59]). Sind auf der einen oder auf der anderen Seite Mehrere beteiligt, so ist jeder von ihnen zu dem Antrage auf Eintragung berechtigt[60]).

Regelmäßig soll eine Eintragung nur erfolgen, wenn derjenige, dessen Recht durch sie betroffen wird, als der Berechtigte eingetragen ist[61]). Die mangelnde Eintragung des Berechtigten bildet also ein äußeres Hindernis für jede Eintragung, die gegen ihn beantragt wird. Dieses Hindernis kann derjenige selbst beseitigen, der gegen den nicht eingetragenen Berechtigten einen vollstreckbaren Titel erlangt hat, auf Grund dessen er für sich eine Eintragung verlangen kann; auf Grund seines vollstreckbaren Titels darf er die Berichtigung des Grundbuchs durch Eintragung des Berechtigten verlangen, sofern die Zulässigkeit seiner eigenen Eintragung von der vorgängigen Berichtigung des Grundbuchs abhängt[62]). Selbstverständlich muß er alle Nachweise erbringen, die zur Berichtigung des Grundbuchs erforderlich sind[63]).

Der Eintragungsantrag kann auch durch einen Bevollmächtigten gestellt werden. Kraft Gesetzes gilt ein Notar, der die zu einer Eintragung erforderliche Erklärung beurkundet

---

Satz 1 enthält nur eine Ordnungsvorschrift; wird gegen die Vorschrift verstoßen, so steht dies dem Eintritt der Rechtsänderung nicht entgegen. Ob der Antrag gänzlich fehlt oder ob er von einer anderen als der zu seiner Stellung berechtigten Person gestellt ist, macht keinen Unterschied. Mot. zu Entw. I. GBO. S. 52. — Nach §§ 878, 892 BGB., § 46 GBO. kommt übrigens der Stellung des Antrags besondere Bedeutung zu.

[59]) Der Eigentümer ist nicht berechtigt, die Umschreibung einer Hypothek auf den Zessionar zu beantragen. Rostock OLGRspr. 9 S. 329.

[60]) Denkschr. GBO. § 13. — Der Satz gilt nicht nur für die gewöhnliche Gemeinschaft sondern auch für die gesamte Hand.

[61]) §§ 40, 41 GBO.

[62]) § 14 GBO. Die Vorschrift ist zunächst für die Fälle von Bedeutung, in denen kraft eines vollstreckbaren Titels die Eintragung eines Rechtes verlangt werden kann, sie gibt ferner dem Gläubiger, der wegen einer Geldforderung gegen einen nicht eingetragenen Berechtigten einen vollstreckbaren Titel erlangt hat, die Möglichkeit, die Eintragung einer Hypothek zu erwirken, auch soweit zur Herbeiführung der Zwangsversteigerung oder Zwangsverwaltung eines Grundstücks die vorgängige Eintragung des Schuldners als Eigentümers erforderlich ist, kann der Gläubiger auf dem im § 14 vorgesehenen Wege die Eintragung erreichen. Denkschr. zu § 14 GBO. Auch ein Urteil, wodurch Jemand zur Bewilligung einer Eintragung verurteilt ist (§ 894 ZPO.), ist ein vollstreckbarer Titel, der zum Vorgehen nach § 14 GBO. ermächtigt. — Vollstreckbare Schuldtitel für Forderungen, die 300 ℳ nicht übersteigen, genügen. KG 16 XI 1903 Recht 1904 S. 293.

[63]) §§ 792, 896 ZPO.

oder beglaubigt hat, als ermächtigt, im Namen des Antragsberechtigten die Eintragung zu beantragen[64]).

Formvorschriften für den Eintragungsantrag oder für die Vollmacht zur Stellung eines solchen Antrags bestehen nicht. Dagegen bedarf es für den Antrag und für die Vollmacht einer Protokollaufnahme durch das Grundbuchamt oder des Nachweises durch eine öffentliche oder öffentlich beglaubigte Urkunde, wenn durch den Antrag zugleich eine zu der Eintragung erforderliche Erklärung ersetzt werden soll[65]). Auch Erklärungen, durch die ein Eintragungsantrag zurückgenommen[66]) oder eine zur Stellung des Eintragungsantrags erteilte Vollmacht widerrufen wird, sollen vor dem Grundbuchamt zu Protokoll gegeben oder durch öffentliche oder öffentlich beglaubigte Urkunden nachgewiesen werden[67]).

Die Eintragungsanträge haben bedingungslos zu lauten; einem Antrage, dessen Erledigung an einen Vorbehalt geknüpft wird, soll nicht stattgegeben werden[68]). Nur der Vorbehalt ist, wenn mehrere Eintragungen beantragt werden, gestattet, daß die eine Eintragung nicht ohne die andere erfolge[69]). Dieser Vorbehalt braucht nicht ausdrücklich ausgesprochen zu werden, es genügt, wenn er sich aus den Umständen ergibt.

Eine Eintragung ist beantragt, sobald der Antrag bei dem Grundbuchamt eingeht. Der Zeitpunkt, in welchem ein Antrag

---

[64]) § 15 GBO. Es ist nicht erforderlich, daß der Notar alle zu der Eintragung erforderlichen Erklärungen beurkundet oder beglaubigt hat; es genügt, wenn dies hinsichtlich der Erklärung eines Beteiligten geschehen ist. Das Gesetz stellt die Vermutung auf, daß der Notar ermächtigt ist, die Angelegenheit, zu der seine amtliche Tätigkeit in Anspruch genommen worden ist, zu erledigen. Er hat aber im Namen eines Antragsberechtigten zu handeln; aus seinem Antrag hat hervorzugehen, in wessen Namen er den Antrag stellt. Vergl. Turnau-Förster 2 S. 103. — Beschwerderecht des Notars s. § 80 GBO.

[65]) § 30 GBO.

[66]) Der Antrag kann so lange zurückgenommen werden, als er nicht erledigt ist. Erledigt wird er erst durch die Eintragung, nicht schon durch die Anordnung, daß die Eintragung zu erfolgen habe. Zur Zurücknahme ist nur der Antragsteller befugt, auch der Notar kann den von ihm gestellten Antrag nur im Namen desjenigen zurücknehmen, in dessen Namen er ihn gestellt hat. Gemeinsam gestellte Anträge sind erst zurückgenommen, wenn alle Antragsteller die Zurücknahme erklärt haben. Vergl. Turnau-Förster 2 S. 89.

[67]) § 32 GBO. Diese Vorschrift gilt auch für die Zurücknahme-Erklärung des Notars (RG 31 V 1905 JW. S. 433) und des Rechtsanwalts (KG. OLGRspr. 10 S. 437).

[68]) § 16 GBO. Nicht zu verwechseln mit bedingten Anträgen sind Vorbehalte, die das einzutragende Recht seinem Inhalte nach beschränken. Vergl. z. B. § 881 BGB.

[69]) § 16 Abs. 2 GBO. Z. B. die Eintragung des Käufers soll nicht erfolgen ohne die Eintragung der Hypothek für den Kaufpreis. — Die Anträge können von derselben oder von mehreren Personen ausgehen, Eintragungen auf demselben Grundbuchblatt oder auf verschiedenen Blättern

bei dem Grundbuchamt eingeht[70]), soll auf dem Antrage genau vermerkt werden[71]), mindestens nach Tag und Stunde; laufen in derselben Stunde mehrere Anträge nacheinander ein, so sind auch kleinere Zeitteile zu verzeichnen. Werden mehrere Eintragungen beantragt, durch die dasselbe Recht betroffen wird, so darf die später beantragte Eintragung nicht vor der Erledigung des früher gestellten Antrags erfolgen[72]). Erledigt ist ein Antrag, wenn ihm stattgegeben, oder wenn er endgültig zurückgewiesen ist. Die Zurückweisung eines später gestellten Antrags kann vor der Erledigung des früher gestellten erfolgen, es müßte denn sein, daß seine Annahme von der Erledigung des früher gestellten Antrages abhinge. Laufen mehrere Anträge gleichzeitig ein, so sind sie zu gleichen Rechten einzutragen, wenn sie sich nicht ausschließen. Darüber, was zu geschehen hat, wenn die gleichzeitig einlaufenden Anträge sich ausschließen, hat das Reichsgesetz keine Bestimmung getroffen[73]).

Das Grundbuchamt hat die Pflicht, zu prüfen, ob den bei ihm gestellten Anträgen nach den gesetzlichen Vorschriften stattgegeben werden kann. Abgesehen von den allgemeinen Erfordernissen der Rechtswirksamkeit der Willenserklärungen kommt hauptsächlich in Frage, ob der Gegenstand der beabsichtigten Eintragung sich zur Eintragung eignet, ob ein wirksamer Antrag gestellt ist, soweit ein solcher erforderlich ist, ob derjenige, dessen Recht von der Eintragung betroffen wird, als Berechtigter eingetragen ist und die Eintragung bewilligt, sofern nicht die Ein-

---

betreffen; sie können gleichzeitig oder, so lange der eine Antrag noch nicht erledigt ist, nacheinander angebracht werden. Turnau-Förster 2 S. 106.

[70]) Der Antrag geht bei dem Grundbuchamt in dem Zeitpunkt ein, in welchem er dem Beamten des Grundbuchs vorgelegt wird. Maßgebend ist nicht der Zeitpunkt, in welchem das Schriftstück in den Briefkasten geworfen oder dem Diener übergeben, auch nicht der, in welchem die verschlossene Sendung geöffnet wird und der Grundbuchbeamte von dem Inhalt Kenntnis nimmt. In welcher Reihenfolge die Sendungen geöffnet und gelesen werden, ist ohne Bedeutung.

[71]) § 13 Abs. 1 GBO.

[72]) § 17 GBO. Ordnungsvorschrift. Die Verletzung kann Schadensersatzansprüche nach sich ziehen, bewirkt aber nicht die Unwirksamkeit der Eintragung. Vergl. Predari S. 283. Vergl. jedoch § 130 Abs. 3 ZVG.

[73]) In der Regel wird sich die Ablehnung der Anträge empfehlen. Wird z. B. in dem einen Antrag die Eintragung der Auflassung von A auf B, in einem andern Antrag die Eintragung der Auflassung von A auf C verlangt, so lassen sich, wenn Personalfolien angelegt sind, die Eintragungen überhaupt nicht ausführen, da das Grundstück zwei Blätter (Blatt des B und Blatt des C) bekäme. Aber auch bei anderer Bucheinrichtung ist es nicht angemessen, derartige Unklarheiten in das Grundbuch aufzunehmen. Unter Umständen wird die Erlassung einer Zwischenverfügung der Zurückweisung vorzuziehen sein, da nach der Zurückweisung die Anträge sofort neu gestellt werden können und derjenige, dem die Zurückweisung zuerst bekannt wird, vor dem Andern einen Vorsprung erlangen könnte, während die Fristbestimmung beiden Erwerbern gleichmäßig das Handeln ermöglicht.

tragung ohne Bewilligung des Berechtigten oder ohne dessen vorgängige Eintragung erfolgen darf, endlich, ob die Erklärungen und sonstigen Nachweise in der vorgeschriebenen Form beigebracht sind.

Steht einer beantragten Eintragung ein Hindernis entgegen, so ist es dem Ermessen des Grundbuchamtes überlassen, ob der Antrag sofort zurückzuweisen oder ob durch eine Zwischenverfügung zur Hebung des Hindernisses eine angemessene Frist zu bestimmen ist. Wird der Antrag zurückgewiesen, so sind die Gründe der Zurückweisung anzugeben; wird eine Frist bestimmt[74]), so ist nach dem Ablaufe der Frist der Antrag zurückzuweisen, wenn nicht vor der Zurückweisung die Hebung des Hindernisses nachgewiesen wird. Überzeugt sich der Beamte, daß die Frist zu kurz, nicht angemessen war, so kann die Fristbestimmung geändert werden, Nachfristen sind nicht zu gestatten[75]). Wird vor der Erledigung des Antrags eine andere Eintragung beantragt, durch die dasselbe Recht betroffen wird, so ist zu Gunsten des früher gestellten Antrags von Amtswegen eine Vormerkung oder ein Widerspruch[76]) einzutragen, alsdann darf die später beantragte Eintragung erfolgen. Wird der früher gestellte Antrag zurückgewiesen, so wird die Vormerkung oder der Widerspruch von Amtswegen gelöscht[77]).

Die Eintragungen, die in einer und derselben Abteilung des Grundbuchs bewirkt werden, erhalten die Reihenfolge, welche der Zeitfolge der Anträge entspricht. Sind die Anträge gleichzeitig gestellt, so ist im Grundbuch zu vermerken, daß die Eintragungen gleichen Rang haben. Handelt es sich um Eintragungen in verschiedenen Abteilungen und sind mehrere Eintragungen, die nicht gleichzeitig beantragt sind, unter Angabe desselben Tages zu bewirken, so ist im Grundbuch zu vermerken, daß die später beantragte Eintragung der früher beantragten im Range nachsteht[78]).

Liegt der erforderliche Antrag auf Eintragung vor, so erfolgt die Eintragung, wenn derjenige sie bewilligt, dessen Recht von ihr betroffen wird[79]). Antrag und Bewilligung müssen sich inhaltlich insofern decken, als der Antrag nicht darauf gerichtet sein darf, daß etwas von der Bewilligung Abweichendes einge-

---

[74]) Gegen die Fristbestimmung ist die Beschwerde ebenso zulässig wie gegen die Zurückweisung.

[75]) KBer. zu § 17 Entw. GBO. RG 31 V 1905 JW. S. 433.

[76]) Über Widerspruch und Vormerkung s. § 11. Unrichtige Bezeichnung des Eintrags schadet nicht, wenn sich aus dem Inhalt ergibt, was für ein Recht gesichert werden soll. Vergl. RG 10 X 1903 E. 55 S. 343.

[77]) § 18 GBO.

[78]) § 46 Abs. 1 und 2 GBO. Diese Vorschriften finden insoweit keine Anwendung, als ein Rangverhältnis nicht besteht oder das Rangverhältnis von den Antragstellern abweichend bestimmt ist. § 46 Abs. 3 GBO. S. § 9.

[79]) § 19 GBO.

tragen werde. Es genügt, wenn der Antrag dahin geht, die Eintragung nach der Bewilligung vorzunehmen. Es kann übrigens in dem Antrag die Bewilligung enthalten sein, es kann auch der Bewilligung der Antrag beigefügt sein. Die Bewilligung ermächtigt das Grundbuchamt, die Eintragung vorzunehmen. In dem Antrag wird das Grundbuchamt angegangen, tätig zu werden und die Eintragung vorzunehmen. Antrag und Bewilligung sind auf Herbeiführung der Eintragung gerichtet. Zur Herbeiführung der Rechtsänderung aber ist regelmäßig sowohl die Eintragung als auch ein dingliches Rechtsgeschäft verlangt. Die zu dem dinglichen Rechtsgeschäft erforderlichen Willenserklärungen haben einen ganz anderen Inhalt als Antrag und Eintragungsbewilligung, sie sind Erklärungen, die auf die Hervorbringung des rechtlichen Erfolgs (Übertragung des Eigentums, Belastung des Grundstücks, Bestellung, Belastung, Übertragung der Hypothek rc. rc.) abzielen, sie sind für den Vertragsgenossen bestimmt, auch wenn sie dem Grundbuchamt gegenüber abgegeben werden können. Die Verschiedenheit schließt nicht aus, daß die Erklärungen, die das dingliche Rechtsgeschäft bilden, mit der Eintragungsbewilligung und dem Eintragungsantrag verbunden werden können. Sache der Auslegung ist es, im einzelnen Falle festzustellen, ob der Wille, der hiernach in verschiedenen Richtungen sich zu betätigen hat, in der Erklärung genügenden Ausdruck findet[80]).

Der Grundbuchbeamte hat sich in der Regel um die materiellrechtlichen Willenserklärungen nicht zu kümmern. Zur Erleichterung des Grundbuchverkehrs ist die Eintragung nicht von dem Nachweise des dinglichen Rechtsgeschäfts abhängig gemacht, vielmehr ist statt des Nachweises des dinglichen Rechtsgeschäfts die Bewilligung[81]) desjenigen für erforderlich und genügend erklärt, dessen Recht von der Eintragung betroffen wird, oder, anders ausgedrückt, dessen Rechtsstellung durch die Eintragung eine Änderung zu seinen Ungunsten erleidet. Wenngleich hiernach ein Nachweis des dinglichen Rechtsgeschäfts regelmäßig nicht zu verlangen ist, so hat der Grundbuchbeamte doch die Eintragung zu versagen, wenn aus der Eintragungsbewilligung sich ergibt, daß ein dingliches Rechtsgeschäft, wie es zur Herbeiführung der beabsichtigten Rechtsänderung erforderlich wäre, rechtlich unmöglich ist[82]).

Die Entscheidung der Frage, wessen Recht von der Eintragung betroffen wird, ist im materiellen Recht zu suchen.

---

[80]) S. § 8 Anm. 18.

[81]) Die Bewilligung kann durch Urteil ersetzt werden (§ 894 ZPO.).

[82]) RG 26 I 1901 E. 47 S. 210 (an einem eigenen Grundstücke kann der Eigentümer keine Grunddienstbarkeit bestellen).

Von der Übertragung des Eigentums wird das Recht des Hypothekgläubigers nicht betroffen, ebensowenig von der Bestellung eines Rechts an dem Grundstück. Dagegen wird von der Wiedereintragung eines zu Unrecht gelöschten Rechtes an dem Grundstück nicht nur der Eigentümer betroffen, sondern auch jeder Berechtigte, dem das einzutragende Recht im Range vorgehen soll. Handelt es sich um Änderungen des Inhalts eines Rechtes an einem Grundstück, so ist die Bewilligung des Berechtigten und des Eigentümers erforderlich, da sowohl das begrenzte Recht als auch das Eigentum von der Eintragung betroffen wird. Dies gilt insbesondere für die Fälle, in denen Hypotheken oder Grundschulden umgewandelt werden oder an die Stelle einer Hypothekforderung eine andere tritt.

Von der Regel, nach der der Grundbuchbeamte die Eintragung nicht von dem Nachweise des zum Eintritt der Rechtsänderung erforderlichen dinglichen Rechtsgeschäfts abhängig zu machen hat, gibt es Ausnahmen. Im Falle der Auflassung eines Grundstücks sowie im Falle der Bestellung oder Übertragung eines Erbbaurechtes darf die Eintragung nicht schon auf die Bewilligung des Eigentümers, sondern erst dann erfolgen, wenn die Einigung des Berechtigten und des anderen Teiles erklärt ist[83])[84]). Was hier für das Erbbaurecht gesagt ist, gilt auch für die in Art. 63 und 68 Einf. Ges. z. BGB. bezeichneten Rechte[85]).

Die Bewilligung desjenigen, dessen Recht von der Eintragung betroffen wird, genügt nicht, wenn ein Pfandrecht oder ein Nießbrauch, mit dem eine Hypothek, eine Grundschuld oder eine Rentenschuld belastet ist, gelöscht werden soll. Hier bedarf es (wegen der Bestimmungen der §§ 1256 Abs. 2, 1273, 1063 Abs. 2, 1068 BGB.) zur Löschung noch der Zustimmung desjenigen, welchem die belastete Hypothek, Grundschuld oder Rentenschuld zusteht. Nur wenn die Löschung zur Berichtigung des Grundbuchs beantragt wird, ist diese Zustimmung nicht erforderlich, es genügt alsdann der Nachweis, daß das Grundbuch, z. B.

---

[83]) § 20 GBO. Durch Landesgesetz kann bestimmt werden, daß das Grundbuchamt die Erklärung der Auflassung nur entgegennehmen soll, wenn die Urkunde über den obligatorischen Vertrag (§ 313 BGB.) vorgelegt wird (§ 98 GBO.). Wird im Falle der Auflassung eines Grundstücks, sowie im Falle der Bestellung oder Übertragung eines Erbbaurechts die erforderliche Einigung des Berechtigten und des anderen Teiles durch Bevollmächtigte vor dem Grundbuchamt erklärt, so ist die Vollmacht stempelfrei, wenn das der Einigung zu Grunde liegende Rechtsgeschäft von einem Notar beurkundet und die Vollmacht in der Urkunde erteilt ist (§ 31 GBO.).

[84]) Da § 19 GBO. die Bewilligung „statt der Einigung" erfordert (vergl. Denkschr. zu § 18 des Entw.), so ist in den Fällen des § 20, wo der Nachweis der Einigung verlangt wird, eine besondere Eintragungsbewilligung nicht nötig. Häufig wird sie neben der Auflassung abgegeben.

[85]) § 84 GBO. Vergl. auch § 83 GBO.

durch Verzicht des Pfandgläubigers auf das Pfandrecht, unrichtig geworden ist[86]).

In einigen Fällen bedarf es zur Eintragung nicht der Bewilligung derjenigen, deren Rechte von der Eintragung betroffen werden. Wird durch die Eintragung ein subjektiv-dingliches Recht betroffen, so ist die Bewilligung der Dritten, welche Rechte an dem (herrschenden) Grundstück haben, nur dann beizubringen, wenn das Recht auf dem Blatte des Grundstücks vermerkt (§ 8 GBO.) ist[87]). Eine weitere Ausnahme ist für Berichtigungsfälle gegeben. Zur Berichtigung des Grundbuchs bedarf es der Bewilligung desjenigen, dessen Recht von der Berichtigung betroffen wird, dann nicht, wenn die Unrichtigkeit nachgewiesen wird[88]). Dies gilt insbesondere auch für die Eintragung oder Löschung einer Verfügungsbeschränkung. Aber auch im Wege der Berichtigung darf ein Eigentümer oder ein Erbbauberechtigter ohne seine Bewilligung oder Zustimmung nur dann als Eigentümer oder Erbbauberechtigter in das Grundbuch eingetragen werden, wenn der Antragsteller einen vollstreckbaren Titel gegen ihn hat und auf Grund dieses Titels für sich eine Eintragung verlangen kann, deren Zulässigkeit von der vorgängigen Eintragung des Eigentümers oder Erbbauberechtigten abhängt[89]). Ist ein Recht auf die Lebenszeit des Berechtigten beschränkt[90]), so bedürfte es nach der angegebenen Regel zur Löschung des Rechtes nur des Nachweises, daß der Tod des Berechtigten oder die Todeserklärung erfolgt ist Falls aber Rückstände von Leistungen nicht ausgeschlossen sind, darf die Löschung nur mit Bewilligung des Rechtsnachfolgers vor sich gehen, sofern die Löschung vor dem Ablaufe eines Jahres nach dem Tode des Berechtigten oder vor dem Ablaufe einer einjährigen Frist, die mit der Erlassung des die Todeserklärung aussprechenden Urteils beginnt, erfolgen soll

[86]) § 27 Abs. 2 GBO.

[87]) § 21 GBO. Der Eintritt der Rechtsänderung (die Aufhebung oder Änderung des subjektiv-dinglichen Rechtes) bleibt gemäß §§ 876, 877 BGB. von der Zustimmung der Dritten abhängig, deren Recht von der Aufhebung oder Änderung berührt wird. Wird auf Grund der Bestimmungen der GBO. eine Eintragung vorgenommen, werden oder sind aber die von dem BGB. verlangten Voraussetzungen für den Eintritt einer Rechtsänderung nicht erfüllt, so wird das Grundbuch unrichtig. A. M. Turnau-Förster 2 S. 125.

[88]) § 22 GBO. Befriedigt z. B. der Eigentümer den Hypothekgläubiger, so geht die Hypothek auf ihn über (§§ 1143, 1153, 1163 BGB.), das Grundbuch wird unrichtig, der Eigentümer bedarf (vergl. § 1144, 1145), um die Löschung der Hypothek oder die Eintragung auf seinen Namen herbeizuführen, nicht der Bewilligung des Gläubigers.

[89]) § 22 Abs. 2 GBO. Z. B. ein Gläubiger hat wegen einer Geldforderung einen vollstreckbaren Titel, der Schuldner hat ein Grundstück geerbt, ist aber noch nicht eingetragen, der Gläubiger möchte die Zwangsvollstreckung betreiben (§§ 866, 867, 792 ZPO.).

[90]) Z. B. Nießbrauch, Wohnungsrecht.

oder wenn der Rechtsnachfolger, sei es auch nach Ablauf der einjährigen Frist, der Löschung bei dem Grundbuchamt widersprochen hat. Wird ein Widerspruch gegen die Löschung eingelegt[91]), so ist er von Amtswegen in das Grundbuch einzutragen. Dagegen bedarf es der Bewilligung des Rechtsnachfolgers zur Löschung nicht, wenn im Grundbuch eingetragen ist, daß zur Löschung des Rechtes der Nachweis des Todes des Berechtigten genügen soll[92]). Gleiches gilt, wenn es sich um die Löschung eines Rechtes handelt, das mit der Erreichung eines bestimmten Lebensalters des Berechtigten oder mit dem Eintritt eines sonstigen bestimmten Zeitpunktes oder Ereignisses erlischt[93]). — Die Regel, daß es zur Berichtigung des Grundbuchs genügt, die Unrichtigkeit nachzuweisen, erleidet ferner bei Hypotheken, Grundschulden und Rentenschulden eine Einschränkung. Zur Löschung eines solchen Rechtes ist immer die Zustimmung des Eigentümers des Grundstücks erforderlich, mag es sich um die rechtsgeschichtliche Aufhebung des Rechtes (§ 1183 BGB.) oder um die Berichtigung des Grundbuchs handeln[94]).

Die Bewilligung desjenigen, dessen Recht von der Eintragung betroffen wird, ist auch nicht erforderlich, wenn auf Grund einer gerichtlichen Entscheidung (einer einstweiligen Verfügung oder eines vorläufig vollstreckbaren Urteils) eine Vormerkung oder ein Widerspruch eingetragen ist und die gerichtliche Anordnung durch eine vollstreckbare Entscheidung aufgehoben ist[95]).

Zur Eintragung der Übertragung einer Briefhypothek, Briefgrundschuld oder Briefrentenschuld bedarf es der Bewilligung des bisherigen Gläubigers nicht, es genügt die Vorlage der Abtretungserklärung (§ 1155 BGB.)[96]). Einer öffentlich beglaubigten Abtretungserklärung steht gleich ein gerichtlicher Überweisungsbeschluß und das öffentlich beglaubigte Anerkenntnis einer kraft Gesetzes erfolgten Übertragung der Forderung. Da die Belastung eines Rechtes mit einem Nießbrauch oder einem Pfandrecht nach den für die Übertragung des Rechtes geltenden Vorschriften erfolgt (§§ 1069, 1080, 1274 BGB.) bedarf es auch

[91]) Der Widerspruch bedarf der Form des § 29 GBO., da er die Grundlage einer Eintragung bilden soll. Turnau-Förster 2 S. 133, Oberneck 1 S. 177, dagegen Achilles-Strecker S. 219.

[92]) § 23 GBO.

[93]) § 24 GBO.

[94]) § 27 Abs. 1 GBO. Daß zur Löschung der Vormerkung, die zur Sicherung des Anspruchs auf Einräumung einer Hypothek bestimmt ist, die Zustimmung des Eigentümers nicht erforderlich ist, ergibt sich aus den Ausführungen in § 11 B.

[95]) § 25 GBO. — Wird ein Veräußerungsverbot aufgehoben, so hört die Verfügungsbeschränkung auf und wird das Grundbuch unrichtig. Die Löschung erfolgt alsdann auf dem Wege der Berichtigung.

[96]) Zur Berichtigung des Grundbuchs nach § 22 GBO. würde die Abtretungserklärung nicht genügen.

zur Eintragung der Belastung einer Briefhypothek, Briefgrundschuld oder Briefrentenschuld der Bewilligung des Gläubigers nicht, es genügt die Vorlage der Belastungserklärung. Ist eine Forderung durch ein Pfandrecht an einem eingetragenen Rechte gesichert, so geht mit der außerhalb des Grundbuchs sich vollziehenden Übertragung der Forderung auch das eingetragene Pfandrecht auf den neuen Gläubiger über (§ 401 BGB.). Der neue Gläubiger kann die Übertragung eintragen lassen, er bedarf dazu nicht der Bewilligung des bisherigen Gläubigers, die Vorlage der Abtretungserklärung genügt. Gleiches gilt für die Belastung einer solchen Forderung[97]).

Die Eintragungsbewilligung oder, wenn eine solche nicht erforderlich ist[98]), der Eintragungsantrag hat das Grundstück, auf welches sich die Eintragung bezieht, übereinstimmend mit dem Grundbuch oder durch Hinweisung auf das Grundbuchblatt zu bezeichnen. Einzutragende Geldbeträge sind in Reichswährung anzugeben[99]).

Die Voraussetzungen einer Eintragung sind, wenn die Eintragung von den Beteiligten selbst betrieben wird[100]), in bestimmten Formen nachzuweisen. Die von den Beteiligten selbst betriebenen Eintragungen haben entweder eine rechtsgeschäftliche Grundlage oder erfolgen im Wege der Zwangsvollstreckung. Die rechtsgeschäftliche Grundlage besteht in den Erklärungen der Beteiligten; die Anträge auf Eintragung kommen hierbei nicht in Betracht, weil sie regelmäßig nur formeller Natur sind. Die Erklärungen der Beteiligten, Eintragungsbewilligungen und andere zu der Eintragung erforderliche Erklärungen[101]) sind

---

[97]) § 26 GBO. Daß der öffentliche Glaube des Grundbuchs sich bei der Eintragung einer Forderung, für die ein eingetragenes Recht als Pfand haftet, nicht auf das Bestehen der Forderung oder auf die Person des Forderungsberechtigten erstreckt, kann nicht zweifelhaft sein. Denkschr. zur GBO. § 26.

[98]) Z. B. bei Eintragung einer Zwangshypothek. — Ist eine Eintragungsbewilligung erforderlich, so hat sie die Grundstücksbezeichnung zu enthalten. — Soll ein Grundstücksteil veräußert werden, so bedarf es bei der Auflassung keiner grundbuchmäßigen Bezeichnung des Teilstücks, dagegen ist, um den Eintragungsantrag ordnungsmäßig fassen zu können, das Teilstück zuerst als selbständiges Grundstück zur Eintragung zu bringen, dann die grundbuchmäßige Bezeichnung in den Eintragungsantrag aufzunehmen. Vergl. BayObLG. 18 XII 1902 SeuffBl. 69 S. 257.

[99]) § 28 GBO. Ordnungsvorschrift. Einträge, die gegen § 28 verstoßen, sind nicht unwirksam.

[100]) Für Eintragung auf Ersuchen einer Behörde s. § 39 GBO.

[101]) Z. B. Erklärungen nach § 22 Abs. 2, § 27 GBO. Für die Feststellung, daß der als Bevollmächtigter Auftretende Vollmacht hat, genügt es nicht, daß ihm einmal Vollmacht erteilt worden ist, sondern er muß durch den Besitz der Vollmachtsurkunde (§§ 172, 175 BGB.), bei notariellen Vollmachten der Urschrift oder der ihm erteilten Ausfertigung, den Fortbestand der Vollmacht dartun. Die Feststellung des Notars oder Richters, daß der

vor dem Grundbuchamt zu Protokoll[102]) zu geben[103]) oder durch öffentliche[104]) oder öffentlich beglaubigte[105]) Urkunden nachzuweisen. Eintragungsantrag und Vollmacht zur Stellung eines Eintragungsantrags sind diesen Formen nur unterworfen, wenn durch den Antrag zugleich eine zu der Eintragung erforderliche Erklärung ersetzt werden soll. Dagegen sind die bezeichneten Formen zu wahren für Erklärungen, durch die ein Eintragungsantrag zurückgenommen oder eine zur Stellung des Eintragungsantrags erteilte Vollmacht widerrufen wird[106]).

Zur materiellen Begründung der Eintragung können außer rechtsgeschäftlichen Erklärungen auch andere Tatsachen erforderlich sein, insbesondere, wenn die Eintragung im Wege der Zwangsvollstreckung erfolgt, richterliche Anordnungen und Urteile; auch kann die Bestellung einer Person zum gesetzlichen Vertreter,

---

Bevollmächtigte bei der Beurkundung oder Beglaubigung sich im Besitze der Vollmachtsurkunde befunden hat, bildet eine genügende Grundlage für die dem Grundbuchamt obliegende Prüfung der Bevollmächtigung. BayObLG. 25 III 1905 Recht 1905 S. 256. Vergl. Colmar 13 II 1905 Recht S. 138.

[102]) Die Grundbuchsachen gehören nicht zu den Angelegenheiten der freiwilligen Gerichtsbarkeit, welche durch Reichsgesetz den Gerichten übertragen sind; demnach gelten für sie auch nicht die allgemeinen Vorschriften der §§ 2 bis 34 des Reichsgesetzes über die Angelegenheiten der freiwilligen Gerichtsbarkeit. (§ 1 FGG., RGE. 55 S. 275). Über die gerichtliche und die notarielle Beurkundung von Rechtsgeschäften hat das Reichsgesetz über die Angel. d. fr. Ger. in den §§ 167 ff. Bestimmungen getroffen. Für die Beurkundung von Rechtsgeschäften durch das Grundbuchamt gelten diese Bestimmungen nicht unmittelbar, kraft landesgesetzlicher Vorschrift können sie Anwendung finden. Die Einrichtung der Grundbuchämter ist Sache des Landesrechts. Auch in den Bundesstaaten, in denen für die Verrichtungen des Grundbuchamtes die Amtsgerichte als zuständig erklärt sind, gehört die Beurkundung durch das Grundbuchamt nicht zu der gerichtlichen Beurkundung im Sinne des BGB. Der Unterschied zwischen der Beurkundung durch die Gerichte und der Beurkundung durch die Grundbuchämter tritt insbesondere in den Bundesstaaten hervor, in denen Amtsgerichten die Verrichtungen der Grundbuchämter übertragen, die Gerichte aber von der Beurkundung von Rechtsgeschäften ausgeschlossen sind. Vergl. § 873 Abs. 2 BGB.

[103]) Der Grundbuchbeamte darf die Beurkundung nicht aus dem Grunde ablehnen, weil die Eintragung noch nicht erfolgen soll. Er darf z. B. die Beurkundung der Erklärung des Gläubigers, daß er die Löschung einer Hypothek bewillige und beantrage, nicht deshalb ablehnen, weil die Zustimmung des Eigentümers zur Löschung nicht vorliegt. Er darf die Beurkundung der Auflassung nicht deshalb ablehnen, weil der Veräußerer nicht als Eigentümer im Grundbuch eingetragen ist oder weil der als Vertreter des Eigentümers Auftretende nicht in der Lage ist, eine formgerechte Vollmacht vorzulegen. Wohl aber hat er die Beurkundung abzulehnen, wenn der Inhalt des Geschäfts gegen ein Strafgesetz verstößt oder wenn das Geschäft offenbar ungültig ist.

[104]) § 415 ZPO.

[105]) § 129 BGB.

[106]) §§ 29, 30, 32 GBO. Vergl. Mot. Entw. I GBO. S. 72. — Die Vorschriften sind Ordnungsvorschriften.

der Tod einer Person ꝛc. in Betracht kommen. Für Voraussetzungen der Eintragung, die nicht in Erklärungen bestehen, genügt es, wenn sie bei dem Grundbuchamt offenkundig[107]) sind; ist dies nicht der Fall, so bedürfen sie des Nachweises durch öffentliche Urkunden[108]).

Gewisse in ein öffentliches Register eingetragene Verhältnisse werden dem Grundbuchamte gegenüber durch ein Zeugnis des Registergerichts nachgewiesen; so wird der Nachweis, daß der Vorstand einer Aktiengesellschaft (wozu auch Liquidatoren gehören) aus den im Handelsregister eingetragenen Personen besteht, durch ein Zeugnis des Gerichts über die Eintragung im Handelsregister geführt. Das Gleiche gilt von dem Nachweise der Befugnis zur Vertretung einer offenen Handelsgesellschaft, einer Kommanditgesellschaft, einer Kommanditgesellschaft auf Aktien oder einer Gesellschaft mit beschränkter Haftung. Ebenso wird der Nachweis, daß zwischen Ehegatten Gütertrennung oder ein vertragsmäßiges Güterrecht besteht oder daß ein Gegenstand zum Vorbehaltsgut eines Ehegatten gehört, durch ein Zeugnis des Gerichts über die Eintragung des güterrechtlichen Verhältnisses im Güterrechtsregister erbracht. In all' diesen Fällen genügt statt des Zeugnisses die Bezugnahme auf das Register, falls das Grundbuchamt zugleich das Registergericht ist[109]).

Der Nachweis der Erbfolge kann nur durch einen Erbschein geführt werden, ebenso ist das Bestehen der fortgesetzten Gütergemeinschaft sowie die Befugnis eines Testamentsvollstreckers zur Verfügung über einen Nachlaßgegenstand nur auf Grund der in den §§ 1507, 2368 BGB. vorgesehenen Zeugnisse als nachgewiesen anzunehmen. Beruht jedoch die Erbfolge oder die Befugnis des Testamentsvollstreckers auf einer Verfügung von Todeswegen, die in einer öffentlichen Urkunde[110]) enthalten ist, so genügt es, wenn an Stelle des Erbscheins oder des Zeugnisses über die Ernennung des Testamentsvollstreckers die Verfügung und das Protokoll über die Eröffnung der Verfügung vorgelegt werden; das Grundbuchamt kann aber[111]),

---

[107]) § 291 ZPO. Tatsachen, die allgemein als zweifellos gelten oder dem Grundbuchbeamten zuverlässig bekannt sind, sind bei dem Grundbuchamt offenkundig. Vergl. RGE. 13 S. 370, 17 S. 271, 36 S. 350. Was bei anderen Abteilungen des Amtsgerichts vorgeht, hat der Grundbuchrichter nicht schon aus diesem Grunde als offenkundig zu behandeln, jedoch kann die Verweisung auf andere Akten nach Maßgabe des § 95 GBO. erfolgen.

[108]) § 29 GBO.

[109]) §§ 33, 34, 35 GBO. Über die Legitimation des Vorstandes einer Genossenschaft s. § 26 Abs. 2 GenG, eines Vereins § 69 BGB. Auch in diesen Fällen kann Bezugnahme auf das Register erfolgen.

[110]) Ein eigenhändiges Testament ist keine öffentliche Urkunde.

[111]) Vergl. RG 19 I 1905 Recht 1905 S. 350.

wenn es die Erbfolge oder die Befugnis des Testamentsvollstreckers durch diese Urkunden nicht für nachgewiesen erachtet, die Vorlegung eines Erbscheines oder des Zeugnisses über die Ernennung des Testamentsvollstreckers verlangen[112]).

Eine Erleichterung ist zugelassen für den Fall, daß bei einer Erbauseinandersetzung eine zum Nachlasse gehörende Hypothek, Grundschuld oder Rentenschuld einem von mehreren Erben überwiesen wird. Soll bei einer zu einem Nachlasse gehörenden Hypothek, Grundschuld oder Rentenschuld einer von mehreren Erben als neuer Gläubiger eingetragen werden, so genügt zum Nachweise der Erbfolge und der Eintragungsbewilligung der Erben ein Zeugnis des Nachlaßgerichts. Das Zeugnis darf nur ausgestellt werden, wenn die Voraussetzungen für die Erteilung eines Erbscheines vorliegen und die Erklärungen der Erben vor dem Nachlaßgerichte zu Protokoll gegeben oder durch öffentliche oder öffentlich beglaubigte Urkunden nachgewiesen sind. Ebenso kann verfahren werden, wenn bei einer Hypothek, Grundschuld oder Rentenschuld, die zu dem Gesamtgut einer ehelichen Gütergemeinschaft oder einer fortgesetzten Gütergemeinschaft gehört, ein Beteiligter, auf den das Recht bei der Auseinandersetzung übertragen ist, als neuer Gläubiger eingetragen werden soll[113]).

In Fällen, in denen nach reichs- oder landesgesetzlicher Vorschrift einer Behörde (richterlicher oder Verwaltungsbehörde) die Befugnis beigelegt ist, das Grundbuchamt um eine Eintragung zu ersuchen, erfolgt die Eintragung auf Grund des Ersuchens der Behörde. Das Grundbuchamt hat hiebei nur zu prüfen, ob das Ersuchen den Erfordernissen der betreffenden gesetzlichen Vorschrift entspricht und die Eintragung nach dem Inhalt des Grundbuchs ausführbar ist. Das Ersuchen ersetzt den Eintragungsantrag, die Eintragungsbewilligung und die sonst erforderlichen Erklärungen Dritter. Dagegen müssen die allgemeinen Voraussetzungen der Eintragung (vergl. §§ 5, 6, 16—18,

---

[112]) § 36 GBO. Befinden sich die Testamentsakten bei dem Gericht, welches das Grundbuch führt, so genügt die Bezugnahme auf die Akten. RGE. 48 S. 400. — Ist der Erblasser vor 1. Jan. 1900 gestorben, so sind die bisherigen Gesetze maßgebend. Art. 213 EGBGB., § 83 GBO.

[113]) §§ 37, 38 GBO. — Da nach Art. 143 EGBGB. landesgesetzlich bestimmt werden kann, daß Auflassungserklärungen vor einem Nachlaßgericht erfolgen dürfen, gewährt § 99 GBO. der Landesgesetzgebung auch die Möglichkeit, die Vorschriften der §§ 37, 38 GBO. entsprechend anzuwenden, wenn bei einem Grundstück oder einem Erbbaurecht, das zum Nachlaß oder zum Gesamtgut der ehelichen oder fortgesetzten Gütergemeinschaft gehört, einer der Beteiligten als Eigentümer oder Erbbauberechtigter eingetragen werden soll.

28, 40, 48 GBO.) auch bei dem Ersuchen einer Behörde gegeben sein[114]).

Ehe eine Eintragung erfolgt, sei es zum Zwecke einer Rechtsänderung, sei es zur Berichtigung des Grundbuchs, soll derjenige, dessen Recht durch die Eintragung betroffen wird, als der Berechtigte im Grundbuch eingetragen sein[115]). Mit dieser Vorschrift wird einerseits dem Grundbuchamte die Legitimationsprüfung erleichtert, anderseits der eingetragene Berechtigte dagegen gesichert, daß ungeachtet der gemäß § 891 BGB. mit der Eintragung verbundenen Vermutung ein Anderer unbefugterweise über das Recht verfügt. Hat der nicht eingetragene Berechtigte die Eintragung einer Rechtsänderung bewilligt, so ist er gegebenen Falls zur Herbeiführung seiner Eintragung im Rechtswege zu zwingen[116]), sofern nicht schon nach §§ 14, 22 GBO. der Antragsteller die Berichtigung des Grundbuchs herbeizuführen vermag[117]).

Nicht erforderlich ist die vorgängige Eintragung des Erben[118])[119]), wenn die Übertragung oder die Aufhebung eines für

---

[114]) § 39 GBO. Denkschr. zu § 37 des Entw. — Die Behörde muß kraft ihrer obrigkeitlichen Machtbefugnisse handeln; ist sie Vertreterin einer Partei, so ist § 39 nicht anwendbar. — Einen Vorzug vor anderen Eintragungsanträgen (vergl. § 17 GBO.) hat das Ersuchen nicht.

[115]) § 40 Abs. 1 GBO. Ordnungsvorschrift. Erfolgt aus Versehen die Eintragung, ist oder wird aber die Verfügung nach § 185 BGB. wirksam, so bedarf es keiner neuen Eintragung. Vergl. RG 9 V 1903 E. 54 S. 362.

[116]) Vergl. §§ 894, 896, 792 ZPO., auch § 895 BGB.

[117]) Ist der Widerstand eines zu Unrecht eingetragenen Dritten zu beseitigen, so kann der Antragsteller die Feststellungsklage gegen den Dritten dahin erheben, daß nicht dieser, sondern derjenige, von welchem er sein Recht ableitet, der Berechtigte sei. — Der Gläubiger, der auf Grund eines vollstreckbaren Titels eine Sicherungshypothek eintragen lassen will, kann die Eintragung des Schuldners dadurch erreichen, daß er die Ausübung des seinem Schuldner gegen den Dritten zustehenden Berichtigungsanspruchs sich überweisen läßt. Vergl. Mot. Entw. I. GBO. S. 83, Denkschr. zu § 40 GBO.

[118]) Die Vorschrift gilt auch für Erbeserben. RG 17 I 1903 E. 53 S. 298.

[119]) Der Vorerbe ist in der Verfügung beschränkt (s. § 7 Ziff. 30); zum Schutze gegen den öffentlichen Glauben des Grundbuchs bedarf die Verfügungsbeschränkung der Eintragung, § 52 GBO. schreibt deshalb die Eintragung des Rechtes des Nacherben vor. Da das Gesetz den Nacherben gegen Verfügungen des Vorerben schützen will, kann die Eintragung des Rechtes des Nacherben nicht — dem Wortlaute des § 52 gemäß — auf den Fall beschränkt werden, daß der Vorerbe einzutragen ist, sie muß vielmehr auch in dem Falle geboten erscheinen, wenn der Vorerbe, ohne sich eintragen zu lassen, eine Verfügung treffen will. Gibt jedoch der Nacherbe zu der Verfügung des Vorerben seine Zustimmung oder verzichtet er auf die Eintragung, so ist die Eintragung des Rechts des Nacherben nicht veranlaßt. Vergl. RG 12 VII 1905 JW. S. 540[31], 16 II 1903 Recht 1903 S. 397, BayObLG. 18 III 1905 BayZfR. 1 S. 324; Meikel Recht 1905 S. 183.

den Erblasser eingetragenen Rechtes[120]) eingetragen werden soll, oder wenn der Eintragungsantrag durch die Bewilligung des eingetragenen Erblassers oder eines Nachlaßpflegers oder durch einen gegen den Erblasser oder den Nachlaßpfleger oder Nachlaßverwalter vollstreckbaren Titel begründet wird. Das Gleiche gilt für eine Eintragung auf Grund der Bewilligung eines Testamentsvollstreckers oder auf Grund eines gegen diesen vollstreckbaren Titels, sofern die Bewilligung oder der Titel gegen den Erben wirksam ist[121]).

Ebenso bedarf es bei einer Hypothek, Grundschuld oder Rentenschuld, über die ein Brief erteilt ist, der vorgängigen Eintragung des Gläubigers nicht, wenn dieser sich im Besitze des Briefes befindet und sein Gläubigerrecht nach § 1155 BGB. nachweist[122]).

Dagegen soll bei einer Briefhypothek eine Eintragung überhaupt nur erfolgen, wenn der Brief vorgelegt wird[123]); denn bei Briefhypotheken gibt das Grundbuch darüber, wer der zeitige Gläubiger ist, keine sichere Auskunft. Der Nachweis des Gläubigerrechts wird vielmehr im Falle des § 1154 Abs. 1 BGB. durch den Besitz des Briefes in Verbindung mit den auf einen eingetragenen Gläubiger zurückführenden Übertragungsurkunden, im Falle des § 1154 Abs. 2 durch den Besitz des Briefes in Verbindung mit der Eintragung des Gläubigers erbracht. Die Vorlegung des Briefes ist erforderlich, gleichgültig, ob die Eintragung von dem Gläubiger bewilligt ist, oder ob sie im Wege des rechtlichen Zwanges gegen den Gläubiger ohne seinen Willen erfolgen soll. Ist zur Berichtigung des Grundbuchs die Vorlegung eines Hypotheken-, Grundschuld- oder Rentenschuldbriefes erforderlich, so kann derjenige, zu dessen Gunsten die Berichtigung erfolgen soll, von dem Besitzer des Briefes verlangen, daß der Brief dem Grundbuchamte vorgelegt wird[124]).

Der Vorlegung des Briefes bedarf es nicht, wenn er für kraftlos erklärt (§ 1162 BGB.) oder durch ein gegen den Gläubiger erlassenes Ausschlußurteil kraftlos geworden (§§ 1170,

---

[120]) Nur auf die Übertragung und die Aufhebung eines für den Erblasser eingetragenen Rechtes bezieht sich die Ausnahmebestimmung.

[121]) § 41 GBO.

[122]) § 40 Abs. 2 GBO. Die Vorschrift des § 41 Abs. 1 ist auf den Fall des § 40 Abs. 2 nicht anwendbar. Vergl. Turnau-Förster 2 S. 270, Meyer SeuffBl. 70 S. 163, dagegen Conrades Recht 1903 S. 100, Oberneck 1 S. 187, Predari S. 239 Anm. 19, Schönfeld SeuffBl. 70 S. 533.

[123]) § 42 Abs. 1 GBO. Ebenso bei Grund- und Rentenschulden (§ 43 GBO.).

[124]) § 896 BGB. Vollstreckung nach § 883, nicht § 888 ZPO. RG. 7 VI 1905 JW. S. 439[23].

1171) ist. In diesen Fällen steht es der Vorlegung des Briefes gleich, wenn auf Grund des Ausschlußurteils die Erteilung eines neuen Briefes beantragt wird (vergl. § 67 GBO.). Soll die Erteilung des Briefes nachträglich ausgeschlossen oder die Hypothek gelöscht werden, so genügt die Vorlegung des Ausschlußurteils [125]).

Der Vorlegung des Briefes bedarf es auch dann nicht, wenn ein Widerspruch eingetragen werden soll, die Eintragung des Widerspruchs durch eine einstweilige Verfügung angeordnet ist und der Widerspruch sich darauf gründet, daß die Hypothek oder die Forderung, für welche sie bestellt ist, nicht bestehe oder einer Einrede unterliege oder daß die Hypothek (dem Inhalte oder dem Range nach) unrichtig eingetragen sei [126]). Der Brief ist also in allen Fällen vorzulegen, in denen der den Gegenstand der einstweiligen Verfügung bildende Widerspruch dahin geht, daß mittels des Widerspruchs die Übertragung des Rechtes auf den Besitzer des Briefes bestritten oder eine dem Besitzer entgegenstehende Verfügungsbeschränkung der in § 892 Abs. 1 BGB. bezeichneten Art geltend gemacht wird [127]). War der Brief nicht vorzulegen und wurde er nicht vorgelegt, so hat das Grundbuchamt den Besitzer des Briefes zur Vorlegung anzuhalten, um nachträglich den Widerspruch auf dem Briefe zu vermerken [128]). Was hier von dem Hypothekenbriefe gesagt ist, gilt auch für Grundschuld- und Rentenschuldbriefe. Ist aber das Recht auf den Inhaber des Briefes eingetragen, so darf eine Eintragung in das Grundbuch nur erfolgen, wenn der Brief vorgelegt wird; wenn jedoch der Eintragungsantrag durch die Bewilligung eines Treuhänders (§ 1189 BGB.) oder durch eine gegen ihn erlassene gerichtliche Entscheidung begründet wird, so bedarf es der Vorlegung des Briefes nicht [129]).

Über eine Hypothek für eine Forderung aus einer Schuldverschreibung auf den Inhaber, aus einem Wechsel oder einem anderen Papier, durch das Indossament übertragen werden kann, wird, da sie stets eine Sicherungshypothek ist, kein Brief erteilt; die Schuldurkunde hat aber im Verkehr die Bedeutung des Briefes, da sich die Übertragung des Rechtes auch hier ohne eine Eintragung in das Grundbuch vollzieht. Bei einer solchen Hypothek soll deshalb eine Eintragung gleichfalls nur erfolgen, wenn die Urkunde vorgelegt wird; die Eintragung ist auf der

---

[125]) § 42 Abs. 2 GBO.

[126]) § 42 Abs. 1 GBO.

[127]) Denkschrift zu GBO. § 42.

[128]) § 62 Abs. 2 GBO.

[129]) § 43 GBO.

Urkunde zu vermerken. Die Schuldurkunde braucht dagegen nicht vorgelegt zu werden, wenn eine Eintragung auf Grund der Bewilligung eines Treuhänders (§ 1189 BGB.) oder auf Grund einer gegen ihn erlassenen gerichtlichen Entscheidung bewirkt werden soll[130]. Daß die Vorlegung der Schuldurkunde auch dann nicht erforderlich ist, wenn ihre Vernichtung bewiesen oder wenn sie für kraftlos erklärt ist, bedarf keiner Hervorhebung[131].

Jede Eintragung in das Grundbuch soll den Tag angeben, an dem sie erfolgt ist, und mit der Unterschrift des Grundbuchbeamten versehen werden[132]. Die nähere Regelung ist dem Landesrecht überlassen. Landesrechtlich kann insbesondere bestimmt werden, daß außer der Unterschrift des Grundbuchbeamten noch die Unterschrift eines andern Beamten (Buchführers) erforderlich sein soll. Anzugeben ist der Tag, an welchem die Eintragung in das Grundbuch erfolgt, nicht das Datum der Verfügung, daß einzutragen sei, auch nicht der Tag der Unterzeichnung. Die Wirksamkeit der Eintragung ist nicht von der Unterzeichnung und Datierung abhängig gemacht.

Bei der Eintragung gemeinschaftlicher Rechte ist zu beachten, daß, wenn ein Recht Mehreren zusteht, entweder eine Gemeinschaft nach Bruchteilen (§§ 741 ff. BGB.) vorliegt oder eine Gemeinschaft zur gesamten Hand. Bei einer Gemeinschaft nach Bruchteilen kann jeder Teilhaber über seinen Anteil an dem gemeinschaftlichen Gegenstande verfügen, in den Fällen der Gemeinschaft zur gesamten Hand ist eine Verfügung über den Anteil an einzelnen zu dem gemeinschaftlichen Vermögen gehörenden Gegenständen ausgeschlossen (§§ 719, 1442, 1487, 2033 Abs. 2 BGB.). Damit das Grundbuch über die dinglichen Rechtsverhältnisse eines Grundstücks sichere Auskunft geben kann, soll, wenn ein Recht für Mehrere gemeinschaftlich einzutragen ist, die Eintragung in der Weise erfolgen, daß entweder die Anteile der Berechtigten in Bruchteilen angegeben werden[133] oder das für die Gemeinschaft maßgebende Rechtsverhältnis (Gesellschaft, allgemeine Gütergemeinschaft, Errungenschaftsgemeinschaft, Fahrnisgemeinschaft, Erbengemeinschaft) bezeichnet wird[134].

Werden mehrere Grundstücke mit einem Rechte (Hypothek, Grundschuld, Rentenschuld oder Recht anderer Art) belastet, so

---

[130] § 44 GBO. S. hiezu § 17 Abs. 2 des Ges. betr. die gemeinsamen Rechte der Besitzer von Schuldverschreibungen vom 4. Dez. 1899.

[131] Denkschr. zu GBO. § 44.

[132] § 45 GBO. Ordnungsvorschrift.

[133] Nach § 742 BGB. ist im Zweifel anzunehmen, daß den Teilhabern gleiche Rechte zustehen. Diese Vermutung genügt für den Grundbuchverkehr nicht, die Bruchteile sind anzugeben. Der Vollstreckungsgläubiger kann die Berichtigung veranlassen. RG 4 III 1903 E. 54 S. 85.

[134] § 48 GBO.

ist auf dem Blatte jedes Grundstücks die **Mitbelastung** der übrigen von Amtswegen erkennbar zu machen. Das Gleiche gilt, wenn mit einem an einem Grundstück bestehenden Rechte nachträglich noch ein anderes Grundstück belastet oder wenn im Falle der Übertragung eines Grundstückteils auf ein anderes Grundbuchblatt ein eingetragenes Recht mitübertragen wird. Daß bei der Übertragung eines selbständigen Grundstücks von einem gemeinschaftlichen Grundbuchblatt (§ 4 GBO.) auf ein anderes Blatt die Mitbelastung aus dem Eintragungsvermerk und aus dem Abschreibungsvermerk auf beiden Blättern ersichtlich gemacht wird, ist als selbstverständlich vorausgesetzt. Wie die Mitbelastung überhaupt erkennbar zu machen ist, hängt mit der Einrichtung und Führung der Grundbücher zusammen und unterliegt der Regelung durch das Landesrecht. Soweit eine Mitbelastung erlischt, ist dies von Amtswegen zu vermerken[135]).

In das Grundbuch ist grundsätzlich Alles einzutragen, was für die Rechtsverhältnisse des Grundstücks von Bedeutung ist. Da aber die vertragsmäßige Bestimmung des Inhaltes eines Rechtes, mit dem ein Grundstück belastet wird, sehr in das Einzelne gehen kann, ist gestattet[136]), daß zur näheren Bezeichnung des Inhaltes eines solchen Rechtes[137]) auf die **Eintragungsbewilligung**[138]) **Bezug genommen** wird, soweit nicht das Gesetz ein Anderes vorschreibt[139]). Dies gilt nur für Rechte an Grundstücken, nicht auch für Rechte an solchen Rechten[140]). Auch bei Eintragung einer Vormerkung kann zur näheren Bezeichnung des zu sichernden Anspruchs auf die einstweilige Verfügung oder die Eintragungsbewilligung Bezug genommen werden[141]). Es

---

135) § 49 GBO.

136) §§ 874, 877 BGB. Vergl. RGE. 50 S. 153.

137) Die Bezeichnung des Berechtigten muß im Grundbuch enthalten sein, auch gehört in das Grundbuch die Bezeichnung des Rechts nach seinen wesentlichen Merkmalen, nur zur näheren Bezeichnung des Inhalts ist die Bezugnahme zugelassen.

138) Nur auf die Eintragungsbewilligung darf Bezug genommen werden, nicht auf sonstige Urkunden, die Eintragungungsbewilligung kann aber auf andere Urkunden Bezug nehmen, die dann einen Teil der Eintragungsbewilligung bilden. — In dem Ersuchen einer Behörde (§ 39 GBO.) ist die Eintragungsbewilligung enthalten. Ein Urteil kann die Eintragungsbewilligung ersetzen, es erscheint statthaft, darauf Bezug zu nehmen.

139) Andere Vorschriften sind enthalten in §§ 879 Abs. 3, 881 Abs. 2, 882, 1010, 1115, 1116, 1184 Abs. 2, 1189, 1190, 1199 BGB., § 800 Abs. 1. ZPO.

140) Entsprechende Anwendung auf Rechte an Grundstücksrechten erscheint nicht zulässig. Abw. Planck 3 S. 92.

141) § 885 BGB. — Wenn die Eintragung eines Widerspruchs auf Grund Eintragungsbewilligung erfolgt, so dürfte zur näheren Bezeichnung des Inhalts des zu sichernden Rechtes unter entsprechender Anwendung des § 874 BGB. auf die Eintragungsbewilligung Bezug zu nehmen sein (s. § 11 Ziff. 6). Vergl. KProt. 6 S. 222.

kann endlich zur Bezeichnung einzelner Rechte auf die Eintragungsbewilligung hingewiesen werden, wenn nämlich Dienstbarkeiten und Reallasten als Leibgedinge, Leibzucht, Altenteil oder Auszug eingetragen werden; hier bedarf es nicht der Bezeichnung der einzelnen Rechte im Grundbuch, es genügt vielmehr die Bezugnahme auf die Eintragungsbewilligung [142]).

Besondere Vorschriften hat das BGB. in § 1115 gegeben. Bei der Eintragung einer Hypothek müssen der Gläubiger, der Geldbetrag der Forderung und, wenn die Forderung verzinslich ist, der Zinssatz, wenn andere Nebenleistungen zu entrichten sind, ihr Geldbetrag im Grundbuch angegeben werden; im übrigen kann zur Bezeichnung der Forderung auf die Eintragungsbewilligung Bezug genommen werden. Bei Darlehen einer Kreditanstalt, deren Satzung von der zuständigen Behörde öffentlich bekannt gemacht worden ist, genügt zur Bezeichnung der außer den Zinsen satzungsgemäß zu entrichtenden Nebenleistungen die Bezugnahme auf die Satzung. Entsprechend gelten diese Vorschriften für die Grundschuld und für die Rentenschuld; bei der Rentenschuld muß auch die Ablösungssumme im Grundbuch angegeben werden.

Bei Bestellung einer Hypothek für Teilschuldverschreibungen auf den Inhaber genügt es, wenn der Gesamtbetrag der Hypothek unter Angabe der Anzahl, des Betrags und der Bezeichnung der Teile eingetragen wird; es bedarf nicht der Eintragung einer besonderen Hypothek für jede einzelne Schuldverschreibung. Dasselbe gilt, wenn eine Grundschuld oder eine Rentenschuld für den Inhaber des Briefes eingetragen und das Recht in Teile zerlegt werden soll [143]).

Ist ein Vorerbe einzutragen, so ist, da der Vorerbe in der Verfügung über ein zur Erbschaft gehörendes Grundstück und über ein zur Erbschaft gehörendes Recht an einem Grundstück beschränkt ist (§§ 2113, 2114 BGB.), zugleich das Recht des Nacherben und, soweit der Vorerbe von den Beschränkungen seines Verfügungsrechtes befreit ist (§§ 2136, 2137 BGB.), auch die Befreiung von Amtswegen einzutragen [144]) [145]). Der Erbschein oder die Verfügung von Todeswegen (§ 36 GBO.) gibt über diese Verhältnisse Auskunft.

---

[142]) § 50 GBO. Entsprechende Anwendung auf Erbpacht- und Abbaurechte (§ 84 GBO.). — Steht ein Leibgedingsvertrag mit der Überlassung eines Grundstücks in Verbindung, so kann durch landesgesetzliche Vorschriften das aus dem Vertrage sich ergebende Schuldverhältnis für den Fall geregelt werden, daß nicht besondere Vereinbarungen getroffen werden. Art. 96 EGBGB.

[143]) § 51 GBO. Die Ausdehnung der Vorschrift auf indossable Teilschuldverschreibungen ist unbedenklich. Vergl. Turnau-Förster 2 S. 291.

[144]) § 52 GBO. — Die Vorschrift kommt auch zur Anwendung bei Eintragung von Hypotheken, die der Vorerbe durch Rechtsgeschäft aus Mitteln

Ebenso ist von Amtswegen bei der Eintragung des Erben die Ernennung eines Testamentsvollstreckers miteinzutragen [146]), es sei denn, daß der Nachlaßgegenstand der Verwaltung des Testamentsvollstreckers nicht unterliegt (§ 2211 BGB.). Die Grundlage für diese Eintragung bildet neben dem Erbschein das dem Testamentsvollstrecker über seine Ernennung vom Nachlaßgericht zu erteilende Zeugnis (§ 2368 BGB.).

Anordnungen über die äußere Form der Eintragungen gehören zur Zuständigkeit der Landesjustizverwaltungen (§ 1 Abs. 2 GBO.), über die Form der Löschung hat jedoch das Reichsgesetz Bestimmungen getroffen. Die Löschung eines Rechtes oder einer Verfügungsbeschränkung erfolgt durch Eintragung eines Löschungsvermerkes [147]), bloßes Durchstreichen oder Unterstreichen genügt nicht. Den Justizverwaltungen ist es unbenommen, zu verfügen, daß die Löschung außer durch den Löschungsvermerk noch in anderer Weise, z. B. durch Unterstreichen mit roter Tinte, ersichtlich gemacht werde. Eine Löschung kann auch stillschweigend erfolgen. Wird bei der Übertragung eines Grundstücks oder eines Grundstücksteiles auf ein anderes Blatt ein eingetragenes Recht nicht mitübertragen, so gilt es in Ansehung des Grundstücks oder des Teiles als gelöscht [148]). Diese Wirkung tritt auch ein, wenn die Mitübertragung des Rechtes aus Versehen unterblieben sein sollte.

Hat das Grundbuchamt, ohne gesetzliche Vorschriften zu verletzen, eine Eintragung gemacht, durch die das Grundbuch unrichtig geworden ist (z. B. Eintragung auf Grund eines sachlich nicht zutreffenden Erbscheines), so ist es Sache der Beteiligten, nach §§ 894, 899 BGB. vorzugehen. Hat aber das Grundbuchamt unter Verletzung gesetzlicher Vorschriften [149]) eine Eintragung vorgenommen, durch die das Grundbuch unrichtig geworden ist,

---

der Erbschaft erwirbt (§ 2111 BGB.) KG 2 XI 1903 Recht 1904 S. 119. — Ist der Erblasser vor Inkrafttreten des BGB. gestorben, so greift § 52 GBO. nicht Platz. Die Rechtsverhältnisse stehen nach Art. 213 EGBGB. unter altem Recht; die Eintragung kann jedoch nach Landesrecht geboten sein. Abw. Turnau-Förster 2 S. 293, Habicht § 64.

[145]) Das Recht des Nacherben ist auch bei befreiter Vorerbschaft einzutragen. Der Nacherbe kann auf die Eintragung verzichten. RG 12 VII 1905 JW. S. 540[31]. S. ferner Anm. 119.

[146]) § 53 GBO. — Die Vorschrift findet keine Anwendung, wenn der Erblasser vor dem Inkrafttreten des BGB. gestorben ist. S. Anm. 144.

[147]) § 47 Abs. 1 GBO.

[148]) § 47 Abs. 2 GBO. Bei Nichtbeachtung dieser Vorschriften wird das Grundbuch unrichtig.

[149]) Wenn ein Recht anders eingetragen wird, als nach der Eintragungsbewilligung hätte geschehen sollen, liegt eine Verletzung gesetzlicher Vorschriften vor.

so ist von Amtswegen ein Widerspruch einzutragen[150]). Ist die Eintragung nach ihrem Inhalte unzulässig, ist z. B. ein Recht eingetragen, das an einem Grundstück überhaupt nicht begründet werden kann[151]), so ist die Eintragung von Amtswegen zu löschen[152]). Die Eintragung des Widerspruchs und die Löschung können im Wege der Beschwerde verlangt werden, trotzdem grundsätzlich Beschwerden gegen Eintragungen unzulässig sind[153]). — Da Eintragungen, die bei einer Hypothek, einer Grundschuld oder Rentenschuld erfolgen, von dem Grundbuchamt auf den Briefen zu vermerken sind, hat das Grundbuchamt, das aus den angeführten Gründen einen Widerspruch oder einen Löschungsvermerk eintragen will, den Besitzer des Briefes zur Vorlegung anzuhalten[154]). Es bedarf jedoch der Vorlegung des Briefes nicht, wenn ein Widerspruch einzutragen ist und dieser Widerspruch sich darauf gründet, daß die Hypothek oder Grundschuld oder Rentenschuld oder die Forderung, für welche die Hypothek bestellt ist, nicht bestehe oder einer Einrede unterliege oder daß die Hypothek, Grundschuld oder Rentenschuld unrichtig eingetragen sei[155]). Ist aber der Grundschuld- oder Rentenschuldbrief auf den Inhaber ausgestellt, so bedarf es der Vorlegung des Briefes, auch wenn der Widerspruch den bezeichneten Inhalt hat[156]). Durfte die Eintragung ohne Vorlegung des Briefes erfolgen oder ist sie erfolgt, ohne daß der Brief vorgelegt worden ist, so hat das Grundbuchamt nachträglich den Besitzer des Briefes zur Vorlegung anzuhalten, um den Widerspruch auf dem Briefe zu vermerken[157]).

Jede Eintragung, die erfolgt, soll dem Antragsteller und dem eingetragenen Eigentümer sowie im übrigen allen aus dem Grundbuch ersichtlichen Personen bekannt gemacht werden, zu deren Gunsten die Eintragung erfolgt ist oder deren Recht durch

---

[150]) Der Umstand, daß ein Dritter inzwischen das Recht erworben hat, hindert die Eintragung des Widerspruchs nicht. Selbstverständlich darf der Widerspruch nicht so eingetragen werden, daß der Anschein erweckt wird, er sei vor dem Rechtserwerb des Dritten eingetragen.

[151]) Beispiele: Nutzungspfandrecht RGE. 48 S. 63, obligatorische Rechte RG 19 IV 1904 JW. S. 297[26], Arresthypothek für eine den Betrag von 300 M nicht übersteigende Forderung RG 15 III 1905 BuchZ. 36 S. 267. — Die Annahme, die Eintragung einer Grunddienstbarkeit sei nach ihrem Inhalte unzulässig, wenn der Eigentümer sie für ein eigenes Grundstück an einem eigenen Grundstück bestellen wolle (RGE. 47 S. 210), dürfte nicht unbedenklich sein; es fehlt in einem solchen Falle zur Begründung des Rechtes nur die dingliche Einigung, der Inhalt der Eintragung aber, die zu Gunsten des jeweiligen Eigentümers des anderen Grundstücks ergeht, läßt sich nicht beanstanden.

[152]) § 54 Abs. 1 GBO.

[153]) § 71 GBO.

[154]) § 62 Abs. 2 GBO.

[155]) § 54 Abs. 2 mit § 42 Abs. 1 GBO.

[156]) § 54 Abs. 2 GBO.

[157]) § 62 Abs. 2 GBO.

sie betroffen wird, die Eintragung eines Eigentümers auch denjenigen, für welche eine Hypothek, Grundschuld, Rentenschuld, Reallast oder ein Recht an einem solchen Rechte im Grundbuch eingetragen ist [158]). Die Form der Benachrichtigung ist der landesrechtlichen Regelung überlassen. Auf die Bekanntmachung kann verzichtet werden [159]).

Die Urkunden, auf die eine Eintragung sich gründet [160]) oder Bezug nimmt [161]), sind von dem Grundbuchamt aufzubewahren [162]). Die Aufbewahrung jener ist notwendig, um den Nachweis zu sichern, daß die gesetzlichen Voraussetzungen für die Vornahme der Eintragung erfüllt waren; die Urkunden, auf die im Grundbuch Bezug genommen ist, bilden eine Ergänzung der Eintragung und haben aus diesem Grunde für das Grundbuch eine bleibende Bedeutung. Die Herausgabe einer solchen Urkunde darf nur erfolgen, wenn statt der Urkunde eine beglaubigte Abschrift aufbewahrt wird. Daß in den Fällen, wo die Bezugnahme auf Register des Grundbuchamts genügt [163]), beglaubigte Abschriften nicht anzufertigen sind, erscheint selbstverständlich. Es kann auch durch die Landesjustizverwaltung angeordnet werden, daß, wenn eine der Urkunden, auf die eine Eintragung sich gründet oder Bezug nimmt, in andern Akten der das Grundbuch führenden Behörde enthalten ist, statt einer beglaubigten Abschrift der Urkunde eine Verweisung auf die anderen Akten genügt [164]). Den Beteiligten steht es frei, dem Grundbuchamt Urkunden, die über das der Eintragungsbewilligung zu Grunde liegende Rechtsgeschäft, über das Kausalgeschäft [165]), errichtet sind, oder eine be-

---

[158]) § 55 Satz 1 GBO. in der Fassung des Ges. v. 14. Juli 1905 (RGBl. S. 707). — Zu denjenigen, deren Recht durch die Eintragung betroffen wird (§ 19 GBO.), gehören diejenigen, zu deren Gunsten Verfügungsbeschränkungen bestehen (z. B. der Nacherbe), nicht. Anders RG 12 VII 1905 JW. S. 540[31].

[159]) § 55 Satz 2 GBO.

[160]) Es gehören hierher die in § 29 ff. GBO. bezeichneten Urkunden, insbesondere die Urkunden über die dingliche Einigung (§ 20 GBO.), das Ersuchen der Behörde (§ 39 GBO.), das rechtskräftige Urteil, das den Verpflichteten zur Abgabe einer Willenserklärung verurtheilt (§ 894 ZPO.), das Urteil, auf Grund dessen die Zwangshypthek eingetragen wird, der Arrestbefehl, die einstweiligen Verfügungen auf Eintragung einer Vormerkung oder eines Widerspruchs, die Legitimationsurkunden 2c.

[161]) S. Anm. 136.

[162]) § 9 GBO. Soweit es sich um gerichtliche oder notarielle Urkunden handelt, sind nur die den Parteien erteilten Ausfertigungen gemeint. Denkschr. zu § 9.

[163]) S. oben Ziff. 109.

[164]) § 95 GBO.

[165]) Z. B. Urkunde über den der Auflassung zu Grunde liegenden Kaufvertrag.

glaubigte Abschrift einer solchen Urkunde zur Aufbewahrung zu übergeben[166]).

Die Aufbewahrung der Urkunden führt zur Anlegung von Grundakten. Die Grundbuchordnung überläßt[167]) der Landesjustizverwaltung, anzuordnen, daß Grundakten gehalten werden.

Von den Einträgen im Grundbuch, von den Urkunden, auf die im Grundbuch zur Ergänzung einer Eintragung Bezug genommen ist, und von den noch nicht erledigten Eintragungsanträgen kann[168]) Jeder Einsicht nehmen, der ein berechtigtes Interesse darlegt[169]). Urkunden, auf die eine Eintragung sich gründet, gehören nicht hierher. Eine Glaubhaftmachung des berechtigten Interesses im Sinne des § 294 ZPO. ist nicht erforderlich; das Grundbuchamt hat nach freiem Ermessen darüber zu befinden, inwieweit die tatsächlichen Angaben des Antragstellers geeignet sind, sein Gesuch zu rechtfertigen. Kein „rechtliches" Interesse[170]) wird verlangt, insbesondere braucht sich das Interesse nicht auf ein schon bestehendes Rechtsverhältnis des Ansuchenden zu beziehen; es genügt, wenn der Antrag nach der glaubhaften Darstellung des Antragstellers ein verständiges, durch die Sachlage gerechtfertigtes Interesse verfolgt[171]). Soweit die Einsicht in das Grundbuch oder in Urkunden, auf die im Grundbuch Bezug genommen ist, oder in noch nicht erledigte Eintragungsanträge gestattet ist, kann auch Abschrift gefordert werden; die Abschrift ist auf Verlangen zu beglaubigen[172]). Die Landesjustizverwaltung kann anordnen, daß die Einsicht in das Grundbuch und in die bezeichneten Schriftstücke sowie die Erteilung von Abschriften in weiterem Umfange zulässig sein solle, als die Grundbuchordnung selbst vorschreibt[173]). Ebenso kann die Landesjustizverwaltung

---

[166]) § 9 Abs. 2 GBO. Wäre das Kausalgeschäft unwirksam, so könnte die dingliche Rechtsänderung rückgängig gemacht werden. S. § 8 bei Ziff. 25.

[167]) § 94 GBO.

[168]) Unter Umständen liegt in der Nichteinsicht ein Verschulden. Vergl. RG 21 I 1905 JW. S. 136[10].

[169]) § 11 GBO.

[170]) Vergl. §§ 810, 1342, 1953, 1957, 2010, 2081, 2264 BGB. Berechtigtes Interesse s. §§ 343, 824 BGB. Von rechtlichem Interesse spricht auch § 256 ZPO. — Ein rechtliches Interesse ist insbesondere schon für denjenigen gegeben, der über den Erwerb des Grundstücks oder eines Rechtes an dem Grundstück mit dem Berechtigten verhandelt, ebenso für denjenigen, welcher mit dem Eigentümer des Grundstücks einen Werkvertrag abschließen will, der nach § 648 BGB. den Anspruch auf Bestellung einer Sicherungshypothek gewährt (Denkschr. zu § 10 Entw.).

[171]) KBer. zu § 11 GBO. — Ein wirtschaftliches Interesse muß genügen. Das Interesse des Gläubigers, der sich vergewissern will, ob die Verhältnisse des Schuldners derartig liegen, daß ihm weiterer Kredit gewährt werden kann, oder ob Sicherungsmaßregeln zu treffen sind, ist ein berechtigtes.

[172]) § 11 Abs. 2 GBO. — Zu einer Auskunfterteilung verpflichtet die GBO. den Grundbuchbeamten nicht.

[173]) § 93 GBO.

Anordnungen über die Einsicht der Grundakten und über die Erteilung von Abschriften aus den Grundakten — unbeschadet der Vorschriften des § 11 GBO. — treffen[174] [175]).

Ob und inwieweit für die Gestattung der Einsicht und für die Erteilung von Abschriften Kosten zu erheben sind, bestimmt sich nach den Landesgesetzen.

Nach § 839 BGB. hat ein Beamter, der vorsätzlich oder fahrlässig die ihm einem Dritten gegenüber obliegende Amtspflicht verletzt, dem Dritten den daraus entstehenden Schaden zu ersetzen, doch kann er, wenn ihm nur Fahrlässigkeit zur Last fällt, nur dann in Anspruch genommen werden, wenn der Beschädigte nicht auf andere Weise Ersatz zu erlangen vermag, auch tritt die Ersatzpflicht nicht ein, wenn der Verletzte vorsätzlich oder fahrlässig unterlassen hat, den Schaden durch Gebrauch eines Rechtsmittels abzuwenden[176]). Diese Vorschriften[177]) gelten auch bezüglich der Verrichtungen der Grundbuchbeamten. Verletzt aber ein Grundbuchbeamter[178]) vorsätzlich oder fahrlässig[179]) die ihm obliegende Amtspflicht, so trifft den Beteiligten gegenüber die Verantwortlichkeit an Stelle des Beamten den Staat oder die Körperschaft, in deren Dienst der Beamte steht[180]). Der Grundbuchbeamte haftet den Beteiligten überhaupt nicht, bei vorsätzlichen Pflichtverletzungen des Beamten haftet der Staat in erster Linie, bei fahrlässigen Pflichtverletzungen haftet er, wenn

[174]) § 94 GBO.

[175]) Gegen Entscheidungen des Grundbuchamtes über die Einsicht und über die Erteilung von Abschriften ist die Beschwerde nach § 71 GBO. zulässig. Turnau-Förster 2 S. 70.

[176]) Hat bei der Entstehung des Schadens ein sonstiges Verschulden des Beschädigten mitgewirkt, so kommt die allgemeine Vorschrift des § 254 BGB. zur Anwendung.

[177]) Die Verletzung der Amtspflicht bei Urteilen (§ 839 Abs. 2 BGB.) kann hier außer Betracht bleiben; denn von einer urteilenden Tätigkeit der Grundbuchbeamten wird sich nicht sprechen lassen. A. M. Dernburg § 35 Anm. 3.

[178]) Grundbuchrichter oder Gerichtsschreiber (Grundbuchführer), auch Praktikanten, denen solche Amtsverrichtungen übertragen sind. Richter der Beschwerdeinstanzen werden ebenfalls zu den Grundbuchbeamten zu rechnen sein. Die Haftung des Staates ist festgesetzt worden, weil es billig erschien, daß der Staat den Beteiligten für die ihnen aus der Grundbucheinrichtung erwachsenden Nachteile aufkomme (Denkschr. zu § 11 des Entw.). Es ist kein Grund ersichtlich, der veranlassen könnte, diese Sicherung auf Verfügungen der ersten Instanz einzuschränken. Auch die Nachteile, die sich aus Anordnungen der Beschwerdegerichte ergeben, sind Folgen der Grundbucheinrichtung. A. M. Turnau-Förster 2 S. 74.

[179]) Ist eine gesetzliche Bestimmung zweideutig und hat sich noch keine feste Praxis gebildet, so kann es nicht als fahrlässig angesehen werden, wenn der Grundbuchbeamte einer Auffassung folgte, welche die höhere Instanz oder der Prozeßrichter als unrichtig erachtet. Dernburg § 35 N. 3. — Vergl. JW. 1888 S. 36 Ziff. 91. RGE. 59, 388.

[180]) § 12 GBO.

der Beschädigte nicht auf andere Weise Ersatz erlangen kann. Der Staat haftet für jedes Versehen[181]) des Beamten, für schuldhaftes Tun und für schuldhaftes Unterlassen[182]). Sämtliche Amtspflichten des Grundbuchbeamten sind Pflichten, die ihm Dritten gegenüber obliegen. Sie obliegen ihm aber nur den Beteiligten gegenüber; die Verantwortlichkeit kann nicht von demjenigen geltend gemacht werden, der, ohne beteiligt zu sein, durch die Verletzung der Amtspflicht mittelbar einen Schaden erleidet.

Ob und inwieweit der Staat oder die Körperschaft für den Ersatz, der zu leisten ist, den Rückgriff an den Beamten nehmen kann, bestimmt sich nach den für das Dienstverhältnis des Beamten maßgebenden Vorschriften.

Gegen Entscheidungen des Grundbuchamts d. h. die in der Sache getroffenen Anordnungen findet das Rechtsmittel der Beschwerde statt[183]). Die Erledigung von Beschwerden, die auf dem Gebiete der Verwaltung liegen, insbesondere von Beschwerden über die Art des Geschäftsbetriebs, bestimmt sich nach dem Landesrecht[184]). Dem Landesrecht sind auch die Bestimmungen über die Form der Entscheidungen des Grundbuchamtes und über die Zustellung überlassen. In Bundesstaaten, in denen die Amtsgerichte nicht zugleich Grundbuchämter sind, kann gesetzlich bestimmt werden, daß die Abänderungen einer Entscheidung des Grundbuchamts bei dem Amtsgerichte nachzusuchen ist, in dessen Bezirk das Grundbuchamt seinen Sitz hat. Die Beschwerde findet gegen die Entscheidung des Amtsgerichts statt[185]).

Gegen die Entscheidungen, durch die ein Antrag zurückgewiesen worden ist, ist die Beschwerde ohne Beschränkung zugelassen, dagegen ist gegen eine Eintragung[186]) die Beschwerde

---

[181]) Es ist gleichgültig, ob die Amtspflichten auf gebietenden oder verbietenden Bestimmungen oder auf Ordnungsvorschriften beruhen. Vergl. RG 13 IV 1904 E. 57 S. 277 (unrichtige Reihenfolge der Eintragungen).

[182]) Da der Staat an Stelle des Beamten haftet, stehen ihm alle Einwendungen zu, die der Beamte vorbringen könnte. Die Verjährung bemißt sich nach § 852 BGB., der Schadensersatz ist zu leisten nach den Vorschriften der §§ 249 ff. BGB.

[183]) § 71 Abs. 2 GBO. — Auch die Beschwerde über die Versagung der Eintragung einer Zwangshypothek richtet sich nach der GBO. RG 17 VI 1900 E. 48 S. 243.

[184]) Über die Grenzen zwischen Dienstaufsichtsbeschwerde und sachlicher Beschwerde s. Josef ZBlFG. 5 S. 163.

[185]) § 100 GBO.

[186]) Unter Eintragung ist die Löschung einbegriffen. — Die Beschwerde ist für unzulässig erklärt mit Rücksicht auf die Rechtsstellung, welche durch die Eintragung für Dritte geschaffen wird (Denkschr. zu § 71 GBO.). Eintragungen, die die Rechte Dritter nicht berühren, können mit der Beschwerde angefochten werden, z. B. kann mit der Beschwerde verlangt werden, daß die erfolgte Zusammenschreibung von Grundstücken (§ 4 GBO.) in die beantragte Zuschreibung umgeändert werde. Turnau-Förster 2 S. 348.

unzulässig[187]). Doch kann im Wege der Beschwerde verlangt werden, daß das Grundbuchamt angewiesen wird, nach § 54 GBO., also bei Eintragungen, die unter Verletzung gesetzlicher Vorschriften vorgenommen sind und von Amtswegen verbessert werden können, einen Widerspruch einzutragen oder eine Löschung vorzunehmen[188]). In Bundesstaaten, wo die Amtsgerichte nicht zugleich Grundbuchämter sind, kann durch Gesetz den Amtsgerichten die Befugnis erteilt werden, von Amtswegen das Grundbuchamt zu einer nach § 54 GBO. zulässigen Eintragung anzuhalten. Gegen die Anordnung des Amtsgerichts findet Beschwerde statt[189]).

Über die Beschwerde entscheidet das Landgericht, in dessen Bezirk das Grundbuchamt seinen Sitz hat[190]). Die Entscheidung erfolgt durch eine Zivilkammer. Die Vorschriften der Zivilprozeßordnung über die Ausschließung und Ablehnung der Gerichtspersonen finden Anwendung[191]).

Die Beschwerde kann bei dem Grundbuchamt oder bei dem Beschwerdegericht eingelegt werden; sie ist an keine Frist gebunden. Die Einlegung erfolgt durch Einreichung einer Beschwerdeschrift oder durch Erklärung zum Protokoll des Grundbuchamtes oder des Gerichtsschreibers des Beschwerdegerichts[192]), auch wenn der Fall nicht dringlich erscheint. Die Zuziehung eines Rechtsanwalts ist erst bei der weiteren Beschwerde erforderlich.

Darüber, wer zur Einlegung der Beschwerde befugt ist, sind besondere Vorschriften nicht gegeben. Das Rechtsmittel wird demjenigen zustehen müssen, dessen Rechte durch die angefochtene Entscheidung verletzt werden, jedenfalls dem Antragsteller, dessen Antrag zurückgewiesen, und der Behörde, deren Ersuchen abgelehnt worden ist. Der Notar, der im Namen des Antragsberechtigten nach § 15 GBO. den Eintragungsantrag gestellt hat, bedarf auch zur Beschwerde keiner besonderen Vollmacht.

Die Beschwerde kann auf neue Tatsachen und Beweise gestützt werden[193]). Erachtet das Grundbuchamt die Beschwerde für begründet, so hat es ihr abzuhelfen[194]), auch wenn die Be-

---

187) Die Beschwerde wird auch nicht zulässig, wenn nach der Eintragung die Beseitigung oder Berichtigung begehrt, und die Ablehnung dieses Antrags zum Gegenstand der Beschwerde gemacht wird. RG 21 X 1903 E. 55 S. 407.

188) § 71 Abs. 2 GBO.

189) § 101 GBO.

190) § 72 GBO.

191) § 81 GBO.

192) § 73 GBO. — Einlegung durch Telegramm ist statthaft. RGE. 44 S. 369.

193) § 74 GBO.

194) § 75 GBO. Wird dem zurückgewiesenen Eintragungsantrage stattgegeben, so erhält natürlich die Eintragung keine rückwirkende Kraft.

schwerde bei dem Landgericht eingelegt und erst durch dessen Vermittelung dem Grundbuchamt zugegangen ist. Vor der Entscheidung kann das Beschwerdegericht dem Grundbuchamt durch eine einstweilige Anordnung[195]) aufgeben, eine Vormerkung oder einen Widerspruch einzutragen. Die Eintragung einer Vormerkung ist anzuordnen, wenn sich die Beschwerde gegen die Zurückweisung eines Antrags auf Eintragung einer Rechtsänderung richtet; die Eintragung eines Widerspruchs ist am Platze, wenn die Zurückweisung eines Antrags auf Berichtigung des Grundbuchs oder eine von dem Grundbuchamt vorgenommene unrichtige Eintragung den Gegenstand der Beschwerde bildet. Der Mitteilung der einstweiligen Anordnung an den Beschwerdeführer bedarf es nicht[196]). Die Vormerkung oder der Widerspruch wird von Amtswegen gelöscht, wenn die Beschwerde zurückgenommen oder zurückgewiesen ist[197]). Die endgültige Entscheidung des Beschwerdegerichts ist mit Gründen zu versehen und dem Beschwerdeführer mitzuteilen[198]).

Gegen die Entscheidung des Beschwerdegerichts ist das Rechtsmittel der weiteren Beschwerde zulässig, wenn die Entscheidung auf einer Verletzung des Gesetzes beruht. Das Gesetz ist verletzt, wenn eine Rechtsnorm[199]) nicht oder nicht richtig angewendet worden ist. Unter den in § 551 ZPO. bezeichneten Voraussetzungen ist die Entscheidung stets als auf einer Verletzung des Gesetzes ruhend anzusehen. Für die Entscheidung des für die weitere Beschwerde zuständigen Gerichts sind die in dem angefochtenen Beschlusse gerichtlich festgestellten Tatsachen maßgebend. Außer denselben können nur die in der weiteren Beschwerde zu bezeichnenden Tatsachen berücksichtigt werden, welche ergeben sollen, daß das Gesetz in Bezug auf das Verfahren verletzt sei, oder welche unter Verletzung des Gesetzes festgestellt, übergangen oder als vorgebracht angenommen sein sollen. Ergeben die Entscheidungsgründe eine Gesetzesverletzung, stellt sich die Entscheidung selbst aber aus anderen Gründen als richtig dar, so ist die weitere Beschwerde zurückzuweisen[200]).

---

[195]) Eines Antrags bedarf es nicht.

[196]) Kenntnis von der Anordnug erhalten die Beteiligten durch die ihnen nach § 55 GBO. zugehende Mitteilung.

[197]) § 76 GBO.

[198]) § 77 GBO. Ob die vom Beschwerdegericht verfügte Eintragung ausgeführt werden kann, hängt von dem Stande des Grundbuchs ab. Die Geltendmachung der durch die Vormerkung oder den Widerspruch erlangten Sicherung ist den Beteiligten überlassen, nur die Löschung erfolgt bei Zurückweisung oder Zurücknahme der Beschwerde von Amtswegen.

[199]) Die Rechtsnorm kann materieller oder formeller Natur sein. Die Bestimmung des § 549 ZPO. ist nicht anwendbar.

[200]) § 78 GBO. §§ 550, 551, 561, 563 ZPO.

Die weitere Beschwerde kann bei dem Grundbuchamt, dem Landgericht oder bei dem zur Entscheidung der weiteren Beschwerde zuständigen Gerichte durch Einreichung einer Beschwerdeschrift oder durch Erklärung zu Protokoll des Grundbuchamts oder des Gerichtsschreibers der genannten Gerichte eingelegt werden; sie ist an keine Frist gebunden. Erfolgt die Einlegung durch Einreichung einer Beschwerdeschrift, so muß diese von einem Rechtsanwalt unterzeichnet[201]) sein, falls nicht die Beschwerde von einer Behörde oder von dem Notar eingelegt wird, der nach § 15 GBO. den Eintragungsantrag gestellt hat. Grundbuchamt und Landgericht sind nicht befugt, der weiteren Beschwerde abzuhelfen[202]).

Zuständig zur Entscheidung über die weitere Beschwerde ist das Oberlandesgericht[203]). In Bundesstaaten, in denen mehrere Oberlandesgerichte errichtet sind, kann die Entscheidung über das Rechtsmittel der weiteren Beschwerde einem der mehreren Oberlandesgerichte oder an Stelle des Oberlandesgerichts dem obersten Landesgerichte zugewiesen werden[204]). Will das hiernach zuständige Gericht bei der Auslegung einer das Grundbuchrecht betreffenden reichsgesetzlichen[205]) Vorschrift von der auf weitere Beschwerde ergangenen Entscheidung eines anderen Oberlandesgerichts oder obersten Landesgerichts, oder, falls über die Rechtsfrage bereits eine Entscheidung des Reichsgerichts ergangen ist[206]), von dieser abweichen, so hat es die weitere Beschwerde unter Begründung seiner Rechtsauffassung dem Reichsgerichte vorzulegen[207]). Der Beschluß über die Vorlegung ist dem Be-

---

[201]) Beglaubigung der Unterschrift des Beschwerdeführers durch den Rechtsanwalt genügt nicht. — Der Rechtsanwalt hat Vollmacht vorzulegen.

[202]) § 80 GBO. — Davon, daß in der Entscheidung des Beschwerdegerichts ein neuer selbständiger Beschwerdegrund enthalten sei (vergl. § 568 ZPO.), ist die Zulässigkeit der weiteren Beschwerde nicht abhängig gemacht.

[203]) § 79 Abs. 1 GBO.

[204]) § 102 GBO. — Das Preuß. Ges. über die freiw. Gerichtsbk. vom 21. Sept. 1899 bestimmt im Art. 7: „Für die Entscheidung über das Rechtsmittel der weiteren Beschwerde ist das Kammergericht zuständig. . .", in Art. 8: „die Vorschriften des Art. 7 gelten, unbeschadet der Zuständigkeit des Reichsgerichts, auch für Grundbuchsachen. . ." Das Bay. Ausführungsgesetz zum BGB. vom 9. Juni 1899 enthält in Art. 167 unter XII. die Vorschrift: „Dem Obersten Landesgerichte wird . . ., unbeschadet der Zuständigkeit des Reichsgerichts, die Entscheidung über das Rechtsmittel der weiteren Beschwerde in Grundbuchsachen . . . zugewiesen".

[205]) Zu den landesgesetzlichen Vorschriften gehören auch reichsrechtliche Normen, die nur kraft Landesrechts auf Grundbuchsachen anzuwenden sind. Achilles-Strecker S. 332.

[206]) Gleichgültig, ob die reichsgerichtliche Entscheidung auf weitere Beschwerde oder ob sie im Prozeßwege ergangen ist. Vorausgesetzt ist, daß das Reichsgericht nicht schon selbst von seiner Entscheidung abgegangen ist.

[207]) Wegen Nichtbeachtung dieser Vorschrift gibt es keine Beschwerde an das Reichsgericht.

schwerdeführer mitzuteilen. Es entscheidet alsdann über die weitere Beschwerde das Reichsgericht[208])[209])[210]). Für das Reichsgericht findet § 137 GVG. Anwendung. Die Entscheidungen über Beschwerden erfolgen bei den Oberlandesgerichten, den obersten Landesgerichten und dem Reichsgerichte durch einen Zivilsenat. Die Vorschriften der ZPO. über die Ausschließung und Ablehnung der Gerichtspersonen finden dabei Anwendung[211]).

[208]) § 79 Abs. 2, 3 GBO. — Das Reichsgericht prüft, ob die Voraussetzungen, unter denen seine Zuständigkeit gegeben ist, vorliegen. Mit dem Beschlusse des Oberlandesgerichts wird die Zuständigkeit des Reichsgerichts nicht festgestellt. A. M. Achilles-Strecker S. 333 unter Hinweis auf Abs. 3 des § 79 GBO. Aus dieser Bestimmung ergibt sich jedoch nur, daß unter den Voraussetzungen des Abs. 2 das Reichsgericht über die weitere Beschwerde zu entscheiden hat, seine Entscheidung nicht auf die streitige Rechtsfrage beschränken darf.

[209]) Entscheidungen, die das Reichsgericht auf Grund des § 79 GBO. erlassen hat, finden sich in RGE. 53 S. 298, 54 S. 196, 378, 55 S. 406, 57 S. 342, ferner eine Entscheidung vom 15. März 1905 in PuchZ. 36 S. 263 und vom 12. Juli 1905 in JW. S. 540[31].

[210]) Hinsichtlich der Gerichtskosten bestimmt Art. IV. des Ges. vom 17. Mai 1898 über die Änder. des GVG.: „Wird gemäß § 79 Abs. 2 der GBO. oder gemäß § 28 Abs. 2 des Ges. über die Angel. der fr.Ger. die weitere Beschwerde von dem Landesgericht dem Reichsgerichte vorgelegt, so bleiben in Ansehung der Gerichtskosten die Vorschriften maßgebend, welche Anwendung finden, wenn eine solche Beschwerde bei dem Landesgericht erledigt wird; die erhobenen Kosten fließen jedoch in die Reichskasse".

[211]) § 81 GBO.

II. Abschnitt.

Der Besitz.

§ 14. Begriff und Arten.

Das BGB. gibt keine Erklärung des Begriffes Besitz[1]). Es bezeichnet mit dem Worte Besitz jedes possessorisch geschützte Verhältnis der Person zur Sache[2]). Man wird hier von Besitz im weiteren Sinne sprechen können.

Im engeren Sinne ist unter Besitz zu verstehen die tatsächliche Herrschaft einer Person über eine Sache[3]). Von einer Person, die in einem solchen Machtverhältnisse zu einer Sache steht, daß sie nach Belieben mit der Sache verfahren kann, sagen wir, sie besitzt die Sache. Den Gegensatz zu der tatsächlichen Herrschaft über die Sache bildet die rechtliche Herrschaft, das Recht an der Sache, im besonderen das Eigentum. Die tatsächliche Herrschaft, der Besitz, ist kein Recht[4]). Der Besitz kann auf einem Rechte beruhen, er kann sich als die Verkörperung des Rechtes darstellen, er kann aber auch mit dem Rechte in

---

Zu § 14.

[1]) Übergangsbestimmungen. Auf ein am 1. Jan. 1900 bestehendes Besitzverhältnis finden von dieser Zeit an die Vorschriften des BGB. Anwendung (Art. 180 EGBGB.). Ob ein Besitzverhältnis bei Inkrafttreten des neuen Rechts besteht, ist nach neuem Recht zu beurteilen. Dagegen finden die Bestimmungen des BGB. keine Anwendung auf die vor dem 1. Jan. 1900 erfolgte Begründung von Besitzverhältnissen (RGE. 54 S. 135). Auch die vor dem 1. Jan. 1900 entstandenen Ansprüche werden durch das neue Recht nicht berührt, sie sind nach altem Recht zu beurteilen ohne Unterschied, ob sie auf Schadloshaltung oder auf Herstellung des Besitzes gehen (RG 26 VI 1903 JW. 1903 Beil. S. 105); der gerichtliche Schutz gegen Besitzdelikte, die vor dem 1. Jan. 1900 abgeschlossen sind, richtet sich nach altem Recht (RGE. 50 S. 11). — Die Frage, ob bei einem vor 1. Jan. 1900 eingetretenen Todesfall der Besitz vom Erblasser auf den Erben übergegangen ist (vergl. § 857 BGB.), ist nach Art. 213 und 180 EG. nach altem Recht zu entscheiden.

[2]) KProt. 3 S. 28.

[3]) § 854 BGB. Mot. 3 S. 80, KProt. 3 S. 26, Denkschr. S. 653.

[4]) Vergl. § 865 mit § 93 BGB., auch § 268 Abs. 1 BGB.; Planck 3 S. 28 Anm. 4, abw. Bartels GruchBeitr. 42 S. 649, Enneccerus 1 S. 107 u. A.

Widerspruch stehen. Ob das Eine oder das Andere der Fall ist, ist für den Begriff des Besitzes gleichgültig.

Das Eigentum ist von der Rechtsordnung geschaffen, der Besitz könnte ohne Rechtsordnung bestehen. An das tatsächliche Herrschaftsverhältnis der Person zur Sache hat aber die Rechtsordnung rechtliche Folgen geknüpft, dem Besitzer dadurch eine Rechtsstellung gegeben und das Besitzverhältnis zu einem Rechtsverhältnis erhoben[5]).

Diese Rechtsstellung ist nicht etwa nur demjenigen eingeräumt, der eine Sache als ihm gehörend besitzt oder der die tatsächliche Herrschaft über die Sache in der Gesamtheit ihrer Beziehungen haben will, der Besitzschutz wird vielmehr auch dem Nießbraucher, Pfandgläubiger, Pächter, Mieter, Verwahrer, überhaupt Jedem zu teil, der die tatsächliche Herrschaft über die Sache hat.

Darüber, wann anzunehmen ist, daß Jemand eine Sache besitzt, die tatsächliche Herrschaft über die Sache hat, lassen sich allgemeine Regeln wohl nicht aufstellen. Die Entscheidung ist im einzelnen Falle nach der Auffassung des Verkehrs zu treffen.

Nach einer Richtung hat das Gesetz die Grenze zu ziehen gesucht. Übt Jemand die tatsächliche Gewalt über eine Sache für einen Anderen in dessen Haushalt oder Erwerbsgeschäft oder in einem ähnlichen Verhältnis aus, vermöge dessen er den sich auf die Sache beziehenden Weisungen des Anderen Folge zu leisten hat, so ist nur der Andere Besitzer[6]). Der Kutscher, der die Pferde lenkt, der Dienstbote, der für die Dienstherrschaft Einkäufe macht, der Handlungsgehilfe, der für den Geschäftsherrn Waren verkauft und Geld in Empfang nimmt, der Hirt, der die Herde seines Herrn auf die Weide treibt, sie alle haben tatsächlich keine Herrschaft über die ihnen anvertrauten Sachen, die Tätigkeit, die sie entwickeln, beruht auf den für sie maßgebenden Weisungen; bei dem Abhängigkeitsverhältnisse, in dem diese Personen zu dem Herrn stehen, hat dieser die Möglichkeit, jederzeit die

---

[5]) Vergl. Windscheid 1 § 37a.

[6]) § 855 BGB. KProt. 3 S. 32. Man spricht in solchen Fällen von Besitzdienern, sogar von Besitzsklaven, auch von Besitzgehilfen. Vergl. Wendt ArchZivPrax. 87 S. 42, Biermann S. 10, Dernburg § 14. Strohal S. 5 unterscheidet selbständige und unselbständige Inhabung, selbständiger Inhaber ist der Besitzer, die unselbständige Inhabung fällt unter § 855. Endemann spricht (2 S. 130) von Besitzhaltern. — Die im Haushalt tätigen Personen brauchen nicht der häuslichen Gemeinschaft des Haushaltsvorstandes anzugehören, auch Taglöhner, Lohndiener, Waschfrauen 2c. gehören hierher. In der Regel wird ein Dienstverhältnis vorliegen; notwendig ist es nicht, es kann z. B. jemand aus Gefälligkeit die tatsächliche Gewalt über Sachen für den Besitzer ausüben.

tatsächliche Herrschaft über die Sache auszuüben, übt sie auch durch die Aufsicht über die Untergebenen aus[7])[8]).

Während in dieser Weise das BGB. abgelehnt hat, Personen, welche eine tatsächliche Gewalt über Sachen ausüben, als Besitzer anzuerkennen, zieht es auf der anderen Seite Verhältnisse in den Besitzbegriff, bei denen keine tatsächliche Herrschaft über die Sachen vorliegt. Besitzt nämlich Jemand eine Sache als Nießbraucher, Pfandgläubiger, Pächter, Mieter, Verwahrer oder in einem ähnlichen Verhältnisse, vermöge dessen er einem anderen gegenüber auf Zeit zum Besitze berechtigt oder verpflichtet ist, so ist nicht allein der Nießbraucher, Pfandgläubiger rc., der die Sache in seiner Gewalt hat, Besitzer, sondern auch der Andere, dem gegenüber er zum Besitze berechtigt oder verpflichtet ist. Der Besitz dieses anderen heißt mittelbarer Besitz[9])[10]). Das Gesetz erkennt ein schutzwürdiges Interesse des mittelbaren Besitzers daran an, daß die

---

[7]) Es ist nicht erforderlich, daß der Besitzdiener den Willen hat, für den Herrn zu besitzen; maßgebend ist nur das Verhältnis. So lange das Verhältnis besteht, besteht auch der Besitz des Herrn. Biermann S. 11. Außerhalb des Abhängigkeitsverhältnisses kann natürlich der Besitzdiener Besitzer sein, er besitzt z. B. seine eigenen Sachen. Das Abhängigkeitsverhältnis des Untergebenen darf nicht mit einer blos obligatorischen Gebundenheit verwechselt werden, der Beauftragte z. B., der eine Sache für den Auftraggeber inne hat, steht nicht in einem Abhängigkeitsverhältnis, wenn er auch grundsätzlich verpflichtet ist, den Weisungen des Auftraggebers Folge zu leisten (§ 665 BGB.). Strohal S. 8.

[8]) Der Gast steht in keinem Abhängigkeitsverhältnisse zum Wirte, er ist nicht Besitzdiener, aber auch nicht Besitzer; die tatsächliche Herrschaft über die Sachen, die der Wirt in seinen Räumlichkeiten dem Gaste zum vorübergehenden Gebrauche überläßt, hat der Wirt selbst. — Gesetzliche Vertreter wie Vormünder, Pfleger, Testamentsvollstrecker, Sequester, Konkursverwalter, Vorstände juristischer Personen, stehen in keinem derartigen Abhängigkeitsverhältnisse, daß sie als Besitzdiener angesehen werden könnten. Soweit den Vertretenen nicht unmittelbarer Besitz an einzelnen Sachen zusteht, sind die gesetzlichen Vertreter unmittelbare, die Vertretenen mittelbare Besitzer. Inwieweit den Vertretenen, z. B. Mündeln, unmittelbarer Besitz zusteht, hängt von den Umständen des einzelnen Falles ab. Vergl. Dernburg § 14 N. 7, Planck 3 S. 34. Anm. 5, Biermann S. 36. Nach Förtsch GruchBeitr. 43 S. 543 ff. sind die gesetzlichen Vertreter weder Besitzer noch Besitzdiener, betätigen vielmehr den Besitz der vertretenen Personen, welche allein die Besitzer sind.

[9]) § 868 BGB. KProt. 3 S. 219. Die Denkschrift (S. 655) hebt zwar hervor, daß der mittelbare Besitzer seine tatsächlichen Beziehungen zur Sache nicht vollständig aufgegeben habe und daß er deshalb als mittelbarer Besitzer bezeichnet werde, allein die Beziehungen des mittelbaren Besitzers zur Sache sind nicht tatsächlicher, sondern rechtlicher Natur, jedenfalls ist mittelbarer Besitz auch dann gegeben, wenn demjenigen, der eine Sache in Nießbrauch oder in Miete rc. gegeben hat, jede, auch die geringste Einwirkung auf die Sache unmöglich gemacht ist. — Der Nießbraucher, Pfandgläubiger rc. werden auch Besitzmittler oder „vermittelnde Besitzer" genannt, weil der Name „unmittelbarer Besitzer" nicht zum Ausdruck bringe, daß dahinter noch ein mittelbarer Besitzer stehe, vielmehr jedem zukomme, der nicht bloß mittelbarer Besitzer sei (Biermann S. 34).

Besitzlage des Inhabers der tatsächlichen Herrschaft, also des Nießbrauchers, Pfandgläubigers rc., nicht durch verbotene Eigenmacht Dritter verändert und daß der Nießbraucher rc. nicht aus

---

10) Das Verhältnis besteht zwischen dem Nießbraucher und dem Nießbrauchbesteller (nicht dem Eigentümer, vergl. KProt. 4 S. 596), zwischen dem Pfandgläubiger und dem Verpfänder, zwischen dem Pächter und dem Verpächter, zwischen dem Mieter und dem Vermieter, zwischen dem Verwahrer und dem Hinterleger. Das gesetzliche Pfandrecht gehört nicht hierher; derjenige, an dessen Sachen ein gesetzliches Pfandrecht entsteht, bleibt nach wie vor unmittelbarer Besitzer, wird nicht mittelbarer Besitzer (a. M. Planck 3 S. 61). Bei der Pfändung bleibt der Schuldner entweder unmittelbarer Besitzer oder es tritt zwischen ihm und dem Gerichtsvollzieher ein ähnliches Verhältnis ein, wie es durch Verpfändung zwischen dem Verpfänder und dem Pfandgläubiger begründet wird. Besitzdiener ist der Schuldner dem Gerichtsvollzieher gegenüber nicht (a. M. Staudinger 3 S. 36); es fehlt das Abhängigkeitsverhältnis. Hat der Gerichtsvollzieher unmittelbaren Besitz, so ist sein Verhältnis zu dem Gläubiger ähnlich dem Verhältnisse eines Verwahrers zum Hinterleger. Der Konkursverwalter ist unmittelbarer, der Gemeinschuldner mittelbarer Besitzer (ebenso Planck S. 62). Der Finder steht zu dem Verlierer in einem ähnlichen Verhältnisse wie der Verwahrer zu dem Hinterleger (a. M. Planck S. 63), dasselbe gilt für das Auftragsverhältnis und für Geschäftsführung ohne Auftrag, auch hier besteht ein Verhältnis, vermöge dessen einer einem Anderen gegenüber auf Zeit zum Besitze berechtigt oder verpflichtet ist. Daß der unmittelbare Besitzer sein Recht zum Besitze von dem mittelbaren Besitzer ableiten müsse (Planck 3 S. 63), ist im Gesetze nicht verlangt. Wenn übrigens anerkannt wird, daß der Geschäftsführer, der den Besitz im Namen des Geschäftsherrn erwirbt, sein Recht zum Besitze von dem Geschäftsherrn ableitet (Planck 3 S. 63), so wird mit demselben Rechte sich sagen lassen, daß der Beauftragte und der Finder ihr Recht zum Besitze von dem Auftraggeber und dem Verlierer ableiten, oder, was wohl dasselbe ist, auf das zu dem Auftraggeber durch Rechtsgeschäft, zu dem Verlierer durch Gesetz begründete Rechtsverhältnis zurückführen. — Wenn der Veräußerer die in seinem Besitze befindliche bewegliche Sache nicht übergibt, sondern mit dem Käufer vereinbart, daß er bis zur Zahlung des Kaufpreises den Besitz behalte, so wird kein Rechtsverhältnis vereinbart, vermöge dessen der Erwerber den mittelbaren Besitz erlangt. RG 15 XI 1901 E. 49 S. 173. Der in dieses Erkenntnis aufgenommene Satz: „Für die Annahme eines solchen ähnlichen Verhältnisses ist ... erfordert, daß durch ein konkret bestimmtes obligatorisches oder infolge von Bestellung eines dinglichen Rechtes an der Sache entstandenes Rechtsverhältnis ein Nutzungsrecht oder eine Verwaltungspflicht des sein Recht zum Besitze von dem Anderen ableitenden unmittelbaren Besitzers begründet sei" ist für die Entscheidung der Frage, ob das Recht zum Besitze von dem mittelbaren Besitzer abgeleitet sein müsse, wohl nicht geeignet. Wäre das Eigentum der Sache infolge der Vereinbarung, ohne die Übergabe, auf den Erwerber übergegangen, so wäre das Recht zum Weiterbesitze von dem Erwerber abgeleitet gewesen, der Eigentumsübergang trat aber nicht ein (§ 930 BGB.), weil die Vereinbarung, der Eigentümer solle die Sache für den Anderen besitzen, für sich allein kein selbständiges Rechtsverhältnis begründete. — In RGE. 54 S. 397 ist angenommen worden, der Verkäufer, der unter Vorbehalt des Eigentums die Sache übergibt, werde mittelbarer Besitzer. Dem ist beizutreten. Der Käufer erlangt in solchem Falle eine Stellung, die ähnlich ist der eines Pfandgläubigers oder eines Verwahrers. Vergl. JW. 1905 S. 521.

der Lage verdrängt werde, die nach Beendigung des Verhältnisses dem mittelbaren Besitzer zuteil werden soll. Deshalb ist der mittelbare Besitz selbst unter possessorischen Schutz gestellt, er wird zusammen mit dem Besitze im engeren Sinne schlechthin als Besitz bezeichnet.

Eine Unterart des Besitzes ist der Eigenbesitz. Wer eine Sache als ihm gehörend besitzt, ist Eigenbesitzer[11]). Nicht nötig ist, daß der Besitzer des Glaubens ist, es stehe ihm das Eigentum an der Sache zu; auch der Dieb ist Eigenbesitzer. Für den Eigenbesitz gelten hinsichtlich des Besitzschutzes keine Besonderheiten; von Bedeutung ist der Eigenbesitz in anderer Richtung (vergl. §§ 836, 900, 927, 937, 955, 958, 988, 1120, 1127 BGB.). Den Besitz desjenigen, der eine Sache als einem Anderen gehörend besitzt, wird man Fremdbesitz nennen können. Dem mittelbaren Besitz entspricht, auf der Seite des Nießbrauchers 2c., immer ein Fremdbesitz, dagegen braucht der mittelbare Besitz nicht immer Eigenbesitz zu sein; denn es kann der mittelbare Besitzer zu einem Dritten in einem solchen Verhältnisse stehen, daß er dem Dritten gegenüber auf Zeit zum Besitze berechtigt oder verpflichtet ist. In einem solchen Falle ist auch der Dritte mittelbarer Besitzer[12]). Ein solcher Fall liegt z. B. vor bei der Untermiete; der Vermieter ist mittelbarer (Eigen-) Besitzer, der Mieter und Unter-Vermieter mittelbarer Fremd-Besitzer, der Untermieter (unmittelbarer) Fremd-Besitzer.

§ 15. Besitzer und Gegenstand des Besitzes.

Die Rechtsstellung eines Besitzers kann nur ein Rechtsfähiger, eine Person, einnehmen. Keine Voraussetzung für den Besitz und den Besitzerwerb bildet die Fähigkeit zu rechtsgeschäftlichen Willenserklärungen, die Geschäftsfähigkeit. Insoweit der Besitz ein tatsächliches Verhältnis ist, können auch geschäftsunfähige Personen durch eigene Handlungen Besitz erlangen. Vertretung ist erst erforderlich, wenn eine rechtlich bedeutsame Willenskund-

---

[11]) § 872 BGB. Mot. 3 S. 80, KProt. 3 S. 227. Eigenbesitzer ist, wer eine Sache als sein eigen, als ihm gehörig, besitzt. Ob dieser Wille vorhanden ist, ist in jedem einzelnen Falle nach den tatsächlichen Umständen zu beurteilen. RG 14 III 1903 E. 54 S. 135. — Jeder Wille, der rechtlich von Bedeutung sein soll, bedarf einer Kundgebung. Die Kundgebung wird bei dem Eigenbesitz in der Regel stillschweigend erfolgen. Auf Hervorbringung eines rechtlichen Erfolges ist die Willenskundgebung nicht gerichtet, sie ist kein Rechtsgeschäft. Der Dieb nimmt die Sache nicht weg, um Eigentum zu erlangen, er will die Sache so haben, als ob er Eigentümer wäre, er will nicht das Eigentum erlangen. Auch Geschäftsunfähige können Eigenbesitz erwerben (a. M. Biermann S. 42 u. A.). Das Kind, das einen Schmetterling fängt und in seine Sammlung steckt, erwirbt und besitzt diese Sache als ihm gehörend.

[12]) § 871 BGB. Mot. 3 S. 128, KProt. 3 S. 225.

gebung in Frage kommt, wenn z. B. die mit dem Besitze verknüpfte Rechtsstellung geltend gemacht werden soll. Juristische Personen können nur durch ihre Vertreter Besitz erwerben und Besitz ausüben.

Damit Jemand die tatsächliche Herrschaft über eine Sache habe, ist nicht erforderlich, daß er in der Lage ist, für sich allein mit der Sache nach Belieben zu verfahren (Alleinbesitzer). Es können Mehrere eine und dieselbe Sache gemeinschaftlich besitzen (Mitbesitzer); auch der mittelbare Besitz kann Mehreren gemeinschaftlich zustehen. Die Mieter eines Hauses haben z. B. den Mitbesitz der Treppen und Gänge, die mehreren Eigenbesitzer des vermieteten Hauses sind mittelbare Mitbesitzer[1]). Die Mitbesitzer besitzen die Sache, nicht ihre einzelnen Anteile. Jeder Mitbesitzer hat Dritten gegenüber die Rechtsstellung des Besitzers gleich einem Alleinbesitzer, die Befugnisse der Mitbesitzer unter sich ergeben sich aus dem zwischen ihnen bestehenden Rechtsverhältnisse[2]); ein Besitzschutz über die Grenzen des einem Jeden zustehenden Gebrauchs, der Nutzung oder der Verwaltung findet nicht statt[3]).

Das BGB. läßt Besitz zu an Sachen, und zwar an Grundstücken und an beweglichen Sachen, auch an Teilen einer Sache, insbesondere an abgesonderten Wohnräumen und anderen Räumen[4]). Ein abgesonderter Besitz an dem reellen Teile einer Sache erscheint dann möglich, wenn die tatsächliche Herrschaft an dem abgegrenzten Teile der Sache neben der Herrschaft anderer Personen über die anderen Teile ausgeübt werden kann[5]);

Zu § 15.

[1]) Bewohnt ein Eigenbesitzer einen Teil des Miethauses, so treffen in dem Mitbesitz Eigen- und Fremd-Besitz zusammen. — Bei der Stahlkammerfachmiete sind der Bankhalter und der Kunde Mitbesitzer der unter gemeinschaftlichem Verschlusse verwahrten Gegenstände.

[2]) Dem Mitbesitzer kann Bruchteils-Gemeinschaft oder das Rechtsverhältnis der gesamten Hand zu Grunde liegen. Es kann auch der eine Mitbesitzer als Nießbraucher, der andere als Pfandgläubiger besitzen.

[3]) § 866 BGB. Mot. 3 S. 115, KProt. 3 S. 41. Gegen Entziehung des Mitbesitzes findet auch unter den Mitbesitzern Besitzschutz statt. KProt. 3 S. 42.

[4]) § 865 BGB. Mot. 3 S. 114, KProt. 3 S. 41. Der Teilbesitzer kann auch Eigenbesitzer sein; der Stockwerkseigentümer (Art. 182 EG.) ist Eigenbesitzer; auch der einen Teil seines Miethauses bewohnende Hausbesitzer ist bezüglich dieses Teiles unmittelbarer Eigenbesitzer. — Die tatsächliche Gewalt kann nur an individuell bestimmten Sachen unmittelbar ausgeübt werden; so lange aber eine oder mehrere Sachen einen Bestandteil einer Sachgesamtheit bilden, erstreckt sich die tatsächliche Gewalt über die Gesamtheit ohne weiteres auf die dazu gehörigen einzelnen Sachen; zur Begründung eines besonderen Besitzverhältnisses an einzelnen Sachen müssen diese Sachen individuell bestimmt werden. Vergl. RGE. 52 S. 389.

[5]) Besitz an Tunnels, Kloaken, Viadukten, an den Wandflächen der Häuser rc.; bei beweglichen Sachen z. B. Besitz an der verschließbaren Schublade eines Tisches.

abgesonderter Teilbesitz erscheint nicht möglich, wenn die tatsächliche Herrschaft nicht auf den Sachteil beschränkt werden kann, vielmehr mit Notwendigkeit auf das Ganze wirken würde [6]). Ob der in abgesondertem Besitze stehende Teil zu den wesentlichen Bestandteilen der Sache gehört oder nicht, ist ohne Einfluß [7]).

Sachen, die dem Gemeingebrauche dienen, können Gegenstand des Besitzes sein. Besitz wird aber nicht betätigt durch Handlungen, welche jeder Beliebige vornehmen darf oder welche der Handelnde mit Erlaubnis des Verfügungsberechtigten vornimmt. An Sachen, die im Gemeingebrauche stehen, wird der Besitz regelmäßig dem Staate oder der politischen oder kirchlichen Gemeinde zustehen.

Einen Besitz an Rechten kennt das BGB. [8]) im allgemeinen nicht, es gibt also keinen Besitz an einer Hypothek, einer Reallast rc. Bei der Ausübung von Rechten, mit der ein Besitz von Sachen (oder Sachteilen) verbunden ist, wird der Berechtigte in seiner Eigenschaft als Sachbesitzer possessorisch geschützt [9]). Im übrigen kommen, wenn der Besitzer eines Grundstücks in der Ausübung einer für den Eigentümer eingetragenen Grunddienstbarkeit gestört worden ist, die für den Sach-Besitzschutz geltenden Vorschriften zur entsprechenden Anwendung, soweit die Dienstbarkeit innerhalb eines Jahres vor der Störung, sei es auch nur einmal, ausgeübt worden ist [10]). Gleiches gilt für beschränkte persönliche Dienstbarkeiten [11]).

Das BGB. spricht auch von einem Erbschaftsbesitzer; es versteht darunter denjenigen, der auf Grund eines ihm in Wirklichkeit nicht zustehenden Erbrechts etwas aus der Erbschaft erlangt hat (§ 2018 BGB.). Das Wort Besitzer ist hier in einem anderen Sinne gebraucht als gewöhnlich. Gegen den Erbschaftsbesitzer hat der Erbe einen Gesamtanspruch auf Herausgabe des

---

[6]) Kein Teilbesitz an einem Tischbein, an den Haaren oder der Wolle eines Tieres rc.

[7]) § 93 BGB. kommt nicht in Betracht. Der Besitz eines Baumes ohne das Grundstück ist möglich, auch wenn die Voraussetzungen des § 95 BGB. nicht gegeben sind, auch Teilbesitz an ungetrennten Früchten eines Baumes. Der Besitzer muß nur in der Lage sein, seine Herrschaft an dem Teile unabhängig von Anderen tatsächlich auszuüben. An stehendem Holze wird die Besitzübergabe an den Käufer häufig durch Anschlagen des Waldhammers des Käufers kenntlich gemacht; Eigentum erwirbt der Käufer dadurch noch nicht, das Eigentum geht erst mit der Trennung über. Wer ein Haus auf Abbruch kauft, wird Eigenbesitzer der Baumaterialien mit der Überweisung des Hauses, Eigentümer erst mit dem Abbruch. — Vergl. Sellner BayZfR. 1 S. 113.

[8]) Soweit für Rechte die Landesgesetzgebung maßgebend ist, gilt dies auch für den Besitzschutz. Vergl. Art. 74, 65 ff. EGBGB.

[9]) Der Pächter eines Grundstücks ist demnach Besitzer des Grundstücks, nicht Besitzer des Pachtrechtes, ebenso der Nießbraucher rc.

[10]) § 1029 BGB.

[11]) § 1090 BGB.

Erlangten. Besitzt dagegen Jemand tatsächlich, ohne sich auf ein Erbrecht zu berufen, Erbschaftsgegenstände, so wird die Besitzklage anwendbar.

§ 16. Erwerb und Verlust des Besitzes.

Da der Besitz (im engeren Sinne) ein tatsächliches Verhältnis ist, so sind für Erwerbung, Fortsetzung und Beendigung des Besitzes nur tatsächliche Verhältnisse maßgebend.

Der Besitz einer Sache wird durch die Erlangung der tatsächlichen Gewalt über die Sache erworben[1]. Eines auf die Erlangung der tatsächlichen Gewalt gerichteten Willens bedarf es nicht[2], nicht einmal einer Kenntnis von dem Besitzerwerbe. Der Geschäftsunfähige, der auf der Straße ein Geldstück findet und aufhebt oder der aus dem Schaufenster des Bäckers ein Brot wegnimmt oder dem ein Spielzeug übergeben wird, erlangt den Besitz, der Abwesende, dem eine Sache in den in seiner Wohnung angebrachten Briefkasten geschoben oder zum offenen Fenster hinein in das Wohnzimmer geworfen wird, erlangt den Besitz, der Vogel, der durch das offene Fenster in das Zimmer fliegt, ist, wenn sich das Fenster schließt oder geschlossen wird, in dem Besitze des Zimmerinhabers.

Regelmäßig wird beim Besitzerwerb der Wille zu besitzen vorhanden sein, allein selbständiges Erfordernis für den Besitzerwerb ist der Wille, die Gewalt über die Sache zu erlangen, nicht. Auf Willensäußerungen kann Gewicht gelegt werden bei Entscheidung der Frage, wann im einzelnen Falle tatsächlich die Gewalt über eine Sache erlangt ist; denn häufig wird erst durch eine Willensäußerung ein solches Verhältnis zu der Sache hergestellt, daß der Handelnde unter Ausschließung anderer Personen auf die Sache einzuwirken vermag, also die tatsächliche Herrschaft erlangt. Haben sich die Umstände, mit oder ohne Zutun des Besitzerwerbers, so gestaltet, daß die tatsächliche Herrschaft dem Erwerber zugeschrieben und in Ansehung der anderen Personen verneint werden kann, so ist der Besitz erworben.

Eine Stellvertretung beim Besitzerwerbe gibt es nicht, denn es stehen hier keine rechtsgeschäftlichen Willenserklärungen im Sinne des § 164 BGB. in Frage. Wie ich aber eine Arbeit durch Andere für mich verrichten lassen kann, so kann auch der Besitz für mich durch Andere erworben werden. Zu untersuchen

---

Zu § 16.

[1] § 854 Abs. 1 BGB.

[2] KProt. 3 S. 30, Biermann S. 6, Planck 3 S. 32.

ist im einzelnen Falle nur, ob der für mich Handelnde ebenfalls Besitz erwirbt oder ob ich allein den Besitz erlange. Die Grenzpunkte bilden dabei die Bestimmungen des § 868 BGB. auf der einen Seite und des § 855 BGB. auf der anderen Seite. Steht derjenige, der für mich Besitz erwirbt, in einem Abhängigkeitsverhältnisse, so daß er meinen sich auf die Sache beziehenden Weisungen Folge zu leisten hat, so werde ich durch das Tun des Andern allein Besitzer[3]). Besteht ein Rechtsverhältnis, auf Grund dessen der Handelnde mir gegenüber auf Zeit zum Besitze berechtigt oder verpflichtet ist, oder wird durch den Besitzerwerb (z. B. bei der Geschäftsführung ohne Auftrag § 677 BGB.) ein solches Rechtsverhältnis begründet, so wird der Handelnde selbst Besitzer, gleichzeitig erlange ich jedoch mittelbaren Besitz[4])[5]). Ein Wissen des Erwerbers von seinem Besitze ist weder zur Erlangung des Besitzes im engern Sinne, noch des mittelbaren Besitzes erforderlich[6]).

Steht eine Sache schon im Besitze einer Person, so bedarf es zur Übertragung des Besitzes an eine andere Person nicht immer einer Übergabe der Sache; es genügt vielmehr zum Erwerbe des unmittelbaren Besitzes die Einigung des bisherigen Besitzers und des Erwerbers über den Besitzübergang, sofern der

[3]) Die Köchin, die auf dem Markte Gemüse einkauft, erwirbt nur der Herrschaft den Besitz; sie erwirbt auch keinen eigenen Besitz an dem Briefe, den ihr der Postbote auf der Straße zur Besorgung an ihre Herrschaft gibt, denn auch bezüglich einer solchen Sache hat sie den Weisungen der Herrschaft Folge zu leisten. — Der Jagdhüter, der auf dem Jagdgebiete seiner Herrschaft Wild erlegt, erlangt keinen eigenen Besitz.

[4]) Wenn ein Holzarbeiter, der nicht in Diensten des Jagdberechtigten steht, ein von dem Jagdberechtigten erlegtes, aber vergeblich gesuchtes Stück Wild findet, aufnimmt und in einem Gebüsch oder einer Höhle versteckt, um es Abends dem Jagdberechtigten zu überbringen, so erwirbt er dadurch unmittelbaren, der Jagdberechtigte mittelbaren Besitz. A. M. Strohal S. 68. Daß der selbständige Holzarbeiter keinen Besitz erwirbt, wenn ihm der Jagdberechtigte eine Falle mit in den Wald gibt, damit er sie an einem ihm bezeichneten Platze hinstelle, diesem Ersuchen stattgegeben wird und in der Falle ein Stück Wild sich fängt, wird selbstverständlich sein, denn die tatsächliche Herrschaft über die gestellte Falle und das darin gefangene Wild hat allein der Jagdberechtigte.

[5]) Wenn das Rechtsverhältnis gegeben ist, das bei dem mittelbaren Besitz vorliegen muß, bedarf es bei dem unmittelbaren Besitzer nicht der Absicht und des Willens, den Besitz für den mittelbaren Besitzer zu erwerben. Vergl. Biermann S. 38. In der Anwendung auf die Geschäftsführung ohne Auftrag gestaltet sich die Sache so, daß zur Begründung des Rechtsverhältnisses der Wille, ein Geschäft für einen anderen zu besorgen, erforderlich ist (RG 23 X 1903 JW. 1903 Beil. S. 141), daß aber, wenn dieser Wille besteht, der Wille, den Geschäftsherrn zum Besitzer zu machen, nicht von Bedeutung ist.

[6]) Dernburg § 20 III nimmt an, daß es im Allgemeinen zum Erwerbe des mittelbaren Besitzes des Wissens und Willens desjenigen bedarf, welchem der mittelbare Besitz erworben werden soll.

Erwerber in der Lage ist, die Gewalt über die Sache auszuüben[7]). Dies trifft zu bei nicht abschließbaren oder nicht abgeschlossenen Grundstücken; der Grundsatz kann jedoch auch bei beweglichen Sachen zur Anwendung kommen. Wird der Erwerber in die Lage versetzt, die Gewalt über die Sache auszuüben, wird ihm z. B. der Schlüssel übergeben, mit dem das Haus, an dem er den Besitz erwerben soll, verschlossen ist, so bedarf es keiner Besitzeinweisung an Ort und Stelle, es genügt auch in einem solchen Falle die Einigung des bisherigen Besitzers und des Erwerbers. Diese Einigung bezweckt die Herstellung eines tatsächlichen Zustandes, an den sich rechtliche Folgen knüpfen, sie bezweckt aber nicht die Herbeiführung der rechtlichen Folgen; es ist demnach die Einigung nicht als Rechtsgeschäft, sondern als Rechtshandlung zu bezeichnen[8]). Die Zustimmung des bisherigen Besitzers kann unter einer aufschiebenden Bedingung oder unter einer Zeitbestimmung erklärt werden, dagegen endigt die tatsächliche Herrschaft des Erwerbers über die Sache nicht mit Eintritt einer auflösenden Bedingung oder eines Endtermins. Die Einigung des bisherigen Besitzers und des Besitzerwerbers kann stillschweigend, durch Handlungen, vor sich gehen; in einer Auflassung (§ 925 BGB.) kann die Einigung über den Besitzübergang zum Ausdruck kommen; notwendig ist es jedoch nicht, daß der Erwerber mit der Auflassung den Besitz des Grundstücks erlangt.

Dadurch, daß der Besitzer einem Anderen die Möglichkeit gewährt, die Gewalt über die Sache zu erlangen, geht der Besitz noch nicht über. Ist z. B. der Besitzer zur Herausgabe des Grundstücks verpflichtet, so kann er, nachdem der Gläubiger in Verzug gekommen ist, den Besitz — nach erfolgter Androhung — aufgeben (§ 303 BGB.). Sache des Gläubigers ist es alsdann, den Besitz zu ergreifen, er kann dies tun, solange der von dem Schuldner aufgegebene Besitz nicht von einem Andern erworben ist.

Der mittelbare Besitz wird dadurch begründet, daß ein Rechtsverhältnis hergestellt wird, vermöge dessen ein unmittelbarer Besitzer einem Anderen gegenüber auf Zeit zum Besitze berechtigt oder verpflichtet wird[9]). Die Übertragung des mittel-

---

[7]) § 854 Abs. 2 BGB. Mot. 3 S. 91. Durch Einigung des Besitzdieners mit einem Dritten kann der Besitzdiener dem Dritten den Besitz nicht verschaffen, da er selbst keinen Besitz hat.

[8]) Die herrschende Meinung nimmt an, daß die Einigung Rechtsgeschäft, Vertrag, ist. Vergl. Biermann S. 8, Planck 3 S. 33. Da aber über den Begriff Rechtsgeschäft keine Einigkeit besteht (s. § 5 Anm. 1), so besteht kein Anlaß, die im „Recht der Grundstücke" vertretene Ansicht aufzugeben.

[9]) Z. B. der Besitzer vermietet und übergibt die Sache an den Mieter, er wird dadurch mittelbarer Besitzer. Der Besitzer überträgt das Eigentum an der Sache auf einen Andern und schließt Mietvertrag (vergl. § 930 BGB.), dadurch wird der Andere mittelbarer Besitzer. Jemand erwirbt eine Sache

baren Besitzes auf einen Andern geht in der Weise vor sich, daß dem Andern der Anspruch auf Herausgabe der Sache abgetreten wird[10]). Einer Mitwirkung des unmittelbaren Besitzers bedarf es bei der Abtretung nicht.

In welchem Umfange die Sache in Besitz genommen wird, hängt davon ab, wie weit sich die tatsächliche Herrschaft des Besitz-Erwerbers erstreckt. Dem Besitzwillen wird hierbei erhebliche Bedeutung beizumessen sein.

Ist die tatsächliche Gewalt über eine Sache erlangt, so dauert der Besitz fort, bis die tatsächliche Herrschaft ihr Ende erreicht.

Der unmittelbare Besitz wird dadurch beendigt, daß der Besitzer die tatsächliche Gewalt über die Sache aufgibt oder in anderer Weise verliert. Durch eine ihrer Natur nach vorübergehende Verhinderung in der Ausübung der Gewalt (z. B. durch Krankheit, Abwesenheit, Überschwemmung) wird der Besitz nicht beendigt[11]), er wird auch nicht beendigt dadurch, daß der Besitzer dauernd verhindert wird, persönlich den Besitz auszuüben (z. B. durch Einsperrung auf Lebenszeit); durch Besitzdiener kann er den Besitz immer noch ausüben lassen.

Die tatsächliche Gewalt über eine Sache kann auf verschiedene Weise aufgegeben werden. Ist die Sache so beschaffen, daß Andere in der Lage sind, die Gewalt über sie auszuüben, handelt es sich z. B. um allgemein zugängliche Grundstücke oder um bewegliche Sachen, die an allgemein zugänglichen Orten sich befinden, so genügt die Erklärung des Willens, die tatsächliche Gewalt über die Sache nicht mehr zu haben[12]). Ist die Sache der

---

als Vormund, Pfleger, Ehemann, Vater, Testamentsvollstrecker, Sequester 2c. und macht dadurch einen Anderen zum mittelbaren Besitzer. Ein Besitzer gibt die Sache einem Frachtführer, Kommissär, Spediteur, Beauftragten, Entleiher, Nießbraucher, Pfandgläubiger 2c. und wird dadurch zum mittelbaren Besitzer.

[10]) § 870 BGB. Mot. 3 S. 95, KProt. 3 S. 227. Aus dem zwischen dem mittelbaren und dem unmittelbaren Besitzer bestehenden Rechtsverhältnisse hat der mittelbare Besitzer einen (obligatorischen) Anspruch auf Herausgabe der Sache. Dieser Anspruch kann (formlos nach §§ 398 ff. BGB.) abgetreten und dadurch der mittelbare Besitz übertragen werden. Einer Benachrichtigung des unmittelbaren Besitzers bedarf es nicht. Vergl. RGE. 52 S. 277. — Geht der Herausgabeanspruch kraft Gesetzes auf einen Andern über, so wird dadurch auch der mittelbare Besitz übertragen. Biermann S. 42.

[11]) § 856 BGB. Mot. 3 S. 102, KProt. 3 S. 34.

[12]) Die Willenserklärung ist keine rechtsgeschäftliche, auch die Erklärung eines beschränkt Geschäftsfähigen oder Geschäftsunfähigen kann genügen. Es kommt nur darauf an, daß das Machtverhältnis, welches dem Gemeinbewußtsein als tatsächliche Herrschaft erscheint, infolge der Erklärung zerstört wird. Biermann S. 12, vergl. Dittenberger S. 108. Nach Planck 3 S. 38 ist die Willenserklärung eine Rechtshandlung, auf welche die Vorschriften über Rechtsgeschäfte entsprechend anwendbar sind. Nach Dernburg § 21 Nr. 2, Turnau-Förster 1 S. 55, Goldmann-Lilienthal 2 S. 12, Matthiaß 2 S. 13 u. A. ist die Willenserklärung Rechtsgeschäft.

Einwirkung Dritter entzogen, so ist außer der Erklärung des Willens, die Gewalt über die Sache nicht mehr zu haben, eine solche Veränderung der Lage der Sache erforderlich, daß Andere die Gewalt über die Sache erlangen können. So kann der Besitz an einer Sache dadurch aufgegeben werden, daß man sie auf die Straße wirft, wenn gleich die Möglichkeit gegeben ist, sie von der Straße wieder zu holen. In der Erklärung, zu Gunsten eines bestimmten Andern den Besitz einer Sache aufzugeben, liegt noch kein Aufgeben des Besitzes, sondern nur das Angebot einer Besitzübertragung durch Einigung (vergl. § 854 Abs. 2 BGB.).

Während das Aufgeben des Besitzes mit dem Willen des Besitzers erfolgt, geht der Verlust regelmäßig unfreiwillig vor sich. Wann anzunehmen ist, daß die einmal erlangte tatsächliche Gewalt verloren ist, hängt von den Umständen des einzelnen Falles ab. Auch der Eigenbesitz geht erst durch den Verlust der tatsächlichen Herrschaft verloren, nicht etwa schon dadurch, daß der Besitzer geisteskrank wird. Bei Grundstücken ist ein Verlieren oder ein Entfernen der Sache aus der Machtsphäre des Besitzers nicht wohl denkbar, ein Besitzverlust infolge elementarer Ereignisse ist sehr selten; daher wird bei Grundstücken die Inbesitznahme durch eine andere Person der einzige praktische Fall des Besitzverlustes sein. Bei beweglichen Sachen wird der Hauptfall des Besitzverlustes ebenfalls in der Erlangung der tatsächlichen Gewalt durch einen Anderen bestehen, es kann aber auch der Besitzgegenstand (z. B. das gefangene Tier) sich der Herrschaft des Besitzers entziehen, ohne daß ein Anderer Besitz erwirbt. Geht die unbewegliche oder bewegliche Sache unter, so kann von einem Besitze an ihr keine Rede sein[13]).

Die in § 855 BGB. bezeichneten Personen (Besitzdiener) kommen nur als Werkzeuge des Besitzers in Betracht, sie können die tatsächliche Gewalt über die Sache nicht aufgeben, auch selbst nicht verlieren. Der Herr verliert diese Gewalt, wenn mit oder ohne Zutun seiner Werkzeuge ein Zustand eintritt, bei dem der Herr außer stand ist, seine bisherige Herrschaft über die Sache weiter auszuüben. Hört das Abhängigkeitsverhältnis des Besitzdieners auf, so wird der bisherige Besitzdiener Besitzer; unter Umständen, vielleicht regelmäßig, wird gleichzeitig der bisherige Herr mittelbaren Besitz erwerben; stirbt der Besitzdiener, so behält der Herr seinen bisherigen Besitz, falls er in der Lage ist, seine tatsächliche Herrschaft noch auszuüben; ist ihm dies nicht möglich, so verliert er seinen Besitz.

Bei dem Tode des Besitzers geht der Besitz auf den Erben

[13]) Durch Ablauf der Zeit oder Eintritt einer auflösenden Bedingung geht der Besitz nicht verloren. Biermann S. 13.

über[14]). Der Erbe tritt an die Stelle des Erblassers, er setzt dessen Besitz fort. Nimmt ein Dritter ohne Willen des Erben Handlungen an Sachen des Nachlasses vor, die, wenn der Erblasser noch lebte, als widerrechtliche Störung oder Entziehung des Besitzes des Erblassers sich darstellen würden, so greift der Dritte in den Besitz des Erben ein und verübt verbotene Eigenmacht gegen den Erben, auch wenn der Erbe die Gewalt über die Sachen noch nicht tatsächlich ergriffen hat[15]). Der Erbe wird als Besitzer angesehen und geschützt, ehe er für seine Person die tatsächliche Gewalt über die einzelnen Sachen sich verschafft[16]) [17]).

Der Besitz geht auf denjenigen über, der Erbe wird. Wird die Erbschaft von dem zunächst Berufenen ausgeschlagen, so gilt der Anfall an den Ausschlagenden als nicht erfolgt, ebenso gilt

---

[14]) § 857 BGB. Mot. 3 S. 101, 5 S. 530. KProt. 5 S. 650. — War der Besitz des Erblassers fehlerhaft, so muß auch der Erbe die Fehlerhaftigkeit gegen sich gelten lassen (§ 858 Abs. 2 BGB.). — Besitz oder Gewahrsam im Sinne des Strafrechts verschafft § 857 BGB. dem Erben nicht. Vergl. RGE. in Strafs. 34 S. 254.

[15]) Hat der Erbschaftsbesitzer eine zur Erbschaft gehörende Sache durch verbotene Eigenmacht erlangt, so haftet er nach den Vorschriften über den Schadensersatz wegen unerlaubter Handlungen; ein gutgläubiger Erbschaftsbesitzer haftet jedoch wegen verbotener Eigenmacht nach diesen Vorschriften nur, wenn der Erbe den Besitz der Sache bereits tatsächlich ergriffen hat (§ 2025 BGB.). Auch im Falle des § 2027 BGB. ist es von Bedeutung, ob der Erbe Besitznachfolger des Erblassers ist oder ob er den Besitz schon tatsächlich ergriffen hat.

[16]) Nach Planck 3 S. 41 sollen die Vorschriften über die Rechtsfolgen des Besitzes auf den tatsächlichen Zustand zwischen dem Tod des Besitzers und der Besitzergreifung durch den Erben oder einen Anderen entsprechende Anwendung finden. Diese Annahme wird der Vorschrift des § 857 BGB. wohl nicht gerecht. Wenn der Besitz, wie das Gesetz bestimmt, auf den Erben übergeht, so wird der Erbe Besitzer; der Besitzschutz wird ihm als einem Besitzer zuteil. Wird er im Besitze gestört, so kann er die Beseitigung der Störung verlangen oder auf Unterlassung klagen, zur Erlangung der tatsächlichen Gewalt bedarf er der Schutzmittel nicht (anders Mot. 5 S. 531, s. jedoch §§ 2052, 2053 Entw. I). Wird der Besitz dem Erben entzogen, so kann er — gleich dem Erblasser, wenn diesem der Besitz entzogen worden wäre — Wiedereinräumung verlangen.

[17]) Sachen, die der Erblasser zur Zeit des Todes nicht in Besitz hat, können nicht nach § 857 BGB. in den Besitz des Erben übergehen. Das ist, wie Biermann S. 14 hervorhebt, selbstverständlich. Dagegen ist es nicht gerechtfertigt, die Anwendung des § 857 rücksichtlich derjenigen Sachen auszuschließen, die (Strohal, Erbrecht 2 S. 69) infolge der Umstände, unter denen der Tod des Erblassers erfolgt ist, in eine Lage geraten sind, vermöge welcher die Möglichkeit einer Ausübung der tatsächlichen Gewalt durch den Erben nicht mehr gegeben ist. Wenn der Erblasser in die Gletscherspalte versinkt oder ins Meer fällt, so ist er, bis der Tod eintritt, Besitzer seiner Sachen, mit dem letzten Atemzug macht er den Erben zum Besitzer. Ob der Erbe in der Lage sein wird, seinen Besitz zur Geltung zu bringen, ist eine andere Frage; vermag er die Kleider und sonstigen Gegenstände, die der Erblasser bei sich hatte, nicht in seine Gewalt zu bringen, so nützt ihm der Besitz, den ihm § 857 verschafft, nichts, aber die Norm des § 857 BGB. bedarf wegen solcher Verhältnisse keiner Einschränkung.

dann auch der Besitzübergang als nicht erfolgt[18]). Der Besitz geht aber nur auf den Erben über, der unmittelbar dem Erblasser folgt. Dem Nacherben fällt zwar die Erbschaft ebenfalls an, allein er hat von dem Vorerben die Herausgabe zu verlangen, und der Vorerbe ist verpflichtet, die Verwaltung bis zur Herausgabe ordnungsmäßig fortzusetzen. Dem Vorerben muß deshalb auch nach dem Eintritt des Falles der Nacherbfolge der Besitz verbleiben[19]).

Die Vererbung des Besitzes findet statt bei dem unmittelbaren und bei dem mittelbaren Besitze, bei dem mittelbaren Besitze aber nur insoweit, als der Erbe in das Rechtsverhältnis eintritt, auf dem der mittelbare Besitz (§ 868 BGB.) beruht. Hat z. B. der Konkursverwalter Wertpapiere, die zur Konkursmasse gehören, bei einem Dritten in Verwahrung gegeben, so geht bei dem Tode des Konkursverwalters der mittelbare Besitz nicht auf seine Erben über[20]).

Da der mittelbare Besitz nicht auf einer tatsächlichen Herrschaft des mittelbaren Besitzers, sondern auf der tatsächlichen Herrschaft des unmittelbaren Besitzers beruht, so wird er dadurch beendigt, daß der unmittelbare Besitzer die tatsächliche Gewalt aufgibt oder in anderer Weise verliert. Der mittelbare Besitz wird ferner beendigt, wenn das Rechtsverhältnis endigt, vermöge dessen der unmittelbare Besitzer dem mittelbaren gegenüber auf Zeit zum Besitze berechtigt oder verpflichtet ist[21])[22]).

---

[18]) § 1953 BGB. Hat der zunächst Berufene, der aber nicht Erbe wird, die tatsächliche Gewalt über Sachen, die zur Erbschaft gehören, ergriffen, so ist dadurch dem wirklichen Erben der Besitz, der ihm nach § 857 zusteht, entzogen.

[19]) Vergl. §§ 2130, 2139 BGB. — Hört die Vorerbschaft mit dem Tode des Vorerben auf, so geht der Besitz auf den Erben des Vorerben über; der Nacherbe ist nicht der Erbe des Vorerben. — Strohal (Erbr. 2 S. 75) unterscheidet, ob der Besitz des Vorerben an den zur Erbschaft gehörenden Sachen lediglich auf § 857 BGB. beruhe, oder ob der Vorerbe den Besitz tatsächlich ergriffen habe. Ebenso Planck 3 S. 42, abw. Biermann S. 15.

[20]) Hat der Verwalter fremden Vermögens dieses Vermögen getrennt von seinem eigenen Vermögen gehalten und den Besitz durch Besitzdiener ausgeübt, die zur Verwaltung des fremden Vermögens angestellt sind, so geht beim Tode des Vermögensverwalters auch der unmittelbare Besitz nicht auf seine Erben über, hört vielmehr mit dem Ausscheiden des Verwalters aus seiner Stellung auf. Vergl. Strohal 2 S. 76, Biermann S. 14.

[21]) So lange das Rechtsverhältnis besteht, kommt es auf die Erklärung des unmittelbaren Besitzers, er wolle Eigenbesitzer sein, nicht an. So wenig der Besitzdiener Besitzer sein kann, so lange das Abhängigkeitsverhältnis gegenüber dem Herrn besteht, so wenig kann der unmittelbare Besitzer Eigenbesitzer werden, solange das Rechtsverhältnis besteht, vermöge dessen er dem Anderen gegenüber zum Besitze berechtigt oder verpflichtet ist. Ist das Rechtsverhältnis nur ein vermeintliches, kein zu Recht bestehendes, so ist auch der mittelbare Besitz ein vermeintlicher, er erledigt sich mit der Erkenntnis, daß das Rechtsverhältnis nicht besteht. Abw. Planck 3 S. 65 Biermann, S. 38.

[22]) Gibt der unmittelbare Besitzer die Sache in einer Weise ab, daß er

§ 17. Besitzschutz.

Der Besitz wird, obgleich er kein Recht ist, geschützt. Der Besitzschutz ist dazu bestimmt, den Rechtsfrieden durch Aufrechthaltung des äußeren Herrschaftsverhältnisses der Person zur Sache zu bewahren. Der Schutz wird gewährt ohne Unterschied, ob der Besitz auf einem dinglichen oder einem obligatorischen Rechte beruht oder kein Recht zur Grundlage hat, ob der Besitzer die Sache als ihm gehörend oder als einem Anderen gehörend besitzt, ob er die ganze Sache besitzt oder nur einen Teil der Sache (§ 865 BGB.). Wird eine Sache von Mehreren gemeinschaftlich besessen, so steht jedem Mitbesitzer gegen Dritte das Schutzrecht eines Alleinbesitzers zu; im Verhältnis der Mitbesitzer zueinander dagegen findet ein Besitzschutz insoweit nicht statt, als es sich um die Grenzen des dem Einzelnen zustehenden Gebrauches handelt. Der tatsächlich geübte Mitgebrauch bietet keine genügend sichere Grundlage für die Gewährung des Rechtes der Selbsthilfe und der Besitzansprüche. Wird der Mitbesitz überhaupt in Frage gestellt, so ist auch gegenüber dem Mitbesitzer Besitzschutz gegeben [1]).

Dem Besitzer wird Schutz gewährt gegen Jeden [2]), der dem Besitzer ohne dessen Willen [3]) den Besitz entzieht oder ihn im Besitze stört, sofern nicht das Gesetz selbst [4]) die Entziehung oder die Störung gestattet [5]). Wer in dieser Weise den Besitz eines Anderen beeinträchtigt, handelt widerrechtlich; er verübt verbotene Eigenmacht. Zum Begriffe der verbotenen Eigenmacht gehört nicht, daß der Besitz vorsätzlich oder fahrlässig entzogen oder gestört wird, objektive Beeinträchtigung fremden Besitzes genügt; der Eigenmächtige kann in gutem Glauben, sogar

---

gegenüber einem Dritten mittelbarer Besitzer wird, so wird der Bestand des erstbegründeten mittelbaren Besitzes davon abhängen, ob der Dritte dem ersten mittelbaren Besitzer gegenüber auf Zeit zum Besitze berechtigt oder verpflichtet ist. Besteht ein solches Rechtsverhältnis zwischen Beiden, so bleibt auch der mittelbare Besitz bestehen, wenn auch an die Stelle des unmittelbaren Besitzers eine andere Person getreten ist.

Zu § 17.

[1]) § 866 BGB. S. § 15 Ziff. 3.

[2]) Auch gegen den mittelbaren Besitzer und gegen den Besitzdiener.

[3]) Bei Mitbesitz kommt es auf den Willen aller an. — Zurücknahme der zur Zeit der Handlung vorliegenden Zustimmung ist ohne Einfluß. Vergl. Biermann S. 16.

[4]) Vertragsmäßige Befugnis genügt nicht. RG 3 V 1904 JW. S. 361[18].

[5]) § 858 BGB. Mot. 3 S. 110, KProt. 3 S. 36. Eigenmacht ist z. B. durch das Gesetz gestattet in den Fällen der §§ 229, 561, 859, 904, 906, 910, 962 BGB. Vergl. Art. 89 EGBGB.

in dem Glauben, selbst Besitzer zu sein, gehandelt haben[6]). Nur die Schadensersatzpflicht ist von einem schuldhaften Zuwiderhandeln gegen das Verbot der Eigenmacht abhängig[7]). Andrerseits ist widerrechtliche (d. h. nicht durch das Gesetz gestattete) Entziehung oder Störung des Besitzes Voraussetzung des Besitzschutzes, Gefährdung durch eine Neuerung genügt nicht[8]).

Der durch verbotene Eigenmacht erlangte Besitz ist fehlerhaft. Dritten gegenüber gewährt auch ein solcher Besitz vollen Schutz, fehlerhaft ist der Besitz nur gegenüber demjenigen, dem durch verbotene Eigenmacht der Besitz entzogen worden ist. Dem fehlerhaft Besitzenden stehen diejenigen gleich, die die Fehlerhaftigkeit des Besitzes gegen sich gelten lassen müssen, das sind der Erbe eines fehlerhaft Besitzenden und derjenige Sondernachfolger, der bei dem Erwerbe seines Besitzes die Fehlerhaftigkeit des Besitzes seines Vorgängers kannte[9]).

Gegen verbotene Eigenmacht ist dem Besitzer vor allem das Recht gewährt, sich der Eigenmacht mit Gewalt zu erwehren[10]) (Selbstschutz).

Im allgemeinen darf die Ausübung eines Rechtes nicht einseitig, ohne Anrufen des Richters, erzwungen werden, vielmehr ist es Sache des Staates, den Berechtigten zu schützen und die Verwirklichung des dem Gesetze entsprechenden tatsächlichen Zustandes herbeizuführen. Von diesem Grundsatze bestehen jedoch Ausnahmen. Die Verteidigung, welche erforderlich ist, einen gegenwärtigen, objektiv rechtswidrigen Angriff von sich oder einem Anderen abzuwenden, ist erlaubt; Handlungen, welche durch eine solche Verteidigung geboten werden — Notwehrhand-

---

[6]) Vergl. RGE. 55 S. 57. Auch die irrtümliche Annahme der Zustimmung des Besitzers oder der Gestattung durch das Gesetz ist ohne Bedeutung.

[7]) §§ 823 ff., 992 BGB.

[8]) Nicht erforderlich ist, daß die Entziehung oder Störung mit Gewalt oder heimlich geschah.

[9]) § 858 Abs. 2 BGB. Besitznachfolger ist auch der indirekte Nachfolger des Eigenmächtigen; der Nachfolger muß — was sein Gegner zu beweisen hat — gewußt haben, daß sein unmittelbarer Vorgänger fehlerhaft besessen habe. Der Nachfolger eines fehlerfreien Vormannes haftet nicht. — Als Besitznachfolger hat auch derjenige zu gelten, der durch verbotene Eigenmacht einem Besitzer den Besitz entzieht, den dieser Besitzer selbst eigenmächtig einem Dritten entzogen hatte, er muß also, wenn er bei seinem Besitzerwerbe die Fehlerhaftigkeit des Besitzes des Anderen kannte, auch jenem Dritten gegenüber die Fehlerhaftigkeit gegen sich gelten lassen. Vergl. Biermann S. 17.

[10]) § 859 Abs. 1 BGB. Mot. 3 S. 112, KProt. 3 S. 38. — Daß, wie Planck S. 45 Anm. 1 anführt, der fehlerhafte Besitzer die Selbstschutzrechte selbst gegen denjenigen hat, dem gegenüber er fehlerhaft besitzt, erscheint zutreffend, zu beachten ist jedoch, daß der aus dem Besitz Gesetzte keine verbotene Eigenmacht verübt, wenn er sich in den Grenzen des Selbstschutzrechtes hält (§ 858 Abs. 1 BGB.).

lungen[11]) — sind nicht widerrechtlich. Droht die Gefahr von einer fremden Sache, so handelt nicht widerrechtlich, wer diese fremde Sache beschädigt oder zerstört, um die Gefahr von sich oder einem Anderen abzuwenden, sofern die Beschädigung oder die Zerstörung zur Abwendung der Gefahr erforderlich ist und der Schaden nicht außer Verhältnis zu der Gefahr steht[12]). Nicht blos Handlungen der Verteidigung sind gestattet; derjenige, dem ein Anspruch zusteht, kann sich unter bestimmten Voraussetzungen selbst helfen. Wenn obrigkeitliche Hilfe nicht rechtzeitig zu erlangen ist und ohne sofortiges Eingreifen die Gefahr besteht, daß die Verwirklichung des Anspruchs vereitelt oder wesentlich erschwert werde, kann der Berechtigte, ohne daß seine Handlung als widerrechtlich zu erachten wäre, zum Zwecke der Selbsthilfe eine Sache wegnehmen, zerstören oder einen Verpflichteten, welcher der Flucht verdächtig ist, festnehmen, auch den Widerstand des Verpflichteten gegen eine Handlung, die dieser zu dulden verpflichtet ist, beseitigen[13]).

Verbotener Eigenmacht darf sich der Besitzer mit Gewalt erwehren, mögen die Voraussetzungen einer Notwehr gegeben sein oder nicht. Es ist nur zu untersuchen, ob verbotene Eigenmacht vorliegt, und ob und inwieweit zur Abwehr Gewalt erforderlich ist[14]).

Wird dem Besitzer eine bewegliche Sache ohne seinen Willen und ohne daß das Gesetz die Entziehung gestattet, weggenommen, so darf er sie dem auf frischer Tat betroffenen oder verfolgten Täter mit Gewalt wieder abnehmen[15]). Voraussetzuug ist auch

---

[11]) § 227 BGB. § 53 Abs. 2 StGB. Dagegen ist die Überschreitung der Notwehr widerrechtlich, auch wenn der Täter in Bestürzung, Furcht oder Schrecken über die Grenzen der Verteidigung hinausgegangen ist. Ob infolge einer solchen widerrechtlichen Handlung eine Verpflichtung zum Schadensersatze besteht (§ 823 BGB.), hängt davon ab, ob Fahrlässigkeit vorliegt. RG 13 II 1902 JW. 1902 Beil. S. 192.

[12]) Hat der Handelnde die Gefahr verschuldet, so ist er zum Schadensersatze verpflichtet. § 228 BGB. Weiter geht die Bestimmung des § 904, dort ist nicht Voraussetzung der Einwirkung, daß durch die Sache selbst die Gefahr droht.

[13]) § 229 BGB. Das Recht dieser Selbsthilfe steht nur dem Berechtigten zu. Auf sein Geheiß können es jedoch auch Andere ausüben, auch kann er bei Vornahme der Selbsthilfe Gehilfen zuziehen. KProt. 3 S. 41. — Hat der Handelnde irrig angenommen, die für den Ausschluß der Widerrechtlichkeit erforderlichen Voraussetzungen seien vorhanden, so ist er dem anderen Teile zum Schadensersatze verpflichtet, auch wenn der Irrtum nicht auf Fahrlässigkeit beruht (§§ 229, 231 BGB.).

[14]) Vergl. RG 22 X 1903 JW. 1903 Beil. S. 135 (Drohung mit Stock). — In der Gewaltanwendung darf nicht weiter gegangen werden als zur Abwehr des drohenden Eingriffs erforderlich ist. Vergl. RGE. in Strafs. 34 S. 251.

[15]) § 859 Abs. 2 BGB. Vergl. § 127 StPO. Daß § 859 Abs. 2 zum Ausdrucke bringe (KProt. 3 S. 39), der Verfolger brauche nicht vor der Behausung des Verfolgten Halt zu machen, ist nicht ersichtlich.

hier nur die Wegnahme mittels verbotener Eigenmacht, die Voraussetzungen der gewöhnlichen Selbsthilfe (§ 229 BGB.) brauchen nicht vorzuliegen.

Wird dem Besitzer eines Grundstücks der Besitz durch verbotene Eigenmacht entzogen, so darf er sofort nach der Entziehung sich des Besitzes durch Entsetzung des Täters wieder bemächtigen[16]). Die Wiederbemächtigung muß sofort nach der Entziehung stattfinden. Dadurch wird nicht ausgeschlossen, daß der des Besitzes Entsetzte die nötigen Vorbereitungen trifft, um die Entsetzung des Täters durchzuführen; das „sofort" bedeutet aber auch nicht dasselbe wie „unverzüglich" (§ 121 BGB.), ein Zögern darf nicht stattfinden, weder ein schuldhaftes, noch ein schuldloses[17]). Die Wiederbemächtigung kann nur sofort nach der Besitzentziehung vor sich gehen, auf den Zeitpunkt, wann der Besitzer von der Entsetzung Kenntnis erhält, kommt es nicht an; bei heimlicher Entziehung des Besitzes wird der Besitz nicht als fortdauernd angesehen, bis der Besitzer Kenntnis von der Entziehung erhält.

Diese Befugnisse des Selbstschutzes stehen dem mittelbaren Besitzer nicht zu[18]). Der mittelbare Besitzer kann nur eingreifen, sofern die Voraussetzungen der Notwehr oder der gewöhnlichen Selbsthilfe für ihn gegeben sind; gegen Übergriffe des unmittelbaren Besitzers ist er auf die Ansprüche aus dem zwischen ihnen bestehenden Rechtsverhältnisse beschränkt. Der Besitzdiener (§ 855 BGB.) ist zur Ausübung der seinem Herrn zustehenden Selbstschutzrechte befugt[19]), ein eigenes Selbstschutzrecht hat er nicht. Er bedarf keiner Ermächtigung des Besitzherrn zum Handeln, muß aber seine Tätigkeit einstellen, sobald es ihm der Herr untersagt. Andere Personen kann der den Selbstschutz ausübende Besitzer zuziehen; selbständig eingreifen können solche Personen nur auf Grund der Bestimmungen über die Notwehr und gewöhnliche Selbsthilfe (§§ 227 ff. BGB.).

Der Selbstschutz des Besitzers richtet sich gegen den Täter, aber auch gegen denjenigen, der die Fehlerhaftigkeit des Besitzes

---

Er gestattet nur die gewaltsame Wegnahme der Sache, nicht die Verletzung des Hausfriedens. Vergl. §§ 102 ff. StPO. A.M. Biermann S. 18, Planck 3 S. 46.

[16]) § 859 Abs. 3 BGB. In den gleichen Grenzen ist die Beseitigung einer Störung des Besitzes gestattet. Vergl. Planck 3 S. 46.

[17]) Vergl. KProt. 3 S. 40.

[18]) § 869 schreibt vor, welche Rechte dem mittelbaren Besitzer zustehen, wenn gegen den unmittelbaren Besitzer verbotene Eigenmacht verübt wird, auf § 859 ist jedoch nicht hingewiesen. KProt. 3 S. 226, Denkschr. S. 655, Staudinger 3 S. 38, Biermann S. 39. A. M. Buchka S. 168, Förtsch S. 62 u. A.

[19]) § 860 BGB. Mot. 3 S. 114, KProt. 3 S. 38. Die Befugnis besteht nur hinsichtlich der Sachen, über die der Besitzdiener die tatsächliche Gewalt ausübt.

gegen sich gelten lassen muß, also gegen den Nachfolger im Besitze, sofern dieser Erbe des Besitzers ist oder bei dem Besitzerwerbe die Fehlerhaftigkeit des Besitzes seines Vorgängers kennt[20]).

In Fällen, in denen der Besitzer nicht in der Lage oder nicht des Willens ist, sich selbst zu schützen, tritt der gerichtliche Besitzschutz ein. Der Besitzer, gegen den verbotene Eigenmacht verübt worden ist, kann durch einfache Berufung auf die durch diese Eigenmacht herbeigeführte Veränderung des Besitzstandes im gerichtlichen Verfahren die Wiederherstellung des früheren Besitzstandes erlangen, ohne daß er ein Recht zu behaupten braucht, dem die begehrte Wiederherstellung entspricht. Keine Voraussetzung einer Besitzklage ist, daß der Besitz des Klägers schon ein Jahr gedauert hat. Grund der Besitzklage ist nicht die in der Vergangenheit liegende Handlung verbotener Eigenmacht, sondern die gegenwärtig fortdauernde Beeinträchtigung des Besitzes. Die Besitzklagen gehen auf Beseitigung der Besitzstörung oder Unterlassung von Störungen oder Wiedereinräumung des Besitzes, nicht auf Schadenersatz. Die Verbindung der (nach §§ 823 ff. BGB. zu beurteilenden) Schadensersatzklage mit einer Besitzklage ist nach Maßgabe des § 260 ZPO. zulässig[21]).

Besitzklagen, die auf verbotener Eigenmacht beruhen, sind nur die Besitzstörungs- und die Besitzentziehungsklage. Nicht zu den Besitzklagen gehört die condictio possessionis (§§ 812 ff. BGB.)[22]), ebensowenig die Feststellungsklage nach § 256 ZPO.[23])[24]).

A. Besitzstörungsklage.

Wird der unmittelbare Besitzer durch verbotene Eigenmacht (d. h. ohne seinen Willen und ohne daß das Gesetz die eigen-

---

[20]) § 859 Abs. 4 BGB. Zur Anwendung kann diese Bestimmung kommen, wenn während der Verfolgung des Diebes die Sache in die Hände eines Hehlers gelangt.

[21]) Vergl. Turnau-Förster 1 S. 61, Biermann S. 21, Planck 3 S. 47.

[22]) Auf Grund der §§ 812 ff. kann z. B. der Besitz zurückgefordert werden, wenn zum Zwecke der Erfüllung eines vermeintlich abgeschlossenen Kaufvertrags das Grundstück vor der Auflassung übergeben worden ist.

[23]) Gegen den Prekaristen geht die Besitzklage nicht, er erlangt den Besitz nicht ohne den Willen des Besitzers.

[24]) Seit 1. Januar 1900 können die gemeinrechtlichen prohibitorischen Interdikte zum Schutze des Gemeingebrauchs an öffentlichen Plätzen und Wegen nicht mehr angestellt werden. Durch die Ausscheidung des Wasserrechts, des Fischereirechts, der Regalien und des öffentlichen Rechts sind nicht alle Rechtssätze der Landesrechte über Privatflüsse und öffentliche Flüsse und das Benutzungsrecht derselben, das Meeresufer und die öffentlichen Wege und Plätze aufrecht erhalten, nur für Wasserrecht, Fischereirecht und Regalien sind in Art. 65, 69 und 73 EG. die Landesgesetze ausdrücklich aufrecht erhalten, aber nicht für öffentliche Wege und Plätze, abgesehen von den in Art. 113 EG. erwähnten landesgesetzlichen Vorschriften über die Regulierung der Wege. RG 2 II 1903 E. 53 S. 384. Soweit privatrechtliche Normen auf öffentliche Wege und Plätze anzuwenden sind, gilt unbeschadet der landesgesetzlichen Vorschriften über die Regulierung der Wege das neue Recht.

mächtige Störung gestattet) im Besitze gestört, so kann er von dem Störer[25]) die Beseitigung der Störung verlangen; sind weitere Störungen zu besorgen, so kann er auf Unterlassung klagen[26]). Dieser Anspruch wegen Störung des Besitzes setzt, wie schon angeführt, voraus, daß durch verbotene Eigenmacht ein tatsächlicher Zustand geschaffen ist, der fortwirkend den Besitz beeinträchtigt. Der tatsächliche Zustand, gegen den die Besitzstörungsklage sich richtet, kann entweder in einer körperlich fortdauernden Störung bestehen, z. B. in einer auf das Grundstück hinübergreifenden Anlage, oder in der Rechtsunsicherheit, die sich aus der Besorgnis weiterer Störungen ergibt; diese Besorgnis muß durch die Umstände des Falles besonders begründet werden[27])[28]). Bei körperlich fortdauernder Störung ist der Anspruch auf Beseitigung der Störung gegeben; der Beklagte hat, soweit möglich, den früheren Zustand auf seine Kosten wiederherzustellen. Die Vollstreckung des Urteils erfolgt nach § 887 ZPO. Liegt keine körperlich fortdauernde Störung vor, so richtet sich der Anspruch auf Beseitigung der erregten Besorgnis und Wiederherstellung des früheren Zustandes der Rechtssicherheit. Der Störer wird zur Unterlassung fernerer Störungen verurteilt, die Vollziehung des Urteils erfolgt nach § 890 ZPO. — Eine Schadensersatzleistung kann auf Grund der Besitzklage nicht verlangt werden; beruht die als verbotene Eigenmacht sich darstellende Handlung auf einem Verschulden, so ist ein selbständiger Schadensersatzanspruch (§§ 823 ff.) gegeben.

Daß gegen die Person des Besitzers Gewalt angewendet worden wäre, ist nicht Voraussetzung des Anspruchs auf Beseiti-

---

[25]) Hat Jemand im Auftrage eines Anderen gestört, so ist auch der Andere Störer. Vergl. Biermann S. 24.

[26]) § 862 Abs. 1 BGB. Mot. 3 S. 125, KProt. 3 S. 44. — Zur Klage ist legitimiert der gestörte Besitzer, sein Erbe (§ 857 BGB.) oder der sonstige Nachfolger im Besitze der Sache. Eine Abtretung des Besitzstörungsanspruchs ohne Übertragung des Besitzes der Sache ist nicht zulässig. Übereinstimmend Biermann S. 24, Planck 3 S. 50 u. A.

[27]) Vergl. Denkschr. S. 654. Pflückt Jemand einmal in einem fremden Garten ein paar Blumen oder benutzt ein Bauer eine günstige Gelegenheit, sein Vieh auf der Wiese des Nachbarn weiden zu lassen, so ist dadurch, wenn der Tatbestand einer unerlaubten Handlung vorliegt, ein Schadenersatzanspruch gegeben, unter Umständen kann ein Bereicherungsanspruch begründet sein, aber ein Anspruch auf Beseitigung einer Störung besteht bei solcher Sachlage nicht. Strohal S. 134. — Über Besitzklage wegen Gefährdung der Bewohner eines Grundstücks durch militärische Schießübungen s. RGE. 55 S. 55.

[28]) Der Klaganspruch richtet sich, wenn die Störung im Halten einer Anlage besteht, gegen den, der die Anlage hält, wenn er sie auch nicht selbst hergestellt hat oder hat herstellen lassen. Durch eine Veräußerung der störenden Anlage nach dem Eintritt der Rechtshängigkeit geht die Passivlegitimation nicht verloren, das Urteil wirkt gegen den Erwerber. Vergl. Planck 3 S. 51. — Bei sonstiger Störung geht der Anspruch gegen denjenigen, auf dessen Verhalten der Zustand der Rechtsunsicherheit beruht.

gung der Störung oder auf Unterlassung, auch wird nicht gefordert, daß der Störer den Besitz der Sache für sich verlangt oder daß er den Besitz des Klägers bestreitet; es genügt, wenn die Beeinträchtigung des Besitzes ohne den Willen des Besitzers erfolgt ist.

Die Frage, ob durch bloße Worte, Drohungen rc. ein Zustand der Rechtsunsicherheit herbeigeführt werden kann, welcher die Erhebung einer Besitzklage rechtfertigt, wird zu bejahen sein; nach den Umständen des einzelnen Falles ist zu beurteilen, ob ein Zustand der Rechtsunsicherheit wirklich herbeigeführt worden ist[29]). Der Anspruch geht auf Unterlassung weiterer Störungen.

Der mittelbare Besitzer hat gegen Störung des mittelbaren Besitzes keine Besitzklage. Wird gegen den unmittelbaren Besitzer verbotene Eigenmacht verübt[30]), so steht die Klage wegen Besitzstörung auch dem mittelbaren Besitzer zu[31]). Während der mittelbare Besitzer im Verhältnisse zu dem unmittelbaren keinen Besitzschutz hat (wenn z. B. der Mieter das Mietobjekt über die bestimmte Zeit hinaus behält), stehen dem unmittelbaren Besitzer die Besitzansprüche auch gegen den mittelbaren Besitzer zu.

B. Besitzentziehungsklage.

Wird der unmittelbare Besitz durch verbotene Eigenmacht dem Besitzer entzogen, so kann dieser[32]) die Wiedereinräumung von demjenigen verlangen, welcher ihm gegenüber fehlerhaft besitzt[33]). Fehlerhaft besitzen diejenigen, welche die verbotene Eigenmacht verübt haben, so lange sie im Besitze sind, und ihre Nachfolger im Besitze, falls sie als Erben den Besitz erhalten oder bei dem Erwerbe des Besitzes die Fehlerhaftigkeit des Besitzes ihres unmittelbaren Vorgängers gekannt haben[34]). Die

---

[29]) Übereinstimmend Biermann S. 23. Nach Dernburg § 25 Nr. 4 kann eine bloß wörtliche Störung nicht als verbotene Eigenmacht bezeichnet werden. Vergl. dagegen Braunschweig OLGRechtspr. 4 S. 290, Recht 1902 S. 292[20].

[30]) Die Klage ist also nicht gegeben, wenn der Dritte im Einverständnisse mit dem unmittelbaren Besitzer handelt.

[31]) § 869 BGB. Mot. 3 S. 127, KProt. 3 S. 225. Das Klagrecht des mittelbaren Besitzers ist nicht etwa nur für den Fall eingeräumt, daß der unmittelbare Besitzer nicht klagen will. Vergl. Wendt ArchZivPr. 87 S. 55. — Gegen Störungen, die sich gegen den Besitzdiener richten, steht dem Besitzherrn die Besitzstörungsklage zu.

[32]) Der Anspruch steht zu dem aus dem Besitz gesetzten unmittelbaren Besitzer, auch seinem Erben oder einem Sondernachfolger. Sondernachfolge in den Anspruch, insbesondere Abtretung (§ 398 BGB.), ist zulässig. Vergl. Planck S. 48. Ein Mitbesitzer kann den Anspruch nur für alle geltend machen (§ 432 BGB.).

[33]) § 861 Abs. 1 BGB. Mot. 3 S. 123, KProt. 3 S. 43.

[34]) Vergl. § 858 Abs. 2 BGB. — Ein Besitzdiener hat keinen Besitz, kann also auch nicht belangt werden; der Anspruch ist gegen den Besitzherrn zu richten.

Restitutionspflicht hängt von dem derzeitigen Besitze[35]) des Beklagten ab; wenn der Eigenmächtige den Besitz erlangt, dann aber wieder verloren hat, ist er nicht belangbar mit der Besitzklage[36]); ob er auf Schadenersatz verklagt werden kann, bemißt sich nach den Vorschriften über unerlaubte Handlungen. Der Beklagte hat, um dem Anspruche des Klägers gerecht zu werden, die Tätigkeit zu entwickeln, die erforderlich ist, damit der Kläger den Besitz wieder ergreifen kann.

Dem mittelbaren Besitzer steht die Klage wegen Entziehung zu, wenn dem unmittelbaren Besitzer durch verbotene Eigenmacht[37]) der Besitz entzogen worden ist. Der Anspruch des mittelbaren Besitzers geht regelmäßig auf Wiedereinräumung des Besitzes an den bisherigen (unmittelbaren) Besitzer; das Recht, die Einräumung des Besitzes für sich selbst zu fordern, hat er nur, wenn der bisherige Besitzer den Besitz nicht wieder übernehmen kann oder will[38]). Diese Beschränkung bezieht sich nur auf den dem mittelbaren Besitzer als solchem gewährten Besitzschutz; hat z. B. der Vermieter eines Grundstücks sich die Mit-

---

[35]) Der Besitz des Beklagten kann unmittelbar oder mittelbar sein. Der Anspruch gegen den mittelbaren Besitzer kann auch gegeben sein, wenn der unmittelbare nicht fehlerhaft besitzt. Der Anspruch gegen den mittelbaren Besitzer geht auf Übertragung des mittelbaren Besitzes.

[36]) War der Beklagte zur Zeit des Eintritts der Rechtshängigkeit der Klage im fehlerhaften Besitze der Sache, so wirkt das Urteil gemäß § 325 ZPO. gegen die Personen, die Rechtsnachfolger geworden sind oder den Besitz der Sache in solcher Weise erlangt haben, daß der Beklagte oder ein Rechtsnachfolger mittelbarer Besitzer geworden ist. Abw. Planck S. 48, Turnau-Förster 1 S. 61. Richtig ist, daß in Mot. 1 S. 124 ein anderer Standpunkt vertreten ist, allein der Umstand, daß die in § 861 BGB. bestimmte Restitutionsverpflichtung von der praesens possessio der Sache abhängt und nicht auf ein commissum sich gründet, scheint grade ein Grund zu sein, die Sache, um deren Besitz der Streit sich dreht, als „in Streit befangene" Sache anzusehen. Unbillig wäre es, heißt es in der Begründung zu § 228 Entw. ZPO., im Falle der Veräußerung der litigiösen Sache durch den besitzenden Beklagten den Kläger zu nötigen, nach Beendigung des mit Aufwand von Zeit, Mühe und Kosten gegen den Beklagten durchgeführten Prozesses einen neuen Prozeß gegen einen Dritten anzufangen. Ob der Dritte, der während des Rechtsstreites erworben hat, fehlerhaft besitzt, ist ohne Bedeutung. A. M. Biermann S. 20. Vergl. Leske S. 362 Anm. 8.

[37]) Die Entziehung des Besitzes muß ohne den Willen des unmittelbaren Besitzers erfolgt sein (§ 858 BGB.).

[38]) § 869 BGB. Hat der mittelbare Besitzer beantragt, daß ihm selbst der Besitz eingeräumt werde, und erhebt später der unmittelbare Besitzer Klage, so ist die Klage des mittelbaren Besitzers nicht abzuweisen, nur der Klageantrag hat eine Abänderung zu erleiden (Vergl. § 268 ZPO.). — Der Besitzanspruch des mittelbaren Besitzers ist selbständig, unabhängig von dem des unmittelbaren Besitzers, er wird nicht dadurch hinfällig, daß der unmittelbare Besitzer nachträglich dem eigenmächtigen Eingriff in den Besitz zustimmt (Mot. 3 S. 128). Das Urteil, das in dem Rechtsstreite des unmittelbaren Besitzers ergeht, steht dem Anspruch des mittelbaren Besitzers nicht entgegen. Zweckmäßig ist die Verbindung der beiden Prozesse.

benutzung bestimmter Teile des Grundstücks vorbehalten, so ist er insoweit selbst Besitzer (im engeren Sinne) und hat, wenn die Eigenmacht gegen diesen Teil des Grundstücks sich richtet, unbeschränkten Besitzschutz[39]).

C. Gemeinsames für Störungs- und Entziehungsklage.

Die Klage wegen Besitzstörung und die Klage wegen Besitzentziehung können, wenn es sich um Grundstücke handelt, leicht ineinanderlaufen. Beide Ansprüche sind ihrem Grunde nach gleichartig. Sollte der durch die verbotene Eigenmacht des Beklagten geschaffene Zustand, den der Kläger als Störung rügt und dessen Beseitigung er verlangt, derartig sein, daß man dem Beklagten den Besitz zuschreiben muß, so läßt sich der Klagantrag ändern, ohne daß darin eine Änderung des Klaggrundes zu erblicken wäre.

Zur Begründung der Besitzstörungsklage hat der Kläger[40]) zu beweisen, daß er im Besitze der Sache ist[41]) und daß ihn[42]) ohne seinen Willen[43]) der Beklagte im Besitze gestört hat; zur Begründung der Klage wegen Besitzentziehung gehört der Nachweis, daß der Kläger[44]) vor der Entziehung im Besitze war, daß ihm ohne seinen Willen der Besitz entzogen worden ist, daß die Entziehung durch den Beklagten erfolgte oder daß und warum der Beklagte ihm gegenüber fehlerhaft besitzt[45])[46]).

---

[39]) Denkschr. S. 656.

[40]) Aktivlegitimation s. Ziff. 26, 31. Klagt der mittelbare Besitzer, so ist der Besitz des unmittelbaren Besitzers darzutun.

[41]) Der Einwand, Kläger habe nicht die tatsächliche Gewalt über die Sache, übe sie vielmehr für einen andern in einem unter § 855 BGB. fallenden Abhängigkeitsverhältnisse aus, ist ein Bestreiten des Klagegrundes.

[42]) Oder seinen Vorgänger, bei Klage des mittelbaren Besitzers: den unmittelbaren Besitzer. — Der durch die Störung herbeigeführte tatsächliche Zustand muß übrigens fortwirken, also auch den Besitz des Klägers selbst beeinträchtigen.

[43]) Beweispflichtig ist der Kläger. Übereinstimmend Biermann S. 21. — Selbstverständlich ist, wenn ein Vorgänger des Klägers oder bei Klage des mittelbaren Besitzers der unmittelbare Besitzer gestört worden ist, nachzuweisen, daß die Störung ohne den Willen desjenigen erfolgte, der zur Zeit der Störung unmittelbarer Besitzer war. — Behauptet der Beklagte, die Störung sei durch das Gesetz gestattet (§ 858 Abs. 1 BGB.), so ist er hiefür beweispflichtig.

[44]) Aktivlegitimation s. Ziff. 32, 38. — Ist der Kläger nicht selbst aus dem Besitze gesetzt worden, so ist nachzuweisen, daß sein Vorgänger oder, bei Klage des mittelbaren Besitzers, der unmittelbare Besitzer im Besitze war.

[45]) Daß der Beklagte besitzt, nicht etwa Besitzdiener ist, hat der Kläger zu beweisen. Nach Biermann S. 21 Anm. 4c muß der Kläger nachweisen, daß der Beklagte die tatsächliche Gewalt über die Sache hat. Das erscheint richtig; wenn aber bewiesen ist, daß der Beklagte die tatsächliche Gewalt *hat*, steht auch fest, daß er sie nicht für einen anderen in einem Abhängigkeitsverhältnisse ausübt (§ 855 BGB.).

[46]) Kläger wird seiner Beweispflicht bei der Entziehungsklage genügen, wenn er nachweist, daß der Beklagte beim Eintritt der Rechtshängigkeit die Sache besessen hat. Vergl. Biermann S. 21.

Der Beklagte kann, abgesehen von dem Bestreiten der Klagebehauptungen, den Besitzklagen folgende Einwendungen oder Einreden (im Sinne der ZPO.) entgegensetzen.

1. Die Einwendung fehlerhaften Besitzes.

Der Anspruch des Klägers auf Beseitigung oder Unterlassung der Störung oder auf Wiedereinräumung des Besitzes ist ausgeschlossen, wenn der gestörte oder entzogene Besitz des Klägers dem Beklagten oder dessen Rechtsvorgänger gegenüber im Falle der Besitzstörung fehlerhaft ist oder — im Falle der Besitzentziehung — fehlerhaft war, und erst in dem letzten Jahre vor der Störung oder der Entziehung erlangt worden ist[47]). Der Einwand der Fehlerhaftigkeit kann auch als Replik oder Duplik vorgebracht werden[48]). Es gilt allgemein der Grundsatz, daß Niemand sich auf die Fehlerhaftigkeit des Besitzes des Gegners berufen kann, der selbst innerhalb eines Jahres vor der fehlerhaften Besitzerlangung des Gegners ihm gegenüber den Besitz fehlerhaft erlangt hat[49]).

Wird gegenüber einer Besitzstörungsklage der Einwand des fehlerhaften Besitzes vorgebracht, so bedarf es, damit der Beklagte in den Besitz eingesetzt werden kann, der Erhebung einer Widerklage wegen Besitzentziehung. Doppelseitigkeit der Besitzklage besteht nicht.

2. Die Einwendung erlaubter Eigenmacht.

In einem Besitzprozeß kann ein Recht zum Besitze oder ein Recht zur Vornahme der störenden Handlung nur zur Begrün-

---

[47]) §§ 862 Abs. 2, 861 Abs. 2 BGB. KProt. 3 S. 43. Z. B. der Kläger (oder der Erblasser des Klägers oder der Vorgänger des beim Erwerb bösgläubigen Klägers) hat dem Beklagten oder einem Rechtsvorgänger des Beklagten am 1. Febr. 1900 durch verbotene Eigenmacht den Besitz der Sache entzogen, am 1. Jan. 1901 nimmt der Beklagte eine Störung oder Entziehung durch verbotene Eigenmacht vor, der Anspruch des Klägers ist ausgeschlossen. Der Selbstschutz ist nicht in dieser Weise beschränkt, der Kläger durfte am 1. Januar 1901 nach § 859 BGB. Gewalt anwenden, um seinen Besitz zu verteidigen, oder sofort wieder zu erlangen. Ist der Beklagte für die von ihm verübte Eigenmacht schadensersatzpflichtig, so muß die Schadensersatzklage (§ 823 BGB.) auch zur Naturalrestitution (§ 249 BGB.) führen können; die Beschränkung der Besitzklage ist nicht zugleich eine Beschränkung der Schadensersatzklage, die Voraussetzungen der Schadensersatzklage sind andere als die der Besitzklage, der Schadensersatzanspruch richtet sich auch nicht gegen den, der fehlerhaft besitzt, sondern gegen den, der sich den Besitz durch verbotene Eigenmacht verschafft hat. Abw. Biermann S. 22.

[48]) Z. B. A. verdrängt den B. am 1. August 1902, B. den A. am 1. Juli 1903, A. den B. am 1. Juni 1904, B. den A. am 1. Mai 1905, dann klagt A. Vergl. KProt. 3 S. 43.

[49]) Die Fehlerhaftigkeit des Besitzes ist zu beachten, auch wenn sie nicht ausdrücklich geltend gemacht wird; sie schließt den Anspruch aus. Beweispflichtig ist derjenige, zu dessen Gunsten die Fehlerhaftigkeit des Besitzes wirkt.

dung der Behauptung geltend gemacht werden, daß die Entziehung oder die Störung des Besitzes keine verbotene Eigenmacht sei[50]). Wird dem Besitzer ohne seinen Willen der Besitz entzogen oder wird er (ohne seinen Willen) in dem Besitz gestört, so ist diese Handlung nur dann keine verbotene Eigenmacht, wenn das Gesetz die Entziehung oder die Störung gestattet. Daß die Ausnahme Platz greift, das Gesetz also die eigenmächtige Entziehung oder Störung gestattet[51]), hat der Beklagte darzutun.

3. Die Einwendung der Erlöschung durch Zeitablauf.

Der Anspruch auf Wiedereinräumung des Besitzes oder auf Beseitigung oder Unterlassung von Störungen erlischt mit dem Ablaufe eines Jahres nach der Verübung der verbotenen Eigenmacht, wenn der Anspruch nicht vorher im Wege der Klage geltend gemacht wird[52]). Der Anspruch verjährt nicht, sondern erlischt durch den Ablauf der Frist[53]). Der Richter hat das Erlöschen zu berücksichtigen, auch wenn der Beklagte seine Verteidigung nicht darauf stützt. Nur durch die Erhebung der Klage oder Widerklage[54]) wird der Anspruch gewahrt. Sache des Beklagten ist es, darzutun, daß die einjährige Frist abgelaufen ist, Sache des Klägers, nachzuweisen, daß die Klage vor Ablauf erhoben wurde. Auf die Schadensersatzklage bezieht sich die Fristbestimmung nicht.

4. Die Einwendung rechtskräftiger Feststellung des Rechtes.

Im Besitzprozeß sind zwar petitorische Einwendungen ausgeschlossen, der Beklagte kann nicht geltend machen, daß der durch die verbotene Eigenmacht geschaffene Zustand dem materiellen Rechte entspreche; ist aber nach der Verübung der verbotenen Eigenmacht durch rechtskräftiges Urteil[55]) festgestellt worden, daß dem Täter ein Recht an der Sache (Eigentum oder begrenztes dingliches Recht) zusteht, vermöge dessen er die Herstellung eines seiner Handlungsweise entsprechenden Besitzstandes verlangen kann, so erlischt der Besitzanspruch des Klägers[56]).

---

[50]) § 863 BGB. Mot. 3 S. 129, KProt. 3 S. 44.

[51]) S. Anm. 5.

[52]) § 864 Abs. 1 BGB. Mot. 3 S. 130, KProt. 3 S. 44. Fristberechnung nach §§ 187, 188 BGB. Bei Besitzstörung durch Worte beginnt die Beunruhigung des Besitzers erst mit der Kenntnisnahme.

[53]) Vergl. RG 26 VI 1903 JW. 1903 Beil. S. 105.

[54]) Vorschützen im Wege der Einrede wahrt den Anspruch nicht.

[55]) Eine einstweilige Verfügung hat diese Wirkung nicht. Abw. Dernburg § 27 Anm. 5.

[56]) § 864 Abs. 2 BGB. Diese Bestimmung auf die Feststellung obligatorischer Rechte (z. B. des Rechtes aus einem Pachtvertrage, Strohal S. 120) auszudehnen, erscheint unzulässig. Übereinstimmend Planck 3 S. 54, a. M. Turnau-Förster 1 S. 66, Biermann S. 28, Goldmann-Lilienthal 2 S. 23.

Ein Urteil, das vor der Verübung der verbotenen Eigenmacht über das Recht ergangen ist, steht der Erhebung der Besitzklage nicht im Wege; nur wenn nach Verübung der verbotenen Eigenmacht durch rechtskräftiges Urteil erkannt wird[57]), daß der durch die verbotene Eigenmacht geschaffene Besitzstand dem materiellen Rechte entspricht, kann die Besitzklage nicht weiter erhoben werden und wird die erhobene Besitzklage erledigt. Im übrigen sind Besitzklage und petitorische Klage unabhängig von einander; sie können in einer Klage verbunden werden. Ob gegenüber einer Besitzklage die Klage aus dem Rechte als Widerklage erhoben werden kann, bemißt sich nach § 33 ZPO.[58])[59]).

Besitzschutz für Rechte.

Wie schon angeführt (§ 15 Ziff. 9 ff.), ist auch Grunddienstbarkeiten und beschränkten persönlichen Dienstbarkeiten Besitzschutz unter besonderen Voraussetzungen gewährt. Die possessorisch zu schützende Dienstbarkeit muß vor allem in das Grundbuch eingetragen sein; ist sie zu Unrecht gelöscht, so ist der possessorische Schutz ausgeschlossen, wenn auch die fortdauernde Ausübung der Dienstbarkeit außer Zweifel steht. Die Dienstbarkeit muß ferner innerhalb eines Jahres vor der Störung, gegen welche Schutz gesucht wird, wenn auch nur einmal, zu Gunsten des herrschenden Grundstücks ausgeübt worden sein; bei einer Dienstbarkeit, die nur in längeren Zwischenräumen ausgeübt werden kann, wird der Besitzschutz unter Umständen versagen. Der Umfang des zu schützenden Rechtes richtet sich nach der Ausübung innerhalb der aus der Eintragung sich ergebenden Grenzen. Derjenige, für den die Dienstbarkeit ausgeübt worden ist, muß sodann in der Ausübung der Dienstbarkeit gestört worden sein. Für den Besitzschutz einer Grunddienstbarkeit ist endlich noch notwendig, daß der die Dienstbarkeit Ausübende im Besitze des Grundstückes ist, dessen Eigentümer das Recht nach dem Grundbucheintrag zusteht[60]). Liegen diese Voraussetzungen vor, so kommen die für den Besitzschutz geltenden Vorschriften zur entsprechenden Anwendung, es ist alsdann sowohl das Recht des Selbstschutzes, als auch das Klagerecht gegeben. Das dem Gesetze entsprechende Vorgehen des Dienstbarkeitsberechtigten ist dem Besitzer des belasteten Grundstücks gegenüber keine verbotene Eigenmacht.

---

[57]) Die Rechtskraft darf erst nach Verübung der verbotenen Eigenmacht eintreten. A. M. Biermann S. 28.

[58]) Vergl. RGE. 23 S. 396. Vereinbarung über die Zuständigkeit s. RGE. 46 S. 426, 50 S. 11, 12, auch RG 7 I 1902 JW. 1902 S. 89[1].

[59]) Die Schadensersatzklage bleibt auch von der Bestimmung des § 864 Abs. 2 unberührt.

[60]) §§ 1029, 1090 BGB. S. §§ 41, 55.

§ 18. Aufsuchen und Wegschaffen von Sachen auf fremden Grundstücken.

Eine Sache kann aus der Gewalt des Besitzers kommen, ohne daß diesem ein Anderer den Besitz entzieht, ohne daß also verbotene Eigenmacht verübt wird. Gelangt eine Sache, gleichgültig ob durch Zufall oder mit Zutun des Besitzers, aus der Gewalt [1]) des Besitzers auf ein im Besitze eines Andern befindliches Grundstück, so hat ihm oder, wenn er das Recht nicht ausüben will oder kann, dem mittelbaren Besitzer [2]) der Grundstücksbesitzer [3]) die Aufsuchung und Wegschaffung zu gestatten, sofern nicht die Sache inzwischen von jemanden in Besitz genommen worden ist [4]). Hat der Grundbesitzer oder ein Dritter die Sache in Besitz genommen [5]), so kann, da der Besitz ohne verbotene

---

Zu § 18.

[1]) Gleichgültig ist, ob der Besitzer dadurch, daß die Sache auf das Grundstück gelangt, den Besitz verliert oder nicht, Cosack 2 S. 92, Planck 3 S. 59, a. M. Biermann S. 31. Wenn das Grundstück nicht betreten werden darf, wird der Besitz verloren sein.

[2]) § 869 BGB. Dem Eigentümer steht der gleiche Anspruch zu (§ 1005 BGB.). Dem Besitzdiener steht der Anspruch nicht zu, aber er kann, soweit der Besitzer zu handeln hätte, für diesen die Geschäfte besorgen (§ 677 BGB.).

[3]) Die Gestattung hat durch den unmittelbaren Besitzer des Grundstücks zu erfolgen.

[4]) § 867 BGB. Mot. 3 S. 296, KProt. 3 S. 164, 6 S. 220. Ist die Sache auf ein fremdes Grundstück gelangt, das betreten werden darf, so kann sie der Besitzer ohne Weiteres holen. Beispiel: Der Hut, den ein Windstoß fortnahm, fällt auf einen unbestellten Acker neben dem öffentlichen Wege. — Liegt ein Fall nach § 904 BGB. vor, so hat der Grundeigentümer kein Recht, das Aufsuchen und Wegschaffen zu hindern. Bedarf z. B. der Hutbesitzer der Kopfbedeckung zum Schutze gegen die Sonnenglut, so darf er den Acker betreten, auch wenn er bestellt ist, und das Aufsuchen und Wegschaffen nicht ohne Schaden für die Feldfrüchte abgeht. — Liegen die Voraussetzungen des § 229 BGB. vor (s. § 17 Ziff. 13), so kann sich der Besitzer ebenfalls selbst helfen. — Endlich kommt noch in Betracht, daß die gegen das Betreten fremder Grundstücke gerichteten Strafbestimmungen häufig darauf abgestellt sind, daß die Handlung unbefugt erfolge. Unbefugt ist das Betreten nicht, wenn der Besitzer es gestattet. Ist der Besitzer nicht zur Stelle, läßt sich aber nach den Umständen des Falles, zumal im Hinblick auf die Bestimmung des § 867 BGB, annehmen, er hätte, wenn es möglich gewesen wäre ihn zu fragen, das Betreten des Grundstücks gestattet, so wird eine strafbare Handlung wegen Mangels des dolus nicht gegeben sein. Insofern kann die Frage von Bedeutung sein, ob eine stillschweigende Gestattung vorauszusetzen sei. Vergl. Biermann S. 33.

[5]) Das Inbesitz*nehmen* erfordert die Vornahme einer Handlung, es kann nicht genügen, daß durch das Gelangen auf das Grundstück die Sache in das Herrschaftsgebiet des Grundbesitzers gekommen ist. Biermann S. 32, Denkschr. S. 655, a. M. Planck 3 S. 59.

Eigenmacht erworben worden ist, der frühere Besitzer nur auf Grund eines ihm an der Sache zustehenden Rechtes vorgehen[6]).

Der Anspruch des Besitzers der Sache geht dahin, daß ihm der Grundbesitzer erlaube, die Sache aufzusuchen und wegzuschaffen; die Befugnis, ohne Einholung der Erlaubnis das Grundstück zu betreten, ist ihm durch das Gesetz nicht gewährt[7]).

So lange der Grundbesitzer die Sache nicht in Besitz genommen hat, braucht er sich um die Legitimation dessen, der die Sache aufsucht und wegschafft, nicht zu kümmern. Entsteht mit oder ohne Verschulden des Besitzers der Sache Schaden bei der Aufsuchung und Wegschaffung, so kann der Grundbesitzer Ersatz verlangen. Ist die Entstehung eines Schadens zu besorgen, so kann die Gestattung verweigert werden, bis Sicherheit (§§ 232 ff. BGB.) geleistet ist; jedoch ist die Verweigerung der Gestattung unzulässig, wenn mit dem Aufschube Gefahr verbunden ist[8]).

Für den Schaden, der durch die auf das Grundstück gelangte Sache selbst verursacht wird (z. B. durch Vieh), wird nach den Vorschriften über unerlaubte Handlungen (§§ 823 ff.) gehaftet[9]).

§ 19. Sonstige rechtliche Folgen des Besitzes.

An den Besitz einer beweglichen Sache knüpft sich eine Eigentumsvermutung. Zu Gunsten des Besitzers einer beweglichen Sache wird vermutet, daß er Eigentümer der Sache sei, zu Gunsten eines früheren Besitzers, daß er während der Dauer seines Besitzes Eigentümer der Sache gewesen sei. Diese Vermutung gilt nur zu Gunsten eines Besitzers, nicht auch gegen ihn, sie gilt für jeden Besitzer, ohne daß Eigenbesitz nachzuweisen wäre. Der Beweis, daß der Besitzer nicht Eigentümer

---

[6]) Z. B. nach § 985, § 1007 BGB. — Liegt der Fall so, daß der Besitzer den Besitz der auf dem fremden Grundstück befindlichen Sache noch nicht verloren hat, so verübt der Grundbesitzer oder der Dritte durch die Inbesitznahme der Sache verbotene Eigenmacht. Z. B. der Hut, den der Wind dem Besitzer wegnahm, fällt auf einen unbestellten Acker, über den zu gehen nicht verboten ist, der gerade anwesende Grundbesitzer nimmt den Hut an sich; diese Handlung ist verbotene Eigenmacht nach § 858 Abs. 1 BGB.

[7]) Der Anspruch geht auf ein Gestatten, nicht auf ein Dulden, § 894 ZPO., nicht § 890 ZPO., würde Anwendung zu finden haben. A. M. Planck 3 S. 59. — Das Betreten des Grundstücks durch den Besitzer der Sache kann der Grundbesitzer dadurch abwenden, daß er selbst die Sache holt und dem Besitzer übergibt. — Der Eigentümer eines Bienenschwarmes hat die Befugnis, bei der Verfolgung fremde Grundstücke zu betreten (§ 962 BGB.).

[8]) Die Vorschrift des § 867 BGB. ist entsprechend anwendbar, wenn eine Sache aus der Gewalt des Besitzers in ein im Besitze eines Anderen befindliches Gebäude, das zu den beweglichen Sachen gehört, in ein Schiff rc. gelangt. Planck 3 S. 60.

[9]) Mot. 3, 298. Die landesgesetzlichen Vorschriften über die zum Schutze der Grundstücke und der Erzeugnisse von Grundstücken gestattete Pfändung von Sachen, mit Einschluß der Vorschriften über die Entrichtung von Pfandgeld oder Ersatzgeld, bleiben unberührt (Art. 89 EGBGB.).

ist oder war, ist zulässig (§ 292 ZPO.). Im Falle eines mittelbaren Besitzes gilt die Vermutung für den mittelbaren Besitz. Die Vermutung gilt für den Besitzer, mag er die Rolle des Klägers oder des Beklagten haben. Sie gilt jedoch nicht einem früheren Besitzer gegenüber, dem die Sache gestohlen worden, verloren gegangen oder sonst abhanden gekommen ist, es sei denn, daß es sich um Geld oder um Inhaberpapiere handelt[1]).

Sogar ein Anspruch auf Herausgabe entspringt dem Besitze beweglicher Sachen (§ 1007 BGB.). S. unter Eigentum § 27.

Für unbewegliche Sachen bestehen derartige Vorschriften nicht. Der als Eigentümer Eingetragene hat die Klagen des Eigentümers, der Besitzer die Besitzklagen. Der Gedanke, daß der Besitzer die Vermutung für sich habe, Eigentümer zu sein, findet höchstens in der Bestimmung des § 920 BGB. Ausdruck, wonach im Falle einer Grenzverwirrung der Besitzstand maßgebend ist, wenn die richtige Grenze sich nicht ermitteln läßt.

Der Besitzer hat ein Ablösungsrecht. Betreibt ein Gläubiger die Zwangsvollstreckung in einen dem Schuldner gehörigen Gegenstand, so ist der (unmittelbare oder mittelbare) Besitzer einer Sache, wenn er Gefahr läuft, durch die Zwangsvollstreckung den Besitz zu verlieren, berechtigt, den Gläubiger zu befriedigen. Die Befriedigung kann auch durch Hinterlegung oder durch Aufrechnung erfolgen. Soweit der Besitzer den Gläubiger befriedigt, geht dessen Forderung auf ihn über, doch kann der Übergang nicht zum Nachteile des Gläubigers geltend gemacht werden[2]). Handelt es sich um einen Hypothekgläubiger, so ist nicht erforderlich, daß der Gläubiger schon die Zwangsvollstreckung betreibt, es genügt dann, daß Befriedigung aus dem Grundstück verlangt wird[3]).

Der Besitz kann endlich zu dem Erwerbe des Rechtes führen und zwar auf dem Wege der Ersitzung des Eigentums oder begrenzter Rechte und der Ausschließung des Grundstücks-Eigentümers. S. § 12 Ziff. 8 ff., §§ 24, 25.

Zu **§ 19.**

[1]) § 1006 BGB. Mot. 3 S. 133, KProt. 3 S. 45, 380. — Für den Besitz des Nießbrauchers und des Pfandgläubigers gelten entsprechende Vermutungen (§§ 1065, 1227 BGB.). — Abhanden gekommene Sachen sind solche Sachen, an denen der Besitz ohne den Willen des Besitzers beendigt wurde. S. § 16 Ziff. 11 ff.

[2]) § 268 BGB.

[3]) § 1150 BGB.

III. Abschnitt.

Das Eigentum.*)

§ 20. Begriff und Inhalt.

Das Eigentum ist die rechtliche Herrschaft der Person über die Sache. Beim Besitze ist das Herrschaftsverhältnis ein tatsächliches, beim Eigentum ein rechtliches.

Dieses rechtliche Herrschaftsverhältnis hat zwei Seiten, eine positive: der Eigentümer kann, soweit nicht das Gesetz[1]) oder Rechte Dritter entgegenstehen, mit der Sache nach Belieben verfahren, und eine negative: der Eigentümer kann, soweit nicht

---

*) Auf das am 1. Jan. 1900 bestehende Eigentum finden von dieser Zeit an die Vorschriften des BGB. Anwendung (Art. 181 EGBGB.). Die Frage, ob Eigentum am 1. Jan. 1900 erworben ist, beurteilt sich nach altem Rechte. RG 15 X 1900 JW. S. 777, 1. II. 1902 JW. 1902 Beil. S. 189. — Bestand am 1. Jan. 1900 nach den früheren Gesetzen für den Verkäufer einer Sache das Eigentum an dieser nicht mehr, so kann es nicht wieder dadurch aufleben, daß das BGB. von dem früheren Rechte abweichende Bestimmungen über den Eigentumserwerb oder über die Sachbestandteile getroffen hat. RG 1 XII 1900 JW. S. 889.

Ob ein am 1. Jan. 1900 bestehendes Rechtsverhältnis als Eigentum anzusehen ist, hängt von dem Inhalte des Rechtes ab, nicht lediglich von seiner Benennung. Fällt ein Recht unter den Eigentumsbegriff, so finden die Vorschriften des neuen Rechtes Anwendung, auch wenn sie hinsichtlich der rechtlichen Wirkungen des Eigentums, insbesondere hinsichtlich des Schutzes und der Befugnis des Eigentümers zu rechtlichen Verfügungen, ferner hinsichtlich der gesetzlichen Eigentumsbeschränkungen, von dem bisherigen Rechte abweichen. (Mot. S. 264, vergl. RGE. 31, 342.) Einige Ausnahmen enthalten die Art. 181 Abs. 2, 182, 183 EG. Der Erwerb und Verlust des Eigentums an einem Grundstück erfolgt auch nach dem 1. Jan. 1900 nach den bisherigen Gesetzen, bis das Grundbuch als angelegt anzusehen ist (Art. 189 EG.).

Ein auf das grundbuchmäßige Eigentum gesetzter Anspruch ist, sofern darüber nach dem 1. Jan. 1900 entschieden wird, gemäß Art. 181 EG. auch dann nach den Vorschriften des BGB. zu beurteilen, wenn die Klage vor dem 1. Jan. 1900 erhoben worden ist. RG 13 VI 1900 Recht 1900 S. 440[47].

[1]) Gesetz ist jede Rechtsnorm (Art. 2 EGBGB.).

das Gesetz oder Rechte Dritter entgegenstehen, Andere von jeder Einwirkung auf die Sache ausschließen[2]).

Der Eigentümer hat die rechtliche Macht, seine Sache zu besitzen, zu gebrauchen, zu nutzen, sie zu veräußern, in sonstiger Weise über sie zu verfügen, überhaupt jede denkbare tatsächliche und rechtlich zulässige Einwirkung auf sie vorzunehmen. Seine Herrschaft über die Sache ist schrankenlos. Beschränkungen können entstehen aus den Bestimmungen des Gesetzes oder aus Rechten Dritter. Die Vermutung spricht für die Freiheit des Eigentums und gegen jede Beschränkung; die Freiheit des Eigentums ist Regel, die Beschränkung Ausnahme.

Der Eigentümer hat ferner, wie schon gesagt, die rechtliche Macht, Andere von jeder Einwirkung auf die Sache auszuschließen, sie jedem Andern abzufordern; seine Herrschaft über die Sache ist eine ausschließliche. Auch hier können durch Gesetz oder Rechte Dritter Ausnahmen geschaffen werden; Dritte können die rechtliche Macht erlangen, in einzelnen bestimmten Beziehungen auf die Sache einzuwirken.

Die Rechte, welche Dritte an der Sache des Eigentümers haben, sind nicht Teile des Rechtes des Eigentümers. Das Eigentum läßt sich nicht so teilen, daß dem Einen und dem Anderen eine Reihe bestimmter, in dem Eigentum liegender Befugnisse zugewiesen und dem beiderseitigen Rechte der Charakter des Eigentums beigemessen werden könnte[3]). Das Eigentum an einer Sache kann mehreren Personen gemeinschaftlich zustehen, aber die in dem Eigentum liegenden Befugnisse lassen sich nicht voneinander trennen und auf verschiedene Personen verteilen. Sind begrenzte dingliche Rechte dritter Personen begründet, so erscheint das Eigentum damit in der Weise eingeengt, daß der Eigentümer rechtlich nicht im stande ist, Einwirkungen entgegenzutreten, die von den dinglich Berechtigten in der durch das begrenzte Recht bestimmten Richtung auf die Sache vorgenommen werden. Wird das Hindernis, das begrenzte Recht, weggenommen, so vermag das Eigentum in seiner ursprünglichen Kraft sich geltend zu machen[4]).

---

[2]) § 903 BGB. Mot. 3 S. 262, KProt. 3 S. 118. Endemann 2 S. 266 definiert: Eigentum ist die innerhalb der Schranken des Gesetzes und der Berechtigungen anderer bestehende, ihrem Rechtsinhalte nach unbegrenzte Herrschaft über eine Sache. Über sonstige Definitionen des Eigentums s. Schloßmann Iherings Jahrb. 45 S. 386.

[3]) Geteiltes Eigentum kann auf Grund landesrechtlicher Vorschriften vorkommen (Art. 57 ff. EGBGB.).

[4]) Elastizität des Eigentums (vergl. KProt. 3 S. 120).

§ 21. Gegenstand des Eigentums.

Gegenstand[1]) des Eigentums kann nur eine Sache sein. An einem Rechte besteht kein Eigentum[2]). Derjenige, dem ein Recht zusteht, wird nicht als Eigentümer des Rechtes bezeichnet. Man spricht von einem Bergwerkseigentum und von einem geistigen Eigentum[3]), aber diese Worte entsprechen nicht dem Sprachgebrauche des BGB.

Gegenstand des Eigentums ist die einzelne Sache, nicht eine Sachgesamtheit oder ein Sachinbegriff[4]); quot res, tot dominia[5]). Ist die Sache beweglich, so scheidet sie sich durch ihr körperlich getrenntes Dasein von den übrigen Sachen ab, ist sie ein Grundstück, so wird das Herrschaftsgebiet des Eigentümers durch die Grenze des Grundstücks bestimmt. Unter der Grenze ist die Fläche zu verstehen, welche der in sich zurücklaufenden Grenzlinie folgend die Erdoberfläche senkrecht durchschneidet und nach oben wie nach unten unbegrenzt sich fortsetzt[6]). Der Eigentümer ist zu der tatsächlichen Herrschaft über den in solcher Weise eingeschlossenen festen und zusammenhängenden Erdkörper und über den darüber befindlichen Raum berechtigt[7]).

Das Eigentum an der Sache erstreckt sich auf alle wesentlichen Bestandteile der Sache[8]). Sondereigentum an stehenden Erzeugnissen eines Grundstücks (z. B. Bäumen) kann — vorausgesetzt, daß die Erzeugnisse zu den wesentlichen Bestandteilen des Grundstücks gehören, — nicht begründet werden; die vor dem 1. Januar 1900 begründeten Rechte bleiben bestehen[9]).

---

1) Die Eigentumsfähigkeit ist Ausfluß der Rechtsfähigkeit (s. § 2). Der Erwerb des Eigentums kann Beschränkungen unterliegen. Der Erwerb von Grundstücken durch Ausländer kann landesgesetzlich von staatlicher Genehmigung abhängig gemacht werden (Art. 88 EGBGB.), der Erwerb von Rechten durch juristische Personen kann beschränkt oder von staatlicher Genehmigung abhängig gemacht werden, soweit es sich um Gegenstände im Werte von mehr als 5000 ℳ handelt (Art. 86). Vergl. auch Art. 87 EG. Nach § 5 Abs. 3 des Hypothekenbankgesetzes vom 13. Juli 1899 ist den Hypothekenbanken der Erwerb von Grundstücken nur zur Verhütung von Verlusten an Hypotheken oder zur Beschaffung von Geschäftsräumen gestattet; in Ansehung eines solchen Erwerbes stehen in jedem Bundesstaate die auswärtigen Hypothekenbanken den einheimischen gleich. Über das Erfordernis der Genehmigung zum Erwerb von Grundstücken für Versicherungsunternehmungen s. § 54 des Ges über die privaten Versicherungsunternehmungen vom 12. Mai 1901. — Die dem Disziplinarrecht angehörenden Beschränkungen in dem Erwerbe von Grundeigentum gehören völlig dem öffentlichen Rechte an.

2) §§ 903 ff. BGB.

3) Art. 4 Ziff. 6 der Verf. d. Deutschen Reichs. Vergl. Zach.-Crome 1 S. 277, Stobbe-Lehmann § 94 Ziff. 6, Förster-Eccius 2 § 153.

4) S. § 4 zu Ziff. 7.

5) Mot. 3, 258.

6) Über Wassergrundstücke s. RGE. 53 S. 98.

7) § 905 Satz 1 BGB.

8) §§ 93, 94, 95 BGB. S. § 4 Ziff. 26 ff.

9) Art. 181 Abs. 2 EGBGB.

Ebensowenig ist eine Teilung des Grundstücks in wagrechter Richtung statthaft; das am 1. Januar 1900 bestehende Stockwerkseigentum bleibt bestehen, vom 1. Januar 1900 ab kann kein derartiges, nach dem BGB. unzulässiges Recht mehr begründet werden[10]). Die vertikale Trennung vermag ein Kreidestrich so gut herzustellen wie eine Scheidemauer.

§ 22. Gesetzliche Eigentumsbeschränkungen.

Die Herrschaft des Eigentümers über die Sache wird durch das Gesetz in verschiedenen Richtungen beschränkt. Außer Betracht bleiben hier die Fälle, in denen durch das Gesetz im öffentlichen Interesse oder im Interesse bestimmter Personen die rechtliche Verfügungsmacht des Eigentümers beschränkt wird (s. § 7 Ziff. 22 ff.). Es kommen nur die Bestimmungen in Frage, welche das Herrschaftsrecht des Eigentümers in Ansehung tatsächlicher Verfügungen einschränken.

Derartige Eigentumsbeschränkungen werden durch die Gesetze getroffen:

A. im öffentlichen Interesse. Das BGB. selbst gibt hierüber keine Bestimmungen, dagegen verfügt Art. 111 EGBGB. daß die landesgesetzlichen Vorschriften, welche im öffentlichen Interesse das Eigentum in Ansehung tatsächlicher Verfügungen beschränken, unberührt bleiben. Solche Beschränkungen finden sich namentlich in Bauordnungen und Forstordnungen. Ferner bleiben die landesgesetzlichen Vorschriften bezüglich der Zwangsenteignung unberührt (Art. 109 EGBGB.), also bezüglich der im öffentlichen Interesse erfolgenden Entziehung, Beschädigung oder Benutzung einer Sache oder Beschränkung des Eigentums.*) Von Reichsgesetzen gehören hierher das Gesetz über die Beschränkungen des Grundeigentums in der Umgebung von Festungen vom 21. Dezember 1871[1]), das Gesetz über das Postwesen vom 28. Oktober 1871 (§ 17), das Gesetz über die Naturalleistungen für die bewaffnete Macht im Frieden vom 24. Mai 1898, auch das Gesetz über die Abwehr und Unterdrückung der Reblauskrankheit vom 3. Juli 1883 und das Telegraphenwege-Gesetz vom 18. Dezember 1899.

B. im Interesse des privaten Rechtslebens. Auch die dem Zwecke des privaten Rechtverkehrs dienenden Beschränkungen des Eigentums sind im BGB. nicht vollständig geregelt, es ist darin vielmehr nur ein solches Maß von Eigentumsbeschränkun-

---

[10]) Art. 182, 189 Abs. 1 EGBGB. Über Teilung bestehenden Stockwerkseigentums s. Stuttgart 2 VI 1905 Recht 1905 S. 576. — Über das rheinische Kellerrecht s. RG 13 I 1904 E. 56 S. 258.

Zu § 22.

*) Über die rechtliche Natur der Enteignung nach Preuß. ALR. s. RG 9 VI 1905 JW. S. 509[46].

[1]) Abänderung s. Art. 54 EGBGB. — Vergl. RGE. 17 S. 33, 22 S. 31, 24 S. 29, 43 S. 15.

gen bestimmt, das für alle lokalen Verhältnisse paßt[2]). Der Landesgesetzgebung ist, abgesehen von andern Bestimmungen des Einführungsgesetzes[3]), die Berücksichtigung besonderer lokaler Bedürfnisse insbesondere durch Art. 124 EGBGB. überlassen, wonach das Eigentum an Grundstücken zu Gunsten der Nachbarn noch anderen als den im BGB. bestimmten Beschränkungen unterworfen werden kann. Auf Grund dieser Vorschrift darf die Landesgesetzgebung zu Gunsten der Nachbarn zwar andere Beschränkungen vorschreiben, nicht aber die durch das BGB. geregelten Beschränkungen verschärfen[4]). Daß die Landesgesetzgebung auch durch Polizeigesetze das nachbarliche Zusammenleben ordnen kann, ist nicht zweifelhaft[5])[6]).

---

[2]) Mot. 3 S. 259.

[3]) Art. 64 (Anerbenrecht), 65 (Wasserrecht), 66 (Deich- und Sielrecht), 67 (Bergrecht), 69 (Jagd und Fischerei), 110 (Wiederherstellung zerstörter Gebäude), 113 (Flurbereinigung ꝛc.), 119 (Beschränkungen der Veräußerung und Teilung von Grundstücken), 122 (Rechte des Grundeigentümers an Obstbäumen), 123 (Recht des Notwegs zu einer Wasserstraße oder einer Eisenbahn). — Vergl. RG 1 III 1902 E. 50 S. 319 (Schutz der Windmühlen gegen Baumpflanzungen, § 247 ALR. II 15).

[4]) KProt. 3 S. 163.

[5]) Auch die Klarhaltung des Unterschieds zwischen Polizeigesetz und bürgerlichem Recht ist Sache der Landesgesetzgebung. Mot. 3 S. 259.

[6]) Über die Rechte der Anlieger einer öffentlichen Straße s. Habicht S. 378. Für die öffentlichen Wege und Plätze ist das Landesrecht nicht aufrecht erhalten (RGE. 53 S. 386), aber die Vorschriften über die Regulierung der Wege (Art. 113 EG.) sind unberührt geblieben, auch können die Rechtsverhältnisse zwischen dem Anlieger und dem Straßeneigentümer landesrechtlich wohl auf Grund anderer Vorbehalte (Art. 109, 124 EG.) eine Regelung finden. Zweifelhaft erscheint, wie es sich verhält, wenn landesgesetzliche Vorschriften fehlen. Daß auf § 907 BGB. keine Ansprüche sich gründen lassen, hat das RG 30 IV 1902 E. 51 S. 251 angenommen. Daß unter Gemeinem Recht weder nach nachbarrechtlichen Grundsätzen noch nach stillschweigendem Vertrag noch nach öffentlichrechtlichen Bestimmungen eine Entschädigungspflicht des Straßeneigentümers bestand, ist feststehende Rechtsprechung des Reichsgerichts (vergl. RG 30 IV 1902 JW. S. 319[41], 17 VI 1903 JW. 1903 Beil. S. 89). Für das Preuß. Recht ist angenommen worden, durch die in der Herstellung der Straße und in der Erbauung von Häusern an der Straße sich kundgebende Willensübereinstimmung werde zwischen der Gemeinde und dem Hauseigentümer das Band eines privaten Rechtsverhältnisses geknüpft, welches in dem besonderen vermögensrechtlichen Interesse des Hauseigentümers an der Benutzung der Straße wurzele, und welches, da es sich um dauernde Beziehungen zwischen zwei Grundstücken handle, die Natur des Dienstbarkeitsverhältnisses an sich trage (RG 18 IV 1899 E. 44 S. 284, 9 I 1900 JW. S. 167[44], 21 I 1902 JW. S. 192[45], 15 V 1903 JW. S. 275[18], 3 XI 1903 E. 56 S. 101). Für das Französische Recht ist die Rechtsprechung denselben Weg gegangen (vergl. RG 28 IV 1892 PuchZ. 24 S. 74, 19 XII 1899 JW. 1900 S. 85[33]), doch wird das Gewicht weniger darauf gelegt, daß ein „servitutarisches" Anliegerrecht (E. 56 S. 102) bestehe, als darauf, daß ein stillschweigendes Vertragsverhältnis vorliege. Hiernach wird es nicht gerechtfertigt sein, aufzustellen, die Verpflichtung des Straßeneigentümers beruhe auf einer landesgesetzlichen Vorschrift, die das neue Recht unberührt gelassen habe. Soweit der Straßenbau und der Hausbau vor dem Inkrafttreten des

Die in dem BGB. angeordneten Eigentumsbeschränkungen sind nicht sämtlich nachbarrechtlicher Natur; es kommen auch Beschränkungen vor, die zu Gunsten eines Jeden lauten, der durch seine Tätigkeit in den räumlichen Herrschaftsbezirk des Eigentümers hinüber wirkt (z. B. §§ 904, 905, 906 BGB.). Die aus den Eigentumsbeschränkungen für Dritte sich ergebenden Rechte sind keine Servituten, sind keine Rechte an fremder Sache, werden nicht in das Grundbuch eingetragen, sie erscheinen als Ausfluß eines allgemeinen Rechtes, das Jedem zusteht, der in der entsprechenden besonderen Lage sich befindet. Damit soll nicht gesagt werden, daß die aus den gesetzlichen Eigentumsbeschränkungen sich ergebenden Rechte Dritter einer rechtsgeschäftlichen Änderung entzogen wären, sie können vielmehr vertragsmäßig geändert werden; der Eigentümer kann an seinem Grundstück dingliche Rechte — Grunddienstbarkeiten oder beschränkte persönliche Dienstbarkeiten — bestellen, welche die zu seinem Vorteile gegebenen Rechte mindern oder aufheben[7]).

Die einzelnen Eigentumsbeschränkungen:

1. Schikaneverbot.

Der Eigentümer darf die ihm gehörige Sache nach Belieben gebrauchen. Dadurch, daß der Gebrauch der Sache für einen Anderen schädlich ist, wird der Eigentümer nicht gehindert, die in seinem Interesse liegende Benutzung vorzunehmen, aber unzulässig ist eine Ausübung des Eigentums (oder eines sonstigen Rechtes), wenn sie keinen anderen Zweck haben kann, als den, einem Andern Schaden zuzufügen[8])[9]).

BGB. vor sich gingen, stehen die Rechtsverhältnisse unter altem Recht, mag es sich um ein dingliches Recht oder um ein Schuldverhältnis handeln. Im übrigen aber werden die Vorschriften des neuen Rechts Anwendung finden müssen. Man wird aber dabei zu einem gleichen Ergebnisse gelangen können. Die Begründung eines Schuldverhältnisses zu Gunsten des jeweiligen Eigentümers des Hauses wird bei den zum Teil dem öffentlichen Recht angehörenden Verhältnissen auch unter neuem Recht zulässig erscheinen dürfen. Während in den Gebieten, in denen bisher eine Verpflichtung des Straßeneigentümers anerkannt war, die Annahme einer stillschweigenden Begründung des Rechtsverhältnisses keinem Bedenken unterliegen wird, wird nichts nötigen, in den Gebieten, in denen bisher Gemeines Recht galt, eine Änderung eintreten zu lassen.

[7]) Mot. 3 S. 260.

[8]) § 226 BGB. Kom.Ber. S. 1960. Z. B. Neidbau, Abgraben einer Quelle aus Bosheit. — Die Ausübung eines Rechtes ist auch dann unzulässig, wenn die Ausübung gegen die guten Sitten verstößt. Der Satz des § 826: „Wer in einer gegen die guten Sitten verstoßenden Weise einem Anderen vorsätzlich Schaden zufügt, ist dem Anderen zum Ersatze des Schadens verpflichtet" erhielt seine jetzige Fassung durch die Reichstags-Kommission (Bericht S. 1986), weil es nicht gebilligt werden könne, daß Jemand, selbst in Ausübung eines formalen Rechtes, einem Anderen vorsätzlich in einer gegen

2. Notlage.

Der Eigentümer[10]) einer Sache ist nicht berechtigt, die Einwirkung eines Anderen auf die Sache (den Gebrauch, die Beschädigung, Zerstörung der Sache) zu verbieten, wenn die Einwirkung zur Abwendung einer gegenwärtigen Gefahr[11]) objektiv notwendig und der drohende Schaden gegenüber dem aus der Einwirkung dem Eigentümer entstehenden Schaden unverhältnismäßig groß ist. Der Eigentümer kann Ersatz des ihm entstehenden Schadens, ohne Rücksicht auf Verschuldung, verlangen[12]).

Das Gesetz läßt in dieser Weise eine Enteignung von kurzer Hand zu. Liegen die angeführten Voraussetzungen vor, so hören die im Eigentum liegenden Befugnisse auf, der Eigentümer darf sich dem Eingriff in seine Vermögensrechte nicht widersetzen, er hat kein Recht der Notwehr, er hat auch als Besitzer keinen Besitzschutz, denn das Gesetz gestattet das eigenmächtige Handeln. Die Anwendung des § 904 hängt nicht davon ab, daß dem Eigentümer bekannt ist oder nachgewiesen wird, die Voraussetzungen seien gegeben, unter denen das Gesetz den Eingriff in das Eigentum erlaubt. Beschränkt oder aufgehoben wird aber nur das Recht an Sachen; für andere Güter bleibt das Recht der Not-

---

die guten Sitten verstoßenden Weise Schaden zufüge. Der Entwurf (§ 810) hatte (in Übereinstimmung mit § 749 Entwurf II, Kom.Prot. 2 S. 576) die Schadensersatzpflicht auf Handlungen beschränken wollen, die nicht in Ausübung eines Rechtes vorgenommen würden. Man wird der Vorschrift des § 826 nicht gerecht werden, wenn man (mit Planck 1 S. 376) annimmt, § 826 gehe davon aus, daß eine Handlung, welche in Ausübung eines Rechtes vorgenommen werde, nur dann gegen die guten Sitten verstoße, wenn, was nach § 226 zu beurteilen sei, die Ausübung des Rechtes unzulässig sei. Eine Handlung, die nach § 226 verboten ist, ist widerrechtlich, Schadensersatzpflicht begründet sich schon nach § 823, ohne daß es der Beiziehung des § 826 bedürfte. Die Vorschrift des § 826 geht weiter als die des § 226. Vergl. RG 1 VI 1904 E. 58 S. 214. — Zur Vorsätzlichkeit der Schadenszufügung (§ 826 BGB.) genügt das Bewußtsein des schädlichen Erfolges (RG 4 XI 1903 JW. 1903 Beil. S. 142, 1 VI 1904 E. 58 S. 216).

[9]) Zum Tatbestand des § 226 ist erfordert, daß die Ausübung des Rechts nur den Zweck haben kann, einem Anderen Schaden zuzufügen (vergl. RG 7 VII 1900 JW. S. 638, 19 V 1903 E. 54 S. 433, 9 V 1905 JW. S. 388[4]). — Beweispflichtig ist derjenige, gegen den das Recht ausgeübt wird. Ist der Tatbestand des § 226 BGB. dargetan, so ist die Widerrechtlichkeit der Rechtsausübung schon von Amtswegen zu berücksichtigen. Übereinstimmend Crome 1 S. 531, a. M. Planck 1 S. 377. — Da objektiv feststehen muß, daß die Rechtsausübung keinen anderen Zweck als den der Schädigung haben kann, erscheint eine Eideszuschiebung gemäß § 445 ZPO. als unzulässig.

[10]) Was hier vom Eigentum gesagt ist, gilt auch von anderen Rechten an Sachen sowie von dem Besitze. KProt. 6 S. 216.

[11]) Vorausgesetzt wird eine gegenwärtige Gefahr d. h. ein außergewöhnliches Ereignis, durch das die bestehenden Verhältnisse, mit denen man rechnen muß, derartig verändert werden, daß eine sofortige Abhilfe notwendig wird. RGE. 57 S. 191.

[12]) § 904 BGB. KProt. 6 S. 212.

wehr bestehen[13]). Die Einwirkung auf fremde Sachen ist gestattet zu Gunsten eines jeden Rechtsgutes, nicht bloß zum Schutze von Leib und Leben, sondern auch des Vermögens. Verlangt ist nur, daß der drohende Schaden gegenüber dem durch die Abwehr zu verursachenden unverhältnismäßig groß ist. Soll ein Vermögensschaden durch Zufügung eines Vermögensschadens abgewendet werden, so entscheidet das Verhältnis der Geldverluste; handelt es sich um den Schutz immaterieller Güter, so wird nach billigem Ermessen abzuwägen sein. Die Schadenszufügung muß zur Abwendung einer gegenwärtigen Gefahr notwendig sein; daß die Gefahr von der Sache selbst drohe, ist nicht (wie in § 228 BGB.) verlangt, die Gefahr kann von dem Eingreifenden verschuldet sein, sie kann Rechtsgüter des Eingreifenden bedrohen oder Rechtsgüter Fremder, sie darf nur nicht vom Rechte selbst angeordnet sein. Schadensersatzpflichtig ist der Täter, mag er den Eingriff zu seinen Gunsten oder zu Gunsten eines Andern vornehmen, mag der Erfolg erzielt werden oder ausbleiben[14]). Schadensersatzberechtigt ist der Geschädigte, mag es der Eigentümer oder ein Berechtigter (z. B. Nießbraucher) sein.

3. Beschränkung des Grundeigentums in Höhe und Tiefe.

Das Recht des Grundeigentümers erstreckt sich zwar auf den Raum über der Oberfläche und auf den Erdkörper unter der Oberfläche, der Eigentümer kann aber Einwirkungen nicht verbieten, die in solcher Höhe oder Tiefe vorgenommen werden, daß er an der Ausschließung kein Interesse hat[15]). Diese Vorschrift deckt sich nicht mit dem Schikaneverbot, es genügt hier, daß der Eigentümer tatsächlich kein Interesse an der Ausschließung hat[16]), ohne

---

[13]) So wird zum Schutze des Hausfriedens Verteidigung zulässig bleiben. Wäre dem nicht so, so wäre die Befürchtung Dernburgs begründet, der (§ 79) sagt: Hungernde und frierende Vagabunden, welche obdachlos zur Winterszeit herumstreichen, können ungestraft, ja von Rechtswegen, in das Gehöft des Bauern oder Gutsherrn eindringen, dort nächtigen und sich auf Kosten des Gutsbesitzers nähren. — Richtig dagegen wird sein (Dernburg § 79), daß der Eigentümer eines Pferdes, auf dem er spazieren reitet, sich gefallen lassen muß, daß ihm ein Fremder, dessen Kind erkrankt ist und der in die Stadt zum Arzt eilen will, das Pferd gewaltsam wegnimmt, auch, daß im Falle einer Hungersnot die (offenen) Bäcker- und Fleischerläden geplündert werden dürfen. Die Rechtsprechung kann die Norm des § 904 nicht auf die Fälle einschränken, in denen sittliche Pflicht die Hilfe in der Not gebietet.

[14]) Die im Recht der Grundstücke vertretene Auffassung, wonach, wenn die Gefahr abgewendet werde, der Andere schadensersatzpflichtig sei, kann nicht aufrecht erhalten werden. Vergl. KProt. 6 S. 213, 219.

[15]) § 905 BGB. Mot. 3 S. 263, KProt. 3 S. 120. Beweispflichtig ist derjenige, der die Einwirkung vornehmen will. RGE. 59 S. 120.

[16]) Ob der Eigentümer kein Interesse an der Ausschließung hat, ist nicht lediglich nach dem gegenwärtigen Zustand des Grundstücks zu beurteilen.

daß nötig wäre, festzustellen, daß er an der Ausschließung kein Interesse haben kann, andererseits ist bei dieser Eigentumsbeschränkung nicht erforderlich, daß der Eigentümer den Zweck verfolgt, einem Anderen Schaden zuzufügen. Das Interesse des Eigentümers braucht kein Vermögensinteresse zu sein, jedes Interesse genügt, z. B. das Interesse des Gartenbesitzers, daß ihm der Anblick des Himmels nicht durch die Überleitung von Telegraphendrähten beeinträchtigt wird[17])[18]). Die Absicht, durch das Verbot die Entrichtung einer Abgabe zu erzwingen, wird nicht zu berücksichtigen sein[19])[20]).

4. Zuführung unwägbarer Stoffe und sonstige Einwirkungen.

Nach § 903 BGB. kann der Eigentümer Andere von jeder, auch einer mittelbaren, Einwirkung auf seine Sache ausschließen. Hiernach würde sich jegliche Immission, selbst eine unwesentliche Zuführung von Rauch, Ruß und dergl. in den Herrschaftsbereich des Grundeigentümers als (mit der Klage nach § 1004 BGB. zu verfolgende) Beeinträchtigung des Eigentums darstellen. Während hinsichtlich der Immission von festen oder flüssigen[21]) Körpern das Recht des Eigentümers ungeschmälert bleibt, ist es gegenüber der Zuführung unwägbarer Stoffe[22]) und ähnlichen Einwirkungen eingeschränkt worden[23]). Der Eigentümer eines Grundstücks kann die Zuführung[24]) ꝛc. von Gasen, Dämpfen,

---

[17]) KProt 3 S. 122. — Nach § 12 des Telegraphenwege-Ges. vom 18. Dez. 1899 ist die Telegraphenverwaltung befugt, Telegraphenlinien durch den Luftraum zu führen, soweit nicht dadurch die Benutzung der Grundstücke wesentlich beeinträchtigt wird.

[18]) Vergl. RG 29 X 1904 E. 59 S. 116 (Führung elektrischer Drähte über einem Gasthof).

[19]) Einwirkungen, die nach Maßgabe des § 905 unzulässig sind, können sich als Besitzstörung darstellen. — Wird ein Erbbaurecht, eine Grunddienstbarkeit oder ein Nießbrauch beeinträchtigt, so hat der Berechtigte dieselben Ansprüche wie der Eigentümer (§§ 1017 Abs. 2, 1027, 1065 BGB.). Planck 3 S. 170.

[20]) Für Eigentümer von Gebäuden, die keine Bestandteile des Grundstücks sind, gilt § 905 nicht; der Gebäudeeigentümer hat kein Recht auf den Raum über der Oberfläche und auf den Erdkörper unter der Oberfläche.

[21]) Vorbehaltlich der landesgesetzlichen Vorschriften, welche dem Wasserrecht angehören (Art. 65 EGBGB.). S. Anm. 27.

[22]) Imponderabilien (Mot. 3 S. 264).

[23]) § 906 BGB. Mot. 3 S. 264, KProt. 3 S. 123, 6 S. 225.

[24]) Die Zuführung setzt kein positives Tun voraus, ein Nichthindern genügt. Wer zur Entstehung oder Verbreitung der Imponderabilien die Ursache liefert, muß wissen, daß sie ihren eigenen Weg nehmen. Mot. 3 S. 265.

Gerüchen[25]), Rauch, Ruß, Wärme, Geräusch[26]), Erschütterungen und ähnliche[27])[28]) von einem anderen[29]) Grundstück ausgehende Einwirkungen insoweit nicht verbieten, als die Einwirkung die[30]) Benutzung seines Grundstücks

a. nicht oder nur unwesentlich beeinträchtigt[31]) oder
b. durch eine Benutzung des anderen Grundstücks herbeigeführt wird, die nach den örtlichen Verhältnissen bei Grundstücken dieser Lage gewöhnlich ist[32])[33]). Derjenige, der die Zulässigkeit

---

[25]) RG 23 II 1904 JW. S. 203[15] (Dünste aus Hotelküche), 10 VII 1900 JW. S. 639 (Gerüche einer Bedürfnisanstalt), 6 VII 1904 JW. S. 487[12] (Knochenkocherei).

[26]) RG 20 II 1904 JW. S. 175[18] (Kegelbahn), 25 II 1905 JW. S. 231[9] (Kegelbahn, Einfluß polizeilicher Anordnungen), 30 III 1904 E. 57 S. 224 (Lärm aus der Wagenhalle der Trambahn), 9 IV 1904 E. 57 S. 239 (Belästigung durch Bordellbetrieb).

[27]) Zuführung schädlicher Stoffe im Wasser beeinträchtigt das Eigentum ebenfalls. Soweit die Landesgesetzgebung diese Verhältnisse (Art. 65 EG.) geregelt hat, sind die landesrechtlichen Vorschriften maßgebend; wo aber mangels solcher Vorschriften nach den Bestimmungen des allgemeinen bürgerlichen Rechts zu entscheiden ist, wird der Eigentümer auf Grund der §§ 903, 1004 BGB. zu schützen sein. Lassen sich die schädlichen Stoffe als Imponderabilien ansehen, so kann § 906 zur Anwendung kommen. So wird der Eigentümer zu schützen sein, wenn schädliche chemische Stoffe in den Abwässern der Fabrik in das Grundwasser gelangen und infolge davon das Brunnenwasser des Nachbargrundstücks verunreinigt wird (vergl. RG 4 VI 1904 GruchBeitr. 48 S. 938), der Schutz wird ihm auch nicht zu versagen sein, wenn die schädlichen Stoffe zunächst in einen Privatfluß, der in Niemandes Eigentum steht (vergl. RG 17 VI 1905 JW. S. 503[36]), oder in einen öffentlichen Fluß und erst von hier aus auf das Grundstück gelangen (RG 3 V 1902 JW. 1902 Beil. S. 240, 11 V 1904 GruchBeitr. 48 S. 1127). Vergl. übrigens RGE. 53 S. 46.

[28]) Einwirkungen durch Staub, Asche, künstlich erzeugte Kälte, blendendes Licht rc. gehören noch hierher. Feuers- und Explosionsgefahr gibt keinen Anspruch nach §§ 903, 906, 1004 BGB. (RGE. 50 S. 228).

[29]) Benachbarten oder nicht benachbarten.

[30]) Es ist nicht bloß die regelmäßige oder die derzeitige Benutzung zu berücksichtigen. Vergl. KProt. 3 S. 123. — Der Grundsatz der Prävention gilt nicht. RG 30 III 1904 E. 57 S. 229, 28 VI 1905 JW. S. 495[21] (Dampfkesselraum neben Eiskeller).

[31]) Bei Beurteilung des Maßes der zulässigen Einwirkung, die ein Grundstückseigentümer sich von dem Nachbarn gefallen lassen muß, kommt es auf das Empfinden eines normalen Durchschnittsmenschen an. RG 30 IV 1904 und 3 II 1904 JW. S. 384[6] und 143[12].

[32]) Der Eigentümer eines Gartens in der Nachbarschaft eines Fabrikviertels wird auch eine erhebliche Beeinträchtigung durch Rauch rc. dulden müssen, dagegen wird gegen den Eigentümer einer auf freiem Felde angelegten einzelnen Fabrik dem Eigentümer einer benachbarten Wiese der negatorische Anspruch auch dann nicht zu versagen sein, wenn er die Wiese als Bleiche benutzen will und deshalb durch den Rauch und Ruß der Fabrik erheblich beeinträchtigt wird. KProt. 3 S. 125.

[33]) Für die Frage, ob eine Benutzung als „gewöhnlich" zu gelten hat, ist die Art und das Maß der Benutzung von entscheidender Bedeutung. Ist ein bestimmter Betrieb, mit dem ein gewisser Grad von Geräusch verbunden ist, infolge seiner Gewöhnlichkeit unverbietbar geworden, so erstreckt sich die Duldungspflicht nicht ohne weiteres auf Steigerungen des Geräusches,

einer solchen Einwirkung, sei es allgemein oder nach den örtlichen Verhältnissen, behauptet, hat das Vorhandensein der gesetzlichen Voraussetzungen darzutun[34]).

Unter allen Umständen ist die Zuführung durch eine besondere Leitung unzulässig. Wird z. B. durch ein Rohr Dampf zugeführt, so kann die Einwirkung verboten werden, auch wenn die Benutzung des Grundstücks nicht oder nur unwesentlich beeinträchtigt ist. Wird behauptet, daß die Zuführung durch eine besondere Leitung erfolge, so ist der Grundeigentümer beweispflichtig[35]).

Wenn auch der Eigentümer des Grundstücks gegenüber den bezeichneten Einwirkungen kein Klagrecht hat, so ist ihm doch unbenommen, sie durch irgend welche Vorrichtungen (z. B. Schutzwand) tatsächlich abzuwehren; er braucht die Einwirkungen nicht zu dulden[36]).

Beschränkung des Klagrechts gegenüber gewerblichen Anlagen s. § 26 GewO. bei Anm. 44, vergl. § 27 GewO.[37]).

---

die über das von anderen Grundstücken gleicher Beschaffenheit innegehaltene Maß hinausgehen, der Betriebsinhaber muß vielmehr nachweisen, daß das gesteigerte Maß von Einwirkung ebenfalls ortsüblich ist. RG 16 V 1903 JW. 1903 Beil. S. 103. Vergl. RG 22 XI 1900 JW. S. 890, 18 IV 1903 JW. 1903 Beil. S. 86. — Übergang zur Nachtarbeit im Fabrikbetrieb s. RG 12 II 1902 JW. 1902 Beil. S. 202.

[34]) Der Eigentümer hat die Einwirkung darzutun, der Gegner hat nachzuweisen, daß die Beeinträchtigung nur unwesentlich oder daß sie ortsüblich ist. Vergl. RG 10 VII 1901 JW. S. 640, 12 II 1902 JW. 1902 Beil. S. 202. Der Begriff des Ortsüblichen ist wesentlich tatsächlicher Natur. RG 28 VI 1905 JW. S. 495[21].

[35]) Für die Klage des Eigentümers ist die Bestimmung des § 1004 BGB. maßgebend. Auch von Nutzungsberechtigten kann der Anspruch geltend gemacht werden (s. §§ 1017, 1027, 1065, 1090 BGB.). Der Anspruch richtet sich gegen den Störer; geht die Störung von einem Mieter aus, so kann neben dem Mieter auch der Vermieter als Störer erscheinen. Vergl. RG. 27 XII 1900 E. 47 S. 162, 18 I 1902 SeuffBl. 67 S. 390, ferner 28 II 1900 E. 45 S. 298. Darüber, welche Maßnahmen zu treffen sind, um die Einwirkungen zu beseitigen, braucht sich der Kläger nicht auszulassen. Ist beantragt, den Beklagten zu verurteilen, Einrichtungen zu treffen, die die Einwirkungen auszuschließen imstande sind, so darf der Beklagte nicht zur Herstellung bestimmter Einrichtungen verurteilt werden. RG 16 V 1903, JW. 1903 Beil. S. 103. — Der Klaganspruch wird nicht schon durch Vorkehrungen erledigt, die der Beklagte zur Verhütung der Immission im Laufe des Prozesses trifft. RG 8 II 1902 JW. 1902 Beil. S. 203. — Zur Begründung eines Schadensersatzanspruchs gehört der Nachweis eines Verschuldens. Schadensersatzberechtigt kann auch ein obligatorisch Berechtigter (z. B. Mieter) als Besitzer sein. RG 28 XII 1904 E. 59 S. 326.

[36]) Mot. 3 S. 268.

[37]) Vergl. Art. 125 EGBGB. — Im Falle des § 26 GewO. setzt die Verpflichtung zur Schadloshaltung kein Verschulden voraus. Vergl. RGE. 47 S. 99. Nach RG 17 VI 1905 JW. S. 503[30] soll dies nur gelten, soweit die Schadensersatzklage die Klage auf Einstellung des Betriebs vertritt, also nicht, soweit Ersatz für Schäden begehrt wird, die bei Erhebung der Klage

5. Schädliche Anlagen.

Es gibt eine Menge Anlagen, die, wenn sich auch bei ihrer Errichtung der Eigentümer strenge in den Grenzen seines Eigentums hält, doch im Laufe der Zeit zu unzulässigen Einwirkungen auf das Nachbargrundstück führen (Viehställe, Dunggruben ꝛc.). Damit nicht erst der Eintritt einer solchen unzulässigen Einwirkung abgewartet werden muß, ehe ein Anspruch auf Beseitigung gegeben ist, wird der Eigentümer schon in dem Gebrauche seines Grundstücks zur Herstellung solcher Anlagen beschränkt. Der Nachbar kann verlangen, daß auf dem Grundstück keine Anlagen hergestellt oder gehalten werden, von denen mit Sicherheit[38]) vorauszusehen ist, daß ihr Bestand oder ihre Benutzung eine unzulässige[39]) Einwirkung auf sein Grundstück zur Folge hat[40]). Bäume und Sträucher gehören nicht zu den Anlagen im Sinne dieser Vorschrift[41]), es kann also das Anpflanzen von Bäumen und Sträuchern nicht aus dem Grunde untersagt werden, weil das Herübergreifen von Wurzeln und Zweigen zu erwarten sei. Der Anspruch des Nachbarn geht auf Unterlassung der Herstellung oder auf Beseitigung der Anlage, nicht etwa nur auf Unterlassung oder Beseitigung der Einwirkung[42]). Der Anspruch unterliegt nicht der Verjährung[43]). Einer mit obrigkeitlicher Genehmigung errichteten gewerblichen Anlage gegenüber kann jedoch die Klage nicht auf Einstellung des Gewerbebetriebes, sondern nur auf Herstellung von Einrichtungen, welche die benachteiligende Einwirkung ausschließen, oder, wo solche Einrichtungen

---

schon entstanden waren. — Unzulässigkeit des Rechtswegs bei negatorischen Ansprüchen gegen eine Kleinbahn s. RG 12 X 1904 JW. S. 566[39].

[38]) Eine Besorgnis, es könnten künftige Einwirkungen eintreten, genügt nicht. RG 8 II 1902 JW. 1902 Beil. S. 203. — Die unzulässige Einwirkung muß als eine bei ordnungsmäßigem Zustand und ordnungsmäßiger Unterhaltung der Anlage eintretende Folge sich voraussehen lassen.

[39]) Unzulässig ist jede Einwirkung, die nicht auf Gesetz (z. B. §§ 905, 906) oder einem Rechte eines Dritten beruht.

[40]) § 907 BGB., Mot. 3 S. 293, KProt. 3 S. 157. — Außer den schon genannten Anlagen werden angeführt (Biermann S. 105) Gräben, Backöfen, Rauchfänge, Leichenhaus (PuchZ. 33 S. 94), auch Bienenkörbe, Taubenschläge. — Abgelehnt wurde die Anwendung des § 907 auf eine Petroleumraffinerie (RGE. 50 S. 226), Erhöhung der Ortsstraße (RGE. 51 S. 251), Einrichtung einer Buchdruckerei (RG 18 I 1902 SeuffBl. 67 S. 389). Als Anlage im Sinne des § 907 wurden bezeichnet Schlamm- und Erdmassen, die beim Bau eines Kanals aufgeschüttet worden waren (RG 9 II 1905 JW. S. 201[5]).

[41]) Vergl. §§ 910, 911, 923 BGB., Art. 122, 124, 183 EG. — Haftung für Schaden, der beim Fallen eines morschen Baumes verursacht wird, s. RG 30 X 1902 E. 52 S. 373.

[42]) Beseitigung einer öffentlichen Bedürfnisanstalt s. RG. 10. VII. 1900 JW. S. 640. — Über Klagrecht und Schadensersatzansprüche s. Anm. 35.

[43]) § 924 BGB.

untunlich oder mit einem gehörigen Betriebe des Gewerbes unvereinbar sind, auf Schadloshaltung gerichtet werden[44]).

Da anzunehmen ist, daß eine Gefährdung des Nachbargrundstücks ausgeschlossen ist, wenn eine Anlage den landesgesetzlichen Vorschriften genügt, die einen bestimmten Abstand von der Grenze oder sonstige Schutzmaßregeln vorschreiben, so kann in einem solchen Falle die Beseitigung der Anlage erst verlangt werden, wenn die unzulässige Einwirkung tatsächlich hervortritt[45]).

6. Baufällige Werke.

Die Voraussetzungen des § 907 treffen nicht zu, wenn dem Nachbargrundstück Gefahr droht, daß es durch den Einsturz eines Gebäudes oder eines anderen Werkes, das mit dem Grundstück verbunden ist, oder durch die Ablösung von Teilen des Gebäudes oder des Werkes beschädigt wird. In einem solchen Falle kann aber der Eigentümer (oder Miteigentümer § 1011 BGB.) des Nachbargrundstücks[46]) von dem Eigenbesitzer des Grundstücks

oder von demjenigen, der auf dem Grundstück in Ausübung eines Rechtes das Gebäude oder sonstige Werk besitzt[47]),

oder von demjenigen, der die Unterhaltung des Gebäudes oder des Werkes für den Besitzer übernommen

oder der das Gebäude oder das Werk vermöge eines ihm zustehenden Nutzungsrechts zu unterhalten hat, verlangen, daß er die zur Abwendung der Gefahr erforderliche Vorkehrung trifft[48]). Dabei wird nicht vorausgesetzt, daß der Einsturz oder die Ablösung die Folge fehlerhafter Errichtung oder mangelhafter Unterhaltung ist, vielmehr ist gleichgültig, was den Verfall verursacht hat[49]).

---

[44]) § 26 GewO. Art. 125 EGBGB. — Vergl. RGE. 36 S. 178, 47 S. 98, JW. 1897 S. 610[27]. — Haftung der Eisenbahn für durch Funkenflug verursachte Brandschäden s. RG 11 V 1904 E. 58 S. 130.

[45]) § 907 BGB. Der Anspruch geht auf Beseitigung der Anlage, nicht etwa nur auf Beseitigung der Beeinträchtigung. Doch wird, wenn die unzulässige Einwirkung die Folge fehlerhafter Herstellung der Anlage oder mangelhafter Unterhaltung ist, der Nachbar sich mit der Beseitigung des Fehlers und mit ordnungsmäßiger Unterhaltung begnügen müssen, denn die Anlage dürfte nach der Beseitigung wieder hergestellt werden.

[46]) Der Anspruch steht auch hier den nach §§ 1017, 1027, 1065, 1090 BGB. dinglich Berechtigten zu. Vergl. RGE. 59 S. 327.

[47]) Mietbesitz genügt nicht; der Besitz muß so geartet sein, daß die Haftung für fehlerhafte Einrichtung oder mangelhafte Unterhaltung an Stelle des Eigenbesitzers des Grundstücks den Besitzer des Hauses trifft. Solchen Besitz hat derjenige, der in Ausübung eines Rechtes an einem fremden Grundstück ein Gebäude mit diesem verbunden hat (§ 95 BGB.). RG 22 IX 1904. E. 59 S. 8, abw. RG in Strafs. 7 VII 1904 JW. S. 581[16].

[48]) § 908 BGB. KProt. 3 S. 161, §§ 836, 837, 838 BGB. — Vergl. RG 2 V 1905 JW. S. 370[10] (Deichbruch), 8 V 1905 JW. S. 387[3] (Fensterladen).

[49]) Z. B. Erdbeben, Brand. — Den Beweis der Gefahr hat selbstverständlich der Kläger zu führen.

Diese Ansprüche unterliegen nicht der Verjährung[50]).

7. Gefährliches Graben.

Ein Grundstück darf nicht in der Weise vertieft werden, daß der Boden des Nachbargrundstücks die erforderliche Stütze verliert, es sei denn — was der Beklagte zu beweisen hat —, daß für eine genügende anderweitige Befestigung gesorgt ist[51]). Der Anspruch steht dem Eigentümer des gefährdeten Grundstücks zu[52]), er richtet sich gegen denjenigen, der die Vertiefung vornimmt oder vornehmen läßt[53]). Der Anspruch geht auf Unterlassung der Vertiefung. Schadensersatzpflicht tritt ein, wenn das Verbot vorsätzlich oder fahrlässig übertreten wird (§ 823 BGB.)[54]). Zeigt sich die Gefahr des Nachsturzes erst später und war sie bei Anlegung der Vertiefung auch bei sorgfältiger Prüfung nicht vorauszusehen, so kann doch das spätere Unterlassen der Fürsorge für eine genügende Befestigung den Charakter einer unerlaubten Handlung annehmen[55]).

Der Anspruch auf Unterlassung der Vertiefung unterliegt nicht der Verjährung[56]).

8. Eindringen von Wurzeln, Überhängen von Zweigen.

Ein Baum oder Strauch gehört demjenigen, aus dessen Boden der Stamm hervortritt. Steht der Baum oder Strauch nahe an der Grenze, so kann ein Überhängen von Zweigen in den Luftraum des Nachbargrundstückes oder ein Eindringen von Wurzeln in das Nachbargrundstück leicht vorkommen. Der Nachbar hätte dagegen den negatorischen Anspruch[57]). Durch § 910 BGB. wird das Klagerecht ausgeschlossen[58]), dagegen dem Nach-

---

[50]) § 924 BGB.

[51]) § 909 BGB. Mot. 3 S. 295, KProt. 3 S. 162.

[52]) Auch hier finden die Bestimmungen der §§ 1011, 1017, 1027, 1065, 1090 BGB. Anwendung.

[53]) Aus § 909 in Verbindung mit § 1004 dürfte zu entnehmen sein, daß durch Vornahme der Vertiefung ein Zustand hergestellt wird, der das Recht des Eigentümers beeinträchtigt und einen Anspruch auf Beseitigung der Beeinträchtigung begründet. Aus § 909 allein ergibt sich nur ein Anspruch auf Unterlassung der Vertiefung. Der Anspruch auf Beseitigung richtet sich gegen denjenigen, der den Zustand erhält. Vergl. Staudinger 3 S. 134.

[54]) § 909 ist im Sinne des § 823 Abs. 2 ein den Schutz eines Anderen bezweckendes Gesetz, der Verstoß gegen dieses Gesetz macht unter Voraussetzung des Verschuldens schadensersatzpflichtig. RG 12 IV 1902 E. 51 S. 177.

[55]) Mot. 3 S. 296.

[56]) § 924 BGB.

[57]) Hängen die Zweige in den Lufträumen des Nachbargrundstücks oder sind die Wurzeln in den Boden des Nachbargrundstücks eingedrungen, so ist ein Zustand geschaffen, der das Recht des Eigentümers des Nachbargrundstücks beeinträchtigt. Der Anspruch aus § 1004 ist damit gegen denjenigen gegeben, der den Zustand erhält. Daß die Wurzeln und Zweige auf natürlichem Wege in das Raumgebiet des angrenzenden Grundstücks hineingewachsen sind, schließt den Anspruch aus § 1004 nicht aus. A. M. Planck 3 S. 178.

[58]) Denkschr. S. 662. A. M. Goldmann-Lilienthal 2 S. 47.

barn das Recht eingeräumt, die überragenden Zweige und eingedrungenen Wurzeln abzuschneiden und zu behalten[59]). Dieses Recht steht dem Eigentümer[60]) des Nachbargrundstücks jedoch nicht zu, wenn — was der Eigentümer des Baumes oder Strauches zu beweisen hat — die Wurzeln oder die Zweige die (bisherige und künftige) Benutzung des Grundstücks nicht beeinträchtigen; auch darf die Beseitigung überragender Zweige erst vorgenommen werden, wenn der Eigentümer des Nachbargrundstücks dem Besitzer des Baumes oder Strauches eine angemessene Frist zur Beseitigung bestimmt hat und die Beseitigung nicht innerhalb der Frist erfolgt. Ist keine oder keine angemessene Frist bestimmt worden, so ist die Beseitigung der Zweige durch den Nachbarn widerrechtlich[61]).

Bezüglich der Obstbäume bleiben abweichende landesgesetzliche Vorschriften unberührt[62]). Ebenso bleiben abweichende landesgesetzliche Vorschriften zu Gunsten eines Grundstücks, das am 1. Januar 1900 mit Wald bestanden ist, bis zur nächsten Verjüngung des Waldes in Kraft[63]).

9. Überfallende Früchte.

Trägt ein überhängender Baum oder Strauch Früchte[64]), so sind diese, so lange sie hängen, im Eigentum dessen, dem der Baum oder Strauch gehört. Fallen aber die Früchte auf das Nachbargrundstück[65]), so gelten sie als Früchte dieses Grundstücks[66]) und gelangen in das Eigentum dessen, dem die Früchte des Nachbargrundstücks mit der Trennung gehören (§§ 953 ff. BGB.). Der Eigentümer des Baumes oder Strauches hat nicht das Recht,

---

[59]) § 910 BGB. Mot. 3 S. 287, KProt. 3 S. 138.

[60]) Das Selbsthilferecht ist an Stelle des Anspruchs aus § 1004 BGB. gewährt, das Selbsthilferecht können deshalb — Beeinträchtigung ihrer Rechte vorausgesetzt — auch diejenigen geltend machen, denen der Anspruch aus § 1004 zustünde (§§ 1027, 1065, 1090 BGB.). A. M. Biermann S. 108, Planck 3 S. 178.

[61]) Schadensersatzpflicht (§ 823 BGB.), wenn Verschulden. — Die Beseitigung der Äste soll nicht in der Periode des Wachstums des Baumes verlangt werden. KProt. 3 S. 143.

[62]) Art. 122 EGBGB.

[63]) Art. 183 EGBGB.

[64]) Früchte im natürlichen Sinne (Mot. 3, 289), also Äpfel, Birnen, Nüsse 2c., auch Früchte von Waldbäumen, nicht Früchte im Sinne des § 99 BGB.

[65]) Es kommt nicht darauf an, ob sie überhängen, ferner, ob das Überfallen durch Natur oder durch menschliche Tätigkeit bewirkt wird, vorausgesetzt, daß nicht der Nachbar selbst das Abfallen herbeiführt. Hat der Nachbar die Früchte zu sich herübergeschüttelt oder hat er sie abgepflückt, so erwirbt er das Eigentum nicht. Biermann S. 109, Turnau-Förster 1 S. 311, a. M. Planck 3 S. 180. Der Baum- oder Strauchbesitzer darf die über dem Nachbargrundstück hängenden Früchte von seinem Grundstück aus pflücken.

[66]) § 911 BGB. Mot. 3 S. 289, KProt. 3 S. 148.

sie auf dem Nachbargrundstück zu holen, auch wenn ihm dies ohne Betreten des Grundstücks möglich wäre. Nur wenn das Nachbargrundstück dem öffentlichen Gebrauche dient (z. B. als Weg, auch Wasserstraße), gehören die auf dieses Grundstück fallenden Früchte demjenigen, dem sie gehören würden, wenn sie auf das Grundstück, auf dem der Baum oder Strauch steht, gefallen wären.

10. Überbau.

Wird[67]) bei Aufführung eines Baues die Grenze, auf dem Boden oder im Luftraume, überschritten, so könnte in Ermangelung besonderer Vorschriften der geschädigte Nachbar die Beseitigung des Bauwerks verlangen, soweit es über die Grenze reicht. Zur Vermeidung unnötiger Härten ist jedoch dem Nachbarn unter bestimmten Voraussetzungen die Pflicht auferlegt, das fremde Bauwerk auf seinem Grundstück zu dulden[68])[69]). Diese Voraussetzungen sind:

---

[67]) Gemäß Art. 181 EGBGB. finden die Bestimmungen des BGB. Anwendung, wenn der Überbau schon vor dem 1. Januar 1900 errichtet ist; wenn aber vor dem 1. Jan. 1900 der Bauende das Eigentum an dem überbauten Grundstücksteile durch den Überbau erworben hat, bleiben für diesen unter der Herrschaft des früheren Rechts vollzogenen Eigentumserwerb die Vorschriften des bisherigen Rechts maßgebend. RG 16 VI 1900 E. 46 S. 143, 5 XII 1900 E. 47 S. 115, 11 VI 1902 E. 52 S. 16. — Zweifelhaft erscheint, ob die Überbaubestimmungen des BGB. nicht die Anlegung des Grundbuchs voraussetzen. Begründung, Belastung, Aufhebung von Rechten an Grundstücken erfolgen bis zur Anlegung des Grundbuchs nach den bisherigen Gesetzen, ebenso Änderung des Inhalts und des Ranges. Wenn nach bisherigem Recht durch den Überbau die Belastung mit einer Dienstbarkeit bewirkt wurde, so hat es dabei wohl (nach Art. 184 EG.) sein Bewenden, die Belastung wird nach Art. 189 EG. auch bis zur Anlegung des Grundbuchs eintreten. Nach den Bestimmungen des neuen Rechts soll das Rentenrecht allen begrenzten Rechten an dem Grundstück vorgehen, das hat aber eine Änderung des Ranges dieser Rechte zur Folge, die nach altem Recht sich richten soll (Art. 189 EG.). Der Verzicht und die Feststellung der Höhe der Rente bedürfen der Eintragung in das Grundbuch; Eintragung in das Grundbuch des neuen Rechts aber ist unausführbar, solange ein solches Grundbuch nicht existiert. Nach Planck 6 S. 349 soll in diesem Falle der Verzicht und die Feststellung auch ohne die Eintragung dinglich wirksam sein. Mit den Bestimmungen des neuen Rechtes ist eine solche Annahme unvereinbar. Da übrigens diese Fragen bis in das Jahr 1905 in der Praxis keine Schwierigkeiten bereiteten, werden sie auf sich beruhen können.

[68]) § 912 BGB. Mot. 3 S. 282, KProt. 3 S. 133. — Auf den Fall, daß das Gebäude in seinem ganzen Umfang auf dem fremden Grundstück errichtet wird, ist § 912 nicht anwendbar. — Die Überbaubestimmungen sind auch nicht anwendbar, wenn der Bau innerhalb der Grenzen errichtet wird, später aber eine Mauer des Gebäudes sich überhängt. Vergl. RGE. 45 S. 286. — Die §§ 912 ff. sind ferner nicht anwendbar, wenn auf einem Grundstück, von dem eine Teilfläche mit einer den Überbau verbietenden Grunddienstbarkeit belastet ist, ein Gebäude errichtet wird, wobei ein Stück der belasteten Fläche überbaut wird (RG 4 XII 1900 E. 47 S. 356 und 17 VI 1902 JW. 1902 Beil. S. 258), oder wenn ein Gebäude unter Ver-

1. muß es sich um die Errichtung[70]) eines Gebäudes handeln, ein sonstiges Bauwerk, z. B. eine einfache Mauer, genügt nicht;
2. darf das Überschreiten der Grenze nicht auf Vorsatz oder grober Fahrlässigkeit[71]) beruhen. Die Beweislast trifft den Bauenden[72]). Wenn aber selbst diese Voraussetzungen gegeben sind, besteht die Duldungspflicht
3. nicht, sofern vor oder sofort nach der Grenzüberschreitung[73]) Widerspruch erhoben worden ist[74]).

Der Widerspruch wird formlos erhoben. Widerspruchsberechtigt ist der Eigentümer oder Miteigentümer (§ 1011 BGB.) des Bodens, gegebenen Falles auch derjenige, der an dem Grundstück ein Erbbaurecht oder eine Dienstbarkeit hat und in diesem Rechte durch den Überbau beeinträchtigt wird[75]). Der Widerspruch ist dem Bauherrn gegenüber einzulegen; es wirkt nur zu Gunsten desjenigen, für den er erhoben wird. Wer die Beseitigung wegen Widerspruchs verlangt, hat die rechtzeitige Erhebung zu beweisen.

Das Gesetz spricht von dem Eigentümer eines Grundstücks als dem Bauenden, was aber von dem Grundeigentümer gesagt ist, wird auch von dem Erbbauberechtigten (§ 1017 BGB.) zu gelten haben[76]).

---

letzung einer Grunddienstbarkeit des Nachbarn errichtet wird (RG 17 VI 1901 E. 48 S. 262).

[69]) Überbau im Sinne des § 912 liegt auch dann vor, wenn der Bau sich über das ganze Nachbargrundstück erstreckt. RG 11 VI 1902 E. 52 S. 15.

[70]) Nicht auch bei Ausbesserung oder Veränderung eines Gebäudeteiles. Marienwerder OLGRechtspr. 4 S. 65.

[71]) Vorsatz und grobe Fahrlässigkeit richten sich nicht lediglich auf Verletzung der Grenze, sie sind zu verneinen, wenn der Bauende zu der Annahme berechtigt war, daß er über die Grenze bauen dürfe. RG 11 VI 1902 E. 52 S. 17.

[72]) RG 5 XII 1900 E. 47 S. 117.

[73]) Auf den Zeitpunkt der Kenntnisnahme kommt es nicht an.

[74]) Es wird behauptet, der Nachbar habe ein Anfechtungsrecht, wenn der Widerspruch aus Irrtum, Zwang, Betrug unterblieben sei (vergl. Willenbücher S. 54). Nach RGE. Bd. 38 S. 289 ist dies wohl zutreffend für § 332 PLandr. I. 9, allein diese Bestimmung („Hat der Eigentümer des Grundes und Bodens um den Bau gewußt, und nicht sogleich, als er davon Nachricht erhalten, der Fortsetzung desselben auf eine solche Art, daß es zur Wissenschaft des Bauenden gelangt ist, widersprochen, so muß er mit der bloßen Entschädigung für Grund und Boden sich begnügen") ist denn doch sehr verschieden von der Vorschrift des § 912 BGB. Die Nichterhebung des Widerspruchs nach § 912 kann als stillschweigende Willenserklärung des Grundeigentümers schon um deswillen nicht in Betracht kommen, weil er zur Duldung des Überbaues verpflichtet sein kann, ohne daß er überhaupt Kenntnis davon erlangt hat, daß der Nachbar übergebaut hat. Übereinstimmend Biermann S. 110, Planck 3 S. 182.

[75]) § 916 BGB. Mot. 3 S. 286, KProt. 3 S. 138.

[76]) Mot. 3 S. 284. — Was für den Erbbauberechtigten gilt, gilt auch für den nach Art. 63 EG. Berechtigten. — Nießbraucher und Pächter (Dern-

Der Nachbar, der den Überbau zu dulden hat, ist durch eine Geldrente zu entschädigen, für deren Höhe die Zeit der Grenzüberschreitung[77]) maßgebend ist und die jährlich (von der Grenzüberschreitung ab[78]) im voraus zu entrichten ist.

Entschädigungsberechtigt ist derjenige, welcher den Überbau dulden muß, trotzdem er nach dem Inhalte seines dinglichen Rechtes dem Eigentümer des Gebäudes die Fläche entziehen könnte, also der jeweilige Eigentümer des Nachbargrundstücks, gegebenen Falles auch ein Erbbau- oder Dienstbarkeitsberechtigter. Der Entschädigungsbetrag ist für jeden dieser Duldungspflichtigen nach Maßgabe der ihm widerfahrenen Beeinträchtigung festzusetzen[79]).

Das Recht auf die (angemessene) Rente wird nicht in das Grundbuch eingetragen[80]), geht allen Rechten an dem belasteten Grundstück, auch den älteren, vor[81]), bleibt bei der Zwangsversteigerung auch dann bestehen, wenn es bei der Feststellung des geringsten Gebots nicht berücksichtigt ist[82]), es erlischt mit der Beseitigung des Überbaues[83]). Eine Vereinbarung über die Höhe oder über den Erlaß der Rente kann nur mit Zustimmung aller an den beteiligten Grundstücken dinglich Berechtigten (§§ 876, 877 BGB.) geschlossen werden. Zum Verzicht auf das Recht und zur vertragsmäßigen Feststellung der Höhe der Rente ist, damit eine dingliche Wirkung erzielt werde, Eintragung in das Grundbuch[84]) erforderlich. Ohne Eintragung kann

---

burg § 83 Anm. 4) sind nicht in der Lage, für das Grundstück das Überbaurecht zu erwerben und das Grundstück mit der Rente zu belasten. Übereinstimmend Oberneck 1 S. 528, Planck 3 S. 181.

[77]) Eine Änderung der Verhältnisse, z. B. ein Sinken oder Steigen der Grundstückspreise, bleibt unberücksichtigt.

[78]) Wird die Überschreitung der Grenze erst nachträglich entdeckt, so kann die Rente doch von dem Zeitpunkt der Grenzüberschreitung ab gefordert werden. Übereinstimmend Planck 3 S. 183, Oberneck 2 S. 530, abw. Mot. 3 S. 287.

[79]) §§ 913, 916 BGB. Mot. 3 S. 285, KProt. 3 S. 136, 6 S. 229. Weitere Realberechtigte kommen nicht in Betracht, sie halten sich an die Rente des Eigentümers. Jedoch werden die weiteren Berechtigten in Ansehung der Fixierung des Entschädigungsbetrags weder durch die von anderer Seite abgeschlossenen Rechtsgeschäfte noch durch die unter anderen Personen ergehenden Urteile gebunden. Mot. 3 S. 286.

[80]) Der öffentliche Glaube des Grundbuchs bezieht sich nicht auf dieses Recht, auch der gutgläubige Erwerber des belasteten Grundstücks hat die Rente zu entrichten

[81]) Unter Überbaurenten und Notwegrenten entscheidet das Alter. Biermann S. 112, Planck 3 S. 184.

[82]) § 52 Abs. 2 ZVG. Die bis zum Zuschlage laufenden und die rückständigen Rentenbeträge bedürfen der Anmeldung. Vergl. Jäckel S. 198.

[83]) § 914 BGB. Mot. 3 S. 285, KProt. 3 S. 136, 6 S. 229.

[84]) Die Eintragung der Rente erfolgt auf dem Blatte des belasteten Grundstücks; Vermerk nach § 8 GBO. auf dem Blatte des berechtigten Grundstücks. Auch der Verzicht ist auf dem Blatte des belasteten Grundstücks einzutragen. Vergl. Planck 3 S. 185, a. M. Turnau-Förster 1 S. 316.

nur mit obligatorischer Wirkung eine Vereinbarung über die Höhe oder den Erlaß der Rente getroffen werden.

Im übrigen finden die Vorschriften Anwendung, die für eine zu Gunsten des jeweiligen Eigentümers eines Grundstücks bestehende Reallast gelten[85]. Die landesgesetzlichen Vorschriften über Reallasten sind nicht anwendbar (Art 116 EGBGB.), dagegen die Vorschriften über das Unschädlichkeitsattest (Art. 120 EGBGB.).

Die Ansprüche auf die fälligen Rentenbeträge unterliegen den Vorschriften über die Anspruchsverjährung (§ 197 BGB.), das Rentenrecht selbst verjährt nicht[86].

Der auf das fremde Gebiet übergebaute Gebäudeteil verbleibt im Eigentum des Bauherrn; denn wenn die Voraussetzungen für die gesetzliche Duldungspflicht vorliegen, ist das Gebäude von dem Bauenden in Ausübung eines Rechtes an dem fremden Grundstück mit dem Grundstück verbunden worden, gehört also, auch wenn es auf dem fremden Boden steht, nach § 95 BGB. nicht zu den Bestandteilen des Grundstücks[87]. Der Rentenberechtigte kann jederzeit verlangen, daß der Rentenpflichtige ihm gegen Übertragung des Eigentums an dem überbauten Teile des Grundstücks den Wert ersetze, den dieser Teil zur Zeit der Grenzüberschreitung gehabt hat. Macht er von dieser Befugnis Gebrauch, was nötigenfalls durch Klage geschehen kann, so bestimmen sich die Rechte und Verpflichtungen beider Teile nach den Vorschriften über den Kauf[88]. Der Rentenberechtigte ist insbesondere verpflichtet, dem anderen Teile den überbauten Grundstücksteil frei von Rechten Dritter zu verschaffen (§ 434 BGB.). Der Anspruch auf Leistung des Wertbetrages unterliegt nicht der Verjährung[89]. Die gezahlten Renten kommen nicht zur Anrechnung. Die Eigentumsbeschränkung und das Rentenrecht finden nicht schon mit der Beitreibung des Wertbetrages, sondern erst mit der Eigentumsübertragung ihre Erledigung. Die Über-

---

[85]) § 914 Abs. 3 BGB. Anwendung finden insbesondere die §§ 1107, 1108 Abs. 1, 1110. Bei einer Teilung des Baugrundstücks haftet nur der Eigentümer für die Rente, auf dessen Teil sich das Gebäude befindet, bei einer Teilung des durch den Überbau belasteten Grundstücks hat nur der Eigentümer Anspruch auf die Rente, auf dessen Teil übergebaut ist. Biermann S. 113, abw. Planck 3 S. 185, Turnau-Förster 1 S. 316.

[86]) Mot. 3 S. 286. Nach Kohler (ArchZivPr. 87, 288) unterliegt das Rentenrecht der Verjährung.

[87]) Mot. 3 S. 287.

[88]) § 915 BGB. Mot. 3 S. 287, KProt. 3 S. 138, 4 S. 589. — Der Kaufpreis besteht in dem Werte des überbauten Teiles zur Zeit der Grenzüberschreitung. Planck 3 S. 186.

[89]) §§ 924, 915 BGB.

tragung erfolgt auf dem Wege der Auflassung. Bis zur Übertragung des Eigentums ist die Rente fortzuentrichten[90]).

11. Notweg.

Ähnliche Bestimmungen gelten[91]) für die Duldung eines Notwegs[92]). Der Eigentümer eines Grundstücks, dem die zur ordnungsmäßigen[93]) Benutzung notwendige Verbindung mit einem öffentlichen Wege[94]) fehlt[95])[96]), kann von den (unmittelbaren und den mittelbaren) Nachbarn verlangen, daß sie bis zur Hebung des Mangels die Benutzung ihrer Grundstücke zur Herstellung der erforderlichen Verbindung dulden.

Diese Verpflichtung zur Duldung des Notweges tritt jedoch nicht ein, wenn die bisherige Verbindung des Grundstücks mit dem öffentlichen Wege durch eine willkürliche Handlung des Eigentümers (z. B. Abbruch einer Brücke) aufgehoben wird. Beweispflichtig ist der Nachbar; es wird nicht von dem Grundeigentümer der Nachweis verlangt, daß die Notlage ohne sein Verschulden eingetreten ist[97]). Wird infolge der Veräußerung eines Teiles des Grundstücks oder infolge der Veräußerung von mehreren demselben Eigentümer gehörenden Grundstücken der veräußerte oder der zurückbehaltene Teil von der Verbindung mit dem öffentlichen Wege abgeschnitten, so hat der Eigentümer desjenigen Grundstücks oder Grundstücksteiles, über welchen die Verbindung bisher stattgefunden hat, den Notweg zu dulden[98]).

---

[90]) Die Eigentumsbeschränkung und das mit ihr verbundene Rentenrecht finden erst mit der Eigentumsübertragung ihre Erledigung, aber das Rentenrecht des Empfängers gegenüber dem Zahlenden hört mit Beitreibung des Entschädigungskapitals selbstverständlich auf. Mot. 3 S. 287.

[91]) Übergangsbestimmungen s. Anm. 67.

[92]) § 917 BGB Mot. 3 S. 289, KProt. 3 S. 149.

[93]) Nicht bloß die bisherige Benutzung soll geschützt werden. Es ist objektiv und nach vernünftigem Ermessen zu erwägen, ob die geplante Benutzung dem wirtschaftlichen Bedürfnisse entspricht. Nicht jede spekulative Änderung in der Benutzung genügt, den Anspruch zu begründen, es muß vielmehr das Grundstück seiner Natur nach zu einer der Änderung entsprechenden Benutzungsart bestimmt sein. (KProt. 3 S. 152.)

[94]) Ob ein Weg ein öffentlicher ist, muß nach Landesrecht beurteilt werden. — Die Verbindung mit einem öffentlichen Gewässer schließt den Anspruch nicht aus. — Unberührt bleiben die landesgesetzlichen Vorschriften, welche das Recht des Notwegs zum Zwecke der Verbindung eines Grundstücks mit einer Wasserstraße oder einer Eisenbahn gewähren (Art. 123 EG.).

[95]) Die Verbindung fehlt nicht, wenn der Eigentümer sich den Zugang mit Hilfe einer Grunddienstbarkeit zu verschaffen in der Lage ist. Vergl. Planck 3 S. 188.

[96]) Die Verbindung muß fehlen; daß sie nicht so bequem ist, wie der Weg über fremde Grundstücke wäre, genügt nicht.

[97]) Denkschr. S. 663.

[98]) § 918 BGB. Mot. 3 S. 291, KProt. 3 S. 150. — Wird bei der Veräußerung auf Erneuerung des Verbindungsweges verzichtet (KProt. 3 S. 153), so kann trotzdem der Anspruch gegen die anderen Nachbarn nicht erhoben werden.

Gegen die Nachbarn besteht in einem solchen Falle der Notweganspruch nicht.

Die Eigentumsbeschränkung zu Gunsten des eingeschlossenen Grundstücks liegt vor, sobald die gesetzlichen Voraussetzungen eingetreten sind, die Beschränkung wird nicht erst durch Richterspruch begründet. Das Urteil hat deklaratorische Bedeutung. Erhebt der Nachbar die Negatorienklage, so kann der Eigentümer des eingeschlossenen Grundstücks unter der Darlegung, daß die Notwegvoraussetzungen gegeben sind, die Abweisung des dem Kläger nicht zustehenden Eigentumsanspruchs erwirken. Durch Urteil werden erforderlichen Falles die Richtung des Notwegs und der Umfang des Benutzungsrechtes bestimmt[99]. Die Notwegbeschränkung erlischt, sobald die gesetzlichen Voraussetzungen wegfallen[100].

Die Frage, wer das subjektiv dinglich mit dem herrschenden Grundstück verbundene Recht geltend zu machen und auszuüben befugt ist, beurteilt sich in analoger Weise wie bei den Grunddienstbarkeiten[101]. Berechtigt ist der Eigentümer, jeder Miteigentümer[102] und der Erbbauberechtigte[103]. Der Anspruch auf Duldung des Notwegs ist gegen die Eigentümer der belasteten Grundstücke, gegebenen Falles gegen sämtliche Miteigentümer sowie gegen die Erbbau- und Dienstbarkeits-Berechtigten (§ 916 BGB.) zu richten.

Die Nachbarn, über deren Grundstücke der Notweg führt, sind durch eine Geldrente zu entschädigen. Für die Höhe der Rente ist der Zeitpunkt maßgebend, in welchem der Notweg in Anspruch genommen wird[104]. Die Notwegrente ist dem jeweiligen Eigentümer des Nachbargrundstücks, dem benachteiligten Erbbau- oder Dienstbarkeitsberechtigten, von dem jeweiligen Eigentümer des eingeschlossenen Grundstücks zu entrichten, und zwar jährlich im voraus. Ebenso wie beim Überbau geht das Recht auf die Rente allen Rechten an dem belasteten Grundstück, auch den älteren, vor, es erlischt mit der Beseitigung der Einschließung. Das Rentenrecht wird nicht in das Grundbuch eingetragen. Zum Verzicht auf das Recht sowie zur Feststellung der Höhe der

---

[99]) § 917 BGB.

[100]) Bei wesentlicher Änderung der Verhältnisse kann eine Änderung der rechtsgeschäftlich oder richterlich festgesetzten Richtung und Benützungsart des Notweges gefordert werden. OLG. Köln PuchZ. 36 S. 60.

[101]) Mot. 3 S. 292.

[102]) Vergl. § 1011 BGB.

[103]) Auch der nach Art. 63 EG. Berechtigte.

[104]) § 917 Abs. 2 mit § 912 Abs. 2 BGB. Die Höhe der Rente ist unabhängig vom Steigen und Fallen der Grundstückswerte. Wenn jedoch das Wegebedürfnis sich mindert oder steigert, kann Herabsetzung oder Erhöhung der Jahresrente verlangt werden. Übereinstimmend Planck 3 S. 190, Biermann S. 115.

Rente durch Vertrag ist, wie beim Überbau, die Eintragung erforderlich. Im übrigen finden auch bei der Notwegrente die Vorschriften Anwendung, die für eine zu Gunsten des jeweiligen Eigentümers eines Grundstücks bestehende Reallast gelten[105]). Landesgesetzliche Vorschriften s. Art. 116, 120 EGBGB.

Dem Rentenberechtigten steht nicht das Recht zu, zu verlangen, daß der Rentenpflichtige den für den Zugang erforderlichen Grundstücksteil käuflich von ihm erwerbe, er kann auch der Ausübung des Rechtes nicht aus dem Grunde widersprechen, weil der Pflichtige mit Zahlung der Rente im Rückstand sei.

Die Ansprüche auf Duldung des Notweges überhaupt (§ 917 Abs. 1) und auf Duldung des Notweges auf Grund Veräußerung (§ 918 Abs. 2) unterliegen nicht der Verjährung[106])[107]).

12. Abmarkung.

Ist die Grenze zwischen zwei Grundstücken nicht bestritten, so kann jeder Grundeigentümer[108]) von dem Eigentümer[109]) des anderen Grundstücks verlangen, daß dieser zur Errichtung fester Grenzzeichen und, wenn ein Grenzzeichen verrückt ist oder

[105]) §§ 917 Abs. 2, 913, 914, 916 BGB.

[106]) § 924 BGB. — Besteht possessorischer Schutz für den Notweg? Nach KProt. 3 S. 155 ist die Ansicht ausgesprochen worden, daß die Ausübung des Notwegrechtes sich als Ausübung des Eigentums an dem des Notwegs bedürftigen Grundstücke auffassen lasse, und daß man von dieser Auffassung aus zu dem praktisch befriedigenden Ergebnis gelangen könne, daß die Vorschrift des § 1029 über den possessorischen Schutz desjenigen, der eine Grunddienstbarkeit ausübe, entsprechend anwendbar sei. Possessorischer Schutz würde praktisch befriedigen, wie man sich aber einen possessorischen Schutz einer nicht eintragungsfähigen Eigentumsbefugnis nach Anleitung des § 1029 zu denken hat, ist schwer abzusehen. Richtiger möchte es sein, mit Mot. 3 S. 292 zu sagen: Die Vorschriften über den possessorischen Servitutenschutz finden, wenn auch im übrigen die Analogie zwischen Notweg und Servituten nicht zu leugnen ist, doch um deswillen keine Anwendung, weil das für diesen Schutz in § 979 Entw. I (§ 1029 BGB.) vorgeschriebene Erfordernis der Eintragung fehlt. Übereinstimmend Planck 3 S. 189, Biermann S. 115, a. M. Staudinger 3 S. 145. — Der Besitz des eingeschlossenen Grundstücks umfaßt nicht den Besitz des von dem Notweg betroffenen Teiles des fremden Grundstücks, ebensowenig kennt das BGB. einen mit dem Besitz des eingeschlossenen Grundstücks verbundenen Besitz eines Notwegrechts. Man besitzt nicht das Eigentum an einem Grundstück, sondern das Grundstück. Anders Colmar PucheZ. 35 S. 598.

[107]) Wird für die Duldung des Notwegs auf Grund Veräußerung (§ 918 Abs. 2) die Rente geschuldet? Die Frage wird zu bejahen sein, da durch § 918 Abs. 2 nur der Kreis der Pflichtigen eingeschränkt wird, welche den Notweg zu dulden haben, im übrigen § 917 zur Anwendung kommt. Vergl. Denkschr. S. 663.

[108]) Auch jeder Miteigentümer (§ 1011 BGB.) sowie die nach § 1017 BGB. und Art. 63, 68 EG. Berechtigten.

[109]) Der Anspruch ist gegen alle Miteigentümer zu richten, ferner gegen die nach § 1017 BGB., Art. 63, 68 EG. Berechtigten.

unkenntlich geworden ist, zur Wiederherstellung mitwirke[110]. Der Zweck der Abmarkung geht dahin, solche Grenzzeichen zu setzen, welche in Zukunft fortdauernd geeignet bleiben, die erfolgte Anerkennung des Grenzzuges durch die Nachbarn zu beweisen. Die Art der Abmarkung und das Verfahren bestimmen sich nach den Landesgesetzen; enthalten diese keine Vorschriften, so entscheidet die Ortsüblichkeit.

Dieser Abmarkungsmodus ist im Verhältnisse der Nachbarn untereinander nicht zwingender Natur. Unberührt bleibt allerdings eine etwaige, auf öffentlichem Rechte beruhende Verpflichtung der Grundeigentümer gegenüber dem Staate, die zu einer bestimmten Art von Abmarkung nötigt. Die Nachbarn unter sich können sich mit einer anderen Abmarkungsart begnügen, es gibt aber keinen dinglich wirkenden Verzicht auf die aus dem Eigentum fließende Befugnis, die Abmarkung zu verlangen; in einem Verzicht kann daher nur das Versprechen gefunden werden, die in Frage stehende Eigentumsbefugnis nicht geltend zu machen[111].

Sind die Beteiligten über Vorfragen nicht einig, so ist die Entscheidung des Prozeßrichters herbeizuführen, so insbesondere, wenn die Notwendigkeit einer Grenzzeichenerneuerung streitig ist oder einzelne Nachbarn sich am Verfahren nicht beteiligen wollen[112].

Die **Kosten** der Abmarkung sind von den Beteiligten, sofern sich nicht aus einem zwischen ihnen bestehenden Rechtsverhältnisse (z. B. aus unerlaubter Handlung) ein Anderes ergibt, zu gleichen Teilen zu tragen[113], so daß jeder Beteiligte für die Hälfte der Kosten aufzukommen hat, die auf die Abmarkung seines Grundstücks entfallen.

Die Ansprüche auf Mitwirkung und Kostentragung unterliegen nicht der **Verjährung**[114].

13. Grenzverwirrung.

Ist der Lauf der Grenze zwischen den Nachbargrundstücken streitig, so sind für die Lösung im allgemeinen die Vorschriften der Eigentumsklage maßgebend. Macht bei einem Streite um

---

110) § 919 BGB. Mot. 3 S. 268, KProt. 3 S. 125.
111) Mot. 3 S. 269.
112) Die Abmarkung wirkt nur für und gegen die Mitwirkenden.
113) § 919 Abs. 3 BGB.
114) § 924 BGB. Erstattungsansprüche wegen zu viel gezahlter Kosten gehören nicht hierher, sind der Verjährung nicht entzogen. Vergl. Planck 3 S. 193. Ist der Besitz fehlerhaft und hat der Verdrängte noch den possessorischen Anspruch auf Wiedereinräumung des Besitzes, so bedarf es keiner vorherigen Besitzklage, vielmehr ist der frühere Besitz, dessen Wiederherstellung verlangt werden kann, als Grundlage zu nehmen. Vergl. Mot. 3 S. 272.

die Grenze ein Teil sein Eigentum im Wege der Klage geltend, so hat er sein Eigentum bis zu der von ihm behaupteten Grenze zu erweisen.

Läßt sich die richtige Grenze nicht ermitteln, liegt also Grenzverwirrung vor, so hat jeder Beteiligte Anspruch darauf, daß nach dem Besitzstand[115]) abgegrenzt werde. Läßt sich der Besitzstand nicht feststellen, so geht der Anspruch dahin, daß jedem der Grundstücke ein gleich großes Stück der streitigen Fläche zugeteilt wird, ohne Rücksicht auf Wert und Bonität oder auf das Größenverhältnis der Grundstücke.

Es kann vorkommen, daß die richtige Grenze nicht ermittelt, daß dagegen festgestellt wird, ein wie großer Teil des streitigen Flächenabschnittes zu dem einen oder dem anderen Grundstück gehört. Führt in einem solchen Falle die Abgrenzung nach Besitzstand oder die Halbierung der Fläche zu einem Ergebnisse, das mit den ermittelten Umständen, insbesondere mit der feststehenden Größe der Grundstücke nicht übereinstimmt, so haben die Beteiligten die Grenze so zu ziehen, wie es unter Berücksichtigung dieser Umstände der Billigkeit entspricht[115]).

Kommt es zu einer gerichtlichen Entscheidung, so stellt das Urteil fest, welches die richtige Grenze ist[116])[117]).

Während in Ansehung des Anspruchs auf Abmarkung nur die Eigentümer der Nachbargrundstücke aktiv und passiv legitimiert erklärt sind, ist in § 920 BGB. die Legitimation zur Erhebung des Abgrenzungsanspruchs nicht in gleicher Weise bestimmt. Es ist dadurch zum Ausdrucke gebracht, daß die Vorschriften des § 920 auch zur Anwendung zu kommen haben, wenn im Falle einer Grenzverwirrung ein Realberechtigter (z. B. Nießbraucher) die räumliche Erstreckung seines Rechtes geltend macht[118]).

---

[115]) § 920 BGB. Mot. 3 S. 270, KProt. 3 S. 126.

[116]) Das Urteil hat nur deklaratorische Kraft. A. M. Biermann S. 118, wie hier Planck 3 S. 195.

[117]) Das Verfahren ist kein judicium duplex. Daraus ist aber nicht zu schließen, daß die Klage abzuweisen ist, wenn dem Richter die von dem Kläger bezeichnete Grenze nicht erwiesen wird. Wer 1000 ℳ einklagt, wird nicht mit der ganzen Klage abgewiesen, wenn dargetan ist, daß ihm 500 ℳ gebühren. Verlangt ein Kläger, daß die Grenze so zu laufen habe, daß ihm ein Streifen von 2 Meter Breite zufalle, so kann das Urteil erklären, daß die Grenze so laufe, daß zu dem Grundstücke des Klägers nur 1 Meter des streitigen Streifens gehöre. Nach Dernburg § 87 Anm. 5 ist das Verfahren, wie nach römischem Rechte, ein judicium duplex.

[118]) Mot. 3 S. 273. Die Klage steht zu dem Eigentümer, jedem Miteigentümer und den sonstigen Realberechtigten, deren Rechte durch die Grenzverwirrung beeinträchtigt sind. Die Klage ist zu richten gegen den Eigentümer oder alle Miteigentümer des anderen Grundstücks oder gegen sonstige Realberechtigte. Selbstverständlich hat das Urteil nur die ihm nach der Prozeßordnung zukommende, keine absolute Wirkung. Vergl. Planck 3 S. 195, abw. Biermann S. 119.

Die Ansprüche auf Abgrenzung nach den Vorschriften des § 920 unterliegen nicht der Verjährung [119]).

14. Grenzeinrichtungen zu beiderseitigem Vorteil.

Das BGB. geht davon aus, daß jedes Grundstück gegen das Nachbargrundstück eine geometrische Grenze haben muß und daß diese Grenze objektiv stets gewiß und in Fällen subjektiver Ungewißheit stets auffindbar ist. Die Annahme eines Miteigentums für Grenzeinrichtungen (Graben, Hecke, Mauer rc.) ist damit ausgeschlossen [120]). Ein Miteigentum könnte nur an einem selbstständigen Grundstück bestehen, das Grundstück müßte ein Grundbuchblatt haben und das Miteigentum müßte ebenfalls gebucht sein.

Statt eines Miteigentums hat das BGB. für Grenzeinrichtungen, die, von der Grenze durchschnitten, teils zu dem einen teils zu dem andern Grundstück gehören, eine gegenseitige Beschränkung des Eigentums, also ein Rechtsverhältnis angenommen, wie es mit gleichem Inhalte auch durch Bestellung von entsprechenden gegenseitigen Grunddienstbarkeiten nach §§ 1018, 1021, 1022 BGB. begründet werden kann. Werden nämlich zwei Grundstücke durch einen Zwischenraum, Rain, Winkel, einen Graben, eine Mauer, Hecke, Planke oder eine andere Einrichtung, die zum Vorteile beider Grundstücke, nicht etwa nur zum Vorteile des einen Grundstücks, dient, voneinander geschieden, so wird vermutet, daß die Eigentümer der Grundstücke zur Benutzung der Einrichtung gemeinschaftlich berechtigt seien, sofern nicht äußere Merkmale darauf hinweisen, daß die Einrichtung einem der Nachbar allein gehört [121]). Gehört die Einrichtung erweislich einem Nachbarn allein, so kann der andere das Recht der Mitbenutzung nur durch die Erwerbung einer Grunddienstbarkeit erlangen.

---

[119]) § 924 BGB.

[120]) Gemäß Art. 181 EG. finden die Vorschriften auch auf Grenzeinrichtungen, die am 1. Jan. 1900 bestehen, Anwendung. Sollte nach bisherigem Recht an den Grenzeinrichtungen Miteigentum anzunehmen gewesen sein, so ist mit dem Inkrafttreten des BGB. eine Änderung erfolgt. Vergl. RG 17 I 1903 E. 53 S. 311. — Über die Grenz- und Scheidemauern des code civil s. Schröder PuchZ. 36 S. 226, über Kommunmauern SeuffBl. 67 S. 64, 68 S. 496, über Grenzmauerverträge Geiershöfer Recht 1905 S. 401.

[121]) § 921 BGB. Mot. 3 S. 274, KProt. 3 S. 129. — Auch ein Brunnen kann eine zum Vorteile mehrerer Grundstücke dienende Grenzeinrichtung darstellen. — Bestehen äußere Merkmale, die darauf hinweisen, daß die Einrichtung einem der Nachbarn allein gehört, so greift die Vermutung nicht Platz. Eine Aufzählung solcher äußerer Merkmale findet sich im BGB. nicht; die Bedeutung der Merkmale kann sich aus den Bestimmungen des früheren Rechts ergeben, unter dessen Herrschaft sie angebracht wurden. Wenn aber auch keine äußeren Merkmale bestehen, die auf ein Alleineigentum hinweisen, kann doch der Beweis erbracht werden, daß ein Alleineigentum besteht. Besteht Alleineigentum, so findet § 921 keine Anwendung. A. M. Cosack 2 S. 159.

Sind die Nachbarn zur Benutzung einer Grenzeinrichtung gemeinschaftlich berechtigt, so kann jeder sie zu dem Zwecke, der sich aus ihrer Beschaffenheit ergibt, insoweit benutzen, als nicht die Benutzung des anderen beeinträchtigt wird[122]). Falls nicht ein anderes vereinbart ist, sind die Unterhaltungskosten ohne Rücksicht auf die Benutzungsweise von den Nachbarn zu gleichen Teilen zu tragen.

Die Einrichtung darf, so lange einer der Nachbarn an ihrem Fortbestande ein Interesse[123]) hat, nicht ohne seine Zustimmung beseitigt oder geändert werden[124]).

Im übrigen bestimmt sich das Rechtsverhältnis zwischen den Nachbarn nach den Vorschriften über die Gemeinschaft (§§ 741 ff. BGB.)[125]).

15. Grenzbaum, Grenzstrauch.

Die Grenzlinie, die sich zwischen zwei Grundstücken hinzieht, teilt die auf der Grenze liegenden Gegenstände dem einen oder dem anderen Grundstück zu. Trifft die Linie einen Baumstamm da, wo er aus der Erde hervortritt, so wird der Baum reell geteilt; das eine Stück gehört dem einen, das andere Stück dem anderen Grundeigentümer zu Alleineigentum[126]). Jeder Eigentümer könnte über seinen Teil verfügen. Mit der Trennung vom Boden entstünde Miteigentum, wobei die Quoten dem früheren beiderseitigen Eigentum zu entsprechen hätten. Das BGB. hat diese Verhältnisse anders geordnet[127]).

---

[122]) Eine Grenzmauer darf demnach von jedem Nachbarn nicht bloß bis zur Hälfte ihrer Dicke, sondern in der ganzen Dicke benutzt werden. Anders Dernburg S. 204. Hat allerdings der eine in der Mauer einen Wandschrank errichtet, so kann der Nachbar nicht auf seiner Seite an derselben Stelle einen Wandschrank anlegen. — Nischen in Grenzmauer s. OLG. Zweibrücken BuchZ. 33 S. 536.

[123]) Das Interesse braucht kein vermögensrechtliches zu sein.

[124]) Zuwiderhandlungen sind Beeinträchtigungen des Eigentums (a. negatoria).

[125]) § 922 BGB. Mot. 3 S. 276, KProt. 3 S. 131. — Für den Fall, daß Früchte zu verteilen sind, ist § 743 Abs. 1 anwendbar. Die Verwaltung und Benutzung der Grenzeinrichtung kann vertragsmäßig geregelt werden, die Regelung wirkt für und gegen die Sondernachfolger (§ 746), immerhin nur obligatorisch. Sollen die Befugnisse der Beteiligten dinglich festgelegt werden, so bedarf es des dinglichen Vertrags und der Eintragung, das Rechtsverhältnis fällt alsdann in die Kategorie der Grunddienstbarkeit. Vergl. Mot. 3 S. 277. Eine Verfügung des Teilhabers über seinen Anteil (§ 747 Satz 1), erscheint ausgeschlossen, ebenso besteht kein Anspruch auf Aufhebung der Gemeinschaft (§§ 749 ff.).

[126]) Vergl. §§ 93, 94 BGB.

[127]) § 923 BGB. Mot. 3 S. 277, KProt. 3 S. 132.

Steht ein Baum auf der Grenze, so gebühren die Früchte[128]) und, wenn der Baum, absichtlich oder zufällig, vom Boden getrennt wird, auch der Baum, den Nachbarn zu gleichen Teilen, wenn auch die Grenze nicht durch die Mitte des Stammes geht.

Jeder der Nachbarn kann die Beseitigung des Baumes verlangen, die Einwilligung der Beteiligten sich nötigenfalls auf dem Klageweg verschaffen, darf aber nicht einseitig über den Baum verfügen. Die Kosten der Beseitigung fallen den Nachbarn zu gleichen Teilen zur Last. Es hat jedoch der Nachbar, der die Beseitigung verlangt, die Kosten allein zu tragen, wenn der andere auf sein Recht an dem Baume verzichtet; in diesem Falle erwirbt er mit der Trennung das Alleineigentum. Fallen die Früchte des einen oder beider Grundstücke mit der Trennung vom Boden in das Eigentum einer anderen Person als des Eigentümers (z. B. in das Eigentum eines Nießbrauchers, Pächters rc.), so ist nur dieser Berechtigte zu der Trennung und zu der Verfügung über die getrennten Stücke des Baumes befugt.

Der Anspruch auf die Beseitigung des Baumes ist ausgeschlossen, wenn der Baum als Grenzzeichen dient und den Umständen nach (z. B. in Überschwemmungsgebieten) nicht durch ein anderes zweckmäßiges Grenzzeichen ersetzt werden kann[129]).

Diese Vorschriften gelten auch für einen auf der Grenze stehenden Strauch. Für andere Sachen (z. B. Steine, Balken) verbleibt es bei der Regel, wonach im Falle der Trennung Miteigentum nach Bruchteilen eintritt, welche durch den bisherigen Grenzschnitt bestimmt werden[130]).

Der Anspruch auf Beseitigung des Grenzbaumes oder Grenzstrauches unterliegt nicht der Verjährung[131]).

Die landesgesetzlichen Vorschriften, welche die Rechte der Grundeigentümer in Ansehung der auf der Grenze stehenden Obstbäume abweichend von den Vorschriften, des § 923 Abs. 2 bestimmen, bleiben unberührt[132]). Ebenso bleiben zu Gunsten eines Grundstücks, das am 1. Januar 1900 mit Wald bestanden ist, die landesgesetzlichen Vorschriften, welche die Rechte des Eigen-

[128]) Zu den Früchten gehört hier auch das dürre Holz. — Teilung nach §§ 752 ff. BGB.

[129]) Derjenige, der die Erhaltung will, hat nachzuweisen, daß der Baum als Grenzzeichen dient, dem Gegner obliegt es darzutun, daß der Baum durch ein anderes Grenzzeichen ersetzt werden kann. Übereinstimmend Planck 3 S. 201.

[130]) Steht eine zusammengesetzte Sache (z. B. ein Haus, eine Mauer) auf der Grenze, so tritt im Falle der Trennung nicht Miteigentum an dem gesamten Baumaterial ein, sondern nur an den (infolge des Abreißens entstehenden) Einzelsachen, die von der Grenzlinie getroffen waren.

[131]) § 924 BGB.

[132]) Art. 122 EGBGB.

tümers eines Nachbargrundstücks in Ansehung der auf der Grenze stehenden Bäume und Sträucher abweichend von den Vorschriften des § 923 Abs. 2, 3 bestimmen, bis zur nächsten Verjüngung des Waldes in Kraft[133]).

§ 23. Erwerbsarten.

Der Erwerb der rechtlichen Herrschaft über eine Sache ist an bestimmte Vorgänge geknüpft. Die Verschiedenheit dieser Tatsachen begründet eine Verschiedenheit der Erwerbsarten.

Das BGB. behandelt getrennt

I. den Erwerb und Verlust des Eigentums an Grundstücken (§§ 925—928),
II. den Erwerb und Verlust des Eigentums an beweglichen Sachen (§§ 929—984).

Bezüglich des Erwerbs des Eigentums an beweglichen Sachen werden unterschieden

1. Übertragung (§§ 929—936),
2. Ersitzung (§§ 937—945),
3. Verbindung, Vermischung, Verarbeitung (§§ 946—952),
4. Erwerb an Erzeugnissen und sonstigen Bestandteilen einer Sache (§§ 953—957),
5. Aneignung (§§ 958—964),
6. Fund (§§ 965—984).

§ 24. Erwerb des Eigentums an Grundstücken.

Das Eigentum an Grundstücken kann erworben werden[1])[2])

1. auf dem Wege der Übertragung durch Rechtsgeschäft,
2. im Wege des Aufgebotsverfahrens,
3. durch Aneignung,
4. durch Ersitzung,
5. durch Zuschlag im Zwangsversteigerungsverfahren,
6. kraft der Bestimmungen über eheliches Güterrecht,[3])
7. im Wege des Erbgangs[4]).

---

[133]) Art. 183 EGBGB.

Zu § 24.

[1]) Der Erwerb des Eigentums an einem Grundstück erfolgt auch nach dem Inkrafttreten des BGB. nach den bisherigen Gesetzen, bis das Grundbuch als angelegt anzusehen ist. Art. 189 EGBGB. — Schon vor Anlegung des Grundbuchs kann eine Verurteilung zur Auflassungserklärung erfolgen. RG 19 VI 1900 JW. S. 607[14].

[2]) Über den Erwerb der Rechte an Grundstücken in den deutschen Schutzgebieten s. Kais. Verord. 21. Nov. 1902.

[3]) §§ 1438, 1485, 1519, 1549 BGB.

[4]) §§ 1922, 1942, 2032, 2139 BGB. — Über Erwerb von Vereins- und Stiftungsvermögen durch den Fiskus s. §§ 46, 88 BGB.

Hinsichtlich des Eigentumserwerbs der Erben und der Ehegatten muß auf das Erbrecht und das Familienrecht verwiesen werden.

Andere Fälle des Grundeigentumserwerbs unterstehen landesrechtlichen Vorschriften[5]).

1. Übertragung des Eigentums an Grundstücken durch Rechtsgeschäft.

Nach der Regel des § 873 BGB. ist zur Übertragung des Eigentums an einem Grundstück

die Einigung des Berechtigten und des anderen Teils über den Eintritt der Rechtsänderung und

die Eintragung der Rechtsänderung in das Grundbuch

erforderlich[6]).

---

[5]) Zu erwähnen ist insbesondere der Erwerb auf Grund der Bestimmungen des Wasserrechts (Art. 65 EG.), der Enteignungsgesetze (Art. 109 EG.), Flurbereinigung, Gemeinheitsteilung ꝛc. (Art. 113 EG.), ferner die Übertragung des Eigentums an einem Grundstück durch Landesgesetz (Art. 126 EG.) und die Übertragung des Eigentums an buchungsfreien Grundstücken (Art. 127 EG.). Vergl. § 8. — Die Vorschriften über den Erwerb des Eigentums an Grundstücken finden entsprechende Anwendung auf die in Art. 63, 68, 196 EG. bezeichneten Rechte.

[6]) Die Auflassung ist erforderlich, wenn durch Rechtsgeschäft eine Veränderung in der Person des Eigentümers oder in einem Anteilsverhältnis herbeigeführt werden soll. So bedarf es der Auflassung,

wenn ein Alleineigentümer das Eigentum an eine andere Person übertragen will,

wenn Miteigentums-Bruchteile veräußert werden sollen,

wenn die Bruchteile unter den Miteigentümern geändert werden sollen (RGE. 56 S. 100),

wenn aus Miteigentum Alleineigentum, sei es auch durch Teilung, hergestellt wird,

wenn der Eigentümer das Eigentum, ein Miteigentümer seinen Bruchteil einer Gemeinschaft zur gesamten Hand — sollte er auch selbst beitreten — überträgt, so, wenn die Miteigentümer zu einer Gemeinschaft zur gesamten Hand sich vereinigen (RGE. 56 S. 96),

wenn eine Gemeinschaft zur gesamten Hand ein Grundstück überträgt, sei es auch an die Teilhaber zu Miteigentum (z. B. Erbengemeinschaft an die Miterben RGE. 57 S. 432), sei es an einen Teilhaber zu Alleineigentum (z. B. Übernahme durch einen Gesellschafter bei Auflösung der Gesellschaft, sollte selbst die Gesellschaft nur aus zwei Personen bestanden haben, BayObLG. SeuffBl. 70 S. 100; Vorbehaltsgut aus Gesamtgut, BayObLG. BayZfR. 1 S. 351).

Auflassung erscheint nicht erforderlich, wenn die Gemeinschaft zur gesamten Hand, der das Eigentum zusteht, nur die Form wechselt, ohne daß eine Auflösung und Neugründung vor sich geht. Auflassung ist auch nicht erforderlich, wenn die Teilhaber einer Gemeinschaft zur gesamten Hand wechseln, die Gemeinschaft selbst bestehen bleibt. — Bestritten ist, ob Auflassung notwendig ist, wenn ein nicht rechtsfähiger Verein die Rechtsfähigkeit erlangt. Die Frage dürfte zu verneinen sein. Predari S. 156, a. M. Biermann S. 127. — Übergang des Eigentums bei Verschmelzung mehrerer Gemeinden zu einer Gesamtgemeinde s. BayObLG 17 VII 1905 Recht 1905 S. 470.

Während die dingliche Einigung regelmäßig formlos ist, unterliegt die zur Übertragung des Eigentums an einem Grundstück erforderliche Einigung des Veräußerers und Erwerbers (die Auflassung) einer Formvorschrift, sie muß bei gleichzeitiger Anwesenheit beider Teile vor dem Grundbuchamt erklärt werden[7]). Diese Form ist vorgeschrieben, um den Beteiligten die Wichtigkeit ihres Vorhabens zum Bewußtsein zu bringen und sie gegen Übereilung zu schützen, ferner, um eine Erfüllung Zug um Zug zu ermöglichen und die Gefahr auszuschließen, daß die Auflassung im Widerspruch mit dem Inhalt des Grundbuchs erfolgt[8]).

Die Erklärungen müssen vor dem Grundbuchamt abgegeben werden, bei welchen das Grundbuch über das Grundstück geführt wird,[9])[10])[11]) und beide Teile müssen gleichzeitig anwesend sein. Vertretung ist zulässig; für die Parteien können gesetzliche Vertreter oder Bevollmächtigte erscheinen. Schließt jemand ohne Vertretungsmacht im Namen eines Anderen den Vertrag, so hängt die Wirksamkeit des Vertrags für und gegen den Vertretenen von dessen Genehmigung ab[12]). Die Parteien können sich beide durch eine und dieselbe Person vertreten lassen[13]), es kann auch die eine Partei durch die andere sich vertreten lassen.

---

7) § 925 BGB. Mot. 3 S. 312, KProt. 3 S. 168, 181.

8) Denkschr. S. 663.

9) Vor dem Grundbuchamt ist die Auflassung nur dann erklärt, wenn der mit der Führung des Grundbuchs betraute Richter (oder sein Stellvertreter) die Erklärungen entgegengenommen hat. Die Zuständigkeit anderer Richter muß sich auf landesgesetzliche Vorschriften (Art. 143 EG.) gründen. Anscheinend a. M. Planck 3 S. 203, dagegen Biermann S. 124. — Daß die Einigung gerade im Lokale des Grundbuchamtes erklärt wird, ist nicht zu verlangen.

10) Streit herrscht über die Frage, ob der Grundbuchrichter ein Protokoll aufzunehmen hat und ob das Protokoll den Mußvorschriften der §§ 176 ff. FGG. unterliegt. In beiden Richtungen sind die landesgesetzlichen Bestimmungen maßgebend, unmittelbare Anwendung finden die §§ 176 ff. FGG. auf die grundbuchamtliche Beurkundung, die als solche keine gerichtliche ist, nicht. Abw. Biermann S. 125. Eine andere Auffassung liegt wohl auch dem Beschlusse des Reichsgerichts E. 54 S. 195 zu Grunde. Daß der Grundbuchbeamte die bei ihm abgegebenen Erklärungen zu Protokoll nehmen soll, ergibt sich aus § 29 GBO. — Nach RG 7 VI 1905 JW. S. 491[14] genügt es, wenn der Grundbuchbeamte vom Nebenzimmer aus zuhört und zusieht, wie das von dem Gehilfen entworfene Protokoll verlesen und genehmigt wird.

11) Der Landesgesetzgebung ist überlassen, in Ansehung der in dem Gebiete des Bundesstaates liegenden Grundstücke zu bestimmen, daß die Einigung der Parteien außer vor dem Grundbuchamt auch vor Gericht, vor einem Notar, vor einer anderen Behörde oder vor einem anderen Beamten erklärt werden kann (Art. 143 Abs. 1 EGBGB.).

12) § 177 BGB. RG. Recht 1901 S. 352[99], Planck 3 S. 203, Biermann S. 124.

13) § 181 BGB. — Ein zum Testamentsvollstrecker berufener Miterbe kann sich selbst Nachlaßgrundstücke auflassen, auch steht nichts im Wege, daß Testamentsvollstrecker und Miterben dieselbe Person bevollmächtigen, aufzulassen und die Auflassung anzunehmen. RG 28 VI 1905 JW. S. 489[9].

Die Notwendigkeit der gleichzeitigen Anwesenheit der Beteiligten vor dem Grundbuchamt schließt ferner nicht aus, daß, wenn eine Partei zu der von ihrer Seite zur Auflassung erforderlichen Erklärung rechtskräftig verurteilt ist, die andere Partei unter Vorlegung eines Zeugnisses über die Rechtskraft des Urteils oder, wenn die Willenserklärung von einer Gegenleistung abhängig gemacht ist (§ 894 Abs. 1 Satz 2 ZPO.), unter Vorlegung einer vollstreckbaren Ausfertigung des Urteils die ihrerseits erforderliche Erklärung vor dem Grundbuchamt abgeben kann [14]) [15]).

Der Veräußerer kann die Auflassungserklärung abgeben, ohne daß er im Grundbuch als Eigentümer eingetragen ist. Nur die Eintragung des Erwerbers soll in der Regel erst erfolgen, wenn der Veräußerer als der Berechtigte eingetragen ist [16]). Auch durch Erklärung eines Nichteigentümers kann der Auflassungsform genügt werden; die in der Veräußerungserklärung liegende Verfügung ist wirksam, wenn sie mit Einwilligung des Eigentümers erfolgt, sie wird wirksam, wenn der Eigentümer genehmigt oder ein anderer der in § 185 BGB. bezeichneten Fällen eintritt [17]).

Die Erklärung des Veräußerers hat dahin zu gehen, daß er das Eigentum an den Erwerber übertrage, die des Erwerbers, daß er mit der Übertragung des Eigentums an ihn einverstanden sei. Ein bestimmter Wortlaut der Erklärungen ist nicht vorge-

---

[14]) KProt. 3 S. 177. Ist das Urteil vorläufig vollstreckbar, so gilt die Eintragung einer Vormerkung als bewilligt (§ 895 ZPO.). Auf Willenserklärungen, zu deren Abgabe sich eine Partei in einem gerichtlichen Vergleiche verpflichtet hat, findet § 894 Abs. 1 ZPO. keine Anwendung, die Erzwingung der Auflassung erfolgt in einem solchen Falle nach § 887 ZPO. RG 27 V 1903 E 55 S. 57. — Ist die Erklärung der Auflassung außer vor dem Grundbuchamt auch vor anderen Behörden oder Beamten zulässig (s. Anm. 11), so hat die rechtskräftige Verurteilung zur Auflassung die Bedeutung, daß die Auflassungserklärung des Verurteilten als an zuständiger Stelle, d. h. an der Stelle abgegeben gilt, an der der andere Teil unter Vorlage des Urteils seine Erklärung abgibt. Vergl. Turnau-Förster 1 S. 358. Lautet die Verurteilung auf Abgabe der Erklärung vor einer bestimmten Stelle, so hat der Kläger vor dieser Stelle seine Erklärung abzugeben.

[15]) Die Landesgesetzgebung kann bestimmen, daß es bei der Auflassung eines Grundstücks der gleichzeitigen Anwesenheit beider Teile nicht bedarf, wenn das Grundstück durch ein Gericht oder einen Notar versteigert worden ist und die Auflassung noch in dem Versteigerungstermine stattfindet (Art. 143 Abs. 2 EGBGB.). Es kann demnach für zulässig erklärt werden, daß der Ansteigerer einer Parzelle den Antrag auf Eintragung nach Abgabe des Höchstgebotes oder schon in den Versteigerungsbedingungen stellt, sich entfernt und der Versteigerer erst beim Schlusse der ganzen Versteigerung den Zuschlag und die Eintragungsbewilligung erteilt.

[16]) §§ 40, 41 GBO. S. § 13 Ziff. 115.

[17]) Die Genehmigung hat Rückwirkung nach § 184 BGB., sie bedarf an sich keiner Form (§ 182 Abs. 2 BGB.), soll aber dem Grundbuchamt vor der Eintragung in der durch § 29 GBO. vorgeschriebenen Form nachgewiesen werden. — Die Aufnahme der Auflassung darf auch nicht deshalb verweigert werden, weil der Veräußerer in der Geschäftsfähigkeit oder in der Verfügung beschränkt ist. Vergl. Planck 3 S. 205.

schrieben, der Wille muß jedoch auf Übertragung und auf Erwerbung des Eigentums gerichtet sein und in den Erklärungen Ausdruck finden[18]). Eine bestimmte Reihenfolge der Erklärungen ist nicht zu verlangen.

Die Einigung darf nicht unter einer Bedingung oder Zeitbestimmung erfolgen, eine Auflassung, die unter einer Bedingung oder einer Zeitbestimmung erfolgt, ist unwirksam[19]). Das Ziel, das mit einer bedingten oder betagten Auflassung zu erreichen wäre, nämlich, dem Eigentümer eines Grundstücks zu ermöglichen, für einen ungewissen künftigen Fall oder von einem künftigen Zeitpunkt ab einem Anderen den Eigentumserwerb und sich selbst im Falle der Übertragung des Eigentums auf einen Andern die Wiedererlangung des Eigentums dinglich zu sichern, läßt sich durch Eintragung einer Vormerkung zur Sicherung eines bedingten oder betagten Anspruchs auf Übertragung oder Rückübertragung des Eigentums erreichen[20]).

---

[18]) Einer besonderen Eintragungsbewilligung (§ 19 GBO.) bedarf es nach der Auflassung nicht. S. § 13 Ziff. 84. Sie ist aber unschädlich. In der Erklärung des Veräußerers, daß er die Eintragung des Erwerbers als Eigentümers bewillige, in Verbindung mit der Erklärung des Erwerbers, daß er die Eintragung beantrage, lassen sich unter Umständen (§ 133 BGB.) die zur Auflassung erforderlichen Erklärungen finden (vergl. RG 16 V 1903 E. 54 S. 378), ordnungsmäßig ist eine derartige Auflassung nicht, Nichtjuristen werden solche Formeln schwerlich zum Bewußtsein bringen, daß damit ein Vertrag über das Eigentum geschlossen wird. Die Bewilligung der Eintragung eines Eigentümers kann auch zu anderen Zwecken als behufs Übertragung des Eigentums (z. B. zur Grundbuchberichtigung) erfolgen, und des Antrags auf Eintragung bedarf es auch neben der Auflassung. S. § 8 Ziff. 18. Bezüglich des Erfordernisses des Eintragungsantrags a. M. Planck 3 S. 203.

[19]) § 925 Abs. 2 BGB. Über Bedingung und Zeitbestimmung s. § 5 Ziff 36 ff. Klauseln, die gesetzliche Voraussetzungen der gewollten Rechtswirkung enthalten (sog. Rechtsbedingungen), sind keine Bedingungen, sie machen die Auflassung nicht unwirksam. — Aus der Vorschrift des § 925 Abs. 2 ist nicht zu entnehmen, daß bedingtes Eigentum als unzulässiges Recht (vergl. Art. 189 Abs. 1 Satz 3 EGBGB.) anzusehen wäre.

[20]) Denkschr. S. 663. Vergl. § 883 BGB. S. § 11 Ziff. 31. Statt eines aufschiebend bedingten Eigentums kommt nur der Anspruch des Erwerbers, daß ihm im Falle des Eintritts der Bedingung (z. B. der Zahlung des Kaufpreises) das Eigentum eingeräumt werde (vergl. RGE. 55 S. 270), zur Eintragung; statt eines auflösend bedingten Eigentums wird ein unbedingtes Eigentum des Erwerbers eingetragen, zugleich aber der Anspruch des Veräußerers vorgemerkt, daß ihm bei Eintritt der Bedingung (z. B. Nichtzahlung des Kaufpreises an dem festgesetzten Termine) das Eigentum wieder zu übertragen sei. — Auch ohne diese dingliche Sicherung des Anspruchs kann das obligatorische Rechtsgeschäft, das zur Auflassung verpflichtet, bedingt, die Auflassung unbedingt abgeschlossen sein. In keinem Falle hat der Ausfall der aufschiebenden oder der Eintritt der auflösenden Bedingung des obligatorischen Rechtsgeschäfts die Wirkung, daß das übertragene Eigentum von selbst zurückfällt, sondern nur die Wirkung, daß der Erwerber verpflichtet ist, die durch das dingliche Rechtsgeschäft eingetretene Rechtsänderung rückgängig zu machen.

Ist die Einigung in der vorgeschriebenen Form erklärt, so ist sie wirksam und für die Parteien bindend[21]). Ist die Einigung bindend und ist der Antrag auf Eintragung bei dem Grundbuchamt gestellt, so wird die Erklärung des Veräußerers nicht dadurch unwirksam, daß er in der Verfügung beschränkt wird[22]).

Im übrigen unterliegt die Auflassung den Vorschriften über Rechtsgeschäfte, ist insbesondere nichtig wegen Simulation, anfechtbar wegen Irrtums, arglistiger Täuschung, widerrechtlicher Drohung. S. § 8 Ziff. 12 ff.

Ist die Einigung aus irgend einem Grunde nichtig oder unwirksam, so tritt, auch wenn die Eintragung erfolgt, die Eigentumsänderung nicht ein, vielmehr wird das Grundbuch unrichtig. Erfolgt nach der Eintragung eine wirksame Einigung, so geht das Eigentum über.

Die Auflassung ist Erfüllungsgeschäft, erzeugt keine Verpflichtung[23]), sie ist abstrakter Natur, unabhängig von dem Kausalgeschäft, sie kann auch nicht, da sie keine Bedingung verträgt, von dem Kausalgeschäft abhängig gemacht werden[24]).

Das Kausalgeschäft selbst, der obligatorische Vertrag, durch den der eine Teil sich verpflichtet, das Eigentum an einem Grundstück zu übertragen, bedarf der gerichtlichen oder notariellen Beurkundung[25]). Ein Vertrag, der dieser Form ermangelt, ist nichtig[26]). Der Vertrag wird jedoch seinem ganzen Umfange nach

---

[21]) § 873 Abs. 2 mit § 925 BGB. S. § 8 Ziff. 33. Vergl. RG 15 III 1905 JW. S. 290[16]. — Eine Verfügungsbeschränkung folgt aus der Auflassung nicht. RGE. 55 S. 340.

[22]) § 878 BGB. S. § 8 Ziff. 37. Erfolgt die Auflassung nicht vor dem Grundbuchamt oder wird bei dem Grundbuchamt nicht gleichzeitig mit der Auflassung die Eintragung beantragt, so kann eine nach der Auflassung eintretende Verfügungsbeschränkung die Übereignung unwirksam machen. Vergl. Biermann S. 127.

[23]) S. § 5 Anm. 25.

[24]) Durch Landesgesetz kann bestimmt werden, daß das Grundbuchamt die Erklärung der Auflassung nur entgegennehmen soll, wenn die nach § 313 BGB. erforderliche Urkunde vorgelegt wird (§ 98 GBO.). Es kann hiernach das Grundbuchamt die Entgegennahme der Auflassuug auch verweigern, wenn keine Urkunde nach § 313 aufgenommen ist, die Vorschrift läßt sich nicht dahin einschränken, daß nur die Vorlegung einer aufgenommenen Urkunde verlangt werden kann. Vergl. Denkschr. zu § 96 Entw. („nur entgegennehmen soll, wenn ein ... Vertrag ... nach § 313 ... vorgelegt wird"). A. M. Planck 3 S. 208, Biermann S. 126.

[25]) § 313 BGB. Mot. 2 S. 189, KProt. 1 S. 458. Durch landesgesetzliche Vorschrift kann in Ansehung der im Gebiete des Bundesstaats liegenden Grundstücke bestimmt werden, daß für die Beurkundung außer den Gerichten und Notaren auch andere Behörden und Beamte zuständig sind (Art. 142 EGBGB.). — Für die Übergangszeit s. RGR. Schneider BayZfR. 1 S. 7, Jacubezky SeuffBl. 68 S. 449. — Durch das über einen gerichtlichen Vergleich aufgenommene Protokoll wird der Formvorschrift genügt. RGE. 48 S. 183.

[26]) § 125 BGB. Über Bestätigung nach § 141 BGB. s. RG 27 IX 1905 JW. S. 639[4]. — S. Anm. 33.

gültig, wenn die Auflassung und die Eintragung in das Grundbuch erfolgen.

Die Formvorschrift des § 313 gilt für Verträge[27]) jeder Art, durch die die Verpflichtung zur Übertragung des Eigentums an einem Grundstück begründet wird; auf den Rechtsgrund kommt es nicht an. Der Vertrag kann sich als Kauf, Tausch, Schenkung, Gesellschaftsvertrag[28]) darstellen oder einen sonstigen Rechtsgrund haben. Die Vorschrift gilt für Verträge, wodurch der eine Teil sich dem anderen Teile gegenüber verpflichtet, ihm das Eigentum an einem Grundstück zu übertragen, sie gilt aber auch für Verträge, wodurch die Verpflichtung übernommen wird, das Eigentum einem Dritten zu übertragen[29])[30]).

Unter dem Formzwang stehen alle Vereinbarungen, aus denen sich nach dem Willen der Beteiligten der obligatorische Veräußerungsvertrag zusammensetzen soll, alle Vereinbarungen über die Leistungen und über die Gegenleistungen der Beteiligten, alle Nebenabreden, auch etwaige Zusicherungen über Eigenschaften des Grundstücks[31]).

---

[27]) Nicht für einseitige Rechtsgeschäfte, Stiftung, Vermächtnis, Auslobung. Vergl. Gutbrod S. 40. — Wohl aber für Vorverträge zu Grundstücksveräußerungsverträgen. RG 3 I 1903 E. 53 S. 236.

[28]) RG 12 X 1905 Recht 1905 S. 15 [14]. — Für Erbauseinandersetzung s. RG 21 IV 1904 E. 57 S. 432.

[29]) RG 5 II 1902 E. 50 S. 163.

[30]) Ein Mäklervertrag, in welchem der Eigentümer sich verpflichtet, das Grundstück in einer bestimmten Frist nicht zu verkaufen, fällt nicht unter die Formvorschrift. RG 19 XI 1904 JW. 1905 S. 73 [7]. Ebensowenig ein Vertrag, durch den nur der eine Teil zum Erwerb, nicht aber der andere zur Veräußerung sich verpflichtet. RG VII 448/02 JW. 1905 S. 126. Auch der Vertrag, durch den ein persönliches Vorkaufsrecht in Ansehung eines Grundstücks eingeräumt wird, bedarf nicht der gerichtlichen oder notariellen Form. RG 4 III 1905 JW. S. 230 [6], dagegen RG 4 XI 1904 E. 59 S. 132. — Ferner ist formfrei der Auftrag, ein Grundstück für den Auftraggeber zu erwerben. RG 28 II 1903 JW. 1903 Beil. S. 56 [129]. Anders verhält es sich, wenn der Grundeigentümer unter Ausstellung einer Parzellierungsvollmacht sich zur Veräußerung verpflichten will. RGE. 50 S. 168. — Formfrei ist der Vertrag über Aufhebung eines nach § 313 geschlossenen Vertrages, dagegen ist die Formvorschrift einzuhalten, wenn ein nach § 313 geschlossener Vertrag abgeändert werden soll. RG 12 IV 1902 E. 51 S. 180, 12 XI 1904 BayZfR. 1 S. 154. Die Erklärung, von dem vorbehaltenen Rücktrittsrecht keinen Gebrauch zu machen, enthält keine Abänderung des Vertrags, kann also formlos erfolgen. RG 22 I 1905 JW. S. 171 [11]. — Keine Formvorschrift besteht endlich für die Abtretung eines formgerecht erworbenen Anspruchs auf Übertragung des Eigentums an einem Grundstück. RG 10 I 1903 E. 53 S. 270.

[31]) RG 7 VI 1902 E. 52 S. 4, 10 X 1903 JW. 1903 Beil. S. 124 [74], 7 XI 1903 GruchBeitr. 48 S. 790, 21 XI 1903 E. 56 S. 50, 3 VI 1905 JW. S. 426 [3]. Vergl. RG 12 XII 1903 JW. 1904 S. 55 [6] und 29 IV 1904 JW. S. 382 [2] (Auslegung der Urkunde), ferner RG 28 XI 1903 JW. 1904 S. 58 [13] und 27 IX 1905 JW. S. 639 [4] (Falsche Bezeichnung des Grundstücks in der Vertragsurkunde unschädlich), dazu RG 1 IV 1905 JW. S. 337 [5] (Falsche Bezeichnung des Grundstücks bei der Auflassung unerheblich, nicht

Ist der Vertrag formlos geschlossen oder entbehren einzelne Bestandteile des Vertrags der vorgeschriebenen Form und ist in letzterem Falle nicht die Annahme begründet, daß der Vertrag auch ohne diese Bestandteile geschlossen sein würde, so ist der Vertrag nichtig[32]), begründet keinen Anspruch auf Erfüllung[33]), etwa erfolgte Leistungen können zurückgefordert werden[34]).

Kommt es jedoch zur Auflassung und Eintragung in das Grundbuch, so wird auch ein ohne Beobachtung der vorgeschriebenen Form geschlossener Vertrag seinem ganzen Inhalt nach gültig. Durch wirksame Auflassung in Verbindung mit der Eintragung wird der Mangel der Formlosigkeit[35]) des obligatorischen Vertrags geheilt. Heilung tritt aber nur insoweit ein, als der Gegenstand des obligatorischen Vertrags derselbe ist wie der Gegenstand der Auflassung und der Eintragung[36]). Ist der Gegenstand derselbe, so wird der Vertrag seinem ganzen Inhalte nach so, wie er zur Zeit des Eigentumsüberganges besteht, gültig[37])[38])[39]).

---

aber bei der Eintragung). — Über falsche Bezeichnung bei Beurkundung von Veräußerungen s. Josef SeuffBl. 1905 S. 493.

[32]) Keine Sicherung durch Vertragsstrafe s. RG 10 I 1903 E. 53 S. 260. Vergl. aber RG 6 VI 1904 JW. S. 405[6] (Verpflichtung, ein Grundstück zu übertragen oder 1000 ℳ zu zahlen; §§ 139, 265 BGB.).

[33]) RGE. 52 S. 1. S. Anm. 26.

[34]) RGE. 53 S. 237, 56 S. 191 (Anwendung des § 313 auf Grundabtretung zum Betriebe des Bergbaues).

[35]) Sonstige Mängel, Willensmängel, Mangel einer erforderlichen Genehmigung 2c. werden nicht durch Auflassung und Eintragung geheilt.

[36]) Ein Tauschvertrag, dem die gesetzlich vorgeschriebene Form fehlt, wird nicht dadurch für beide Teile gültig, daß er von der einen Seite durch Auflassung mit darauffolgender Eintragung erfüllt wird. RG 30 I 1904 E. 56 S. 383. — Ob dadurch, daß ein Teil des obligatorischen Vertrags nichtig ist und nichtig bleibt, der ganze obligatorische Vertrag — auch soweit die Heilung des Mangels gemäß § 313 Satz 2 anzunehmen wäre — mit Nichtigkeit behaftet ist, bemißt sich nach § 139 BGB.

[37]) Die in einem Veräußerungsvertrage enthaltene Bestimmung, daß frühere formlose Abverkäufe von Trennstücken an Dritte gelten sollen, wird durch Auflassung und Eintragung nach dem Hauptvertrage gültig. RG 5 III 1904 E 57 S. 164.

[38]) Erfolgt die Auflassung und Eintragung, so werden auch die mündlichen Vereinbarungen, die neben einem gerichtlich oder notariell beurkundeten Vertrage bestehen, gültig. Es kann sich im einzelnen Falle nur darum handeln, festzustellen, ob die Beteiligten die mündlichen Abreden neben dem formgerecht geschlossenen Vertrage aufrecht erhalten wollten, trotzdem sie die Beurkundung unterließen. Sind nach Abschluß eines gerichtlich oder notariell beurkundeten Vertrags noch mündliche Vereinbarungen erfolgt, so wird auch die Formlosigkeit dieser Abreden durch die Auflassung und Eintragung gedeckt. Sind die Abmachungen ganz oder zum Teil erst nach der Auflassung oder auch nach der Eintragung erfolgt, so sind sie gültig ohne Rücksicht darauf, ob sie sämtlich oder teilweise oder überhaupt nicht gerichtlich oder notariell beurkundet sind. Die Formvorschrift des § 313 bezieht sich nur auf Abmachungen, die vor der Auflassung und Eintragung liegen. A. M. Turnau-Förster 1

Neben der Auflassung ist die **Eintragung** in das Grundbuch Erfordernis des Eigentumsüberganges. Nach den Bestimmungen des BGB. dürfte die Eintragung der Auflassung vorangehen, aber die Grundbuchordnung schreibt vor, daß die Eintragung nur erfolgen soll, wenn die Einigung erklärt ist[40]). Bevor die Eintragung betätigt wird, ist zu prüfen, ob der Veräußerer als Berechtigter eingetragen ist[41]) und ob die erforderlichen Erklärungen und sonstigen Nachweise in den vorgeschriebenen Formen erbracht sind[42].)

Ist eine wirksame Auflassung vorgegangen, so geht mit der Eintragung das Eigentum auf den Erwerber über, unabhängig von dem dem dinglichen Vertrage etwa zu Grunde liegenden Kausalgeschäft und ohne daß es einer Übergabe des Grundstücks bedarf[43]). Folgt auf die Auflassung keine Eintragung, so geht das Eigentum nicht über. Erfolgt die Eintragung nicht sofort nach der Auflassung, so ist und bleibt der Veräußerer bis zur Eintragung des Erwerbers verfügungsberechtigt; eine zwischen Auflassung und Eintragung erfolgte Eintragung geht dem Rechte des Erwerbers vor.

Mit dem Eigentum an dem Grundstück erlangt der Erwerber auch das Eigentum an den zur Zeit des Erwerbes, also zur Zeit der Eintragung, vorhandenen **Zubehörstücken**[44]), die dem

S. 349. — Selbstverständlich ist, daß, solange Auflassung und Eintragung nicht erfolgt sind, mündliche Vereinbarungen neben dem gerichtlichen oder notariellen Vertrag keine Beachtung finden können. RG 7 III 1903 E. 54 S. 107.

[39]) Der formlos geschlossene Vertrag **wird** gültig, wenn die Auflassung und Eintragung erfolgen. Die Gültigkeit tritt also erst mit dem Eigentumsübergange ein. Ist jedoch vereinbart, daß der Käufer die Nutzungen des Grundstücks schon von einem früheren Zeitpunkte als von dem Eigentumsübergang ab beziehen und den Kaufpreis schon von dem Abschlusse des (nichtigen) obligatorischen Vertrags an verzinsen soll (Planck 2 S. 128), so findet keine Rückforderung statt, denn diese Abmachungen gehören zu dem Inhalt des Vertrags, der mit der Auflassung und Eintragung gültig wird.

[40]) § 20 GBO. Ein Verstoß gegen diese Vorschrift macht die Eintragung nicht unwirksam. Erfolgt nach der Eintragung eine wirksame Auflassung, so geht mit dieser Auflassung das Eigentum auf den Erwerber über.

[41]) §§ 40, 41 GBO. S. § 13 Ziff. 115 ff.

[42]) Vergl. §§ 29, 30 GBO. S. § 13 Ziff. 100 ff.

[43]) Die Gefahr des zufälligen Untergangs und einer zufälligen Verschlechterung der verkauften Sache geht mit der **Übergabe** auf den Käufer über; von der Übergabe an gebühren dem Käufer auch die Nutzungen und trägt er die Lasten der Sache. Diese Wirkungen treten mit der Eintragung ein, wenn der Käufer eines Grundstücks vor der Übergabe als Eigentümer in das Grundbuch eingetragen wird (§ 446 BGB.). Bei der Zwangsversteigerung ist der Zuschlag maßgebend, (§§ 56, 89 ZVG.). — Die Kosten der Auflassung und Eintragung hat der Käufer zu tragen (§ 449 BGB.). — Haftung für Fehler und zugesicherte Eigenschaften beim Kaufe s. §§ 459 ff. BGB.

[44]) §§ 97, 98 BGB. S. § 4 Ziff. 57 ff.

Veräußerer gehören[45]), sofern Veräußerer und Erwerber darüber einig sind, daß sich die Veräußerung auf das Zubehör erstrecken soll. Im Zweifel ist anzunehmen, daß sich die Veräußerung auf das Zubehör erstrecken soll[46]); es hat demnach derjenige, der den Eigentumsübergang bezüglich einzelner Zubehörstücke leugnet, darzutun, daß sie ausdrücklich bei dem Abschluß des dinglichen Vertrages ausgenommen worden sind oder daß der Ausschluß sich aus den Umständen ergibt[47]).

Da die Zubehörstücke selbständige bewegliche Sachen sind, kann in solcher Weise Eigentum an beweglichen Sachen unabhängig von einer Übergabe (§ 929 BGB.) erlangt werden. Wäre zur Übertragung des Eigentums an dem Zubehör Übergabe erforderlich, so würde der Erwerber des Grundstücks unter Umständen Gefahr laufen, infolge von Pfändungen, die in der Zeit von der Auflassung bis zur Übergabe erwirkt werden könnten, oder infolge einer in dieser Zeit eingetretenen Verfügungsbeschränkung des Veräußerers von dem Erwerbe der Zubehörstücke ausgeschlossen und auf diese Weise in der Bewirtschaftung des Grundstücks wesentlich beeinträchtigt zu werden[48]).

Nur für solche Zubehörstücke, die dem Veräußerer nicht gehören oder die mit Rechten Dritter belastet sind, verbleibt es bei den Vorschriften, die für den Erwerb des Eigentums an beweglichen Sachen gegeben sind (§§ 932—936 BGB.) mit der Maßgabe, daß der gute Glaube des Erwerbers zur Zeit der Erlangung des Besitzes vorhanden sein muß[49]). Darnach wird der Erwerber Eigentümer, wenn ihm die Zubehörstücke von dem Veräußerer auf Grund der Veräußerung übergeben werden und er bei der Besitzerlangung in gutem Glauben ist. Hatte der Erwerber zur Zeit der Auflassung schon den Besitz der Zubehörstücke, und hatte er den Besitz von dem Veräußerer erlangt, so genügt die Auflassung, wenn der Erwerber zu dieser Zeit in gutem Glauben ist. Ist der Veräußerer mittelbarer Besitzer, so wird der Erwerber mit der Abtretung des Anspruchs Eigentümer,

---

45) Maßgebend ist die Zeit des Übergangs des Eigentums an dem Grundstück. — Darauf, wer die Zubehörstücke in Besitz hat, kommt es nicht an.

46) § 926 BGB. KProt. 3 S. 178. — Wird der Veräußerer nach der Auflassung und nachdem der Eintragungsantrag gestellt ist, in der Verfügung über Zubehörstücke beschränkt, so geht trotzdem (§ 878 BGB.) das Eigentum auf den Erwerber über. Übereinstimmend Biermann S. 129.

47) Der Ausschluß kann sich auch aus dem voraufgegangenen obligatorischen Vertrage ergeben. KProt. 3 S. 180.

48) KProt. 3 S. 179.

49) § 926 Abs. 2 BGB. Die Annahme, daß sich die Veräußerung auf das Zubehör erstrecken soll, dürfte nur für die dem Veräußerer gehörenden Zubehörstücke, mögen sie belastet oder nicht belastet sein, passen. A. M. Planck 3 S. 210, Biermann S. 129.

wenn er zu dieser Zeit in gutem Glauben ist[50]). Befindet sich die Sache im Besitze eines Dritten, ohne daß der Veräußerer mittelbarer Besitzer ist, so wird der Erwerber Eigentümer, wenn er den Besitz von dem Dritten erlangt und zu dieser Zeit in gutem Glauben ist. Der Erwerb des Eigentums tritt in diesen Fällen nicht ein, wenn die Zubehörsache dem Eigentümer gestohlen worden, verloren gegangen oder sonst abhanden gekommen war, oder, falls der Veräußerer nur mittelbarer Besitzer war, wenn sie dem Besitzer abhanden gekommen war. Bei Zubehörstücken, die dem Veräußerer gehören, die aber mit Rechten Dritter belastet sind, erlangt der Erwerber das Eigentum mit dem Eigentum an dem Grundstück, aber die Rechte Dritter bleiben bestehen; diese erlöschen erst, wenn der Erwerber den Besitz nach diesen Vorschriften erlangt und zu dieser Zeit hinsichtlich der Rechte der Dritten in gutem Glauben ist. War der Veräußerer nicht Eigentümer der Zubehörstücke, so erlöschen die Rechte der Dritten, sobald der Erwerber das Eigentum an den Zubehörstücken erlangt.

An beweglichen Sachen, die kein Zubehör sind (vergl. § 95 BGB.), wird Eigentum übertragen nach den Bestimmungen der §§ 929 ff. BGB.

2. Aufgebotsverfahren.

Wer seit 30 Jahren ein Grundstück im Eigenbesitze hat, ohne als Eigentümer eingetragen zu sein[51]), kann im Wege des Aufgebotsverfahrens den Eigentümer mit seinem Rechte ausschließen lassen[52]). Ist kein Eigentümer eingetragen[53]), so kann das Verfahren auf Grund des 30jährigen Eigenbesitzes durchgeführt werden. Ist ein Eigentümer in dem Grundbuch eingetragen, so ist das Aufgebotsverfahren nur zulässig,

wenn der als Eigentümer Eingetragene gestorben oder verschollen ist und

eine Eintragung in das Grundbuch, die der Zustimmung des Eigentümers bedurfte, seit 30 Jahren nicht erfolgt ist. Daß der Eigentümer seit 30 Jahren gestorben oder verschollen wäre, ist nicht verlangt.

---

[50]) A. M. Turnau-Förster 1 S. 399.

[51]) Nach Abschluß des obligatorischen Rechtsgeschäfts wird z. B. das Grundstück dem Erwerber übergeben, ohne daß es zur Auflassung und Eintragung kommt.

[52]) § 927 BGB. Mot. 3 S. 327, KProt. 3 S. 190, 6 S. 232. Die 30jährige Besitzzeit wird in gleicher Weise berechnet wie die Frist für die Ersitzung einer beweglichen Sache (§§ 938—944 BGB.). Der vor 1. Jan. 1900 liegende Zeitraum wird eingerechnet. Vergl. GruchBeitr. 44 S. 862.

[53]) Auch die buchungsfreien Grundstücke (§ 90 GBO.) sind dem Aufgebotsverfahren nicht entzogen. Vergl. Art. 127 EGBGB.

Das Aufgebotsverfahren richtet sich nach §§ 946 ff. und 977 ff. ZPO. Zuständig ist das Gericht, in dessen Bezirk das Grundstück belegen ist. Antragsberechtigt ist der Eigenbesitzer. Der Antragsteller hat die zur Begründung des Antrags erforderlichen Tatsachen vor der Einleitung des Verfahrens glaubhaft zu machen. In dem Aufgebot ist der bisherige Eigentümer aufzufordern, sein Recht spätestens im Aufgebotstermin anzumelden, widrigenfalls seine Ausschließung erfolgen werde. Die Landesgesetze können die Art der Veröffentlichung des Aufgebots und des Ausschlußurteils sowie die Aufgebotsfrist anders bestimmen, als in den §§ 948, 950, 956 ZPO. vorgeschrieben ist (§ 1024 ZPO.).

Ist das Ausschlußurteil ergangen, so ist der bisherige Eigentümer mit seinem Rechte ausgeschlossen, falls er sich nicht gemeldet hat und im Ausschlußurteile das angemeldete Recht nicht vorbehalten worden ist[54]). Durch die vorbehaltlose Ausschließung wird das Grundstück herrenlos. Derjenige, der das Ausschlußurteil erwirkt hat, erlangt das Eigentum an dem Grundstück dadurch, daß er sich als Eigentümer eintragen läßt[55]). Guter Glaube ist zum Erwerbe des Eigentums nicht erforderlich[56]).

Ist vor der Erlassung des Ausschlußurteils ein Dritter als Eigentümer oder wegen des Eigentums eines Dritten ein Widerspruch gegen die Richtigkeit des Grundbuchs eingetragen worden, so wirkt das Urteil nicht gegen den Dritten. Ist der Dritte als Eigentümer eingetragen, so ist eine Eintragung auf Grund des Ausschlußurteils nicht möglich. Ist ein Widerspruch zu Gunsten des Dritten eingetragen, so wird dadurch die Eintragung nicht gehindert, dem Dritten bleiben aber die Rechte aus dem Widerspruch gewahrt.

Ist nach der Erlassung des Ausschlußurteils, aber vor der Eintragung des Eigenbesitzers, ein Dritter als Eigentümer eingetragen worden, so ist dadurch das Grundbuch unrichtig geworden, falls nicht der Eingetragene auf Grund des öffentlichen Glaubens des Grundbuchs das Eigentum erworben hat. Ein Widerspruch zu Gunsten eines Dritten hat nur insofern Bedeutung, als er zur Wahrung eines nach Erlassung des Ausschlußurteils erworbenen Rechtes eingetragen wird

---

[54]) Vergl. §§ 981, 953 ZPO.

[55]) So lange die Eintragung nicht erfolgt ist, hat der Eigenbesitzer kein dingliches Recht an dem Grundstück erworben, er ist daher auch nicht in der Lage, durch Eintragung eines Widerspruchs sich zu schützen. A. M. Planck 3 S. 215.

[56]) Die Vorschriften des § 927 finden auf Miteigentums-Bruchteile gleichmäßige Anwendung. Der Anteil wächst nicht den übrigen Miteigentümern an. Vergl. Planck 3 S. 215.

Die Erhebung der Eigentumsklage durch einen Dritten vor Erlassung des Ausschlußurteils (ohne Eintragung) entzieht dem Ausschlußurteil die Wirkung gegen den Kläger nicht. Nur wenn das Recht des Dritten in dem Ausschlußurteil vorbehalten ist, kann er den Eigenbesitzer, der auf Grund des Ausschlußurteils sich eintragen läßt, aus dem Grundbuch verdrängen.

3. Aneignung.

Das Eigentum an einem eingetragenen Grundstück kann von dem Eigentümer durch einseitigen Verzicht aufgegeben werden[57]). Der Verzicht ist dem Grundbuchamt gegenüber zu erklären und in das Grundbuch einzutragen[58]). Mit der Eintragung des Verzichts wird das Grundstück herrenlos[59]). Die an dem Grundstück bestehenden Rechte bleiben in Kraft. Damit in der Zeit, in welcher das Grundstück herrenlos ist, derjenige, welcher ein Recht an dem Grundstück geltend machen will, in der Verfolgung seines Rechtes nicht gehindert ist, sind in der ZPO. §§ 58 und 787 Vorkehrungen getroffen[60]).

Die Aneignung eines solchen herrenlosen Grundstückes steht nicht Jedermann, sondern nur dem Fiskus des Bundesstaates

---

[57]) Der Verzicht ist Verfügung. Er kann unter einer Bedingung oder Zeitbestimmung erfolgen, er ist, sobald er dem Grundbuchamt zugeht (§ 130 Abs. 3 BGB.), unwiderruflich. Vergl. § 875 Abs. 2 BGB. KProt. 3 S. 189.

[58]) § 928 BGB. Mot. 3 S. 324, KProt. 3 S. 184. — Der verzichtende Eigentümer soll (§ 40 GBO.) eingetragen sein. — Für die Form des Verzichtes ist § 29 GBO. maßgebend.

[59]) Aufgeben des Besitzes ist nicht erforderlich, auch nicht ausreichend. Mot. 3 S. 325.

[60]) Nach § 58 ZPO. hat der Vorsitzende des Prozeßgerichts, wenn ein Recht an dem Grundstück im Wege der Klage geltend gemacht werden soll, auf Antrag einen Vertreter zu bestellen, welchem bis zur Eintragung eines neuen Eigentümers die Wahrnehmung der sich aus dem Eigentum ergebenden Rechte und Verpflichtungen im Rechtsstreit obliegt. Persönliche Ansprüche fallen nicht unter diese Bestimmung. Ist ein persönlicher Anspruch durch Vormerkung gesichert, so hat die Verfolgung gegen den Schuldner, der das Eigentum des Grundstücks aufgegeben hat, zu geschehen. Hat der Gläubiger seinen Anspruch gegen den Schuldner durchgesetzt und ist es zur Verfügung durch den Schuldner gekommen, so hätte, wenn ein Eigentümer für das aufgegebene Grundstück vorhanden wäre, dieser die Zustimmung zu der Eintragung oder der Löschung zu geben, die zur Verwirklichung des durch die Vormerkung gesicherten Anspruchs erforderlich ist. Ist dieser Anspruch im Wege der Klage geltend zu machen, so wird § 58 ZPO. Anwendung finden können. Es dürfte aber auch kein Bedenken bestehen, auf dem Wege des § 1913 BGB. dem Unbekannten, der das Eigentum an dem Grundstück erwerben wird, einen Pfleger zu bestellen, der ohne Prozeß die Zustimmung zu der Eintragung oder Löschung erteilen kann. Abw. Planck 3 S. 218. — Durch § 787 ZPO. ist die Zwangsvollstreckung ermöglicht trotz der Vorschrift des § 17 ZVG., wonach die Zwangsvollstreckung nur angeordnet werden darf, wenn der Schuldner als Eigentümer eingetragen oder wenn er Erbe des eingetragenen Eigentümers ist.

zu, in dessen Gebiet das Grundstück liegt[61]). Der Fiskus erwirbt das Eigentum dadurch, daß er sich als Eigentümer in das Grundbuch eintragen läßt[62]). Einer Besitzergreifung bedarf es nicht. Der Antrag, den der Fiskus an das Grundbuchamt stellt, ist das Rechtsgeschäft, durch das unter Hinzutritt der Eintragung der Eigentumserwerb vor sich geht.

Die Formvorschriften des § 925 (Auflassung) kommen bei der Aneignung nicht in Betracht.

Für den Verzicht auf Miteigentumsanteile und für die Aneignung eines herrenlosen Anteils gelten keine abweichenden Bestimmungen.

4. Ersitzung.

Wer als Eigentümer eines Grundstücks im Grundbuch eingetragen ist, ohne daß er das Eigentum erlangt hat, erwirkt das Eigentum, wenn die Eintragung 30 Jahre bestanden und er während dieser Zeit das Grundstück im Eigenbesitze gehabt hat (sog. Tabularersitzung, Buchersitzung)[63]).

Erfordernisse der Buchersitzung sind hiernach: Eintragung im Grundbuch, Eigenbesitz und 30jährige Dauer der Eintragung und des Eigenbesitzes. Ein Titel ist zum Eigentumserwerbe nicht verlangt; auch wird der Eigentumserwerb nicht dadurch ausgeschlossen, daß der Ersitzende zur Zeit der Eintragung oder der Besitzerlangung nicht in gutem Glauben war. Der Lauf der Frist ist gehemmt, solange ein Widerspruch gegen die Richtigkeit der Eintragung im Grundbuch eingetragen ist. Im übrigen finden auf die dreißigjährige Frist die Vorschriften über die Frist für die Ersitzung einer beweglichen Sache Anwendung: Die Frist kann nicht beginnen und, falls sie begonnen hat, nicht fortgesetzt werden, solange die Verjährung des Herausgabe-Anspruchs des Eigentümers gehemmt ist oder ihrer Vollendung die Vorschriften der §§ 206, 207 BGB. entgegenstehen[64]). Gehemmt ist die Verjährung des Eigentumsanspruchs, solange der Besitzer vorübergehend zur Verweigerung der Herausgabe nach § 202 BGB. berechtigt ist, ferner, solange innerhalb der letzten 6 Monate der Verjährungsfrist der Eigentümer durch Stillstand der Rechtspflege oder durch höhere Gewalt an der Rechtsverfolgung verhindert ist, endlich zwischen Ehegatten während der Dauer der Ehe,

---

[61]) Die landesgesetzlichen Vorschriften, nach welchen das Aneignungsrecht an Stelle des Fiskus einer bestimmten anderen Person zusteht, bleiben unberührt (Art. 129 EGBGB.).

[62]) § 928 Abs. 2 BGB. Das Aneignungsrecht des Fiskus erstreckt sich auch auf die Grundstücke, die zu der Zeit herrenlos sind, zu welcher das Grundbuch als angelegt anzusehen ist (Art. 190 EGBGB.).

[63]) § 900 BGB. S. § 12 Ziff. 8 ff. — Übergangsbestimmungen s. § 12 Ziff. 13.

[64]) § 939 BGB.

zwischen Eltern und Kindern während der Minderjährigkeit des Kindes, zwischen Vormund und Mündel während der Dauer des Vormundschaftsverhältnisses[65]). Die dreißigjährige Frist wird unterbrochen durch den Verlust des Eigenbesitzes, doch gilt die Unterbrechung als nicht erfolgt, wenn der Eigenbesitzer den Eigenbesitz ohne seinen Willen verloren und ihn binnen Jahresfrist oder mittels einer innerhalb dieser Frist erhobenen Klage wieder erlangt hat[66]). Die dreißigjährige Frist wird auch unterbrochen, wenn der Eigentumsanspruch von dem Eigentümer gegen den Eigenbesitzer oder im Falle eines mittelbaren Eigenbesitzes gegen den (unmittelbaren) Besitzer gerichtlich geltend gemacht wird, der sein Recht zum Besitze von dem Eigenbesitzer ableitet (vergl. §§ 941, 209–212, 216, 219, 220 BGB.). Wird die dreißigjährige Frist unterbrochen, so kommt die bis zur Unterbrechung verstrichene Frist nicht in Betracht; eine neue dreißigjährige Frist kann erst nach der Beendigung der Unterbrechung beginnen[67]). Gelangt das Grundstück durch Rechtsnachfolge in den Eigenbesitz eines Dritten, so kommt die während des Besitzes des Rechtsvorgängers verstrichene Zeit dem Dritten zu statten, ebenso dem Erben die zu Gunsten eines Erbschaftsbesitzers verstrichene Zeit[68]). Eintragung des Erbschaftsbesitzers im Grundbuch ist nicht erforderlich, die Eintragung des Erblassers genügt.

5. Zuschlag bei Zwangsversteigerung.

Bei der Zwangsversteigerung wird der Ersteher durch den Zuschlag Eigentümer des Grundstücks, es erlöschen auch die Rechte, welche nicht nach den Versteigerungsbedingungen bestehen bleiben. Der Ersteher ist nicht Rechtsnachfolger des Schuldners; er wird auch Eigentümer, wenn dem Schuldner das Grundstück nicht gehört haben sollte. Der Übergang des Eigentums vollzieht sich kraft der richterlichen Verfügung, unabhängig von der Eintragung des Erstehers und unabhängig von der Berichtigung des Bargebots. Die Berichtigung des Grundbuchs erfolgt erst nach Ausführung des Teilungsplanes[69]).

---

[65]) §§ 203, 204 BGB.

[66]) § 940 BGB.

[67]) § 942 BGB.

[68]) §§ 943, 944 BGB.

[69]) Vergl. §§ 90, 91, 130 ZVG. — Der Zuschlag hat konstitutive Bedeutung, ist keine Bestätigung eines Kaufvertrags. Der Richter überträgt kraft der ihm vom Gesetz gegebenen Macht im gesetzlich geordneten Verfahren das Grundstück dem Ersteher zu eigen für einen bestimmten Preis und unter bestimmten Bedingungen. Die Bedingungen sind im Zuschlagsbeschlusse zu bezeichnen (§ 82 ZVG.). RG 28 I 1905 JW. S. 216[26].

§ 25. Erwerb des Eigentums an beweglichen Sachen.

In den §§ 929—984 bestimmt das BGB. die Arten der auf Rechtsgeschäft oder auf gesetzlicher Vorschrift beruhenden Eigentumserwerbung, deren Regelung mit der Natur der beweglichen Sachen [1]) überhaupt zusammenhängt. An anderen Stellen (z. B. §§ 588, 589, 594, 910, 911, 1048, 1067, 1075, 1084, 1378, 1381, 1438, 1485, 1519, 1549, 1646, 1922) finden sich Sondervorschriften, welche eine kraft Gesetzes eintretende Änderung im Eigentum aus Anlaß gewisser Rechtsverhältnisse bestimmen. Dergleichen Sondervorschriften bietet auch das sonstige Reichsrecht und das in Wirksamkeit erhaltene Landesrecht [2]), insbesondere in den Vorschriften, welche die Verwirkung des Eigentums zur Strafe bestimmen (z. B. §§ 40, 42, 152, 295, 335, 369 Strafgesetzbuch, ferner Bestimmungen des Vereinszollgesetzes [3]) u. a.). In einem jeden Falle, in welchem die Änderung im Eigentum kraft Gesetzes eintritt, sind lediglich aus dem zur Anwendung gelangenden Gesetze die Voraussetzungen zu entnehmen, welche eingetreten sein müssen, damit die Änderung im Rechte sich vollziehe [4]) [5]).

Die in den §§ 929 ff. behandelten Erwerbsarten sind:

1. Übertragung.

Zur Übertragung des Eigentums an einer beweglichen Sache auf dem Wege vertragsmäßiger Veräußerung verlangt das BGB. **Übergabe** der Sache an den Erwerber und **Einigung** des Veräußerers und des Erwerbers darüber, daß das Eigentum übergehen soll [6]).

Zu § 25.

[1]) Als bewegliche Sachen sind auch Gebäude und andere Werke zu behandeln, die nicht zu den Bestandteilen eines Grundstücks gehören (§ 95 BGB.); vergl. RGE. 55 S. 282. S. § 4 Ziff. 31.

[2]) Vergl. insbes. Art. 109, 145 EGBGB.

[3]) Nach § 156 VZollges. geht das Eigentum der Gegenstände, die der Konfiskation unterliegen, in dem Augenblick auf den Staat über, wo sie in Beschlag genommen worden sind. Wird festgestellt, daß Zolldefraude nicht vorlag, so kommt das Eigentum des Fiskus von selbst wieder in Wegfall (RG 30 VI 1903 E. 56 S. 235).

[4]) Vergl. Mot. 3 S. 332.

[5]) Durch Zuschlag bei der Zwangsversteigerung wird das Eigentum der beweglichen Sachen erworben, auf welche sich die Versteigerung erstreckt hat (§ 90 Abs. 2 ZVG.). Bei Versteigerung gepfändeter Sachen bedarf es der Übergabe an den Meistbietenden. Vergl. RGE. 13, 272 zu § 817 ZPO.

[6]) § 929 BGB. Mot. 3 S. 333, KProt. 3 S. 194. — Bei Veräußerung eines Seeschiffes oder eines Anteils an einem solchen Schiffe kann die Übergabe durch die Vereinbarung ersetzt werden, daß das Eigentum sofort auf den Erwerber übergehen soll (§ 474 HGB., Art. 6 EGHGB.).

Unter der **Übergabe** ist die Verschaffung des Besitzes[7]) zu verstehen; einer körperlichen Übergabe bedarf es nicht. Die Übergabe hat durch den Eigentümer oder einen Vertreter des Eigentümers[8]) an den Erwerber oder einen Vertreter des Erwerbers zu erfolgen. Bei Versendung an einen Abwesenden geht das Eigentum erst mit der Einhändigung über, falls nicht die Mittelsperson Vertreter des Erwerbers ist.

Die **Einigung** des Veräußerers und des Erwerbers stellt sich als dinglichen Vertrag dar[9]), dessen Rechtswirkung von dem zu Grunde liegenden Kausalgeschäfte unabhängig ist. Die Vorschriften über Rechtsgeschäfte, im besondern über Verträge[10]), haben Anwendung zu finden (Geschäftsfähigkeit, Willensmängel, Vertretung)[11]). Eine Form für die Einigung ist nicht vorge-

---

[7]) Der Veräußerer gibt die tatsächliche Gewalt über die Sache zu Gunsten des Erwerbers auf und dieser erlangt den Besitz mit dem Willen des Veräußerers. Ist für den Erwerber ein Besitzdiener tätig, so erlangt der Erwerber unmittelbaren Besitz. Übergibt der Veräußerer die Sache dem Erwerber zu Händen eines Dritten, der sie im Verhältnisse eines Nießbrauchers, Pächters rc. dem Erwerber gegenüber besitzen soll, so geht die Übergabe vor sich, indem dem Erwerber mittelbarer Besitz verschafft wird. — Wann anzunehmen ist, daß der Erwerber die Verfügungsgewalt erlangt hat, hängt von den Umständen ab. Vergl. RG 25 II 1904 E. 57 S. 140 (Verpackung gekauften Hafers in Säcke des Käufers auf dem Gute des Veräußerers genügt nicht, die Leute, die den Hafer einsacken, müssen Vertreter des Käufers (Besitzdiener) sein). RG 15 I 1904 JW. S. 114[12] (Verschließen einer Kellertür und Vernageln einer Kelleröffnung).

[8]) Vertreter des Eigentümers kann Jeder sein, der an Stelle des Eigentümers die tatsächliche Gewalt über die Sache abzugeben in der Lage ist, ein Besitzdiener oder ein unmittelbarer Besitzer. Der Fall des § 831 BGB. liegt nur dann vor, wenn Eigentum übertragen werden soll, ohne daß der Besitz des Dritten aufhört. — Im Falle des § 1242 BGB. gibt der Pfandgläubiger die Sache ab.

[9]) Daß die Einigung gerade **bei** der Übergabe zu erfolgen hätte, ist nicht verlangt. Sie kann der Übergabe vorausgehen. Ist der Erwerber zur Zeit der Einigung schon im Besitze der Sache, so erfolgt der Eigentumsübergang nach Satz 2 des § 929. — Kann nach Abschluß und Vollzug eines unbedingten Kaufs verabredet werden, daß das Eigentum bis zur Tilgung des Kaufpreises vorbehalten werde? oder muß zuvor ein Rückerwerb stattfinden? Die Beteiligten können die erste Einigung aufheben und, da der Käufer im Besitze der Sache ist, gemäß § 929 Satz 2 die neue Vereinbarung treffen. S. dagegen RG 28 IV 1903 E. 54 S. 396.

[10]) Z. B. § 145 BGB. („Wer einem Anderen die Schließung eines Vertrages anträgt, ist an den Vertrag gebunden, es sei denn, daß er die Gebundenheit ausgeschlossen hat.") In der Verfügung ist der Veräußerer durch den Antrag nicht beschränkt; übergibt er die Sache einem Dritten zu eigen, so erwirbt dieser das Eigentum.

[11]) Für die Vertretung bei der Einigung sind die §§ 164 ff. BGB. maßgebend. Schickt der Gutsbesitzer einen Knecht auf den Markt zum Verkaufe der Feldfrüchte, so handelt der Knecht bei dem obligatorischen und dem dinglichen Rechtsgeschäft als Bevollmächtigter des Gutsherrn, bei der Übergabe als Besitzdiener. — Auch die §§ 182 ff. BGB. finden Anwendung. Die Erklärung des Veräußeres ist Verfügung. Vergl. RG 20 II 1903 JW. 1903 Beil. S. 52[119].

schrieben, sie kann stillschweigend geschehen[12]). Die Übertragung des Eigentums kann unter einer Bedingung oder Befristung erfolgen[13]), auf diese Weise kann der Übergang des Eigentums von dem Kausalgeschäfte abhängig gemacht werden. Erfüllt ein Eigentümer die von ihm übernommene Verpflichtung zur Übertragung des Eigentums nicht, so kann die zu dem Eintritt der Rechtsänderung erforderliche Erklärung — ebenso wie bei dem Erwerber — durch Urteil ersetzt werden. Ist der Schuldner zur Übertragung des Eigentums verurteilt, so gilt die Übergabe der Sache als erfolgt, wenn der Gerichtsvollzieher die Sache zum Zwecke der Ablieferung an den Gläubiger wegnimmt[14]).

Soweit es gilt, den redlichen Erwerber zu schützen, wird von dem Erfordernisse, daß der Veräußerer Eigentümer sei, abgesehen. Auch wenn die Sache dem Veräußerer nicht gehört[15]), erlangt der Dritte das Eigentum, es sei denn, daß er zur Zeit der Erwerbung nicht in gutem Glauben ist[16]). Der Erwerber ist nicht in gutem Glauben, wenn ihm bekannt oder infolge grober Fahrlässigkeit unbekannt ist, daß die Sache nicht dem Veräußerer gehört[17])[18]). Maßgebend für den guten Glauben

---

[12]) Stillschweigende Einigung ist die Regel. — Aus der Übersendung der Sache kann der Wille, das Eigentum zu übertragen, entnommen werden, nicht aber liegt in der Annahme allein der Ausdruck des Willens, das Eigentum zu erwerben. RG 27 XI 1903 JW. 1904 S. 62[21]. Über Eigentumserwerb im Falle des § 2 des Depotgesetzes s. RG 26 IX 1902 E. 52 S. 202, 17 VI 1904 E. 58 S. 287.

[13]) Das dingliche Rechtsgeschäft kann unter den Bedingungen des Kausalgeschäfts geschlossen werden. — Über vertragsmäßig vorbehaltenen Rücktritt von einem Kaufvertrage s. RG 28 IV 1903 E. 54 S. 340.

[14]) §§ 894, 897 ZPO. Auf einen Erwerb, der sich nach diesen Vorschriften vollzieht, finden die Bestimmungen des BGB. zu Gunsten derjenigen, welche Rechte von einem Nichtberechtigten herleiten, Anwendung (§ 898 ZPO.).

[15]) Andere Mängel werden durch den guten Glauben des Erwerbers nicht geheilt, wohl aber schützen den Erwerber noch andere Gesetzesbestimmungen: §§ 135, 136 BGB. gegenüber Veräußerungsverboten, §§ 161, 163 BGB. gegenüber Bedingungen und Zeitbestimmungen, §§ 2113, 2129 BGB. bei Verfügungen des Vorerben, § 2211 BGB. bei Verfügungen des Erben über Sachen, die der Verwaltung des Testamentsvollstreckers unterliegen. Vergl. auch § 325 Abs. 1, 2 ZPO. Die Bestimmung des § 7 KO. läßt nur die §§ 892, 893 BGB. unberührt, gewährt aber für den Verkehr mit beweglichen Sachen keinen Schutz (vergl. Jaeger S. 80), doch gilt dies nur für denjenigen, der unmittelbar von dem Gemeinschuldner erwirbt, der Dritterwerber darf sich auf die Vorschrift des § 932 BGB. berufen.

[16]) § 932 BGB. Mot. 3 S. 341, KProt. 3 S. 205. Die Beweislast für den bösen Glauben trifft den Eigentümer, der die Herausgabe von dem Erwerber verlangt, oder den Dritten, der das Eigentum bestreitet.

[17]) Das Gesetz geht davon aus, daß von dem Erwerber ein gewisses Maß von Vorsicht geübt werde, daß er diejenige Prüfung in Ansehung des Rechtes seines Vormannes nicht unterlasse, die nach den Umständen zu erwarten ist, und deren Nichtvornahme schlechthin mit dem Verhalten eines ordentlichen Mannes unverträglich ist. Die Prüfungspflicht liegt dem Erwerber lediglich im Interesse des wahren Eigentümers ob. RGE. 58 S. 164.

ist der Zeitpunkt, in welchem der Erwerber das Eigentum erlangen würde, wenn der Veräußerer Eigentümer wäre[19]).

Ist der Erwerber schon im Besitze[20]) der Sache, so genügt zum Eigentumserwerb die Einigung über den Übergang des Eigentums. Bei Veräußerung durch einen Nichteigentümer muß der Erwerber den Besitz von dem Veräußerer erlangt haben[21]); der gute Glaube darf zur Zeit der Einigung nicht fehlen.

Ist der Eigentümer im Besitze[22]) der Sache, so kann die Übergabe dadurch ersetzt werden[23]), daß zwischen ihm und dem Erwerber ein Rechtsverhältnis[24]) vereinbart wird, vermöge dessen der Erwerber den mittelbaren Besitz erlangt[25])[26]). Von einem

— Guter Glaube ist nicht die Meinung rechtmäßigen Erwerbs; er fehlt z. B., wenn der Erwerber weiß, daß der Verfügende nicht Eigentümer ist, aber meint, der Eigentümer sei einverstanden. Bei Veräußerung einer beweglichen Sache durch einen Kaufmann im Betriebe seines Handelsgewerbes genügt es, wenn der gute Glaube des Erwerbers die Befugnis des Veräußerers betrifft, über die Sache für den Eigentümer zu verfügen (§ 366 HGB.). Vergl. § 367 HGB.

[18]) Erbschein und Todeserklärung gewähren ähnlichen Schutz wie das Grundbuch (§§ 2366, 2370 BGB.).

[19]) Der entscheidende Zeitpunkt ist im Falle des § 929 Satz 1 regelmäßig der Zeitpunkt des Besitzerwerbs, da, wenn nicht die Einigung sondern die Übergabe zuerst vor sich geht, Satz 2 des § 929 anwendbar wird. Soll jedoch der Eigentumsübergang erst mit dem Eintritt einer Bedingung erfolgen oder ist ein Anfangstermin bestimmt, so kommt es, wenn die Übergabe vorausgeht, auf diesen Zeitpunkt an.

[20]) Mittelbarer Besitz genügt. — Soll ein Besitzdiener das Eigentum erwerben, so kann durch Einigung nach § 854 Abs. 2 der Besitz und durch Einigung über den Eigentumsübergang das Eigentum erworben werden.

[21]) § 929 Satz 2 und § 932 Abs. 1 Satz 2 BGB. Hat A den Besitz von B erlangt, so erwirbt er durch Vereinbarung mit dem Nichteigentümer C kein Eigentum, wenn er auch den C für den Eigentümer hält.

[22]) Mittelbarer Besitz genügt. Wird z. B. eine Sache veräußert, die der Eigentümer einem Dritten vermietet hat, so kann das Eigentum übertragen werden, indem der Eigentümer sich mit dem Erwerber über den Eigentumsübergang einigt und einen Mietvertrag über die Sache mit ihm schließt. In solchen Fällen läßt sich die Übergabe auch durch Abtretung des Herausgabe-Anspruchs ersetzen, den der bisherige Eigentümer gegen den Dritten hat (vergl. § 931 BGB.).

[23]) § 930 BGB. Mot. 3 S. 97, 335, KProt. 3 S. 196. Constitutum possessorium.

[24]) § 868 BGB., also Miete, Pacht, Leihe ꝛc. Vergl. RGE. 49 S. 170, 54 S. 397, JW. 1904 S. 336[1].

[25]) Liegt eine der Voraussetzungen des § 181 BGB. vor, so kann der Veräußerer auch den Erwerber vertreten. Beispiel: Der Bankier legt dem Depot des Kunden Wertpapiere bei, die er zum Ersatz für abhanden gekommene angeschafft hat (RG 4 VII 1902 E. 52 S. 130).

[26]) Nicht selten soll die Übereignung eine Sicherung des Erwerbers wegen einer Forderung herbeiführen. Die Übereignung wird damit nicht zum Scheingeschäft. Ist der Wille ernstlich auf die Übertragung des Eigentums gerichtet, so ist das Geschäft gültig. Vergl. RG 11 III 1904 E. 57 S. 177, 8 XI 1904 E. 59 S. 146.

[27]) § 933 BGB. Mot. 3 S. 345, KProt. 3 S. 205.

Nichteigentümer kann auf diese Weise Eigentum nicht erworben werden; trotz solchen Vertrages mit einem gutgläubigen Dritten bleibt der Besitzer der Vindikation ausgesetzt, der Dritte erwirbt das Eigentum erst, wenn ihm die Sache von dem Veräußerer übergeben wird, es sei denn, daß er zu dieser Zeit nicht in gutem Glauben ist[27]).

Ist ein Dritter im Besitze[28]), so kann die Übergabe dadurch ersetzt werden, daß der Eigentümer dem Erwerber den Anspruch auf Herausgabe der Sache abtritt[29])[30]). Der Besitzer kann dem neuen Eigentümer die Einwendungen entgegensetzen, welche ihm gegen den Anspruch auf Herausgabe zustehen[31]). Gehört die Sache nicht dem Veräußerer, so erlangt der Erwerber, falls der Veräußerer mittelbarer Besitzer der Sache ist, das Eigentum mit der Abtretung des Anspruchs, andernfalls erst dann, wenn er den Besitz[32]) der Sache von dem Dritten erhält, es sei denn, daß er zur Zeit der Abtretung oder des Besitzerwerbes nicht in gutem Glauben ist[33]).

Geld[34]), Inhaberpapiere[35]) sowie Sachen, die im Wege öffentlicher Versteigerung[36]) veräußert werden, können in solcher Weise durch Einigung mit einem Nichteigentümer zu eigen erworben werden, selbst wenn sie dem Eigentümer oder, wenn der Eigentümer nur mittelbarer Besitzer war, dem unmittelbaren Besitzer gestohlen worden, verloren gegangen oder sonst abhanden

---

[28]) Der Besitz des Dritten kann ein mittelbarer oder ein unmittelbarer sein.

[29]) § 931 BGB. Mot. 3 S. 95, KProt. 3 S. 201. Der Herausgabe-Anspruch kann dinglich oder persönlich sein. Abtretung durch Zurverfügungstellung einer bei einem Spediteur lagernden Ware unter Übersendung des Verfügungsscheines s. RG 8 X 1901 E. 49 S. 97. — Die Abtretung muß individuell bestimmte Sachen zum Gegenstande haben, vergl. RG 28 X 1902 E. 52 S. 385 (Veräußerung von Teer aus Teerlager).

[30]) Die Übergabe der in § 363 Abs. 2 HGB. bezeichneten Konnossemente, Ladescheine und Lagerscheine (§§ 647, 450, 424 HGB.) hat dieselben Wirkungen wie die Übergabe der Güter selbst. Diese Fälle gehören demnach nicht unter § 931 BGB. Vergl. Staub S. 1166.

[31]) Vergl. § 986 Abs. 2 BGB.

[32]) Unmittelbaren oder mittelbaren.

[33]) § 934 BGB. KProt. 3 S. 205. Der gute Glaube darf auch in dem Falle, daß der Besitz von dem Dritten erlangt werden muß, zur Zeit der Abtretung nicht fehlen.

[34]) Unter Geld ist ein gesetzliches Tauschmittel, inländisches oder ausländisches, zu verstehen. Alte Münzen, die nicht in Umlauf sind, fallen nicht unter den Begriff Geld.

[35]) Inländische und ausländische Inhaberaktien, Schuldverschreibungen auf den Inhaber (§ 793 BGB.), auch die Urkunden nach § 807, nicht aber die Urkunden nach § 808 (Sparkassenbücher und dergl.). Die Übertragung eines Sparkassenguthabens erfolgt durch Abtretung der Forderung (§ 398 BGB.); die Wirksamkeit der Abtretung hat die Übergabe des Sparkassenbuchs nicht zur Voraussetzung (RG 12 XII 1904 IV 280/04).

[36]) § 383 Abs. 3 BGB.

gekommen waren. Dagegen tritt in Ansehung anderer Sachen, die dem Eigentümer oder, wenn der Eigentümer nur mittelbarer Besitzer war, dem unmittelbaren Besitzer gestohlen worden, verloren gegangen oder sonst abhanden gekommen [37]) sind, kein Eigentumserwerb infolge Übertragung durch einen Nichteigentümer ein [38]). Beweispflichtig für die unfreiwillige Besitzbeendigung ist derjenige, der sich darauf beruft.

Daß mit dem Erwerbe des Eigentums das bisherige Eigentum erlischt, ist selbstverständlich, da es kein zwiefaches Eigentum an einer und derselben Sache gibt. Es erlöschen aber auch — mag durch Einigung mit dem Eigentümer oder durch Einigung mit einem Nichteigentümer erworben werden — die sonstigen an der Sache begründeten Rechte Dritter [39]). Vorausgesetzt wird jedoch vor allem, daß Eigentum erworben wird [40]), ferner im Falle des § 929 Satz 2, daß der Erwerber den Besitz von dem Veräußerer erlangt hatte, im Falle des § 930 oder wenn die nach § 931 veräußerte Sache nicht im mittelbaren Besitze des Veräußerers war, daß der Erwerber auf Grund der Veräußerung den Besitz der Sache erlangt. Das Recht des Dritten erlischt nicht, wenn der Erwerber zu der hiernach maßgebenden Zeit nicht in gutem Glauben ist, d. h. wenn er das Recht kennt oder infolge

---

[37]) Abhanden gekommene Sachen sind solche Sachen, an denen der Besitz ohne den Willen des Besitzers beendigt wurde. S. § 16 Ziff. 11 ff. Wird durch den Willen des Eigentümers ein Anderer in die Lage versetzt, tatsächlich über die Sache zu verfügen, so muß der Eigentümer dem gutgläubigen Erwerber gegenüber den Schaden tragen; „Hand muß Hand wahren". Die Sache kommt sonach dem mittelbaren Besitzer nicht dadurch abhanden, daß der unmittelbare Besitzer sie veräußert. RG 24 II 1903 E 54 S. 68. — Ob der Wille desjenigen, der den Besitz aufgegeben hat, durch Irrtum, Täuschung, Drohung beeinflußt war, ist ohne Bedeutung. — Durch den Besitzdiener kann dem Besitzherrn eine Sache abhanden kommen. S. § 16 nach Ziff. 13.

[38]) § 935 BGB. Mot. 3 S. 348, KProt. 3 S. 213. — Die Bestimmung des § 935 gilt für alle Veräußerungsfälle, nicht etwa nur für den ersten. Ein Lösungsanspruch steht dem Erwerber, der das Eigentum nicht erlangt hat, nicht zu (anders Entw. I § 939).

[39]) Es kommen namentlich Nießbrauch und vertragsmäßiges Pfandrecht in Betracht, aber auch gesetzliches Pfandrecht und Pfändungspfandrecht. Soweit nicht dingliche Rechte an der Sache bestehen, kommt die Bestimmung nicht zur Anwendung, die obligatorischen Verpflichtungen des Eigentümers können dem Erwerber der Sache auch ohne die Bestimmung des § 936 nicht entgegengehalten werden. Was das Verfolgungsrecht aus § 44 KO. angeht, so richtet sich dieses nicht gegen dritte Personen (vergl. Jaeger S. 384). Über das kaufmännische Zurückbehaltungsrecht s. § 369 Abs. 2 HGB.

[40]) Es bleiben die Rechte Dritter demnach auch bestehen, wenn Eigentumserwerb nicht eintritt, weil die Sache dem Eigentümer oder, bei mittelbarem Besitz des Eigentümers, dem unmittelbaren Besitzer abhanden gekommen war. Dasselbe wird gelten müssen, wenn die Sache dem Dritten, der sie als Berechtigter (Nießbraucher, Pfandgläubiger) in Besitz hatte, abhanden gekommen ist und von dem Eigentümer veräußert wird. Vergl. Biermann S. 147.

grober Fahrlässigkeit nicht kennt [41]). Steht das Recht dem Drittbesitzer (§ 931) zu, so erlischt es auch dem gutgläubigen Erwerber gegenüber nicht [42]).

Wird durch die Verfügung eines Nichtberechtigten ein Recht verloren, so ist der Nichtberechtigte dem Berechtigten zur Herausgabe des durch die Verfügung Erlangten verpflichtet, erfolgte die Verfügung unentgeltlich, so trifft die gleiche Verpflichtung denjenigen, der auf Grund der Verfügung unmittelbar einen rechtlichen Vorteil erlangt hat [43]).

2. Ersitzung.

Alle beweglichen Sachen, auch die gestohlenen und verlorenen, können ersessen werden. Zur Ersitzung wird ein 10 Jahre dauernder Eigenbesitz verlangt; mittelbarer Eigenbesitz genügt. Den Nachweis, daß diese Voraussetzungen vorliegen (bewegliche Sache, Eigenbesitz [44]), Dauer von 10 Jahren), hat der Ersitzende zu erbringen. Die Ersitzung ist ausgeschlossen, wenn der Erwerber bei dem Erwerbe des Eigenbesitzes in Kenntnis oder in grobfahrlässiger Unkenntnis darüber ist, daß ihm das Eigentum nicht zusteht [45]), oder wenn er später die Überzeugung erlangt, das Eigentum stehe ihm nicht zu. Der Gegner des Ersitzenden hat den Mangel des guten Glaubens zu beweisen [46]).

Einige Bestimmungen erleichtern den Beweis des zehnjährigen Besitzes. Hat Jemand eine Sache am Anfang und am Ende eines Zeitraumes im Eigenbesitze gehabt, so wird vermutet, daß sein Eigenbesitz auch in der Zwischenzeit bestanden habe [47]). Auch wird

---

[41]) Wer das Fortbestehen des begrenzten Rechtes behauptet, hat den Mangel des guten Glaubens zu beweisen. — Wird die Veräußerung von einem Kaufmann im Betriebe des Handelsgewerbes vorgenommen, so wird die Sache von dem Rechte Dritter auch dann frei, wenn der Erwerber sie kennt, aber — ohne grobe Fahrlässigkeit — annimmt, der Veräußerer sei befugt, ohne Vorbehalt der Rechte über die Sache zu verfügen. § 366 Abs. 2 HGB.

[42]) § 936 BGB. Mot. 3 S. 347, KProt. 3 S. 211. — Zu § 931 s. jedoch Anm. 30.

[43]) § 816 BGB. — Vergl. RG 2 X 1903 JW 1903 Beil. S. 125 [279]. — Liegt eine unerlaubte Handlung vor, so kommen die §§ 823 ff. BGB. zur Anwendung.

[44]) Ob der zum Eigenbesitz erforderliche Wille vorhanden ist, ist in dem einzelnen Falle nach den tatsächlichen Umständen zu beurteilen. RGE. 54 S. 135.

[45]) Abweichend von § 932 (s. Anm. 17) liegt hier guter Glauben vor, wenn der Erwerber wußte, daß der Veräußerer nicht Eigentümer sei, aber annahm, der Veräußerer sei zur Veräußerung befugt.

[46]) § 937 BGB. Mot. 3 S. 352, KProt. 3 S. 228. Der Dieb erwirbt das Eigentum nicht, sollte er selbst über 30 Jahre besitzen. Vergl. KProt. 3 S. 235.

[47]) § 938 BGB. Mot. 3 S. 353, KProt. 3 S. 230

die Besitzzeit eines Rechtsvorgängers eingerechnet [48]) [49]), desgleichen kommt dem Erben die Ersitzungszeit des Erbschaftsbesitzers zu statten [50]). Auf den Besitz des Erblassers kann sich der Erbe gemäß § 857 BGB. berufen.

Die Ersitzung kann nicht beginnen und, falls sie begonnen hat, nicht fortgesetzt werden, so lange die Verjährung des Eigentumsanspruchs gehemmt ist oder ihrer Vollendung die Vorschriften der §§ 206, 207 BGB. entgegenstehen [51]).

Die Ersitzung wird durch den Verlust des Eigenbesitzes unterbrochen. Die Unterbrechung gilt jedoch als nicht erfolgt, wenn der Eigenbesitzer den Eigenbesitz ohne seinen Willen verloren und binnen Jahresfrist oder mittels einer in dieser Frist erhobenen Klage wieder erlangt hat [52]). Unterbrechung tritt ferner ein, wenn der Eigentumsanspruch gegen den Eigenbesitzer oder im Falle

---

[48]) § 943 BGB. Mot. 3 S. 353, KProt. 3 S. 230. Der Rechtsnachfolger muß für seine Person in der Ersitzungslage sein, dann kommt ihm die Ersitzungszeit des Vorgängers zu statten. In der Ersitzungslage ist er jedoch, wenn er nicht weiß, daß das Eigentum ihm nicht zusteht. Grobfahrlässige Unkenntnis kommt bei ihm nicht in Betracht, denn er beginnt nicht den Eigenbesitz der fremden Sache, sondern tritt in die Rechtsposition des Vorgängers ein. Mot. 3 S. 353, abw. Biermann S. 153. — Fällt das Recht infolge Eintritts einer auflösenden Bedingung oder eines kraft Gesetzes auflösend wirkenden Umstandes an den Vorgänger zurück, so liegt zwar eine Rechtsnachfolge nicht vor, aber die während des Besitzes des Zwischenberechtigten verstrichene Zeit wird dem Eigenbesitzer trotzdem zu statten kommen müssen. Mot. 3 S. 353. Vergl. Biermann S. 153, Staudinger 3 S. 202, a. M. Planck (2. Aufl.) § 943 Anm. 1.

[49]) Der Ausdruck Rechtsnachfolge umfaßt die Sonder- und die Gesamtnachfolge. Wenn der Erbe eine Sache, die der Erblasser nicht in Eigenbesitz hatte, in Eigenbesitz nimmt, so schließt grobfahrlässige Unkenntnis darüber, daß ihm das Eigentum nicht zusteht, die Ersitzung aus. Setzt der Erbe eine von dem Erblasser begonnene Ersitzung fort, so wird der gute Glaube nur dadurch zerstört, daß er sich überzeugt, das Eigentum stehe ihm nicht zu. A. M. Planck 3 S. 244, Biermann S. 153.

[50]) § 944 BGB. KProt. 3 S. 236. Rechtsnachfolge liegt in diesem Falle nicht vor, weder auf seite des Erbschaftsbesitzers gegenüber dem Erblasser, noch auf seite des Erben gegenüber dem Erbschaftsbesitzer. Zugunsten des Erbschaftsbesitzers läuft die Ersitzung, wenn er in Ansehung des Rechtes des Eigentümers in gutem Glauben ist, also annimmt, dem Erblasser habe das Eigentum zugestanden. Die Bestimmung des § 944 auf den Fall einzuschränken, daß der Erbschaftsbesitzer in gutem Glauben an sein Erbrecht sich in den Besitz gesetzt hat, besteht kein Grund (vergl. KProt. 3 S. 237). Der Sinn des § 944 ist offenbar der, daß der Ersitzungsbesitz des Erbschaftsbesitzers so zu behandeln ist, als wenn er Ersitzungsbesitz des Erben wäre (Biermann S. 154), ist dem so, dann kann es nicht darauf ankommen, ob der Erbschaftsbesitzer dem Erben gegenüber gutgläubig ist. A. M. Biermann S. 154, Planck 3 S. 245, dagegen Staudinger 3 S. 202.

[51]) § 939 BGB. Mot. 3 S. 353, KProt. 3 S. 230. Vergl. §§ 202, 203, 204, 206, 207 BGB.

[52]) § 940 BGB. Mot. 3 S. 354, KProt. 3 S. 231. Der Besitzverlust braucht nicht durch verbotene Eigenmacht entzogen worden zu sein, es gehören auch die Fälle hierher, in denen die Besitzentziehung durch das Gesetz gestattet ist. Vergl. Biermann S. 151.

eines mittelbaren Eigenbesitzes gegen den Besitzer gerichtlich geltend gemacht wird, der sein Recht zum Besitze von dem Eigenbesitzer ableitet; die Unterbrechung tritt jedoch nur zu Gunsten desjenigen ein, der sie herbeiführt. Die für die Verjährung geltenden Vorschriften der §§ 209 bis 212, 216, 219, 220 BGB. finden entsprechende Anwendung[53]).

Wird die Ersitzung unterbrochen, so kommt die bis zur Unterbrechung verstrichene Zeit nicht in Betracht; eine neue Ersitzung kann erst nach der Beendigung der Unterbrechung beginnen[54]).

Die Ersitzung richtet sich gegen Alle, die ein Recht an der Sache haben, sie verschafft Eigentum und Freiheit von den vor dem Erwerbe des Eigenbesitzes begründeten Rechten Dritter. Doch erlöschen die Rechte Dritter erst mit dem Erwerbe des Eigentums durch den Ersitzenden, ferner erlischt das Recht eines Dritten nicht, wenn der Eigenbesitzer bei dem Erwerbe des Eigenbesitzes in Kenntnis oder grobfahrlässiger Unkenntnis hinsichtlich des Rechtes des Dritten ist oder das Bestehen dieses Rechtes später erfährt, endlich muß die Ersitzungsfrist auch in Ansehung des Rechtes eines Dritten verstrichen sein, wobei zu Gunsten jedes einzelnen Berechtigten die Vorschriften über Hemmung und Unterbrechung der Ersitzung Anwendung finden[55]). Hiernach besteht die Möglichkeit, daß eine (mit Nießbrauch oder Pfandrecht) belastete Sache unter Fortbestand der Belastung zu eigen ersessen wird[56]).

3. Verbindung und Vermischung.

Eine bewegliche Sache kann mit einem Grundstück oder mit einer beweglichen Sache so verbunden werden, daß die beiden

---

[53]) § 941 BGB. Mot. 3 S. 355, KProt. 3 S. 234. Erfolgt im Falle des § 940 Abs. 2 BGB. die Klagerhebung gegen den Zwischenbesitzer, so tritt keine Unterbrechung ein. Vergl. Planck Anm. 3, Biermann S. 152.

[54]) § 942 BGB. Mot. 3 S. 354, KProt 3 S. 232. Die neue Ersitzung ist selbständig, es müssen die für den Beginn der Ersitzung geforderten Voraussetzungen (§ 937 BGB.) vorliegen.

[55]) § 945 BGB. Mot. 3 S. 356, KProt. 3 S. 237. Ist das Eigentum auf andere Weise als durch Ersitzung erworben (z. B. durch Aneignung einer herrenlos gewordenen, aber mit einem Nießbrauch oder Pfandrecht belasteten Sache), so kann die Freiheit von dem begrenzten Rechte für sich allein ersessen werden. Mot. 3 S. 356, KProt. 3 S. 238.

[56]) Ist am 1. Januar 1900 die Ersitzung des Eigentums einer beweglichen Sache noch nicht vollendet, so finden die Vorschriften des BGB. Anwendung. Der Beginn sowie die Hemmung und Unterbrechung der Ersitzung bestimmen sich jedoch für die Zeit vor dem 1. Januar 1900 nach den bisherigen Gesetzen. Ist die Ersitzungszeit nach dem BGB. kürzer als nach den bisherigen Gesetzen, so wird die kürzere Frist vom 1. Januar 1900 an berechnet. Läuft aber die in den bisherigen Gesetzen bestimmte längere Frist früher ab als die im BGB. bestimmte kürzere, so ist die Ersitzung mit dem Ablaufe der längeren Frist vollendet (Art. 185, 169 EGBGB.). Ist die Ersitzungszeit nach dem BGB. länger als nach den bisherigen Gesetzen, so bedarf es des Ablaufes dieser längeren Frist, deren Beginn unter das alte Recht fällt.

verbundenen Sachen nach der Auffassung des Verkehrs als eine einzige Sache zu betrachten sind. Werden in solcher Weise selbständige Sachen zu Bestandteilen einer Einzelsache[57]), so zieht diese Vereinigung nicht notwendig eine Änderung in den dinglichen Rechtsverhältnissen nach sich, mögen die Sachen in gesondertem Eigentum gestanden haben oder, wenn sie einem einzigen Eigentümer gehörten, verschiedenen Rechten Dritter unterworfen gewesen sein. Trotz der Vereinigung können insbesondere die einzelnen Bestandteile vor der Trennung einzeln vindiziert werden.

Das Verhältnis ändert sich, wenn die Verbindung derart ist, daß die verbundenen Sachen als wesentliche Bestandteile der Einzelsache sich darstellen. Wann dies der Fall ist, ergibt sich aus den §§ 93—95 BGB.[58]). Wesentliche Bestandteile einer Sache können nicht Gegenstand besonderer Rechte sein. Dementsprechend sind die Bestimmungen über den Eigentumserwerb getroffen.

Wird eine bewegliche Sache mit einem Grundstück dergestalt verbunden, daß sie wesentlicher Bestandteil des Grundstücks wird[59]), so erstreckt sich das Eigentum an dem Grundstück auf diese Sache[60]). Die bewegliche Sache, die wesentlicher Bestandteil des Grundstücks geworden ist, gleichgültig durch wen und auf welche Weise[61]), teilt das rechtliche Schicksal der Hauptsache, des Grundstücks, das fremde Eigentum an ihr erlischt (es ruht nicht etwa bloß), es erlöschen auch die sonstigen an ihr bestehenden Rechte (Nießbrauch, Pfandrecht). Ist das Grundstück belastet, so erstrecken sich diese auf dem Grundstück ruhenden Rechte auf die hinzutretende Sache[62]).

Doch tritt eine Ausgleichung ein. Wer infolge einer solchen Verbindung[63]) einer beweglichen Sache mit einem Grundstück einen Rechtsverlust erleidet, kann von demjenigen, zu dessen Gunsten die Rechtsänderung eintritt, Vergütung in Geld nach den Vorschriften über die Herausgabe einer ungerechtfertigten Bereicherung fordern (§§ 812 ff. BGB.), aber die Wiederherstellung des früheren Zustandes kann nicht verlangt werden[64]). Nur wenn ein Anspruch auf Grund einer unerlaubten Handlung (§§ 823 ff., 249, 251 BGB.) besteht, kann auch die Wiederher-

---

[57]) Dasselbe gilt, wenn die mit dem Grundstück oder Gebäude verbundenen Sachen trotz der Verbindung keine Bestandteile des Grundstücks oder Gebäudes werden (§ 95 BGB.).

[58]) S. § 4 Ziff. 26 ff.

[59]) Vergl. RG 13 III 1902 JW. 1902 Beil. S. 219[69]. (Säen).

[60]) § 946 BGB. Mot. 3 S. 357, KProt. 3 S. 238.

[61]) Ohne Rücksicht auf guten oder bösen Glauben. Vergl. RG 16 I 1904 JW. S. 139[3] (Einrede der Arglist). — Eigentumsvorbehalt schützt nicht.

[62]) § 949 BGB. Mot. 3 S. 361, KProt. 3 S. 243.

[63]) War die Sache vertragsmäßig zu liefern und einzubauen, so liegt die Voraussetzung des § 951 nicht vor. RG 11 XII 1902 JW. 1902 Beil. S. 24[49].

[64]) § 951 BGB. Mot. 3 S. 362, KProt. 3 S. 244.

stellung des früheren Zustandes verlangt werden. Gleich den Vorschriften über die Verpflichtung zum Schadensersatze wegen unerlaubter Handlungen bleiben auch die Vorschriften über den Ersatz von Verwendungen[65]) und über das Recht zur Wegnahme einer Einrichtung unberührt[66]). Die Wegnahme einer Einrichtung nach den für das Wegnahmerecht des Besitzers geltenden Vorschriften (vergl. insbesondere § 997 BGB.) ist auch zulässig, wenn die Verbindung nicht von dem Besitzer des Grundstücks bewirkt worden ist[67]).

Werden bewegliche Sachen miteinander dergestalt verbunden, daß sie wesentliche Bestandteile einer einheitlichen Sache werden, so werden die bisherigen Eigentümer Miteigentümer dieser Sache; die Anteile bestimmen sich nach dem Verhältnisse des Wertes, den die Sachen zur Zeit der Verbindung haben[68]). Auch hier kommt es auf die Umstände, unter denen die Verbindung erfolgt ist, nicht an[69]). Ist eine der Sachen als die Hauptsache anzusehen, so erwirbt ihr Eigentümer das Alleineigentum. Die Entscheidung, ob eine Sache als Hauptsache anzusehen ist, hat der Richter nach der Auffassung des Verkehrs zu treffen[70])[71]).

---

[65]) Die Verbindung der beweglichen Sache mit dem Grundstück ist eine Verwendung, die auf das Grundstück gemacht wird. Inwieweit der Eigentümer für Verwendungen Ersatz zu leisten hat, bestimmt sich nach dem Rechtsverhältnis, das zwischen ihm und demjenigen besteht, der die Verwendung macht (z. B § 547 Miete, § 581 Pacht, § 601 Leihe, § 670 Auftrag, § 683 Geschäftsführung ohne Auftrag, §§ 994 ff. Verhältnis zwischen Eigentümer und Besitzer, § 1049 Nießbrauch, § 1093 Wohnungsrecht, § 2125 Vorerbschaft).

[66]) § 547 Miete, § 581 Pacht, § 601 Leihe, § 997 Besitz, § 1049 Nießbrauch, § 1093 Wohnungsrecht, § 2125 Vorerbschaft. — Vergl. § 258 BGB.

[67]) Während im allgemeinen nur Sachen weggenommen werden dürfen, die der Wegnahme-Berechtigte oder ein Rechtsvorgänger desselben angebracht hatte, ist im Falle des § 951 die Wegnahme auch zulässig, wenn die Verbindung nicht von dem Besitzer der Hauptsache bewirkt worden ist, doch unterliegt sie alsdann den in § 997 bezeichneten Beschränkungen, sie ist also ausgeschlossen, wenn die Verwendung zu den gewöhnlichen Erhaltungskosten zu rechnen ist, oder wenn sie für den Wegnahme-Berechtigten keinen Nutzen hat, oder wenn ihm mindestens der Wert ersetzt wird, den die Sache nach der Abtrennung für ihn haben würde. Das gilt auch im Falle der Verbindung beweglicher Sachen mit beweglichen (§ 947 BGB.), wenn die Verbindung nicht von dem Eigentümer der Hauptsache bewirkt worden ist.

[68]) § 947 BGB. Mot. 3 S. 359, KProt. 3 S. 238. — Verbindung ist kein Rechtsgeschäft, ebensowenig die Vermischung. — Für das Miteigentum gelten die Vorschriften der §§ 741 ff. BGB.

[69]) Die Verarbeitung und Umbildung mehrerer Sachen zu einer neuen Sache fällt unter § 950, das schließt nicht aus, daß eine Sache, ehe sie nach § 947 mit einer anderen Sache verbunden wird, einer Bearbeitung unterzogen werden kann. Vergl. Planck § 947 Anm. 1, Biermann S. 156.

[70]) Mot. 3 S. 359. Daselbst ist auch auf Art. 567 c. c. verwiesen, wonach als Hauptteil die Sache angesehen wird, mit der die andere nur zum Gebrauche, zur Verzierung oder zur Ergänzung vereinigt worden ist. — Maßgebend ist nicht der höhere Wert, den die eine oder die andere Sache

Diese Vorschriften über die Verbindung beweglicher Sachen mit beweglichen finden entsprechende Anwendung, wenn bewegliche Sachen untrennbar oder so miteinander vermischt oder vermengt werden, daß die Trennung mit unverhältnismäßigen Kosten verbunden sein würde[72]). Für Geld gilt keine Besonderheit[73])[74]).

Erlischt das Eigentum an einer mit einer beweglichen Sache verbundenen oder vermischten oder vermengten Sache, so erlöschen auch die sonstigen an der Sache bestehenden Rechte (Nießbrauch, Pfandrecht). Wird der Eigentümer der belasteten Sache Alleineigentümer, so erstrecken sich die Rechte auf die hinzutretende Sache. Erwirbt der Eigentümer der belasteten Sache Miteigentum, so bestehen die Rechte an dem (ideellen) Anteile fort, der an die Stelle der Sache tritt[75]).

Die Ausgleichung des Rechtsverlusts erfolgt wie bei der Verbindung einer beweglichen Sache mit einem Grundstück. S. oben Ziff. 63[76]).

---

vor der Verbindung hatte. Übereinstimmend Planck 3 S. 249, Biermann S. 156, a. M. Tobias ArchZivPr. 94 S. 428.

[71]) Wollen die Beteiligten eine von den gesetzlichen Bestimmungen abweichende Regelung, so ist den Erfordernissen einer Eigentumsübertragung zu genügen. Das in § 947 bestimmte Eigentumsverhältnis tritt kraft Gesetzes ein.

[72]) § 948 BGB. Mot. 3 S. 359, KProt. 3 S. 239. Es tritt also Miteigentum oder Alleineigentum ein. Wie die Mengen zu bestimmen sind, die vermischt oder vermengt worden sind, hängt von den Umständen ab.

[73]) Soweit eine Ausscheidung möglich und Eigentum nicht schon mit der Übergabe erworben ist, können auch Geldstücke vindiziert werden.

[74]) Besondere Fälle regeln die §§ 963, 964 BGB.: Vereinigen sich ausgezogene Bienenschwärme mehrerer Eigentümer, so werden die Eigentümer, welche ihre Schwärme verfolgt haben, Miteigentümer des eingefangenen Gesamtschwarmes, jedoch bestimmen sich in diesem Falle die Bruchteile des Miteigentums nicht nach dem Werte, sondern nach der Zahl der verfolgten Schwärme. Den Eigentümern, die ihre Schwärme nicht verfolgt haben, steht kein Bereicherungsanspruch zu. Verfolgt nur ein einziger Eigentümer seinen Schwarm, so erlangt er Alleineigentum an dem Gesamtschwarm (§ 958 BGB.). Darauf, ob Ausscheidung der Schwärme möglich wäre, kommt es nicht an. — Ist ein Bienenschwarm in eine fremde besetzte Bienenwohnung eingezogen, so erstrecken sich das Eigentum und die sonstigen Rechte an den Bienen, mit denen die Wohnung besetzt war, auf den eingezogenen Schwarm. Das Eigentum und die sonstigen Rechte an dem eingezogenen Schwarm erlöschen, ohne daß dem bisherigen Berechtigten ein Bereicherungsanspruch zustünde.

[75]) § 949 BGB. Mot. 3 S. 361, KProt. 3 S. 243. Gehörten die belasteten Sachen einem und demselben Eigentümer, so beschränkt sich die Wirkung der Verbindung oder Vermischung auf die begrenzten Rechte.

[76]) Wer an Stelle des Alleineigentums Miteigentum, an Stelle eines Rechtes an der Sache ein Recht an einem Anteil erhält, erleidet keinen Rechtsverlust. Abw. Biermann S. 160.

4. Verarbeitung[77]).

Wer durch Verarbeitung (wozu auch das Schreiben, Zeichnen, Malen, Drucken, Gravieren oder eine ähnliche Bearbeitung der Oberfläche gehört) oder durch Umbildung eines oder mehrerer Stoffe eine neue[78]) bewegliche Sache herstellt, erwirbt das Eigentum an der neuen Sache, sofern nicht der Wert der Verarbeitung oder der Umbildung erheblich geringer ist als der Wert des verwendeten Stoffes[79])[80]). Mit dem Erwerbe des Eigentums an der neuen Sache erlöschen die an dem Stoffe bestehenden Rechte; war der Verarbeiter schon Eigentümer des Stoffes, so tritt nur das Erlöschen der Rechte der Dritten ein. Auf den guten oder bösen Glauben des Verarbeiters kommt es nicht an, auch nicht darauf, ob der verarbeitete Stoff in seine frühere Gestalt zurückgebracht werden kann, endlich auch nicht darauf, ob, wenn zum Zwecke der Verarbeitung Sachen verbunden worden, die verbundene Sache wesentlicher Bestandteil der neuen Sache geworden ist[81]).

Die Ausgleichung des eintretenden Rechtsverlustes geht auch bei der Verarbeitung in der Weise vor sich,[82]) daß derjenige, der infolge der Verarbeitung einen Rechtsverlust erleidet, von demjenigen, zu dessen Gunsten die Rechtsänderung eintritt, Vergütung in Geld nach den Vorschriften über die Herausgabe einer

---

[77]) Spezifikation. Die Verarbeitung ist zwar ein bewußter und gewollter Akt, bei dem der Wille auf Herstellung der neuen Sache gerichtet ist, aber der Wille des Verarbeiters braucht nicht auf die eintretende Rechtsänderung gerichtet zu sein. Die Verarbeitung ist also kein Rechtsgeschäft (Mot. 3 S. 360). Sie wird als eine Rechtshandlung aufzufassen sein, aber nicht als eine solche, auf die die Vorschriften über Rechtsgeschäfte Anwendung finden könnten. — Demgemäß kommen auch die Grundsätze über die rechtliche Vertretung (§§ 164 ff. BGB.) nicht zur Anwendung. Es steht jedoch nichts im Wege, daß Jemand die Tätigkeit des Verarbeitens durch Andere ausführen läßt. Eines Abhängigkeitsverhältnisses bedarf es hierzu nicht, es kann das Geschäft für den Anderen auch auf Grund eines besonderen Vertrages besorgt werden. Vergl. KProt. 3 S. 243. Abw. Biermann S. 159.

[78]) Ob die hergestellte Sache eine neue ist, ist nach der Verkehrsanschauung zu beurteilen. Das Wesen der neuen Sache muß in der Verarbeitung liegen. Vergl. Biermann S. 158.

[79]) Ist der Wert der Arbeit erheblich geringer als der Wert des Stoffes, so verbleibt es bei dem Eigentum des Stoffeigentümers, sind Stoffe verwendet, die verschiedenen Eigentümern gehörten, so kommen die Bestimmungen über Verbindung und Vermischung in Betracht. KProt. 3 S. 242.

[80]) Besorgt der Verarbeiter das Geschäft für den Eigentümer des Stoffes (s. Anm. 77), so tritt keine Änderung im Eigentum ein. Der Tischlermeister, dem das Holz geliefert wird, aus dem er Türen und Fenster herstellen soll, wird nicht Eigentümer der Türen und Fenster. RG 15 XI 1904 E. in Straff. 37 S. 329. — Derjenige, der die Verarbeitung übernimmt, kann sie selbst wieder durch andere Personen ausführen lassen.

[81]) § 950 BGB. Mot. 3 S. 360, KProt. 3 S. 239. Auch die aus gestohlenem Stoffe hergestellte Sache wird zu eigen erworben.

[82]) § 951 BGB. S. Ziff. 63—67.

ungerechtfertigten Bereicherung fordern darf, daß die Wiederherstellung des früheren Zustandes nicht verlangt werden kann, daß aber die Vorschriften über die Verpflichtung zum Schadensersatze wegen unerlaubter Handlungen sowie die Vorschriften über den Ersatz von Verwendungen und über das Recht zur Wegnahme einer Einrichtung unberührt bleiben.

Damit nicht die Herstellung einer Schuldurkunde den Grundsätzen über Eigentumserwerb durch Verarbeitung unterworfen wird, gibt das BGB. die (dispositive) Bestimmung, daß das Eigentum an dem über eine Forderung ausgestellten Schuldscheine dem Gläubiger zusteht und daß das Recht eines Dritten an der Forderung sich auf den Schuldschein erstreckt[83]). Der Schein teilt das Schicksal der Forderung. Das Eigentum an dem Papier erlischt aber nicht mit der Forderung, dagegen kann (auf Grund des § 371 BGB.) der Schuldner bei Erfüllung neben der Quittung Rückgabe des Schuldscheines verlangen. Mit der Rückgabe wird der Schuldner Eigentümer.

Was hier von dem Schuldscheine über eine Forderung gesagt ist, gilt auch für Urkunden über andere Rechte, kraft deren eine Leistung gefordert werden kann, insbesondere für Hypotheken-, Grundschuld- und Rentenschuld-Briefe[84]).

5. Erwerb des Eigentums an Erzeugnissen und sonstigen Bestandteilen einer Sache.

Besteht an einer Sache ein dingliches Recht, so erfaßt dieses alle Teile der Sache. Wird die Sache körperlich zerteilt, so wird dadurch an dem Bestande des Rechtes nichts geändert. An den voneinander getrennten Teilen besteht das bisherige Recht, sei es Eigentum oder begrenztes Recht, in der Regel fort, soweit nicht etwa nach dem besonderen Inhalte des ein Grundstück belastenden Rechtes (z. B. eines dinglichen Vorkaufsrechtes) ein solcher Fortbestand als ausgeschlossen erscheint. An diesem Ergebnisse wird dadurch nichts geändert, daß der von der Sache getrennte Teil die Eigenschaft eines Erzeugnisses der Sache hat.

---

[83]) § 952 BGB. Mot. 3 S. 744, KProt. 3 S. 644. — Der Schein über die Schuld ist ausgestellt, sobald er unterschrieben ist. Der Aushändigung bedarf es nicht. Wenn die Forderung entstanden ist, steht das Eigentum an dem Schein dem Gläubiger zu. Wird die Forderung übertragen, so geht das Eigentum an dem Scheine auf den Erwerber über, ohne daß es der Übergabe des Papiers bedürfte. Wird die Forderung gepfändet, so erstreckt sich das Pfandrecht auf den Schuldschein (vergl. § 836 Abs. 3 ZPO.).

[84]) Auch für die Sparkassenbücher, Versicherungspolicen (RG 14 III 1902 E. 51 S. 85) gilt die Bestimmung. Ist der Schuldschein Träger der Forderung (Inhaberpapier, Wechsel 2c.), so kommt die Bestimmung nicht zur Anwendung. In solchen Fällen folgt die Forderung dem Papier, nicht das Papier der Forderung.

Es gehören demnach Erzeugnisse und sonstige Bestandteile einer Sache auch nach der Trennung dem Eigentümer[85]).

Von diesem Grundsatz, der für das Eigentum an Grundstücken und für das Eigentum an beweglichen Sachen gilt, gibt es mehrere Ausnahmen. Es erwirbt die Erzeugnisse und sonstigen Bestandteile

mit der Trennung: der dinglich Berechtigte, ferner der persönlich Berechtigte oder vermeintlich Berechtigte, der im Besitze der Sache ist;

mit der Besitzergreifung: der persönlich Berechtigte oder vermeintlich Berechtigte, der nicht im Besitze der Sache ist.

Es erwirbt die Früchte

mit der Trennung der gutgläubige Eigenbesitzer der Sache und der gutgläubige Besitzer in Ausübung eines dinglichen Nutzungsrechtes.

a) Erwerb des persönlich Berechtigten[86]).

Derjenige, welchem der Eigentümer oder ein Anderer, dem die Erzeugnisse oder sonstigen Bestandteile der Sache nach der Trennung gehören würden, gestattet, sich Erzeugnisse oder sonstige Bestandteile der Sache anzueignen, erwirbt das Eigentum an ihnen,

α) wenn der Besitz der Sache ihm überlassen ist, mit der Trennung,

β) wenn er nicht im Besitze der Sache ist, mit der Besitzergreifung der Erzeugnisse oder Bestandteile[87]).

Ist derjenige, der die Aneignung gestattet hat, zu dieser Gestattung verpflichtet (z. B. Verpächter), so kann er sie nicht widerrufen, so lange sich derjenige, dem die Aneignung gestattet worden ist, in dem ihm überlassenen Besitze der Sache befindet.

---

[85]) § 953 BGB. Mot. 3 S. 363, KProt. 3 S. 245. Es kommt nichts darauf an, wie und durch wen die Trennung erfolgt.

[86]) Pächter, Käufer von Früchten, Bestandteilen (z. B. Haus auf Abbruch verkauft) ꝛc.

[87]) § 956 BGB. Mot 3 S. 367, KProt. 3 S. 249. Nach Mot. 3 S. 368 ist dieser Erwerb auf einen dinglichen Vertrag zurückzuführen. In dem Falle α erscheint die Überlassung des Besitzes der Sache als Antrag zur Übereignung der Erzeugnisse oder sonstigen Bestandteile, der Besitz der Sache zur Zeit der Trennung als stillschweigende Annahme. Im Falle β liegt in der Gestattung der Aneignung der Antrag, in der Besitzergreifung die Annahme der Vertragsofferte. Der Veräußerer braucht nicht zur Zeit der Abgabe der Vertragsofferte zur Gestattung der Aneignung berechtigt zu sein, es genügt, wenn zur Zeit der Trennung der Sachen oder im Falle β zur Zeit der Besitzergreifung die rechtsgeschäftlichen Erfordernisse des Vertrags erfüllt sind. Der Vertragsantrag ist bindend (§ 145 BGB.), bewirkt aber keine Verfügungsbeschränkung (s. Ziff. 10), ein Widerruf ist regelmäßig wirksam, verpflichtet aber unter Umständen zu Schadensersatz.

Was für Bestandteile der Sache angeeignet werden dürfen, ergibt sich aus der Willenserklärung desjenigen, der die Aneignung gestattet. Die anzueignenden Bestandteile brauchen nicht unter den Fruchtbegriff (§ 99) zu fallen.

Diese Vorschriften finden auch dann Anwendung, wenn derjenige, welcher die Aneignung einem Anderen gestattet, hierzu nicht berechtigt ist[88]). Der obligatorisch Berechtigte erlangt also, auch wenn der Veräußerer nicht Eigentümer ist oder wenn dem Veräußerer die Erzeugnisse und sonstigen Bestandteile der Sache nach der Trennung nicht gehören würden, gerade so das Eigentum, wie er, trotz des fehlenden Rechtes des Veräußerers, Eigentümer würde, wenn die Erzeugnisse und Bestandteile einzeln ihm übergeben würden (§ 932 BGB.). Der Mangel des guten Glaubens schließt den Eigentumserwerb aus. Der gute Glaube fehlt, wenn der obligatorisch Berechtigte, falls ihm der Besitz der Sache überlassen wird, bei der Überlassung, andernfalls bei der Ergreifung des Besitzes der Erzeugnisse oder der sonstigen Bestandteile in Kenntnis oder grobfahrlässiger Unkenntnis der mangelnden Befugnis seines Autors ist oder vor der Trennung den Rechtsmangel erfährt[89])[90]).

b) Frucht-Erwerb des gutgläubigen Besitzers.

Unbeschadet der Rechte des persönlich Berechtigten oder vermeintlich Berechtigten erwirbt, wer eine Sache im (unmittelbaren oder mittelbaren) Eigenbesitze hat, das Eigentum an den Erzeugnissen und sonstigen zu den Früchten der Sache gehörenden Bestandteilen mit der Trennung[91]). Der Besitzer hat nicht etwa

---

[88]) § 957 BGB. KProt. 3 S. 349. Wie in den anderen Fällen hat den Mangel des guten Glaubens derjenige zu beweisen, der sich darauf beruft. — Daß der Veräußerer Besitzer der Sache sein muß (Biermann S. 166), läßt sich dem Gesetze nicht entnehmen. Die Gesetzesbestimmung einschränkend auszulegen, besteht kein Anlaß. Wo der Erwerber in gutem Glauben handelt, wird er mit Recht geschützt. A. M. Jacubezky Recht 1902 S. 5. Vergl. Francke ArchZivPr. 93 S. 309.

[89]) Der (gutgläubige) Eigenbesitzer wird Eigentümer der Früchte (z. B. der Steine des Steinbruchs), aber nicht der sonstigen Bestandteile (z. B. der Steine des zusammengefallenen Hauses). Überläßt er einem Anderen die Aneignung, so wird es je nach dem Gegenstand der Aneignung (je nachdem es sich um Früchte oder um sonstige Bestandteile handelt) auf den guten Glauben des Erwerbers ankommen oder nicht ankommen, denn bei Überlassung der Früchte liegt ein Fall nach § 956, bei Überlassung von sonstigen Bestandteilen ein Fall nach § 957 vor. — Fehlt dem Eigenbesitzer der gute Glaube, so kommt es, auch wenn die Gestattung der Aneignung sich auf Früchte bezieht, auf den guten Glauben des Erwerbers an.

[90]) Ist die Stammsache dem Eigentümer abhanden gekommen (§ 935 BGB.), so erscheint ein Eigentumserwerb an den einzelnen Bestandteilen ebenso ausgeschlossen, wie der Eigentumserwerb in Ansehung der ganzen Sache. Die Früchte der abhanden gekommenen Sache können selbst nicht als abhanden gekommen angesehen werden, Eigentumserwerb kann also stattfinden. Vergl. Jacubezky Recht 1902 S. 5, Staudinger 3 S. 218.

[91]) § 955 BGB. Mot. 3 S. 364, KProt. 3 S. 247.

bloß eine Verzehrungsbefugnis, sondern wird Eigentümer[92]). Doch kommen hier nur Sachen in Betracht, die unter den Fruchtbegriff (§ 99 BGB.) fallen. Löst sich eine Sache in Stücke auf, so werden die Stücke nicht Eigentum des Besitzers. Andrerseits hängt davon, ob bei der Ausbeute, welche aus der Sache ihrer Bestimmung gemäß gewonnen wird, ein wirtschaftliches Maß eingehalten ist, der Eigentumserwerb nicht ab[93]).

Die Früchte erwirbt der Besitzer mit der Trennung, ohne daß es einer Aneignung bedarf. Werden Früchte von anderen Personen in Besitz genommen, so kann sie der Besitzer der Sache vindizieren. Auch der Eigentümer der Sache kann sich (als Besitzer) auf den Fruchterwerb des Eigenbesitzers stützen (wenn z. B. der Erbe keine Kenntnis von einem bestehenden Nutzungsrechte hat).

Der Erwerb ist ausgeschlossen, wenn 1. der Eigenbesitzer nicht zum Eigenbesitze[94]) oder ein Anderer vermöge eines Rechtes an der Sache zum Fruchtbezuge berechtigt ist, und 2. der Eigenbesitzer bei dem Erwerbe des Eigenbesitzes in Kenntnis oder grobfahrlässiger Unkenntnis von der Nichtberechtigung zum Eigenbesitze oder von dem dinglichen Nutzungsrechte des Anderen ist oder vor der Trennung der Früchte den Rechtsmangel erfährt.

Dem Eigenbesitzer steht derjenige gleich, der die Sache zum Zwecke der Ausübung eines dinglichen Nutzungsrechtes (als Nießbraucher rc.) besitzt; d. h. der gutgläubige Eigenbesitzer erwirbt zwar das Eigentum mit der Trennung auch dann, wenn einem Anderen ein dingliches Nutzungsrecht an der Sache zusteht, wer aber (gutgläubig) in Ausübung eines dinglichen Nutzungsrechtes die Sache besitzt, erwirbt die Früchte, wenn auch der (mittelbare) Eigenbesitzer von dem Nutzungsrechte und dem Besitze des Nutzungsberechtigten keine Kenntnis hat[95]). Hat der Eigenbesitzer Kenntnis von dem Nutzungsrechte, so ist für ihn der Fruchterwerb schon deshalb ausgeschlossen, weil er nicht in gutem Glauben ist.

Geht der Eigenbesitz oder der Besitz desjenigen, der die Sache zum Zwecke der Ausübung eines Nutzungsrechtes hat, verloren, so könnte eigentlich ein Erwerb des Eigentums an den Früchten nicht mehr stattfinden; es gilt jedoch die Unterbrechung als nicht erfolgt, wenn der Besitzer den Besitz ohne

---

[92]) Vergl. jedoch §§ 987, 988 BGB.

[93]) Mot. 3 S. 366, Bereicherungsanspruch § 993 BGB.

[94]) Der Eigenbesitzer ist zum Eigenbesitze nicht berechtigt, wenn er weder der Eigentümer noch dem Eigentümer gegenüber zum Eigenbesitze befugt ist. Der Erwerber eines Grundstücks, dem das Grundstück übergeben ist, ohne daß Auflassung und Eintragung erfolgten, ist zum Eigenbesitze berechtigt.

[95]) KProt. 3 S. 249.

seinen Willen verloren und ihn binnen Jahresfrist oder mittels einer innerhalb dieser Frist erhobenen Klage wieder erlangt hat [96]). Die in der Zwischenzeit getrennten Früchte gehören demnach dem Eigen- oder dem Nutzungs-Besitzer, der den Besitz wieder erlangt, nicht etwa dem Eigentümer der Sache.

c) Erwerb des dinglich Berechtigten.

Unbeschadet der unter a) und b) angeführten Bestimmungen erwirbt derjenige, der vermöge eines Rechtes an einer fremden Sache befugt ist, sich Erzeugnisse oder sonstige Bestandteile der Sache anzueignen, das Eigentum an ihnen mit der Trennung, wenn auch mit dem Rechte kein Recht zum Besitze verbunden ist [97]). Vorausgesetzt wird, daß die von der Sache getrennten Erzeugnisse und sonstigen Bestandteile zu den Sachen gehören, welche dem Berechtigten kraft seines Rechtes gebühren; bei einem Rechte auf Nutzungen (§ 100 BGB.) gebühren dem Berechtigten nur die Früchte.

6. Aneignung.

Wer eine herrenlose bewegliche Sache in Eigenbesitz nimmt, erwirbt das Eigentum an der Sache [98]). Doch wird das Eigentum nicht erworben, wenn die Aneignung gesetzlich verboten ist [99]).

---

[96]) § 955 Abs. 3 mit § 940 Abs. 2 BGB.

[97]) § 954 BGB. Mot. 3 S. 363, KProt. 3 S. 245. — Als Rechte an fremder Sache kommen in Betracht: Erbbaurecht (§ 1013), Nießbrauch (§ 1030, mit Nutznießung des Ehemannes, § 1383, und der Eltern, § 1652), Grunddienstbarkeit (§ 1018), beschränkte persönliche Dienstbarkeit (§ 1090), Nutzungspfandrecht (§ 1213), ferner die in Kraft bleibenden landesgesetzlichen dinglichen Rechte, soweit nicht die Landesgesetze andere Vorschriften enthalten (Art. 59, 63, 67, 68, 196, 197 2c. EGBGB.).

[98]) § 958 BGB. Mot. 3 S. 369, KProt. 3 S. 250. Ob der Okkupant die Sache für herrenlos hält, ist ohne Belang.

[99]) Z. B. § 368 Ziff. 11 StGB. — Ist nicht die Aneignung an sich verboten, sondern nur ihre Ausübung polizeilich geregelt (z. B. durch Vorschriften, wie der Jagdberechtigte die Jagd auszuüben hat), so wird auch bei Zuwiderhandlung gegen die Polizeivorschrift Eigentum erworben. In dem Verbot, Rehgeißen, Wildkälber 2c. zu schießen oder zu fangen, liegt kein Aneignungsverbot, sondern eine Schonvorschrift; Rehgeißen 2c., die verendet sind (z. B. von Eisenbahnzug überfahren, von einem Tier (Hund) getötet 2c.), darf der Jagdberechtigte sich aneignen. Läge ein Aneignungsverbot vor, so müßte man wohl auch annehmen, das Erlegen solcher Tiere (z. B. einer Geltgeiß) auf fremdem Jagdgebiet sei kein Eingriff in fremdes Aneignungsrecht (§ 292 StGB.), mindestens könne Hehlerei nicht begangen werden, weil das Wildbret nicht mit Verletzung der Vermögensrechte eines Anderen erlangt sei (s. RGE. in Strafs. 37 S. 230). Vergl. mein Jagdrecht der Pfalz, Ergänzungsheft S. 56 e. A. M. Staudinger SeuffBl. 63 S. 293, Biermann S. 168. — Die Bestimmung des Vogelschutzgesetzes, wonach das Ausnehmen von Eiern und Jungen der Vögel untersagt ist, wird ebenso als Aneignungsverbot zu betrachten sein wie die Vorschrift des § 368 Ziff. 11 StGB. Vergl. Staudinger 3 S. 220.

oder wenn durch die Besitzergreifung das Aneignungsrecht eines Anderen[100]) verletzt wird[101]). Die Sache bleibt in einem solchen Falle herrenlos, bis sie an den Aneignungsberechtigten oder einen gutgläubigen Dritten gelangt[102]); dagegen wird der unberechtigte Okkupant Besitzer und erlangt den Besitz ohne verbotene Eigenmacht.

Damit die Aneignung erfolgen kann, muß es sich 1. um eine bewegliche Sache handeln, 2. muß die Sache objektiv herrenlos[103]) sein, 3. muß Besitz und zwar Eigenbesitz an ihr erlangt werden.

Darauf, ob die Sache noch in Niemandes Eigentum stand oder ob sie herrenlos geworden ist, kommt nichts an. Wilde Tiere sind herrenlos, so lange sie sich in der Freiheit befinden; wilde Tiere in Tiergärten[104]) und Fische in Teichen oder anderen geschlossenen Privatgewässern[105]) sind nicht herrenlos[106]).

Eine bewegliche Sache wird herrenlos, wenn der Eigentümer in der Absicht, auf das Eigentum zu verzichten, den Besitz der Sache aufgibt[107]). Rechte Dritter an der Sache erlöschen durch die Aufgabe des Eigentums nicht[108]). Verlorene Sachen

---

[100]) Jagd und Fischerei (Art. 69 EGBGB.), Bernsteinregal, Perlenfischereiregal (Art. 73 EG.).

[101]) § 958 BGB. Mot. 3 S. 369, KProt. 3 S. 250. Da die Erwerbung des Besitzes (auch des Eigenbesitzes) nicht als Rechtsgeschäft aufzufassen sein wird, werden die Vorschriften über Rechtsgeschäfte auch auf die Aneignung keine Anwendung zu finden haben. S. § 14 Anm. 11. Nach Planck § 858 Anm. 2 ist die Aneignung eine Rechtshandlung, auf welche die für Rechtsgeschäfte geltenden Vorschriften entsprechende Anwendung finden. — Der Eigenbesitz kann mittelbar sein (s. S. 127 und 128).

[102]) Vergl. mein Jagdrecht der Pfalz, Ergänzungsheft S. 56c, ferner RGE. in Strafs. 23 S. 90.

[103]) Unberührt bleiben die landesgesetzlichen Vorschriften über das Recht zur Aneignung der einem Anderen gehörenden, im Freien betroffenen Tauben (Art. 130 EGBGB.). — Über Beuterecht im Krieg s. Mot. 3 S. 370.

[104]) Die eingehegten Jagdreviere sind keine Tiergärten. KProt. 3 S. 254. Vergl. RGE. in Strafs. 26 S. 218, Rechtspr. in Strafs. 5 S. 254.

[105]) S. RGRechtspr. in Strafs. 6 S. 82.

[106]) § 960 BGB. Mot. 3 S. 371. KProt. 3 S. 245. Daß gefangene wilde Tiere, Tiere in Käfigen rc. nicht herrenlos sind, ist selbstverständlich, ebenso, daß nur die in den Tiergärten gehegten wilden Tiere, nicht auch wilde Tiere, die ab und zu fliegen können, nicht herrenlos sind. — Die Landesgesetzgebung über Jagd und Fischerei ist nur durch die Vorschrift des § 958 Abs. 2 BGB. beschränkt (Art. 69 EG.).

[107]) § 959 BGB. Mot. 3 S. 370, KProt. 3 S. 253. Die Dereliktion ist Rechtsgeschäft, sie verlangt den Willen, das Eigentum aufzugeben. Über Aufgabe des Besitzes s. § 16 Ziff. 12, des mittelbaren Besitzes § 16 Ziff. 21. Zweifelhaft erscheint, ob, wenn der Eigentümer den Besitz verloren hat, die Sache herrenlos wird, sobald der Eigentümer irgend eine den Verzicht zum Ausdruck bringende Willenserklärung abgibt (Biermann S. 169). Die Frage dürfte zu verneinen sein, das Gesetz verlangt eine mit dem Verzichtswillen erfolgte Aufgabe des Besitzes. Übereinstimmend Planck § 959 Anm. 1b.

[108]) Auch nicht durch die Aneignung, aber durch Ersitzung (§ 945 BGB.).

sind nicht herrenlos, auch nicht solche, die man im Stiche läßt ohne die Absicht, auf das Eigentum zu verzichten[109]). Ausgeworfene Sachen stehen im allgemeinen den derelinquierten gleich; sind sie zu Gunsten eines bestimmten Personenkreises ausgeworfen, so liegt darin das Angebot einer Übertragung.

Erlangt ein gefangenes wildes Tier[110]) — einheimisches oder fremdländisches — die Freiheit wieder, so wird es herrenlos, wenn nicht der Eigentümer das Tier unverzüglich — ohne schuldhaftes Zögern (§ 121 BGB.) — verfolgt oder wenn er die Verfolgung aufgibt[111]).

Zieht ein (junger oder alter) Bienenschwarm aus, so wird er ebenfalls herrenlos, wenn nicht der Eigentümer ihn unverzüglich verfolgt oder wenn er die Verfolgung aufgibt. Bei der Verfolgung darf der Eigentümer des Bienenschwarmes fremde Grundstücke betreten. Ist der Schwarm in eine fremde nicht besetzte Bienenwohnung eingezogen, so darf der Eigentümer des Schwarmes zum Zwecke des Einfangens die Wohnung öffnen und die Waben herausnehmen oder herausbrechen. Doch hat er, ohne Rücksicht auf Verschulden, den entstehenden Schaden zu ersetzen[112]).

Ein gezähmtes Tier wird herrenlos, wenn es die Gewohnheit ablegt, an den ihm bestimmten Ort zurückzukehren[113]).

7. Fund.

Gegenstand eines Fundes kann nur eine verlorene bewegliche Sache sein. Verloren ist jede Sache, die sich in Niemandes tatsächlicher Gewalt befindet und die aus der Gewalt des früheren unmittelbaren Besitzers ohne dessen Willen gekommen ist[114]). Ist

[109]) Z. B. Wegwerfen von Sachen in Seegefahr, Wegwerfen von Waren durch verfolgte Schmuggler.

[110]) Im Gegensatz zum wilden Tier steht das zahme, das Haustier. Zoologische Gattungsmerkmale entscheiden nicht. Dieselbe Gattung kann je nach der Gegend blos in zahmen oder bloß in wilden oder sowohl in wilden als in zahmen Exemplaren vorkommen. Mot. 3 S. 371.

[111]) § 960 Abs. 2 BGB. Es wird genügen, wenn ein Anderer für den Eigentümer das Tier verfolgt. Als Verfolgen wird das Ausschreiben in der Zeitung nicht aufzufassen sein. A. M. Dernburg § 112 Anm. 7, Biermann S. 170, Planck § 960 Anm. 3 b. Durch das Ausschreiben wird nur zu erkennen gegeben, daß die Absicht, auf das Eigentum zu verzichten, nicht besteht, dieser Absicht bedarf es aber nicht.

[112]) §§ 961, 962 BGB. Mot. 3 S. 372, KProt. 3 S. 255. — Ist der Schwarm herrenlos, so steht die Aneignung Jedem frei. Über den Eigentumserwerb durch Vereinigung mit anderen Schwärmen s. Anm. 74.

[113]) § 960 Abs. 3 BGB. Z. B. ein gezähmtes Reh.

[114]) Bestand mittelbarer Besitz, so ist dem mittelbaren Besitzer die Sache auch dann verloren, wenn ohne seinen Willen der unmittelbare Besitzer die tatsächliche Gewalt aufgegeben hat. — Nicht verloren sind Sachen, die dem bisherigen Besitzer unter Umständen abhanden gekommen sind, vermöge deren sie unmittelbar in den Besitz eines anderen gelangten. Für Sachen, die man im Zimmer des Gasthauses verlegt oder liegen läßt, die in der

eine bewegliche Sache verloren, so wird das **Eigentum** an ihr mit dem Ablaufe eines Jahres für denjenigen, der die Sache gefunden und an sich genommen[115]) hat, erworben[116]).

Diese **Frist** beginnt bei Sachen, die nicht mehr als 3 ℳ wert sind, mit dem Funde; doch erwirbt der Finder das Eigentum nicht, wenn er den Fund auf Nachfrage verheimlicht oder wenn ihm vor Ablauf der Frist ein Empfangsberechtigter bekannt wird[117]). Die Anmeldung eines Rechtes bei der Polizeibehörde steht dem Erwerbe des Eigentums nicht entgegen.

Bei Sachen, die mehr als 3 ℳ wert sind, beginnt die einjährige Frist mit der Anzeige des Fundes bei der Polizeibehörde. Der Erwerb des Eigentums ist in diesem Falle ausgeschlossen, wenn vor dem Ablaufe der Frist ein Empfangsberechtigter[118]) dem Finder bekannt geworden ist oder sein Recht bei der Polizeibehörde angemeldet hat.

Mit dem Erwerb des Eigentums erlöschen die sonstigen Rechte an der Sache[119]).

Sind vor dem Ablauf der Frist dem Finder Empfangsberechtigte bekannt geworden oder haben sie bei einer Sache, die mehr als 3 ℳ wert ist, ihre Rechte bei der Polizeibehörde rechtzeitig angemeldet, so tritt der Eigentumserwerb mit dem Ablaufe der einjährigen Frist noch nicht ein. Der Finder kann aber die Empfangsberechtigten zur Erklärung über die Ansprüche **auffordern**, die ihm für die zum Zwecke der Verwahrung oder Erhaltung der Sache oder zur Ermittelung eines Empfangsberechtigten gemachten Aufwendungen[120]) und für Finderlohn zu-

---

Droschke liegen bleiben, hat der Gasthausbesitzer, der Droschkenführer zu sorgen. Vergl. Mot. 3 S. 386, Biermann S. 173.

[115]) Finder ist derjenige, der eine verlorene Sache wahrnimmt und sie in seine tatsächliche Gewalt bringt. Wer die Sache lediglich aufnimmt, um sie zu besichtigen, bringt sie damit noch nicht an sich. KProt. 3 S. 258. Finden ist kein Rechtsgeschäft. Nimmt ein Geschäftsunfähiger eine verlorene Sache an sich, so wird er nur in dem durch § 682 BGB. bestimmten Umfange, also nach den Vorschriften über den Schadensersatz wegen unerlaubter Handlungen und über die Herausgabe einer ungerechtfertigten Bereicherung, verantwortlich. Im übrigen hat er Ansprüche auf Finderlohn und Eigentumserwerb lediglich unter den vom Gesetz bestimmten Voraussetzungen. Vergl. Biermann S. 174.

[116]) § 973 BGB. Mot. 3 S. 382, KProt. 3 S. 271. — Über Fundrecht s. Schäfer SeuffBl. 68 S. 1, Silberschmidt 68 S. 109, 69 S. 337.

[117]) § 974 BGB. Mot. 3 S. 384, KProt. 3 S. 268.

[118]) Empfangsberechtigter ist stets der Verlierer (vergl. § 969), sollte er selbst nur Besitzdiener sein, ferner jeder, der einen dinglichen oder einen persönlichen Anspruch auf Herausgabe der Sache hat.

[119]) Nießbrauch, Pfandrecht. — Der Eigentumserwerb tritt erst mit Ablauf der Frist ein, läßt sich nicht auf den Zeitpunkt des Fundes zurückziehen. Abw. Biermann S. 179, Staudinger 3 S. 234.

[120]) Der Finder kann für die zu den bezeichneten Zwecken gemachten Aufwendungen, die er den Umständen nach für erforderlich halten durfte,

stehen. Mit dem Ablaufe der für die Erklärung bestimmten Frist erwirbt der Finder das Eigentum und erlöschen die sonstigen Rechte an der Sache, wenn nicht die Empfangsberechtigten sich rechtzeitig zu der Befriedigung der Ansprüche bereit erklären[121]).

Der Finderlohn beträgt 5 vom Hundert bei einem Werte der Sache bis zu 300 ℳ, von dem Mehrwert 1 vom Hundert, bei Tieren 1 vom Hundert. Hat die Sache nur für den Empfangsberechtigten einen Wert, so ist der Finderlohn nach billigem Ermessen zu bestimmen. Der Anspruch ist ausgeschlossen, wenn der Finder die Anzeigepflicht verletzt oder den Fund auf Nachfrage verheimlicht[122]).

Diesen Ansprüchen des Finders, für die ihm das Zurückbehaltungsrecht des Besitzers gewährt ist, stehen auch Verpflichtungen gegenüber. Wer eine verlorene Sache findet und an sich nimmt, hat dem Verlierer oder dem Eigentümer oder einem sonstigen Empfangsberechtigten unverzüglich (§ 121 BGB.) Anzeige zu machen. Kennt er keinen Empfangsberechtigten oder ist ihm der Aufenthalt unbekannt, so hat er, ohne daß er zu Nachforschungen verpflichtet wäre, den Fund unverzüglich der Polizeibehörde anzuzeigen, wenn die Sache mehr als 3 ℳ wert ist[123]). Der Finder ist zur Verwahrung der Sache verpflichtet[124]); er darf sie, wenn er sie einmal an sich genommen hat, nicht wieder fortwerfen, jedoch kann er sie an den alten Platz zurücklegen, wenn er sie noch nicht an sich genommen, sondern z. B. nur zum Zwecke der Besichtigung aufgehoben hat. Der Finder hat Vorsatz und grobe Fahrlässigkeit zu vertreten[125]), jedoch wird er durch die Herausgabe an den Verlierer auch den sonstigen Empfangs-

---

Ersatz verlangen. § 970 BGB. Mot. 3 S. 380, KProt. 3 S. 261. — Verzinsung s. § 256 BGB. — Der Finder hat bis zur Befriedigung wegen der Verwendungen und wegen des Finderlohnes ein Zurückbehaltungsrecht (§ 972 mit § 1000 BGB.); Anspruch auf Ersatz der Aufwendungen und auf den Finderlohn kann nur geltend gemacht werden gegen den Empfangsberechtigten, der die Sache wiedererlangt oder die Aufwendungen und den Finderlohn genehmigt (§ 972 mit § 1001 BGB.), gibt der Finder die Sache einem Empfangsberechtigten heraus, so erlöschen seine Ansprüche mit dem Ablauf eines Monats, wenn nicht vorher die gerichtliche Geltendmachung erfolgt oder der Empfangsberechtigte die Aufwendungen und den Finderlohn genehmigt (§ 972 mit § 1002 BGB.).

[121]) Bestreitet einer der Aufgeforderten den Anspruch vor Ablauf der Frist, so erwirbt der Finder das Eigentum erst, wenn er nach rechtskräftiger Feststellung seiner Ansprüche den Widersprechenden unter Bestimmung einer angemessenen Frist zur Erklärung aufgefordert hat und die Frist verstrichen ist (§ 974 mit § 1003 BGB.). Abw. Staudinger 3 S. 235.

[122]) § 971 BGB. Mot. 3 S. 380, KProt. 3 S. 261. Bei einem Wert von 500 ℳ beträgt der Finderlohn demnach 17 ℳ. — Schuldurkunden auf den Namen des Empfangsberechtigten haben nur für diesen einen Wert.

[123]) § 965 BGB. Mot. 3 S. 375, KProt. 3 S. 255.

[124]) § 966 BGB. Mot. 3 S. 378, KProt. 3 S. 258.

berechtigten gegenüber befreit[126]). Ist der Verderb der Sache zu besorgen oder die Aufbewahrung mit unverhältnismäßigen Kosten verbunden, so hat er die Sache öffentlich versteigern zu lassen, aber vor der Versteigerung der Polizeibehörde Anzeige zu machen[127]). Er ist übrigens berechtigt und auf Anordnung der Polizeibehörde verpflichtet, die Sache oder den Versteigerungserlös an die Polizeibehörde abzuliefern[128]). Durch diese Ablieferung werden die Rechte des Finders nicht berührt. Läßt die Polizeibehörde die Sache versteigern, so tritt der Erlös an die Stelle der Sache. Die Polizeibehörde darf die Sache oder den Erlös nur mit Zustimmung des Finders einem Empfangsberechtigten herausgeben[129]).

Das Recht des Finders geht auf die Gemeinde des Fundortes über, wenn der Finder der Polizeibehörde gegenüber auf das Recht zum Erwerbe des Eigentums an der Sache verzichtet. Hat der Finder nach der Ablieferung der Sache oder des Versteigerungserlöses an die Polizeibehörde durch Ablauf der einjährigen Frist oder der von ihm dem Empfangsberechtigten bestimmten Frist das Eigentum erworben, so kann ihm die Polizeibehörde eine Frist setzen, innerhalb deren er die Herausgabe zu verlangen hat. Läßt der Finder diese Frist verstreichen, so geht sein Eigentum gleichfalls auf die Gemeinde über[130]).

Wer durch den Eigentumserwerb des Finders oder der Gemeinde des Fundortes einen Rechtsverlust erleidet, kann die Herausgabe des durch die Rechtsänderung Erlangten nach den Vorschriften über die Herausgabe einer ungerechtfertigten Bereicherung fordern. Dieser Anspruch erlischt mit dem Ablaufe von 3 Jahren nach dem Übergange des Eigentums auf den Finder oder die Gemeinde, wenn nicht die gerichtliche Geltendmachung vorher erfolgt[131]).

---

[125]) § 968 BGB. KProt. 3 S. 259.

[126]) § 989 BGB. KProt. 3 S. 259. War ein Besitzdiener der Verlierer, ist aber das Abhängigkeitsverhältnis zu dem Besitzherrn inzwischen gelöst worden, so macht sich der Finder verantwortlich (§ 968), wenn er trotz Kenntnis dieses Umstandes die Sache dem früheren Besitzdiener herausgibt. Vergl. Biermann S. 176, KProt. 3 S. 260.

[127]) § 966 Abs. 2 BGB. Der Erlös tritt an die Stelle der Sache. Öffentliche Versteigerung nach § 383 Abs. 3 BGB.

[128]) § 967 BGB. Mot. 3 S. 379, KProt. 3 S. 259.

[129]) § 975 BGB. Mot. 3 S. 378, KProt. 3 S. 261. Die Voraussetzungen, unter denen die Polizeibehörde zur Versteigerung schreiten darf, bestimmen sich nach dem öffentlichen Recht.

[130]) § 976 BGB. Mot. 3 S. 386, KProt. 3 S. 272. Der Verzicht kann formlos erklärt werden, er kann auch unter Bedingungen, z. B. unter Vorbehalt des Anspruchs wegen des Finderlohnes und der Aufwendungen erklärt werden. Vergl. Biermann S. 181.

[131]) § 977 BGB. Mot. 3 S. 386, KProt. 3 S. 272. Die Frist ist eine Ausschluß-, keine Verjährungsfrist.

Sachen, die in den Geschäftsräumen oder den Beförderungsmitteln einer öffentlichen Behörde oder einer dem öffentlichen Verkehre dienenden Verkehrsanstalt gefunden werden, sind unverzüglich an die Behörde oder die Verkehrsanstalt oder einen ihrer Angestellten abzuliefern[132]). Die Behörde oder die Verkehrsanstalt kann die abgelieferten Sachen versteigern lassen[133]), nachdem die Empfangsberechtigten in einer öffentlichen Bekanntmachung unter Bestimmung einer Frist zur Anmeldung ihrer Rechte aufgefordert worden sind. Erfolgt rechtzeitig eine Anmeldung, so ist die Versteigerung unzulässig. Die Versteigerungsbekanntmachung ist nicht erforderlich, wenn der Verderb der Sache zu besorgen oder die Aufbewahrung mit unverhältnismäßigen Kosten verbunden ist[134]). Der Versteigerungserlös oder das gefundene Bargeld fällt mit dem Ablaufe von 3 Jahren je nach dem Fundorte an den Reichsfiskus oder an den Fiskus des Bundesstaates oder an die Gemeinde oder an die von einer Privatanstalt betriebene Verkehrsanstalt, wenn nicht ein Empfangsberechtigter sein Recht angemeldet hat[135]).

Diese Vorschriften finden entsprechende Anwendung, wenn eine öffentliche Behörde im Besitze einer Sache ist, zu deren Herausgabe sie verpflichtet ist, ohne daß die Verpflichtung auf Vertrag beruht, sofern der Empfangsberechtigte oder dessen Aufenthalt unbekannt ist[136]).

---

[132]) § 978 BGB. Mot. 3 S. 387, KProt. 3 S. 273. — Die öffentliche Behörde kann eine Reichs- oder Landesbehörde sein. Unter einer dem öffentlichen Verkehre dienenden Verkehrsanstalt läßt sich nur ein Transportunternehmen verstehen. A. M. Biermann S. 182.

[133]) § 979 BGB. Mot. 3 S. 388, KProt. 3 S. 273. Die Versteigerung erfolgt öffentlich, jedoch können die öffentlichen Behörden und die Verkehrsanstalten des Reichs, der Bundesstaaten und der Gemeinden die Versteigerung durch einen ihrer Beamten vornehmen lassen. Der Erlös tritt an die Stelle der Sache.

[134]) § 980 BGB. Mot. 3 S. 388, KProt. 3 S. 273.

[135]) § 981 BGB. Mot. 3 S. 389, KProt. 3 S. 273. Die dreijährige Frist beginnt mit dem Ablaufe der in der öffentlichen Bekanntmachung bestimmten Frist; ist die Versteigerung in zulässiger Weise ohne öffentliche Bekanntmachung erfolgt, so beginnt die Frist erst, nachdem die Empfangsberechtigten in einer öffentlichen Bekanntmachung des Fundes zur Anmeldung ihrer Rechte aufgefordert worden sind. Die Bekanntmachungen erfolgen bei Reichsbehörden und Reichsanstalten nach den von dem Bundesrat, in den übrigen Fällen nach den von der Zentralbehörde des Bundesstaates erlassenen Vorschriften (§ 982 BGB.). Für die Reichsbehörden und Reichsanstalten s. die Bekanntmachung vom 16. Juni 1898 RGBl. S. 912. — Meldet ein Empfangsberechtigter sein Recht rechtzeitig an, so ist ihm der Versteigerungserlös oder das Geld herauszugeben; die Kosten werden von dem herauszugebenden Betrag abgezogen. Erfolgt keine rechtzeitige Anmeldung, so kann nach Ablauf der dreijährigen Frist auch kein Bereicherungsanspruch erhoben werden.

[136]) § 983 BGB. Mot. 3 S. 389, KProt. 3 S. 273. Z. B. Überführungsstücke, die bei dem Gerichte zurückbleiben, Fundobjekte bei der Polizei (§ 967 BGB.).

8. Schatz.

Ein Schatz ist eine bewegliche Sache, die in einer anderen Sache so lange verborgen gelegen hat, daß der Eigentümer nicht mehr zu ermitteln ist[137]). Wird ein Schatz entdeckt[138]) und infolge der Entdeckung in Besitz[139]) genommen, so wird das Eigentum zur Hälfte von dem Entdecker, zur Hälfte von dem Eigentümer[140]) der Sache erworben, in welcher der Schatz verborgen war. Es entsteht Miteigentum nach Verhältnis der Anteile[141]). Eine Anzeigepflicht besteht nicht, weder gegenüber der Polizei noch gegenüber dem Eigentümer. Ob der Schatz in einer beweglichen Sache oder in einem Grundstück lag, ist gleichgültig, ebenso, welchen Wert er hat und ob er zufällig oder durch absichtliche Nachforschungen mittels erlaubter oder unerlaubter Handlung entdeckt worden ist und ob die Besitzergreifung durch den Entdecker oder durch einen Andern erfolgt ist, falls nur die Besitzergreifung überhaupt eine Folge der Entdeckung war[142])[143]).

§ 26. Verlust des Eigentums.

Da ein zweifaches Eigentum an einer Sache nicht bestehen kann, hat jeder Erwerb des Eigentums an einer fremden Sache den Verlust dieses Rechtes für den bisherigen Eigentümer zur Folge, mag der Erwerb mit oder ohne den Willen des bisherigen

---

[137]) § 984 BGB. Mot. 3 S. 390, KProt. 3 S. 273. Der Fall, daß der Eigentümer nicht mehr zu ermitteln ist, liegt auch vor, wenn nicht zu ermitteln ist, daß der Schatz als selbständige Sache noch im Eigentum steht. Ist die Ermittelung des Eigentümers nicht ausgeschlossen, so wird die Sache als verlorene Sache zu behandeln sein. Naturschätze, Versteinerungen, Gerippe urweltlicher Tiere (Förster-Eccius 3 S. 219) fallen nicht unter den Begriff Schatz, sie standen als selbständige Sachen noch in Niemandes Eigentum. Ringe, Spangen ꝛc. in Gräbern gehören hierher, auch Mumien (s. § 4 Anm. 4). — Daß die Sache von dem früheren Besitzer verborgen sein muß, wird nicht verlangt. Vergl. KProt. 3 S. 274.

[138]) Ein Schatz wird entdeckt, wenn er von jemand der Verborgenheit entzogen wird; bloße Wahrnehmung kann genügen. Das Entdecken ist kein Rechtsgeschäft. Rechtliche Vertretung beim Schatzerwerb findet nicht statt, aber natürliche Vertretung, man kann zum Aufsuchen, Entdecken und Inbesitznehmen sich fremder Hilfe bedienen.

[139]) Eigenbesitz ist nicht erforderlich.

[140]) Liegt der Schatz auf der Grenze zwischen zwei Grundstücken, so entsteht unter den Eigentümern eine Gemeinschaft nach §§ 741 ff. BGB.

[141]) Es kann Diebstahl oder Unterschlagung begangen werden. Vergl. RGE. in Strafs. 31 S. 317. — Vergl. auch §§ 809, 260 BGB.

[142]) Berechtigt ist der Entdecker, nicht derjenige, der Besitz ergreift, der Entdecker ist aber nur berechtigt, wenn die Besitzergreifung eine Folge der Entdeckung war.

[143]) Landesgesetzliche Vorschriften über Ablieferung alter Münzen und dergl. bleiben in Kraft (Art. 109 EGBGB.). — Über Eigentumserwerb an Altertumsfunden s. Pappenheim Jherings Jahrb. 45 S. 141.

Eigentümers vor sich gehen. Wie schon hervorgehoben, kann aber auch das Eigentum durch bloßes Aufgeben beendet werden, ohne daß ein Erwerb des Eigentums für einen Andern mit dem Verluste verbunden ist. Auch ohne den Willen des Eigentümers und ohne Erwerb des Eigentums durch einen Andern kann das Eigentum beendet werden dadurch, daß Tiere herrenlos werden.

Daß das Eigentum durch Untergang der Sache Beendigung finde, ist nur bedingt richtig, nämlich dann, wenn bei der Veränderung, welche die Sache erleidet, kein körperlicher Gegenstand zurückbleibt. Brennt ein Haus nieder, so besteht das Eigentum an den Trümmern fort, wird ein Glas zerbrochen, so bleibt das Eigentum an den Scherben bestehen, wird ein Grundstück überschwemmt, so bringt das dem Eigentum an dem Grundstück — vorbehaltlich der Bestimmungen der Landesgesetze — keinen Eintrag.

§ 27. Ansprüche aus dem Eigentum.

Unter Anspruch versteht das Gesetz das Recht, von einem Anderen ein Tun oder ein Unterlassen zu verlangen[1]). Ansprüche aus dem Eigentum sind demnach die aus dem Eigentum entspringenden Rechte, von Anderen ein Tun oder ein Unterlassen zu verlangen.

Das Eigentum, die von dem Rechte anerkannte Herrschaft über eine Sache, verlangt einen diesem Inhalte entsprechenden tatsächlichen Zustand. Steht das Verhalten anderer Personen der Herstellung der tatsächlichen Herrschaft im Wege, so hat der Eigentümer gegen diese Personen einen Anspruch, der auf die Herstellung des dem Rechte entsprechenden tatsächlichen Zustandes für die Zukunft gerichtet ist[2]). Gleichgültig ist dabei, ob der dem Inhalte des Rechts widerstreitende Zustand durch eine vorsätzliche oder fahrlässige Handlung einer anderen Person herbeigeführt ist oder ob nur eine objektive Verletzung des Eigentums vorliegt. Je nach dem Inhalte einer solchen Verletzung des Eigentums hat auch der auf Herstellung des dem Rechte entsprechenden tatsächlichen Zustandes gerichtete Anspruch einen verschiedenen Inhalt. Wird dem Eigentümer die Sache vorenthalten, so besteht der Anspruch auf Herausgabe der Sache, wird das Eigentum in anderer Weise als durch Entziehung oder Vor-

---

Zu § 27.

[1]) S. § 3 Ziff. 12.

[2]) Die auf Herstellung des dem Inhalte des Eigentums entsprechenden Zustandes gerichteten Ansprüche werden in den Motiven als die dinglichen Ansprüche im engeren Sinne bezeichnet und von den sonst im Eigentum sich gründenden Ansprüchen auf Schadensersatz und Erstattung von Nutzungen und Bereicherungen unterschieden. Vergl. §§ 24, 26 ZPO., Mot. 3 S. 393.

enthaltung des Besitzes beeinträchtigt, so ist der Anspruch auf Beseitigung der Beeinträchtigung oder Unterlassung weiterer Beeinträchtigung gegeben; wird die Sache nicht vorenthalten, das Eigentum auch nicht in sonstiger Weise beeinträchtigt oder gefährdet, ist aber die Sache in den Verfügungsbereich eines Andern gelangt, so hat der Eigentümer Anspruch darauf, daß der Andere ihm die Möglichkeit gewähre, die Sache aufzusuchen und wegzuschaffen[3]).

1. Der Herausgabe-Anspruch[4]).

Der Eigentümer kann von dem Besitzer die Herausgabe der Sache verlangen[5]). Voraussetzungen dieses Anspruchs sind in der

---

[3]) Für die Feststellungsklage nach § 256 ZPO. sind nur die Bestimmungen der Prozeßordnung maßgebend. Vergl. Mot. 3 S. 396.

[4]) rei vindicatio. Ist der Eigentumsanspruch abtretbar? Kann also der Eigentumsanspruch, vom Eigentum losgelöst, ohne gleichzeitige Übertragung des Eigentums, den Gegenstand einer Zession bilden? Für das gemeine Recht stand die Zulässigkeit fest (RGE. 27 S. 154). Vergl. Windscheid 2 § 337. Für das Preuß. Landrecht s. RGE. 46 S. 225, 230. Nach den Mot. 3, 399 hat man anzunehmen, daß die allgemeinen Vorschriften des Obligationenrechtes über die Abtretung von Forderungsrechten auch auf die Abtretung des Herausgabeanspruchs Anwendung zu finden haben, soweit sich nicht aus der dinglichen Natur dieses Anspruchs ein Hindernis ergibt. Die dingliche Natur des Anspruchs wird eine Abtretung zu eigenem Recht nicht zulassen. Der Eigentumsanspruch ist ein Ausfluß des Eigentums, läßt sich von dem Eigentum nicht trennen, nur die Geltendmachung kann einem Anderen überlassen werden. Wie der Eigentumsanspruch — d. h. der Anspruch, der auf Herstellung des dem Inhalt des Eigentums entsprechenden Zustandes geht — sich nur gegen denjenigen richtet, der in einem Verhältnisse sich befindet, das das Eigentum beeinträchtigt, so kann auch der Anspruch selbst sich nicht auf irgend eine obligatorische Abmachung stützen, muß vielmehr das Eigentum unmittelbar zur Grundlage haben. Keine Bestimmung des BGB. steht dieser Annahme entgegen. In dem Falle des § 931 (vergl. § 986) verbleibt der Herausgabeanspruch bei dem Eigentum, das Eigentum selbst geht auf den Andern über. Ebenso verhält es sich in dem Falle des § 255, soweit es sich um bewegliche Sachen handelt; in der Abtretung des Anspruchs und in der Annahme liegt die zur Übertragung des Eigentums erforderliche Einigung (vergl. Planck 2 S. 39). Soweit im Falle des § 255 die Abtretung des Anspruchs in Verbindung mit der Einigung nicht zur Übertragung des Eigentums genügt, wird der Ersatzpflichtige durch die Abtretung nur in den Stand gesetzt, den dem Ersatzberechtigten zustehenden Anspruch an dessen Stelle auszuüben; führt die Geltendmachung des Anspruchs zum Ziele, so wird der Ersatzberechtigte das Eigentum zu übertragen haben. Im Falle des § 1032 (mit § 931) wird die Geltendmachung des dem Eigentümer zustehenden Herausgabeanspruchs dem Nießbraucher übertragen; ist der Nießbrauch bestellt, so hat der Nießbraucher als solcher den Herausgabeanspruch (§§ 1036, 1065 BGB.). Vergl. hierzu RG 13 XII 1904 E. 59 S. 294. S. § 10 Anm. 13. A. M. Planck § 985 Anm. 3 (woselbst jedoch hervorgehoben ist, daß im Konkurse die Abtretung des Eigentumsanspruchs unwirksam sei), Endemann 2 S. 351 u. A.

[5]) § 985 BGB. Mot. 3 S. 396, KProt. 3 S. 328.

Person des Berechtigten Eigentum[6]), in der Person des Verpflichteten Besitz der Sache.

Das Eigentum des Klägers ist im Bestreitungsfalle zu beweisen[7]). Der Kläger muß zwar zur Zeit der Erhebung der Klage Eigentümer sein, aber zum Beweise des gegenwärtigen Eigentums genügt der Nachweis, daß der Kläger oder dessen Rechtsvorgänger das Eigentum einmal erworben hat; Sache des Beklagten ist es, darzutun, daß das Eigentum des Klägers nicht mehr bestehe. Teils zu Gunsten des Klägers, teils zu Gunsten des Beklagten erleidet dieser Satz Einschränkungen. Da, wenn im Grundbuch für Jemand ein Recht eingetragen ist, vermutet wird, daß ihm das Recht zustehe (§ 891 BGB.)[8]), so verschiebt sich die Beweislast, falls es sich um die Herausgabe eines Grundstücks handelt und der Kläger im Grundbuch als Eigentümer eingetragen ist. Für den Kläger spricht alsdann die Vermutung, daß er Eigentümer sei, während der Beklagte nachzuweisen hat, daß Kläger trotz des Eintrags nicht Eigentümer ist. Handelt es sich um eine bewegliche Sache, so hat der Besitzer, also der Beklagte, die Vermutung des Eigentums für sich[9])[10]). Diese Vermutung gilt für den Besitz von Geld und Inhaberpapieren ausnahmslos. Dagegen fällt die Vermutung weg, wenn der klagende frühere Besitzer dartut, daß ihm die Sache gestohlen worden, verloren gegangen oder sonst abhanden gekommen ist. Hat der frühere Besitzer durch den Nachweis des unfreiwilligen Besitzverlustes die zu Gunsten des gegenwärtigen Besitzers aufgestellte Vermutung beseitigt, so steht ihm selbst für seinen früheren Besitz die Vermutung des Eigentums zur Seite. Die Eigentumsvermutung gilt im Falle eines früheren oder gegenwärtigen mittelbaren Besitzes für den mittelbaren Besitzer.

Bei beweglichen Sachen genügt demnach auf Seite des Klägers nicht der Nachweis, daß er oder sein Rechtsvorgänger

---

[6]) Das Eigentum ist Voraussetzung des Anspruchs, wird aber in dem Urteile nicht festgestellt. Um die Feststellung des Eigentums zu erlangen, bedarf es des Antrags auf Feststellung (§ 256 ZPO.).

[7]) Ob nach § 253 ZPO. in der Klageschrift der Entstehungsgrund anzugeben ist, ist eine Frage des Prozeßrechtes (vergl. RGE. 10 S. 434, 11 S. 242, ferner RG 26 IX 1900 JW. S. 749 [11], 21 V 1901 JW. S. 483 [4], 8 II 1902 JW. S. 165 [12].

[8]) S. § 6.

[9]) § 1006 BGB. Mot. 3 S. 133, KProt. 3 S. 45, 380. Die Eigentumsvermutung des § 1006 steht dem Besitzer auch dann zur Seite, wenn die Eigentumsklage gegen ihn bereits vor dem 1. Jan. 1900 erhoben worden ist. RG 27 V 1903 E. 55 S. 52.

[10]) Die Vermutung knüpft sich an den Besitz überhaupt, nicht allein an den Eigenbesitz. Wird von dem Gegner des Besitzers aber dargetan, daß der Besitzer nicht Eigenbesitzer ist, und liegt auch kein Besitz vor, der einen Dritten zum mittelbaren Besitzer macht, so wird die Eigentumsvermutung hinfällig werden.

einmal das Eigentum an der Sache erworben hat, sondern ist entweder der Nachweis erforderlich, daß ihm zur Zeit der Klagerhebung das Eigentum noch zusteht, oder, falls nicht die Herausgabe von Geld und Inhaberpapieren begehrt wird, daß er die Sache vor dem Beklagten in Besitz gehabt hat und daß sie ihm ohne seinen Willen abhanden gekommen ist.

Ist der Kläger Miteigentümer, so kann er den Anspruch auf Herausgabe Dritten gegenüber zwar in Ansehung der ganzen Sache geltend machen, aber nur Herausgabe an alle Miteigentümer gemeinschaftlich fordern, oder verlangen, daß der Besitzer die Sache für alle Miteigentümer hinterlege, oder, wenn sie sich nicht zur Hinterlegung eignet, an einen gerichtlich zu bestellenden Verwahrer abliefere[11]. Gegenüber einem Miteigentümer besteht der Anspruch nur in Ansehung des Bruchteils der Sache (s. § 28). Behauptet der Vindikations-Beklagte, er sei Miteigentümer, so hat der Kläger den Beweis zu erbringen, daß Beklagter Dritter ist.

Der Anspruch auf Herausgabe ist gegen den Besitzer der Sache gegeben und zwar sowohl gegen den unmittelbaren wie gegen den mittelbaren[12], nicht aber gegen den sog. Besitzdiener. Ob der Besitzer in gutem oder bösen Glauben ist, ist für die Begründung des Anspruchs gleichgültig. Im Bestreitungsfalle hat der Kläger nachzuweisen, daß der Beklagte zur Zeit, als die Klage erhoben wurde[13], im Besitz der Sache war.

Wird nur der mittelbare Besitzer verklagt, so ist das Urteil nur gegen ihn, nicht auch gegen den unmittelbaren Besitzer wirksam. Der verklagte unmittelbare Besitzer kann, wenn er dem mittelbaren Besitzer vor der Verhandlung zur Hauptsache den Streit verkündet und ihn unter Benennung an den Kläger zur Erklärung ladet, die Verhandlung zur Hauptsache vorerst verweigern, gegebenen Falles dem Klagantrag genügen[14].

Wer ohne zu besitzen, sich unter dem Vorgeben, er besitze, auf den Streit einläßt, wird dadurch nicht zum Besitzer; durch ein solches Verhalten, das vielleicht schadensersatzpflichtig machen kann, wird der dingliche Anspruch des Eigentümers nicht begründet[15].

---

[11]) §§ 1011, 432 BGB. Das Urteil wirkt nicht über die Parteien hinaus; der Beklagte kann, wenn er gegenüber einem Miteigentümer gesiegt hat, noch von anderen Miteigentümern verfolgt werden. — Über die Bestellung des Verwahrers s. § 165 FGG.

[12]) Die Frage kann kaum mehr als streitig bezeichnet werden. Vergl. Planck 3 S. 300, Biermann S. 189.

[13]) S. § 17 Anm. 36.

[14]) § 76 ZPO.

[15]) Die ficta possessio (Windscheid 1 § 196 Ziff. 3) begründet den Eigentumsanspruch nicht. Dernburg (§ 119 Nr. 5) behauptet, infolge der Bestimmung des § 290 ZPO. stelle sich die Sache heute nicht anders als unter der Herrschaft der l. 25 pr. D. 6, 1, allein wohl mit Unrecht. Durch die

Wie Eigentum und Besitz nur an Sachen möglich sind, können auch nur Sachen vindiziert werden[16]. Die Sache kann beweglich oder ein Grundstück sein, sie muß individuell bestimmt sein. Quot res, tot vindicationes. Bei Vindikation von Sachgesamtheiten oder Inbegriffen von Sachen kommt es darauf an, ob der Sammelname eine genügende Bezeichnung des Prozeßgegenstandes enthält[17]. Daß die Sache, die herauszugeben ist, eine selbständige Sache sei, ist nicht verlangt, sie kann zur Zeit noch als nicht wesentlicher Bestandteil mit einer anderen Sache verbunden sein. Ist durch Verbindung, Vermischung oder auf andere Weise das Eigentum an der Sache erloschen, so kann von einer Vindikation des früheren Eigentümers keine Rede mehr sein. Als dingliche Klage betrifft der Anspruch die Sache in ihrer gegenwärtigen Beschaffenheit. Sie wird herausgegeben in dem Zustande, in welchem sie zur Zeit der Herausgabe sich tatsächlich befindet. Im übrigen kommen nur obligatorische Ansprüche in Betracht.

Der Inhalt des Anspruchs geht dahin, daß der Besitzer die Sache herauszugeben hat. Es genügt nicht, daß der Besitzer den Besitz aufgibt, so daß ihn Jeder ergreifen kann, der Besitzer hat vielmehr den Besitz der Sache zu Gunsten des Eigentümers und dem Eigentümer gegenüber aufzugeben, er muß die bewegliche Sache in eine Lage bringen, daß der Eigentümer die tatsächliche Gewalt über sie ausüben kann, bei einem Grundstück die Ausübung der tatsächlichen Gewalt ermöglichen[18]. Die Zwangsvollstreckung erfolgt nach §§ 883 ff. ZPO.

Die Leistungspflicht des Besitzers ist in ihrem wesentlichen Inhalte von der Herausgabepflicht des Mieters, Beauftragten, Verwahrers nicht verschieden, hat also einen obligationsähnlichen Charakter. Demgemäß kommen auch die allgemeinen Vorschriften des Rechtes der Schuldverhältnisse zur Anwendung, insbesondere die Vorschrift des § 255 BGB., wonach der Eigentümer, der abgefunden wird, zur Abtretung der ihm zustehenden Ansprüche verpflichtet ist[19].

Über den Leistungsort ist nichts Besonderes bestimmt (vergl. § 269 BGB.). Die Sache ist regelmäßig da herauszugeben,

Vorschrift der Prozeßordnung wird der Richter unter Umständen gezwungen, seine Entscheidung auf ein Geständnis zu stützen, das der Wahrheit nicht entspricht. Die Verurteilung des Beklagten ergeht aber auf Grund der Annahme, daß Beklagter Besitzer sei, sie erfolgt nicht auf Grund der Feststellung, daß er den Besitz nicht habe, dagegen sich als Besitzer ausgegeben habe. — Für die Zwangsvollstreckung s. §§ 767, 893 ZPO.

[16]) Erbbaurecht nach § 1017 Abs. 2 BGB.

[17]) Vergl. Mot. 3 S. 396.

[18]) Nach Endemann 2 S. 357 soll „Herausgabe" die Übertragung zu Eigentum bedeuten.

[19]) Vergl. Mot. 3 S. 399.

wo sie bei Eintritt der Rechtshängigkeit oder der mala fides sich befand. Unter Umständen kann auch nach Eintritt der Rechtshängigkeit oder der mala fides eine Ortsveränderung der Befugnis des Besitzers und seiner Verpflichtung zur Fürsorge entsprechen.

Ebenso ist über die Kosten der Herausgabe nichts bestimmt. Da der Besitzer zur Herausgabe verpflichtet ist, ist es auch an ihm, das zur Erfüllung seiner Pflicht Erforderliche auf eigene Kosten vorzunehmen. Dabei ist jedoch zu beachten, daß der Verpflichtung des Besitzers genügt ist, wenn dem Eigentümer am Orte der Erfüllung die Ausübung der tatsächlichen Herrschaft über die Sache ermöglicht wird. Kosten des Abholens sind, soweit nicht obligatorische Ansprüche bestehen, von dem Eigentümer zu tragen[20]).

Wird der Herausgabeanspruch gegen den mittelbaren Besitzer geltend gemacht, so hat dieser für Herausgabe der Sache Sorge zu tragen; die Zwangsvollstreckung geht nach § 886 ZPO. vor sich. Lautet der Klagantrag gegen den mittelbaren Besitzer auf Übertragung des Herausgabeanspruchs, so gilt die Abtretung mit dem in § 894 ZPO. bezeichneten Zeitpunkt als erklärt.

Gegen den Herausgabe-Anspruch kann der Beklagte verschiedene Einwendungen vorbringen.

Wer als Besitzer einer Sache verklagt ist, die er auf Grund eines Rechtsverhältnisses der in § 868 BGB. bezeichneten Art zu besitzen behauptet, kann, wenn er dem mittelbaren Besitzer vor der Verhandlung zur Hauptsache den Streit verkündet und ihn unter Benennung an den Kläger zur Erklärung ladet, bis zu dieser Erklärung oder bis zum Schlusse des Termins, in welchem sich der Benannte zu erklären hat, die Verhandlung zur Hauptsache verweigern. Bestreitet der Benannte die Behauptung des Beklagten oder erklärt er sich nicht, so ist der Beklagte berechtigt, dem Klageantrag zu genügen. Erkennt der Benannte die Behauptung des Beklagten als richtig an, so ist er berechtigt, mit Zustimmung des Beklagten an dessen Stelle den Prozeß zu übernehmen. Hat der Benannte den Prozeß übernommen, so ist der Beklagte auf seinen Antrag von der Klage zu entbinden, die Entscheidung ist aber in Ansehung der Sache selbst auch gegen den Beklagten wirksam und vollstreckbar[21]). War der mittelbare Besitzer dem Eigentümer gegenüber zur Überlassung des Besitzes an den (unmittelbaren) Besitzer nicht befugt, so kann der Eigentümer von dem (unmittelbaren) Besitzer die Herausgabe der Sache an den mittelbaren Besitzer, oder, wenn dieser den Besitz nicht wieder übernehmen kann oder will, an sich selbst verlangen[22]).

---

[20]) Vergl. Mot. 3 S. 425.

[21]) § 76 ZPO.

[22]) § 986 BGB. Mot. 3 S. 421, KProt. 3 S. 201, 334.

Der Besitzer kann die Herausgabe der Sache verweigern, wenn er oder der mittelbare Besitzer, von dem er sein Recht zum Besitze ableitet, dem Eigentümer gegenüber zum Besitze berechtigt ist[22]). Diese Berechtigung kann dinglicher[23]) oder obligatorischer[24]) Natur sein, auch ist es gleichgültig, ob Beklagter durch den Willen des Klägers oder wie sonst in den Besitz gelangt ist. Die Einrede, zum Besitze berechtigt zu sein, hat insbesondere auch der Käufer eines Grundstücks, das übergeben worden ist, ohne daß es zur Auflassung kam[25]). Die Einrede aus einem obligatorischen Rechte hat Wirkung nur gegenüber dem obligatorisch Verpflichteten[26]), nicht etwa gegenüber einem Dritten, der von dem obligatorisch Verpflichteten das Eigentum erlangt hat. — Der unmittelbare Besitzer hat die Berechtigungseinrede nicht, wenn der mittelbare Besitzer (z. B. Vermieter) zwar dem Eigentümer gegenüber zum Besitze, aber nicht zur Überlassung des Besitzes an den unmittelbaren Besitzer befugt ist. In diesem Falle kann der Eigentümer von dem Besitzer die Herausgabe der Sache an den mittelbaren Besitzer, oder, wenn dieser den Besitz nicht wieder übernehmen kann oder will — was der Eigentümer nötigenfalls zu beweisen hat —, an sich selbst verlangen.

Ist dem Besitzer Ersatz für Verwendungen zu leisten, so kann er die Herausgabe der Sache verweigern, bis er befriedigt ist; das Zurückbehaltungsrecht steht ihm jedoch nicht zu, wenn er die Sache durch eine vorsätzlich begangene unerlaubte Handlung erlangt hat[27]).

Über die Einrede der Verjährung s. § 12.

Wird die Herausgabe einer beweglichen Sache verlangt, die der Kläger dadurch erworben hat, daß ihm — unter Einigung über den Eigentumsübergang — von dem früheren Eigentümer der Anspruch auf Herausgabe der Sache abgetreten worden ist, so kann der Besitzer dem neuen Eigentümer alle Einwendungen

---

[23]) Z. B. Nießbrauch, Wohnungsrecht. Ein dingliches Retentionsrecht kann durch Vertrag nicht begründet werden. RG 14 III 1902 E. 51 S. 86.

[24]) Z. B. Miete, Pacht, Zurückbehaltungsrecht (§ 273 BGB.), auch Rechte aus §§ 1373, 2205 BGB.

[25]) Die Vorschrift des § 7 Abs. 2 des Preuß. Ges. vom 5. Mai 1872: „Hat der Beklagte von dem Kläger oder seinem Rechtsvorgänger auf Grund eines den Eigentumserwerb bezweckenden Rechtsgeschäfts den Besitz des Grundstücks erhalten, so sind die aus dem Rechtsgeschäft herzuleitenden Rechte nicht als Einrede, sondern nur durch Klage oder Widerklage geltend zu machen" ist nicht in das BGB. übernommen.

[26]) Vindiziert der Konkursverwalter, so kann eine obligatorische Verpflichtung des Gemeinschuldners nur eingewendet werden, wenn die Verpflichtung auch der Konkursmasse gegenüber wirksam ist. Vergl. § 21 KO. Mot. 3 S. 422.

[27]) § 1000 BGB. Siehe Anm. 78 S. 236.

entgegensetzen, welche ihm gegen den abgetretenen Anspruch zustehen[28]).

Mit dem Herausgabe-Anspruch können obligatorische Ansprüche zusammentreffen.

Der Anspruch auf Herausgabe ist ein rein dinglicher; durch die Vereinigung des Eigentums mit dem Besitze soll der zwischen Recht und Wirklichkeit bestehende Widerspruch ausgeglichen werden. Herauszugeben ist die Sache in ihrem gegenwärtigen Bestande. Daraus, daß unbefugt über die Sache des Eigentümers verfügt worden ist, daß die Sache Veränderungen erfahren hat, daß Nutzungen aus ihr gezogen worden sind oder hätten gezogen werden sollen, können sich persönliche Ansprüche ergeben. Die unbefugte Verfügung über eine fremde Sache kann als unerlaubte Handlung (§§ 823 ff.), als Grund einer ungerechtfertigten Bereicherung (§§ 812 ff.) oder als Verletzung einer obligatorischen Verpflichtung haftbar machen, die dem Verfügenden zufolge Rechtsgeschäfts oder infolge gesetzlicher Bestimmung z. B. aus Geschäftsführung ohne Auftrag (§§ 677 ff.) obliegt. Diese allgemeinen Vorschriften sind zum besseren Schutze des Eigentums in einigen Punkten erweitert, in anderen Richtungen sind sie eingeschränkt, insbesondere greift nicht in jedem Falle die Haftung wegen unerlaubter Handlung Platz, wo die unbefugte Verfügung über die Sache auf einer fahrlässigen Verkennung des fremden Rechtes beruht. Soweit keine Abänderung bestimmt ist, bleibt die Haftung auf Grund der bezeichneten allgemeinen Vorschriften unberührt[29]).

Die obligatorischen Ansprüche haben zwar das Eigentum zur Grundlage, aber nur in demselben Sinne wie Ansprüche aus Eigentumsdelikten. Sie stehen mithin nicht dem gegenwärtigen Eigentümer als solchem zu, wie der rein dingliche Herausgabeanspruch, sondern demjenigen, der zur Zeit der verpflichtenden Tatsachen Eigentümer war, sie begleiten das veräußerte Eigentum nur infolge einer ausdrücklichen oder stillschweigenden Übertragung[30]).

Es dürften folgende Unterscheidungen zu machen sein:

A. Redlicher, nicht deliktmäßiger Besitz bis zur Rechtshängigkeit.

Regel ist, daß der Besitzer die gezogenen Früchte[31]),

---

[28]) § 986 Abs. 2 BGB. Der Besitzer kann also dem Erwerber gegenüber auch die obligatorischen Rechte zum Besitze geltend machen, die ihm zuständen, wenn der Veräußerer den Anspruch gegen ihn verfolgte, sei es, daß sie schon zur Zeit der Abtretung gegen den Veräußerer begründet waren (§ 404 BGB.), sei es, daß er sie nach diesem Zeitpunkt erwarb, ohne von der Abtretung Kenntnis zu haben (§ 407 BGB.).

[29]) Vergl. Mot. 3 S. 394. RG 15 I 1904 E. 56 S. 316.

[30]) Vergl. Mot. 3 S. 395.

[31]) § 99 BGB. S. § 4 Ziff. 83 ff.

soweit sie nach den Regeln einer ordnungsmäßigen Wirtschaft nicht als Ertrag der Sache anzusehen sind, nach den Vorschriften über die Herausgabe einer ungerechtfertigten Bereicherung (§§ 812 ff.) herauszugeben hat, im übrigen aber weder zur Herausgabe von Nutzungen[32]) noch zu Schadensersatz verpflichtet ist[33]). Für die Zeit, für welche dem Besitzer die Nutzungen verbleiben, finden auf ihn die Vorschriften des § 101 BGB. (s. § 4 Ziff. 90 ff.) Anwendung[34])[35]).

Die Haftung wird gesteigert, falls der Besitz unentgeltlich erlangt ist. Hat ein Besitzer, der die Sache als Eigenbesitzer oder zum Zwecke der Ausübung eines ihm in Wirklichkeit nicht zustehenden Nutzungsrechtes an der Sache besitzt[36]), den Besitz unentgeltlich (z. B. durch Schenkung, Vermächtnis, Erbfolge) erlangt, so ist er dem Eigentümer gegenüber zur Herausgabe der Nutzungen (vergl. § 100 BGB.), die er vor dem Eintritte der Rechtshängigkeit zieht, nach den Vorschriften über die Herausgabe einer ungerechtfertigten Bereicherung verpflichtet[37]).

Für Beschädigungen der Sache, die der Besitzer in der Meinung, Eigentümer zu sein, vornimmt, besteht keine Verantwortlichkeit dem Eigentümer gegenüber. Insoweit aber ein unmittelbarer Besitzer seinem mittelbaren Besitzer gegenüber für den Schaden verantwortlich ist, der dadurch entsteht, daß infolge seines Verschuldens die Sache verschlechtert wird, untergeht oder aus einem anderen Grunde nicht herausgegeben werden kann, hat der unmittelbare Besitzer diesen Schaden auch dem Eigentümer gegenüber zu vertreten[38]). Dem Eigentümer stehen die Ersatzansprüche zu, die der mittelbare Besitzer zufolge des Rechtsverhältnisses hat, auf dem der mittelbare Besitz beruht.

---

[32]) § 100 BGB. S. § 4 Ziff. 89. Ein Schatz gehört nicht zu den Nutzungen (vergl. § 984 BGB.).

[33]) Die Bereicherung, die durch Verbrauch oder Veräußerung der unwirtschaftlich gezogenen Früchte erlangt wurde, ist herauszugeben (vergl. jedoch § 818 Abs. 3 BGB.).

[34]) § 993 BGB. Mot. 3 S. 400, KProt. 3 S. 345, 371. Dem Eigentümer obliegt der Beweis, daß die Früchte nach den Regeln einer ordnungsmäßigen Wirtschaft nicht als Ertrag anzusehen sind; der Besitzer ist beweispflichtig, wenn er behauptet, eine Bereicherung ist nicht eingetreten oder doch später weggefallen.

[35]) Die Frage, ob der Besitzer oder wer sonst das Eigentum an den Früchten erwirbt, bleibt hier außer Betracht, sie wird durch § 955 BGB. geregelt (s. § 25 Ziff. 91 ff.).

[36]) Z. B. auf Grund einer schenkungsweise erfolgten nichtigen Auflassung oder Nießbrauchbestellung.

[37]) § 988 BGB. KProt. 3 S. 349. Bei Herausgabe eines Miethauses ist hienach nicht nur der gezogene Mietzins sondern auch der durch eigenes Bewohnen ersparte Betrag herauszugeben. Biermann S. 193.

[38]) § 991 Abs. 2 BGB. Mot. 3 S. 406, KProt. 3 S. 341.

B. Rechtshängigkeit.

Mit dem Eintritte der Rechtshängigkeit des Anspruchs auf Herausgabe der Sache muß jeder Besitzer, auch wenn er in dem Glauben ist, zum Besitze berechtigt zu sein, mit der Möglichkeit rechnen, daß der Rechtsstreit einen für ihn ungünstigen Ausgang nehme, seine Haftung ist daher von diesem Zeitpunkt ab erweitert[39]).

Jeder Besitzer, mag er den Besitz unentgeltlich oder entgeltlich erlangt haben, hat dem Eigentümer die Nutzungen (§ 100 BGB.) herauszugeben, die er nach dem Eintritte der Rechtshängigkeit zieht. Zieht er nach dem Eintritte der Rechtshängigkeit Nutzungen nicht, die er nach den Regeln einer ordnungsmäßigen Wirtschaft ziehen könnte, so ist er, soweit ihm ein Verschulden zur Last fällt, dem Eigentümer zum Ersatze verpflichtet[40]).

Der Besitzer ist ferner von dem Eintritt der Rechtshängigkeit an dem Eigentümer für den Schaden verantwortlich, der dadurch entsteht, daß infolge seines Verschuldens die Sache verschlechtert wird, untergeht oder aus einem anderen Grunde (z. B. wegen Veräußerung) von ihm nicht herausgegeben werden kann[41]).

Die Rechtshängigkeit des Herausgabeanspruchs gegen den unmittelbaren Besitzer wirkt nicht zu Ungunsten des mittelbaren; ebensowenig tritt, wenn gegen den mittelbaren Besitzer geklagt ist, die Wirkung der Rechtshängigkeit zum Nachteile des unmittelbaren Besitzers ein. Die bloße Kenntnis von dem gegen den anderen Beteiligten angestrengten Prozeß ändert nichts, sie braucht auch nicht zur Bösgläubigkeit zu führen. Der Eigentümer kann sich durch Belangung beider Besitzer helfen. Insoweit übrigens der unmittelbare Besitzer dem mittelbaren für den Schaden verantwortlich ist, der dadurch entsteht, daß infolge seines Verschuldens die Sache verschlechtert wird, untergeht oder aus einem anderen Grunde nicht herausgegeben werden kann, haftet der unmittelbare Besitzer, wie schon angeführt (Ziff. 38), auch dem Eigentümer unabhängig davon, ob ihm gegenüber Rechtshängigkeit eingetreten ist.

---

39) Ist der Fall so gelagert, daß der Besitzer durch die Klagerhebung die Kenntnis von dem Rechtsmangel erlangt, so wird er zum unredlichen Besitzer.

40) § 987 BGB. Mot. 3 S. 407, KProt. 3 S. 336. Haftung wegen Nichterfüllung der Herausgabepflicht nach §§ 280 ff. BGB., Verschulden s. § 276 BGB. Gebrauchsvorteile sind in Geld zu erstatten.

41) § 989 BGB. Mot. 3 S. 407, KProt. 3 S. 336. Die Haftung besteht auch, wenn gegen den beklagten Besitzer bei Würdigung der Sachlage aus dessen Annahme, der Kläger sei nicht Eigentümer und er sei zu der getroffenen Verfügung berechtigt, ein Verschulden nicht abgeleitet werden könnte. RG 15 XI 1901 JW. 1902 S. 11. — Schadensersatz s. §§ 249 ff. BGB. — Eine Verschlechterung der Sache ist auch ihre Belastung mit einem Rechte. — Ist streitig, ob die Unmöglichkeit der Herausgabe der Sache die Folge eines von dem Schuldner zu vertretenden Umstandes ist, so trifft die Beweislast den Besitzer. Vergl. § 282 BGB.

C. Unredlicher Besitz.

In ähnlicher Weise wie nach dem Eintritt der Rechtshängigkeit des Eigentumsanspruchs haftet der Besitzer schon von der Zeit des Erwerbes an, wenn er bei dem Erwerbe des Besitzes nicht in gutem Glauben war. Der Eigentümer hat den Mangel des guten Glaubens zu beweisen. Der Besitzer ist nicht in gutem Glauben, wenn ihm bekannt oder nur infolge grober Fahrlässigkeit[42]) unbekannt ist, daß er dem Eigentümer gegenüber nicht zum Besitze berechtigt ist. War der Besitzer bei dem Erwerbe in gutem Glauben, erfährt er aber später, daß er zum Besitze nicht berechtigt ist, so haftet er als unredlicher Besitzer von der Erlangung dieser Kenntnis an. In diesem Falle kommt nur die wirkliche Kenntnis von dem Rechtsmangel in Betracht, es genügt nicht, daß, nachdem der Besitz in gutem Glauben erlangt war, der Besitzer bei Anwendung geringer Sorgfalt Kenntnis des Rechtsmangels hätte erlangen können.

Der unredliche Besitzer hat hiernach dem Eigentümer die Nutzungen herauszugeben, die er gezogen hat, auch Ersatz zu leisten für die Nutzungen, die er nach den Regeln einer ordnungsmäßigen Wirtschaft hätte ziehen können, aber nicht gezogen hat, soweit ihm dabei ein Verschulden zur Last fällt[43]). Liegt mittelbarer Besitz vor, so könnte bei einer solchen Haftung des unmittelbaren Besitzers auch der redliche mittelbare Besitzer getroffen werden. Das soll vermieden werden. Falls der unredliche Besitzer das Recht zum Besitze von einem mittelbaren Besitzer ableitet und Rechtshängigkeit gegen den unmittelbaren Besitzer nicht vorliegt, hat der Eigentümer die Herausgabe der Nutzungen und die Ersatzleistung für nicht gezogene Nutzungen nur zu beanspruchen, wenn auch auf Seite des mittelbaren Besitzers unredlicher Besitz vorliegt oder dem mittelbaren Besitzer gegenüber die Rechtshängigkeit eingetreten ist[44]). Ist der Herausgabeanspruch

---

[42]) Vergl. § 276 BGB. Der gute Glaube des unmittelbaren Besitzers hat sich auf die Berechtigung des mittelbaren Besitzers zu beziehen. Ein böser Glaube, der sich auf die Berechtigung gegenüber dem mittelbaren Besitzer bezieht, kommt für den Eigentümer nicht in Betracht. Biermann S. 195.

[43]) §§ 990, 987 BGB. Mot. S. 403, KProt. 3 S. 339. — Rechenschaftsablage im Falle des § 687 Abs. 2 (vergl. §§ 681, 666 BGB.); Biermann S. 195. Auch die Anwendung des § 260 BGB. dürfte zulässig sein, da unter einem Inbegriff von Gegenständen nicht nur die sog. Sachgesamtheiten zu verstehen sind sondern überhaupt eine Mehrheit von Gegenständen, zu deren Herausgabe jemand auf Grund eines Rechtsverhältnisses verpflichtet ist und die einzeln zu bezeichnen der Berechtigte nach dem obwaltenden Verpflichtungsgrunde nicht in der Lage ist. Mot. 2 S. 894, Denkschr. S. 625.

[44]) § 991 Abs. 1 BGB.

gegen den unmittelbaren Besitzer rechtshängig, so richtet sich seine Haftung nach § 987 (s. Ziff. 40).

Der unredliche Besitzer (mittelbare oder unmittelbare) ist ferner dem Eigentümer für den Schaden verantwortlich, der dadurch entsteht, daß infolge seines Verschuldens die Sache verschlechtert wird, untergeht oder aus einem anderen Grunde von ihm nicht herausgegeben werden kann[45]).

Die Haftung des unredlichen Besitzers erweitert sich, sobald die Voraussetzungen des Verzugs (§§ 284 ff. BGB.) vorliegen. Diese weitergehende Haftung richtet sich nach den Bestimmungen über den Verzug[46]); der Besitzer hat sonach z. B. auch den Schaden zu ersetzen, der durch die Vorenthaltung der Sache dem Eigentümer entsteht, ist ferner für die durch Zufall eintretende Unmöglichkeit der Leistung verantwortlich, sofern nicht der Schaden auch bei rechtzeitiger Leistung eingetreten sein würde. — Die Haftung des redlichen Besitzers wird durch den Eintritt der Verzugs-Voraussetzungen nicht erweitert, gegen ihn bedarf es des Eintritts der Rechtshängigkeit des Anspruchs.

D. Deliktmäßiger Besitz.

Der Besitzer haftet nach den Vorschriften über den Schadensersatz wegen unerlaubter Handlungen (§§ 823 ff. BGB.), wenn er durch verbotene Eigenmacht (§ 858) oder durch eine strafbare Handlung (z. B. Hehlerei) sich den Besitz verschafft hat[47]). Handlungen, die an der Sache nach der Besitzerlangung vorgenommen werden, begründen diese Haftung nicht; in den tatsäch-

[45]) §§ 990, 989 BGB. Daß der unmittelbare Besitzer, auch wenn er in gutem Glauben ist, in derselben Weise, wie er dem mittelbaren Besitzer verantwortlich ist, dem Eigentümer gegenüber für Schaden aufzukommen hat, siehe Ziff. 38.

[46]) § 990 Abs. 2 BGB. — Vergl. übrigens § 285 BGB., wonach der Schuldner nicht in Verzug kommt, solange die Leistung infolge eines Umstandes unterbleibt, den er nicht zu vertreten hat. In Ansehung der entschuldbaren Unkenntnis über das Recht des Abfordernden ist der unredliche Besitzer in derselben Lage wie der redliche. Denn, wenn er auch den Mangel seines Rechtes kennt, so kennt er doch um deswillen noch nicht die Person des Berechtigten. Mot. 3 S. 409.

[47]) § 992 BGB. Mot. 3 S. 410, KProt. 3 S. 345. Vergl. §§ 249 ff., § 848 (Haftung für Zufall), § 849 (Verzinsung). Nach § 249 soll der Zustand hergestellt werden, der bestehen würde, wenn der zum Ersatz verpflichtende Umstand nicht eingetreten wäre, d. h. der Beschädigte soll wirtschaftlich in die Vermögenslage gebracht werden, in der er sich befände, wenn der zu Ersatz verpflichtende Umstand nicht eingetreten wäre, er soll das gesamte Interesse, den unmittelbaren und mittelbaren Schaden einschließlich des entgangenen Gewinns ersetzt erhalten. Die Vermögensmehrung auf Seite des Schuldners kommt bei Festsetzung des Schadens des Gläubigers nicht in Betracht. Der Schuldner haftet daher wohl für Nutzungen, die nicht er, aber der Eigentümer hätte ziehen können, dagegen haftet er nicht für Nutzungen, die der Eigentümer nicht hätte ziehen können, die er selber aber gezogen hat; § 818 Abs. 1 ist nicht anwendbar. A. M. Biermann S. 197.

lichen Verfügungen über eine Sache, welche während des Besitzes des Nichteigentümers vorkommen, sind nicht neue Delikte gegen das Eigentum zu erblicken, sondern höchstens eine Nichterfüllung von Verbindlichkeiten, welche in Ansehung der Behandlung fremder Sachen auferlegt sind [48]).

Der deliktmäßige Besitz ist nicht notwendig ein unredlicher; es ist denkbar, daß der Besitzer in der irrigen Meinung, Eigentümer der Sache zu sein, den Besitz durch Handlungen erlangt hat, die als verbotene Eigenmacht sich darstellen. Auch in diesem Falle haftet der redliche Besitzer dem Eigentümer nach den Grundsätzen über unerlaubte Handlungen. Aus der Anwendung der Vorschriften über unerlaubte Handlungen folgt übrigens, daß die Verpflichtung zum Schadensersatze nur eintritt, wenn dem Täter ein Verschulden zur Last fällt, wenn er also gewußt hat oder hat wissen müssen, daß er unerlaubte Eigenmacht begeht [49]).

Dem Besitzer können Ansprüche wegen Verwendungen zustehen. Das BGB. [50]) unterscheidet bezüglich des Rechtes auf Erstattung von Verwendungen zwischen dem redlichen und dem unredlichen Besitzer, sowie zwischen notwendigen und nicht notwendigen Verwendungen. Unter Verwendungen sind vermögensrechtliche Leistungen zu verstehen, die für die Sache aufgewendet werden [51]). Die Verwendungen sind notwendige, wenn sie zur Erhaltung der Sache in wirtschaftlich brauchbarem Zustande unentbehrlich sind [52]). Verzinsung der aufgewendeten Beträge nach § 256 BGB. [53]).

---

[48]) Vergl. Mot. 3 S. 410.

[49]) KProt. 3 S. 348. Vergl. RG 7 VI 1905 JW. S. 494 [20] (Pfändung von Zubehör).

[50]) Verwendungen vor dem 1. Januar 1900 sind nach dem bisherigen Recht zu beurteilen (Art. 170 EGBGB.). RG 5 III 1901 JW. S. 237.

[51]) Daß der wirtschaftliche Erfolg der Leistung dem Berechtigten in irgend einer Weise zu gute kommen müsse (Mot. 3 S. 411), erfordert der Begriff Verwendung nicht. Vergl. Dernburg § 122 II, Biermann S. 198, Staudinger 3 S. 255. — Die Verbindung eigener Sachen mit der fremden kann als Verwendung dann nicht gelten, wenn die verbundenen Sachen nicht wesentliche Bestandteile der Hauptsache geworden sind, ebensowenig, wenn sie nur Zubehör der fremden Sache sind, da das Eigentum des Anderen an solchen Sachen bestehen bleibt und das Vermögen des Eigentümers der Sache nicht vermehrt wird (Mot. 3, 411).

[52]) Als notwendige Verwendungen werden diejenigen bezeichnet, welche die ordentliche Bewirtschaftung der Sache mit sich bringt, wenn es sich auch um neue Anlagen z. B. um die Errichtung unentbehrlicher Scheunen handelt. Dernburg § 122 Anm. 4. — Ein Lösungsanspruch des Erwerbers ist nicht anerkannt (KProt. 3 S. 367). Unter Umständen wird aber auch eine Leistung, die zum Zwecke des Erwerbes der Sache gemacht wird, als notwendige Verwendung sich darstellen. Beispiel: Ein fremder Hund soll getötet werden, ein Dritter kauft ihn, um das Tier zu retten. — Unberührt bleiben die landesgesetzlichen Vorschriften, nach welchen öffentlichen Pfandleihanstalten das Recht zusteht, die ihnen verpfändeten Sachen dem Berechtigten nur gegen Bezahlung des auf die Sache gewährten Darlehens herauszugeben (Art. 94 Abs. 2 EGBGB.).

[53]) Hat der Eigentümer für Verwendungen nur insoweit Ersatz zu

I. Redlicher Besitzer

1. vor Eintritt der Rechtshängigkeit:

a) notwendige Verwendungen.

Der redliche[54]) Besitzer kann für die notwendigen Verwendungen, die vor Eintritt der Rechtshängigkeit auf die Sache gemacht worden sind, von dem Eigentümer Ersatz verlangen[55]). Zu den notwendigen Verwendungen gehören auch die Aufwendungen, die der Besitzer zur Bestreitung von Lasten der Sache macht[56]). Für die Zeit jedoch, für welche dem Besitzer die Nutzungen verbleiben[57]), sind ihm die gewöhnlichen Erhaltungskosten[58]) nicht, und von Aufwendungen zur Bestreitung von Lasten nur die Aufwendungen für solche außerordentliche Lasten zu ersetzen, die als auf den Stammwert der Sache gelegt anzusehen sind[59])[60]).

b) nützliche Verwendungen.

Für andere als notwendige Verwendungen kann der redliche Besitzer Ersatz nur insoweit verlangen, als sie vor dem Eintritt der Rechtshängigkeit gemacht werden, und der Wert der Sache durch sie noch zu der Zeit erhöht ist, zu welcher der Eigentümer die

---

leisten, als der Wert der Sache noch zur Zeit der Wiedererlangung erhöht ist (§ 996 BGB.), so braucht der Gesamtbetrag der Aufwendungen und Zinsen nur insoweit ersetzt zu werden, als die Werterhöhung reicht. Vergl. Planck 2 S. 42.

[54]) Daß der Besitzer bei dem Erwerbe des Besitzes nicht in gutem Glauben war oder später erfahren hat, daß er zum Besitze nicht berechtigt sei, hat der Eigentümer zu beweisen.

[55]) § 994 BGB. Mot. 3 S. 411, KProt. 3 S. 350.

[56]) § 995 BGB. KProt. 3 S. 353. Die Lasten können öffentliche (z. B. Steuern) oder privatrechtliche (z. B. Hypothekzinsen) sein.

[57]) S. Ziff. 32. Die Früchte, die nach den Regeln einer ordnungsmäßigen Wirtschaft nicht als Ertrag der Sache anzusehen sind, sind hier unter den Nutzungen nicht inbegriffen.

[58]) Die gewöhnlichen Erhaltungskosten (Unterhaltungskosten) sind Ausgaben, welche stetig wiederkehren, z. B. Reparaturkosten eines Gebäudes.

[59]) Es sind darunter diejenigen Lasten verstanden, welche nach der Intention der sie auferlegenden Anordnung nicht aus den Erträgen der Sache, sondern aus deren Stammwert bestritten werden sollen, was sich unter Umständen aus der Höhe der Last ergeben kann. Mot. 3, 516. Beispiel einer solchen Last ist die einmalige Abgabe für Errichtung der städtischen Kanalisation.

[60]) §§ 994, 995 BGB. Hat der Besitzer die Nutzungen insoweit herauszugeben, als er bereichert ist (s. Ziff. 37), so kommen die aus den Nutzungen gemachten Aufwendungen in Abzug.

Sache wieder erlangt [61]). Maßgebend ist demnach dieser Zeitpunkt [62]), nicht der Zeitpunkt der Verurteilung. Beweispflichtig, insbesondere für den Fortbestand der Wertserhöhung, ist der Besitzer.

2. nach Eintritt der Rechtshängigkeit

und

II. Unredlicher Besitzer:

Der redliche Besitzer steht von dem Eintritt der Rechtshängigkeit ab hinsichtlich der Ansprüche wegen Verwendungen dem unredlichen Besitzer gleich. Für Verwendungen, die nicht zu den notwendigen gehören, hat weder der redliche Prozeßbesitzer noch der unredliche Besitzer [63]) einen Ersatzanspruch. Werden nach dem Eintritte der Rechtshängigkeit der auf Herausgabe der Sache gerichteten Klage oder von einem unredlichen Besitzer notwendige Verwendungen auf die Sache gemacht, so bestimmt sich die Ersatzpflicht des Eigentümers nach den Vorschriften über die Geschäftsführung ohne Auftrag [64]). Zu den notwendigen Verwendungen gehören auch hier die Aufwendungen, die der Besitzer zur Bestreitung von Lasten der Sache macht. Für die Zeit, für welche dem Besitzer die Nutzungen verbleiben [65]), sind ihm nur die Aufwendungen für solche außerordentliche Lasten zu ersetzen, die als auf den Stammwert der Sache gelegt anzusehen sind [66]).

Auf Grund der Bestimmungen über die Geschäftsführung ohne Auftrag kann Ersatz für eine notwendige Verwendung nur dann verlangt werden, wenn sie dem Interesse und dem wirklichen oder mutmaßlichen Willen des Eigentümers entsprochen hat oder von ihm genehmigt wird oder wenn durch die Aufwendung eine Pflicht des Eigentümers, deren Erfüllung im öffentlichen Interesse lag, erfüllt worden ist; liegt keine dieser Voraussetzungen vor, so ist der Eigentümer nur verpflichtet, dasjenige, was er infolge der notwendigen Verwendung erlangt hat, dem Besitzer nach den Vorschriften über die Herausgabe einer ungerechtfertigten Bereicherung herauszugeben [67]).

---

[61]) § 996 BGB. Mot. 3 S. 411, KProt. 3 S. 350. Die Wertsteigerung ist nicht nach den Verhältnissen des Eigentümers, sondern objektiv zu beurteilen. Vergl. Biermann S. 200. Zu ersetzen ist der Wert der Verwendungen zur Zeit der Vornahme, jedoch nur bis zur Höhe der bei der Wiedererlangung der Sache vorhandenen Werterhöhung.

[62]) Genehmigt der Eigentümer die Verwendungen (§ 1001 BGB.), so ist der Zeitpunkt der Genehmigung maßgebend.

[63]) S. zu Ziff. 42.

[64]) § 994 Abs. 2 BGB.

[65]) Wenn der unmittelbare Besitzer unredlich, aber der mittelbare redlich und die Klage noch nicht anhängig ist, haftet auch der unredliche dem Eigentümer nicht für die Nutzungen. Vergl. Ziff. 44.

[66]) § 995 BGB.

[67]) §§ 683, 684 BGB.

Die Verwendungsansprüche belasten gewissermaßen die Sache. Die Verpflichtung des Eigentümers zum Ersatze von Verwendungen erstreckt sich auch auf die Verwendungen, die gemacht worden sind, bevor er das Eigentum erworben hat. Ebenso kann der Besitzer für Verwendungen eines Vorbesitzers, dessen Rechtsnachfolger[68]) er geworden ist, in demselben Umfange Ersatz verlangen, in welchem ihn der Vorbesitzer fordern könnte, wenn er die Sache herauszugeben hätte[69]).

Der Besitzer[70]) hat ferner ein Trennungsrecht. Hat ein (redlicher oder unredlicher) Besitzer mit der herauszugebenden Sache eine andere Sache als wesentlichen Bestandteil verbunden, so daß sie Eigentum des Eigentümers der Sache geworden ist, so kann er[71]) sie abtrennen und sich aneignen. Dabei hat er jedoch die herauszugebende Sache auf seine Kosten in den vorigen Stand zu setzen, auch Sicherheit für den mit der Wegnahme verbundenen Schaden zu leisten, wenn der Herausgabe-Berechtigte den Besitz der Sache erlangt hat, bevor die verbundene Sache abgetrennt worden ist. Dadurch, daß der Besitzer einen Ersatzanspruch wegen der Verwendung hat, wird das Trennungsrecht nicht ausgeschlossen, der Besitzer kann das Eine oder das Andere geltend machen. Dagegen ist das Recht zur Abtrennung ausgeschlossen, wenn es sich um Verwendungen handelt, die zu den gewöhnlichen Erhaltungskosten gehören und in einer Zeit gemacht worden sind, für die dem Besitzer die Nutzungen verbleiben, desgleichen, wenn die Abtretung für ihn keinen Nutzen hat, endlich, wenn ihm mindestens der Wert ersetzt wird, den der Bestandteil nach der Abtrennung für ihn haben würde[72])[73]).

---

[68]) Erbe oder Sondernachfolger. Der mittelbare Besitzer ist als solcher nicht Vorbesitzer des unmittelbaren, der seinen Besitz auf ihn zurückführt.

[69]) § 999 BGB. Mot. 3 S. 415, KProt. 3 S. 357. Die Verpflichtung, die in dieser Weise auch dem Grundeigentümer obliegt, kommt nicht zur Eintragung in das Grundbuch. — Soweit die Bestimmungen über die Geschäftsführung ohne Auftrag anzuwenden sind (s. Ziff. 67), kommt es bei der Frage, ob die Verwendung dem Interesse oder dem Willen des Eigentümers entsprochen hat, auf die Person des Eigentümers zur Zeit der Verwendung an. Vergl. Biermann S. 203. — Der Ersteher bei der Zwangsversteigerung ist zum Ersatze von Verwendungen, die vor dem Zuschlage gemacht sind, nicht verpflichtet (§ 93 Abs. 2 ZVG.).

[70]) Es handelt sich hier nur um das Trennungsrecht des Besitzers, gegen den die Eigentumsklage erhoben wird. Über das Wegnahmerecht des Mieters 2c. s. § 25 Ziff. 66, 67, 76.

[71]) Der Besitzer hat das Trennungsrecht auch, wenn ein Vorbesitzer, dessen Rechtsnachfolger er geworden ist (vergl. § 999 Abs. 1 BGB.), die Verbindung vorgenommen hat. Dem Besitzer steht das Trennungsrecht zu ohne Rücksicht auf einen seit der Verbindung eingetretenen Eigentumswechsel (vergl. § 999 Abs. 2 BGB.). Übereinstimmend Planck § 999 Anm. 1 und 2, Biermann S. 203.

[72]) § 997 BGB. Mot. 3 S. 414, KProt. 3 S. 354. Beweispflichtig für die Tatsachen, durch die das Recht auf Abtrennung ausgeschlossen wird, ist

Bei landwirtschaftlichen Grundstücken hat der Besitzer auch Anspruch auf Ersatz der Bestellungskosten für die noch nicht getrennten Früchte [74]). Ist ein landwirtschaftliches Grundstück [75]) herauszugeben, so hat der Eigentümer die Kosten, die der (redliche oder unredliche) Besitzer auf die noch nicht getrennten, jedoch nach den Regeln einer ordnungsmäßigen Wirtschaft vor dem Ende des Wirtschaftsjahres [76]) zu trennenden Früchte verwendet hat, insoweit zu ersetzen, als sie einer ordnungsmäßigen Wirtschaft entsprechen und den Wert dieser Früchte nicht übersteigen [77]). Maßgebend ist der Wert der Früchte zur Zeit der Wiedererlangung des Grundstücks.

Zur Geltendmachung der Verwendungsansprüche hat der Besitzer ein Zurückbehaltungsrecht.

Der Besitzer kann die Herausgabe der Sache verweigern, bis er wegen der ihm zu ersetzenden Verwendungen befriedigt ist. Das Zurückbehaltungsrecht steht ihm jedoch nicht zu, wenn er die Sache durch eine vorsätzlich begangene unerlaubte Handlung erlangt hat [78]). Wird der Klage des Eigentümers gegenüber das Zurückbehaltungsrecht geltend gemacht, so hat dies die Wirkung, daß der Besitzer zur Herausgabe der Sache gegen Empfang des ihm gebührenden Ersatzes zu verurteilen ist. Ist der Besitzer im Verzuge der Annahme, so kann der Eigentümer die Vollstreckung betreiben, wie wenn eine unbedingte Verurteilung ergangen wäre [79]). Im übrigen s. §§ 726, 756, 765 ZPO.

Die (persönliche) Haftung des Eigentümers für die Verwendungsansprüche ist davon abhängig, daß der Eigentümer

---

der Eigentümer. — Das Trennungsrecht kann regelmäßig nur der unmittelbare Besitzer ausüben, doch kann auch der mittelbare Besitzer von dem Eigentümer, der die Sache wiedererlangt hat, die Gestattung der Abtrennung verlangen. — Die Aneignung ist nicht ausgeschlossen, wenn die Sache vor der Verbindung dem Besitzer nicht gehörte. Abw. Hellmann SeuffBl. 67 S. 289.

[73]) Pflanzen und Bäume, die mit dem Grundstück verbunden worden sind, unterliegen dem Trennungsrecht, jedoch ist zu beachten, daß diese Sachen insoweit, als sie nach der Verbindung gewachsen sind, eine Nutzung des Grundstücks darstellen, der Wert des Zuwachses also demjenigen gebührt, der Anspruch auf die Nutzungen zu erheben hat. Vergl. KProt. 3 S. 356, Biermann S. 201.

[74]) § 998 BGB. KProt. 3 S. 357. — Über Ersatz der Gewinnungskosten für herauszugebende Früchte s. § 102 BGB.

[75]) Ein landwirtschaftliches Grundstück ist ein der Landwirtschaft (Ackerbau und Viehzucht) dienendes Grundstück.

[76]) Das Wirtschaftsjahr ist für jede Fruchtart besonders zu bestimmen.

[77]) Daß die Bestellungskosten einer ordnungsmäßigen Wirtschaft entsprechen und den Wert der Früchte nicht übersteigen, hat der Besitzer zu beweisen.

[78]) § 1000 BGB Mot. 3 S. 416, KProt. 3 S. 359, 4 S. 591. — Geltendmachung im Konkurs nach § 49 Ziff. 3 KO.

[79]) Vergl. § 274 BGB.

die Sache wiedererlangt oder die Verwendungen genehmigt. Erlangt der Eigentümer die Sache anders als durch Herausgabe von Seite des Verpflichteten wieder, so kann der Besitzer für die Verwendungen von dem Eigentümer Ersatz verlangen, der Eigentümer aber kann, wenn er die Verwendungen noch nicht genehmigt hat, sich von dem Ersatzanspruch dadurch befreien, daß er die wiedererlangte Sache zurückgibt[80]). Bietet der Besitzer dem Eigentümer unter Vorbehalt des Ersatzanspruchs die herauszugebende Sache an, so gilt die Genehmigung der Verwendungen als erteilt, wenn der Eigentümer die ihm unter diesem Vorbehalt angebotene Sache annimmt. Gibt der Besitzer ohne solchen Vorbehalt die Sache dem Eigentümer heraus, so erlischt der Anspruch auf Ersatz der Verwendungen mit dem Ablaufe eines Monats, bei einem Grundstück mit dem Ablaufe von 6 Monaten nach der Herausgabe, wenn nicht vorher die gerichtliche Geltendmachung erfolgt oder der Eigentümer die Verwendungen genehmigt. Auf diese Fristen finden die Verjährungsvorschriften der §§ 203, 206, 207 BGB. entsprechende Anwendung[81]).

Wenn sich der Eigentümer weigert, die Sache unter Befriedigung des ersatzberechtigten Besitzers zurückzunehmen, tritt ein für den Besitzer mißlicher Zustand ein, denn der Besitzer behält die Sache kraft seines Zurückbehaltungsrechtes, darf sich ihrer aber nicht entäußern und muß sie stets als fremde betrachten. Aus diesem Grunde ist dem Besitzer die Befugnis gewährt, den Eigentümer unter Angabe des als Ersatz verlangten Betrages aufzufordern, sich innerhalb einer von ihm bestimmten angemessenen Frist darüber zu erklären, ob er die Verwendungen genehmige. Nach dem Ablaufe der Frist ist der Besitzer berechtigt, Befriedigung aus der Sache nach den Vorschriften über den Pfandverkauf, bei einem Grundstück nach den Vorschriften über die Zwangsvollstreckung in das unbewegliche Vermögen zu suchen[82]), wenn nicht die Genehmigung rechtzeitig erfolgt. Bestreitet der Eigentümer den Anspruch vor dem Ablaufe der Frist, so hat der Besitzer die Feststellung des Betrages der Verwendungen zu betreiben und kann sich aus der Sache erst dann befriedigen,

[80]) Ist die Sache zur Zeit der Zurückgabe verschlechtert, so hat der Eigentümer im Falle des Verschuldens dem Besitzer Schadensersatz zu leisten.

[81]) §§ 1001, 1002 BGB. Mot. 3 S. 415, KProt. 3 S. 359, 4 S. 591.

[82]) §§ 1233 ff. BGB., §§ 15 ff., 146 ff. ZVG. Zu diesem Vorgehen bedarf der Besitzer eines vollstreckbaren Titels. Der Anspruch geht dahin, daß der Eigentümer die Zwangsvollstreckung in das Grundstück oder die bewegliche Sache zum Zwecke der Befriedigung des Besitzers in Höhe des Betrags der Verwendungen dulde. Kommt es zur Veräußerung, so werden damit die Ansprüche erledigt. Ist der Eigentümer der Ersteher der durch den Besitzer versteigerten Sache, so kann der durch die Versteigerung nicht gedeckte Ersatz nicht abermals nach § 1001 Satz 1 und 2 von ihm verlangt werden. Anders Biermann S. 206.

wenn die Feststellung des Betrages rechtskräftig geworden ist, wenn er den Eigentümer nochmals unter Bestimmung einer angemessenen Frist zur Erklärung aufgefordert hat und die Frist verstrichen ist. Erfolgt die Genehmigung rechtzeitig, so ist das Recht auf Befriedignng aus der Sache ausgeschlossen[83]).

All dies gilt von dem Herausgabeanspruch des Eigentümers, es gilt aber auch von dem Herausgabe-Anspruch aus früherem Besitze[84]).

Wie im Römischen Recht neben der rei vindicatio noch die actio Publiciana gewährt war, so gibt auch das BGB. demjenigen, der eine bewegliche Sache in Besitz gehabt hat, das Recht, die Herausgabe der Sache von dem Besitzer zu verlangen, ohne daß nötig wäre, das Eigentum oder ein sonstiges Recht zum Besitze darzulegen. Das BGB. führt diesen Anspruch in Titel 4 auf, der von den Ansprüchen aus dem Eigentum handelt, der Grund aber, auf dem ein solcher Anspruch beruht, ist nicht das Eigentum, sondern der Besitz. Bei dem Herausgabe-Anspruch des Eigentümers steht Eigentum gegen Besitz, hier steht der Besitz dem Besitz gegenüber[85]). Wie der Besitz an einer Sache dem Eigentum weichen muß, so muß der gegenwärtige Besitzer dem früheren Besitzer weichen, dessen Beziehungen zu der Sache vor dem Gesetze als die besseren anerkannt sind.

Voraussetzung des Anspruchs auf Seite des Klägers ist, daß er oder sein Rechtsvorgänger früher Besitzer der Sache war, gleichgültig, ob mittelbarer[86]) oder unmittelbarer, Eigen- oder Fremdbesitzer.

Ausgeschlossen ist jedoch der Anspruch

1. wenn der Kläger oder sein Rechtsvorgänger als früherer Besitzer bei dem Erwerbe des Besitzes nicht in gutem Glauben war. Der Erwerber ist nicht in gutem Glauben, wenn ihm bekannt oder infolge grober Fahrlässigkeit unbekannt ist, daß er kein Recht auf den Besitz hat. Gutgläubiger Besitzer kann nicht blos ein Eigenbesitzer sein, sondern auch ein Verwahrer, Mieter, Finder rc. Der gute Glaube braucht nur bei dem Erwerbe vorzuliegen, Fortdauer des guten Glaubens wird nicht verlangt.

---

[83]) § 1003 BGB. KProt. 3 S. 359, 4 S. 591. Mit der Genehmigung übernimmt der Eigentümer die persönliche Zahlungsverpflichtung.

[84]) § 1007 BGB. Mot. 3 S. 429, KProt. 3 S. 380.

[85]) Der Verbindung beider Ansprüche steht kein Bedenken entgegen. Sofern es nicht in dem Rechtsstreit, der auf Grund des früheren Besitzes erhoben ist, zur Feststellung eines Rechtes kommt, hindert die Entscheidung in diesem Prozeß nicht die Erhebung einer Klage aus dem Recht.

[86]) Erhebt der mittelbare Besitzer den Anspruch, so ist auf Wiedereinräumung des Besitzes an den früheren unmittelbaren Besitzer zu klagen; kann oder will dieser den Besitz nicht wieder übernehmen, so kann der mittelbare Besitzer verlangen, daß ihm selbst der Besitz eingeräumt werde (§ 869 BGB.).

2. wenn der frühere Besitzer den (mittelbaren[87]) oder unmittelbaren) Besitz aufgegeben hat[88]). Wer den Besitz einer beweglichen Sache aufgegeben hat, kann sie auf Grund des früheren Besitzes auch dem bösgläubigen Besitzer nicht abnehmen[89]).

Ist keiner dieser Ausnahmefälle dargetan, so kann der Kläger auf Grund des früheren Besitzes die Herausgabe verlangen,

1. wenn der Beklagte bei dem Erwerbe des Besitzes nicht in gutem Glauben war, oder

2. wenn der Beklagte zwar bei dem Erwerbe in gutem Glauben war, die Sache aber dem Kläger oder dem Rechtsvorgänger des Klägers gestohlen, verloren gegangen oder sonst abhanden gekommen ist[90]). Auf Geld und Inhaberpapiere findet diese Vorschrift keine Anwendung[91]); Geld und Inhaberpapiere können einem gutgläubigen Besitzer nicht abverlangt werden, auch wenn sie dem früheren Besitzer gestohlen, verloren gegangen oder sonst abhanden gekommen sind. Handelt es sich um andere bewegliche Sachen, so ist der Herausgabe-Anspruch gegen den gutgläubigen Besitzer gleichfalls abzuweisen, wenn dieser das Eigentum der Sache erlangt hat[92]), oder wenn die Sache ihm oder seinem Rechtsvorgänger vor der Besitzzeit des früheren Besitzers abhanden gekommen war[93]).

Gegenstand dieses Anspruchs sind nur bewegliche Sachen. Der Anspruch verjährt in 30 Jahren.

Bezüglich der dem gegenwärtigen Besitzer zustehenden Einwendungen, seiner Haftung für Nutzungen und Schäden, sowie seiner Rechte wegen Verwendungen finden die für den Herausgabe-Anspruch des Eigentümers gegebenen Vorschriften (§§ 986—1003) entsprechende Anwendung.

2. Der Anspruch auf Beseitigung und Unterlassung von Störungen[94]).

Gegen Entziehung oder Vorenthaltung des Besitzes ist dem

---

87) Z. B. durch Veräußerung der Sache. Vergl. KProt. 3 S. 383.

88) Hat der unmittelbare Besitzer den Besitz aufgegeben, so ist auch der Anspruch des mittelbaren Besitzers ausgeschlossen. Vergl. Planck 3 S. 337, a. M. Biermann S. 213.

89) „Hand wahre Hand", „Wo Du Deinen Glauben verloren hast, mußt Du ihn wieder suchen" (vergl. Stobbe-Lehmann § 92).

90) Dem mittelbaren Besitzer ist die Sache nicht abhanden gekommen, wenn der unmittelbare Besitzer sie veruntreute, denn sie ist mit seinem Willen in die Gewalt des unmittelbaren Besitzers gelangt. Abw. Biermann S. 213.

91) Vergl. § 935 Abs. 2 BGB.

92) Hat der Beklagte sein Eigentum nachgewiesen, so wird der Kläger nur obsiegen können, wenn er nachweist, daß er dem Beklagten gegenüber ein Recht zum Besitze hat (vergl. § 986 BGB.).

93) Diesem Nachweise gegenüber muß auch der Kläger zum Beweise seines Eigentums zugelassen werden. Vergl. Biermann S. 214.

94) § 1004 BGB. Mot. 3 S. 422, KProt. 3 S. 377. — Für den Übergang vergl. RG 12 III 1901 JW. S. 293 (Störung vor 1. Jan. 1900). —

Eigentümer der Anspruch auf Herausgabe der Sache gegeben. Wird das Eigentum in anderer Weise als durch Entziehung oder Vorenthaltung des Besitzes beeinträchtigt (z. B. durch Geltendmachung von Dienstbarkeiten ohne Besitzentziehung), so kann der Eigentümer von dem Störer die Beseitigung der Beeinträchtigung verlangen und, wenn weitere Beeinträchtigungen zu besorgen sind, auf Unterlassung klagen.

Grund dieses Anspruchs ist, ebenso wie bei dem Anspruch auf Herausgabe, das Eigentum und zwar das Eigentum an einem Grundstück oder an einer beweglichen Sache[95]). Da das Eigentum in der Regel die Macht gewährt, Andere von jeder Einwirkung auf die Sache auszuschließen, und derjenige, der ein das Eigentum beschränkendes Recht für sich in Anspruch nimmt, dieses Recht darzulegen und zu beweisen hat, so bedarf es zur Begründung der Störungsklage nur des Beweises des Eigentums und des Eingriffes, nicht aber des Beweises, daß das Eigentum nicht beschränkt ist. Für den Beweis des Eigentums gelten die Bestimmungen der §§ 891 und 1006 BGB. Besitz wird auf Seite des Klägers nicht notwendig vorausgesetzt; es ist denkbar, daß das Eigentum von einer Person durch Entziehung oder Vorenthaltung des Besitzes, von einer anderen Person in anderer Weise beeinträchtigt wird[96]). Ein Miteigentümer kann den Anspruch Dritten gegenüber in Ansehung der ganzen Sache geltend machen[97]).

Der Anspruch ist gegeben, wenn ein Zustand besteht, der das Recht des Eigentümers beeinträchtigt, ohne daß dem Eigentümer der Besitz der Sache entzogen ist oder vorenthalten wird. Das Eigentum kann beeinträchtigt werden dadurch, daß gegen den Willen des Eigentümers auf die Sache eingewirkt wird, oder dadurch, daß der Eigentümer in der freien Verfügung über die Sache gehindert wird. Erfordert wird das objektive Bestehen eines durch den Willen einer anderen Person aufrecht erhaltenen Zustandes[98]). Es genügt nicht, daß das Eigentum durch eine der Vergangenheit angehörende Handlung vorübergehend beeinträchtigt worden ist; derartige Behelligungen machen, wenn die Voraussetzungen einer unerlaubten Handlung vorliegen, schadens-

---

a. negatoria. Eigentumsanspruch wegen Eingriffs (Windscheid 1 § 198), Störungsklage (Stobbe-Lehmann § 114), Eigentumsfreiheitsklage (Förster-Eccius 3 § 181, Dernburg § 124). Behauptet Jemand, an einer fremden Sache ein dingliches Recht zu haben, das zum Besitze der Sache berechtigt, z. B. Nießbrauch, und hat er die fremde Sache in Besitz, so ist nicht ein Anspruch nach § 1004, sondern der Herausgabe-Anspruch geltend zu machen.

[95]) Dem Mieter steht die Klage nicht zu. RG 28 XII 1904 E. 59 S. 327.

[96]) Mot. 3 S. 424.

[97]) § 1011 BGB. S. § 28.

[98]) Vergl. RG 15 XII 1900 JW. 1901 S. 52 (Anspruch gegen den Kanalbesitzer wegen Zuführung schädlicher Abwässer), 17 XI 1904 BayZfR. 1 S. 28 (Abspülen von Sandmassen in Mühlteich durch Regen).

ersatzpflichtig. Der Anspruch auf Beseitigung oder Unterlassung von Störungen verlangt kein Verschulden, setzt aber einen Zustand der Beeinträchtigung des Eigentums voraus. Dieser Zustand kann in einem körperlichen Verhältnis bestehen, in welchem die Sache des Anderen zu der Sache des Eigentümers sich befindet (z. B. Hinüberreichen einer Mauer über die Grenze). In diesem Falle ist der Eigentumsanspruch gegen denjenigen gegeben, durch dessen Willen der mit dem Inhalte des Eigentums in Widerspruch stehende Zustand aufrecht erhalten wird, dies wird regelmäßig der derzeitige Eigentümer der störenden Anlage sein, kann auch der besitzende Nichteigentümer sein. Liegt keine körperliche Beeinträchtigung vor, so kann doch ein Zustand der Beeinträchtigung dann bestehen, wenn nach den Umständen die Wiederkehr der beeinträchtigenden Handlung zu besorgen ist[99][100]. Auch die Befürchtung weiterer Gefährdung braucht sich nicht in einem schuldvollen Verhalten des Gegners zu gründen, der Anspruch ist gegeben, selbst wenn der Beklagte in entschuldbarer Weise in einem Irrtum über sein Recht ist[101]. Nach den Bestimmungen über den Inhalt des Eigentums[102] muß im einzelnen Falle die Frage beantwortet werden, ob ein Zustand der Beeinträchtigung vorliegt. Meist besteht die Beeinträchtigung in der Ausübung eines von dem Gegner beanspruchten dinglichen Rechtes oder in der Überschreitung von Einwirkungen, die das Gesetz dem Nachbarn gestattet[103]. Daß der Gegner ein Recht zu seinem Verhalten sich zuschreibe, ist keine Voraussetzung des Anspruchs[104].

[99]) Störer ist derjenige, durch dessen Willen der das Eigentum beeinträchtigende Zustand aufrecht erhalten wird. Gehen von einem Grundstück Beeinträchtigungen aus, die auf Handlungen solcher Personen zurückzuführen sind, denen der Eigentümer den Gebrauch des Grundstücks überlassen hat, so erscheint als Störer sowohl der Eigentümer, der eine solche Benützung seines Grundstücks bewilligt hat oder duldet, als auch derjenige, der die störenden Handlungen vornimmt. Vergl. RG 28 II 1900 E. 45 S. 297 (Klage gegen den Eigentümer und den eine Dampfwäscherei betreibenden Mieter), 27 XII 1900 E. 47 S. 162 (Klage gegen den Eigentümer eines zum Betriebe einer Gastwirtschaft vermieteten Grundstücks), 18 I 1902 SeuffBl. 67 S. 338, GruchBeitr. 46 S. 650 (Klage gegen den Eigentümer eines dem Betrieb gewerblicher Anlagen dienenden Grundstücks wegen Beeinträchtigungen durch den Buchdruckereibetrieb eines Mieters), 23 I 1904 JW. S. 142[11], GruchBeitr. 48 S. 949, PuchZ. 35 S. 137 (Klage gegen den Eigentümer eines zum Betriebe einer Druckerei vermieteten Grundstücks). — War derjenige, der die Störungshandlungen verübt hat, nur als Werkzeug eines Anderen tätig, so richtet sich der Anspruch gegen diesen Anderen.

[100]) Das einfache Bestreiten des Eigentums schafft noch nicht einen Zustand der Beeinträchtigung (vergl. BayObLG Recht 1902 S. 372[75]), wohl aber können Drohungen eine Eigentumsstörung enthalten.

[101]) Vergl. Mot. 3 S. 426.

[102]) S. §§ 20 und 22.

[103]) Der Anspruch ist z. B. gegeben, wenn ein Grunddienstbarkeitsberechtigter auf dem Grundstück eine Anlage halten darf, diese aber gegen die Vorschrift des § 1020 nicht in ordnungsmäßigem Zustande erhält.

[104]) Vergl. RG 21 II 1900 Recht 1901 S. 17[30], GruchBeitr. 44 S 1094.

Der Eigentümer kann von dem Störer die Beseitigung der Beeinträchtigung verlangen. Beseitigen läßt sich die Beeinträchtigung nur, wenn ein körperliches Verhältnis zu der Sache des Eigentümers besteht (z. B. bauliche Anlage). Der Anspruch geht in diesem Falle auf ein Tun, nicht etwa auf Duldung der Beseitigung. Der Zustand ist wieder herzustellen, der dem Inhalte des Eigentums entspricht, und zwar hat der Gegner alles zur Erfüllung seiner Pflicht Erforderliche auf eigene Kosten vorzunehmen[105]). Eine Verpflichtung zur Schadensersatzleistung besteht nicht ohne weiteres auf Grund des Anspruchs auf Beseitigung der Beeinträchtigung[106]), sie besteht nur, wenn ein besonderer Verpflichtungsgrund dazu vorliegt.

Sind weitere Störungen zu besorgen, so kann der Eigentümer auf Unterlassung klagen. Dieser Anspruch setzt keine körperliche Beeinträchtigung voraus, er geht aber ebenfalls auf Aufhebung eines Zustandes, nämlich eines Zustandes der Besorgnis vor weiteren Störungen, er ist auf ein dem Inhalte des Eigentums entsprechendes künftiges Verhalten gerichtet. Zwangsvollstreckung nach § 890 ZPO.

Nur der dingliche Anspruch auf Wiederherstellung des dem Eigentum entsprechenden Zustandes ist besonders geregelt; ob und was für obligatorische Ansprüche aus der partiellen Eigentumsverletzung sich ergeben, bemißt sich nach den Vorschriften über die Haftung aus unerlaubter Handlung (§§ 823 ff.) und aus ungerechtfertigter Bereicherung (§§ 812 ff.); insbesondere ist der Anspruch auf Schadensersatz durch Nachweis eines Verschuldens besonders zu begründen[107])[108]).

---

[105]) Nicht der klagende Nachbar hat die Einrichtungen zu bezeichnen, wodurch den Übelständen abgeholfen werden soll, sondern es ist Sache des Beklagten, die dienlichen Einrichtungen zu treffen; in ihrer Auswahl darf er nicht beschränkt werden. RG 13 XI 1901 JW. S. 849[32], 16 V 1903 JW. 1903 Beil. S. 103. — Wohl aber sind in dem Vollstreckungsverfahren die erforderlichen Maßnahmen anzugeben. RG 13 V 1903 JW. 1903 Beil. S. 77[76], 8 II 1905 JW. S. 180[28]. — Werden im Laufe des Rechtsstreites abhelfende Einrichtungen getroffen, so müssen diese, um eine Verurteilung auszuschließen, derart beschaffen sein, daß ihre Beseitigung oder Nichtbenützung als unmöglich erscheint. RG 11 XII 1901 JW. 1902 S. 70.

[106]) Der Anspruch auf Beseitigung ist nicht ausgeschlossen, wenn die Herstellung der erforderlichen Einrichtungen mit bedeutenden Aufwendungen verknüpft ist. Der Anspruch unterliegt nicht der Einschränkung nach § 251 Abs. 2 BGB. RG 4 VI 1902 E 51 S. 411.

[107]) Des Nachweises eines Verschuldens bedarf es nicht, wenn durch das Gesetz dem Eigentümer das Recht entzogen ist, Eingriffe eines Anderen in sein Eigentum abzuwehren und er infolge davon Schaden leidet. Vergl. RG 11 V 1904 E. 58 S. 134 (Schädigung infolge Funkenflugs aus der Lokomotive einer rheinpreußischen Kleinbahn), auch E. 59 S. 74, 75.

[108]) Während dem Mieter die Klage wegen Störung des Eigentums nicht zusteht (s. Anm. 95), kann er als Besitzer Schadensersatzansprüche erheben. Hat der Mieter aber die Sache in verletztem Zustande erhalten, so

Eine Beschränkung oder Änderung des Anspruches bringt die Vorschrift des § 26 der Gewerbeordnung. Darnach kann die Klage des Eigentümers gegenüber einer mit obrigkeitlicher Genehmigung errichteten gewerblichen Anlage niemals auf Einstellung des Gewerbebetriebs, sondern nur auf Herstellung von Einrichtungen, welche die benachteiligende Einwirkung ausschließen, oder, wo solche Einrichtungen untunlich oder mit einem gehörigen Betriebe des Gewerbes unvereinbar sind, auf Schadloshaltung gerichtet werden[109] [110]).

Der Störungsanspruch ist ausgeschlossen[111]), wenn der Eigentümer zur Duldung der Beeinträchtigung verpflichtet ist, sei es, daß die Verpflichtung auf einem dinglichen, sei es, daß sie auf einem persönlichen Rechte des Beklagten beruht; die Verpflichtung zur Duldung kann durch Gesetz (z. B. § 906) oder durch Rechtsgeschäft auferlegt sein. Die Rechtmäßigkeit der Eigentumsverletzung, mag der Eingriff sich in Anlagen verkörpern oder in geübter Benutzung, die eine Fortsetzung gewärtigen läßt, hervortreten, ergibt sich möglicherweise aus einem Rechte nicht des unmittelbar Handelnden, sondern desjenigen, in dessen Namen gehandelt worden ist. Behauptet im Prozesse der Beklagte, er habe die Beeinträchtigung in Ausübung des Rechtes eines Dritten vorgenommen, so finden die Vorschriften des § 76 ZPO. entsprechende Anwendung[112]).

Mit der Grundbucheinrichtung hängt ein weiterer Anspruch

---

hat er keinen Anspruch gegen den Dritten. Vergl. RG 28 XII 1904 E. 59 S. 326.

[109]) Des Nachweises eines Verschuldens bedarf es nicht (vergl. Anm. 107). RG 29 XI 1900 E. 47 S. 99, ferner E. 58 S. 135, einschränkend RG 17 VI 1905 JW. S. 503[36]. S. § 22 Anm. 37 und 44. § 26 GewO. ist nur auf die in § 16 daselbst aufgezählten gewerblichen Anlagen und auf Dampfkessel anwendbar. Der den Dampfkesseln durch § 26 gewährte Schutz erstreckt sich aber nicht auf die Anlage, mit welcher die Kessel zu einem Ganzen verbunden sind. RG 1 XII 1900 JW. S. 895[7], 2 XI 1904 JW. 1905 S. 26[33]. — Über Stauanlagen für Wassertriebwerke s. RGE. 49 S. 85. Über Betriebe der Militärverwaltung s. RGE. 44 S. 225. — Klagantrag s. Anm. 105, auch RG 5 XI 1900 JW. S. 840[6], PuchZ. 32 S. 81.

[110]) Unberührt bleiben die landesgesetzlichen Vorschriften, welche die Vorschrift des § 26 der Gewerbeordnung auf Eisenbahn-, Dampfschiffahrts- und ähnliche Verkehrsunternehmungen erstrecken (Art. 125 EGBGB.).

[111]) § 1004 Abs. 2 schließt den Anspruch aus, gewährt nicht, wie § 986, nur eine Einrede. Die Voraussetzungen für die Ausschließung hat der Beklagte zu beweisen, aber die Klage ist abzuweisen, wenn aus dem Vorbringen des Klägers die Verpflichtung zur Duldung sich ergibt. Übereinstimmend Biermann S. 209, abw. Planck § 1004 Anm. 5.

[112]) § 77 ZPO. Es besteht zwar das Recht, nicht aber die Pflicht, den Rechtsurheber zu benennen. Der mit Ausübung eines Rechtes (z. B. Weiderechtes) Beauftragte kann den Rechtsstreit gegen sich durchführen lassen. Die Klage gegen ihn ist abzuweisen, wenn er das Recht seines Auftraggebers und den Auftrag nachweist. RG 4 V 1901 Recht S. 284[25].

zusammen, der ebenfalls negatorischer Art ist: der Anspruch auf Berichtigung des Grundbuchs[113])[114]). S. hierüber § 10.

Der Anspruch geht auf Herstellung des dem Eigentum entsprechenden Zustandes. Der Verpflichtete hat seine Zustimmung zur Berichtigung des Grundbuchs zu geben. Ob neben diesem dinglichen Anspruch noch ein obligatorischer besteht, richtet sich nach dem Rechte der Schuldverhältnisse.

Auf den Bestimmungen der Prozeßordnung beruht der Anspruch auf Feststellung[115]). Der Eigentümer kann auf Feststellung seines Eigentums und auf Feststellung des Nichtbestehens eines seine Sache belastenden Rechtes klagen. Diese Klage kann erhoben werden, ehe ein Zustand der Beeinträchtigung des Eigentums eingetreten ist, es genügt, wenn der Eigentümer dartut, daß er Eigentümer ist und ein rechtliches Interesse an der alsbaldigen Feststellung hat. Da die Rechtskraft eines Urteils nur soweit geht, als über den durch die Klage oder Widerklage erhobenen Anspruch entschieden wird, bei dem Urteile über den Herausgabe-Anspruch nur über die Herausgabe, bei dem Urteile über den negatorischen Anspruch nur über die Beseitigung oder Unterlassung von Beeinträchtigungen erkannt wird, erscheint es geboten, daß der Eigentümer, der eine rechtskräftige Anerkennung seines Rechtes erlangen will, mit den Eigentumsklagen die Feststellungsklage verbindet[116]), sofern nicht schon die Feststellungsklage allein zum Ziel führt.

3. Der Anspruch auf Gestattung des Aufsuchens und Wegschaffens einer Sache.

Wie gemäß § 867 BGB. der Besitzer einer Sache, die aus seiner Gewalt auf ein im Besitze eines Anderen befindliches Grundstück gelangt ist, von dem Besitzer des Grundstücks verlangen kann, daß ihm das Aufsuchen und Wegschaffen gestattet werde (s. § 18), so hat auch der Eigentümer der Sache einen Anspruch gleichen Inhalts gegen den Besitzer des Grundstücks[117]). Grund dieses

---

[113]) In den Fällen des § 894 BGB. wird die Eigentumsstörungsklage als Grundbuchberichtigungsklage erhoben (vergl. RG 3 II 1904 JW. S. 142 [10]). Soweit auf einen Grundbucheintrag die Bestimmung des § 894 nicht zutrifft (Widerspruch und Vormerkung s. § 10 Anm. 12), kann die Beseitigung der in dem unrichtigen Bucheintrag liegenden Beeinträchtigung des Eigentums unmittelbar aus § 1004 betrieben werden; § 899 BGB. kommt dabei nicht zur Anwendung.

[114]) Über Abtretung des Berichtigungsanspruchs s. RGE. 59 S. 293. S. Anm. 4 und § 10 Anm. 13.

[115]) § 256 ZPO. RG 10 XII 1901 JW. 1902 S. 68. Der Anspruch auf Feststellung ist kein Anspruch im Sinne des BGB., sondern im Sinne der ZPO.

[116]) Vergl. Mot. 3 S. 396.

[117]) § 1005 BGB. Mot. 3 S. 296, KProt. 3 S. 164.

Anspruchs ist das Eigentum der Sache. Der Anspruch ist gegeben, sobald die Sache auf dem in fremdem Besitze stehenden Grundstück sich befindet; er besteht nicht mehr, sobald die Sache in Besitz genommen ist. Der Anspruch geht nur auf Gestattung der Aufsuchung und Wegschaffung, nicht auf selbständiges Aufsuchen und Wegschaffen. Wie der Besitzer der Sache hat auch der Eigentümer Schadensersatz zu leisten.

Ein Miteigentümer kann diesen Anspruch Dritten gegenüber in Ansehung der ganzen Sache geltend machen (§ 1011 BGB.).

§ 28. Miteigentum.

An einer Sache ist nur ein einziges Eigentum möglich, aber dieses eine Eigentum kann verschiedenen Personen zustehen, nicht in der Weise, daß die in dem Eigentum enthaltenen Befugnisse unter die Berechtigten verteilt werden könnten, sondern so, daß das Eigentum ungeteilt den mehreren Personen gemeinschaftlich zusteht.

Steht ein Recht Mehreren gemeinschaftlich zu, so liegt, sofern nicht aus dem Gesetze ein Anderes sich ergibt, eine **Gemeinschaft nach Bruchteilen** vor, d. h. nach ideellen, im Verhältnis zum Ganzen gedachten Anteilen[1]). Steht demnach das Eigentum an einer Sache Mehreren gemeinschaftlich zu, so hat, sofern nicht aus dem Gesetze ein Anderes sich ergibt, jeder Berechtigte Eigentum zu einem Bruchteile. Das Eigentum zu Bruchteilen heißt **Miteigentum**[2]).

Auf Grund gesetzlicher Vorschrift gibt es auch eine Gemeinschaft Mehrerer an einer Vermögensmasse ohne solche bestimmte, nach Quoten bemessene Anteilsrechte, man spricht in einem solchen Falle von einer **Gemeinschaft zur gesamten Hand** oder auch von einem Gesamteigentum. Nur soweit das Gesetz es vorgesehen hat, kann eine Gemeinschaft zur gesamten Hand begründet

---

Zu § 28.

[1]) § 741 BGB. — Auf eine am 1. Januar 1900 bestehende Gemeinschaft nach Bruchteilen finden von dieser Zeit an die Vorschriften des BGB. Anwendung (Art. 173 EG.). Steht am 1. Januar 1900 das Eigentum einer Sache Mehreren nicht nach Bruchteilen zu, so bleiben die Rechte bestehen (Art. 181 Abs. 2 EG.). Das am 1. Januar 1900 bestehende Stockwerkseigentum bleibt bestehen; das Rechtsverhältnis der Beteiligten untereinander bestimmt sich nach den bisherigen Gesetzen (Art. 182 EG.). Unberührt bleiben die landesgesetzlichen Vorschriften über Waldgenossenschaften (Art. 183 EG.). In Kraft bleiben auch die landesgesetzlichen Vorschriften über die zur Zeit des Inkrafttretens des BGB. bestehenden Realgemeinden und ähnlichen Verbände, deren Mitglieder als solche zu Nutzungen an land- und forstwirtschaftlichen Grundstücken, an Mühlen, Brauhäusern und ähnlichen Anlagen beberechtigt sind (Art. 164 EG.).

[2]) Miteigentum kann kraft Gesetzes entstehen (z. B. §§ 947, 963, 984 BGB.) oder durch Rechtsgeschäft.

werden; soweit dies nicht der Fall ist, liegt immer Gemeinschaft nach Bruchteilen vor[3]).

Das Recht des Miteigentümers ist wirkliches Eigentum, das Anteilsrecht ist nicht etwa ein das Eigentum beschränkendes Recht. Alle Vorschriften über das Eigentum finden auch für das Miteigentum unmittelbar Anwendung[4]). Erwerb und Verlust des Miteigentums erfolgen wie bei dem Alleineigentum, insbesondere bedarf es zur Übertragung des Eigentums an einem ideellen Teile des Grundstücks[5]) ebenso der Auflassung, wie zur Übertragung des Alleineigentums[6]).

Da ein Anwachsungsrecht unter Miteigentümern nicht festgesetzt ist, muß auch die Bestimmung des § 928 über das Aufgeben des Eigentums an einem Grundstück auf das Miteigentum Anwendung finden, so daß ein Miteigentümer auf seinen Anteil Verzicht leisten kann und das Recht zur Aneignung des Miteigentums alsdann dem Fiskus zusteht[7]). Ein Anwachsungsrecht der Miteigentümer tritt auch nicht ein, wenn ein Miteigentümer im Wege des Aufgebotsverfahrens mit seinem Rechte aus-

---

[3]) Soll im Grundbuch ein Recht für Mehrere gemeinschaftlich eingetragen werden, so soll die Eintragung in der Weise erfolgen, daß entweder die Anteile der Berechtigten in Bruchteilen angegeben werden oder das für die Gemeinschaft maßgebende Rechtsverhältnis bezeichnet wird (§ 48 GBO.). — Zur rechtsgeschäftlichen Umwandlung einer Gemeinschaft zur gesamten Hand in Miteigentum und des Miteigentums in eine Gemeinschaft zur gesamten Hand bedarf es bei Grundstücken der Auflassung. S. § 24 Anm. 6.

[4]) Wird z. B. eine Hypothekforderung von den Miteigentümern gezahlt, so entsteht eine gemeinschaftliche Eigentümergrundschuld; bei Klage gegen den Gläubiger auf Löschungsbewilligung liegt notwendige Streitgenossenschaft vor. RG 15 III 1905 JW. S. 293[22].

[5]) Hat man sich die Sache oder das Recht als geteilt zu denken? S. Windscheid 1 S. 403, ferner RGE. 20 S. 272. Nach den Bestimmungen des BGB. liegt die Annahme nahe, daß man sich die Sache als geteilt zu denken hat. In den §§ 1095, 1106, 1114 wird geradezu von Bruchteilen eines Grundstücks gesprochen, und zwar mit gutem Grund, denn die begrenzten Rechte belasten nicht das Eigentum, sondern ergreifen die Sachen selbst; soll es daher Rechte Dritter an Miteigentumsquoten geben, so müssen die Bruchteile an der Sache bestehen. Folgerungen für den Rechtsverkehr lassen sich jedoch nicht daraus ziehen. Die Sache, die in Miteigentum steht, bleibt ein einheitliches Ganze, an jedem, auch dem kleinsten Teile der Sache besteht das Recht des Miteigentümers. Immerhin ergreift nicht die Belastung eines Miteigentumsanteils die ganze Sache. Die rechtliche Gestaltung des Miteigentums führt nicht dahin, daß jede Belastung in Ansehung jeder späteren Belastung als im Range vorgehend anzusehen ist. Ein Rangverhältnis zwischen den Sonderbelastungen der verschiedenen Bruchteile besteht nicht. A. M. KG 18 V 1003 Recht 1904 S. 87.

[6]) Auch zur Änderung der Bruchteile bedarf es der Auflassung. S. § 24 Anm. 6. Ein Vertrag, durch den sich der eine Teil verpflichtet, einen Miteigentumsanteil an einem Grundstück zu übertragen, bedarf der in § 313 BGB. bestimmten Form.

[7]) Vergl. Mot. 3 S. 443, KProt. 3 S. 279.

geschlossen wird (§ 927 BGB.) oder seinen Eigentumsanteil an einer beweglichen Sache aufgibt (§ 959 BGB.).

Wie das Alleineigentum die rechtliche Macht gewährt, die Sache allein zu besitzen, gibt das Miteigentum ein Recht auf Mitbesitz. Als Mitbesitzer hat der Miteigentümer die Rechtsstellung des Besitzers[8]), gegen Eingriffe in sein Eigentum stehen ihm die Eigentumsklagen zu. Die Ansprüche aus dem Eigentum kann er bezüglich seines Bruchteils verfolgen, Dritten gegenüber kann aber auch jeder Miteigentümer die Ansprüche aus dem Eigentum in Ansehung der ganzen Sache geltend machen, den Anspruch auf Herausgabe allerdings nur in Gemäßheit des § 432[9]).

Der Anteil des Einzelnen an der Sache muß zahlenmäßig bestimmt sein. Im Zweifel ist anzunehmen, daß den Miteigentümern gleiche Anteile zustehen[10]).

Neben seinem Anteile kann der Miteigentümer auch ein begrenztes Recht an der gemeinschaftlichen Sache haben; es kann die gemeinschaftliche Sache zugunsten eines Miteigentümers belastet werden[11]). Bei Grundstücken wird die Belastung des gemeinschaftlichen Grundstücks zu Gunsten des jeweiligen Eigentümers eines anderen Grundstücks nicht dadurch ausgeschlossen, daß dieses andere Grundstück einem Miteigentümer des gemeinschaftlichen Grundstücks gehört. Ebenso kann die Belastung des Grundstücks eines Miteigentümers zu Gunsten der jeweiligen Eigentümer des gemeinschaftlichen Grundstücks stattfinden[12].)

Die Verwaltung und Benutzung der gemeinschaftlichen Sache unterliegt in erster Linie der Vereinbarung der Beteiligten. Soweit keine Vereinbarung getroffen ist, steht den Miteigentümern die Verwaltung der Sache gemeinschaftlich zu[13]) und gebührt

---

[8]) Vergl. jedoch § 866 BGB. S. § 17 Ziff. 1.

[9]) § 1011 BGB. Mot. 3 S. 443, KProt. 3 S. 281. Alle Ansprüche aus dem Eigentum kann der Miteigentümer Dritten gegenüber in Ansehung der ganzen Sache geltend machen, auch soweit die aus der Verletzung des Eigentums entstehenden Ansprüche teilbar sind, wie die Ansprüche auf Erstattung des Wertes von Nutzungen und auf Schadensersatz. A. M. Planck § 1011 Anm. 2. Vergl. Biermann S. 218, Staudinger 3 S. 280. — S. § 27 Ziff. 11.

[10]) § 742 BGB.

[11]) Bei der rechtsgeschäftlichen Begründung eines begrenzten Rechtes handelt der Miteigentümer, zu dessen Gunsten die Sache belastet wird, auf der einen Seite als Einzelner, auf der anderen Seite als Teilhaber der Gemeinschaft; § 181 BGB. steht dem nicht entgegen. Mot. 3 S. 439. In § 181 ist bestimmt, daß ein Vertreter nicht mit sich im eigenen Namen oder als dem Vertreter eines Dritten ein Rechtsgeschäft vornehmen kann. Um eine Vertretung handelt es sich in den Fällen des § 1009 nicht.

[12]) § 1009 BGB. Mot. 3 S. 438, KProt. 3 S. 275. Z. B. Bestellung einer Grunddienstbarkeit.

[13]) Wird ein Genosse mit der Verwaltung betraut, so liegt ein nach den §§ 662 ff. BGB. zu beurteilendes Vertragsverhältnis vor.

jedem ein seinem Anteile entsprechender Bruchteil der Früchte, auch ist jeder Teilhaber zum Besitze und Gebrauche der gemeinschaftlichen Sache insoweit befugt, als nicht der Mitgebrauch der übrigen beeinträchtigt wird. Das Recht des einzelnen Miteigentümers auf einen seinem Anteil entsprechenden Bruchteil der Nutzungen kann nicht ohne seine Zustimmung, etwa durch Stimmenmehrheit, beeinträchtigt werden. Auch bedarf es zu einer wesentlichen Veränderung der Sache der Vereinbarung der Beteiligten. Dagegen kann durch Stimmenmehrheit eine der Beschaffenheit der gemeinschaftlichen Sache entsprechende ordnungsmäßige Verwaltung und Benutzung beschlossen werden. Die (absolute) Mehrheit ist nach der Größe der Anteile zu berechnen; bei Stimmengleichheit unterbleibt die Maßregel. Findet sich die Minderheit durch den Beschluß der Mehrheit in ihren Interessen verletzt, so kann sie die Entscheidung des Richters darüber anrufen, ob die beschlossene Maßregel mit einer der Beschaffenheit der gemeinschaftlichen Sache entsprechenden ordnungsmäßigen Verwaltung oder Benutzung in Einklang steht.

Der einzelne Miteigentümer ist berechtigt, die zur Erhaltung der Sache notwendigen Maßregeln ohne Zustimmung der anderen Teilhaber zu treffen. Damit er nicht der Gefahr ausgesetzt ist, daß die Notwendigkeit der Maßregel nachträglich bekämpft wird, kann er verlangen, daß die übrigen Beteiligten ihre Einwilligung zu einer solchen Maßregel im voraus erteilen. Der einzelne Miteigentümer kann auch, sofern nicht die Verwaltung und Benutzung durch Vereinbarung oder durch Mehrheitsbeschluß geregelt ist, eine dem Interesse aller Teilhaber nach billigem Ermessen entsprechende Verwaltung und Benutzung verlangen, nicht jedoch auch eine wesentliche Veränderung der Sache [14]).

Haben die Miteigentümer die Verwaltung und Benutzung der gemeinschaftlichen Sache geregelt, so wirkt die getroffene Bestimmung hinsichtlich einer beweglichen Sache auch für und gegen die Sondernachfolger, bei einem gemeinschaftlichen Grundstück aber gegen den Sondernachfolger eines Miteigentümers nur dann, wenn die Bestimmung als Belastung des Anteils des Miteigentümers im Grundbuch eingetragen ist [15]). Solange die Eintragung

---

[14]) Vergl. §§ 743—745 BGB. Es können je nach der Gestaltung des Falles die verschiedensten Maßnahmen in Betracht kommen (abwechselnde Benutzung durch die Teilhaber, Überlassung der Benutzung an einen Teilhaber gegen Abfindung, Verpachtung, Übertragung der Verwaltung an einen gemeinsamen Bevollmächtigten 2c.). Deshalb muß der klagende Teilhaber diejenige Maßregel, die er wünscht, selbst bezeichnen und einen bestimmten Antrag stellen, es genügt nicht, den Richter im allgemeinen anzurufen und eine angemessene Anordnung zu begehren. RG 23 III 1905 IV 561/04.

[15]) § 1010 BGB. Mot. 3 S. 439, KProt. 3 S. 276. In der Regelung der Verwaltung und Benutzung des Grundstücks liegt eine Beschränkung des einen Anteilsrechts zu Gunsten eines infolgedessen erweiterten anderen Anteilsrechtes.

nicht erfolgt ist, sind nur die derzeitigen Miteigentümer und ihre Erben gebunden, und zwar besteht die Bindung nur bezüglich der Anteile, die die Miteigentümer zur Zeit der Regelung haben. Erwirbt ein Miteigentümer den Anteil eines anderen durch Rechtsgeschäft, so bedarf es für ihn als Sondernachfolger der Eintragung.

Wie der Alleineigentümer über die Sache im Ganzen verfügen kann, so hat der Miteigentümer ein Verfügungsrecht über seinen Anteil. Der Anteil ist selbständiges Vermögensobjekt des Miteigentümers, er ist auch der Zwangsvollstreckung zu Gunsten der Gläubiger unterworfen (§ 864 Abs. 2 ZPO.) Der Miteigentümer kann durch Veräußerung seines Anteils einen Anderen an seine Stelle setzen, die übrigen Miteigentümer können nicht widersprechen, sie haben auch kein gesetzliches Vorkaufsrecht. Vereinbarungen der Miteigentümer über Nichtveräußerung der Anteile oder über sonstige Verfügungsbeschränkungen wirken zwar obligatorisch unter ihnen, aber nicht gegen Dritte. Dagegen können die Miteigentümeranteile an Grundstücken zu Gunsten der übrigen Miteigentümer ebenso wie zu Gunsten Fremder mit Vorkaufsrechten vertragsmäßig belastet werden[16]. Der Miteigentümer kann seinen Anteil mit Reallasten[17], mit Hypotheken[18], Grundschulden und Rentenschulden[19] belasten, Nießbrauch und Pfandrecht[20] an dem Anteil bestellen. Nicht möglich ist die Bestellung einer Grunddienstbarkeit an einem Miteigentümeranteil oder zu Gunsten eines Miteigentümeranteils, auch nicht die Belastung eines Bruchteiles eines Grundstücks mit einem Erbbaurecht. Über die gemeinschaftliche Sache im Ganzen können die Miteigentümer nur gemeinschaftlich verfügen[21].

Die auf den Anteil übernommene Last hat (nach Mot. 3 S. 442) Ähnlichkeit mit einer Grunddienstbarkeit. Wie bei dieser das gesetzliche Nachbarrecht durch gewillkürtes geändert wird, so wird das gesetzliche Gemeinschaftsrecht durch gewillkürtes Gemeinschaftsrecht ersetzt. Nach KProt. 3 S. 279 wurde angenommen, die Verweisung auf die entsprechende Anwendung der Vorschriften über die Belastung eines Grundstücksanteils biete für die Entscheidung der praktischen Fragen genügenden Anhalt. Hiernach handelt es sich bei der Belastung nicht um eine Verfügungsbeschränkung (a. M. Kretzschmar Recht 1902 S. 225), sondern um eine eigenartige Belastung, auf welche die Bestimmungen der §§ 873 ff. anwendbar sind. Die Belastung entsteht erst mit der Eintragung; wird sie zu Unrecht gelöscht, so wird das Grundbuch unrichtig. Vergl. Biermann S. 217. — Je nach dem Inhalt der Vereinbarung kann eine Belastung der sämtlichen Anteile in Frage kommen.

[16]) § 1095 BGB.

[17]) § 1106 BGB.

[18]) § 1114 BGB.

[19]) §§ 1192, 1199 BGB.

[20]) Vergl. §§ 1066 und 1258 BGB.

[21]) § 747 BGB. Hat ein Miteigentümer, der sich für den Alleineigentümer hielt, eine Verfügung über die ganze Sache getroffen, so erscheint, unbeschadet der Vorschriften über den Erwerb in gutem Glauben, die Verfügung wenigstens für den Anteil des Miteigentümers wirksam. Vergl. Mot. 3 S. 436.

Jeder Miteigentümer ist den anderen Teilhabern gegenüber verpflichtet, die Lasten der gemeinschaftlichen Sache, sowie die Kosten der Erhaltung, der Verwaltung und einer gemeinschaftlichen Benutzung nach dem Verhältnisse seines Anteils zu tragen[22].

Jeder Miteigentümer kann jederzeit die Aufhebung der Gemeinschaft verlangen. Auch wenn das Recht, die Aufhebung zu verlangen, durch Vereinbarung für immer oder auf Zeit ausgeschlossen ist, kann die Aufhebung gleichwohl verlangt werden, wenn ein wichtiger Grund vorliegt. Unter dieser Voraussetzung kann auch, wenn eine Kündigungsfrist bestimmt wird, die Aufhebung ohne Einhaltung der Frist verlangt werden. Eine Vereinbarung, durch welche das Recht die Aufhebung zu verlangen, diesen Bestimmungen zuwider ausgeschlossen oder beschränkt werden soll, ist nichtig. Während die übrigen in der Gemeinschaft begründeten Ansprüche den allgemeinen Verjährungsgrundsätzen unterliegen, ist der Anspruch auf Aufhebung der Gemeinschaft unverjährbar[23].

Haben die Miteigentümer das Recht, die Aufhebung der Gemeinschaft zu verlangen, auf Zeit ausgeschlossen, so tritt die Vereinbarung im Zweifel mit dem Tode eines Miteigentümers außer Kraft.

Ist das Recht, die Aufhebung der Gemeinschaft zu verlangen, für immer oder auf Zeit ausgeschlossen oder ist eine Kündigungsfrist bestimmt worden, so wirkt die Vereinbarung im allgemeinen auch für und gegen den Sondernachfolger, ganz unabhängig davon, ob der Sondernachfolger von der Vereinbarung Kenntnis hat oder nicht. Bei einem Grundstück aber wirkt eine solche Vereinbarung gegen den Sondernachfolger eines Miteigentümers nur, wenn sie als Belastung[24] des Anteils im Grundbuch eingetragen ist; auch hier genügt die bloße Kenntnis des Erwerbers von der Verabredung nicht. Es kann ferner trotz der Eintragung ein Gläubiger, der die Pfändung des Anteils eines Teilhabers erwirkt hat, ohne Rücksicht auf die Vereinbarung die Aufhebung der Gemeinschaft verlangen, sofern der Schuldtitel nicht bloß vorläufig vollstreckbar ist. Endlich wirkt die Vereinbarung auch nicht gegen die Konkursmasse[25].

---

22) § 748 BGB.

23) § 758 BGB.

24) S. Anm. 15.

25) §§ 749, 750, 751, 1010 BGB., § 16 Abs. 2 KO. Die Bestimmungen über die Grenzeinrichtungen bleiben unberührt (§ 22 Ziff. 124), es handelt sich dabei nicht um Miteigentum. Wohl aber ist keine Ausnahme getroffen für gemeinschaftliche Einfahrten, Brunnen rc.; vergl. KProt. 3 S. 278. Durch Bestellung von Grunddienstbarkeiten kann dem Mangel abgeholfen werden. — Unberührt bleiben die landesgesetzlichen Vorschriften, welche für den Fall, daß jedem der Miteigentümer eines mit einem Gebäude versehenen Grundstücks die ausschließliche Benutzung eines Teiles des Gebäudes eingeräumt ist, das Gemeinschaftsverhältnis näher bestimmen, die Anwendung der §§ 749 bis 751 BGB. ausschließen und für den Fall des Konkurses über das Ver-

Die Art der Teilung unterliegt in erster Linie der Vereinbarung der Beteiligten. Einigen sich die sämtlichen Miteigentümer über die Art der Teilung, so liegt ein Teilungsvertrag vor, sowohl wenn die Eigentümer außergerichtlich als auch wenn sie unter Zuziehung des Gerichts oder einer sonstigen hiezu berufenen Behörde die Art der Teilung vereinbaren[26]). In Ermangelung einer Einigung hat gerichtliche Entscheidung zu erfolgen. Sind die gemeinschaftlichen Sachen so beschaffen, daß sie sich ohne Minderung des Wertes in gleichartige, den Anteilen der Teilhaber entsprechende Teile zerlegen lassen, so besteht ein Anspruch auf Teilung in Natur. Die Verteilung der gleichen Teile unter die Teilhaber geschieht durch das Los[27]). Die Klage des Teilhabers gegen die anderen geht auf Einwilligung in die Naturalteilung. Der Antrag muß auf eine bestimmte Art der Ausführung derart gerichtet sein, daß der Richter nicht mit seinem Ermessen ergänzend einzutreten braucht. Der Richter kann dem Urteile nicht einen von keiner Partei beantragten Inhalt geben. Es wird kein konstitutives Teilungsurteil erlassen, das Verfahren ist das in der Zivilprozeßordnung geordnete, das Urteil ein gewöhnliches, es unterliegt in Ansehung der Vollstreckung den allgemeinen Grundsätzen[28]).

Ist die Teilung in Natur ausgeschlossen, so besteht der Anspruch auf Aufhebung der Gemeinschaft durch Verkauf der gemeinschaftlichen Sache. Bewegliche Sachen werden nach den Vorschriften über den Pfandverkauf (§§ 1235 ff.) veräußert, Grundstücke im Wege der Zwangsversteigerung (§§ 180 ff. ZVG.). Ein vollstreckbarer Titel ist nicht erforderlich. Es bedarf keines Prozesses behufs Feststellung, daß die anderen Miteigentümer verpflichtet seien, sich die Teilung im Wege der Versteigerung gefallen zu lassen. Der Miteigentümer, der die Unzulässigkeit der Teilung behauptet, hat seinerseits gegen den Antragsteller vorzugehen[29]).

---

mögen eines Miteigentümers dem Konkursverwalter das Recht, die Aufhebung der Gemeinschaft zu verlangen, versagen (Art. 131 EG.).

[26]) Mot. 2 S. 881. Vergl. BayObLG. SeuffBl. 66 S. 75. — Der Vertrag schafft selbstverständlich nur persönliche Rechte und Pflichten auf Erfüllung. Wird ein gemeinschaftliches Grundstück unter die Miteigentümer geteilt, so sind die Anteile auf dem Wege der Auflassung zu übertragen. Der Einfluß von Willensmängeln auf den Teilungsvertrag beurteilt sich nach den allgemeinen Rechtsgrundsätzen (§§ 116 ff. BGB.). Eine Anfechtung wegen enormer Verletzung kennt das BGB. nicht. Ist bei Aufhebung einer Gemeinschaft ein Gegenstand ungeteilt geblieben, so besteht an diesem die Gemeinschaft fort; die vorausgegangene Teilung kann nicht deshalb, weil nicht alles geteilt worden ist, angefochten werden. Ist ein Teilhaber unberücksichtigt geblieben, so kann dieser die Aufhebung der Gemeinschaft unter Berücksichtigung seiner Person verlangen, sofern sein Anteilrecht nicht durch den Rechtserwerb eines Anderen untergegangen ist. Vergl. Mot. 2 S. 881.

[27]) § 752 BGB.

[28]) Vergl. Mot. 2 S. 883.

[29]) § 771 ZPO. Vergl. Denkschr. zu § 181 ZVG. Vergl. übrigens § 28 ZVG.

Jedoch darf die Zwangsversteigerung des Grundstücks nur angeordnet werden, wenn der Antragsteller als Eigentümer im Grundbuch eingetragen oder Erbe eines eingetragenen Eigentümers ist oder wenn er das Recht des Eigentümers oder des Erben auf Aufhebung der Gemeinschaft ausübt. Von dem Vormund eines Miteigentümers kann der Antrag nur mit Genehmigung des Vormundschaftsgerichts gestellt werden. Betrifft der Antrag ein Schiff, so ist durch Urkunden glaubhaft zu machen, daß das Eigentum dem Antragsteller und denjenigen, gegen welche sich der Antrag richtet, gemeinschaftlich zusteht und daß einer von ihnen im Besitze des Schiffes ist.

Bei der Feststellung des geringsten Gebots werden die den Anteil des Antragstellers belastenden oder mitbelastenden Rechte an dem Grundstück[30]) sowie alle Rechte berücksichtigt, die einem dieser Rechte vorgehen oder gleichstehen[31]). Ist hienach bei einem Anteil ein größerer Betrag zu berücksichtigen als bei einem anderen Anteile, so erhöht sich das geringste Gebot um den zur Ausgleichung unter den Miteigentümern erforderlichen Betrag[32]). Ein Miteigentümer braucht für sein Gebot keine Sicherheit zu leisten,

---

[30]) Diese Rechte müssen bestehen bleiben, weil jeder Miteigentümer seinen Anteil nur unbeschadet der darauf haftenden Rechte veräußern kann. — Auf die Versteigerung eines Schiffes finden diese Vorschriften entsprechende Anwendung (§ 182 ZVG.).

[31]) Die Rechte, welche zwar nur den Anteil eines anderen Miteigentümers belasten, jedoch einem Rechte im Range gleichstehen oder vorgehen, das auf dem Anteil des anderen Miteigentümers, zugleich aber auch auf dem Anteil des Antragstellers ruht, müssen bei der Feststellung des geringsten Gebotes berücksichtigt werden, weil ihre Deckung eine unerläßliche Vorbedingung für die Deckung jenes anderen Rechtes bildet. Sonstige ausschließlich einen fremden Anteil belastende Rechte bleiben unberücksichtigt, da das Recht eines jeden Miteigentümers auf Aufhebung der Gemeinschaft zugleich mit der Begründung des Miteigentums entsteht, somit durch die spätere Belastung eines einzelnen Anteils nicht beeinträchtigt werden darf. Denkschr. zu § 181 ZVG. Vergl. hierzu Jäckel S. 622, v. d. Pfordten S. 551, Steiner S. 310. —

[32]) Auf jeden Miteigentumsanteil hat ein seiner Größe entsprechender Bruchteil des Versteigerungserlöses zu fallen. Belasten die bei der Feststellung des geringsten Gebotes zu berücksichtigenden Rechte die Anteile ungleichmäßig, so ist eine Ausgleichung nötig. Dies geschieht dadurch, daß dem geringsten Gebote die Beträge hinzugerechnet werden, um welche die Belastungen des am stärksten belasteten Anteils die Belastungen eines jeden der übrigen Anteile verhältnismäßig übersteigen. Für diese Beträge gilt die gesetzliche Versteigerungsbedingung der Barzahlung. Denkschr. a. a. O. Ist z. B. der Anteil des Antragstellers mit einer Hypothek von 50 ℳ belastet, der Anteil des anderen Miteigentümers unbelastet, so kann dieser verlangen, daß das geringste Gebot, das an sich nur die Belastung von 50 ℳ umfassen würde, um 50 ℳ erhöht werde, damit er in die Lage kommt, mindestens 50 ℳ als seinen Erlösanteil aus der Versteigerung zu erzielen. KBer. zu § 182 ZVG.

wenn ihm eine durch das Gebot ganz oder teilweise gedeckte Hypothek, Grundschuld oder Rentenschuld zusteht[33]).

Was die Bestimmungen über den Pfandverkauf betrifft, so kann, wenn die Teilhaber einig sind, von diesen Vorschriften, z. B. von der Vorschrift des § 1239 Abs. 2 BGB. betreffs der Barzahlung durch den Eigentümer, abgegangen werden[34]).

Ist die Veräußerung an einen Dritten unstatthaft, so ist die Sache unter den Teilhabern zu versteigern. Hat der Versuch, den Gegenstand zu verkaufen, keinen Erfolg, so kann jeder Teilhaber die Wiederholung verlangen. Mißlingt der wiederholte Versuch, so hat er die Kosten zu tragen[35]).

Bei der Teilung sind die obligatorischen Beziehungen, die in der Gemeinschaft ihren Grund haben, mitzuberücksichtigen, jeder Teilhaber erhält nur, was ihm unter Mitberücksichtigung dieser Ansprüche aus der Gemeinschaft gebührt. Wie schon angeführt, sind die Lasten der gemeinschaftlichen Sache sowie die Kosten der Erhaltung, Verwaltung und gemeinschaftlichen Benutzung von den Miteigentümern nach Verhältnis der Anteile zu tragen. Haften die Miteigentümer als Gesamtschuldner für eine solche Verbindlichkeit, so kann jeder Teilhaber bei der Aufhebung der Gemeinschaft verlangen, daß die Schuld aus dem gemeinschaftlichen Gegenstande berichtigt wird. Ebenso kann ein Teilhaber, der gegen einen anderen Teilhaber eine Forderung hat, die sich auf die Gemeinschaft gründet, verlangen, daß seine Forderung aus dem auf den Schuldner entfallenden Teile des gemeinschaftlichen Gegenstandes berichtigt wird. Soweit[36]) bei der Teilung in Natur zur Berichtigung der Schuld der Verkauf der gemeinschaftlichen Sache oder des auf den Schuldner entfallenden Teiles der Sache erforderlich ist, hat der Verkauf nach den Vorschriften über den Pfandverkauf, bei Grundstücken durch Zwangsversteigerung zu erfolgen. Der Anspruch auf Berichtigung einer Gemeinschaftsschuld bei der Teilung kann auch gegen die Sondernachfolger geltend gemacht werden, gegen den Sondernachfolger eines Miteigentümers eines Grundstücks aber nur, wenn der Anspruch im Grundbuch eingetragen ist[37]).

---

[33]) §§ 181, 182, 184 ZVG. Die Kosten, die durch Wahrnehmung der Rechte der Miteigentümer entstehen, sind nach § 10 Abs. 2 ZVG. zu behandeln. KBer. zu § 184 ZVG.

[34]) Vergl. KBer. zu § 753 BGB. S. 1982.

[35]) § 753 BGB.

[36]) Es genügt, soweit zu verkaufen, daß der Erlös zur Berichtigung der Schuld hinreicht. Ist z. B. einer von drei Teilhabern einen Betrag schuldig, der 1/3 des Wertes seines Anteils, 1/9 des Wertes der gemeinschaftlichen Sache gleichkommt, so ist nicht der dritte, sondern der neunte Teil der Sache zu verkaufen. KProt. 2 S. 761.

[37]) §§ 755, 756, 1010 Abs. 2 BGB. Vergl. § 51 KO. Die Eintragung muß den Anspruch erkennen lassen, sie stellt eine Belastung des Anteils des Schuldners dar. Vergl. Anm. 15. Die Form der Hypothek braucht

Die Teilung wirkt nicht in der Weise, daß das Alleineigentum des Teilhabers, der die Sache zugeteilt erhält, unter Wegfall der bisher zu duldenden Mitrechte der übrigen Teilhaber festgestellt wird, sie hat vielmehr die Wirkung einer wirklichen Veräußerung. Erfolgt die Zuteilung des gemeinschaftlichen Gegenstandes an einen der Teilhaber, so hat wegen eines Mangels im Rechte oder wegen eines Mangels der Sache jeder der übrigen Teilhaber zu seinem Anteil in gleicher Weise wie ein Verkäufer Gewähr zu leisten[38]).

§ 29. Gemeinschaft zur gesamten Hand.

Bei einigen Vorschriften über Gesellschaft, eheliche Gütergemeinschaft und Gemeinschaft der Miterben ist der Gesetzgeber von dem deutschrechtlichen Grundsatze der gesamten Hand[1]) ausgegangen. Ein Prinzip ist nicht zum Ausdruck gebracht, nur einige Rechtssätze sind gegeben, die mit dem deutschrechtlichen System in Einklang stehen sollen. Nach der deutschrechtlichen Auffassung werden die gemeinschaftlichen Gegenstände einem bestimmten Zwecke unmittelbar dienstbar gemacht und zu einem selbständigen Vermögen vereinigt. Die Verfügung über das Vermögen und über die einzelnen zu dem Vermögen gehörenden Gegenstände steht nur den Gesamthändern gemeinschaftlich zu[2])[3]), die Zwangs-

---

nicht gewahrt zu werden. Eine Vormerkung genügt nicht zur endgültigen Eintragung. Handelt es sich nur um die Vorbereitung der Eintragung, so werden die Bestimmungen über die Vormerkung entsprechend zur Anwendung gebracht werden können. Vergl. Planck § 1010 Anm. 2, Biermann S. 217, abw. Turnau-Förster 1 S. 418, Staudinger 3 S. 279, Oberneck 1 S. 451.

[38]) § 757 BGB. Vergl. §§ 433 ff. BGB. Ist ein im Ganzen mangelhafter Gegenstand gleichmäßig unter den Teilhabern geteilt, so heben sich die gegenseitigen Ansprüche auf.

Zu § 29.

[1]) Vergl. Stobbe-Lehmann §§ 97 und 99 S. 311 ff. Windscheid 1 S. 505.

[2]) Die Frage, ob und in welcher Form dem Teilhaber die rechtliche Macht zustehen soll, seine Anteilsberechtigung zur Beschaffung von Mitteln zu benutzen, ist im BGB. verschieden geordnet. Bei der ehelichen Gütergemeinschaft ist jede Verfügung des Einzelnen ausgeschlossen; bei der Gesellschaft sind die Ansprüche, die den Gesellschaftern aus dem Gesellschaftsverhältnisse gegeneinander zustehen, nicht übertragbar, und ebensowenig kann ein Gesellschafter über seinen Anteil am Gesellschaftsvermögen verfügen, dagegen ist die Übertragung der Ansprüche auf einen Gewinnanteil oder auf dasjenige, was dem Gesellschafter bei der Auseinandersetzung zukommt, gestattet. Bei der Erbengemeinschaft ist jedem Miterben die Verfügung über seinen Anteil an dem Nachlaß erlaubt. Soll der Anteil übereignet werden, so besteht die Verfügung in der Übertragung der Mitberechtigung, die dem Miterben an dem Gesamtvermögen zusteht, und zwar derart, daß der Erwerber an Stelle des ausscheidenden bisherigen Mitberechtigten in das Gesamthandverhältnis eintritt. Dagegen kann der Miterbe nicht, wie der Gesellschafter, den Auseinandersetzungsanspruch mit der in § 398 BGB. bezeichneten Wirkung abtreten. RG 9 II 1905 JW. S. 205[9].

[3]) Der einzelne Gesamthänder steht der Gemeinschaft, wenn er von ihr zum Gesamtgut gehörige Gegenstände erwirbt, gleich einem Dritten gegen-

vollstreckung in diese Gegenstände erfordert einen gegen alle Gesamthänder vollstreckbaren Titel. Die Gläubiger eines Gesamthänders dürfen sich nur an dasjenige halten, was ihrem Schuldner als Anteil ausgeschieden und überwiesen ist[4]).

I. Gesellschaft.

Das gemeinschaftliche Vermögen der Gesellschafter wird Gesellschaftsvermögen genannt[5]); es besteht aus den Beiträgen der Gesellschafter und den durch die Geschäftsführung für die Gesellschaft erworbenen Gegenständen. Das Gesellschaftsvermögen dient unmittelbar den Bedürfnissen der Vereinigung, also zur Förderung des Zweckes, den die Gesellschaft verfolgt, zur Deckung der gemeinschaftlichen Lasten und Schulden[6]). Subjekt des Vermögens ist nicht die Gesellschaft oder die Gesamtheit der Gesellschafter als juristische Person, sondern sind die Gesellschafter[7]). Scheidet ein Gesellschafter aus der Gesellschaft aus, so wächst sein Anteil am Gesellschaftsvermögen den übrigen Gesellschaftern ohne Übertragungsakt zu, doch ist der Ausscheidende schadlos zu halten[8]).

Die Führung der Geschäfte der Gesellschaft steht den Gesellschaftern gemeinschaftlich zu, für jedes Geschäft ist die Zustimmung aller Gesellschafter erforderlich, doch kann vertragsmäßig eine andere Vereinbarung getroffen, insbesondere die Mehrheit der Stimmen für entscheidend erklärt, auch die Führung der Geschäfte einem Gesellschafter oder mehreren übertragen werden[9]). Zur

---

über. Beim Eigentum zur gesamten Hand besteht ein Eigentum des Einzelnen weder in der Form eines nach Bruchteilen geteilten Miteigentums an den einzelnen Stücken des gemeinschaftlichen Vermögens noch in der Form eines solchen Miteigentums an dem ganzen Inbegriff dieses Vermögens. RG 26 I 1904 E. 56 S. 432. — Über die Notwendigkeit der Auflassung bei Übertragung von Grundstücken s. § 24 Anm. 6.

[4]) Vergl. Denkschrift S. 643. Im Grundbuch erfolgen die Eintragungen auf die Namen der Gesamthänder. Für die offene Handelsgesellschaft s. § 124 HGB.

[5]) § 718 BGB.

[6]) Vergl. § 733 BGB.

[7]) Träger der Rechte sind die Gesellschafter in ihrer Zusammenfassung im Gegensatz zu ihnen als einzelnen. RG 14 IV 1903 E. 54 S. 280.

[8]) Vergl. § 738 BGB. Sieht der Gesellschaftsvertrag den Eintritt neuer Gesellschafter vor, so wächst dem Eintretenden ein Anteil am Gesellschaftsvermögen ohne Übertragungsakt zu. Vergl. Crome 2 § 285 II.

[9]) Vergl. §§ 709, 710, 714 BGB. Der Gesellschafter, der im eigenen Namen, aber für die Gesellschaft erworben hat, ist wie der Beauftragte verpflichtet, das Erworbene der Gesellschaft herauszugeben; solange dies nicht geschehen ist, ist er Eigentümer. Haben zwei Personen, die eine Gesellschaft bilden, ein Grundstück als Miteigentümer erworben, so bedarf es einer Übertragung, um das Grundstück in das Rechtsverhältnis der Gemeinschaft zur gesamten Hand eintreten zu lassen. Solange das Grundstück in Miteigentum steht, unterliegen die Anteile dem Zugriff der persönlichen Gläubiger Vergl. RG 7 III 1903 E. 54 S. 103.

Zwangsvollstreckung in das Gesellschaftsvermögen ist ein gegen alle Gesellschafter ergangenes Urteil erforderlich[10]).

Der Gesellschafter kann weder über seinen Anteil an dem Gesellschaftsvermögen, noch an den einzelnen dazu gehörenden Gegenständen verfügen, ist auch nicht berechtigt, während des Bestehens der Gesellschaft Teilung zu verlangen[11]). Der Anteil des Gesellschafters an dem Gesellschaftsvermögen ist der Pfändung unterworfen, nicht aber auch der Anteil des Gesellschafters an den einzelnen zu dem Gesellschaftsvermögen gehörenden Gegenständen[12]). Hat ein Gläubiger eines Gesellschafters die Pfändung des Anteils des Gesellschafters an dem Gesellschaftsvermögen erwirkt, so kann er die Gesellschaft ohne Einhaltung einer Kündigungsfrist kündigen, sofern der Schuldtitel nicht bloß vorläufig vollstreckbar ist. So lange die Gesellschaft besteht, kann der Gläubiger nur den Anspruch seines Schuldners auf einen Gewinnanteil, nicht die sonstigen sich aus dem Gesellschaftsverhältnis ergebenden Rechte des Gesellschafters geltend machen[13]). Bei der Auseinandersetzung werden aus dem Gesellschaftsvermögen zuerst die gemeinschaftlichen Schulden berichtigt, dann die Einlagen zurückerstattet, endlich der Überschuß nach dem Verhältnis der Anteile am Gewinne unter die Gesellschafter geteilt[14]).

Die Vorschriften über die Gesellschaft finden auch Anwendung auf Vereine, die nicht rechtsfähig sind[15]). Inhaber der Vermögensrechte sind die sämtlichen Vereinsmitglieder, insbesondere können auch die Eintragungen im Grundbuch nicht auf den Namen des Vereins, sondern nur auf die Namen der sämtlichen Vereinsmitglieder erfolgen. Der Vorstand hat die Stellung der geschäftsführenden Gesellschafter. Wenn der Verein auch nicht rechtsfähig ist, kann er doch verklagt werden; in dem Rechtsstreite hat er die Stellung eines rechtsfähigen Vereines[16]), dem Vorstand kommt alsdann die Stellung eines gesetzlichen Vertreters zu. Tritt der Verein als Hauptkläger auf, so müssen sämtliche Mitglieder klagen. Zur Zwangsvollstreckung in das Vermögen eines nicht rechtsfähigen Vereins genügt ein gegen den Verein ergangenes Urteil[17]).

---

10) § 736 BGB.

11) § 719 BGB.

12) § 859 ZPO.

13) § 725 BGB.

14) §§ 733, 734 BGB. Die Gesellschaft besteht auch nach der Auflösung mit dem Zwecke fort, das Vermögen in Geld umzusetzen und zur Verteilung zu bringen. Ist der Rechtsnachfolger eines Gesellschafters minderjährig, so bedarf es nicht der vormundschaftlichen Genehmigung zur Veräußerung eines Grundstücks, da nicht ein Grundstück des Minderjährigen, sondern ein Grundstück der, wenn auch aufgelösten, Gesellschaft veräußert wird. Vergl. RG 14 IV 1903 E. 54 S. 278.

15) § 54 BGB.

16) § 50 ZPO.

17) § 735 ZPO.

II. Eheliches Güterrecht[18]).

Bei der allgemeinen Gütergemeinschaft werden das Vermögen des Mannes und das Vermögen der Frau gemeinschaftliches Vermögen der Ehegatten, ohne daß es einer rechtsgeschäftlichen Übertragung der einzelnen Vermögensstücke bedürfte[19]). Dieses gemeinschaftliche Vermögen der Ehegatten heißt Gesamtgut[20]). Die Rechtsverhältnisse an dem Gesamtgute sind ebenfalls nach den Grundsätzen der Gemeinschaft zur gesamten Hand geordnet.

Der Vorschrift des § 719 (s. Anm. 11) entspricht hier die Bestimmung des § 1442: Ein Ehegatte kann nicht über seinen Anteil an dem Gesamtgut und an den einzelnen dazu gehörenden Gegenständen verfügen, ist auch nicht berechtigt, Teilung zu verlangen. Während aber bei der Gesellschaft der Anteil des Gesellschafters an dem Gesellschaftsvermögen pfändbar ist, ist weder der Anteil eines der Ehegatten an dem Gesamtgut noch der Anteil an den einzelnen dazugehörenden Gegenständen der Pfändung unterworfen[21]). Das Gesamtgut unterliegt der Verwaltung des Mannes; der Mann ist insbesondere berechtigt, die zu dem Gesamtgute gehörenden Sachen in Besitz zu nehmen, über das Gesamtgut zu verfügen, und Rechtsstreitigkeiten, die sich auf das Gesamtgut beziehen, im eigenen Namen zu führen[22]). Die Verwaltung des Mannes ist jedoch in verschiedenen Richtungen beschränkt, insbesondere bedarf der Mann der Einwilligung der Frau zur Verfügung[23]) über ein zu dem Gesamtgut gehörendes Grundstück[24]) sowie zur Eingehung der Verpflichtung zu einer solchen Verfügung[25]). Da aber das ganze Gesamtgut für die Schulden

---

[18]) Für den Güterstand einer zur Zeit des Inkrafttretens des BGB. bestehenden Ehe bleiben die bisherigen Gesetze maßgebend (Art. 200 EGBGB.).

[19]) § 1438 BGB. Wird ein Recht gemeinschaftlich, das im Grundbuch eingetragen ist oder eingetragen werden kann, so kann jeder Ehegatte von dem anderen die Mitwirkung zur Berichtigung des Grundbuchs verlangen (§ 1438 Abs. 3).

[20]) Zu dem Gesamtgute gehört auch das Vermögen, das der Mann oder die Frau während der Gütergemeinschaft erwirbt (§ 1438 Abs. 1).

[21]) § 860 Abs. 1 ZPO.

[22]) § 1443 BGB. Wird das Konkursverfahren über das Vermögen des Ehemanns eröffnet, so gehört das Gesamtgut zur Konkursmasse; eine Auseinandersetzung zwischen den Ehegatten findet nicht statt. Durch das Konkursverfahren über das Vermögen der Ehefrau wird das Gesamtgut nicht berührt (§ 2 KO.).

[23]) Die Prozeßführung steht dem Manne zu, dagegen ist die Erledigung des Prozesses durch Vergleich, Verzicht, Anerkenntnis eine Verfügung. Mot. 4 S. 360.

[24]) Erbbaurechte stehen den Grundstücken gleich; nicht hierher gehören begrenzte Rechte an fremden Grundstücken und Rechte an solchen Rechten. Vergl. Mot 4 S. 355.

[25]) § 1445 BGB. Ersetzung der Zustimmung der Frau durch das Vormundschaftsgericht (§ 1447), Genehmigung durch die Frau (§ 1448 BGB.).

des Mannes haftet[26]), die Gläubiger des Mannes also auf dem Wege der Zwangsvollstreckung die Veräußerung der Gesamtgrundstücke herbeiführen können — zur Zwangsvollstreckung in das Gesamtgut ist ein gegen den Ehemann ergangenes Urteil erforderlich und genügend[27]) —, so ist dem Manne nur die direkte Verfügung über die Grundstücke untersagt. Andrerseits kann die Frau selbstständig ein zu dem Gesamtgute gehörendes Recht, über das der Mann ohne die erforderliche Zustimmung der Frau verfügt hat, gegen Dritte gerichtlich geltend machen[28]), demnach auch, wenn auf Grund eines vom Manne abgeschlossenen unwirksamen Rechtsgeschäfts eine Eintragung in das Grundbuch erfolgt sein sollte, den Berichtigungsanspruch, trotzdem er zum Gesamtgut gehört, ohne Mitwirkung des Mannes durchführen.

Auch nach der Beendigung der Gütergemeinschaft kann der Ehegatte über seinen Anteil an dem Gesamtgute und an den einzelnen dazu gehörenden Gegenständen nicht verfügen[29]), dagegen kann nach Beendigung der Gemeinschaft der Anteil an dem Gesamtgut zu Gunsten der Gläubiger des Anteilsberechtigten gepfändet werden[30]), nicht aber der Anteil an den einzelnen zum Gesamtgute gehörenden Gegenständen. Die Verwaltung des Gesamtgutes steht bis zur Auseinandersetzung nicht mehr dem Manne allein, sondern den beiden Ehegatten gemeinschaftlich zu[31]). Die Zwangsvollstreckung in das Gesamtgut ist nach Beendigung der allgemeinen Gütergemeinschaft bis zur Auseinandersetzung nur zulässig, wenn beide Ehegatten zu der Leistung oder der eine Ehegatte zu der Leistung und der andere zur Duldung der Zwangsvollstreckung verurteilt sind[32]).

Bei der Auseinandersetzung werden aus dem Gesamtgute zunächst die Gesamtgutsverbindlichkeiten berichtigt, der verbleibende Überschuß gebührt den Ehegatten zu gleichen Teilen[33]).

Sind bei dem Tode eines Ehegatten gemeinschaftliche Abkömmlinge vorhanden, so wird zwischen dem überlebenden Ehegatten und den gemeinschaftlichen Abkömmlingen, die im Falle der gesetzlichen Erbfolge als Erben berufen sind, die Gütergemeinschaft fortgesetzt. Der Anteil des verstorbenen Ehegatten am Gesamtgut

---

26) Vergl. § 1459 BGB.

27) § 740 ZPO.

28) § 1449 BGB.

29) §§ 1471 Abs. 2, 1442 BGB.

30) § 860 Abs. 2 ZPO.

31) § 1472 Abs. 1 BGB.

32) § 743 ZPO. Ist ein Rechtsstreit des Ehemannes bei Beendigung der Gütergemeinschaft schon erledigt, so kann dem Gläubiger gegen die Frau eine in Ansehung des Gesamtgutes vollstreckbare Ausfertigung des Urteils erteilt werden, vergl. § 744 ZPO.

33) Vergl. §§ 1475, 1476 BGB. — Über das Erfordernis der Auflassung s. § 24 Anm. 6.

gehört nicht zu dem Nachlaß[34]). Das Gesetz geht davon aus, daß das Gesamtgut dem überlebenden Ehegatten ohne weiteres zufällt, weil sein Recht von vornherein auf das ganze Gesamtgut sich erstreckt hat und nur durch das Recht des anderen Ehegatten beschränkt gewesen ist. Das Gesamtgut wird ähnlich wie das Lehensgut oder das Fideikommißgut von dem Nachlasse getrennt gehalten. Da es den Charakter eines Hausvermögens an sich trägt, wird die Gemeinschaft mit den Kindern fortgesetzt[35]). Der überlebende Ehegatte hat die rechtliche Stellung des Mannes, die anteilsberechtigten Abkömmlinge haben die rechtliche Stellung der Frau[36]). Zur Zwangsvollstreckung in das Gesamtgut der fortgesetzten Gütergemeinschaft ist ein gegen den überlebenden Ehegatten ergangenes Urteil erforderlich und genügend[37]).

Bei der Errungenschaftsgemeinschaft und bei der Fahrnißgemeinschaft gelten ähnliche Bestimmungen wie bei der allgemeinen Gütergemeinschaft[38]).

III. Erbengemeinschaft.

Daß zwischen den Miterben eine Gemeinschaft zur gesamten Hand besteht, kommt namentlich in den Vorschriften der §§ 2032 Abs. 1 und 2033 Abs. 2 zum Ausdruck. Darnach ist der Nachlaß gemeinschaftliches Vermögen der Erben und kann kein Miterbe über seinen Anteil an den einzelnen Nachlaßgegenständen verfügen. Gestattet ist ihm, über seinen Anteil an dem Nachlasse zu verfügen[39]). Der Anteil an dem Nachlasse ist auch pfändbar, während der Anteil an den einzelnen Nachlaßgegenständen der Pfändung nicht unterworfen ist[40]). Über einen Nachlaßgegenstand können die Erben nur gemeinschaftlich verfügen[41]). Zur Zwangsvollstreckung in den Nachlaß ist bis zur Teilung ein gegen alle Erben ergangenes Urteil erforderlich[42]). Ein Verpflichteter kann

---

34) § 1483 BGB.

35) KProt. 4 S. 306.

36) § 1487 BGB.

37) § 745 Abs. 1 ZPO. Vergl. § 860 ZPO., § 2 Abs. 3 KO.

38) §§ 1519 ff., 1549 ff. BGB., §§ 740, 743, 744, 860 ZPO., § 2 KO.

39) S. Anm. 2. Die Verfügung kann nicht bloß in der Übereignung des Anteils, sondern auch in der Bestellung eines Pfandrechts oder eines Nießbrauchs bestehen. Vergl. das in Anm. 2 angeführte Urteil. — Auch bei der Übereignung des Anteils wird der Erwerber nicht selbst Erbe; der Erbschein wird nicht unrichtig. Vergl. Strohal Erbrecht 2 S. 97. BayObLG. 10 II 1905 SeuffBl. 70 S. 237.

40) § 859 Abs. 2 BGB.

41) § 2040 BGB. Zur Umwandlung des Gesamteigentums in Miteigentum der Miterben bedarf es der Auflassung. RGE. 57 S. 432. A. M. Dernburg BayZfR. 1 S. 33. S. § 24 Anm. 6. — Der Verkauf an einen Miterben und die Abtretung von Teilen der Kaufpreisforderung an Miterben sind selbständige Rechtsgeschäfte (Stempelsteuer). RGE. 59 S. 361.

42) § 747 ZPO.

nur an alle Erben gemeinschaftlich leisten; dagegen hat jeder Miterbe das Recht, Leistung an alle Erben zu fordern. Jeder Miterbe kann verlangen, daß der Verpflichtete die zu leistende Sache für alle Erben hinterlegt, oder wenn sie sich nicht zur Hinterlegung eignet, an einen gerichtlich zu bestellenden Verwahrer abliefert[43]).

Wird vor der Berichtigung der Nachlaßverbindlichkeiten die Teilung bewirkt, so kann auch nach der Teilung die Eröffnung des Konkursverfahrens stattfinden[44]), dagegen findet über einen Erbteil kein Konkursverfahren statt[45]).

---

[43]) § 2039 BGB.
[44]) § 216 Abs. 2 KO.
[45]) § 235 KO.

IV. Abschnitt.

Das Erbbaurecht*).

§ 30. Begriff und Inhalt.

Das **Erbbaurecht** ist das vererbliche und veräußerliche Recht an einem Grundstück, auf oder unter der Oberfläche des Grundstücks ein Bauwerk zu haben[1]). Der Erbbauberechtigte hat das Recht, das fremde Grundstück zu **benutzen** und zwar zu einem ganz bestimmten Zweck, nämlich **als Baugrund**. Die

*) Superficies; Platzrecht. Vergl. Stobbe-Lehmann § 136, Windscheid § 223. Für bestehende Erbbaurechte s. Art. 184 EGBGB. Unberührt bleiben die landesgesetzlichen Vorschriften über das Recht zur Benutzung eines Platzes in einem dem öffentlichen Gottesdienste gewidmeten Gebäude oder auf einer öffentlichen Begräbnisstätte (Art. 133 EG.). Unberührt bleiben ferner die landesgesetzlichen Vorschriften über das Erbpachtrecht, mit Einschluß des Büdnerrechts und des Häuslerrechts, in denjenigen Bundesstaaten, in welchen solche Rechte bestehen; die Vorschriften des § 1017 BGB. finden auf diese Rechte entsprechende Anwendung (Art. 63 EG.). Unberührt bleiben auch die landesgesetzlichen Vorschriften, welche die Belastung eines Grundstücks mit dem vererblichen und veräußerlichen Rechte zur Gewinnung eines den bergrechtlichen Vorschriften nicht unterliegenden Minerals gestatten und den Inhalt dieses Rechtes näher bestimmen. Die Vorschriften der §§ 874, 875, 876, 1015, 1017 des BGB. finden entsprechende Anwendung (Art. 68 EG.). — Durch Landesgesetz kann bestimmt werden, daß auf ein an einem Grundstücke bestehendes vererbliches und übertragbares Nutzungsrecht die sich auf Grundstücke beziehenden Vorschriften und auf den Erwerb eines solchen Rechtes die für den Erwerb des Eigentums an einem Grundstücke geltenden Vorschriften des BGB. Anwendung finden (Art. 196 EG.).

Was den Rechtszustand bis zur Anlegung des Grundbuchs anlangt, so haben die am 1. Januar 1900 bestehenden und später bestellten Erbbaurechte Grundstücksnatur (§ 1017 BGB. s. Art. 184 EG.). Die **Bestellung** von Erbbaurechten, wie sie unter der Herrschaft des BGB. zulässig sind, erfolgt bis zur Anlegung des Grundbuchs nach den bisherigen Gesetzen; die Begründung eines nach den Vorschriften des BGB. unzulässigen Erbbaurechtes (z. B. an einem Stockwerk) ist vom 1. Jan. 1900 ab ausgeschlossen (Art. 189 EG.). Der Erwerb und die Belastung eines bestellten Erbbaurechtes richtet sich vom 1. Jan. 1900 ab bis zur Grundbuchanlegung nach den Vorschriften des alten Rechtes über den Erwerb und die Belastung der Grundstücke. Abw. Biermann S. 223.

Zu **§ 30.**

[1]) § 1012 BGB. Mot. 3 S. 466, KProt. 3 S. 281.

Benutzung des fremden Grundstücks braucht nicht, wie bei einer Grunddienstbarkeit, für die Benutzung eines Grundstückes von Vorteil zu sein, ebensowenig ist die Benutzung des fremden Grundstücks, wie bei persönlichen Dienstbarkeiten, ihrem Bestande nach an die Person des Berechtigten geknüpft. Das Benutzungsrecht des Erbbauberechtigten ist in keiner dieser beiden Richtungen beschränkt, es ist nicht an eine einzelne Person noch an ein Grundstück gebunden.

Dagegen gehört zu dem Wesen des Erbbaurechtes, daß die Benutzung des Grundstücks darin besteht, ein Bauwerk[2]) zu haben, und daß das Recht vererblich und veräußerlich ist. Fehlt es an dem einen oder dem anderen dieser Erfordernisse, so steht kein Erbbaurecht in Frage. Infolgedessen kann auch die Vererblichkeit oder die Veräußerlichkeit nicht vertragsmäßig beschränkt werden[3]). Wohl aber läßt sich ein Erbbaurecht unter Bedingungen, aufschiebenden oder auflösenden, bestellen[4]) und zeitlich begrenzen, für die Zeitdauer ist weder eine Maximal- noch eine Minimalgrenze festgesetzt[5]). Das Erbbaurecht kann auf so kurze Zeit bestellt werden, daß es unter Umständen, falls es sich um den Gebrauch ganzer Häuser handelt, zum Ersatze der, von dem Bürgerlichen Gesetzbuch nicht angenommenen, dinglichen Mietrechte dienen kann[6]).

Das Bauwerk, das der Berechtigte zu haben befugt ist, braucht nicht ein Gebäude zu sein, auch Monumente, Brücken, Viadukte und dergleichen[7]) sind darunter begriffen[8]). Nicht er-

---

[2]) Das Recht, Pflanzungen auf fremdem Boden zu halten, kann nicht als Erbbaurecht bestellt werden. Bestehendes Sondereigentum an Pflanzen s. § 21 Anm. 9.

[3]) Die persönliche Verpflichtung, ein Erbbaurecht nicht zu veräußern, kann übernommen werden, nur zum Inhalt des dinglichen Rechts kann die Beschränkung der Vererblichkeit oder der Veräußerlichkeit nicht gemacht werden.

[4]) Fraglich erscheint, ob es unzulässig ist, den Tod des Berechtigten oder die Veräußerung zur auflösenden Bedingung zu machen, mit deren Eintritt das Erbbaurecht erlöschen soll. Biermann S. 219 bejaht diese Frage, sie dürfte jedoch zu verneinen sein. Es dürfte zulässig erscheinen, fest zu setzen, daß das vererbliche und veräußerliche Recht mit dem Zeitpunkt des Todes des Berechtigten oder einer Veräußerung endige. Soll das Recht mit dem Tode des Berechtigten aufhören, so können unter Umständen die Bestimmungen über Dienstbarkeiten zur Anwendung zu bringen sein. Die Bezeichnung des Rechtes als Erbbaurechtes allein zwingt nicht zur Anwendung der Vorschriften der §§ 1012 ff. BGB.

[5]) Vergl. RG 16 V 1905 JW. S. 412[43].

[6]) Vergl. Mot. 3 S. 467. RG 8 IV 1903 E. 54 S. 233 (Mietrecht kein dingliches Recht).

[7]) Röhrenleitung (RG 12 I 1905 Recht S. 328), Gleisanlage (RG 19 XII 1904 Recht S. 327). Nicht erforderlich ist, daß das Bauwerk das Grundstück berührt, es genügt, wenn es den Luftraum durchschneidet.

[8]) Unter Bauwerk wird zu verstehen sein ein selbständiges, von Menschenhand errichtetes, mit Grund und Boden festverbundenes Werk. Vergl.

forderlich wird sein, daß das Bauwerk für einen dauernden Zweck errichtet wird, ein Zirkus oder Ausstellungsgebäude für die Dauer einer Weltausstellung z. B. wird als Bauwerk aufgefaßt werden können. Die Beschränkung des Erbbaurechts auf einen Teil eines Gebäudes, insbesondere ein Stockwerk, ist unzulässig[9]). Da das Erbbaurecht ein Gebrauchsrecht ist und das ganze Grundstück trifft, kann es nicht an dem Anteil eines Miteigentümers begründet werden[10]).

Wenn es auch zu dem Wesen des Erbbaurechtes gehört, daß das Grundstück zu dem Haben eines Bauwerks benutzt wird, ist doch nicht ausgeschlossen, daß das Recht auf die Benutzung eines von dem Bauwerk nicht eingenommenen Teiles des Grundstücks erstreckt wird. Dies kann geschehen, wenn die Benutzung der für das Bauwerk nicht erforderlichen Fläche für die Benutzung des Bauwerks Vorteil bietet (z. B. als Hofraum, Garten)[11]).

Dem Erbbauberechtigten kann die Benutzung eines Grundstücks, auf welchem ein Bauwerk vorhanden ist, oder die Benutzung des Grundstücks zur Aufstellung eines Bauwerks überlassen werden. Im ersteren Falle wird das Bauwerk regelmäßig im Eigentum des Grundeigentümers stehen; durch die Bestellung des Erbbaurechts wird in dem Eigentumsverhältnisse keine Änderung bewirkt. Im zweiten Falle wird das von dem Erbbauberechtigten errichtete Bauwerk, da es in Ausübung eines Rechtes an einem fremden Grundstück von dem Berechtigten mit dem Grundstück verbunden wird, kein Bestandteil des Grundstücks, es verbleibt vielmehr als bewegliche Sache in dem Eigentum des Erbbauberechtigten[12]).

Entsch. d. Reichsg. in Straff. 30 S. 238, Rechtspr. 6 S. 477. Nach RG 20 XI 1903 E. in Zivils. 56 S. 43 wird unter Bauwerk eine unbewegliche, durch Verwendung von Arbeit und Material in Verbindung mit dem Erdboden hergestellte Sache verstanden.

[9]) § 1014 BGB. Mot. 3 S. 470, KProt. 3 S. 281. Wenn ein Keller so angelegt ist, daß er selbständig, nicht ein Teil des darüber errichteten Hauses ist, wird ein Erbbaurecht daran begründet werden können. Vergl. RG 13 I 1904 E. 56 S. 260. — Über das Recht an Kellern s. Silberschmidt SeuffBl. 69 S. 409.

[10]) Vergl. Mot. 3 S. 470.

[11]) § 1013 BGB. KProt. 3 S. 283. Die Erstreckung auf den nicht bebauten Teil des Grundstücks gehört zu dem Inhalt der Einigung (§ 1015 BGB.) und bedarf in derselben Weise wie die Einigung der Eintragung. A. M. Turnau-Förster 1 S. 442. Nach KProt. 3 S. 283 sollte nur die Begründung einer besonderen Grunddienstbarkeit erspart werden. — Erfolgt die Erstreckung des Erbbaurechtes auf den nicht bebauten Teil erst nach Bestellung des Erbbaurechts, so handelt es sich um die Änderung des Inhalts des Rechtes (§ 877 BGB.); die Einigung hierüber unterliegt der Formvorschrift des § 1015.

[12]) § 95 BGB. Das Bauwerk wird auch nicht mit dem Wegfall des Erbbaurechts wesentlicher Bestandteil des Grund und Bodens. A. M. Silberschmidt SeuffBl. 69 S. 412. — Wird in dem Bauwerk ein Schatz gefunden,

Auch wenn das Eigentum des Bauwerks dem Grundeigentümer zusteht, hat der Erbbauberechtigte doch die Verfügungsbefugnis eines Eigentümers, auch erlischt das Erbbaurecht nicht dadurch, daß das Bauwerk (z. B. durch Brand) untergeht[13]), sofern nicht etwa eine derartige Bedingung vertragsmäßig festgesetzt ist. Wenn in einem solchen Falle nicht auf Grund vertragsmäßiger Abmachung das Erbbaurecht erlischt, so bleibt das Material dem dinglichen Rechte des Erbbauberechtigten bei Zerfall des Bauwerks unterworfen und ist der Erbbauberechtigte zur Wiedererrichtung des Bauwerks befugt[14]).

Eine Bestimmung wie die des § 1021, wonach vereinbart werden kann, daß der Grundeigentümer eine zur Ausübung einer Grunddienstbarkeit auf dem belasteten Grundstück errichtete Anlage zu unterhalten hat, ist für das Erbbaurecht nicht getroffen, andrerseits ist auch dem Erbbauberechtigten nicht die Pflicht auferlegt, das Bauwerk, falls es dem Grundeigentümer gehört, zu erhalten[15]). Da die Begründung dinglicher Rechte und Lasten nicht dem Belieben der Parteien überlassen ist, kann eine Belastung des Grundeigentums, die über das Dulden des Haltens des Bauwerks hinausgeht, also z. B. die Belastung des Grundeigentums mit einer Unterhaltungspflicht, ebensowenig wie eine Belastung des Erbbaurechtes, z. B. mit Zahlung eines Erbbauzinses, ohne Weiteres stattfinden. Nur in Form von Bedingungen oder durch Begründung von Reallasten werden sich solche Abmachungen dinglich sichern lassen[16]).

Erbbauberechtigter kann Jeder werden, der Eigentümer eines Grundstücks sein kann; insoweit der Erwerb eines Grundstücks beschränkt ist, muß die Beschränkung auch für das Erbbaurecht gelten[17]). Steht ein Erbbaurecht Mehreren nach Bruchteilen zu,

---

so gehört die auf den Eigentümer der Sache treffende Hälfte (§ 984 BGB.) dem Erbbauberechtigten, falls ihm das Eigentum an dem Bauwerk zusteht, dem Grundeigentümer, falls diesem das Bauwerk zu eigen gehört. Wird der Schatz in dem Grundstück gefunden, so gehört der Anteil dem Grundeigentümer.

[13]) § 1016 BGB. Mot. 3. S. 473, KProt. 3 S. 284.

[14]) Vergl. Mot. 3 S. 473. Nach Dernburg S. 465 Anm. 8 soll sich aus dem Wesen des Erbbauverhältnisses ergeben, daß der Superfiziar Eigentümer der Materialien werde. — Daß in dem Begründungsvertrage dem Eigentümer die Anwartschaft auf den Erwerb des von dem Erbbauberechtigten zu errichtenden Gebäudes mit dinglicher Wirkung zugesichert werden könnte, ist nicht anzunehmen. A. M. Oertmann Hirths Ann. 1904 S. 567, Recht 1905 S. 68.

[15]) Vergl. Mot. 3 S. 469.

[16]) Eine Zinspflicht läßt sich begründen, indem das Erbbaurecht mit einer Reallast belastet und das Erlöschen des Erbbaurechtes für den Fall des Unterbleibens der Realleistungen ausbedungen wird. Mot. 3 S. 468. Vergl. RG 16 V 1905 JW. S. 412[43].

[17]) Vergl. § 1017 BGB. Soweit allerdings landesgesetzliche Vorschriften (vergl. Art. 88 EGBGB.) den Erwerb von Grundstücken beschränken, ist aus

so sind die Bestimmungen über das Miteigentum anzuwenden. Zu Gunsten des jeweiligen Eigentümers eines Grundstücks, also als subjektiv-dingliches Recht, kann ein Erbbaurecht nicht bestellt werden. Eine (beliebig lösbare) Verbindung eines Erbbaurechtes mit einem Grundstück läßt sich dadurch herstellen, daß das Erbbaurecht mit einem dem Erbbauberechtigten gehörigen Grundstück vereinigt oder ihm als Bestandteil zugeschrieben wird [18]). Da dem Erbbauberechtigten die Stellung eines Grundeigentümers zukommt [19]), kann zu Gunsten des jeweiligen Inhabers des Erbbaurechts ein anderes Grundstück belastet werden. Bestehen solche subjektiv-dingliche Rechte zu Gunsten des Erbbaurechtes, so gelten sie als Bestandteile dieses Rechtes [20]).

§ 31. Entstehung.

Ein Erbbaurecht kann entstehen 1. durch Bestellung, 2. durch Ersitzung.

A. Bestellung.

Zufolge der allgemeinen Vorschrift des § 873 BGB. ist zur Belastung eines Grundstücks mit einem Erbbaurechte die Einigung des Berechtigten und des anderen Teiles über den Eintritt der Rechtsänderung und die Eintragung der Rechtsänderung, also der Belastung, erforderlich [1]). Diese Einigung des Grundeigentümers und des Erwerbers des Erbbaurechtes über die Belastung des Grundstücks mit dem Erbbaurechte muß, ebenso wie die Übertragung des Eigentums an einem Grundstück, bei gleichzeitiger Anwesenheit beider Teile vor dem Grundbuchamt erklärt werden [2]) [3]).

---

diesen Vorschriften zu entnehmen, ob auch die Erwerbung eines Erbbaurechtes getroffen sein soll.

[18]) § 890 Abs. 1 und 2 BGB.

[19]) § 1017 BGB. Mot. 3 S. 36, 471, KProt. 3 S. 3, 284. Eine solche Wirkung hat die Grundstücksnatur des Erbbaurechts nicht, daß das Bauwerk als wesentlicher Bestandteil des Erbbaurechts erscheinen könnte; die Voraussetzungen des § 94 Abs. 1 BGB. sind nicht gegeben. A. M. Fuchs S. 275, Biermann S. 222, Oberneck 1 S. 508. Wie hier Planck § 1017 Anm. 2, Turnau-Förster 1 S. 445. Das Erbbaurecht ist auch nicht „das Grundstück als dem Erbbaurecht unterworfenes" (Oertmann ArchBürgR. 1902 S. 184 ff., Staudinger 3 S. 285), sondern ein bloßes Gedankending, ein Recht, das mit dem Bauwerk nur in der Verbindung steht, daß der Berechtigte das Bauwerk „haben" darf, gleichgültig, wem das Bauwerk gehört.

[20]) § 96 BGB.

Zu § 31.

[1]) S. § 8.

[2]) § 1015 BGB. Mot. 3 S. 471, KProt. 3 S. 283. — S. § 8 Ziff. 19. Der Vorbehalt für die Landesgesetzgebung in Art. 143 Abs. 1 EG. bezieht sich auch auf die Bestellung eines Erbbaurechtes.

[3]) Die Bestimmung des § 313 BGB. kommt bei der Bestellung eines Erbbaurechtes nicht in Betracht, wohl aber bei der Übertragung eines bestellten Erbbaurechtes. Nach § 313 bedarf ein Vertrag, durch den sich der

Während aber eine Auflassung, die unter einer Bedingung oder einer Zeitbestimmung erfolgt, unwirksam ist[4]), ist für die Bestellung des Erbbaurechtes eine derartige Vorschrift nicht gegeben, es kann daher die Bestellung auch unter einer Bedingung oder einer Zeitbestimmung erfolgen[5]).

Außer dem dinglichen Vertrage ist, wie schon angeführt, zur Begründung des Erbbaurechtes die Eintragung in das Grundbuch und zwar auf dem Blatte des zu belastenden Grundstücks erforderlich. Dabei kann zur näheren Bezeichnung des Inhalts des Rechtes auf die Eintragungsbewilligung des Eigentümers Bezug genommen werden[6]). Die Bestimmung des Werterſatzes kann nach § 882 BGB. eingetragen werden[7]). Die Eintragung des Erbbaurechtes darf nur erfolgen, nachdem die Einigung der

---

eine Teil verpflichtet, das Eigentum an einem Grundstück zu übertragen, der gerichtlichen oder notariellen Beurkundung. Verpflichtet sich ein Grundeigentümer, ein Erbbaurecht zu bestellen, so verpflichtet er sich, sein Grundstück zu belasten, nicht, das Eigentum zu übertragen. Erst nachdem das Erbbaurecht bestellt ist, kommt die Grundstücksnatur des begrenzten Rechtes zur Geltung, mit der Bestellung entsteht (nach der Fiktion des BGB.) ein neues Grundstück. Verpflichtet sich der Erbbauberechtigte, sein Erbbaurecht zu übertragen, so verpflichtet er sich nach § 1017, ein Grundstück zu übertragen; dieses Grundstück ist aber nicht das Grundstück des Grundeigentümers, sondern das durch die Bestellung des Erbbaurechtes entstandene Recht, das den Vorschriften über Grundstücke unterliegt. Die Bestimmung des § 1017 Abs. 2, wonach die für den Erwerb des Eigentums geltenden Vorschriften auf das Erbbaurecht entsprechende Anwendung finden, bezieht sich nicht auf die Bestellung des Erbbaurechtes, sondern auf den Erwerb bestellter Erbbaurechte; die Bestellung des Erbbaurechtes wird nicht durch § 1017, sondern durch § 1015 geregelt. Dasselbe gilt für § 1017 Abs. 1 BGB. Wenn in den KProt. 1 S. 464 eine andere Auffassung vertreten worden ist, so geschah das im Hinblick auf § 781 Abs. 2 Entw., der dem § 1017 BGB. im wesentlichen entsprochen hat. Aber dem § 781 Abs. 2 Entw. ging keine dem § 1015 BGB. entsprechende Bestimmung voraus. Abgesehen davon erscheint jedenfalls die Annahme, eine für die Übertragung eines Rechtes gegebene Formvorschrift gelte auch für die Begründung des Rechts, nicht zutreffend. Zu einer ausdehnenden Auslegung der Vorschrift des § 313 dürften genügende Gründe nicht bestehen. A. M. Turnau-Förster 1 S. 445, Predari S. 79, Willenbücher S. 83, Oberneck 1 S. 503, Biermann S. 222, Dernburg § 162 N. 8, Planck § 1017 Anm. 2 (2. Aufl., anders in der 3. Aufl.), RG 8 I 1902 E. 50 S. 82, 16 V 1905 JW. S. 413, wie hier jedoch Planck (1904) 2 S. 126, Kretzschmar ZBlFG. 3 S. 444, Recht 1904 S. 153[162].

[4]) § 925 Abs. 2 BGB.

[5]) Dieselben Formen, die bei der Bestellung des Rechtes zu beachten sind, sind auch bei einer Änderung des Inhalts einzuhalten. S. § 30 Anm. 11.

[6]) § 874 BGB.

[7]) Erlöschen infolge einer Zwangsversteigerung Rechte, die nicht auf Zahlung eines Kapitals gerichtet sind (Erbbaurechte, Dienstbarkeiten, Reallasten), so tritt an die Stelle des Rechtes der Anspruch auf Ersatz des Wertes (§§ 92, 91, 121 ZVG.). Den Höchstbetrag dieses Ersatzes können die Beteiligten schon bei Begründung des begrenzten Rechtes bestimmen. Die Bestimmung ist in das Grundbuch einzutragen. Bei der Festsetzung des Ersatzes darf der Betrag nicht überschritten werden.

Parteien erklärt ist[8]). Ist die Einigung erfolgt und das Erbbaurecht auf dem Blatte des Grundstückes[9]) eingetragen, so ist das Recht bestellt. Nunmehr kann, da das Erbbaurecht den auf Grundstücke bezüglichen Vorschriften untersteht, ein besonderes Grundbuchblatt angelegt werden, auf dem das Erbbaurecht wie ein Grundstück vorgetragen wird, wobei auch (vergl. § 4 GBO.) noch wirkliche Grundstücke des Erbbauberechtigten oder andere selbständige Gerechtigkeiten aufgeführt werden können. Wird Antrag gestellt, so ist für das Erbbaurecht ein solches besonderes Grundbuchblatt anzulegen. Von Amtswegen erfolgt die Anlegung des besonderen Blattes, wenn das Erbbaurecht veräußert oder belastet werden soll. Die Anlegung ist auf dem Blatte des belasteten Grundstücks zu vermerken[10]).

B. Ersitzung.

Durch Ersitzung kann ein Erbbaurecht zur Entstehung kommen, wenn für Jemand ein ihm nicht zustehendes Erbbaurecht im Grundbuch eingetragen ist, die Eintragung 30 Jahre bestanden hat und der als Erbbauberechtigter Eingetragene während dieser Zeit das Grundstück in Besitz gehabt hat. S. § 12 Ziff. 10 ff.

§ 32. Erwerb eines entstandenen Erbbaurechtes.

Für den Erwerb eines zur Entstehung gelangten Erbbaurechtes finden die für den Erwerb des Eigentums an einem Grundstücke geltenden Vorschriften entsprechende Anwendung; das Erbbaurecht wird wie ein Grundstück behandelt (s. § 24).

Zur Übertragung durch Rechtsgeschäft ist die Form der Auflassung erforderlich, auch ist die Übertragung, wenn sie unter einer Bedingung oder einer Zeitbestimmung erfolgt, unwirksam[1]).

Außer der Auflassung kommt für den Erwerb eines Erbbaurechtes hauptsächlich die Ersitzung (s. § 24 Ziff. 63 ff.) in Betracht, sowie der Zuschlag bei der Zwangsvollstreckung (§ 24 Ziff. 69); die Zwangsvollstreckung in ein Erbbaurecht geht vor sich wie die Zwangsvollstreckung in ein Grundstück[2]). Was dagegen den Erwerb durch Aneignung betrifft (s. § 24 Ziff. 57 ff.), so wird

---

[8]) § 20 GBO.

[9]) Soll nur ein Grundstücksteil mit dem Rechte belastet werden, so ist er von dem Grundstück abzuschreiben und als selbständiges Grundstück einzutragen (§ 6 GBO.).

[10]) § 7 GBO.

Zu § 32.

[1]) § 1017 in Verb. mit §§ 925, 313 BGB., Art. 143, 142 EG., §§ 98, 99, 20, 22 Abs. 2, 31 GBO. Für Zubehör § 926 BGB. S. § 4 Anm. 80. — Eine bedingte Übertragung eines Erbbaurechts kann nicht stattfinden, wohl aber die Übertragung eines bedingten Erbbaurechts.

[2]) § 870 ZPO.

aus der Natur des Erbbaurechtes als eines das Eigentum beschränkenden Rechtes zu folgern sein, daß ein Erwerb eines aufgegebenen Erbbaurechtes durch den Fiskus[3]) nicht stattfinden kann, weil mit dem Augenblick, in welchem das begrenzte Recht aufgegeben wird, das Grundstück frei wird. Dieses Bedenken steht der Anwendung des § 927 BGB. nicht entgegen, es erscheint daher der Erwerb eines Erbbaurechts auf Grund Ausschlußurteils zulässig[4]).

§ 33. Belastung.

Auch für die Belastung eines Erbbaurechtes gelten die Vorschriften über die Belastungen der Grundstücke. Das Erbbaurecht kann mit begrenzten Rechten belastet werden wie ein Grundstück, also mit Dienstbarkeiten, Vorkaufsrechten, Reallasten, Hypotheken, Grundschulden und Rentenschulden. Die Belastung hat auch in derselben Weise wie bei Grundstücken zu erfolgen[1]).

Die Belastungen werden hinfällig mit dem Aufhören des Erbbaurechtes[2]). Zur Aufhebung eines belasteten Erbbaurechtes ist die Zustimmung dessen erforderlich, mit dessen Recht das Erbbaurecht belastet ist (§ 876 BGB. s. § 8 Ziff. 50 ff.).

Dadurch, daß der Erbbauberechtigte das Eigentum des Grundstücks oder der Eigentümer das Erbbaurecht erwirbt, erleiden die Belastungen des Erbbaurechtes keine Veränderung, weder eine Schmälerung noch eine Stärkung, es haftet nur das begrenzte Recht, nicht das Grundstück.

§ 34. Erlöschen.

Da die Bestellung eines Erbbaurechtes unter einer Bedingung oder Zeitbestimmung erfolgen kann, kann ein solches Recht mit dem Eintritt der auflösenden Bedingung[1]) oder mit dem Eintritt des Endtermins erlöschen.

---

[3]) § 928 BGB.

[4]) § 927 BGB. S. § 24 Ziff. 52 ff. A. M. Biermann S. 223, Turnau-Förster 1 S. 446. Die Motive 3 S. 474 erscheinen für den Gesetzestext nicht zutreffend.

Zu § 33.

[1]) §§ 873 ff. BGB. Die Bestellung eines Erbbaurechtes an einem Erbbaurecht erscheint unmöglich, denn nach § 1012 hätte die Belastung in der Weise zu erfolgen, daß Jemand das Recht eingeräumt erhielte, auf oder unter der Oberfläche des zu belastenden Gegenstandes ein Bauwerk zu haben.

[2]) Über die Mündelsicherheit der Belastungen s. Wittmaack ArchZivPr. 1902 S. 323.

Zu § 34.

[1]) Die Bedingung kann dahin gestellt werden, daß das Erbbaurecht bei nicht pünktlicher Zahlung der Vergütung erlösche. RG 16 V 1905 JW. S. 412[43]. Abw. Oertmann Hirths Ann. 1904 S. 565, Recht 1905 S. 68.

Das Erbbaurecht erlischt nicht dadurch, daß das Bauwerk untergeht[2]), dagegen erlischt es durch rechtsgeschäftliche Aufhebung. Die Aufhebung erfolgt nach den allgemeinen Vorschriften über die Aufhebung begrenzter Rechte. Erforderlich ist die Erklärung des Berechtigten, daß er das Recht aufgebe und die Löschung des Rechtes im Grundbuch. Die Erklärung ist dem Grundbuchamt oder demjenigen gegenüber abzugeben, zu dessen Gunsten sie erfolgt. S. § 8 Ziff. 40 ff. Die Löschung hat auf dem Blatte des belasteten Grundstücks zu geschehen. Infolge der Aufhebung des Erbbaurechtes tritt keine Herrenlosigkeit dieses Rechtes ein, sondern das Grundstück wird frei[3]).

Von einer Zwangsvollstreckung in das Grundstück bleibt das Erbbaurecht, wenn es im Range dem Rechte des vollstreckenden Gläubigers vorgeht, unberührt. Geht es dem Rechte des betreibenden Gläubigers nach, so muß es diesem Rechte weichen. Ist der Erbbauberechtigte in einem solchen Falle Eigentümer des Bauwerks, so hat er die Stellung eines Besitzers des Grundstücks, der in Ausübung eines Rechtes an dem Grundstück das Bauwerk errichtet hat.

Daß das Erbbaurecht nicht dadurch erlischt, daß der Eigentümer des Grundstücks das Recht oder der Berechtigte das Eigentum an dem Grundstück erwirbt, ergibt sich aus der allgemeinen Vorschrift des § 889 BGB.

Über Erlöschen eines im Grundbuch zu Unrecht gelöschten Erbbaurechtes (§ 901 BGB.) s. § 12 Ziff. 5 ff.

§ 35. Schutz.

Als Besitzer des Grundstücks hat der Erbbauberechtigte vor Allem den Besitzschutz. S. § 17. In Ansehung des Grundstücks[1]) ist der Erbbauberechtigte Fremdbesitzer, bezüglich des Bauwerks kann er Eigenbesitzer sein oder Fremdbesitzer. Ist das Erbbaurecht zeitlich beschränkt, so hat der Grundeigentümer mittelbaren Besitz an dem belasteten Grundstück; ist das Erbbaurecht nicht auf Zeit bestellt, so hat der Grundeigentümer keinen mittelbaren Besitz[2]).

---

[2]) § 1016 BGB. Die Materialien gehören demjenigen, dem das Bauwerk gehörte. Der Erbbauberechtigte hat, wenn nicht etwas Anderes vereinbart ist, das Recht, das Bauwerk wieder zu errichten und die Materialien des alten Baues zu verwenden.

[3]) Sind mehrere Erbbauberechtigte vorhanden, so wird das Grundstück erst frei, wenn alle Miterbbauberechtigte verzichtet haben.

Zu § 35.

[1]) Ist der Erbbauberechtigte nicht im Besitze des Teiles des Grundstücks, der nicht überbaut ist, dessen Benutzung ihm aber zusteht, so wird ihm Besitzschutz unter entsprechender Anwendung des § 1029 BGB. zu gewähren sein. Planck § 1012 Anm. 6, Biermann S. 221.

[2]) Vergl. Wendt Archiv 87, 61, Strohal S. 35 Anm. 38, Oberneck 1 S. 510. A. M. Biermann S. 34, Planck 3 S. 62.

Auf das Erbbaurecht finden weiter die für die Ansprüche aus dem Eigentum geltenden Vorschriften entsprechende Anwendung. S. § 27. Der Erbbauberechtigte wird so behandelt, wie wenn er Eigentümer des Grundstücks wäre, an dem er das begrenzte Recht hat.

Trifft ein Erbbaurecht mit einer Grunddienstbarkeit, einem Nießbrauch oder einer beschränkten persönlichen Dienstbarkeit dergestalt zusammen, daß die Rechte nebeneinander nicht oder nicht vollständig ausgeübt werden können, und haben die Rechte gleichen Rang, so kann jeder Berechtigte eine den Interessen aller Berechtigten nach billigem Ermessen entsprechende Regelung der Ausübung verlangen[3]).

Bei Beeinträchtigung des Erbbaurechtes durch einen Überbau oder einen Notweg ist der Erbbauberechtigte entschädigungsberechtigt. S. § 22 Ziff. 72 ff.

Ist das Erbbaurecht durch eine Unrichtigkeit des Grundbuchs gefährdet, so besteht der Berichtigungsanspruch (§ 894 BGB.) s. § 10.

---

[3]) Vergl. §§ 1024, 1060, 1090 Abs. 2 BGB.

V. Abschnitt.

Dienstbarkeiten.

§ 36. Einteilung.

Das Wort Dienstbarkeit ist der Gattungsname für drei Arten begrenzter Rechte, nämlich für 1. die Grunddienstbarkeiten, 2. den Nießbrauch, 3. die beschränkten persönlichen Dienstbarkeiten. Diese Rechte sind unter sich verschieden, stehen andererseits sonstigen dinglichen Rechten (Erbbaurecht und Reallasten) so nahe, daß eine Begriffsbestimmung für sie kaum anders zu geben sein möchte als durch eine Zusammenfassung der Bestimmungen, die für die einzelnen Arten zu geben sind.

Die Grunddienstbarkeit ist ein subjektiv-dingliches Recht; Inhaber des Rechtes ist der jeweilige Eigentümer eines Grundstücks. Der Nießbrauch und die beschränkte persönliche Dienstbarkeit sind subjektiv-persönliche Rechte, sie sind an die Person geknüpft.

Die Grunddienstbarkeit und die beschränkte persönliche Dienstbarkeit ruhen auf Grundstücken [1]), Gegenstand des Nießbrauchs kann eine Sache, ein Recht oder ein Vermögen sein.

Bei den Bestimmungen über Dienstbarkeiten handelt es sich nur um rechtsgeschäftlich bestellte Dienstbarkeiten. Soweit durch Gesetz begründete Dienstbarkeiten vorkommen, muß aus den sie begründenden Bestimmungen sich ergeben, inwieweit die Vorschriften über die durch Rechtsgeschäft bestellten Dienstbarkeiten Anwendung zu finden haben [2]). In den §§ 1383 und 1652 ist

---

Zu § 36.

[1]) Erbbaurechte und sonstige Rechte, auf welche § 1017 Anwendung findet, sind einbegriffen. Vergl. Art. 63, 68, 196 EGBGB.

[2]) Soweit die Vorbehalte des EG. zugunsten der Landesgesetzgebung reichen, ist es Sache des Landesrechts, bei Bestimmung gesetzlicher Dienstbarkeiten mehr oder weniger an die Vorschriften des BGB. über die rechtsgeschäftlich bestellten Dienstbarkeiten, was den Inhalt der Rechte betrifft, sich anzuschließen. Mot. 3 S. 477. Vergl. insbes. Art. 65, 66, 73, 83, 113 EG. — Für die Begründung und Aufhebung einer Dienstbarkeit an einem Grundstück, das im Grundbuch nicht eingetragen ist und nach § 90 GBO. nicht eingetragen zu werden braucht, sind die landesgesetzlichen Vorschriften maßgebend (Art. 128 EGBGB.). Desgleichen bleiben unberührt die landesgesetzlichen Vorschriften über die Ablösung, Umwandlung oder Einschränkung von Dienstbarkeiten (Art. 113, 114 EGBGB.).

bezüglich der ehelichen und elterlichen Nutznießung auf die Vorschriften über den Nießbrauch verwiesen.

Die Vorschriften der §§ 903—924 BGB. gewähren auch Rechte auf Benutzung fremder Grundstücke, sie kommen aber nicht als gesetzliche Dienstbarkeiten in Betracht, durch jene Bestimmungen sind die in dem Eigentum liegenden Befugnisse beschränkt worden, die Anwendung der Grundsätze, die für begrenzte Rechte gelten, ist daher ausgeschlossen. S. § 22 Ziff. 7.

I. Grunddienstbarkeiten.

§ 37. Begriff und Inhalt.

Die Grunddienstbarkeit ist ein dingliches Recht, das dem jeweiligen Eigentümer eines Grundstücks[1]) an einem andern Grundstück[2]) dahin zusteht, daß

1. der Berechtigte das belastete Grundstück in einzelnen Beziehungen benutzen darf, oder

2. daß auf dem belasteten Grundstück gewisse Handlungen[3]) nicht vorgenommen werden dürfen, oder

---

Zu § 37.

[1]) Zu Gunsten des Grundeigentums einer Gemeinde kann eine Grunddienstbarkeit bestellt werden, nicht aber zu Gunsten der Angehörigen einer Gemeinde ohne Rücksicht auf ein Grundeigentum (vergl. § 1090 BGB.). Auch für einen ganzen Gemeindebann, d. h. für alle einzelnen zu der Gemarkung gehörigen Grundstücke läßt sich eine Grunddienstbarkeit bestellen, fraglich wird in einem solchen Falle nur sein, ob dem Vorstand der Gemeinde die Vertretung der sämtlichen Grundeigentümer zusteht. — Bei Grunddienstbarkeiten zu Gunsten des Eisenbahnbetriebs ist der Eisenbahnkörper das Grundstück, mit dessen Eigentum das Recht verbunden ist. Vergl. JW. 1896 S. 214 Ziff. 59. S. jedoch bezüglich eines Wasserbezugsvertrags zum Zwecke der Lokomotivenspeisung RG 7 V 1895 PuchZ. 27, 43. Vergl. RG E. 58 S. 264 (Rechtsverhältnis zwischen Eisenbahngesellschaft und Inhaber eines Anschlußgleises). — Aus dem Bestellungsvertrag ist zu entnehmen, ob und welchen anderen Personen außer dem Eigentümer des herrschenden Grundstückes die Ausübung der Dienstbarkeit zusteht. Jedoch ist die Ausübung durch andere Personen nur zulässig, wenn sie zum Vorteile des herrschenden Grundstücks dient.

[2]) Auch an Grundstücken, die dem gemeinen Gebrauche gewidmet sind, kann der Verfügungsberechtigte eine Grunddienstbarkeit bestellen, z. B. Baumpflanzung an einer öffentlichen Straße, Grasnutzung auf einem Kirchhof. — Eine Dienstbarkeit kann nur an den einzelnen im Grundbuch eingetragenen Grundstücken begründet werden, nicht z. B. an der Gemeindeflur als solcher. Vergl. KProt. 3 S. 438.

[3]) Regelmäßig werden Handlungen in Frage kommen, die an und für sich vorgenommen werden dürften. In Fällen, in denen es zweifelhaft ist, ob eine Handlung schon durch das Gesetz verboten ist, wird es keinem Bedenken unterliegen, durch Begründung einer Dienstbarkeit die Unterlassungspflicht festzustellen. Vergl. Planck 3 S. 361.

3. daß die Ausübung eines Rechtes ausgeschlossen ist, das sich aus dem Eigentum an dem belasteten Grundstück dem andern Grundstück gegenüber ergibt[4]).

In diesen drei Richtungen kann ein dingliches Recht als Grunddienstbarkeit begründet werden. Der Inhalt und der Umfang der einzelnen Grunddienstbarkeiten richtet sich nach dem Begründungsakt; erforderlich ist jedoch, daß die Belastung des einen Grundstücks für die Benutzung des anderen Grundstücks von Vorteil ist. Eine Grunddienstbarkeit kann nur in einer Belastung bestehen, die für die Benutzung des Grundstücks des Berechtigten Vorteil bietet[5]).

Der Vorteil, der für die Benutzung des Grundstücks des Berechtigten erwachsen muß, kann verschiedener Art sein. Es ist nicht verlangt, daß der Vorteil dem Grundstück oder dem auf dem Grundstück befindlichen Gebäude unmittelbar gewährt wird, wie es z. B. der Fall ist, wenn ein Haus auf eine fremde Mauer gestützt werden darf, oder, wenn ein Balkon in das Nachbargrundstück hineinragen darf. Es genügt, wenn die Grunddienstbarkeit für die Benutzung vorteilhaft ist, wenn das Bedürfnis nach der Berechtigung in der Beschaffenheit des Grundstücks eine objektive Grundlage hat, sei es auch nur um deswillen, weil ein bestimmter Gewerbebetrieb auf dem Grundstück eingerichtet ist oder eingerichtet werden soll[6]). Demnach werden Grunddienstbarkeiten bestehen können z. B. in der Berechtigung, Lehm zu graben für eine auf dem Grundstück des Berechtigten befindliche Ziegelei[7]), in der Belastung, daß keine Wirtschaft betrieben werde, zu Gunsten des benachbarten Wirtschaftsgrundstücks[8])[9]),

---

[4]) § 1018 BGB. Mot. 3 S. 478, KProt. 3 S. 286. Zu einem Tun kann der Grundeigentümer durch eine Grunddienstbarkeit nur hinsichtlich der Unterhaltung von Anlagen verpflichtet werden (§ 1021 BGB.).

[5]) § 1019 BGB. Mot. 3 S. 481, KProt. 3 S. 308. Geldinteresse ist nicht notwendig; es genügt der Vorteil der Annehmlichkeit, Bequemlichkeit, Befriedigung ästhetischer Interessen, jedoch muß die Dienstbarkeit für die Benutzung des Grundstücks überhaupt, nicht für die Person eines bestimmten Besitzers, von Vorteil sein.

[6]) Vergl. Mot. 3, 481. Ist der Satz noch richtig: Ut pomum decerpere liceat, et ut spatiari et ut cenare in alieno possimus, servitus imponi non potest (l. 8 D. 8, 1)? Kohler ArchZivPr. 87 S. 170 behandelt diese Frage, mit ihm spricht sich Dernburg § 164 Anm. 7 für die Bejahung aus. Wie aber schon Windscheid (§ 209 Anm. 5) hervorhebt, wird durch das Recht auf Benutzung eines benachbarten Gartens das Bewohnen eines Hauses annehmlicher gemacht, und dadurch sogar der Mietwert des Hauses gesteigert. Es erscheint zweifellos, daß ein derartiges Recht für die Benutzung eines Grundstücks unter Umständen von Vorteil ist, daß daher dieses Recht als Grunddienstbarkeit bestehen kann.

[7]) Vergl. RG 25 IV 1905 JW. S. 393[12] (Grunddienstbarkeit im Interesse einer Ziegelei).

[8]) A. M. Kohler ArchZivPr. 87 S. 174; dagegen BayObLG. 20 VI 1903 Recht 1903 S. 401[60].

in der Belastung, daß die Herstellung einer für das Grundstück schädlichen gewerblichen Anlage auf dem Nachbargrundstück zu dulden ist. Die Benutzung eines Grundstücks als Fabrik, Schulhaus, Kirche, Krankenhaus, Wohnhaus, Villa ꝛc. kann besondere Bedürfnisse mit sich bringen, zu deren Befriedigung Grunddienstbarkeiten zu dienen haben.

Nicht erforderlich ist, daß es sich bei Begründung der Servitut um die Befriedigung eines schon vorhandenen Bedürfnisses handelt; die Grunddienstbarkeit ist bestimmt, die Benutzungsfähigkeit eines Grundstücks zu steigern, auch für eine in der Zukunft liegende Benutzung, z. B. im Hinblick auf die Errichtung einer Fabrik, kann eine Grunddienstbarkeit erlangt werden[10]). Dementsprechend wird auch dadurch, daß das Grundstück zeitweise anderen Zwecken dient, daß z. B. der Fabrikbetrieb wegen Zerstörung der Fabrik eingestellt ist, die Grunddienstbarkeit nicht aufgehoben; nur die dauernde tatsächliche Unmöglichkeit der Ausübung erledigt die Servitut.

Auf das notwendige Bedürfnis des Grundstücks des Berechtigten ist die Grunddienstbarkeit nicht beschränkt, es genügt, wenn überhaupt ein Bedürfnis vorliegt. Nur über den für die Benutzung des Grundstücks sich ergebenden Vorteil hinaus kann der Inhalt der Dienstbarkeit nicht erstreckt werden[11]). Wie sich die Sache zu gestalten hat, wenn das Bedürfnis, zu dessen Befriedigung die Grunddienstbarkeit zu dienen hat, eine Erweiterung erfährt, ist nach dem einzelnen Falle zu beurteilen. Regelmäßig wird es im Sinne des Begründungsaktes liegen, daß die Dienstbarkeit auch dem erweiterten Bedürfnisse zu dienen hat, so lange der Betrieb, zu dessen Vorteil die Dienstbarkeit begründet worden ist, beibehalten, wenn auch vergrößert wird, anders wird es sein, wenn eine Änderung in der Benutzungsart eintritt, die bei Begründung der Dienstbarkeit nicht vorauszusehen war[12]).

Insoweit eine Belastung für die Benutzung des Grundstücks des Berechtigten keinen Vorteil bietet, besteht die Grunddienstbarkeit rechtlich nicht. Hält der Begründungsakt diese Grenze nicht ein, so kann die Berichtigung des Grundbuchs verlangt werden.

---

[9]) Ob und unter welchen Umständen eine Beschränkung des Gewerbebetriebs nach der Gewerbeordnung als unstatthaft erscheinen muß, ist eine andere Frage. Vergl. § 1 GewO., RG. 38 S. 158.

[10]) Vergl. Mot. 3 S. 482.

[11]) § 1019 Satz 2 BGB. Nach Dernburg § 164 N. 3 schließt sich § 1019 Satz 2 dem römischen Rechte an, wonach z. B. eine Prädialservitut auf Gewinnung von Töpfererde nur das Recht auf Gewinnung des Bedarfs des herrschenden Grundstücks gewährte, insbesondere zum Versand von Gutserzeugnissen, nicht aber zur Herstellung von Fabrikaten behufs selbständigen Verkaufes. Eine derartige Einschränkung ergibt sich jedoch aus den Bestimmungen des BGB. nicht.

[12]) Vergl. KProt. 3 S. 310, Kohler ArchZivPr. 87 S. 217.

Nachbarschaft der beteiligten Grundstücke wird für die Grunddienstbarkeit nicht gefordert[13]). Da aber das belastete Grundstück selbst den Vorteil für die Benutzung des anderen Grundstücks gewähren muß, wird die Nachbarschaft allerdings die Regel sein.

Daß das belastete Grundstück die Vorteile vermöge seiner inneren Beschaffenheit dauernd gewähre, ist ebenfalls vom Gesetze nicht als Erfordernis aufgestellt[14]).

Das BGB. unterscheidet nicht bestimmte einzelne Arten von Grunddienstbarkeiten. Die Einteilung in Feld- und Hausservituten, ständige und nicht ständige, offene und verborgene, affirmative und negative Dienstbarkeiten ist bedeutungslos; an die Unterscheidungsmerkmale knüpfen sich keine rechtlichen Folgen. Der privaten Festsetzung ist überlassen, in dem von dem Gesetze aufgestellten Rahmen Dienstbarkeiten zu begründen, wie sie passend erscheinen[15]). Der Landesgesetzgebung ist übrigens gestattet, Vorschriften zu geben, welche die Belastung eines Grundstücks mit gewissen Grunddienstbarkeiten untersagen oder beschränken oder den Inhalt und das Maß der Grunddienstbarkeiten näher bestimmen[16]).

---

[13]) Mot. 3 S. 482; anders Kohler ArchZivPr. 87 S. 183 ff., 213.

[14]) Mot. 3 S. 482. Vergl. Kohler S. 213.

[15]) Berechtigungen, das fremde Grundstück in einzelnen Beziehungen zu benutzen, können zum Gegenstand haben: ein Bauwerk auf das Bauwerk eines Anderen stützen, Gebäudeteile in das Nachbargrundstück hineinragen lassen, ein Bauwerk auf dem fremden Grundstück halten, Dachtraufe, Wasserleitung, Wasserschöpfen, Steine, Sand, Lehm, Torf, Gras ꝛc. auf dem fremden Grundstück holen, auf dem fremden Grundstück gehen, fahren, Viehtreiben. Auch Forstberechtigungen gehören hierher, soweit sie Nutzungsrechte sind, die durch die eigene Tätigkeit des Berechtigten ausgeübt werden, Recht auf Raff- und Leseholz, Waldstreu, Harzscharren, Teerschwelen ꝛc.; hat dagegen der Waldeigentümer selbst tätig zu werden, z. B. Bauholz zu liefern, so kann nur eine Reallast vorliegen. Zu erwähnen sind auch die Weideberechtigungen. Bei einer gegenseitigen Berechtigung übt der Einzelne auf seinem Grundstück eine aus dem Eigentum hervorgehende Befugnis, auf dem Grundstück des Andern eine Dienstbarkeit aus. — Über Fischereirecht als Dienstbarkeit s. RGE. 53 S. 98.

Zur zweiten Kategorie (Nichtvornahme gewisser Handlungen auf dem belasteten Grundstück) dürften gehören: Verbot, zu bauen oder höher zu bauen, Bäume zu pflanzen oder auf sonstige Weise die Aussicht zu versperren, ein bestimmtes Gewerbe auf dem Grundstück zu betreiben, ein anderes Gebäude als eine Villa zu errichten (über die Servitut des Villenbaues s. Kohler ArchZivPr. 87, 157), Häuser anders als in einem bestimmten Stil zu bauen ꝛc. Was die Ausschließung der Ausübung von Rechten betrifft, die sich aus dem Eigentum an dem belasteten Grundstück dem andern Grundstück gegenüber ergeben, so werden hier nur die Rechte in Betracht kommen, die auf Grund der §§ 906 ff. BGB. Einwirkungen auf fremde Grundstücke gestatten. Da die Ausschließung der Ausübung zugelassen ist, kann durch eine Grunddienstbarkeit auch die Ausübung beschränkt werden. — Vergl. JW. 1892 S. 153 Ziff. 17, 1896 S. 214 Ziff. 59.

[16]) Art. 115 EGBGB.

§ 38. Entstehung.

Die Grunddienstbarkeit entsteht entweder durch Rechtsgeschäft oder durch Ersitzung[1]).

Für die rechtsgeschäftliche Begründung (**Bestellung**) einer Grunddienstbarkeit gelten die allgemeinen Vorschriften. Nach § 873 BGB. ist zur Belastung eines Grundstücks mit einem Rechte die Einigung des Berechtigten und des anderen Teiles über den Eintritt der Rechtsänderung und die Eintragung der Rechtsänderung in das Grundbuch erforderlich. S. § 8.

Die Vorschriften der §§ 873, 874, 876 finden auch auf Änderungen des Inhalts einer Grunddienstbarkeit Anwendung. S. § 8.

Die Bestellung setzt voraus, daß der Besteller Eigentümer des zu belastenden Grundstücks ist, und daß er fähig ist, darüber zu verfügen. Allerdings gilt dieser Satz nur vorbehaltlich der Wirkungen des öffentlichen Glaubens des Grundbuchs, denn wer mit einer Person, die im Grundbuch als Eigentümer eines Grundstücks eingetragen ist, sich über die Gründung einer Servitut einigt, darf sich darauf verlassen, daß der Inhalt des Grundbuchs richtig ist[2]).

Der Erbbauberechtigte hat die Stellung eines Grundeigentümers, er kann auf die Dauer seines Rechtes Grunddienstbarkeiten einräumen. Dem Nießbraucher ist nicht gestattet, Grunddienstbarkeiten auf die Dauer seines Rechtes zu begründen, er kann das Grundstück nicht belasten[3]).

Die **Belastung** eines Grundstücksteiles mit einer Grunddienstbarkeit ist zulässig; wenn keine Verwirrung zu besorgen ist, kann die Abschreibung des zu belastenden Teiles im Grundbuch unterbleiben[4]). An einem ideellen Teile, an einem Bruchteile, läßt sich eine Grunddienstbarkeit nicht bestellen. Zur Belastung eines ge-

---

Zu § 38.

[1]) Auch nach dem Inkrafttreten des BGB. erfolgen die Begründung und die Aufhebung einer Grunddienstbarkeit nach den bisherigen Gesetzen, bis das Grundbuch als angelegt anzusehen ist. Das Gleiche gilt von der Änderung des Inhalts und des Ranges einer Grunddienstbarkeit. Ein nach den Vorschriften des BGB. unzulässiges Recht kann aber vom 1. Jan. 1900 ab nicht mehr begründet werden. Die Aufhebung einer Grunddienstbarkeit, mit der ein Grundstück zur Zeit des Eintritts des Grundbuchrechtes belastet ist, erfolgt auch nach Eintritt des Grundbuchrechts nach den bisherigen Gesetzen, bis das Recht in das Grundbuch eingetragen ist. (Vergl. Art. 189 EG.).

Über die Begründung und Aufhebung von Grunddienstbarkeiten an buchungsfreien Grundstücken s. § 36 Ziff. 2.

Über die Begründung, Änderung oder Aufhebung von Grunddienstbarkeiten infolge der landesgesetzlichen Vorschriften über die Zusammenlegung von Grundstücken, Gemeinheitsteilung, Regulierung der Wege, Ordnung der gutsherrlich bäuerlichen Verhältnisse s. Art. 113 EGBGB.

[2]) S. § 7.

[3]) Mot. 3 S. 479. Gegenstand der Belastung können auch die in Art. 63, 68 EG. bezeichneten Rechte sein.

[4]) § 6 GBO. S. § 13 Ziff. 40.

meinschaftlichen Grundstücks bedarf es einer gemeinschaftlichen Verfügung der Miteigentümer[5]).

Was den Erwerber der Dienstbarkeit betrifft, so kann nur der Eigentümer eines Grundstücks einen Vertrag über die Erwerbung einer Grunddienstbarkeit abschließen, Miteigentümer müssen gemeinschaftlich[6]) handeln. Der Erbbauberechtigte kann für sein Recht eine Grunddienstbarkeit erwerben, der Nießbraucher nicht.

Die Einigung des Bestellers und des Erwerbers stellt sich als dinglichen Vertrag dar[7]). Was für ein Kausalgeschäft der Einigung zu Grunde liegt, ist für die Entstehung der Dienstbarkeit gleichgültig. Die Verpflichtung zur Bestellung kann gegen Entgelt und ohne Entgelt, durch Vereinbarung unter Lebenden oder durch letztwillige Verfügung, ausdrücklich oder stillschweigend auferlegt oder übernommen worden sein. Einer Form bedarf der obligatorische Vertrag nicht[8]). Eine stillschweigende Übernahme der Verpflichtung zur Bestellung einer Dienstbarkeit wird nicht selten dann vorkommen, wenn zur Zeit der Veräußerung eines von zwei in einer Hand befindlichen Grundstücken Anlagen vorhanden sind, die erkennen lassen, daß das eine Grundstück zum Vorteile des andern benutzt wird. In einem solchen Falle wird häufig die Annahme zutreffen, daß nach der Absicht der Parteien der bisherige Zustand in der Form einer Grunddienstbarkeit erhalten bleiben solle und daß der Eigentümer des zu belastenden Grundstücke die Bestellung vorzunehmen habe.

Daß das begrenzte Recht an einem fremden Grundstück bestehe, gehört zwar nicht zu dem Begriffe der Dienstbarkeit[9]), allein die Begründung einer Dienstbarkeit hinsichtlich zweier Grundstücke, die einen und denselben Eigentümer haben, kann nicht stattfinden, weil die Begründung einen Vertrag erfordert, eine Person aber für sich und mit sich keinen Vertrag abschließen kann[10]). Ein einseitiger

---

[5]) § 747 BGB. KProt. 3 S. 310. Die Bestellung an allen Quoten wird als Bestellung an der ganzen Sache gelten dürfen. Die Verfügung eines Miteigentümers kann für die ganze Sache wirksam sein oder werden, sofern sie mit Einwilligung der übrigen Miteigentümer erfolgt oder von ihnen genehmigt wird oder einer der anderen in § 185 BGB. bezeichneten Fälle vorliegt.

[6]) Die Einzelerklärungen können zeitlich auseinander fallen. Vergl. Mot. 3 S. 479.

[7]) S. § 8 Ziff. 11 ff.

[8]) Vergl. RG 24 IV 1901 E. 48 S. 133, 8 I 1902 E. 50 S. 77, 18 IV 1902 JW. 1902 Beil. S. 233, 13 XI 1903 JW. 1904 S. 7[4], 12 III 1904 Recht 1905 S. 165[701].

[9]) Vergl. § 889 BGB.

[10]) Vergl. Mot. 3 S. 480, RG 26 I 1901 E. 47 S. 209. Ob aber nicht auf die Bewilligung des Eigentümers die Eintragung zu erfolgen hat, ist eine andere Frage. Die Eintragung kann nicht davon abhängig gemacht werden, daß die dingliche Einigung erfolgt ist. Ist dies richtig, so wird auch anzunehmen sein, daß sie nicht davon abhängig gemacht werden darf, ob zur

Stiftungsakt ist nicht zugelassen. Behält ein Grundeigentümer bei Veräußerung eines Grundstücks sich eine Grunddienstbarkeit auf dem zu veräußernden Grundstück vor, so wird durch einen solchen Vorbehalt nicht die Dienstbarkeit begründet, sondern der Erwerber persönlich verpflichtet, an dem Grundstück nach der Erwerbung die Grunddienstbarkeit zu bestellen. Sollte ein Eigentümer bei Bestellung einer Hypothek einer von ihm später zu bestellenden Grunddienstbarkeit den Vorrang wahren wollen, so läßt sich dieses Ziel mittels eines Rangvorbehaltes erreichen [11]).

Wenn auch an dem eigenen Grundstück keine Grunddienstbarkeit erworben werden kann, so ist es doch möglich, ein gemeinschaftliches Grundstück zu Gunsten eines Grundstücks eines Miteigentümers und ein einem Miteigentümer gehöriges Grundstück zu Gunsten des gemeinschaftlichen Grundstücks mit einer Dienstbarkeit zu belasten [12]).

Die Einigung hat sich über den Eintritt der Rechtsänderung und die Festsetzung des Inhalts der Grunddienstbarkeit zu erstrecken. Mit der Begründung des dinglichen Rechts läßt sich die Festsetzung einer, gegen alle Rechtsnachfolger wirkenden Gegenleistungspflicht des Servitutberechtigten nicht ohne weiteres verknüpfen. Da aber die Einigung unter einer Bedingung [13]) erfolgen kann, so läßt sich auch die Dienstbarkeit von der Erfüllung einer Zahlungsverbindlichkeit des Berechtigten abhängig machen. Der Berechtigte kann auch gegen Einräumung der Servitut eine Reallast auf sein Grundstück übernehmen, während das Erlöschen der Grunddienstbarkeit für den Fall des Ausbleibens der Realleistungen bedungen wird [14]). Der Übernahme einer nur persönlichen Verpflichtung zu einer Gegenleistung steht selbstverständlich kein Bedenken im Wege. Eine derartige Verpflichtung geht aber bei Veräußerung des Grundstücks des Berechtigten nicht auf den Erwerber der Liegenschaft über.

Außer der Einigung der Parteien ist zur Entstehung einer Grunddienstbarkeit erforderlich die Eintragung der Belastung in das Grundbuch [15]). Auch hiefür gelten die allgemeinen Vorschriften

---

Zeit eine Einigung stattfinden kann. Als unzulässige Eintragung (§ 54 GBO.) möchte der Eintrag einer Grunddienstbarkeit nicht anzusehen sein.

[11]) § 881 BGB. Vergl. Mot. 3 S. 480.

[12]) § 1009 BGB.

[13]) Bestimmung eines Anfangs- oder Endtermins ist in gleicher Weise zulässig.

[14]) Vergl. Mot. 3 S. 481.

[15]) Die zur Zeit der Anlegung des Grundbuchs bestehenden Grunddienstbarkeiten bedürfen zur Erhaltung der Wirksamkeit gegenüber dem öffentlichen Glauben des Grundbuchs nicht der Eintragung. Jedoch hat die Eintragung zu erfolgen, wenn sie von dem Berechtigten oder von dem Eigentümer des belasteten Grundstücks verlangt wird. Die Kosten hat der Antragsteller zu tragen und vorzuschießen. Durch Landesgesetz kann bestimmt werden,

der §§ 873 ff. BGB. S. § 8, § 13 Ziff. 56 ff. Bezugnahme auf die Eintragungsbewilligung s. § 13 Ziff. 138. Bestimmung des eventuellen Werterſatzes (§ 882 BGB., §§ 91, 52 ZVG.) s. § 31 Anm. 7.

Die Eintragung erfolgt auf dem Blatte des zu belastenden Grundstücks; sie erfolgt für den Eigentümer des andern Grundstücks, nicht auf den Namen einer bestimmten Person. Die Dienstbarkeit gilt als Bestandteil des Grundstücks, mit dessen Eigentum sie verbunden ist[16]), auf Antrag wird sie auf dem Blatte dieses Grundstücks vermerkt[17]). Der Vermerk hat zur Folge, daß eine Eintragung, durch welche die Grunddienstbarkeit betroffen wird, nur vorgenommen werden darf, wenn die Bewilligung derjenigen, mit deren Rechten das (herrschende) Grundstück belastet ist und deren Rechte durch eine Aufhebung oder Änderung der Grunddienstbarkeit berührt würden, beigebracht wird. Besteht der Vermerk nicht, so ist die Eintragung nicht von der Bewilligung der bezeichneten Berechtigten abhängig[18]).

Eine Grunddienstbarkeit kann ferner durch Ersitzung entstehen. Auch hiefür gelten die allgemeinen Vorschriften: Eintragung zu Unrecht, dreißigjährige Dauer der Eintragung und der Servitut-Ausübung. S. § 12 Ziff. 11. Für den Rang der Dienstbarkeit ist die Eintragung maßgebend, der Inhalt des Rechtes bemißt sich nach der Ausübung, soweit diese mit der Eintragung übereinstimmt[19]). Guter Glaube ist zur Ersitzung nicht erforderlich.

§ 39. Ausübung.

Bei der Ausübung der Grunddienstbarkeit hat der Berechtigte das Interesse des Eigentümers des belasteten Grundstücks tunlichst

---

daß die bestehenden Grunddienstbarkeiten oder einzelne Arten eingetragen werden müssen (vergl. Art. 187 EG.). Soweit eine nach altem Recht begründete Grunddienstbarkeit der Eintragung nicht bedarf, bleibt die Dienstbarkeit nach Maßgabe des Landesgesetzes von einer Zwangsversteigerung unberührt, sofern nicht das Erlöschen als Versteigerungsbedingung bestimmt wird. (Vergl. § 9 EGZVG.)

[16]) § 96 BGB. S. § 4 Ziff. 52.

[17]) S. § 13 Ziff. 54.

[18]) S. 13 Ziff. 87. Die Vorschrift des § 876 BGB. (s. § 8 Ziff. 52 ff.) bleibt unberührt.

[19]) Über die Tabularersitzung von Servituten s. Kohler ArchZivPr. 87, 291. Die Anerkennung eines Erwerbes von Servituten durch Tabularersitzung hat nicht den Zweck, nicht bestehende Servituten neu zu schaffen, sondern den Zweck, Servituten, die infolge ihrer Eintragung die Vermutung der Rechtmäßigkeit ihrer Begründung für sich haben, mit rückwirkender Kraft als vom Zeitpunkt der Eintragung ab zu Recht bestehend zur Anerkennung zu bringen. Außerdem soll verhütet werden, daß Verjährung der Negatorienklage des Eigentümers eintritt, ohne daß diesem Verluste ein Rechtserwerb gegenübersteht. Vergl. KProt. 3 S. 307.

zu schonen[1]). Er darf wohl alle Vorteile ziehen, die in dem Zwecke der Dienstbarkeit liegen, und Alles vornehmen, was zur Ausübung der Dienstbarkeit in dem vertragsmäßig festgestellten Umfange notwendig ist, allein immer mit möglichster Schonung der Interessen des Eigentümers[2]). Hält er zur Ausübung der Dienstbarkeit auf dem belasteten Grundstück eine Anlage[3]), so steht die ordnungsmäßige Unterhaltung nicht in seinem Belieben, er ist vielmehr kraft Gesetzes dem Eigentümer gegenüber verpflichtet, sie in ordnungsmäßigem Zustande zu erhalten, soweit das Interesse des Eigentümers es erfordert. In gleicher Weise wie auf das Interesse des Eigentümers hat der Servitutberechtigte auf die Interessen solcher Personen Rücksicht zu nehmen, welche von dem Eigentümer Rechte ableiten, denen die Grunddienstbarkeit im Range vorgeht[4]).

Der Eigentümer seinerseits darf nichts tun, was die Ausübung des Rechtes beschränkt, er muß auch gestatten, daß alle Vorkehrungen getroffen werden, die zur Ausübung der Dienstbarkeit nötig sind. Die Grunddienstbarkeit nimmt dem Eigentümer keine Befugnis, deren Ausübung mit der Ausübung der Servitut vereinbar ist[5]). Der Eigentümer kann von seinem Grundstück in derselben Weise Gebrauch machen wie der Dienstbarkeitsberechtigte, er kann auch, unbeschadet der schon erworbenen Rechte, sein Grundstück mit weiteren Dienstbarkeiten belasten. Kommt der Dienstbarkeitsberechtigte der ihm durch das Gesetz auferlegten Verpflichtung, die Anlagen im Interesse des Eigentümers in ordnungsmäßigem Zustande zu erhalten, nicht nach, so hat der Eigentümer wegen dieser Beeinträchtigung den Anspruch auf Beseitigung des Zustandes gegen den jeweiligen Berechtigten[6]).

Die Parteien können bestimmen, daß — in Abweichung von der Vorschrift des § 1020, wonach die Unterhaltungspflicht dem Berechtigten obliegt, — der Eigentümer des belasteten Grundstücks

---

Zu § 39.

[1]) § 1020 BGB. Mot. 3 S. 483, KProt. 3 S. 311. Die Bestimmungen der §§ 1020—1028 gelten auch für die am 1. Jan. 1900 bestehenden Grunddienstbarkeiten (Art. 184 EG.). Vergl. RGE. 56 S. 382.

[2]) Vergl. RG 15 VI 1900 JW. S. 563 (Wegrecht — Anbringung einer Tafel, deren Inschrift die mißverständliche Auffassung zuließ, der Durchgang sei öffentlich).

[3]) Z. B. Röhrenleitung; ein Überragen in den Luftraum genügt, z. B. Balkon. Ob dem Dienstbarkeitsberechtigten die Anlage zu eigen gehört, ist ohne Belang. Er hat die Anlage zu unterhalten, wenn er auf ihren Bestand ein Recht hat und von diesem Rechte Gebrauch macht.

[4]) Vergl. Mot. 3 S. 483.

[5]) Vergl. RG 1 VII 1902 JW. 1902 Beil. S. 249 (Beeinträchtigung des Fischereirechts durch Baden).

[6]) Vergl. § 1004 BGB. Schadensersatzforderung besteht bei schuldvoller Verletzung der Verpflichtung des Servitutberechtigten. Mot. 3, 483.

eine auf diesem Grundstück befindliche Anlage, die zur Ausübung der Dienstbarkeit gehört, zu unterhalten hat, soweit das Interesse des Berechtigten es erfordert[7]).

Bei einer Grunddienstbarkeit, die in dem Rechte besteht, auf einer baulichen Anlage des belasteten Grundstücks eine bauliche Anlage zu halten (z. B. Haus auf die fremde Mauer zu stützen), obliegt es dem Grundeigentümer ohne weiteres, sofern nicht ein anderes vereinbart ist, seine Anlage zu unterhalten, soweit das Interesse des Berechtigten es erfordert[8]). Handelt es sich um eine andere Grunddienstbarkeit und hat der Grundeigentümer das Recht der Mitbenutzung der Anlage, die zur Ausübung der Grunddienstbarkeit auf dem belasteten Grundstück ist, (z. B. einer Brücke), so hat der Grundeigentümer die Anlage mitzuunterhalten, doch kann bestimmt werden, daß der Berechtigte die Anlage zu unterhalten hat, auch soweit es für das Benutzungsrecht des Eigentümers erforderlich ist[9]). Trifft in dieser Weise den Berechtigten oder den Grundeigentümer vertragsmäßig eine Unterhaltungspflicht zum Vorteile des Anderen, so besteht zwischen ihnen ein Rechtsverhältnis, dessen Bestand von dem Bestande der Dienstbarkeit abhängt, das aber einen anderen Charakter hat als die Servitut selbst. Die Verpflichtung geht auf eine Leistung, es finden daher die Vorschriften über die Reallasten entsprechende Anwendung[10]). Die von der gesetzlichen Regelung der Unterhaltungspflicht abweichenden Vereinbarungen sind in das Grundbuch einzutragen[11]). Der Ver-

---

[7]) § 1021 BGB. Mot. 3 S. 483, KProt. 3 S 312.

[8]) § 1022 BGB. Mot. 3 S. 484, KProt. 3 S. 312.

[9]) Vergl. § 1021 Abs. 1 Satz 2 BGB.

[10]) §§ 1021 Abs. 2, 1022 BGB. Auf diese Unterhaltungspflichten finden die Vorschriften über Ablösung, Umwandlung, Einschränkung von Reallasten ꝛc. keine Anwendung (Art. 116 EGBGB.).

[11]) Ohne die Eintragung haben die Vereinbarungen nur obligatorische Wirkung. Der Begründung einer selbständigen Reallast bedarf es nicht, die Vereinbarungen über die Unterhaltung der Anlage gehören zum Inhalt der Dienstbarkeit, sind Änderungen des gesetzlichen Inhalts der Dienstbarkeit. Soweit es bei der gesetzlichen Regelung der Unterhaltungspflicht belassen wird, ist keine Eintragung hierüber erforderlich. Nur die von der gesetzlichen Regelung abweichenden Vereinbarungen sind einzutragen, sei es bei Begründung der Dienstbarkeit, sei es nach der Begründung auf dem Wege der Änderung des Inhalts. Die Eintragungen sind nur auf dem Blatte des mit der Dienstbarkeit belasteten Grundstückes einzutragen, auch wenn es sich um die Unterhaltungspflicht des Eigentümers des herrschenden Grundstücks handelt. Nur wenn eine selbständige Reallast zu Gunsten des dienenden Grundstücks begründet wird, hat die Eintragung auf dem Blatte des herrschenden Grundstücks zu erfolgen. Abw. Planck § 1021 Anm. 3, Biermann S. 230, Turnau-Förster 1 S. 457. — Der Eigentümer des herrschenden Grundstücks kann sich von der (künftigen) Unterhaltungspflicht befreien, indem er auf die Dienstbarkeit verzichtet. Auch der Eigentümer des dienenden Grundstücks kann, wenn die Anlage auf einen Teil seines Grundstücks sich beschränkt, sich von der (künftigen) Unterhaltungspflicht dadurch befreien, daß er den betreffenden Teil des Grund-

pflichtete haftet für die während der Dauer seines Eigentums fällig werdenden Leistungen, falls nicht ein anderes bestimmt ist, auch persönlich; wird sein Grundstück geteilt, so haften die Eigentümer der einzelnen Teile als Gesamtschuldner[12]).

Der Ort der Ausübung der Grunddienstbarkeit wird durch den Begründungsvertrag festgesetzt. Der Berechtigte hat keinen Anspruch auf Verlegung der Ausübung. Der Eigentümer des belasteten Grundstücks dagegen kann die Verlegung der Ausübung der Dienstbarkeit auf eine andere für den Berechtigten ebenso geeignete Stelle des belasteten Grundstücks verlangen, wenn die Ausübung der Dienstbarkeit sich auf einen Teil des Grundstücks beschränkt und an der bisherigen Stelle für ihn besonders beschwerlich ist[13]). Es ist dabei belanglos, ob die Ausübung der Dienstbarkeit durch den Begründungsakt oder durch eine spätere Abmachung auf eine bestimmte Stelle beschränkt worden war oder ob die Wahl der Stelle für die Ausübung dem Berechtigten bisher freistand. Voraussetzung ist, daß die Stelle, wohin die Ausübung verlegt werden soll, für den Berechtigten ebenso geeignet ist wie die bisherige Stelle, daß also die Verlegung für den Servitutberechtigten keinen Nachteil bringt. Die Verlegung kann nur innerhalb des belasteten Grundstücks verlangt werden[14])[15]).

Ob die Beschwerlichkeit der Dienstbarkeit von Anfang an bestand oder ob sie infolge der Veränderung der Umstände eintrat, macht keinen Unterschied.

War die Stelle der Ausübung der Grunddienstbarkeit vertragsmäßig festgesetzt, so bedarf es zur Verlegung (gemäß § 877 BGB.) eines dinglichen Vertrages und der Eintragung. War die Stelle der Ausübung nicht fixiert, so kann die Verlegung still-

---

stücks als besonderes Grundstück eintragen läßt und das Eigentum aufgibt. KProt. 3 S. 313.

[12]) § 1108 BGB. Nach Kohler (Arch. 87 S. 215) kann von einer fällig gewordenen Reparaturpflicht nur dann gesprochen werden, wenn der Eigentümer z. B. die Reparaturpflicht anerkannt oder die Reparatur bereits begonnen hat. Aus dem Gesetze ist dies nicht zu entnehmen. Die Leistung ist fällig, sobald die Arbeit sich als notwendig erweist. Vergl. Biermann S. 230, Oberneck 1 S. 547.

[13]) § 1023 BGB. Mot. 3 S. 485, KProt. 3 S. 314.

[14]) Jeder Teil des belasteten Grundstücks ist von der Servitut ergriffen, das Recht ändert sich nicht, wenn es z. B. auf dem östlichen statt wie bisher auf dem westlichen Teile des Grundstücks ausgeübt wird. Anders wäre es, wenn die Dienstbarkeit auf ein zweites Grundstück übertragen würde. S. dagegen Kohler a. a. O. S. 235. Vergl. RG 3 XII 1901 E. 50 S. 32, 13 X 1903 GruchBeitr. 48, 107.

[15]) Inwieweit der Eigentümer des belasteten Grundstücks bei Veränderung der Umstände (z. B. bei stärkerer Benutzung des herrschenden Grundstücks oder bei einer Änderung in der Art der Benutzung dieses Grundstücks) die Ausübung der Grunddienstbarkeit zu dulden hat, bemißt sich nach dem Begründungsakt. S. § 37 Ziff. 12.

schweigend vor sich gehen[16]. Durch die Feststellung des neuen Ausübungsortes wird der Rest des belasteten Grundstücks noch nicht frei. Erst bei einer Teilung des belasteten Grundstücks werden die Teile, welche außerhalb des Bereichs der Ausübung liegen, von der Dienstbarkeit frei[17].

Die Kosten der Verlegung hat der Eigentümer des belasteten Grundstücks zu tragen und vorzuschießen[18]. Der Eigentümer haftet persönlich.

Das Recht auf die Verlegung kann nicht durch Rechtsgeschäft ausgeschlossen oder beschränkt werden[18].

Die Ausübung der Grunddienstbarkeit kann auch durch eine Teilung der Grundstücke beeinflußt werden. Die Grunddienstbarkeit selbst ist unteilbar[19] und unveräußerlich. Sie läßt sich nicht von dem Grundstück, mit dessen Eigentum sie verbunden ist, loslösen, auch ihre Ausübung kann nicht dem Eigentümer eines anderen Grundstücks überlassen werden. Bei einer Veräußerung des (herrschenden) Grundstücks geht sie mit dem Eigentum auf den neuen Erwerber über.

Wird das Grundstück des Berechtigten geteilt, so besteht die Grunddienstbarkeit für die einzelnen Teile fort. Die Teilung kann Veränderungen in dem Bedürfnisse der Teilgrundstücke, eine Steigerung des Gesamtbedürfnisses mit sich bringen. Die Entscheidung der Frage, ob das belastete Grundstück das gesteigerte Bedürfnis zu befriedigen hat, hängt hier, ebenso wie bei einer Änderung der wirtschaftlichen Benutzung des herrschenden Grundstücks, von der Auslegung des Begründungsaktes ab. In jedem einzelnen Falle ist zu prüfen, ob die Dienstbarkeit nur zur Befriedigung des beschränkten, zur Zeit der Bestellung vorhandenen Bedürfnisses dienen, oder ob das jeweilige Bedürfnis maßgebend sein soll[20]. Im Zweifel ist nach der Teilung des herrschenden Grundstücks die Ausübung der Grunddienstbarkeit nur in der Weise zulässig, daß sie für den Eigentümer des belasteten Grundstücks nicht beschwerlicher wird. Wenn die Dienstbarkeit nur einem der Teile zum Vorteile gereicht, so erlischt sie mit der Teilung für die übrigen Teile[21].

---

[16]) In einem solchen Falle handelt es sich nicht notwendig um eine Änderung des dinglichen Vertrags. Jedoch steht auch nichts im Wege, die Stelle der Ausübung vertragsmäßig festzulegen und der Vereinbarung durch Eintragung dingliche Wirkung zu verschaffen. Abw. Biermann S. 231.

[17]) § 1026 BGB. Mot. 3 S. 487, KProt. 3 S. 317.

[18]) § 1023 BGB.

[19]) Steht ein Wasserleitungsrecht mehreren Wiesenbesitzern in der Weise zu, daß jedes Grundstück nur zu bestimmten Stunden oder an bestimmten Tagen das Bezugsrecht ausüben darf, so liegt ein beschränktes, nicht ein geteiltes Recht vor.

[20]) Vergl. KProt. 3 S. 318.

[21]) § 1025 BGB. Mot 3 S. 487, KProt. 3 S. 317. — Das Erlöschen

Bei der Teilung des belasteten Grundstücks ruht die Grunddienstbarkeit auf jedem Teilgrundstück. Ist aber die Ausübung der Dienstbarkeit auf einen bestimmten Teil des belasteten Grundstücks beschränkt[22]), so werden durch die Teilung die Teile, welche außerhalb des Bereiches der Ausübung liegen, von der Dienstbarkeit frei[23]). Ein Interesse, das der Berechtigte etwa daran haben könnte, daß für den Fall einer Zwangsversteigerung und einer Umwandlung der Servitut in ein Recht auf den überschießenden Erlös das ganze Grundstück belastet bleibe, kommt nicht in Betracht[24]).

Bei einem Zusammentreffen mit anderen Rechten geht das rangältere Recht vor. Für das Rangverhältnis sind die allgemeinen Bestimmungen maßgebend. S. § 9. Das Eigentum geht regelmäßig einem begrenzten Rechte nach. Bei Dienstbarkeiten, z. B. bei wechselseitigen Weideberechtigungen, ist auch eine Kollision zwischen Eigentum und begrenztem Recht denkbar. Trifft eine Grunddienstbarkeit mit einem Rechte von gleichem Range, einer anderen Grunddienstbarkeit oder einem sonstigen Nutzungsrechte[25]) dergestalt zusammen, daß die Rechte nebeneinander nicht oder nicht vollständig ausgeübt werden können, so kann jeder Berechtigte eine den Interessen aller Berechtigten nach billigem Ermessen entsprechende Regelung der Ausübung verlangen[26]). Die gerichtliche Entscheidung, die über einen solchen Anspruch ergeht, ist nicht konstitutiv; sie unterscheidet sich nicht von anderen Erkenntnissen, die zur Abgabe einer Willenserklärung verurteilen (§ 894 ZPO.).

§ 40. Endigung.

Die Grunddienstbarkeit endigt,

1. wenn ihre Ausübung dauernd unmöglich geworden

---

ist nicht von der Löschung im Grundbuch abhängig. Die Löschung erfolgt auf dem Wege der Berichtigung des Grundbuchs.

[22]) Die Beschränkung kann vereinbart sein oder aus der Natur der Dienstbarkeit sich ergeben.

[23]) § 1026 BGB. Mot. 3 S. 487, KProt. 3 S. 317.

[24]) Mot. 3 S. 488.

[25]) Daß auch das Eigentum in Betracht zu kommen hat, s. KProt. 3 S. 321. Das Erbbaurecht gehört selbstverständlich hierher. Mit Reallasten, Hypotheken, Grundschulden und Rentenschulden treffen die Grunddienstbarkeiten und die anderen Nutzungsrechte erst bei der Zwangsversteigerung zusammen (§ 92 ZVG.).

[26]) § 1024 BGB Mot. 3 S. 486, KProt. 3 S. 321. Der Anspruch ist unverjährbar (§ 902). — Wenn auch der Inhalt des Rechtes unverändert bleibt, so daß das Recht bei Wegfall der kollidierenden Rechte ohne weiteres seine volle Wirkung äußert, so tritt doch durch die Regelung eine Beschränkung des Rechtes ein, indem es nur nach Maßgabe der Regelung ausgeübt werden kann. Es erscheint daher die Eintragung ebenso erforderlich, wie sie erforderlich wäre, wenn der Inhalt des Rechtes geändert werden sollte. Vergl. Biermann S. 232, Planck § 1024 Anm. 3; a. M. Turnau-Förster 1 S. 460, Staudinger 3 S. 299.

ist, sei es, daß durch ein Naturereignis oder durch eine rechtmäßige Handlung eines Dritten der Gegenstand der Ausübung entzogen worden ist (z. B. wenn das Haus, das einem anderen als Stütze zu dienen hatte, niedergebrannt ist und an der alten Stelle nicht wieder aufgebaut werden darf [1]), wenn die Quelle, an der das Wasser geschöpft werden durfte, versiegt ist), sei es, daß durch die Ausübung der Dienstbarkeit selbst die Dienstbarkeit gegenstandslos geworden ist (z. B. durch Abbauen der Sandgrube). Durch das Aufgeben des Eigentums an den Grundstücken geht die Dienstbarkeit nicht unter.

2. mit dem Eintritt des Endtermins oder der Bedingung, wenn sie mit zeitlicher Beschränkung oder unter einer auflösenden Bedingung bestellt war. Das Erlöschen tritt ohne weiteres ein; die Löschung erfolgt auf dem Wege der Berichtigung.

3. durch Aufhebung [2]). Zur Aufhebung ist nach den allgemeinen Vorschriften die Erklärung des Servitutberechtigten, daß er das Recht aufgebe, und die Löschung des Rechtes im Grundbuch erforderlich. S. § 8 Ziff. 40 ff. Zustimmung Dritter [3]) (§ 876 BGB.) s. § 8 Ziff. 53 ff. Der Verzicht, der von dem Berechtigten einem Miteigentümer des belasteten Grundstücks gegenüber erklärt wird, genügt, die Löschung herbeizuführen. Ein Verzicht eines Miteigentümers des herrschenden Grundstücks genügt nicht; nach Bruchteilen kann die Grunddienstbarkeit nicht aufgehoben werden [4]). — Durch bloße Nichtausübung erlischt eine Grunddienstbarkeit nicht. Unter Umständen kann übrigens aus einer Nichtausübung der Beweis entnommen werden, daß der Servitutberechtigte sich verpflichtet hat, die Dienstbarkeit löschen zu lassen.

4. auf Grund Verjährung. Wenn die Grunddienstbarkeit im Grundbuch zu Unrecht gelöscht ist, so erlischt sie, wenn der Anspruch des Servitutberechtigten gegen den Eigentümer verjährt ist [5]). Die Anspruchsverjährung beginnt, sobald ein Zustand eintritt, der dem dinglichen Rechte des Servitutberechtigten nicht entspricht.

Zu § 40.

[1]) Entsteht an Stelle des untergegangenen Gegenstandes ein neuer, an dem die Grunddienstbarkeit ausgeübt werden kann, so dauert sie fort. Die Dienstbarkeit lastet auf dem Grundstück; eine Veränderung der Oberfläche ist auf den Bestand ohne Einfluß.

[2]) Aufhebung von Dienstbarkeiten an buchungsfreien Grundstücken s. § 36 Anm. 2. Aufhebung von Grunddienstbarkeiten des alten Rechtes s. § 38 Anm. 1.

[3]) Unberührt bleiben die landesgesetzlichen Vorschriften, nach welchen im Falle der Aufhebung einer Grunddienstbarkeit die Zustimmung der Dritten nicht erforderlich ist, wenn von der zuständigen Behörde festgestellt wird, daß die Rechtsänderung für die Berechtigten unschädlich ist (Art. 120 EGBGB.).

[4]) Vergl. KProt. 3 S. 310.

[5]) § 901 BGB. S. § 12 Ziff. 5.

Geht die Grunddienstbarkeit auf ein Unterlassen, so beginnt die Verjährung mit der Zuwiderhandlung[6]).

Ist die Grunddienstbarkeit im Grundbuch eingetragen, ist aber auf dem belasteten Grundstück eine Anlage errichtet, durch welche die Grunddienstbarkeit beeinträchtigt wird, so erlischt auch die eingetragene Servitut, soweit der Bestand der Anlage mit ihr in Widerspruch steht, mit der Verjährung des Anspruchs des Servitutberechtigten auf Beseitigung der Anlage[7]). Die Anlage, eine mit dem Boden verbundene dauernde Einrichtung[8]), muß auf dem belasteten Grundstück, gleichgültig, von wem, errichtet und von dem Eigentümer des belasteten Grundstücks erhalten sein; daß sie sichtbar sei, ist nicht verlangt. Sie muß die Grunddienstbarkeit (z. B. die Aussicht, das Fahrtrecht) beeinträchtigen, so daß der Servitutberechtigte den Anspruch auf Beseitigung geltend machen könnte. Sind 30 Jahre seit der Errichtung der Anlage abgelaufen und hat keine Unterbrechung oder Hemmung der Anspruchsverjährung stattgefunden, so ist der Anspruch auf Beseitigung verjährt. Mit Eintritt dieser Verjährung erlischt die Dienstbarkeit, jedoch nur soweit der Bestand der Anlage mit ihr in Widerspruch steht[9]). Eine Berufung auf den öffentlichen Glauben des Grundbuchs ist ausgeschlossen; ein Erwerber des herrschenden Grundstücks kann daher trotz des Grundbucheintrags die erloschene Dienstbarkeit nicht mehr geltend machen. Der Berichtigungsanspruch des Eigentümers des belasteten Grundstücks bleibt unberührt.

5. durch Teilung. Wie § 39 Ziff. 21 schon erwähnt ist, erlischt bei Teilung des Grundstücks des Berechtigten die Grunddienstbarkeit, sofern sie nur einem Teile zum Vorteile gereicht, für die übrigen Teile, während bei Teilung des belasteten Grundstücks die Teile, welche außerhalb des Bereichs der Ausübung liegen, von der Dienstbarkeit frei werden.

6. durch Zwangsversteigerung des belasteten Grundstücks, falls nicht die Dienstbarkeit nach den Versteigerungsbedingungen bestehen bleibt[10]).

---

[6]) Mit dem Eintritt der Unrichtigkeit des Grundbuches beginnt keine Verjährung eines Anspruches gegen den Eigentümer, s. § 898 BGB. S. dagegen Kohler ArchZivPr. 87 S. 297.

[7]) § 1028 BGB. KProt. 3 S. 322, ReichstKomBer. S. 2003.

[8]) Gebäude, Pflanzungen, Graben ꝛc. Daß die zur Ausübung der Dienstbarkeit erforderliche Anlage in Verfall gerät, genügt nicht. — Guter Glaube ist nicht verlangt.

[9]) Wie § 39 Anm. 1 angegeben, gilt die Bestimmung des § 1028 auch für die am 1. Jan. 1900 bestehenden Grunddienstbarkeiten.

[10]) Vergl. §§ 91, 92, 52 ZVG. Für Dienstbarkeiten des alten Rechtes s. § 9 EGZVG. Über Ablösung von Grunddienstbarkeiten s. Art. 113 EGBGB. Das Erlöschen einer Grunddienstbarkeit kann auch auf Grund einer Zwangsenteignung eintreten, s. Art. 109, 52, 53 EGBGB.

Eine Grunddienstbarkeit erlischt nicht dadurch, daß der Eigentümer des belasteten Grundstücks das Grundstück des Berechtigten oder der Berechtigte das Eigentum an dem belasteten Grundstück erwirbt[11]).

§ 41. Schutz.

A. Besitzschutz.

Sofern die Ausübung einer Grunddienstbarkeit in einem auf das belastete Grundstück hinüberreichenden Sachbesitze (z. B. bei einer Anlage auf dem belasteten Grundstück) besteht oder den Besitz eines Teiles des belasteten Grundstücks in sich schließt, kommen die Vorschriften über den Schutz des Sachbesitzes unmittelbar zur Anwendung[1]).

Liegen diese Voraussetzungen nicht vor, so finden die für den Besitzschutz geltenden Bestimmungen entsprechende Anwendung unter folgenden Voraussetzungen:

1. die zu schützende Grunddienstbarkeit muß für den Eigentümer in dem Grundbuch eingetragen sein. Ist sie nicht eingetragen, so ist kein Besitzschutz gegeben, mag sie auch zu Unrecht gelöscht sein. Die Dienstbarkeit muß schon zur Zeit der Störung eingetragen sein.

2. Geschützt wird der (unmittelbare oder mittelbare) Besitzer des (herrschenden) Grundstücks, demnach auch der Pächter, Mieter zc.

3. Die Dienstbarkeit muß innerhalb eines Jahres vor der Störung, wenn auch nur ein Mal, für das (herrschende) Grundstück ausgeübt worden sein. Die Ausübung erfolgt, wenn es sich um die Berechtigung zu einem Tun handelt, durch das Tun[2]), wenn es sich um eine Anlage handelt, durch das Halten der Anlage, wenn es sich um ein Untersagungsrecht handelt, durch Nichtvornahme der gemäß der Grundbucheintragung verbotenen Handlung von Seite des Besitzers des belasteten Grundstücks[3]). Das Maß des Schutzes richtet sich nach dem Maß der Ausübung; nur soweit die Dienstbarkeit innerhalb des Jahres vor der Störung ausgeübt worden ist, wird die Ausübung geschützt. Daß sie nur innerhalb der durch den Grundbucheintrag bestimmten Grenzen geschützt wird, erscheint selbstverständlich.

4. Der Besitzer des (herrschenden) Grundstücks muß in der Ausübung der Grunddienstbarkeit gestört worden sein[4]).

---

[11]) § 889 BGB.

Zu § 41.

[1]) S. § 17.

[2]) Die Handlung kann durch Dritte vorgenommen werden, nur muß sie vorgenommen werden in Ausübung des Rechtes.

[3]) Vergl. Kohler ArchZivPr. 87 S. 242.

[4]) § 1029 BGB. Mot. 3 S. 489, KProt. 3 S. 318. Die bisherigen Gesetze über den Schutz im Besitze einer Grunddienstbarkeit behalten vom

Liegen diese Voraussetzungen vor, so hat der Grundstückbesitzer für die Dienstbarkeit denselben Besitzschutz wie ein Sachbesitzer (Selbstschutz und Besitzklagen s. § 17). Das dem Servitutbesitzer hiernach zukommende Recht der Gewaltanwendung geht dem gleichen Rechte des Besitzers des belasteten Grundstücks vor, der Grundbesitzer darf die Gewaltanwendung des Servitutbesitzers nicht als verbotene Eigenmacht zurückweisen.

B. Feststellungsklage.

Auf Grund der allgemeinen Vorschrift des § 256 ZPO. kann auf Feststellung des Bestehens einer Grunddienstbarkeit Klage erhoben werden, wenn der Kläger (Grundeigentümer, Miteigentümer[5]), Besitzer, dinglich oder persönlich Berechtigter[6])) ein rechtliches Interesse daran hat, daß das Dienstbarkeitsverhältnis durch richterliche Entscheidung alsbald festgestellt werde. Die Konfessorienklage ist nicht gegeben.

C. Anspruch auf Beseitigung und Unterlassung von Störungen.

Dem dinglichen Rechte des Grunddienstbarkeitsberechtigten entspricht ein Zustand, in welchem die Einwirkung auf das belastete Grundstück in der durch den Begründungsakt festgestellten Weise vor sich gehen kann. Besteht ein Zustand, der das Recht des Servitutberechtigten beeinträchtigt, so kann der Dienstbarkeitsberechtigte[7]), d. h. der jeweilige Eigentümer des (herrschenden) Grundstücks, von demjenigen, durch dessen Willen dieser Zustand aufrechterhalten wird (sei dies der Eigentümer des belasteten Grundstücks oder ein Dritter), die Beseitigung der Beeinträchtigung auf Kosten des Beklagten verlangen. Sind weitere Beeinträchti-

---

1. Januar 1900 ab Geltung, bis das Grundbuch für das belastete Grundstück als angelegt anzusehen ist. Von da ab finden zum Schutze der Ausübung einer Grunddienstbarkeit, mit welcher das Halten einer dauernden Anlage verbunden ist, die für den Besitzschutz geltenden Vorschriften des BGB. entsprechende Anwendung, solange Dienstbarkeiten dieser Art zur Erhaltung der Wirksamkeit gegenüber dem öffentlichen Glauben des Grundbuchs nicht der Eintragung bedürfen (vergl. Art. 128, 187 EG.). Auch für Dienstbarkeiten, mit denen das Halten einer dauernden Anlage nicht verbunden ist, finden diese Vorschriften Anwendung, jedoch mit der Maßgabe, daß der Besitzschutz nur gewährt wird, wenn die Dienstbarkeit in jedem der drei letzten Jahre vor der Störung mindestens einmal ausgeübt worden ist (Art. 191 EGBGB.). Sobald das Grundbuch angelegt ist, steht es bei dem Berechtigten, durch Erwirkung seiner Eintragung des possessorischen Schutzes gemäß § 1029 BGB. teilhaftig zu werden (Mot. zu Art. 111 des Entw. des EG.).

[5]) Vergl. § 744 Abs. 2 BGB.

[6]) Z. B. Pächter oder Mieter. Ein nur tatsächliches Interesse (z. B. Mitgenießen der Aussicht, die verbaut werden soll) genügt nicht. Dernburg § 174 II.

[7]) Auch jeder Miteigentümer (§ 1011 BGB.). Der Nießbraucher hat die Klage aus § 1065 BGB.

gungen zu besorgen, so kann der Berechtigte auf Unterlassung klagen[8]).

Wie der Eigentumsanspruch ist auch der Anspruch des Servitutberechtigten nicht von einem Verschulden des Beklagten abhängig; dagegen ist auch hier Schadensersatzpflicht nur begründet, wenn die Voraussetzungen einer unerlaubten Handlung vorliegen.

Der Anspruch ist ausgeschlossen, wenn der Servitutberechtigte zur Duldung der Beeinträchtigung verpflichtet ist, mag die Verpflichtung auf einem dinglichen oder einem persönlichen Rechte des Beklagten beruhen. Behauptet der Beklagte, die Beeinträchtigung in Ausübung des Rechtes eines Dritten vorgenommen zu haben, so findet § 76 ZPO. entsprechende Anwendung[9]).

Der Anspruch des Servitutberechtigten auf Beseitigung der Beeinträchtigung unterliegt, auch wenn die Dienstbarkeit im Grundbuch eingetragen ist, der Verjährung, sofern die Beeinträchtigung durch eine auf dem belasteten Grundstück errichtete Anlage geschehen ist[10]).

D. Berichtigung des Grundbuchs.

Wie jedem dinglich Berechtigten kommt auch dem Servitutberechtigten der Anspruch auf Berichtigung des Grundbuchs zu. Wenn der Inhalt des Grundbuchs in Ansehung der Dienstbarkeit mit der wirklichen Rechtslage nicht in Einklang steht, kann der Servitutberechtigte, dessen Recht nicht oder nicht richtig eingetragen ist, die Zustimmung zu der Berichtigung des Grundbuchs von demjenigen verlangen, dessen Recht durch die Berichtigung betroffen wird. S. § 10.

II. Nießbrauch.

§ 42. Begriff und Inhalt; Rang.*)

Der Nießbrauch ist ein dingliches Recht, kraft dessen eine

---

[8]) § 1027 in Verbindung mit § 1004 BGB. Mot. 3 S. 489, KProt. 3 S. 327. S. § 27 Ziff. 94 ff. Diese Bestimmungen finden vom 1. Jan. 1900 ab auch auf die an diesem Tage bestehenden Grunddienstbarkeiten Anwendung (Art. 184 EGBGB.). Vergl. RG 21 I 1904 JW. S. 138[1].

[9]) § 77 ZPO.

[10]) Vergl. § 1028 BGB.

Zu § 42.

*) Ein am 1. Januar 1900 an einer Sache oder einem Rechte bestehender Nießbrauch bleibt mit dem sich aus den bisherigen Gesetzen ergebenden Inhalt und Range bestehen (Art. 184 EGBGB.). Ist der Nießbrauch des alten Rechts vererblich und veräußerlich, so bleibt ihm auch diese Eigenschaft gewahrt. (Vergl. Art. 196 EGBGB.) Vom 1. Januar 1900 ab erfolgt nach den bisherigen Gesetzen noch die Bestellung, Änderung, Aufhebung und Belastung eines Nießbrauchs an einem Grundstück oder an einem Rechte, das ein Grundstück belastet, bis das Grundbuch als angelegt anzusehen ist. Ein veräußerlicher oder vererblicher Nießbrauch aber kann, da ein solches Recht nach dem BGB. unzulässig ist, vom 1. Januar 1900 ab nicht mehr begründet werden. Vergl. Art. 189 EG.

Person befugt[1]) ist, die Nutzungen eines Vermögensgegenstandes zu ziehen[2])[3]).

Der Nießbrauch ist nicht, wie die Grunddienstbarkeit, ein subjektiv-dingliches Recht, er steht nicht dem jeweiligen Eigentümer eines Grundstücks zu, sondern ist an eine bestimmte Person geknüpft. Das Recht kann Mehreren gemeinschaftlich zustehen. Ist dies der Fall, so liegt eine Gemeinschaft nach Bruchteilen (§§ 741 ff. BGB.) vor.

Der Nießbrauch kann an dem (ideellen) Anteile eines Miteigentümers bestehen, kann sogar von einem Alleineigentümer zu einem Bruchteile bestellt werden, so daß der Nießbraucher neben dem Eigentümer die Nutzungen zu einem bestimmten Anteile bezieht[4]). Der Nießbrauch läßt sich daher als ein teilbares Recht bezeichnen. Immerhin ist eine Teilung nur bezüglich der Erträgnisse denkbar.

Das Nießbrauchrecht selbst ist nicht teilbar, denn es ist unveräußerlich. Der Nießbrauch ist nicht übertragbar und nicht vererblich; nur die Ausübung des Nießbrauchs kann einem Andern überlassen werden[5]). Diese Übertragung der Ausübung (z. B. durch Pachtvertrag) hat nur obligatorische Wirkungen[6]), wird nicht in das Grundbuch eingetragen. Da der Nießbrauch nicht übertragbar ist, kann er auch nicht im Wege der Zwangsvollstreckung veräußert werden, dagegen ist er hinsichtlich der Ausübung der Pfändung unterworfen[7]).

---

[1]) Eine Verpflichtung, für die Gewinnung der Nutzungen zu sorgen (vergl. § 1214 BGB.), obliegt dem Nießbraucher nicht.

[2]) Vergl. §§ 1030, 1068, 1085 BGB.

[3]) Für das Pfründenrecht gelten die landesgesetzlichen Vorschriften (Art. 80 Abs. 2 EGBGB.).

[4]) Vergl. § 1066 BGB. Mot. 3 S. 497, KProt. 3 S. 384.

[5]) § 1059 BGB. Mot. 3 S. 525, KProt. 3 S. 407. Die Überlassung kann nur mit obligatorischer Wirkung zwischen Eigentümer und Nießbraucher ausgeschlossen werden.

[6]) Zwischen dem Ausübungsberechtigten und dem Eigentümer bestehen keine obligatorischen Beziehungen. Werden durch das Verhalten des Ausübungsberechtigten die Rechte des Eigentümers gefährdet oder verletzt, so kann der Eigentümer die ihm aus dem Nießbrauchverhältnis zustehenden Rechte (§§ 1051 ff.) gegen den Nießbraucher geltend machen. Die aus dem Eigentum hervorgehenden Ansprüche, insbesondere der Anspruch aus § 1004, nach Beendigung des Nießbrauchs auch den Herausgabeanspruch, kann der Eigentümer gegen den Ausübungsberechtigten unmittelbar erheben. Das obligatorische Recht des Ausübenden endigt mit dem Nießbrauch, jedoch kommt dem Mieter oder Pächter die Vorschrift des § 1056 zu statten. — Die Gewährung einer dinglichen Rechtsposition für den Dritten, dem die Ausübung eines Nießbrauchs überlassen ist, wurde für unnötig erachtet, weil er als Sachbesitzer zu schützen ist, nach § 956 BGB. Eigentümer der Früchte wird und gegen den Zugriff von Gläubigern des Nießbrauchers durch § 809 ZPO. gesichert ist. Vergl. KProt. 3 S. 409.

[7]) § 857 Abs. 3, 4 ZPO. Vergl. RG 3 II 1904 E. 56 S. 388 (Zwangsverwaltung über ein mit dem Nießbrauch belastetes Grundstück), 19 XII 1902

Das Recht des Nießbrauchers besteht darin, die Nutzungen eines Vermögensgegenstandes zu ziehen. Nutzungen sind die Früchte einer Sache oder eines Rechtes sowie die Vorteile, welche der Gebrauch der Sache oder des Rechtes gewährt[8]). Hiernach umfaßt der Nießbrauch sowohl das Recht, den Vermögensgegenstand zu gebrauchen, als auch das Recht auf die Früchte. Weder hinsichtlich des Gebrauchs noch hinsichtlich des Früchtebezugs unterliegt das Recht des Nießbrauchers gesetzlich einer Beschränkung, es ist aber zulässig, daß einzelne Nutzungen ausgeschlossen werden und der Nießbrauch dadurch beschränkt wird[9]). Wo dagegen die Benutzung des fremden Vermögensgegenstandes nur in einzelnen bestimmten Beziehungen gestattet ist, wo nur einzelne bestimmte Gebrauchs- oder Fruchtziehungsrechte eingeräumt sind, liegt kein Nießbrauch vor, nur eine beschränkte persönliche Dienstbarkeit wird dann in Frage kommen.

Dem Nießbraucher kann gegenüber den Sachen, die seinem begrenzten Rechte unterstehen, die Stellung eines Eigentümers eingeräumt werden. Geschieht dies, so bleibt der Nießbrauch wirklicher Nießbrauch, bleibt unübertragbar und endigt wie ein sonstiger Nießbrauch[10]). Mit der Bestellung eines solchen Rechtes aber wird der Nießbraucher Eigentümer der Sache und zwar vollberechtigter Eigentümer, hat insbesondere auch die Veräußerungsbefugnis über die Sache. Es wird von dem BGB. in dieser Richtung nicht zwischen eigentlichem und uneigentlichem Nießbrauch unterschieden, auch der Nießbrauch, bei welchem dem Nießbraucher das Eigentum an den Sachen eingeräumt wird, deren Nutzungen er ziehen soll, wird als eigentlicher Nießbrauch angesehen.

Bei dem Nießbrauch an einem Rechte wird der Nießbraucher nicht statt des Bestellers Berechtigter, andrerseits beschränkt sich sein Recht nicht auf obligatorische Beziehungen zu dem Besteller, er hat vielmehr eine, auch Dritten gegenüber wirksame Rechtsstellung[11]). Der Nießbraucher eines Rechtes ist wie der Nießbraucher einer Sache an dem Gegenstande des Nießbrauchs unmittelbar berechtigt; was für Befugnisse ihm selbständig zustehen, was für Befugnisse der Inhaber des belasteten Rechtes hat und was für Befugnisse Beiden gemeinschaftlich sind, ist besonders geregelt.

Bei einem Zusammentreffen des Nießbrauchs mit anderen begrenzten Rechten entscheidet das Rangverhältnis der Rechte

---

PuchZ. 34 S. 204 (Anfechtung eines unter Vorbehalt des Nießbrauchs geschlossenen und vollzogenen Kaufs).

[8]) § 100 BGB.

[9]) § 1030 Abs. 2 BGB.

[10]) Vergl. § 1067 BGB. Die Anwendung des § 1064 ist nicht ausgeschlossen (a. M. Planck § 1067 Anm. 3a), die Aufhebungserklärung kann gegenüber dem Besteller abgegeben werden.

[11]) Vergl. Mot. 3, 539.

untereinander. S. § 9. Wird an einer beweglichen Sache, die mit dem Rechte eines Dritten belastet ist, ein Nießbrauch bestellt, so geht der neu bestellte Nießbrauch dem Rechte des Dritten vor unter denselben Voraussetzungen[12]), unter denen bei Veräußerung einer beweglichen Sache die begrenzten Rechte der Dritten erlöschen[13]). Trifft ein Nießbrauch mit einem anderen Nießbrauch von gleichem Range oder mit einem sonstigen Nutzungsrechte an der beweglichen oder unbeweglichen Sache von gleichem Range dergestalt zusammen, daß die Rechte nebeneinander nicht oder nicht vollständig ausgeübt werden können, so kann jeder Berechtigte eine den Interessen aller Berechtigten nach billigem Ermessen entsprechende Regelung der Ausübung verlangen[14]).

§ 43. Gegenstand.

Alle Vermögensgegenstände, die übertragbar sind und einen Gebrauch gestatten oder Früchte (§ 99 BGB.) geben, können Gegenstand des Nießbrauchs sein. Der Nießbrauch kann bestehen an Grundstücken[1]) und an beweglichen Sachen, an reellen[2]) und an ideellen[3]) Teilen, an Rechten, die übertragbar sind[4]), an einem Vermögen und an einer Erbschaft. Ist ein Vermögen oder eine Erbschaft Gegenstand des Nießbrauchs, so werden die zu dem Vermögen oder der Erbschaft gehörigen Gegenstände von dem Rechte des Nießbrauchers erfaßt. Für den Nießbrauch an einem Sondervermögen, z. B. einem Erwerbsgeschäfte, sind keine be-

---

[12]) § 936 BGB. S. § 25 Ziff. 39.
[13]) § 1032 BGB.
[14]) § 1060 BGB. Mot. 3 S. 486, 499, KProt. 3 S. 387. S. § 39 Ziff. 26.

Zu § 43.

[1]) Erbbaurechte und sonstige (landesgesetzlich) den Grundstücken gleichstehende Rechte eingeschlossen.

[2]) Vergl. § 6 GBO.

[3]) Vergl. § 1066 BGB. S. § 42 Ziff. 4.

[4]) §§ 1068, 1069 Abs. 2 BGB. Unübertragbare Forderungen s. z. B. §§ 399, 400, 847, 1300 BGB. Was die dinglichen Rechte betrifft, so sind die beschränkten persönlichen Dienstbarkeiten (§ 1092) nicht übertragbar. Unübertragbar ist ferner das Recht, das dem Manne an dem eingebrachten Gute kraft seiner Verwaltung und Nutznießung zusteht (§ 1408), der Anspruch des Mannes auf Leistung eines Beitrages der in Gütern getrennten Frau zu dem ehelichen Aufwand (§ 1427), ferner der geschiedenen Frau zum Unterhalt eines gemeinschaftlichen Kindes (§ 1585), der Anspruch auf die Aussteuer (§ 1623), das Recht, das den Eltern kraft der Nutznießung an dem Vermögen des Kindes zusteht (§§ 1658, 1649, 1686 BGB.). — Vergl. bezüglich der Festsetzung einer Unveräußerlichkeit §§ 136, 137 BGB.

Nach Dernburg (§ 192 N. 2) ist anzunehmen, daß ein Nießbrauch bezüglich übertragbarer Nutzungen aus unübertragbaren Rechten zulässig ist und durch § 1069 Abs. 2 nicht getroffen wird. An dem Rechte auf Ausübung eines unübertragbaren Rechtes wird allerdings, ohne daß § 1069 Abs. 2 entgegensteht, ein Nießbrauch bestellt werden können.

sonderen Bestimmungen gegeben. Es kommt auf den Parteiwillen an, welche Rechte und Verbindlichkeiten der Nießbraucher in einem solchen Falle haben soll[5]). Ebensowenig sind besondere Bestimmungen über den Nießbrauch an Gesellschaftsanteilen getroffen. Die Ansprüche, die den Gesellschaftern aus dem Gesellschaftsverhältnisse gegeneinander zustehen, sind nicht übertragbar. Jedoch sind ausgenommen die einem Gesellschafter aus seiner Geschäftsführung zustehenden Ansprüche, soweit deren Befriedigung vor der Auseinandersetzung verlangt werden kann, sowie die Ansprüche auf einen Gewinnanteil oder auf dasjenige, was dem Gesellschafter bei der Auseinandersetzung zukommt[6]). Diese hiernach übertragbaren Ansprüche können Gegenstand eines Nießbrauchs sein. Obligatorisch kann sich ein Gesellschafter verpflichten, einer anderen Person alle Einkünfte aus seinem Anteile zukommen zu lassen. Geht der Wortlaut des Vertrags auf die Begründung des Nießbrauchs am Gesellschaftsanteile, so ist nach § 140 BGB. im einzelnen Falle zu ermitteln, ob die Absicht der Vertragschließenden auf Unterwerfung der übertragbaren Gesellschaftsforderungen unter den Nießbrauch geht, oder ob ein obligatorischer Vertrag, der den Gesellschafter zur Überlassung der Nutzungen verpflichtet, beabsichtigt war[7]).

Da an einem Rechte, das nicht übertragbar ist, ein Nießbrauch nicht bestellt werden kann, der Nießbrauch selbst nicht übertragbar ist, so ist die Bestellung eines Nießbrauchs an einem Nießbrauch nicht möglich. Nur an dem Rechte, den Nießbrauch auszuüben, läßt sich ein Nießbrauch bestellen.

§ 44. Entstehung.

Der Nießbrauch entsteht entweder durch Rechtsgeschäft oder durch Ersitzung, nicht auch kraft Gesetzes. Auf Grund gesetzlicher Vorschrift haben der Ehemann an dem eingebrachten Gute und die Eltern an dem Vermögen der Kinder Nutzungsrechte, diese Rechte werden jedoch nicht als Nießbrauch, sondern als Nutznießung bezeichnet und besonderen Regeln unterstellt, wobei allerdings einzelne Vorschriften über den Nießbrauch für anwendbar erklärt sind[1]).

Durch letztwillige Verfügung wird kein Nießbrauch geschaffen, sondern nur ein persönliches Recht auf Bestellung gegeben[2]).

Was die Bestellung[3]), die rechtsgeschäftliche Begründung,

---

[5]) Mot. 3 S. 559. Für die elterliche Nutznießung an einem Erwerbsgeschäft trifft § 1655 BGB. eine Bestimmung.

[6]) § 717 BGB.

[7]) Mot. 3, 539.

Zu § 44.

[1]) Vergl. §§ 1383, 1378, 1384, 1423; 1652, 1654, 1663, 1686 BGB.

[2]) Vergl. § 2174 BGB.

[3]) Die Bestellung kann unter einer jeden zulässigen Bedingung, auch von einem bestimmten Zeitpunkte ab oder auf eine bestimmte Zeit erfolgen.

des Nießbrauchs angeht, so ist zu unterscheiden je nach dem Gegenstande, an welchem das Recht begründet wird.

A. Nießbrauch an Grundstücken.

Zur Belastung eines Grundstücks mit einem Nießbrauch ist nach den allgemeinen Vorschriften der §§ 873 ff. BGB. die Einigung des Eigentümers und des Erwerbers darüber, daß dem Erwerber der Nießbrauch zustehen soll, und die Eintragung der Belastung des Grundstücks in das Grundbuch erforderlich. S. § 8. Bestimmung des Werterſatzes (§ 882 BGB.) s. § 31 Ziff. 7.

Das obligatorische Rechtsgeschäft, das regelmäßig vorausgehen wird, bedarf als solches keiner besonderen Form [4]). Wird übrigens die Bestellung des Nießbrauchs schenkweise versprochen, so ist die gerichtliche oder notarielle Beurkundung des Versprechens verlangt, wobei jedoch der Mangel der Form durch die erfolgte Bestellung geheilt wird [5]). Geht der obligatorische Vertrag dahin, daß das ganze gegenwärtige Vermögen des Bestellers oder ein Bruchteil dieses Vermögens mit einem Nießbrauch zu belasten ist, so wird ebenfalls gerichtliche oder notarielle Beurkundung gefordert [6]). Für letztwillige Verfügungen kommen die Bestimmungen über Testamente 2c. in Betracht.

Ist der Besteller als verfügungsberechtigter Eigentümer im Grundbuch eingetragen, ohne daß er Eigentümer ist oder obgleich er in der Verfügung über das Grundstück zu Gunsten einer bestimmten Person beschränkt ist, so gilt zu Gunsten des gutgläubigen Erwerbers der Inhalt des Grundbuchs als richtig [7]). Die Bestellung ist demnach wirksam.

Mit dem Grundstück erfaßt das dingliche Recht des Nießbrauchers alle Bestandteile des Grundstücks, die wesentlichen notwendiger Weise [8]), die nicht wesentlichen soweit sie nicht ausgenommen werden [9]). Was das Zubehör [10]) betrifft, so können

---

[4]) S. § 38 Ziff. 8.

[5]) § 518 BGB.

[6]) § 311 BGB. Die Eintragung hängt nicht von dem Nachweise der Beobachtung dieser Form ab. Ist aber das Kausalgeschäft wegen des Formmangels nichtig, so kann die Aufhebung des bestellten Nießbrauchs auf Grund der Bestimmungen über ungerechtfertigte Bereicherung verlangt werden.

[7]) § 892 BGB. S. § 7.

[8]) § 93 BGB.

[9]) Als Bestandteile gelten auch die Rechte nach § 96 BGB. Der Nießbraucher kann jedoch diese Rechte nur ausüben, wenn die Ausübung durch einen Dritten nach der Natur der Rechte zulässig ist. — Wird ein anderes Grundstück zum Bestandteil des mit dem Nießbrauch belasteten Grundstücks gemacht (§ 890 Abs. 2 BGB.), so erstrecken sich zwar die Hypotheken (§ 1131 BGB.), nicht aber auch der Nießbrauch auf das zugeschriebene Grundstück. A. M. Dernburg § 186 Anm. 1.

[10]) § 97 BGB.

diese beweglichen Sachen — ebenso wie bei der Übertragung des Eigentums an einem Grundstück — der Hauptsache folgen, ohne daß es der Beobachtung der Formen bedürfte, die zur Belastung beweglicher Sachen mit einem Nießbrauch, nämlich der Übergabe der Sachen, vorgeschrieben sind. Mit dem Nießbrauch an dem Grundstück erlangt der Nießbraucher ohne weiteres auch den Nießbrauch an dem Zubehör, das dem Besteller gehört, sofern Besteller und Erwerber darüber einig sind, daß sich der Nießbrauch auf das Zubehör des Grundstücks erstrecken soll. Im Zweifel ist anzunehmen, daß sich die Nießbrauch-Bestellung auf das Zubehör [11]) erstrecken soll. Erlangt der Nießbraucher auf Grund der Bestellung des Nießbrauchs den Besitz von Zubehörstücken, die dem Besteller nicht gehören oder mit Rechten Dritter belastet sind, so finden die Vorschriften der §§ 932—936 BGB. (s. § 24 Ziff. 49 ff.) Anwendung; für den guten Glauben des Erwerbers ist die Zeit der Erlangung des Besitzes maßgebend [12]) [13]).

B. Nießbrauch an beweglichen Sachen.

Für die Bestellung des Nießbrauchs an einer beweglichen Sache kommen die Vorschriften bezüglich der Erwerbung des Eigentums durch Übergabe seitens des Eigentümers oder eines Nichteigentümers zur entsprechenden Anwendung [14]).

Zur Bestellung des Nießbrauchs ist hiernach erforderlich, daß der Eigentümer die bewegliche Sache dem Erwerber übergibt und Beide darüber einig sind, daß dem Erwerber der Nießbrauch zustehen soll. Ist der Erwerber schon im Besitze der Sache, so genügt die Einigung, daß ihm der Nießbrauch zustehen soll. Ist der Eigentümer im Besitze, so kann die Übergabe dadurch ersetzt werden, daß zwischen ihm und dem Erwerber ein Rechtsverhältnis vereinbart wird, vermöge dessen der Erwerber den mittelbaren Besitz erlangt [15]). Ist ein Dritter im Besitze, so kann die Übergabe dadurch ersetzt werden, daß der Eigentümer dem Erwerber den Anspruch

---

[11]) Beruht die Bestellung auf einem Vermächtnis, so kommt im Zweifel nur das zur Zeit des Erbfalls vorhandene Zubehör in Betracht. Vergl. § 2164 BGB.

[12]) § 1031 in Verbindung mit § 926 BGB. KProt. 3 S. 385.

[13]) Ein Schatz ist weder Bestandteil noch Zubehör der Sache, bildet auch keine Nutzung, der Nießbrauch trifft daher nicht den Anteil des Eigentümers (§ 1040 BGB. Mot. 3 S. 504, KProt. 3 S. 392). Besteht der Nießbrauch an einem Vermögen, so fragt sich, ob er sich nicht auf den Schatz als Teil des Vermögens erstreckt. Hat an diesem Vermögensteile keine Bestellung des Nießbrauchs stattgefunden, so wird nach dem Kausalgeschäft zu beurteilen sein, ob die Bestellung des Nießbrauchs an dem Eigentümer-Anteil verlangt werden kann.

[14]) § 1032 BGB. Mot. 3 S. 495, KProt. 3 S. 385. S. § 25 Ziff. 6 ff.

[15]) Zu dieser Vereinbarung hat noch die Einigung darüber zu kommen, daß dem Erwerber der Nießbrauch zustehen soll.

auf Herausgabe der Sache abtritt. Der Nießbrauch ist in einem solchen Falle bestellt, sobald der Anspruch auf Herausgabe abgetreten und der Eigentümer mit dem Erwerber darüber einig ist, daß dem Erwerber der Nießbrauch zustehen soll.

Gehört die Sache nicht dem Besteller, so wird trotzdem durch Übergabe und Einigung in der vorbezeichneten Weise der Nießbrauch begründet, sofern nicht der Erwerber zu der Zeit, zu der er, wenn der Besteller Eigentümer wäre, den Nießbrauch erlangt hätte, nicht in gutem Glauben d. h. in Kenntnis oder in grobfahrlässiger Unkenntnis darüber ist, daß die Sache nicht dem Besteller gehört. Ist der Erwerber im Besitze der Sache und hatte er von dem Besteller den Besitz erlangt, so genügt die Einigung über die Entstehung des Nießbrauchs. Ist ein Dritter im Besitze der Sache und ist der Besteller mittelbarer Besitzer, so kann die Übergabe durch die Abtretung des Anspruchs auf Herausgabe der Sache ersetzt werden; ist der Besteller kein mittelbarer Besitzer, so wird der Nießbrauch erst begründet, wenn der Erwerber den Besitz der Sache von dem Dritten erlangt. In diesen beiden Fällen entsteht der Nießbrauch nicht, falls der Erwerber zur Zeit der Abtretung oder des Besitzerwerbes nicht in gutem Glauben ist. Der Nießbrauch wird durch einen Nichteigentümer nicht begründet, wenn die Sache dem Eigentümer oder, falls der Eigentümer mittelbarer Besitzer war, dem Besitzer gestohlen worden, verloren gegangen oder sonst abhanden gekommen war; für Geld und Inhaberpapiere gilt diese Ausnahme nicht [16]).

Sind verbrauchbare Sachen [17]) Gegenstand des Nießbrauchs, sei es, daß an solchen Sachen (z. B. Lebensmitteln) der Nießbrauch bestellt worden ist, sei es, daß solche Sachen (z. B. Geld, Banknoten) an die Stelle der Vermögensgegenstände getreten sind, an denen der Nießbrauch ursprünglich bestellt worden war, so wird der Nießbraucher Eigentümer der Sachen [18]), und zwar sofort, nicht erst mit dem Moment des Verbrauchs. Diese Norm ist dispositiver Natur; die Beteiligten können diese Wirkung ausschließen und auf verbrauchbare Sachen die Vorschriften über den Nießbrauch an nicht verbrauchbaren Sachen Anwendung finden lassen [19]). Geschieht dies, so hat sich der Besteller den wirtschaftlichen Verbrauch der Sachen gefallen zu lassen. Den Beteiligten steht auch frei, an nicht verbrauchbaren Sachen unter Verschaffung des Eigentums Nießbrauch zu bestellen. Zu vermuten ist eine derartige

---

[16]) Über die Einwirkung der Nießbrauchbestellung auf das Recht Dritter s. § 42 Ziff. 12.

[17]) § 92 BGB. S. § 4 Ziff. 18.

[18]) § 1067 BGB. Mot. 3 S. 533, KProt. 3 S. 413. Das Eigentum geht über mit der Bestellung des Nießbrauchs; des Willens, das Eigentum zu übertragen, bedarf es nicht.

[19]) Mot. 3 S. 534.

Absicht nicht, auch dann nicht, wenn die nicht verbrauchbaren Sachen bei der Bestellung des Nießbrauchs abgeschätzt worden sind.

C. Nießbrauch an Rechten.

Die Bestellung des Nießbrauchs an einem Rechte erfolgt nach den für die Übertragung des Rechts geltenden Vorschriften[20].

Es genügt hiernach, soweit nicht für ein Recht besondere Vorschriften bestehen, ein Vertrag zwischen dem Inhaber des Rechts und dem Erwerber des Nießbrauchs[21].

An Rechten, mit denen ein Grundstück belastet ist[22], oder an einem Recht, das ein solches Recht belastet, ist der Nießbrauch in derselben Weise zu bestellen, wie die Übertragung des zu belastenden Rechtes vor sich geht. Regelmäßig ist demnach der dingliche Vertrag und die Eintragung erforderlich. S. § 8. Bei Bestellung eines Nießbrauchs an einer Briefhypothek, Briefgrundschuld oder Briefrentenschuld genügt eine schriftliche Bestellungserklärung und Übergabe des Briefes[23].

Zur Bestellung des Nießbrauchs an dem Forderungsrecht aus einem Inhaberpapier oder einem Orderpapier, das mit Blankoindossament versehen ist, bedarf es nicht, wie bei der Übertragung des Rechts, der Übergabe des Papiers, es genügt vielmehr die Einräumung des Mitbesitzes[24].

D. Nießbrauch an einem Vermögen oder einer Erbschaft.

Der Nießbrauch an dem Vermögen einer Person kann nur in der Weise bestellt werden, daß der Erwerber den Nießbrauch an den einzelnen zu dem Vermögen gehörenden Gegenständen, also an den Grundstücken, beweglichen Sachen, Rechten erlangt[25]. Nicht an dem Vermögen als einer Gesamtheit wird der Nießbrauch

---

[20]) § 1069 BGB. Mot. 3 S. 538, KProt. 3 S. 413.

[21]) §§ 398 ff., 413 BGB. Der Nießbrauch an der Forderung erstreckt sich auf die Schuldurkunde (§ 952 BGB.). — Vergl. RG 2 XII 1902 E. 53 S. 110 (Anteile einer Ges. m. beschr. H.).

[22]) Für das Erbbaurecht gilt § 1017 BGB., also erfolgt die Bestellung wie bei einem Grundstück.

[23]) §§ 1154 BGB. Eintragungsbewilligung nicht erforderlich, vergl. § 26 Abs. 2 GBO. Dasselbe gilt für die Belastung einer Forderung, für die ein eingetragenes Recht als Pfand haftet.

[24]) § 1081 Abs. 2 BGB. Mot. 3 S. 556, KProt. 3 S. 427.

[25]) § 1085 BGB. Mot. 3 S. 558, KProt. 3 S. 429. Bei den Bestimmungen über den Nießbrauch an einem Vermögen handelt es sich nur um den Nießbrauch an einem ganzen Vermögen, nicht um den Nießbrauch an sog. Sondervermögen, z. B. an dem Vorbehaltsgut einer Ehefrau. Vergl. Planck Vorbem. zu § 1085.

begründet, sondern an den einzelnen Vermögensbestandteilen[26]), und zwar sind die für die Belastung solcher Gegenstände bestehenden Vorschriften (§§ 873, 1032, 1069, 1081 BGB.) zu beachten. Vorauszusetzen ist, daß an den einzelnen Vermögensbestandteilen ein Nießbrauch überhaupt bestellt werden kann. Gehört zu dem Vermögen ein Recht, das nicht übertragbar ist, dessen Ausübung aber überlassen werden kann, so steht dem Vermögens-Nießbraucher die Ausübung des Rechtes zu. Ist ein Recht auch der Ausübung nach nicht übertragbar, so wird es durch den Vermögensnießbrauch überhaupt nicht berührt.

Wegen der Schuldentilgung ist es von Wichtigkeit, zu unterscheiden, ob ein Nießbrauch an einem Vermögen gewollt ist oder ein Nießbrauch an den einzelnen Vermögensbestandteilen; bei dem Nießbrauch an einzelnen Gegenständen tritt keine Verbindlichkeit zur Schuldentilgung ein. In dem obligatorischen Vertrag, welcher der Begründung des Nießbrauchs vorausgeht und durch den die Einräumung des Nießbrauchs an dem ganzen Vermögen zugesichert wird, muß die Absicht der Beteiligten zum Ausdruck kommen[27]). Der obligatorische Vertrag, durch den sich Jemand verpflichtet, sein gegenwärtiges Vermögen oder einen Bruchteil desselben mit einem Nießbrauch zu belasten, bedarf der gerichtlichen oder notariellen Beurkundung. Hinsichtlich des künftigen Vermögens kann eine solche Verbindlichkeit nicht übernommen werden, ein derartiger Vertrag ist nichtig[28]). Umfaßt der Vertrag gegenwärtiges und zukünftiges Vermögen, so ist der ganze Vertrag nichtig, wenn nicht anzunehmen ist, daß er auch ohne den nichtigen Teil vorgenommen sein würde[29]).

Was von dem Nießbrauch an einem Vermögen gilt, findet auch Anwendung auf den Nießbrauch an einer Erbschaft[30]).

Die zweite Entstehungsart für den Nießbrauch ist die Ersitzung.

Ist für Jemand ein ihm nicht zustehender Nießbrauch an einem Grundstück im Grundbuch eingetragen, so erwirbt er den

---

[26]) Wird ein Vermögensgegenstand durch einen anderen ersetzt, so fällt dieser nicht ohne weiteres unter den Nießbrauch. Es verbleibt bei den für den Nießbrauch an den einzelnen Gegenständen maßgebenden Vorschriften. Vergl. § 1075 BGB. KProt. 3 S. 435.

[27]) Daß die etwa erforderliche Grundbucheintragung ersichtlich machen muß, es handle sich um den Nießbrauch an einem Vermögen, ist nicht anzunehmen. A. M. Turnau-Förster 1 S. 508.

[28]) §§ 310, 311 BGB.

[29]) § 139 BGB.

[30]) § 1089 BGB. Mot. 3 S. 565, KProt. 3 S. 436. Ein Miterbe kann über keinen Anteil an einzelnen Nachlaßgegenständen verfügen (§ 2033 Abs. 2 BGB.), kann also keinen Nießbrauch an dem Bruchteil einer Erbschaft bestellen. Dagegen kann er den Nießbrauch an seinem Anteil gemäß § 2033 Abs. 1 bestellen, so daß die Vorschriften der §§ 1068, 1066 BGB. anwendbar werden. Vergl. RG 9 II 1905 JW. S. 205[9].

Nießbrauch, wenn die Eintragung 30 Jahre bestanden und er während dieser Zeit das Grundstück als Nießbraucher in Besitz gehabt hat. Guter Glaube ist nicht erforderlich. Für den Rang des Rechtes ist die Eintragung maßgebend. S. § 12 Ziff. 8. Übergangsbestimmung s. § 12 Ziff. 13.

An einer beweglichen Sache kann der Nießbrauch ebenfalls durch Ersitzung erworben werden. Es kommen hiebei die für den Erwerb des Eigentums durch Ersitzung geltenden Vorschriften zur entsprechenden Anwendung. Demnach erwirbt den Nießbrauch, wer die bewegliche Sache 10 Jahre als Nießbraucher in Besitz hat, es sei denn, daß er bei dem Erwerbe des Besitzes in Kenntnis oder grobfahrlässiger Unkenntnis darüber ist, daß ihm der Nießbrauch an der Sache nicht zusteht, oder dies später erfährt[31]). Mit dem Erwerbe des Nießbrauchs durch Ersitzung treten die an der Sache vor dem Erwerbe des Nießbrauchbesitzes begründeten Rechte Dritter dem Nießbrauch gegenüber zurück, sofern nicht der Nießbrauch-Besitzer in Ansehung dieser Rechte bei dem Erwerbe des Besitzes nicht in gutem Glauben ist oder ihr Bestehen später, vor Ersitzung des Rechtes, erfährt[32])[33]).

§ 45. Rechte des Nießbrauchers.

Für die Befugnisse und die Verpflichtungen des Nießbrauchers gegenüber dem Besteller ist der Begründungsakt maßgebend. Über das Schuldverhältnis zwischen dem Nießbraucher und dem Eigentümer hat das BGB. besondere Vorschriften gegeben, dabei auch bestimmt, daß im Verhältnisse zwischen dem Nießbraucher und dem Eigentümer zu Gunsten des Nießbrauchers der Besteller als Eigentümer gilt, sofern nicht der Nießbraucher weiß, daß der Besteller nicht Eigentümer ist. Steht dem Nießbraucher an den Sachen, welche den Gegenstand des Nießbrauchs bilden, das Eigentum zu[1]),

---

[31]) § 1033 BGB. KProt. 3 S. 385. Außer § 937 kommen die §§ 938, 939, 940, 941, 942 BGB. zur entsprechenden Anwendung. Die Bestimmungen der §§ 943, 944 BGB. sind nur insofern anwendbar, als der Ersitzende die Zeit der Ausübung des Nießbrauchs durch einen Anderen (§ 1059 BGB.) sich anrechnen kann. — Die Möglichkeit, an einer verbrauchbaren Sache den Nießbrauch zu ersitzen, wird nicht auszuschließen sein (Mot. 3 S. 535). Jedoch wird derjenige, der eine verbrauchbare Sache in dem Glauben, daß ihm der Nießbrauch daran zustehe, in Besitz nimmt, nicht deswegen, weil die Sache eine verbrauchbare ist, Eigenbesitzer, wie Planck § 1067 Anm. 1 aufstellt. Ob ein solcher Nießbraucher die Sache als ihm gehörend besitzt, ist eine nach den Umständen des Falles zu entscheidende Frage, der Wille Eigentum zu erwerben wird in der Bestimmung des § 1067 BGB. nicht vorausgesetzt.

[32]) §§ 1033, 945 in Verbindung mit §§ 1032, 936 BGB.

[33]) Ist am 1. Januar 1900 die Ersitzung des Nießbrauchs an einer beweglichen Sache noch nicht vollendet, so finden die in § 25 Anm. 56 angeführten Bestimmungen Anwendung.

Zu § 45.

[1]) Vergl. § 1067 BGB. S. § 44 Ziff. 17 ff.

so hat der Nießbraucher alle Rechte eines Eigentümers. Für diesen Fall sind einige Bestimmungen über das Rechtsverhältnis zwischen dem Nießbraucher und dem Besteller getroffen.

Folgende Rechte des Nießbrauchers sind hervorzuheben:

1. Der Nießbraucher kann den Zustand der Sache[2]), bei Sachen, die in sein Eigentum übergehen, ihren Wert[3]), auf seine Kosten durch Sachverständige feststellen lassen. Die Feststellung kann zu jeder Zeit, nicht bloß bei Beginn des Nießbrauchs vorgenommen werden. Für die Ernennung, Beeidigung und Vernehmung der Sachverständigen ist das Amtsgericht zuständig, in dessen Bezirk sich die Sache befindet. Durch eine ausdrückliche Vereinbarung der Beteiligten kann die Zuständigkeit eines anderen Amtsgerichts begründet werden. Eine Anfechtung der Verfügung, durch welche dem Antrage stattgegeben wird, ist ausgeschlossen. Bei dem Verfahren ist der Eigentümer soweit tunlich zu hören[4]).

In welchem Zustand die Sachen von dem Nießbraucher zu übernehmen sind, richtet sich nach dem der Bestellung zu Grunde liegenden Kausalgeschäft.

2. Bei dem Nießbrauch an einem Inbegriff von Sachen[5]) kann der Nießbraucher (bei Beginn des Nießbrauchs oder später) die Aufnahme eines Verzeichnisses der Sachen verlangen[6]). Der Eigentümer hat bei Aufnahme des Verzeichnisses mitzuwirken[7]). Sofern nicht der Nießbraucher weiß, daß der Besteller nicht Eigentümer ist, gilt hier wie in anderen Fällen zu Gunsten des Nießbrauchers der Besteller als Eigentümer[8]). Der Nießbraucher kann sonach die Rechte, welche er gegen den Eigentümer hat, dem Besteller gegenüber geltend machen und genügt seinen Verpflichtungen gegen den Eigentümer durch Erfüllung gegenüber dem Besteller.

Das Verzeichnis ist mit der Angabe des Tages der Aufnahme zu versehen und von beiden Teilen zu unterzeichnen. Jeder Teil kann verlangen, daß die Unterzeichnung öffentlich beglaubigt (§ 129 BGB.) oder daß das Verzeichnis durch die zuständige Be-

---

[2]) § 1034 BGB. Mot. 3 S. 506, KProt. 3 S. 394, 4 S. 592. Mit Rücksicht auf die dem Nießbraucher obliegende Pflicht, nach Beendigung des Nießbrauchs die Sache dem Eigentümer herauszugeben (§ 1055), ist beiden Teilen das Recht eingeräumt, den Zustand der Sache feststellen zu lassen.

[3]) § 1067 BGB.

[4]) § 164 FGG.

[5]) S. § 4 Ziff. 7. Da nach § 1068 auf den Nießbrauch an Rechten die Vorschriften über den Nießbrauch an Sachen entsprechende Anwendung finden, sind bei einem Inbegriff von Sachen und Rechten auch die Rechte in das Verzeichnis aufzunehmen.

[6]) Kann derjenige, dem der Nießbrauch an einem Erbteil vermacht ist, von dem Testamentsvollstrecker Auskunft über den Bestand des ganzen Nachlasses verlangen? RG 2 V 1904 JW. S. 338[7] hat die Frage bejaht.

[7]) § 1035 BGB. Mot. 3 S. 506, KProt. 3 S. 394.

[8]) § 1058 BGB.

hörde oder durch einen zuständigen Beamten oder Notar aufgenommen wird. Wer die Aufnahme oder die Beglaubigung verlangt, hat die Kosten zu tragen und vorzuschießen [9]). Für die Mitwirkung bei dem Akt hat weder der Eigentümer noch der Nießbraucher von dem Antragsteller Entschädigung zu beanspruchen. Das Verzeichnis ist Beweisurkunde; es ist in ihm kein Anerkennungsvertrag zu finden, der Nachweis etwaiger Irrtümer bleibt unbenommen [10]).

3. Da der Nießbraucher befugt ist, die Nutzungen zu ziehen, muß ihm — sofern nicht der Bestellungsakt anders bestimmt — ermöglicht sein, die tatsächliche Gewalt über die Sache auszuüben. Der Nießbraucher ist daher regelmäßig zum Besitze der Sache berechtigt [11]), oder, falls der Nießbrauch Mehreren gemeinschaftlich zusteht, zum Mitbesitze. Der Besteller hat mittelbaren Besitz. Wird die Sache einem Dritten in Verwahrung gegeben oder ein Sequester aufgestellt, so hat der Nießbraucher ebenfalls nur mittelbaren Besitz.

Besteht ein Nießbrauch an dem Anteile eines Miteigentümers, so übt der Nutznießer in eigenem Rechte die Rechte seines Auktors aus, die sich aus der Gemeinschaft der Miteigentümer in Ansehung der Verwaltung der Sache und der Art ihrer Benutzung ergeben. Der Miteigentümer, dessen Anteil mit dem Nießbrauch belastet ist, bleibt in der Gemeinschaft Gläubiger und Schuldner. Er bleibt also den Genossen gegenüber zur Erfüllung der Verpflichtungen aus der Gemeinschaft verbunden, während ihm gegenüber der Nießbraucher verbunden sein kann, an seiner Stelle die genossenschaftlichen Verbindlichkeiten zu erfüllen [12]). Die Aufhebung der Gemeinschaft kann nur von dem Miteigentümer und dem Nießbraucher gemeinsam oder gegen den Miteigentümer und den Nießbraucher gemeinsam verlangt werden. Wird die Gemeinschaft aufgehoben, so gebührt dem Nießbraucher der Nießbrauch an den Gegenständen, die an die Stelle des Anteils treten [13]). Besteht der Nießbrauch an dem Bruchteil einer in Alleineigentum stehenden Sache, so gilt Entsprechendes.

Ist ein Recht Gegenstand des Nießbrauchs, so hat der Nießbraucher im Allgemeinen, soweit der Inhalt des Rechts es gestattet, die Befugnisse eines Sach-Nießbrauchers [14]).

---

[9]) § 1035 BGB.

[10]) KProt. 3 S. 395.

[11]) § 1036 Abs. 1 BGB. Mot. 3 S. 496. KProt. 3 S. 387.

[12]) Mot. 3 S. 498.

[13]) § 1066 BGB. Mot. 3 S. 497, KProt. 3 S. 387. Der Ausdruck „gebührt" (vergl. § 101 BGB., dagegen § 1075 BGB.) läßt erkennen, daß es zum Erwerb des Nießbrauchs an den Gegenständen, die an die Stelle des Anteils treten, der Bestellung bedarf. Die im Hinblick auf Mot. 3 S. 499 im Recht der Grundstücke S. 224 vertretene gegenteilige Ansicht ist nicht aufrecht zu erhalten.

[14]) § 1068 BGB. Mot. 3 S. 538, KProt. 3 S. 413.

Ist ein Recht, kraft dessen eine Leistung — ein Tun oder ein Unterlassen — gefordert werden kann, Gegenstand des Nießbrauchs, so hat der Nießbraucher dem Verpflichteten gegenüber dieselbe Rechtsstellung wie sie bei einer Übertragung des Rechtes[15]) dem Erwerber (Cessionar) gegenüber dem Verpflichteten (debitor cessus) zukommt[16]). Jedoch bestehen folgende Abweichungen.

Was zunächst die Forderungen und Grundschulden[17]) betrifft, welche nicht auf Zinsen ausstehen, so hat hier der Nießbraucher ein selbständiges Einziehungs- und Kündigungsrecht, jedoch keine Befugnis, in anderer Weise über die Forderung zu verfügen, z. B. sie zu veräußern[18]). Er ist nicht Gläubiger, hat insbesondere auch bei Verletzung der obligatorischen Pflichten des Schuldners keinen eigenen Anspruch auf Schadensersatz, aber er ist Vertreter des Gläubigers. Leistet der Schuldner an den Nießbraucher den geschuldeten Gegenstand, so erwirbt der Gläubiger den geleisteten Gegenstand, der Nießbraucher ohne weiteres den Nießbrauch an dem Gegenstand[19]). Werden von dem Schuldner ver-

[15]) §§ 398 ff. BGB., insbesondere §§ 404—411 BGB., aber für Hypotheken s. § 1156 BGB.

[16]) § 1070 BGB. Mot. 3 S. 540, KProt. 3 S. 414. Das Vorkaufsrecht und der Herausgabeanspruch des Eigentümers fallen wohl nicht unter die Bestimmung des § 1070. Übereinstimmend Planck § 1070 Anm. 1, Turnau-Förster 1 S. 495, a. M. hinsichtlich des Herausgabeanspruchs Biermann S. 264.

[17]) Die Hypotheken zählen zu den Forderungen, die Grundschulden und Rentenschulden sind hinsichtlich des Nießbrauchs den Forderungen gleichgestellt, s. § 1080 BGB.

[18]) § 1074 BGB. Mot. 3 S. 544, KProt. 3 S. 418. — Ob eine Kündigung des Schuldners, die dem Gläubiger gegenüber erfolgt, wirksam ist, bemißt sich nach § 407 BGB. Vergl. Biermann S. 267. — Über die Frage, ob bei alternativen Schuldverhältnissen das Wahlrecht von dem Nießbraucher auszuüben ist, s. Mot. S. 545, KProt. 3 S. 418. Es dürfte der Wille der Beteiligten maßgebend sein, grundsätzlich gehört die Ausübung des Wahlrechts nicht zu den Befugnissen des Nießbrauchers. Vergl. Turnau-Förster 1 S. 499, a. M. Biermann S. 267.

[19]) § 1075 BGB. Mot. 3 S. 545, KProt. 3 S. 418. Geht die Forderung (§ 241 BGB.) des Gläubigers gegen den Dritten z. B. auf Übereignung einer beweglichen Sache, so wird mit der Übergabe an den Nießbraucher der Gläubiger Eigentümer der Sache, während der Nießbraucher den Nießbrauch an der Sache hat. Geht die Forderung auf Auflassung eines Grundstücks, so wird der dingliche Vertrag mit dem Nießbraucher als Vertreter des Gläubigers vorgenommen, das Grundstück auf den Namen des Gläubigers eingetragen, mit der Eintragung des neuen Eigentümers hat auch der Nießbraucher den Nießbrauch an dem Grundstück. Die Eintragung des Nießbrauchs im Grundbuch erfolgt auf dem Wege des Berichtigungsverfahrens (§§ 894 ff. BGB.). Geht die Forderung des Gläubigers an den Dritten auf Einräumung eines dinglichen Rechtes an einem Grundstück, z. B. auf Bestellung einer Hypothek, so geht der Vollzug in gleicher Weise vor sich, mit der Begründung der Hypothek wird der Gläubiger Hypothekgläubiger, der Nießbraucher Nießbraucher der Hypothek. Eintragung dieses Nießbrauchs auf dem Wege der Grundbuchberichtigung. Vergl. KProt. 3 S. 421. Endemann 2 S. 410 hält zur Ent-

brauchbare Sachen geleistet ,so erwirbt der Nießbraucher das Eigentum daran[20]). Gleichgültig ist, ob die verbrauchbaren Sachen ursprünglich geschuldet waren oder ob sie infolge Umwandlung eines Anspruch in einen Anspruch auf Geld geleistet werden[21]). Geht die mit dem Nießbrauch belastete Forderung auf Leistung natürlicher Handlungen, so kommt es darauf an, ob die Handlungen, z. B. Dienste[22]), einen Vermögenswert haben und das Vermögen des einziehenden Nießbrauchers vermehren. Nur insofern kann von einem Nießbrauch an dem Leistungsobjekt die Rede sein. Ferner ist zu untersuchen, ob nicht die Dienstleistungen als Nutzungen des Rechts anzusehen sind, so daß sie als Nutzungen dem Nießbraucher gebühren. Haben die Dienstleistungen diesen Charakter nicht, so sind sie hinsichtlich der Ersatzpflicht des Nießbrauchers wie verbrauchbare Sachen zu behandeln[23]).

Selbstverständlich befreit den Schuldner das mit dem Nießbraucher vorgenommene Erfüllungsgeschäft auch gegenüber dem Gläubiger. Dadurch, daß die dem Nießbrauch unterliegende Forderung und die entsprechende Verbindlichkeit sei es in der Person des Gläubigers oder in der des Schuldners sich vereinigen, erleidet das dingliche Recht des Nießbrauchers keinen Eintrag. Kommt es auf Seite des Schuldners zu einer Aufrechnung gegen eine dem Gläubiger zustehende Forderung, so bemessen sich die Ansprüche des Nießbrauchers gegen den Gläubiger, der an einer der Aufrechnung unterworfenen, daher mangelhaften Forderung den Nießbrauch bestellt hat, nach dem der Bestellung des Nießbrauchs zu Grunde liegenden Kausalgeschäft, gegebenen Falls nach den Vorschriften über ungerechtfertigte Bereicherung[24]).

Ist der Nießbraucher selbst der Schuldner, so tritt, wenn verbrauchbare Sachen zu leisten wären, mit der Fälligkeit der Forderung an die Stelle der Forderung der Anspruch auf Wertersatz nach Beendigung des Nießbrauchs. Gehört der Gegenstand nicht zu den verbrauchbaren Sachen, so hat der Nießbraucher an sich selber so zu leisten, daß der Gläubiger den Gegenstand und er selbst den Nießbrauch erhält[25]).

---

stehung des Nießbrauchs an dem Grundstück Eintragung für erforderlich, ebenso Dernburg § 193 Anm. 4.

[20]) §§ 1075 Abs. 2, 1067 BGB.

[21]) Mot. 3 S. 546.

[22]) Übertragbarkeit der Forderung auf die Leistung der Dienste muß vorausgesetzt werden, da sonst die Begründung des Nießbrauchs an der Forderung ausgeschlossen wäre (§ 1069 Abs. 2 BGB.).

[23]) Mot. 3 S. 546.

[24]) Mot. 3 S. 547. Der Schuldner des Gläubigers wird nicht mit einer Forderung, die er gegen den Nießbraucher hat, aufrechnen können. Mot. 3 S. 545. Die Voraussetzungen nach § 387 BGB. sind nicht gegeben. A. M. Biermann S. 267.

[25]) Vergl. Planck § 1075 Anm. 5, Biermann S. 268.

Ist eine auf Zinsen[26]) ausstehende Forderung[27]) oder Grundschuld oder eine Rentenschuld[28]) Gegenstand des Nießbrauchs, so hat, in Ermangelung anderer Vereinbarungen, wonach die Befugnisse des Nießbrauchers erweitert oder beschränkt werden[29]), die Zahlung des Kapitals an den Nießbraucher und den Gläubiger gemeinschaftlich zu geschehen, und kann Jeder statt der Zahlung die Hinterlegung für beide fordern. Nießbraucher und Gläubiger können auch nur gemeinschaftlich kündigen, ebenso ist die Kündigung des Schuldners nur wirksam, wenn sie dem Nießbraucher und dem Gläubiger erklärt wird[30]).

Nießbraucher und Gläubiger haben, wenn die Forderung fällig ist, zur Einziehung, wenn sie nicht fällig ist aber die Einziehung wegen Gefährdung ihrer Sicherheit nach den Regeln einer ordnungsmäßigen Vermögensverwaltung geboten erscheint[31]), zur Kündigung mitzuwirken[32]).

Ist eine auf Zinsen ausstehende Forderung eingezogen, so erlangt der Nießbraucher an dem Geld nicht nach § 1067 Eigentum, sondern das Geld wird Eigentum des Gläubigers, ist aber, falls keine Einigung über eine sonstige Anlegung erfolgt, nach den für die Anlegung von Mündelgeld bestehenden Vorschriften[33]) verzinslich anzulegen, gleichzeitig ist an der gegen die Hinterlegungsstelle begründeten Forderung dem Nießbraucher der Nießbrauch zu bestellen[34]). Die Art der Anlegung bestimmt der Nießbraucher[35]).

Dieselben Rechte, wie an einer auf Zinsen ausstehenden

---

[26]) Nach § 246 BGB. ist der Begriff der Zinsen nicht auf Geldzinsen beschränkt, wenn auch tatsächlich als verzinslich wohl nur Geldforderungen in Betracht kommen werden. Mot. 3 S. 550 und 2 S. 15.

[27]) Eine auf Zinsen ausstehende Forderung ist eine Forderung, die ein dauerndes fruchttragendes Vermögensstück bildet und nicht etwa blos ein Mittel abgeben soll, eine weiter nutzbar zu machende Leistung zu erlangen. Mot. 3 S. 550. Die Verbindlichkeit, Zinsen zu entrichten, kann auch auf Gesetz (nicht bloß auf Rechtsgeschäft) beruhen, vergl. z. B. §§ 452, 641 BGB. Eine Forderung, in Ansehung deren der Schuldner im Verzug ist, ist nicht als eine auf Zinsen ausstehende zu bezeichnen. Mot. 3 S. 551.

[28]) § 1080 BGB.

[29]) Mot. 3 S. 551.

[30]) § 1077 BGB. Mot. 3 S. 551, KProt. 3 S. 423. Erfolgt die Kündigung des Schuldners zuerst an den Einen, dann an den Andern, so wird sie wirksam mit der Kündigung an den Letztern.

[31]) Aus anderen Gründen, z. B. wegen des niedrigen Zinssatzes, kann die Mitwirkung zur Kündigung nicht verlangt werden.

[32]) § 1078 BGB. Mot. 3 S. 553, KProt. 3 S. 423.

[33]) §§ 1807, 1808 BGB.

[34]) Vergl. § 1069 und § 1081 BGB.

[35]) § 1079 BGB. Mot. 3 S. 554, KProt. 3 S. 423. Die Wiederanlegung erfolgt auf den Namen des Gläubigers, falls nicht Inhaberpapiere angeschafft werden.

Forderung, stehen dem Nießbraucher an einer Forderung aus der Versicherung der mit dem Nießbrauch belasteten Sache zu[36]).

Besonderheiten gelten für Inhaberpapiere und mit Blankoindossament versehene Orderpapiere. Trotz der Verkörperung des Rechtes in dem Papier handelt es sich hier um Nießbrauch an Rechten und zwar an Forderungen. Ist ein Inhaberpapier (Schuldverschreibung auf Inhaber[37]), Aktie auf Inhaber[38])) oder ein Orderpapier, das mit Blankoindossament versehen ist[39]), Gegenstand des Nießbrauchs und gehören die Papiere nicht nach ihrer objektiven Beschaffenheit (z. B. Banknoten) oder wegen ihrer Zugehörigkeit zu einem Sachinbegriff, welcher zur Benutzung durch Veräußerung der einzelnen Sachen bestimmt ist (§ 92 BGB.), zu den verbrauchbaren Sachen[40]), so steht dem Nießbraucher der Besitz der zu dem Papiere gehörenden Zins-, Renten- oder Gewinnanteilscheine zu, dagegen haben der Nießbraucher und der Eigentümer den Besitz des Papieres und des zu dem Papiere gehörenden Erneuerungsscheines gemeinschaftlich auszuüben[41]). Zu diesem Behufe ist das Papier nebst dem Erneuerungsschein auf Verlangen des Nießbrauchers oder des Eigentümers bei einer Hinterlegungsstelle, auf Verlangen des Nießbrauchers bei der Reichsbank, zu hinterlegen mit der Bestimmung, daß die Herausgabe nur von dem Nießbraucher und dem Eigentümer gemeinschaftlich verlangt werden kann[42]).

4. Der Nießbraucher hat das Recht, den Vermögensgegenstand nach den Regeln einer ordnungsmäßigen Wirtschaft zu gebrauchen und die Früchte[43]) daraus zu ziehen. Dabei ist jedoch die bisherige wirtschaftliche Bestimmung der Sache zu belassen[44]). Die Sache ist so zu erhalten, daß sie der bisherigen wirtschaftlichen Bestimmung genügen kann. Sie darf auch nicht körperlich um-

---

[36]) § 1046 Abs. 1 BGB.

[37]) §§ 793 ff. BGB. Die Papiere nach § 808 BGB. unterliegen dem gewöhnlichen Forderungsnießbrauch.

[38]) § 179 Abs. 2 HGB.

[39]) §§ 363, 365 HGB., Art. 12 WO.

[40]) Gehört ein Inhaberpapier oder mit Blankoindossament versehenes Orderpapier zu den verbrauchbaren Sachen, so bewendet es bei den Vorschriften des § 1067 (§ 1084 BGB.). S. § 44 Ziff. 17.

[41]) § 1081 BGB. Mot. 3 S. 556, KProt. 3 S. 427. Inwieweit bei Aktien auf Inhaber das Stimmrecht durch den Nießbraucher oder durch den Eigentümer auszuüben ist, läßt das BGB. dahingestellt, weil sich bei der wesentlich von den Gesellschaftsstatuten abhängenden verschiedenartigen Gestaltung der Fälle allgemeine Vorschriften nicht aufstellen lassen. Mot. 3 S. 556.

[42]) § 1082 BGB. Mot. 3 S. 557, KProt. 3 S. 427

[43]) Die Verwendung von Bestandteilen des Grundstücks, die nicht zu den dem Nießbraucher gebührenden Früchten (§ 99 BGB.) gehören, ist ihm innerhalb der Grenzen einer ordnungsmäßigen Wirtschaft zur Vornahme einer erforderlich gewordenen außergewöhnlichen Ausbesserung oder Erneuerung erlaubt (§ 1043 BGB.).

[44]) § 1036 BGB. Mot. 3 S. 504, KProt. 3 S. 392.

gestaltet oder wesentlich verändert werden[45]). Der Nießbraucher darf nicht einen Weinberg in einen Wald, ein Gasthaus in einen Kramladen, ein Fabrikgebäude in ein landwirtschaftliches Anwesen umwandeln. An das bisherige Verfahren des Eigentümers bei der Benutzung des Gegenstandes ist der Nießbraucher nicht gebunden. Ergibt sich aus der objektiven Beschaffenheit des dem Nießbrauch unterworfenen Grundstücks die Bestimmung des Grundstücks, mittels Entnahme von Bodenbestandteilen genutzt zu werden, so gehört die Ausbeute als Frucht dem Nießbraucher, wenn auch die Art und das Maß der Benutzung über die bisherige Benutzungsweise des Eigentümers hinausgeht und wenn auch mit der Entnahme der Bodenbestandteile eine Verschlechterung des Grundstücks und Minderung seines Wertes verbunden ist. Die Voraussetzung, daß das Grundstück als zur Gewinnung einer Ausbeute von Bodenbestandteilen bestimmt erscheint, darf der Nießbraucher sogar selbst schaffen, wenn die wirtschaftliche Bestimmung des Grundstücks dadurch nicht wesentlich verändert wird; er darf neue Anlagen zur Gewinnung von Steinen, Kies, Sand, Lehm, Ton, Mergel, Torf und sonstigen Bodenbestandteilen errichten. Die Grenze dieser Befugnis ist nach dem Interesse des Eigentümers zu ziehen, die Sache im wesentlichen unverändert zurückzuerhalten.

Hat der Nießbraucher gegen den Willen des Eigentümers einen ihm nicht zustehenden Gebrauch von der Sache gemacht, so ist er zur Wiederherstellung auf eigene Kosten verpflichtet. Die Wiederherstellung kann schon während der Dauer des Nießbrauchs verlangt werden, ohne daß etwas darauf ankäme, ob durch die Veränderung ein Schaden verursacht worden ist[46]). Dagegen hat der Nießbraucher Veränderungen und Verschlechterungen der Sache, welche durch die ordnungsmäßige Ausübung des Nießbrauchs herbeigeführt werden, nicht zu vertreten[47]).

Ist ein Wald, ein Bergwerk oder eine andere auf Gewinnung von Bodenbestandteilen (z. B. Schiefer, Sandstein, Porzellanerde, Lehm[48]) 2c.) gerichtete Anlage Gegenstand des Nießbrauchs, so gehören zwar die sämtlichen Bäume und Bodenbestandteile zu den Früchten, allein den Regeln einer ordnungsmäßigen Wirtschaft würde es nicht entsprechen, ohne Rücksicht auf die Nachhaltigkeit der Produktion die Früchte zu ziehen. Der Nießbraucher sowohl wie der Eigentümer kann in solchen Fällen verlangen, daß das Maß der Nutzung und die Art der wirtschaftlichen Behandlung durch einen W i r t s c h a f t s p l a n festgestellt werden. Tritt eine

---

[45]) § 1037 BGB. Mot. 3 S. 502, KProt. 3 S. 391.

[46]) § 995 Entw. I, KProt. 3 S. 392. Überschreitet der Nießbraucher die Grenzen seines Rechtes, so verletzt er seine Verpflichtungen und macht sich im Falle Verschuldens schadensersatzpflichtig.

[47]) § 1050 BGB. Mot. 3 S. 520, KProt. 3 S. 401.

[48]) KProt. 6 S. 242.

erhebliche Änderung der Umstände ein, so kann jeder Teil eine entsprechende Änderung des Wirtschaftsplanes verlangen. Die Kosten trägt jeder Teil zur Hälfte[49])[50]).

An den Früchten der dem Nießbrauch unterworfenen Sache erwirbt der Nießbraucher mit der Trennung Eigentum[51]); bei Trennung von Bestandteilen, die nicht zu den Früchten gehören, wird kein Eigentum erworben, der Nießbrauch besteht an den einzelnen Teilen fort. Der Eigentumserwerb an den Früchten[52]) ist nicht davon abhängig, daß die Früchte den Regeln einer ordnungsmäßigen Wirtschaft entsprechend gezogen werden, der Nießbraucher erwirbt vielmehr auch an solchen Früchten Eigentum, die er den Regeln einer ordnungsmäßigen Wirtschaft zuwider zieht oder die er aus dem Grunde im Übermaß zieht, weil dies infolge eines besonderen Ereignisses (z. B. Raupenfraß) notwendig geworden ist. Gleichgültig ist dabei, ob die Trennung der Früchte durch eine Handlung des Nießbrauchers oder eines Dritten oder durch einen sonstigen Zufall verursacht ist. Das dingliche Recht, das Eigentum, erwirbt der Nießbraucher an den ordnungswidrig oder im Übermaß getrennten Früchten, persönlich aber ist er, unbeschadet seiner Verantwortlichkeit für ein Verschulden, verpflichtet, den Wert, welchen diese Früchte zur Zeit der Trennung haben, dem Eigentümer bei der Beendigung des Nießbrauchs zu ersetzen, auch für die Erfüllung dieser Verbindlichkeit sofort Sicherheit zu leisten. Entspricht es einer ordnungsmäßigen Wirtschaft, den Wert der ordnungswidrig oder im Übermaß getrennten Früchte ganz oder teilweise zur Wiederherstellung der Sache (z. B. zur Aufforstung) zu verwenden, so hat dies auf Verlangen des Eigentümers oder des Nießbrauchers zu geschehen. In einem solchen Falle genügt der Nießbraucher seiner Ersatzpflicht zwar früher als gewöhnlich, dafür erhöht sich auch der Nutzungswert des Grundstücks. Wird die Verwendung des Ersatzbetrages zur Wiederherstellung der Sache nicht verlangt, so ist eine etwaige Minderung des ferneren Ertrages des Nießbrauchs in Betracht zu ziehen. Die Ersatzpflicht des Nießbrauchers für die ordnungswidrig oder im Übermaß getrennten Früchte fällt insoweit weg, als durch den ordnungswidrigen oder übermäßigen

---

49) § 1038 BGB. KProt. 3 S. 392, 6 S. 242.

50) Ist ein Grundstück samt Inventar Gegenstand des Nießbrauchs, so kann der Nießbraucher über die einzelnen Stücke des Inventars ebenfalls innerhalb der Grenzen einer ordnungsmäßigen Wirtschaft verfügen, als ob er Eigentümer wäre. Doch ist für die ausscheidenden Stücke ebenso wie für den gewöhnlichen Abgang Ersatz zu beschaffen (§ 1048 BGB.). Unter Inventar ist zu verstehen der Inbegriff der beweglichen Sachen, die dem wirtschaftlichen Zwecke des Grundstücks zu dienen bestimmt sind. Vergl. Mot. 3 S. 512.

51) S. § 25 Ziff. 85 ff.

52) § 99 BGB.

Fruchtbezug die ihm gebührenden Nutzungen beeinträchtigt werden[53]. Bei Berechnung des übermäßigen Ertrages ist demnach auf die gesamte Dauer des Nießbrauchs Rücksicht zu nehmen; endet der Nießbrauch unmittelbar nach der Trennung der Früchte, so verbleibt es bei dem Ersatze des Wertes der Früchte, endet der Nießbrauch erst später, so kann nur die Zahlung des Mehrvorteils verlangt werden, der nach Abrechnung der Beeinträchtigung der Nutzungen verbleibt.

Bei dem Nießbrauch eines **Rechtes** hat der Nießbraucher die Erträge zu beziehen, die das Recht gewährt (§§ 99 Abs. 2, 3 BGB.), bei verzinslichen Forderungen die Zinsen, bei Rentenschulden die einzelnen Renten. Ist das Kapital mit Agio rückzahlbar, so gebührt das Aufgeld dem Gläubiger, obgleich es ein Entgelt für eine niedrige Normierung des Zinssatzes ist[54]. Werden mit den Zinsen Amortisationsquoten entrichtet, so sind diese Beträge als Teile des Kapitals zu behandeln. Bei dem Nießbrauch einer Leibrente, eines Auszugs[55] oder eines ähnlichen Rechtes[56] gebühren dem Nießbraucher die einzelnen Leistungen, die auf Grund des Rechtes gefordert werden können[57].

Bei Inhaberpapieren oder Orderpapieren, die mit Blankoindossament versehen sind, werden **Prämien**, die anstatt Zinsen bei der Einlösung des Papieres zu zahlen sind, als Teil des Kapitals behandelt[58], so daß sie dem Nießbraucher nicht als Früchte zu Eigentum, sondern als Kapital nur zum Nießbrauch zufallen. Anders ist es, wenn z. B. bei einer Konvertierung Prämien als Zinsvergütung gezahlt werden, diese Beträge hat der Nießbraucher zu beanspruchen[59].

Daß der Nießbraucher nicht bloß das Recht hat, den Gegenstand des Nießbrauchs in Person zu nutzen, sondern auch berechtigt ist, die **Ausübung** seines Nießbrauchs ohne Zustimmung des Bestellers einem andern zu überlassen, ist schon hervorgehoben. Die Überlassung kann entgeltlich oder unentgeltlich erfolgen. Das Ausübungsrecht erlischt mit dem Wegfall des Nießbrauchs, soweit nicht § 1056 BGB. eine Ausnahme macht. Das Eigentum der Früchte erwirbt der Ausübungsberechtigte mit der Trennung[60].

---

[53]) Vergl. § 1039 BGB. Mot. 3 S. 500, KProt. 3 S. 388.

[54]) Mot. 3 S. 551.

[55]) Landesgesetzliche Regelung des aus einem Auszugsvertrage sich ergebenden Schuldverhältnisses s. Art. 96 EGBGB.

[56]) Z. B. Patentrecht, Urheberrecht.

[57]) § 1073 BGB. Mot. 3 S. 542, KProt. 3 S. 417. Die Frage bleibt dahingestellt, ob man das Leib-Renten-Recht, Auszugsrecht 2c. als einheitliches Recht oder als Mehrheit bedingter Forderungsrechte anzusehen hat. Mot. 3 S. 543.

[58]) § 1083 BGB.

[59]) KProt. 3 S. 429.

[60]) S. § 25 Ziff. 86 ff.

Für die Auseinandersetzung zwischen dem Nießbraucher und dem Besteller (Eigentümer) wegen der Nutzungen bei Beginn und bei Beendigung des Nießbrauchs sind die Vorschriften des § 101 BGB. maßgebend[61]).

5. Der Nießbraucher hat nur für die Erhaltung der Sache in ihrem wirtschaftlichen Bestande zu sorgen; Ausbesserungen und Erneuerungen hat er blos insoweit vorzunehmen, als sie zu der gewöhnlichen Unterhaltung der Sache gehören[62]). Außergewöhnliche Ausbesserungen und Erneuerungen darf er vornehmen, sogar zu einem solchen Zwecke innerhalb der Grenzen einer ordnungsmäßigen Wirtschaft Bestandteile des Grundstücks verwenden, die nicht zu den ihm gebührenden Früchten gehören[63]). Macht er Verwendungen auf die Sache, zu denen er nicht verpflichtet ist, so bemißt sich die Ersatzpflicht des Eigentümers nach den Vorschriften über die Geschäftsführung ohne Auftrag[64]). Eine Verzinsung des aufgewendeten Geldes kann der Nießbraucher nicht fordern[65]), dagegen ist er berechtigt, Einrichtungen, mit denen er die Sache versehen hat, wegzunehmen[66]). Hat der Nießbraucher für eine erforderlich gewordene außergewöhnliche Ausbesserung oder Erneuerung Bestandteile des Grundstücks verwendet, die nicht zu den ihm gebührenden Früchten gehören[67]), so kann er hierfür weder einen Ersatzanspruch noch ein Wegnahmerecht geltend machen.

Ein Pfandrecht an den Inventarstücken (s. § 590 BGB.) ist dem Nießbraucher nicht eingeräumt, dagegen steht ihm ein Zurückbehaltungsrecht (nach § 273 BGB.) und ein Absonderungsrecht nach § 49 Ziff. 3 KO. zu.

Die Ansprüche des Nießbrauchers auf Ersatz von Verwendungen und auf Gestattung der Wegnahme von Einrichtungen verjähren

---

[61]) S. § 4 Ziff. 90 ff.

[62]) § 1041 BGB. Mot. 3 S. 504, KProt. 3 S. 392.

[63]) § 1043 BGB. Mot. 3 S. 511, KProt. 3 S. 392, 6 S. 244.

[64]) § 1049 BGB. Mot. 3 S. 523, KProt. 3 S. 405, 6 S. 94. S. §§ 683, 684, 679, 685 BGB. — Die Bestimmung des § 999 Abs. 2, wonach die Verpflichtung des Eigentümers zum Ersatze von Verwendungen sich auch auf die Verwendungen erstreckt, die gemacht worden sind, bevor er das Eigentum erwarb, ist entsprechend anzuwenden, obgleich das besondere zwischen Eigentümer und Nießbraucher bestehende Verhältnis im allgemeinen die Anwendung der das Verhältnis zwischen Eigentümer und Besitzer regelnden Vorschriften ausschließt. A. M. Planck § 1049 Anm. 2, dagegen Biermann S. 250. — Die Vorschrift des § 1049 wird eine entsprechende Anwendung auf den Nießbrauch an Rechten zulassen, wenn z. B. der Nießbraucher einer Forderung eines Käufers den Kaufpreis zahlt. Vergl. Planck § 1068 Anm. 2e.

[65]) § 256 Satz 2 BGB.

[66]) § 1049 Abs. 2 BGB. Das Wegnahmerecht bezieht sich nur auf wesentliche Bestandteile, an nicht wesentlichen behält der Nießbraucher das Eigentum. — Die Bestimmung des § 997 Abs. 2 BGB. ist nicht anwendbar. — Über die Ausübung des Wegnahmerechts s. § 258 BGB.

[67]) § 1043 BGB.

in 6 Monaten. Die Verjährung beginnt mit der Beendigung des Nießbrauchs[68]).

6. Was den Schutz des Nießbrauchs angeht, so kommt dem Nießbraucher, der den Besitz oder Mitbesitz der Sache erlangt hat, der Besitzschutz des Sachbesitzers zu. S. § 17. Bei Beeinträchtigung seines Rechtes kommen die Vorschriften über die Ansprüche aus dem Eigentum (s. § 27) zur entsprechenden Anwendung[69]). Der Nießbraucher hat den Herausgabe-Anspruch, den Anspruch auf Beseitigung und Unterlassung von Störungen, ebenso den Feststellungsanspruch wie ein Eigentümer oder Miteigentümer[70]). Der Nießbraucher handelt hierbei nicht im Namen und für Rechnung des Eigentümers, sondern kraft eigenen Rechtes in einer dem Eigentum ähnlichen Stellung. Der von dem Nießbraucher belangte Besitzer kann dieselben Einwendungen vorbringen, wie wenn der Eigentümer Kläger wäre. Verletzt eine Handlung eines Dritten den Nießbrauch und das Eigentum, so steht dem Nießbraucher sowohl wie dem Eigentümer ein Anspruch zu, jeder von ihnen verfolgt sein eigenes Recht, die Prozeßführung braucht nicht gemeinschaftlich zu sein, die Wirkung des Urteils beschränkt sich auf die Parteien. Wird die Sache zerstört oder beschädigt oder maßt ein Dritter sich ein Recht an der Sache an, so hat der Nießbraucher dem Eigentümer unverzüglich Anzeige zu machen[71]).

Wird dem Nießbraucher der dem Nießbrauch unterliegende Gegenstand auf Grund des Rechtes eines Dritten entzogen (z. B. Zwangsversteigerung eines Grundstücks durch vorgehende Hypothekgläubiger), so bemißt sich die Frage, ob und inwieweit dem Nießbraucher der Besteller des Nießbrauchs aufzukommen hat, nach dem der Bestellung zu Grunde liegenden Kausalgeschäft[72]).

§ 46. Pflichten des Nießbrauchers.

Das von dem Gesetze geregelte Schuldverhältnis besteht zwischen dem Nießbraucher und dem Eigentümer[1]), nicht zwischen Nießbraucher und Besteller. Das gilt insbesondere für die Fälle, in denen ein Nichteigentümer den Nießbrauch bestellt oder der

---

[68]) § 1057 BGB. KProt. 3 S. 407.

[69]) § 1065 BGB. Mot. 3 S. 532, KProt. 3 S. 412.

[70]) Anspruch auf Berichtigung des Grundbuchs nach § 894 BGB.

[71]) Vergl. § 1042 BGB. Dem Nießbraucher verbleiben seine Ansprüche gegen den Dritten. Vergl Mot. 3 S. 509.

[72]) Vergl. §§ 445, 523 BGB.

Zu § 46.

[1]) In den Fällen der §§ 1067 und 1086 ff. BGB. besteht das gesetzlich geregelte Schuldverhältnis zwischen Nießbraucher und Besteller. Bei Nießbrauch an Rechten tritt an die Stelle des Eigentümers derjenige, dem das dem Nießbrauch unterliegende Recht zusteht.

Nießbrauch durch Ersitzung erlangt wird oder nach der Bestellung des Nießbrauchs ein Wechsel im Eigentum eintritt. Damit der Nießbraucher, der seinen Pflichten gegenüber dem Besteller als vermeintlichen Eigentümer nachkommt, nicht gefährdet ist, gilt zu seinen Gunsten im Verhältnis zwischen ihm und dem Eigentümer der Besteller als Eigentümer, es sei denn, daß der Nießbraucher weiß, daß der Besteller nicht Eigentümer ist[2]).

Der Nießbraucher ist

1. verpflichtet, bei Ausübung seines Nutzungsrechtes die bisherige wirtschaftliche Bestimmung der Sache aufrecht zu erhalten, er darf die Sache nicht umgestalten oder wesentlich verändern, zur Gewinnung von Bodenbestandteilen (Steinen, Kies 2c.) darf er nur, sofern die wirtschaftliche Bestimmung des Grundstücks nicht wesentlich verändert wird, neue Anlagen errichten. S. § 45 Ziff. 44 ff.

2. Bei der Ausübung des Nießbrauchs hat der Nießbraucher nach den Regeln einer ordnungsmäßigen Wirtschaft zu verfahren. Ist ein Wald, Bergwerk oder eine andere auf Gewinnung von Bodenbestandteilen[3]) gerichtete Anlage Gegenstand des Nießbrauchs, so kann auf gemeinschaftliche Kosten des Eigentümers und Nießbrauchers das Maß der Nutzung und die Art der wirtschaftlichen Behandlung durch einen Wirtschaftsplan festgestellt werden, der, wenn eine erhebliche Änderung der Umstände eintritt, entsprechend zu ändern ist. Für Früchte, die er den Regeln einer ordnungsmäßigen Wirtschaft zuwider oder die er deshalb im Übermaß zieht, weil dies infolge eines besonderen Ereignisses[4]) notwendig geworden ist, hat er, unbeschadet seiner Verantwortlichkeit für Verschulden, den Wert dem Eigentümer bei der Beendigung des Nießbrauchs zu ersetzen oder auf Verlangen des Eigentümers zur Wiederherstellung der Sache insoweit zu verwenden, als es einer ordnungsmäßigen Wirtschaft entspricht. Findet die Verwendung zur Wiederherstellung der Sache nicht statt, so kommt bei der Ersatzleistung die Minderung des Ertrages, welche infolge

---

[2]) § 1058 BGB. KProt. 3 S. 494, 4 S. 592. Fahrlässiges Nichtwissen steht dem Wissen nicht gleich. — Der Nießbraucher wird durch seine Leistungen an den Besteller von den Verpflichtungen, die ihm dem Eigentümer gegenüber obliegen, frei, die Rechte, die ihm nach dem Gesetz dem Eigentümer gegenüber zustehen, darf er dem Besteller gegenüber geltend machen. Auch den Ersatz seiner Verwendungen darf er von dem Besteller fordern, solange er nicht weiß, daß der Besteller nicht Eigentümer ist. Abw. Planck § 1058 Anm. 1c. Rechtsgeschäfte, die zwischen dem Nießbraucher und dem Besteller abgeschlossen werden, wirken gegen den Eigentümer, ebenso Urteile, die zwischen ihnen ergehen. — Gegen den Nießbraucher kann weder der Besteller noch der Eigentümer sich auf die Bestimmung des § 1058 berufen.

[3]) S. § 45 Ziff. 48.

[4]) S. § 45 Ziff. 52.

des ordnungswidrigen oder übermäßigen Fruchtbezuges eingetreten ist, in Anrechnung[5]).

Ist ein Grundstück samt Inventar[6]) Gegenstand des Nießbrauchs, so ist der Nießbraucher zwar nicht Eigentümer des Inventars, kann aber innerhalb der Grenzen einer ordnungsmäßigen Wirtschaft über die einzelnen Stücke des Inventars verfügen[7]), sie insbesondere verbrauchen oder veräußern. Für den gewöhnlichen Abgang und für die nach den Regeln einer ordnungsmäßigen Wirtschaft ausscheidenden Stücke hat der Nießbraucher Ersatz zu beschaffen. Mit der Einverleibung in das Inventar erwirbt an den angeschafften Stücken der Inventareigentümer das Eigentum. Für außergewöhnliche Abgänge hat der Nießbraucher keinen Ersatz zu beschaffen, sofern nicht eine Schadensersatzpflicht wegen Verschuldens besteht.

Übernimmt der Nießbraucher das Inventar zum Schätzungswert mit der Verpflichtung, es bei der Beendigung des Nießbrauchs zum Schätzungswerte zurückzugewähren, so wird der Nießbraucher behandelt wie der Pächter. In einem solchen Falle trägt der Nießbraucher die Gefahr des zufälligen Untergangs und einer zufälligen Verschlechterung des Inventars. Eigentümer der Inventarstücke wird er auch hier nicht. Er hat das Inventar nach den Regeln einer ordnungsmäßigen Wirtschaft in dem Zustande zu erhalten, in welchem es ihm übergeben wird. Über die einzelnen Stücke kann er innerhalb der Grenzen einer ordnungsmäßigen Wirtschaft verfügen. Die von ihm angeschafften Stücke werden mit der Einverleibung in das Inventar Eigentum des Inventar-Eigentümers. Das bei der Beendigung des Nießbrauchs vorhandene Inventar ist dem Eigentümer zurückzugewähren. Der Eigentümer kann die Übernahme der von dem Nießbraucher angeschafften Stücke ablehnen, welche nach den Regeln einer ordnungsmäßigen Wirtschaft für das Grundstück überflüssig oder zu wertvoll sind. Mit der Ablehnung geht das Eigentum an den abgelehnten Stücken auf den Nießbraucher über. Die Differenz des Gesamtschätzungswertes der übernommenen und der zurückzugewährenden Stücke ist dem Eigentümer oder dem Nießbraucher zu ersetzen[8]).

---

[5]) Vergl. §§ 1036, 1038, 1039 BGB.

[6]) S. § 45 Anm. 50.

[7]) § 1048 BGB. Mot. 3 S. 512, KProt. 3 S. 396. Eine Verfügung, die innerhalb der Grenzen einer ordnungsmäßigen Wirtschaft liegen kann, ist für den Dritten wirksam, sofern dieser nicht weiß oder wissen muß, daß sie tatsächlich nicht in den Grenzen einer ordnungsmäßigen Wirtschaft liegt. Vergl. KProt. 6 S. 137, 138, Planck § 1048 Anm. 2a; a. M. Biermann S. 249.

[8]) §§ 1048, 588, 589 BGB. Der Unterschied der Werte kann auch auf dem Sinken oder Steigen der Preise beruhen. Mot. 2 S. 437.

3. Der Nießbraucher hat die Sache in ihrem wirtschaftlichen Bestande zu erhalten[9]). Der Zustand der Sache kann durch Sachverständige festgestellt werden[10]); bei einem Nießbrauch an einem Inbegriff von Sachen hat der Nießbraucher auf Verlangen des Eigentümers zur Aufnahme eines Verzeichnisses der Sachen mitzuwirken[11]). Veränderungen oder Verschlechterungen der Sache, welche durch die ordnungsmäßige Ausübung des Nießbrauchs herbeigeführt werden, hat der Nießbraucher nicht zu vertreten[12]). Für den durch sein Verschulden verursachten Schaden hat er einzustehen. Ausbesserungen und Erneuerungen, die zu der gewöhnlichen Unterhaltung der Sache gehören, hat der Nießbraucher selbst zu tragen[13]), darf hierzu auch keine anderen Bestandteile des Grundstücks verwenden als solche, die zu den ihm gebührenden Früchten gehören[14]). Zu außergewöhnlichen Ausbesserungen oder Erneuerungen, d. h. zu solchen, die nicht zu der gewöhnlichen Unterhaltung der Sache gehören, ist weder der Nießbraucher noch der Eigentümer verpflichtet. Der Nießbraucher hat aber dem Eigentümer unverzüglich[15]) Anzeige zu machen, wenn die Sache zerstört oder beschädigt wird oder wenn eine außergewöhnliche Ausbesserung oder Erneuerung der Sache oder eine Vorkehrung zum Schutze der Sache gegen eine nicht vorgesehene Gefahr erforderlich wird oder wenn ein Dritter ein Recht an der Sache sich anmaßt[16]). Nimmt der Nießbraucher eine erforderlich gewordene — gewöhnliche oder außergewöhnliche — Ausbesserung oder Erneuerung der Sache nicht selbst vor, so hat er dem Eigentümer die Vornahme und, wenn ein Grundstück Gegenstand des Nießbrauchs ist, die Verwendung von Bestandteilen des Grundstücks, jedoch nur innerhalb der Grenzen einer ordnungsmäßigen Wirtschaft, zu gestatten[17]).

In welcher Weise die Verpflichtungen des Nießbrauchers gesteigert sind, falls ein Grundstück samt Inventar Gegenstand des Nießbrauchs ist, ist schon (Ziff. 6) angeführt. Dieselben Grundsätze werden auch Anwendung zu finden haben, wenn es sich nicht um ein Gutsinventar, sondern um einen sonstigen Inbegriff beweglicher Sachen (z. B. eine Herde) handelt, vorausgesetzt, daß nicht ein anderer Wille der Parteien zu ermitteln ist, insbe-

[9]) § 1041 BGB. Mot. 3 S. 504, KProt. 3 S. 392.
[10]) § 1034 BGB.
[11]) § 1035 BGB. S. § 45 Ziff. 5 ff.
[12]) § 1050 BGB. Mot. 3 S. 520, KProt. 3 S. 401.
[13]) § 1041 BGB. Es handelt sich um die im Laufe der Zeit regelmäßig, und zwar in kürzeren Perioden, wiederkehrenden Ausbesserungen und Wiederherstellungen. Sie können auch durch Zufall veranlaßt sein, sofern Zufälle in Frage stehen, deren man sich im Laufe der Dinge von Zeit zu Zeit wohl zu versehen hat (Mot. 3 S. 511).
[14]) Vergl. § 1043 BGB.
[15]) § 121 BGB.
[16]) § 1042 BGB. Mot. 3 S. 508, KProt. 3 S. 392.
[17]) § 1044 BGB. Mot. 3 S. 511, KProt. 3 S. 392.

sondere der Nießbraucher nicht das Eigentum an den Sachen erlangen soll[18]).

Bei nicht auf Zinsen ausstehenden Forderungen[19]) hat der Nießbraucher für die ordnungsmäßige Einziehung zu sorgen[20]). Ihm steht daher die Prüfung zu, ob Schritte gegen den Schuldner erforderlich sind und in welcher Art gegen den Schuldner vorzugehen ist.

Bei Forderungen, die auf Zinsen ausstehen, kann der Nießbraucher das Einziehungsrecht nur gemeinschaftlich mit dem Gläubiger ausüben; der Eine ist dem Andern verpflichtet, zur Einziehung mitzuwirken, sobald die Forderung fällig ist. Hängt die Fälligkeit von einer Kündigung ab, so kann jeder Teil die Mitwirkung des anderen zur Kündigung verlangen, sofern die Einziehung der Forderung wegen Gefährdung ihrer Sicherheit nach den Regeln einer ordnungsmäßigen Vermögensverwaltung geboten ist[21]). Einigen sich nicht Gläubiger und Nießbraucher über eine andere Anlegung, so ist das eingezogene Kapital nach den für die Anlegung von Mündelgeld bestehenden Vorschriften[22]) verzinslich anzulegen und dem Nießbraucher der Nießbrauch daran zu bestellen. Die Art der Anlegung bestimmt der Nießbraucher. Nießbraucher und Gläubiger sind einander verpflichtet, dabei mitzuwirken[23]).

Über die Behandlung der Inhaberpapiere und Orderpapiere, die mit Blankoindossament versehen sind, siehe § 45 Ziff. 37—42. Eigentümer und Nießbraucher sind einander verpflichtet, zu allen Maßnahmen mitzuwirken, die zur ordnungmäßigen Vermögensverwaltung erforderlich sind, insbesondere zur Einziehung des fälligen Kapitals, zur Beschaffung neuer Zins-, Renten- oder Gewinnanteilscheine. Das eingezogene Kapital ist ebenfalls mündelsicher anzulegen und mit dem Nießbrauch zu belasten. Die Art der Anlegung bestimmt der Nießbraucher[24]).

4. Der Nießbraucher hat die Sache für die Dauer des Nießbrauchs gegen Brandschaden und sonstige Unfälle auf seine Kosten unter Versicherung zu bringen, falls die Versicherung einer ordnungsmäßigen Wirtschaft entspricht. Kommt der Nießbraucher dieser Verpflichtung nicht nach, so ist er für den entstehenden Schaden ersatzpflichtig. Die Versicherung ist für den vollen Wert

---

18) Vergl. Mot. 3 S. 512.

19) Grundschulden einbegriffen (§ 1080 BGB.).

20) § 1074 BGB. S. § 45 Ziff. 18.

21) § 1078 BGB. S. § 45 Ziff. 26 ff.

22) §§ 1807, 1808 BGB.

23) § 1079 BGB.

24) § 1083 BGB. Mot. 3 S. 556, KProt. 3 S. 427. Eine Maßnahme ordnungsmäßiger Vermögensverwaltung kann auch der Verkauf eines unsicheren Papiers sein. A. M. Planck § 1083 Anm. 1. — Anlegung nach § 1079 BGB., s. § 45 Anm. 35.

der Sache zu nehmen und so, daß die Forderung gegen die Versicherungsgesellschaft dem Eigentümer zusteht[25]). Soweit der Nießbraucher zur Versicherung verpflichtet ist, fallen ihm dem Eigentümer gegenüber die für die Dauer des Nießbrauchs zu leistenden Zahlungen zur Last, gleichgültig, ob er den Versicherungsvertrag abgeschlossen hat oder ob die Sache, als er sie erhielt, schon versichert war[26]).

Ist die Sache zum Sachwerte, also nicht etwa nur das Eigentumsinteresse nach Abzug des Nießbrauchs oder das Nießbrauchinteresse für sich allein, versichert, so steht dem Nießbraucher an der Forderung gegen die Versicherungsgesellschaft der Nießbrauch zu[27]). Der Nießbraucher hat an der Forderung dieselben Rechte, wie sie ihm an einer auf Zinsen ausstehenden Forderung zustehen[28]). Tritt ein unter die Versicherung fallender Schaden ein, so ist die Versicherungssumme auf Verlangen des Eigentümers oder des Nießbrauchers zur Wiederherstellung der Sache oder zur Beschaffung eines Ersatzes insoweit zu verwenden, als es einer ordnungsmäßigen Wirtschaft entspricht. Der Eigentümer hat die Wahl, ob er die Verwendung selbst besorgen oder ob er sie dem Nießbraucher überlassen will[29]). Soweit es nicht zur Wiederherstellung eines Sachnießbrauchs kommt, verbleibt es bei dem Forderungsnießbrauch[30]).

5. Eine Verpflichtung zur Sicherheitsleistung besteht für den Nießbraucher im allgemeinen nicht. Erst wenn, was der Eigentümer zu beweisen hat, die Besorgnis einer erheblichen Verletzung seiner Rechte durch das Verhalten des Nießbrauchers begründet wird, kann Sicherheitsleistung verlangt werden[31]). Gleichgültig ist, ob das gefährdete Recht die Erhaltung oder die Rückgewähr des Vermögensgegenstandes betrifft.

---

[25]) Der Nießbraucher hat den Versicherungsvertrag zu Gunsten des Eigentümers abzuschließen.

[26]) § 1045 BGB. Mot. 3 S. 513, KProt. 3 S. 396. Versichert der Eigentümer die Sache während des Nießbrauchs, so hat der Nießbraucher dem Eigentümer gleichfalls für die Zahlungen aufzukommen.

[27]) Der Nießbrauch an der Versicherungsforderung entsteht im Falle des § 1045 Abs. 1 mit dem Abschluß des Versicherungsvertrags, im Falle des § 1045 Abs. 2 mit der Bestellung des Nießbrauchs, nicht erst mit dem Unfall. Vergl. Biermann S. 247, Planck § 1046 Anm. 2.

[28]) S. § 45 Ziff. 16, § 26 ff., § 46 Ziff. 21—23.

[29]) § 1046 BGB. Mot. 3 S. 513, KProt. 3 S. 396.

[30]) Vergl. § 1079 BGB. S. Ziff. 22, 23.

[31]) § 1051 BGB. Mot. 3 S. 518, KProt. 3 S. 399, 6 S. 389. Für Miteigentümer § 1011 BGB. Sicherheitsleistung nach §§ 232 ff. BGB. — Muß ein Verschulden des Nießbrauchers vorliegen? Die Motive (3, 519) scheinen davon auszugehen, es wird auch regelmäßig ein Verschulden gegeben sein, wenn das Verhalten des Nießbrauchers derart ist, daß es die Besorgnis einer erheblichen Verletzung der Rechte des Eigentümers begründet. Voraussetzung des Anspruchs ist das Vorliegen eines Verschuldens nicht. A. M. Turnau-Förster 1 S. 482.

Ist der Nießbraucher zur Sicherheitsleistung rechtskräftig verurteilt, so kann der Eigentümer statt der Sicherheitsleistung verlangen, daß die Ausübung des Nießbrauchs einem von dem Gerichte zu bestellenden Verwalter übertragen wird, auch wenn Gegenstand des Nießbrauchs nicht ein Grundstück ist. Die Aufstellung erfolgt durch das Vollstreckungsgericht. Der Verwalter, als welcher auch der Eigentümer aufgestellt werden kann, steht unter der Aufsicht des Gerichts wie ein für die Zwangsverwaltung eines Grundstücks bestellter Verwalter[32]). Die Verwaltung wird auf Rechnung, jedoch nicht auf Gefahr[33]) des Nießbrauchers geführt. Bevor eine Verwaltung angeordnet werden kann, muß dem Nießbraucher auf Antrag des Eigentümers von dem Gericht eine Frist zur Sicherheitsleistung bestimmt worden sein und muß diese Frist verstrichen sein. Auf Antrag des Klägers ist die Frist schon in dem Urteile, das den Nießbraucher zur Sicherheitsleistung verurteilt, zu bestimmen[34]). Wird die Sicherheit geleistet, so unterbleibt die Anordnung der Verwaltung; wird sie nachträglich geleistet, so ist die Verwaltung aufzuheben[35])[36]).

Wird bei dem Nießbrauch an einem Rechte die Ausübung des Nießbrauchs einem Verwalter übertragen, so ist sowohl die Übertragung als auch die Aufhebung der Verwaltung dem Dritten, dem Verpflichteten, gegenüber erst wirksam, wenn er von der getroffenen Anordnung Kenntnis erlangt oder wenn ihm eine Mitteilung von der Anordnung zugestellt wird[37]).

Noch in zwei Fällen besteht für den Nießbraucher eine Verpflichtung zur Sicherheitsleistung. Ist der Nießbrauchgegenstand in das Eigentum des Nießbrauchers übergegangen, so kann der Besteller Sicherheitsleistung verlangen, wenn der Anspruch auf Ersatz des Wertes gefährdet ist[38]). Eine Gefährdung durch pflichtwidrige Behandlung des Nießbrauchgegenstandes ist hier nicht denkbar, wohl aber kann eine Gefährdung in den persönlichen Ver-

---

[32]) § 1052 BGB. Mot. 3 S. 519, KProt. 3 S. 399. §§ 150 ff. ZVG.

[33]) Mot. 3 S. 519.

[34]) § 255 Abs. 2 ZPO.

[35]) Die Anordnung einer solchen Verwaltung kann auch verlangt werden, wenn der Nießbraucher die Rechte des Eigentümers in erheblichem Maße verletzt und das verletzende Verhalten ungeachtet einer Abmahnung des Bestellers fortsetzt (§ 1054 BGB.) Durch eine Sicherheitsleistung kann die Verwaltung nicht abgewendet werden.

[36]) Zweifelhaft ist die Frage, ob es zur Anordnung der Verwaltung in den Fällen der §§ 1052, 1054 BGB. eines Urteils des Prozeßgerichts bedarf. Die Frage möchte zu bejahen sein, die Verurteilung zur Sicherheitsleistung in Verbindung mit dem Ablaufe der in § 1052 geforderten Frist ermächtigt das Vollstreckungsgericht noch nicht zur Anordnung der Verwaltung. Nur die Aufstellung, Beaufsichtigung und Entlassung des Verwalters ist Sache des Vollstreckungsgerichts. A. A. Biermann S. 250, Planck 3 S. 419, auch Denkschr. zu § 162 Entw. FGG.

[37]) § 1070 Abs. 2 BGB.

[38]) § 1067 BGB.

hältnissen, namentlich in der Vermögenslage des Nießbrauchers, liegen.

Der dritte Fall der Sicherheitsleistung betrifft den Früchtebezug des Nießbrauchers. Hat der Nießbraucher den Regeln einer ordnungsmäßigen Wirtschaft zuwider oder infolge eines besonderen Ereignisses im Übermaß Früchte gezogen, so hat er für die Erfüllung der Verpflichtung, den Wert der Früchte bei der Beendigung des Nießbrauchs zu ersetzen, Sicherheit zu leisten[39]).

6. Der Nießbraucher ist dem Eigentümer gegenüber verpflichtet, für die Dauer des Nießbrauchs die auf dem Nießbrauchgegenstand ruhenden öffentlichen Lasten zu tragen, gleichviel ob sie vor oder nach Begründung des Nießbrauchs auf den Nießbrauchgegenstand gelegt worden sind. Ausgenommen sind die außerordentlichen Lasten, welche nach der Intention der sie auferlegenden Anordnung nicht aus den Erträgen des dem Nießbrauch unterliegenden Vermögensgegenstandes, sondern aus dem Stammwert zu bestreiten sein sollen, was unter Umständen aus der Höhe der Lasten ersichtlich ist. Die ordentlichen öffentlichen Lasten und Abgaben sowie die außerordentlichen, welche nicht als auf den Stammwert gelegt anzusehen sind, treffen den Nießbrauch, sofern nicht bei Begründung des Nießbrauchs ein Anderes festgesetzt worden ist. Daß der Lasten- oder Abgaben-Empfänger bezüglich der Reichnisse, die dem Nießbraucher obliegen, sich unmittelbar an den Nießbraucher halten kann, bestimmt das BGB. nicht.

Ebenfalls nur im Verhältnisse zu dem Eigentümer, nicht dem Gläubiger gegenüber, ist der Nießbraucher weiter verpflichtet, diejenigen privatrechtlichen Lasten zu tragen, welche schon zur Zeit der Bestellung des Nießbrauchs auf dem Vermögensgegenstand ruhten, insbesondere die Zinsen der Hypothekforderungen und Grundschulden sowie die auf Grund einer Rentenschuld zu entrichtenden Leistungen[40]). Auch diese Bestimmung ist dispositiver Natur, sie gilt im Verhältnisse des Nießbrauchers zu dem Sondernachfolger des Eigentümers, falls nicht der Inhalt des Nießbrauchs anders fixiert worden ist; dem Eigentümer und dessen allgemeinen Rechtsnachfolgern gegenüber wird auf das Kausalgeschäft zurückzugreifen sein. Hat z. B. ein Erbe ein unbelastetes Nachlaßgrundstück, an dem ein Nießbrauch vermacht ist, vor der Bestellung des Nießbrauchs mit Hypotheken belastet, so hat der Nießbraucher im Falle der Veräußerung des Grundstücks dem Erwerber gegenüber für die Zinsen aufzukommen, so lange aber das Grundstück noch im Eigentum des Erben ist, ist der Nießbraucher zur Zahlung nicht verpflichtet[41]). Ist das in Nießbrauch gegebene Grundstück zur

---

[39]) § 1039 BGB. Mot. 3 S. 500, KProt. 3 S. 388. — S. § 45 Ziff. 52.
[40]) § 1047 BGB. Mot 3 S. 515, KProt. 3 S. 399.
[41]) A. M. Biermann S. 248. Es dürfte jedoch Sache des Nießbrauchers

Zeit der Bestellung des Nießbrauchs mit einer Hypothek belastet und wird gemäß § 1119 BGB. der Zins erhöht, so hat der Nießbraucher für die Zinserhöhung nicht aufzukommen[42]).

Die Verteilung der Lasten bei Beginn und Beendigung des Nießbrauchs richtet sich nach § 103 BGB.

Bei Ablösung der Lasten sind weder der Eigentümer noch der Nießbraucher im Verhältnisse zueinander zur Kapitalbeschaffung verpflichtet. Wird das Kapital von der einen oder der anderen Seite beschafft, so hat der Eigentümer ein Recht auf Ausgleichung nach den Vorschriften über ungerechtfertigte Bereicherung, der zahlende Nießbraucher den Anspruch auf Ersatz von Verwendungen[43]).

Bei dem Nießbrauch an einem Vermögen oder einer Erbschaft besteht im allgemeinen keine Haftung des Nießbrauchers für die Schulden des Bestellers, vielmehr ist es Sache des Bestellers, für die Bereinigung zu sorgen.

Die Gläubiger des Bestellers, deren Forderungen schon zur Zeit der Bestellung verzinslich waren, können jedoch die Zinsen für die Dauer des Nießbrauchs auch von dem Nießbraucher verlangen, ebenso andere wiederkehrende Leistungen (z. B. Renten, Altenteilsleistungen), die bei ordnungsmäßiger Verwaltung aus den Einkünften des Vermögens bestritten werden, vorausgesetzt, daß die Forderung auf diese Leistungen schon vor der Bestellung des Nießbrauchs entstanden ist. Der Nießbraucher haftet persönlich, jedoch nur insoweit, als auch der Eigentümer persönlich haftet. Die durch das Gesetz normierte Haftung kann nicht durch Vereinbarung zwischen Nießbraucher und Besteller ausgeschlossen oder beschränkt werden. Der Nießbraucher ist auch dem Besteller gegenüber zur Befriedigung der Ansprüche der Gläubiger auf die Zinsen und wiederkehrenden Leistungen verpflichtet. Kommt der Nießbraucher mit der Erfüllung seiner Verbindlichkeit in Verzug, so kann der Besteller die Rückgabe von Gegenständen zum Zwecke der Befriedigung der Gläubiger verlangen[44]).

Im übrigen besteht keine persönliche Haftung des Nießbrauchers. Die Gläubiger des Bestellers können, soweit ihre Forderungen vor

---

sein, den Erben anzuhalten, den Nießbrauch an dem unbelasteten Grundstück zu bestellen.

[42]) Die Bestimmung des § 1047 läßt nicht erkennen, daß die Vorschriften der §§ 1118, 1119 BGB. Berücksichtigung zu finden hätten. Die im Recht der Grundstücke S. 239 Anm. 41, 42 vertretene Ansicht ist daher nicht aufrecht zu erhalten. Vergl. Biermann S. 248, Turnau-Förster 1 S. 478. Für die Zinsen aus Gesamthypotheken, Eigentümerhypotheken und Kautionshypotheken sind keine Ausnahmen gemacht (Mot. 3 S. 517, KProt. 3 S. 399), der Nießbraucher hat daher für die Zinsen aufzukommen, soweit die Verzinslichkeit schon zur Zeit der Bestellung des Nießbrauchs bestand. Bei Gesamthypotheken dürfte eine Verteilung der Zinsenlast nach dem Werte der belasteten Grundstücke angemessen sein. Vergl. Planck 3 S. 412, dagegen Biermann S. 248.

[43]) Mot. 3 S. 516.

[44]) § 1088 BGB. Mot. 3 S. 564, KProt. 3 S. 434.

der Bestellung entstanden sind, Befriedigung aus den dem Nießbrauch unterliegenden Gegenständen, welche Eigentum des Bestellers geblieben sind, ohne Rücksicht auf den Nießbrauch verlangen[45]). Die Zwangsvollstreckung ist erst zulässig, wenn der Besteller zu der Leistung und der Nießbraucher zur Duldung der Zwangsvollstreckung verurteilt ist[46]). Beide können als Streitgenossen zusammen verklagt werden. Die Verurteilung des Nießbrauchers zur Duldung der Zwangsvollstreckung kann dadurch ersetzt werden, daß der Nießbraucher in einer vor einem deutschen Gerichte oder einem zuständigen deutschen Notar aufgenommenen Urkunde die sofortige Zwangsvollstreckung in die dem Nießbrauch unterworfenen Gegenstände bewilligt[47]). War die Schuld des Bestellers schon zur Zeit der Bestellung des Nießbrauchs an dem Vermögen rechtskräftig festgestellt, so kann gegen den Nießbraucher eine in Ansehung der dem Nießbrauch unterliegenden Gegenstände vollstreckbare Ausfertigung des Urteils erteilt werden. Das Gleiche gilt bei dem Nießbrauch an einer Erbschaft für die Erteilung einer vollstreckbaren Ausfertigung des gegen den Erblasser ergangenen Urteils[48]).

Hat der Nießbraucher das Eigentum an den Sachen des Bestellers erlangt[49]), so sind diese dem Zugriffe der Gläubiger entrückt, aber an die Stelle der Sachen tritt der Anspruch des Bestellers auf Ersatz des Wertes. Dieser Wertersatz ist den Gläubigern gegenüber sofort zu leisten[50]). Die Zwangsvollstreckung in den Ersatzanspruch kann nur stattfinden, wenn die Forderung des Gläubigers gegen den Besteller und die Verpflichtung des Nießbrauchers, den Wertersatz in Höhe der Forderung sofort zu leisten, gegen den Nießbraucher durch vollstreckbaren Titel festgestellt sind[51]).

Zur Berichtigung von Forderungen, die zur Zeit der Bestellung des Nießbrauchs bereits fällig sind, kann der Besteller die erforderlichen Gegenstände zurückbehalten. Ist der Nießbrauch bestellt, so kann der Besteller, wenn eine vor der Bestellung entstandene Forderung fällig ist, von dem Nießbraucher Rückgabe der Gegenstände verlangen, die zur Befriedigung des Gläubigers erforderlich sind. Die Auswahl der Gegenstände steht dem Besteller zu, doch darf er nur die vorzugsweise geeigneten Stücke auswählen. Sind Gegenstände zum Zwecke der Schuldentilgung an den Besteller zurückgegeben, so ist der Besteller, soweit die Gegen-

45) § 1086 BGB. KProt. 3 S. 430.
46) § 737 ZPO.
47) § 794 Abs. 2 ZPO.
48) § 738 ZPO.
49) Vergl. §§ 1067, 1084 BGB.
50) § 1086 BGB.
51) KProt. 3 S. 433. Das Vorgehen gegen den Besteller allein wird den Gläubiger nicht zum Ziele führen, weil der Nießbraucher dem Besteller nicht zu sofortigem Ersatze verpflichtet ist.

stände reichen, auch dem Nießbraucher gegenüber zur Befriedigung des Gläubigers verpflichtet.

Der Nießbraucher seinerseits kann, wenn eine vor der Bestellung entstandene Forderung fällig ist, die Verbindlichkeit des Bestellers durch Leistung des geschuldeten Gegenstandes erfüllen. Eine Verpflichtung dazu besteht dem Besteller gegenüber nur, wenn sie besonders übernommen ist. Der Nießbraucher ist auch berechtigt, zum Zwecke der Befriedigung eines Gläubigers einen Vermögensgegenstand zu veräußern, wenn die Befriedigung durch den Besteller nicht ohne Gefahr (z. B. wegen drohender Zwangsvollstreckung) abgewartet werden kann; er braucht es nicht darauf ankommen zu lassen, daß der Gläubiger aus einem beliebigen Gegenstand seine Befriedigung sucht. Doch hat der Nießbraucher einen vorzugsweise geeigneten Gegenstand auszuwählen. Soweit der Nießbraucher zum Ersatze des Wertes von Gegenständen, die in sein Eigentum übergegangen sind, verpflichtet ist[52]), darf er eine Veräußerung eines im Eigentum des Bestellers verbliebenen Gegenstandes nicht vornehmen, hat vielmehr aus den eigenen Mitteln den Gläubiger zu befriedigen[53]).

7. Der Nießbraucher ist verpflichtet, nach der Beendigung des Nießbrauchs die ihm überlassenen Gegenstände dem Eigentümer, als welcher zu Gunsten des Nießbrauchers der Besteller gilt, zurückzugeben[54]).

Hat der Nießbraucher an Sachen, welche den Gegenstand des Nießbrauchs bildeten, das Eigentum erlangt, sei es, daß ein Eigentums-Nießbrauch bestellt worden ist, sei es, daß verbrauchbare Sachen während der Dauer des Nießbrauchs an die Stelle von im Eigentum des Bestellers verbliebenen Gegenständen getreten sind, so hat der Nießbraucher nach der Beendigung des Nießbrauchs dem Besteller den Wert zu ersetzen, den die Sachen zur Zeit der Bestellung hatten[55]). Rücknahme der Sachen kann dem Besteller nicht angesonnen werden.

Ist die Sache dem Eigentümer zurückzugeben, so ist sie in dem Zustande zurückzugeben, in dem sie sich bei ordnungsmäßiger Behandlung zur Zeit der Beendigung des Nießbrauches befindet[56]). Handelt es sich um ein landwirtschaftliches Grundstück oder um ein Landgut, so ist dieses in dem Zustande zurückzugeben, der sich — gleichgültig, wie der Zustand zur Zeit der Nießbrauchbegründung war, — bei einer während des Nießbrauchs bis zur Rückgabe fortgesetzten ordnungsmäßigen Bewirtschaftung ergibt.

---

[52]) S. Ziff. 50.

[53]) § 1087 BGB. Mot. 3 S. 560, KProt. 3 S. 430, 4 S. 609.

[54]) § 1055 BGB. Mot. 3 S. 504, KProt. 3 S. 401. Ist die Rückgabe unmöglich, so finden die §§ 275 ff. BGB. Anwendung.

[55]) § 1067 BGB.

[56]) Vergl. §§ 1034, 1036, 1050, 1041, 1042 BGB.

Dies gilt insbesondere auch für die Bestellung des Grundstücks. Endigt der Nießbrauch im Laufe eines Nießbrauchjahres[57]), so hat der Eigentümer die Kosten, welche der Nießbraucher auf die noch nicht getrennten, jedoch nach den Regeln einer ordnungsmäßigen Wirtschaft vor dem Ende des Nießbrauchjahres zu trennenden Früchte verwendet hat, insoweit zu ersetzen, als sie einer ordnungsmäßigen Wirtschaft entsprechen und den Wert der Früchte nicht übersteigen. Der Nießbraucher eines Landguts hat von den bei der Beendigung des Nießbrauchs vorhandenen landwirtschaftlichen Erzeugnissen ohne Rücksicht darauf, ob er bei dem Antritt des Nießbrauchs solche Erzeugnisse übernommen hat, so viel zurückzulassen, als zur Fortführung der Wirtschaft bis zu der Zeit erforderlich ist, zu welcher gleiche oder ähnliche Erzeugnisse voraussichtlich gewonnen werden. Soweit er landwirtschaftliche Erzeugnisse in größerer Menge oder besserer Beschaffenheit zurückzulassen verpflichtet ist, als er bei dem Antritte des Nießbrauchs übernommen hat, kann er von dem Eigentümer Ersatz des Wertes verlangen. Den vorhandenen, auf dem Gute gewonnenen Dünger hat der Nießbraucher zurückzulassen, ohne daß er Ersatz des Wertes verlangen kann[58]).

War ein Grundstück mit Inventar Gegenstand des Nießbrauchs, so ist das Inventar ordnungsmäßig ergänzt zurückzugeben. War das Inventar zum Schätzungswerte übernommen, so ist das bei der Beendigung des Nießbrauchs vorhandene Inventar dem Eigentümer zurückzugewähren. Der Eigentümer kann die Übernahme derjenigen von dem Nießbraucher angeschafften Inventarstücke ablehnen, welche nach den Regeln einer ordnungsmäßigen Wirtschaft für das Grundstück überflüssig oder zu wertvoll sind[59]).

Mit der Beendigung des Nießbrauchs erlischt auch das Recht desjenigen, dem der Nießbraucher die Ausübung des Nießbrauchs überlassen hat. Für die Vermietung oder Verpachtung eines Grundstücks bestehen jedoch Ausnahmen. Ebenso wie der Kauf die Miete nicht bricht, bricht auch die Beendigung des Nießbrauchs die in Vollzug gesetzte Miete nicht. Was für den Fall der Veräußerung eines vermieteten Grundstücks in den §§ 571, 572, 573 Satz 1, 574 bis 576, 579 BGB. angeordnet ist, gilt auch für die Beendigung des Nießbrauchs[60]). Hat der Nießbraucher ein Grundstück über die Dauer des Nießbrauchs[61]) hinaus vermietet oder

---

[57]) Vergl. § 592 BGB. Das erste Nießbrauchjahr beginnt mit dem Antritt des Nießbrauchs.

[58]) § 1055 mit §§ 591—593 BGB. Über die Fruchtverteilung s. die allgemeinen Vorschriften der §§ 101 und 102 BGB. in § 4 Ziff. 90 ff.

[59]) § 1048 mit § 589 BGB.

[60]) § 1056 BGB. Mot. 3 S. 521, KProt. 3 S. 402.

[61]) Es macht keinen Unterschied, ob der Nießbrauch an einem festen oder an einem, was die Zeit des Eintritts betrifft, ungewissen Termine endigt. Mot. 3 S. 522.

verpachtet und ist das Grundstück zur Zeit der Beendigung des Nießbrauchs dem Mieter (Pächter) überlassen[62]), so tritt mit der Beendigung des Nießbrauchs der Eigentümer an Stelle des Nießbrauchers in die aus dem Miet- oder Pachtverhältnis sich ergebenden Rechte und Verpflichtungen ein. Der Eigentümer ist aber berechtigt, das Miet- oder Pachtverhältnis unter Einhaltung der gesetzlichen Kündigungsfrist[63]) zu kündigen. Daß die Kündigung zu dem ersten zulässigen Termine erfolge, ist nicht verlangt. Damit nicht Nießbraucher und Eigentümer den Mieter (Pächter) vorzeitig verdrängen können, ist, wenn der Nießbrauch durch Verzicht des Nießbrauchers endigt, die Kündigung durch den Eigentümer erst von der Zeit an zulässig, zu welcher der Nießbrauch ohne den Verzicht erlöschen würde. Sollte nach dem Miet- oder Pachtvertrag dem Nießbraucher eine frühere Kündigung eingeräumt sein, so kann der Eigentümer von diesem vertragsmäßigen Kündigungsrecht auch bei Beendigung des Nießbrauchs durch Verzicht Gebrauch machen. Der Mieter (Pächter) hat kein gesetzliches Kündigungsrecht, wohl aber ist er berechtigt, den Eigentümer unter Bestimmung einer angemessenen Frist zur Erklärung darüber aufzufordern, ob er von dem Kündigungsrecht Gebrauch mache. Erfolgt die Kündigung in diesem Falle nicht bis zum Ablaufe der Frist, so erlischt das Recht des Eigentümers, unter Einhaltung der gesetzlichen Kündigungsfrist zu kündigen, und hat es alsdann bei den Bestimmungen des Miet-(Pacht)-Vertrages sein Bewenden[64]).

Erfüllt der Eigentümer die durch den Eintritt in das Miet- oder Pacht-Verhältnis übernommenen Verpflichtungen nicht, so haftet der Nießbraucher für den von dem Eigentümer zu ersetzenden Schaden wie ein Bürge, der auf die Einrede der Vorausklage verzichtet hat. Der Nießbraucher kann sich von dieser Haft befreien, wenn der Mieter nach Gesetz oder nach dem Vertrage zur Kündigung berechtigt ist. Zu diesem Zwecke hat er dem Mieter (Pächter) von der Beendigung des Nießbrauches Mitteilung zu machen, kündigt alsdann der Mieter (Pächter) nicht für den ersten Termin, so wird der Nießbraucher von der Bürgschaftshaftung frei[65]).

Für die Verteilung des Miet(Pacht)-Zinses zwischen Nießbraucher und Eigentümer ist die Vorschrift des § 101 BGB. maßgebend. Von dem Mieter (Pächter) kann der Eigentümer grund-

---

[62]) Die Ausnahmebestimmung gilt nicht für den Fall, daß der Nießbraucher einen Miet- oder Pachtvertrag zwar abgeschlossen, aber noch nicht durch Überlassung der Sache in Vollzug gesetzt hat. Mot. 3 S. 522.

[63]) §§ 565, 595 BGB. Haftung des Nießbrauchers oder seiner Erben gegenüber dem Mieter (Pächter) nach § 541 BGB.

[64]) Vergl. § 1056 BGB. KProt. 3 S. 405.

[65]) §§ 1056, 571 BGB. Über den Eintritt des Eigentümers in die Rechte aus einer dem Nießbraucher durch den Mieter (Pächter) geleisteten Sicherheit s. § 572 BGB.

sätzlich den Miet(Pacht)-Zins fordern, der nach der Beendigung des Nießbrauchs fällig wird. Es sind jedoch Verfügungen, die der Nießbraucher vor der Beendigung des Nießbrauchs über den Miet-(Pacht)-Zins getroffen hat, für den Eigentümer insoweit wirksam, als sie sich auf den Mietzins für das zur Zeit der Beendigung des Nießbrauchs laufende und auf das folgende Kalendervierteljahr beziehen[66]). Sogar die Entrichtung des Mietzinses an den Nießbraucher nach Beendigung des Nießbrauchs wie überhaupt jedes Rechtsgeschäft, das zwischen dem Mieter (Pächter) und dem Nießbraucher nach Beendigung des Nießbrauches in Ansehung der Mietzinsforderung vorgenommen wird, ist dem Eigentümer gegenüber wirksam, soweit es sich nicht um den Mietzins für eine spätere Zeit als das Kalendervierteljahr, in welchem der Mieter (Pächter) von der Beendigung des Nießbrauchs Kenntnis erlangt, und das folgende Vierteljahr handelt, der Mieter (Pächter) auch bei Vornahme des Rechtsgeschäfts von der Beendigung des Nießbrauchs keine Kenntnis hat[67])[68]).

§ 47. Rechte des Eigentümers (Gläubigers, Bestellers).

Dem Eigentümer der Sachen, die den Gegenstand des Nießbrauchs bilden, verbleiben alle Befugnisse, welche mit den Rechten des Nießbrauchers vereinbar sind. Der Eigentümer kann, unbeschadet der Rechte des Nießbrauchers, seine Sache veräußern, mit Dienstbarkeiten belasten, sie zu Unterpfand einsetzen; ebenso kann der Inhaber einer mit einem Nießbrauch belasteten Forderung über die Forderung verfügen.

Sind die Gegenstände, an denen der Nießbrauch bestellt worden ist, in das Eigentum des Nießbrauchers gelangt, so hat der Besteller nur das Recht, nach der Beendigung des Nießbrauchs den Wert zu verlangen, den die Gegenstände zur Zeit der Bestellung hatten. Zu diesem Behufe ist er auch befugt, den Wert der Gegenstände auf seine Kosten durch Sachverständige feststellen zu lassen und von dem Nießbraucher Sicherheit zu verlangen, wenn der Anspruch auf Ersatz des Wertes gefährdet ist[1]).

---

[66]) § 573 Satz 1 BGB. Verfügungen über den Miet(Pacht)-Zins für eine spätere Zeit braucht der Eigentümer nicht gegen sich gelten zu lassen, wenn er sie auch schon vor der Beendigung des Nießbrauchs gekannt hat.

[67]) § 574 BGB. Die Wirksamkeit der Rechtsgeschäfte vor oder nach der Beendigung des Nießbrauchs ist die Regel; die Voraussetzungen für die Ausnahmen hat der Eigentümer zu beweisen.

[68]) Über die Aufrechnungsbefugnis des Mieters (Pächters) gegenüber dem Eigentümer s. § 575 BGB. Wirkung einer Anzeige des Nießbrauchers über Beendigung des Nießbrauchs s. § 576 BGB. Veräußerung oder Belastung des Grundstücks durch den Eigentümer s. 579 BGB.

Zu § 47.

[1]) § 1067 BGB. Vergl. § 45 Ziff. 3, § 46 Ziff. 38.

Dem Besteller stehen diese Ansprüche zu, unabhängig davon, ob er Eigentümer der in das Eigentum des Nießbrauchers übergegangenen Sachen war oder ob er als Nichteigentümer den Nießbrauch bestellte.

Ist der Nießbraucher nicht Eigentümer der Nießbrauchgegenstände geworden, so bestehen die ihm durch Gesetz auferlegten Verpflichtungen dem Eigentümer gegenüber, gleichviel, ob die Bestellung des Nießbrauchs durch den Eigentümer oder durch einen Nichteigentümer erfolgt oder ob der Nießbrauch durch Ersitzung erworben ist. Bei Übertragung des Eigentums an einen Dritten bedarf es sonach keiner besonderen Übertragung der Rechte gegen den Nießbraucher. Wie schon hervorgehoben, gilt übrigens im Verhältnisse des Nießbrauchers zu dem Eigentümer zu Gunsten des Nießbrauchers der Besteller als Eigentümer und ist es Sache des Eigentümers, darzutun, daß der Nießbraucher wußte, der Besteller sei nicht Eigentümer[2]).

Für das Rechtsverhältnis zwischen dem Nießbraucher und dem Eigentümer kommen hinsichtlich der Rechte des Eigentümers folgende Vorschriften in Betracht:

1. Wie der Nießbraucher so hat auch der Eigentümer das Recht, den Zustand der den Gegenstand des Nießbrauchs bildenden Sache auf eigene Kosten durch Sachverständige feststellen zu lassen[3]).

2. Gleich dem Nießbraucher kann auch der Eigentümer verlangen, daß bei dem Nießbrauch an einem Inbegriff von Sachen der Nießbraucher zur Aufnahme eines Verzeichnisses der Sachen mitwirke[4]).

3. Der Nießbrauchbesteller hat den mittelbaren Besitz an den Sachen, die den Gegenstand des Nießbrauchs bilden und nicht in das Eigentum des Nießbrauchers gelangt sind. Infolgedessen stehen ihm alle Rechte zu, die an den mittelbaren Besitz geknüpft sind[5]).

Der Besitz an Inhaberpapieren und mit Blankoindossament versehenen Orderpapieren, die nicht zu den verbrauchbaren Sachen gehören, und der Besitz an den zu den Papieren gehörenden Erneuerungsscheinen steht dem Eigentümer gemeinschaftlich mit dem Nießbraucher zu. Der Eigentümer kann verlangen, daß das Papier nebst dem Erneuerungsscheine bei einer Hinterlegungsstelle mit der Bestimmung hinterlegt werde, daß die Herausgabe nur von ihm und dem Nießbraucher gemeinschaftlich verlangt werden kann. Zur Einziehung des fälligen Kapitals, zur Beschaffung neuer Zins-,

---

[2]) S. § 46 Ziff. 2. Bei Nießbrauch an Rechten tritt an die Stelle des Eigentümers der Gläubiger d. h. derjenige, dem das dem Nießbrauch unterliegende Recht zusteht.

[3]) § 1034 BGB. S. § 45 Ziff. 2.

[4]) § 1035 BGB. S. § 45 Ziff. 5.

[5]) § 868 BGB. S. § 17.

Renten- oder Gewinnanteilscheine sowie zu sonstigen Maßnahmen, die zur ordnungsmäßigen Vermögensverwaltung erforderlich sind, kann der Eigentümer die Mitwirkung des Nießbrauchers verlangen. Wird bei der Einlösung eine Prämie gezahlt, so gehört sie als Teil des Kapitals dem Eigentümer[6]).

Die auf Zinsen ausstehenden Kapitalien sowie die Forderungen aus Versicherungen der Nießbrauchsachen sind an den Gläubiger und den Nießbraucher gemeinschaftlich zu zahlen. Wie der Nießbraucher so kann auch der Gläubiger statt der Zahlung die Hinterlegung für Beide fordern. Eine auf Zinsen ausstehende Forderung können Gläubiger und Nießbraucher auch nur gemeinschaftlich kündigen; ist die Einziehung der Forderung nach den Regeln einer ordnungsmäßigen Verwaltung wegen Gefährdung ihrer Sicherheit geboten, so kann der Gläubiger die Mitwirkung des Nießbrauchers zur Kündigung verlangen. Ist die Forderung fällig, so kann der Gläubiger verlangen, daß der Nießbraucher zur Einziehung mitwirke. Ist das Inhaberpapier oder das mit Blankoindossament versehene Orderpapier eingelöst oder ein auf Zinsen ausstehendes Kapital oder eine Versicherungssumme eingezogen, so kann der Gläubiger verlangen, daß der Nießbraucher dazu mitwirke, daß die eingezogenen Beträge gleich wie Mündelgeld verzinslich angelegt werden[7]).

4. Wie der Nießbraucher, so kann auch der Eigentümer verlangen, daß, wenn ein Wald oder ein Bergwerk oder eine andere auf Gewinnung von Bodenbestandteilen gerichtete Anlage Gegenstand des Nießbrauchs ist, das Maß der Nutzung und die Art der wirtschaftlichen Behandlung durch einen Wirtschaftsplan auf gemeinschaftliche Kosten festgestellt werden und daß dieser Plan entsprechend geändert wird, wenn eine erhebliche Änderung der Umstände eintritt[8]).

5. Während der Ausübung des Nießbrauchs hat der Eigentümer das Recht, eine erforderlich gewordene (gewöhnliche oder außergewöhnliche) Ausbesserung oder Erneuerung der Sache, die der Nießbraucher nicht selbst vornimmt, zu betätigen und zu diesem Zwecke zu verlangen, daß der Nießbraucher die Vornahme gestatte[9]).

Ist die Sache zerstört oder beschädigt worden und wird dafür eine Versicherungssumme gezahlt, so kann der Eigentümer (wie der Nießbraucher) verlangen, daß die Versicherungssumme zur Wiederherstellung der Sache oder zur Beschaffung eines Ersatzes

---

[6]) §§ 1081—1084 BGB. S. § 45 Ziff. 35 ff.

[7]) Vergl. §§ 1077, 1078, 1079, 1080, 1046, 1083 Abs. 2 BGB. S. § 45 Ziff. 26 ff., § 46 Ziff. 29.

[8]) § 1038 BGB. S. § 45 Ziff. 48 ff.

[9]) Vergl. §§ 1044, 1043 BGB. S. § 46 Ziff. 17.

insoweit verwendet wird, als es einer ordnungsmäßigen Wirtschaft entspricht. Die Verwendung der Gelder zu diesen Zwecken kann der Eigentümer selbst besorgen oder dem Nießbraucher überlassen[10]).

6. Wenn auch das Hauptrecht des Eigentümers, nämlich das Recht auf Rückgabe, erst nach Beendigung des Nießbrauchs geltend gemacht werden kann, ist der Eigentümer doch schon während der Ausübung des Nießbrauchs in der Lage, Pflichtverletzungen des Nießbrauchers entgegenzutreten. Der Eigentümer (Gläubiger) kann den ihm gegen den Nießbraucher zustehenden Anspruch auf ordnungsmäßige Erhaltung der Sache und des wirtschaftlichen Bestandes derselben sowie auf Erfüllung der übrigen dem Nießbraucher während der Dauer des Nießbrauches obliegenden Verpflichtungen schon während der Dauer des Nießbrauches, wenn nötig durch Klage, geltend machen. Jedoch hat er den Nießbraucher, wenn dieser einen Gebrauch von der Sache macht, zu dem er nicht befugt ist, abzumahnen, er kann erst, wenn der Nießbraucher den Gebrauch trotz der Abmahnung fortsetzt, auf Unterlassung klagen[11]). S. auch Nr. 10.

7. Der Eigentümer (Gläubiger) ist berechtigt, von dem Nießbraucher Sicherheitsleistung zu verlangen,

a) wenn der Nießbraucher den Regeln einer ordnungsmäßigen Wirtschaft zuwider oder infolge eines besonderen Ereignisses im Übermaß Früchte zieht, für die er bei Beendigung des Nießbrauchs Ersatz zu leisten hat[12]),

b) wenn durch das Verhalten des Nießbrauchers die Besorgnis einer erheblichen Verletzung der Rechte des Eigentümers begründet wird[13]),

c) wenn die Sachen, welche den Gegenstand des Nießbrauchs bilden, Eigentum des Nießbrauchers geworden sind und der Anspruch des Bestellers auf Ersatz ihres Wertes gefährdet ist[14]). Ist Geld Gegenstand des Nießbrauchs, so kann der Nießbraucher seiner Pflicht zur Sicherheitsleistung durch Einwilligung in eine die Rückgewähr sichernde Art der Belegung des Geldes genügen[15]).

8. Der Eigentümer (Gläubiger) kann verlangen, daß die Ausübung des Nießbrauchs einem von dem Gerichte zu bestellenden Verwalter[16]) übertragen wird:

a) wenn der Nießbraucher die Rechte des Eigentümers in erheblichem Maße verletzt und ungeachtet einer Abmahnung des Eigentümers das verletzende Verhalten fortsetzt,

---

[10]) § 1046 BGB. S. § 46 Ziff. 27 ff.
[11]) Vergl. Entw. I § 1004 und KProt. 3 S. 399; § 1053 BGB.
[12]) § 1039 BGB. S. § 45 Ziff. 52.
[13]) § 1051 BGB. S. § 46 Ziff. 31 ff.
[14]) § 1067 BGB. S. § 46 Ziff. 38.
[15]) Mot. 3 S. 537.
[16]) Vergl. § 46 Ziff. 32 ff.

b) wenn der Nießbraucher wegen Besorgnis einer erheblichen Verletzung der Rechte des Eigentümers zur Sicherheitsleistung rechtskräftig verurteilt ist.

9. Über die besonderen Rechte des Eigentümers (Bestellers) bei Nießbrauch an einem Vermögen oder einer Erbschaft s. § 46 Ziff. 44 ff.

10. Dem Eigentümer einer Sache, die Gegenstand des Nießbrauchs ist, stehen auch während der Dauer des Nießbrauchs die dinglichen Ansprüche aus dem Eigentum zu, gegen Dritte unbeschränkt[17]), dem Nießbraucher gegenüber mit der Beschränkung, daß er auf Unterlassung unbefugten Gebrauchs erst nach Abmahnung klagen kann[18]).

11. Nach der Beendigung des Nießbrauchs kann der Eigentümer die Rückgabe der Sache verlangen[19]) und seine Ersatzansprüche geltend machen. Die Ersatzansprüche wegen Veränderungen oder Verschlechterungen der Sache verjähren in 6 Monaten, beginnend mit dem Zeitpunkte, in welchem der Eigentümer die Sache zurück erhält; erfolgt die Rückgabe nicht, so verjähren sie mit der Verjährung des Anspruchs auf Rückgabe der Sache[20]).

12. Besteht zur Zeit der Beendigung des Nießbrauchs an einem Grundstück noch ein Miet- oder Pachtverhältnis, so darf der Eigentümer unter Einhaltung der gesetzlichen Kündigungsfrist kündigen. S. hierüber § 46 Ziff. 63 ff.

§ 48. Verbindlichkeiten des Eigentümers (Gläubigers, Bestellers).

Der Eigentümer einer Sache, an welcher einem Anderen ein Nießbrauch zusteht, hat die Ausübung aller Rechte zu gestatten,

---

[17]) Vergl. Mot. 3 S. 509.

[18]) § 1053 BGB. S. Ziff. 11.

[19]) § 1055 BGB. S. § 46 Ziff. 54. Die Rückgabepflicht an denjenigen, dem bei Beendigung des Nießbrauches das Eigentum zusteht, ist eine dem Nießbraucher kraft des gesetzlich geregelten Schuldverhältnisses obliegende Verpflichtung. Sobald der Nießbrauch beendet ist, kann übrigens der Eigentümer den Herausgabeanspruch auch kraft Eigentums geltend machen. Aber auch dem dinglichen Anspruch des Eigentümers gegenüber hat der Nießbraucher, soweit die Zeitdauer des Nießbrauchs in Betracht kommt, nicht die Stellung eines mit der Eigentumsklage belangten Besitzers (§§ 987 ff. BGB), vielmehr muß das Rechtsverhältnis, das durch den Nießbrauch begründet worden war, die Grundlage der Nebenansprüche des Eigentümers bilden. Erst für die Zeit nach Beendigung des Nießbrauches unterliegt der frühere Nießbraucher als Besitzer den allgemeinen Vorschriften über den Herausgabeanspruch des Eigentümers gegen den Besitzer.

[20]) §§ 1057, 558 BGB. KProt. 3 S. 407. Der Anspruch auf Ersatz wegen verschuldeter Unmöglichkeit der Rückgabe unterliegt nicht der kurzen Verjährung. Die Ansprüche, die der kurzen Verjährung unterliegen, sind der gewöhnlichen Verjährung entzogen, auch wenn die 30jährige Frist seit der Veränderung oder Verschlechterung der Sache abgelaufen wäre.

die dem Nießbraucher nach dem Begründungsakte oder nach dem Gesetze zukommen, insbesondere dem Nießbraucher den Besitz der Sache zu gewähren und zu dulden, daß der Nießbraucher in eigener Person oder durch Andere alle Nutzungen der Sache ziehe, soweit nicht einzelne Nutzungen durch den Bestellungsakt ausgeschlossen sind[1]).

Ist ein Inbegriff von Sachen Gegenstand des Nießbrauchs, so hat der Eigentümer auf Verlangen des Nießbrauchers zur Aufnahme eines Verzeichnisses mitzuwirken, wobei die Kosten der Aufnahme und der Beglaubigung des Verzeichnisses der Antragsteller zu tragen hat. S. § 45 Ziff. 5 ff.

Ist ein Wald, ein Bergwerk oder eine andere auf Gewinnung von Bodenbestandteilen gerichtete Anlage Gegenstand des Nießbrauchs, so ist auf Verlangen des Nießbrauchers ein Wirtschaftsplan festzustellen. S. § 45 Ziff. 48 ff.

Der Eigentümer hat ferner, falls Früchte ordnungswidrig gezogen sind oder im Übermaß gezogen werden mußten, zu gestatten, daß der von dem Nießbraucher zu ersetzende Betrag nach den Grundsätzen einer ordnungsmäßigen Wirtschaft zur Wiederherstellung der Sache verwendet werde. S. § 45 Ziff. 52 ff. Ebenso ist eine für Beschädigung oder Zerstörung einer Sache gezahlte Versicherungssumme zur Wiederherstellung der Sache oder zur Beschaffung eines Ersatzes nach den Regeln einer ordnungsmäßigen Wirtschaft zu verwenden. S. § 46 Ziff. 29.

Wenngleich der Nießbraucher nur die zu der gewöhnlichen Unterhaltung der Sache gehörenden Ausbesserungen und Erneuerungen auf eigene Kosten vorzunehmen hat, ist doch auch der Eigentümer nicht zur Vornahme außergewöhnlicher Ausbesserungen oder Erneuerungen verpflichtet. Dagegen ist er, falls der Nießbraucher Verwendungen auf die Sache macht, zu denen er nicht verbunden ist, nach den Vorschriften über die Geschäftsführung ohne Auftrag ersatzpflichtig. Siehe § 45 Ziff. 64.

Über die Einhaltung der Miet- und Pachtverträge s. § 46 Ziff. 60 ff.

Über das Rechtsverhältnis zwischen dem Gläubiger und dem Nießbraucher hinsichtlich der verzinslichen Forderungen s. § 45 Ziff. 26 ff.

Über die Schuldenhaftung bei dem Nießbrauch an einem Vermögen oder einer Erbschaft s. § 46 Ziff. 44 ff.

§ 49. Endigung.

Der Nießbrauch endigt

Zu § 48.

[1]) S. § 45 Ziff. 11 ff.

1. mit dem Tode des Nießbrauchers[1]). Steht der Nießbrauch einer juristischen Person zu, so erlischt er mit dieser[2]);

2. mit dem Ablaufe der Zeit, für die er bestellt ist, oder mit dem Eintritte der auflösenden Bedingung, unter der die Bestellung vorgenommen wurde[3]);

3. durch den Untergang[4]) der belasteten Sache, sofern nicht an Stelle der Sache ein anderer Gegenstand tritt (vergl. § 1046 BGB.), sowie durch Aufhebung des durch den Nießbrauch belasteten Rechtes. Ein dem Nießbrauch unterliegendes Recht kann durch Rechtsgeschäft nur mit Zustimmung des Nießbrauchers aufgehoben oder zum Nachteile des Nießbrauchers geändert werden. Die Zustimmung ist demjenigen gegenüber zu erklären, zu dessen Gunsten sie erfolgt; sie ist unwiderruflich. Bei eingetragenen Rechten ist die Zustimmung dem Grundbuchamt oder demjenigen gegenüber zu erklären, zu dessen Gunsten sie erfolgt[5]).

4. durch Aufhebung. Zur Aufhebung des Nießbrauchs an einem Grundstück ist die Erklärung des Nießbrauchers, daß er das Recht aufgebe und die Löschung des Rechtes im Grundbuch erforderlich[6]). Die Aufhebung des Nießbrauchs an einem Grundstück erstreckt sich im Zweifel auf den Nießbrauch an dem Zubehör[7]). Zur Aufhebung des Nießbrauchs an einer beweglichen Sache oder an einem Recht genügt die Erklärung des Nießbrauchers

---

Zu § 49.

[1]) § 1061 BGB. Mot. 3 S. 530, KProt. 3 S. 410. Dem Tod steht die Todeserklärung gleich. Über Löschung im Grundbuch s. § 13 Ziff. 90 ff. (§§ 22, 23 GBO.).

[2]) Die offene Handelsgesellschaft ist keine juristische Person sondern eine Gemeinschaft zur gesamten Hand (vergl. § 105 HGB.). Die Bestimmung des § 124 HGB., wonach die offene Handelsgesellschaft unter ihrer Firma Rechte erwerben und Verbindlichkeiten eingehen kann, ändert daran nichts. Es besteht kein Grund anzunehmen, die Vorschrift des § 1061 Satz 2 BGB. solle sich auf die offene Handelsgesellschaft erstrecken. A. M. Planck § 1061 Anm. 3, Biermann S. 258. — Für einen vor dem 1. Januar 1900 zu Gunsten einer juristischen Person begründeten Nießbrauch wird die zeitliche Beschränkung des bisherigen Rechtes maßgebend bleiben. Vergl. Art. 184 EGBGB.

[3]) §§ 158 ff. BGB.

[4]) Durch wesentliche Umgestaltung der Sache erlischt der Nießbrauch nicht. — Enteignung s. Art. 52, 53, 109 EGBGB. — Vereinigen sich die dem Nießbrauch unterliegende Forderung und die Verbindlichkeit in derselben Person, so wirkt die Vereinigung infolge der dinglichen Natur des Nießbrauchs nicht gegen den Nießbraucher. Vergl. § 1032 Entw. I, KProt. 3 S. 422.

[5]) § 1071 BGB. Mot. 3 S. 541, KProt. 3 S. 415. Vergl. §§ 183, 184 BGB. — Bei einem Rechte, kraft dessen eine Leistung gefordert werden kann (§ 1070 BGB.), kommt diese Vorschrift, soweit § 407 BGB. anwendbar ist (s. § 45 Ziff. 15), nur zur Anwendung, wenn der Verpflichtete die Nießbrauchbestellung gekannt hat. Für Aufrechnung s. § 406 BGB. Vergl. Biermann S. 265.

[6]) S. § 8.

[7]) § 1062 BGB. KProt. 3 S. 412. Mit dem Nießbrauch an dem Grundstück erlischt demnach auch der Nießbrauch an den Zubehörstücken.

gegenüber dem Eigentümer (Gläubiger) oder dem Besteller, daß er den Nießbrauch aufgebe[8]). Rückgabe der Sache ist zur Aufhebung des Nießbrauchs nicht erforderlich, sie kann aber die Verzichtserklärung zum Ausdruck bringen und als Verzichtserklärung zur Aufhebung des Nießbrauchs genügen. Die Verzichtserklärung genügt auch, wenn das dem Nießbrauch unterliegende Recht ein Recht an einem Grundstück (z. B. Hypothek) ist[9]), es bedarf also zum Erlöschen des Nießbrauchs an einem Rechte, das ein Grundstück belastet, nicht der Löschung im Grundbuch. Die Löschung erfolgt zur Berichtigung des Grundbuchs[10]).

Der Zustimmung desjenigen, dem die Ausübung des Nießbrauchs überlassen ist, bedarf es zur Aufhebung des Nießbrauchs nicht. Bei Vermietung oder Verpachtung des Nießbrauchgrundstücks tritt aber das Kündigungsrecht des Eigentümers nicht schon auf Grund der Verzichtserklärung des Nießbrauchers ein[11]).

5. auf Grund Verjährung, falls der an einem fremden Grundstück bestehende Nießbrauch im Grundbuch mit Unrecht gelöscht oder der nach § 1075 BGB. entstandene Nießbrauch an einem fremden Grundstück nicht eingetragen worden ist und der Anspruch des Berechtigten gegen den Eigentümer verjährt ist[12]);

6. dadurch, daß ein Dritter an der dem Nießbrauch unterliegenden beweglichen Sache gutgläubig Eigentum erwirbt[13]), ferner durch Zuschlag des belasteten Grundstücks bei der Zwangsversteigerung;

7. durch Zusammentreffen mit dem Eigentum oder Gläubigerrecht in einer Person, jedoch nur, wenn eine bewegliche Sache oder ein (eingetragenes oder nicht eingetragenes) Recht Gegenstand des Nießbrauchs ist. Auch gilt in diesen Fällen der Nießbrauch als nicht erloschen, soweit der Eigentümer (Gläubiger) ein rechtliches Interesse an dem Fortbestande des Nießbrauchs hat[14]) (z. B. gegenüber nachstehenden Rechten). Zur Löschung im Grundbuch ist die Zustimmung desjenigen erforderlich, dem die mit dem Nießbrauch belastete Hypothek, Grundschuld oder Rentenschuld zusteht[15]).

Der Nießbrauch an einem fremden Grundstück erlischt nicht

---

[8]) § 1064 BGB. Mot. 3 S. 531, KProt. 3 S. 412, 4 S. 592.

[9]) § 1072 BGB. Mot. 3 S. 541, KProt. 3 S. 416.

[10]) Vergl. § 27 Abs. 2 GBO.

[11]) § 1056 BGB.

[12]) § 901 BGB. S. § 12 Ziff. 5, vergl. § 40 Ziff. 6.

[13]) S. §§ 936, 945, 949, 951, 973 BGB., vergl. §§ 1242 Abs. 2, 1247 BGB. §§ 91, 90, 92 ZVG.

[14]) § 1063 BGB. Mot. 3 S. 531, KProt. 3 S. 412; § 1072 BGB. Mot. 3 S. 541, KProt. 3 S. 416.

[15]) § 27 Abs. 2 Satz 1 GBO.

dadurch, daß der Eigentümer des Grundstücks den Nießbrauch oder der Nießbraucher das Eigentum an dem Grundstück erwirbt[16]).

Durch bloße Nichtausübung des Nießbrauchs, durch Verzicht auf das Eigentum der belasteten Sache oder infolge der Verletzung der Rechte des Eigentümers durch den Nießbraucher kommt der Nießbrauch nicht zur Beendigung.

III. Beschränkte persönliche Dienstbarkeiten.

§ 50. Begriff und Inhalt.

Eine beschränkte persönliche Dienstbarkeit ist ein dingliches Recht, das einer bestimmten Person an einem Grundstück dahin zusteht,

1. daß sie das Grundstück in einzelnen Beziehungen benutzen[1]) darf, oder
2. daß auf dem Grundstück gewisse Handlungen nicht vorgenommen werden dürfen, oder
3. daß die Ausübung eines Rechtes ausgeschlossen ist, das sich aus dem Eigentum an dem belasteten Grundstück ergibt[2])[3]).

Alle Befugnisse, die den Inhalt einer Grunddienstbarkeit bilden können, können auch, bestimmten Personen, nicht dem jeweiligen Eigentümer eines Grundstücks, zustehend, den Inhalt einer beschränkten persönlichen Dienstbarkeit bilden. Ein Recht, das, wenn es subjektiv-dinglich ist, zu den Grunddienstbarkeiten gehört, stellt sich, wenn es subjektiv-persönlich ist, als beschränkte persönliche Dienstbarkeit dar[4]).

Von dem Nießbrauch unterscheidet sich die beschränkte persönliche Dienstbarkeit dadurch, daß der Nießbraucher die Gesamtheit der nicht ausdrücklich ausgenommenen Nutzungen zu ziehen hat, während auf Grund einer beschränkten persönlichen Dienstbarkeit

---

[16]) § 889 BGB.

Zu § 50.

[1]) Unter Benutzen ist das Gebrauchen und das Fruchtziehen zu verstehen (§ 100 BGB.).

[2]) §§ 1090, 1018 BGB. Mot. 3 S. 566, KProt. 3 S. 436.

[3]) Beschränkte persönliche Dienstbarkeiten des alten Rechtes bleiben mit dem aus den bisherigen Gesetzen sich ergebenden Inhalt und Range bestehen (Art. 184, 189 EGBGB.). Ein nach den Vorschriften des BGB. unzulässiges Recht kann in der Zeit vom 1. Januar 1900 bis zum Eintritt des Grundbuchrechts nicht mehr begründet werden. Gegenüber dem öffentlichen Glauben des Grundbuchs bedürfen auch die nach altem Rechte begründeten beschränkten persönlichen Dienstbarkeiten der Eintragung.

[4]) Z. B. Weideberechtigung für einen Viehhändler, Berechtigung, Sand zu graben und Steine zu brechen, für einen Maurermeister, Berechtigung, Wasser aus einer Wasserleitung zu entnehmen, für eine Eisenbahngesellschaft. Rechtssubjekt kann namentlich auch eine Gemeinde sein (Benutzung einer Wasserleitung, eines Weges, eines Parks rc.); vergl. KProt. 3 S. 439.

nur die einzelnen Nutzungen zu ziehen sind, die dem Berechtigten eingeräumt wurden. Im einzelnen Falle kann es zweifelhaft sein, ob ein Nießbrauch bestellt ist oder eine beschränkte persönliche Dienstbarkeit, wenn nämlich alle möglichen Nutzungen einzeln aufgezählt oder einzelne aufgezählt, andere ausdrücklich ausgeschlossen werden. Die Entscheidung hängt von der Feststellung ab, was die Absicht der Beteiligten war, ob also die Gesamtheit der Nutzungen zugewendet oder ob das Grundstück nur in den ausdrücklich bezeichneten Richtungen belastet werden sollte.

Die Festsetzung des Inhaltes der einzelnen Dienstbarkeiten ist von dem BGB. dem Parteiwillen überlassen[5]). Landesgesetzlich kann die Belastung eines Grundstücks mit gewissen beschränkten persönlichen Dienstbarkeiten untersagt oder beschränkt, auch Inhalt und Maß der zugelassenen Rechte näher bestimmt werden[6]).

Der Umfang der beschränkten persönlichen Dienstbarkeiten bestimmt sich im Zweifel nach dem persönlichen Bedürfnisse des Berechtigten, kann aber darüber hinausgehen. Eine Grunddienstbarkeit kann nach § 1019 BGB. nur in einer Belastung bestehen, die für die Benutzung des Grundstücks des Berechtigten Vorteil bietet, für die beschränkte persönliche Dienstbarkeit ist eine gleiche Beschränkung auf den persönlichen Vorteil des Berechtigten nicht vorgeschrieben[7]).

Für das Wohnungsrecht, d. h. das Recht, ein Gebäude oder einen Teil eines Gebäudes unter Ausschluß des Eigentümers[8]) als Wohnung zu benutzen, gibt das BGB. die dispositive Vorschrift, daß der Berechtigte seine Familie sowie die zur standesmäßigen

[5]) Die rechtliche Natur und der Zweck der Dienstbarkeit erfordert, daß sie sich nicht in den lediglich persönlichen Ansprüchen und Verpflichtungen eines obligatorischen Rechtsgeschäfts erschöpfe. RG 24 III 1905 JW. S. 280[1] (dingliche Sicherung des Kaufs von Holz auf dem Stamme durch ein sog. Abholzungsrecht).

[6]) Art. 115 EGBGB.

[7]) § 1091 BGB. Mot. 3 S. 567, KProt. 3 S. 436. Auslegungsregel. Der Ausdruck ist in dem weiteren Sinne aufzufassen, daß sowohl das Bedürfnis der Haushaltung als das Bedürfnis des Geschäftsbetriebs des Berechtigten in Betracht kommen. Mot. 3 S. 567. — Nach RG 11 X 1905 JW. S. 692[16] greift gemäß § 1090 die Bestimmung des § 1019 Platz, daher soll es zum Wesen der beschränkten persönlichen Dienstbarkeit gehören, daß das ihren Inhalt bildende Recht für den Berechtigten einen wirtschaftlichen Vorteil biete oder bieten könne. Die Richtigkeit dieser Auffassung erscheint fraglich. Die Befugnisse, die den Inhalt einer Grunddienstbarkeit bilden können (§ 1090), sind in § 1018 bezeichnet, an die Stelle der absoluten Vorschrift des § 1019 ist für die beschränkten persönlichen Dienstbarkeiten die Auslegungsregel des § 1091 gesetzt.

[8]) Auch ein bloßes Mitbenutzungsrecht kann als beschränkte persönliche Dienstbarkeit eingeräumt werden. Hierfür gelten die besonderen Vorschriften über das Wohnungsrecht nicht. Bei Altenteilsverträgen (Art. 96 EGBGB.) wird die Verpflichtung zur Leistung der Wohnung häufig den Charakter einer Reallast haben. Vergl. Mot. 3 S. 570. — Über Mietrecht und Wohnungsrecht s. RGE. 54 S. 233.

Bedienung und zur Pflege erforderlichen Personen in die Wohnung aufzunehmen befugt ist[9]). Der Ausdruck Familie ist im Sinne des gewöhnlichen Lebens zu nehmen. Regel wird sein, daß der Berechtigte denjenigen gegenüber, die als zu seiner Familie gehörig mit ihm zusammenleben, unterhaltspflichtig ist; Voraussetzung zur Aufnahme in die Wohnung ist die Unterhaltspflichtigkeit nicht[10]). Was den Gegenstand des Wohnungsrechtes angeht, so ist ebenfalls durch dispositive Vorschrift festgestellt, daß, wenn das Recht auf einen Teil des Gebäudes beschränkt ist, der Berechtigte die zum gemeinschaftlichen Gebrauche der Bewohner bestimmten Anlagen und Einrichtungen (z. B. Treppen, Gasleitung, Wasserleitung) mitbenutzen kann, sollte auch der Begründungsakt nicht darüber bestimmt haben[11]).

§ 51. Berechtigter und Gegenstand der Dienstbarkeit.

Eine beschränkte persönliche Dienstbarkeit kann zu Gunsten einer oder mehrerer Personen begründet werden, und zwar kann Berechtigter eine natürliche oder eine juristische Person sein. Steht die Dienstbarkeit mehreren Personen gemeinschaftlich zu, so liegt Gemeinschaft nach Bruchteilen[1]) vor.

Als vererbliches Recht kann die Dienstbarkeit nicht begründet werden[2]), wohl aber kann das Recht mehreren Personen nacheinander, der zweiten und dritten Person also bedingt, bestellt werden. Ebenso ist die Übertragbarkeit des Rechtes ausgeschlossen; nur die Ausübung der beschränkten persönlichen Dienstbarkeit kann einem Andern überlassen werden und dies auch nur dann, wenn die Überlassung gestattet worden ist[3]). An dem dinglichen Rechte kann infolgedessen kein Nießbrauch oder Pfandrecht bestellt werden[4]), auch ist eine Pfändung nur insoweit möglich, als die Ausübung einem Anderen überlassen werden kann[5]).

Mit beschränkten persönlichen Dienstbarkeiten können nur Grundstücke und die den Grundstücken gleichgestellten Rechte[6])

---

[9]) § 1093 BGB. Mot. 3 S. 570, KProt. 3 S. 437.

[10]) Mot. 3 S. 571. Daß Besuch in die Wohnung aufgenommen werden darf, ist als selbstverständlich vorausgesetzt.

[11]) § 1093 Abs. 3 BGB.

Zu § 51.

[1]) §§ 741 ff. BGB.

[2]) §§ 1090, 1061 BGB.

[3]) § 1092 BGB. Mot. 3 S. 567, KProt. 3 S. 436. Die Befugnis zur Überlassung der Ausübung gehört nicht zu dem gesetzlichen Inhalt der Dienstbarkeit, daher ist Einigung und Eintragung erforderlich, wenn die Überlassung gestattet sein soll; ohne die Eintragung hat das Abkommen nur obligatorische Wirkung. Die Überlassung der Ausübung bedarf keiner Eintragung.

[4]) § 1069, § 1274 BGB.

[5]) § 857 Abs. 3 BGB.

[6]) Vergl. § 1017 BGB., Art. 63, 68, 196 EGBGB.

belastet werden. An dem Bruchteile eines Grundstücks läßt sich eine beschränkte persönliche Dienstbarkeit so wenig bestellen wie eine Grunddienstbarkeit. Bezüglich der beweglichen Sachen kann die Überlassung der Benutzung nur im Wege obligatorischer Verträge vor sich gehen[7]). Wird aber an einem Grundstück ein Wohnungsrecht bestellt, so erstreckt sich das Recht auch auf das Zubehör in derselben Weise, wie ein Nießbrauch sich auf die Zubehörstücke erstreckt[8]). Wird das Wohnungsrecht durch Rechtsgeschäft aufgehoben, so erstreckt sich die Aufhebung (im Zweifel) auch auf das Wohnungsrecht an dem Zubehör[9]).

§ 52. Entstehung.

Eine beschränkte persönliche Dienstbarkeit kommt zur Entstehung

1. durch Bestellung. Hierzu bedarf es gemäß der allgemeinen Vorschriften über die Rechte an Grundstücken der Einigung des Eigentümers und des Erwerbers über den Eintritt der Rechtsänderung und der Eintragung der Dienstbarkeit in das Grundbuch[1]). S. § 8. Diese Vorschriften gelten auch für Änderungen des Inhalts der bestellten Dienstbarkeit.

Rangverhältnis s. § 9.

2. durch Ersitzung. Wenn für Jemand eine ihm nicht zustehende beschränkte persönliche Dienstbarkeit im Grundbuch eingetragen ist, so erwirbt er das Recht, und zwar mit dem Range der Eintragung, wenn die Eintragung 30 Jahre bestanden hat und er während dieser Zeit das Grundstück in Besitz gehabt oder das Recht ausgeübt hat. S. § 12 Ziff. 10.

§ 53. Ausübung.

Die Befugnisse und die Pflichten des Berechtigten und des Eigentümers des belasteten Grundstücks bestimmen sich in erster Linie nach dem Begründungsakt. Das BGB. gibt nur wenige Bestimmungen[1]).

Gleich dem Grunddienstbarkeitsberechtigten hat auch bei der beschränkten persönlichen Dienstbarkeit der Berechtigte bei Aus-

---

[7]) Kann an einem Gebäude, das nach § 95 BGB. bewegliche Sache ist, ein Wohnungsrecht bestellt werden? Wohl nicht, da das Wohnungsrecht beschränkte persönliche Dienstbarkeit ist und nicht als beschränkter Nießbrauch angesehen werden kann. Dagegen kann der Besitz eines als bewegliche Sache zu betrachtenden Gebäudes zur Begründung einer beschränkten persönlichen Dienstbarkeit (z. B. Dachtraufrecht) Veranlassung geben.

[8]) § 1093 in Verbindung mit § 1031 BGB.

[9]) § 1093 in Verbindung mit § 1062 BGB. Nach Aufhebung des Wohnungsrechtes an dem Grundstück wird ein Wohnungsrecht an den (beweglichen) Zubehörstücken nicht mehr bestehen können.

Zu § 52.

[1]) Festsetzung des Wertes (§ 882 BGB.) s. § 31 Ziff. 7.

Zu § 53.

[1]) Vergl. § 50 Ziff. 7, § 51 Ziff. 3.

übung seines Rechtes das Interesse des Eigentümers des belasteten Grundstücks tunlichst zu schonen. Hält er auf dem belasteten Grundstück eine Anlage, so hat er sie in ordnungsmäßigem Zustande zu erhalten, soweit das Interesse des Eigentümers es erfordert[2]). Es kann auch bestimmt werden, daß der Eigentümer des Grundstücks für den Berechtigten oder der Berechtigte für den mitbenutzenden Eigentümer die Anlage zu unterhalten hat[3]). Besteht die Dienstbarkeit in dem Recht, auf einer baulichen Anlage des belasteten Grundstücks eine bauliche Anlage zu halten, so hat der Eigentümer des belasteten Grundstücks seine Anlage zu unterhalten, wenn nicht ein Anderes bestimmt ist[4]).

Wie bei der Grunddienstbarkeit hat auch bei der beschränkten persönlichen Dienstbarkeit der Eigentümer das Recht, die Verlegung der auf einen Teil des belasteten Grundstücks beschränkten Ausübung auf eine andere Stelle zu verlangen[5]). Ebenso werden bei einer Teilung des belasteten Grundstücks die Teile, welche außerhalb des Bereichs der Ausübung liegen, von der Dienstbarkeit frei[6]).

Bei einem Zusammentreffen der Dienstbarkeit mit einer Grunddienstbarkeit oder einem anderen Nutzungsrechte kann, falls die Rechte gleichen Rang haben, jeder Berechtigte eine den Interessen aller Berechtigten nach billigem Ermessen entsprechende Regelung der Ausübung verlangen[7]).

Auf das Wohnungsrecht sind einige Normen, die für den Nießbrauch gegeben sind, ausgedehnt. Darnach kann der Wohnungsberechtigte den Zustand des Gebäudes oder Gebäudeteils auf seine Kosten durch Sachverständige feststellen lassen; ebenso der Eigentümer[8]). Ferner ist der Wohnungsberechtigte zum Besitze des Grundstücks berechtigt, hat aber bei der Ausübung des Rechts die bisherige wirtschaftliche Bestimmung des Gebäudes aufrecht zu erhalten und nach den Regeln einer ordnungsmäßigen Wirtschaft zu verfahren[9]). Er ist nicht berechtigt, die Sache umzugestalten oder wesentlich zu verändern[10]). Er hat für die Erhaltung der Sache in ihrem wirtschaftlichen Bestande zu sorgen. Ausbesserungen und Erneuerungen liegen ihm nur insoweit ob, als sie zu der gewöhnlichen Unterhaltung der Sache gehören[11]). Veränderungen oder Verschlechterungen der Sache, welche durch die ordnungsmäßige

[2]) §§ 1090, 1020 BGB. S. § 39 Ziff. 1 ff.
[3]) §§ 1090, 1021 BGB. S. § 39 Ziff. 7.
[4]) §§ 1090, 1022 BGB. S. § 39 Ziff. 8.
[5]) §§ 1090, 1023 BGB. S. § 39 Ziff. 13.
[6]) §§ 1090, 1026 BGB. S. § 39 Ziff. 17.
[7]) §§ 1090, 1024 BGB. S. § 39 Ziff. 26.
[8]) §§ 1093, 1034 BGB. S. § 45 Ziff. 2.
[9]) §§ 1093, 1036 BGB. S. § 45 Ziff. 11, 44.
[10]) §§ 1093, 1037 Abs. 1 BGB. S. § 45 Ziff. 45.
[11]) §§ 1093, 1041 BGB. S. § 45 Ziff. 62, § 46 Ziff. 9, 13.

Ausübung des Wohnungsrechts herbeigeführt werden, hat er nicht zu vertreten [12]). Wie der Nießbraucher ist auch der Wohnungsberechtigte verpflichtet, dem Eigentümer unverzüglich Anzeige zu machen, wenn die Sache zerstört oder beschädigt wird oder ein anderer der in § 1042 BGB. bezeichneten Fälle vorliegt [13]). Nimmt der Wohnungsberechtigte eine erforderlich gewordene, gewöhnliche oder außergewöhnliche Ausbesserung oder Erneuerung nicht selbst vor, so hat er dem Eigentümer die Vornahme zu gestatten [14]). Macht der Wohnungsberechtigte Verwendungen auf die Sache, zu denen er nicht verpflichtet ist, so bestimmt sich die Ersatzpflicht des Eigentümers nach den Vorschriften über die Geschäftsführung ohne Auftrag. Einrichtungen, mit denen er die Sache versehen hat darf er wegnehmen [15]). Wie beim Nießbrauch unterliegen die Ersatzansprüche des Eigentümers wegen Veränderungen oder Verschlechterungen der Sache sowie die Ansprüche des Wohnungsberechtigten auf Ersatz von Verwendungen oder auf Gestattung der Wegnahme einer Einrichtung einer kurzen Verjährung [16]).

Die übrigen Bestimmungen über den Nießbrauch finden auf das Wohnungsrecht keine Anwendung.

§ 54. Endigung.

Die beschränkte persönliche Dienstbarkeit erlischt

1. mit dem Tode des Berechtigten. Steht sie einer juristischen Person zu, so erlischt sie mit dieser [1]).

2. mit dem Ablauf der Zeit, für welche sie bestellt ist, und mit dem Eintritt der auflösenden Bedingung, unter der die Bestellung vorgenommen worden ist [2]).

3. durch Untergang des belasteten Grundstücks. Eine Veränderung der Oberfläche ist auf den Bestand des dinglichen Rechtes ohne Einfluß; die Dienstbarkeit belastet das Grundstück.

4. durch Zuschlag des Grundstücks bei der Zwangsversteigerung [3]);

5. auf Grund Verjährung, wenn das Recht im Grundbuch mit Unrecht gelöscht und der Anspruch des Berechtigten gegen den

---

[12]) §§ 1093, 1050 BGB. S. § 45 Ziff. 47.
[13]) §§ 1093, 1042 BGB. S. § 46 Ziff. 16.
[14]) §§ 1093, 1044 BGB. S. § 46 Ziff. 17.
[15]) §§ 1093, 1049 BGB. S. § 45 Ziff. 64 ff.
[16]) §§ 1093, 1057 BGB. S. § 45 Ziff. 68, § 47 Ziff. 20.

Zu § 54.

[1]) §§ 1090, 1061 BGB.
[2]) §§ 158 ff. BGB.
[3]) §§ 91, 92 ZVG. Soweit eine Dienstbarkeit als Leibgedinge, Leibzucht, Altenteil oder Auszug eingetragen ist, bleibt das Recht nach Maßgabe des Landesgesetzes von der Zwangsversteigerung unberührt, auch wenn es bei der Feststellung des geringsten Gebots nicht berücksichtigt ist (§ 9 EGZVG.).

Eigentümer verjährt ist[4]) ferner, wenn die Dienstbarkeit zwar im Grundbuch eingetragen, aber auf dem belasteten Grundstück eine Anlage errichtet worden ist, durch welche die Dienstbarkeit beeinträchtigt wird, und der Anspruch auf Beseitigung der Beeinträchtigung verjährt ist[5]).

6. durch Aufhebung. Hierzu bedarf es der Erklärung des Berechtigten, daß er das Recht aufgebe, und der Löschung im Grundbuch. S. § 8. Die Aufhebung eines Wohnungsrechtes erstreckt sich auf das Zubehör[6]).

Die beschränkte persönliche Dienstbarkeit erlischt nicht dadurch, daß der Eigentümer des belasteten Grundstücks das Recht oder der Berechtigte das Eigentum an dem Grundstück erwirbt[7]). Sie erlischt auch nicht wegen Mißbrauchs der Dienstbarkeit.

§ 55. Schutz.

Gegen einen Übergriff des Berechtigten kann sich der Eigentümer der gewöhnlichen Schutzmittel des Eigentums bedienen, s. § 27. Ist der Eigentümer im Besitze des belasteten Grundstücks, so hat er den Schutz des Sachbesitzers, ist der Dienstbarkeitsberechtigte im Besitze, so hat der Eigentümer mittelbaren Besitz. S. § 17.

Der Berechtigte wird, falls er das belastete Grundstück in Besitz hat[1]), als Sachbesitzer geschützt. Dasselbe gilt für denjenigen, der an Stelle des Berechtigten die Dienstbarkeit ausübt. Liegt Sachbesitz nicht vor, so finden doch die Vorschriften über Besitzschutz Anwendung, wenn

1. die beschränkte persönliche Dienstbarkeit für den Berechtigten im Grundbuch eingetragen ist,
2. der Berechtigte oder derjenige, dem die Ausübung überlassen ist, in der Ausübung der Dienstbarkeit gestört wird,
3. die Dienstbarkeit innerhalb eines Jahres vor der Störung, sei es auch nur einmal, ausgeübt worden ist[2])[3]).

Wird eine beschränkte persönliche Dienstbarkeit beeinträchtigt, so kann der Berechtigte in der gleichen Weise wie ein Grunddienstbarkeitsberechtigter von dem Störer die Beseitigung der Beein-

---

[4]) § 901 BGB. S. § 12 Ziff. 5.
[5]) §§ 1090, 1028 BGB. S. § 12 Ziff. 4, § 40 Ziff. 7 ff.
[6]) §§ 1093, 1062 BGB. S. § 51 Ziff. 9.
[7]) § 889 BGB.

Zu **§ 55.**

[1]) Vergl. §§ 1093, 1036, auch 865 sowie § 866 BGB.
[2]) §§ 1090, 1029 BGB. S. § 41 Ziff. 2 ff.
[3]) Die bisherigen Gesetze über den Schutz im Besitze einer beschränkten persönlichen Dienstbarkeit finden auch nach dem Inkrafttreten des BGB. Anwendung, bis das Grundbuch als angelegt anzusehen ist (Art. 191 Abs. 1 EGBGB.).

trächtigung verlangen und, wenn weitere Beeinträchtigungen zu besorgen sind, auf Unterlassung klagen[4]).

Für den Anspruch auf Feststellung des Bestehens der beschränkten persönlichen Dienstbarkeit und für den Anspruch auf Berichtigung des Grundbuchs gilt dasselbe, was in dieser Beziehung für die Grunddienstbarkeiten gesagt worden ist. S. § 41 Ziff. 6 und nach Ziff. 10.

[4]) §§ 1090, 1027 BGB. S. § 41 Ziff. 8.

VI. Abschnitt.

Vorkaufsrecht.

§ 56. Begriff und Inhalt.

Das Vorkaufsrecht ist das dingliche Recht an einem Grundstück, kraft dessen eine bestimmte Person oder der jeweilige Eigentümer eines anderen Grundstücks das belastete Grundstück, wenn es an einen Dritten verkauft worden ist, unter den Bedingungen des mit dem Dritten abgeschlossenen Vertrages durch einseitige Erklärung käuflich übernehmen darf[1]).

Das BGB. unterscheidet ein obligatorisches Vorkaufsrecht, d. h. ein Vorkaufsrecht, das nur gegenüber der Vertragspartei und deren Erben, nicht aber gegenüber einem Dritten wirkt, und das dingliche Vorkaufsrecht an Grundstücken, das dem Eigentümer der belasteten Grundstücke gegenüber zum Vorkaufe berechtigt, auch wenn der Grundeigentümer nicht Vertragspartei oder Erbe der Vertragspartei ist. Das dingliche Vorkaufsrecht ist eine besondere Art von Rechten an Grundstücken. In dem obligatorischen Vorkaufsrecht, das sich auf ein Grundstück bezieht, liegt nicht die Verpflichtung, ein dingliches Vorkaufsrecht zu begründen[2]). Die Verpflichtung, ein dingliches Vorkaufsrecht zu begründen, bedarf besonderer Festsetzung.

Die auf einem Grundstück ruhende Vorkaufslast hat Ähnlichkeit mit einer Reallast, aber der Inhalt der Verpflichtung ist ein anderer als bei der Reallast. Bei der Reallast besteht die Verpflichtung, wiederkehrende Leistungen zu bewirken, bei der Vorkaufslast geht die Verpflichtung des Eigentümers dahin, dem

---

Zu § 56.

[1]) Vergl. § 1094 BGB. Mot. 3 S. 447, KProt. 3 S. 751. — Für die dinglichen Vorkaufsrechte des alten Rechts gelten die Art. 184, 189 EGBGB. — Vergl. RG 18 V 1904 E. 58 S. 157 (die für die Mitteilung des Kaufs an den Vorkaufsberechtigten bisher vorgeschriebene Form gehört im Sinne des Art. 184 EG. zu dem Inhalte des Rechts).

[2]) Das obligatorische Vorkaufsrecht läßt sich in der Weise durch Vormerkung dinglich sichern, daß der bedingte Anspruch auf Übertragung des Eigentums eingetragen wird. A. M. Turnau-Förster 1 S. 512.

Vorkaufsberechtigten die Vorhand zu lassen, falls das Grundstück verkauft wird. Für die Erfüllung dieser Verpflichtung haftet das Grundstück in der Weise, daß, wenn die Verpflichtung nicht erfüllt, also an einen Dritten verkauft wird, ohne daß dem Berechtigten die Vorhand gewährt wird, nicht — wie bei der Reallast, Hypothek rc. — etwas aus dem Grundstück zu leisten, sondern das Grundstück selbst, als ob es gekauft wäre, zu geben ist. Das Vorkaufsrecht ist ein begrenztes Recht, es ist nicht etwa als bedingtes Recht auf Anfall des Eigentums zu denken[3]).

Das Vorkaufsrecht kann nur begründet werden für den Fall, daß ein Kaufvertrag mit einem Dritten über das belastete Grundstück geschlossen wird; auf Fälle einer sonstigen Veräußerung, z. B. Tausch, Schenkung, kann das Vorkaufsrecht nicht erstreckt werden[4]). Im Zweifel erstreckt sich das Vorkaufsrecht auch nicht auf einen Verkauf, der mit Rücksicht auf ein künftiges Erbrecht an einen gesetzlichen Erben erfolgt[5]). Den Nachweis, daß ein Kaufvertrag vorliegt, hat der Vorkaufsberechtigte zu erbringen.

Das Vorkaufsrecht beschränkt sich auf den Fall des Verkaufs durch den Eigentümer, dem das Grundstück zur Zeit der Bestellung des Rechts gehört, oder durch dessen Erben, kann aber auch für mehrere oder für alle Verkaufsfälle der Eigentümer des Grundstücks bestellt werden[6]). Ebenso kann es auf eine gewisse Zeitdauer beschränkt oder unter einer Bedingung bestellt werden. Bei dem Vorkaufsrechte, das für mehrere oder für alle Verkaufsfälle bestellt ist, gelangt, wenn das Recht in einem Ver-

---

[3]) Vergl. Mot. 3 S. 450, 452.

[4]) Vergl. §§ 1098, 504 BGB.

[5]) §§ 1098, 511 BGB. Vergl. §§ 1924–1926, 1928, 1929, 1931 BGB.

[6]) § 1097 BGB. Mot. 3 S. 452, KProt. 3 S. 757, 6 S. 245. Beschränkt sich das Vorkaufsrecht auf den Fall des Verkaufs durch den Eigentümer oder dessen Erben, so erlischt es, wenn der Eigentümer oder Erbe das Grundstück veräußert, die Veräußerung aber nicht als Verkauf sich darstellt (s. Ziff. 4), oder, wenn sie zwar Verkauf ist, das Vorkaufsrecht sich aber auf einen solchen Verkauf nicht erstreckt (s. Ziff. 5), oder, wenn das Vorkaufsrecht nicht ausgeübt wird, trotzdem es hätte ausgeübt werden können. Auch bei einem Verkauf an einen gesetzlichen Erben erwirbt der Käufer das Grundstück als Sondernachfolger; das Vorkaufsrecht kann nicht gegen ihn als Erben ausgeübt werden, falls er späterhin das Grundstück verkauft. Ist gewollt, daß das Vorkaufsrecht zwar nicht bei einem Verkauf an einen gesetzlichen Erben, aber nach einem solchen Verkauf bei dem durch den Erwerber etwa erfolgenden Weiterverkauf zustehen soll, so ist dies in dem Begründungsakt zum Ausdruck zu bringen. Vergl. KProt. 2 S. 101, 104. Planck § 1098 Anm. 2h, Oberneck 1 S. 594, a. M. Biermann S. 285, Willenbücher S. 134. — Das dingliche Vorkaufsrecht hat praktischen Wert insbesondere für Großgrundbesitzer, welche an Kleinbauern oder Taglöhner Grundstücke veräußern und Interesse daran haben, daß das veräußerte Land nur in das Eigentum von Arbeitern gelangt, welche den Überschuß ihrer Arbeitskräfte dem Großgrundbesitzer zur Verfügung stellen. Mittels des dinglichen Vorkaufsrechtes läßt sich auch der Veräußerung von Familiengut vorbeugen. Vergl. Mot. 3 S. 449.

kaufsfalle nicht ausgeübt wird, der neue Erwerber als Schuldner in dieselbe Stellung, welche der Veräußerer hatte.

Die Leistungen des Vorkaufsberechtigten im Falle der Ausübung des Vorkaufs dürfen bei der Begründung des Vorkaufsrechtes nicht eingeschränkt werden, insbesondere ist nicht zulässig, bei Bestellung des Rechtes den Vorkaufspreis auf eine bestimmte Summe festzusetzen. Die Übernahme des Grundstücks zu den im Kaufvertrag festgesetzten Bedingungen ist wesentliches Erfordernis für das Vorkaufsrecht[7]).

§ 57. Berechtigter und Gegenstand des Vorkaufsrechtes.

Das dingliche Vorkaufsrecht kann zu Gunsten einer Person oder mehrerer Personen, zu Gunsten natürlicher oder juristischer Personen, auch zu Gunsten des jeweiligen Eigentümers eines anderen Grundstücks, also als subjektiv-persönliches oder als subjektiv-dingliches Recht begründet werden[1]).

Das subjektiv-persönliche Vorkaufsrecht ist nicht übertragbar und nicht vererblich, sofern nicht die Übertragbarkeit und Vererblichkeit festgesetzt worden ist. Ist es auf eine bestimmte Zeit beschränkt, so ist es im Zweifel vererblich[2]). Das durch die Ausübung des Vorkaufsrechtes entstehende Recht aus dem Kaufvertrage ist nach den allgemeinen Grundsätzen übertragbar und vererblich.

Das subjektiv-dingliche Vorkaufsrecht kann nicht von dem Eigentum des Grundstücks, für das es bestellt worden ist, getrennt werden; solange es besteht, ist es Bestandteil dieses Grundstücks. Das zu Gunsten einer bestimmten Person bestehende Vorkaufsrecht kann nicht mit dem Eigentum an einem Grundstück verbunden, aus einem subjektiv-persönlichen in ein subjektiv-dingliches Recht geändert werden[3]).

Ein Vorkaufsrecht, das Mehreren gemeinschaftlich zusteht, sei es, daß es zu Gunsten mehrerer Personen bestellt worden, sei es, daß es durch Erbfolge oder Übertragung Mehreren zugekommen ist, kann nur im Ganzen, von allen Berechtigten zusammen in Bezug auf den ganzen Gegenstand ausgeübt werden. Ist es für einen der Berechtigten erloschen (z. B. durch Fristversäumung) oder

---

[7]) Vergl. KG. 3 X 1904 Recht 1905 S. 263. — Ein dingliches Wiederkaufsrecht ist nicht zugelassen; dagegen kann der aus dem Vorbehalte eines Wiederkaufsrechtes (§§ 497 ff. BGB.) sich ergebende Anspruch auf Rückübertragung durch Vormerkung dinglich gesichert werden. Vergl. KProt. 3 S. 767.

Zu § 57.

[1]) § 1094 BGB. Vergl. §§ 8, 21 GBO.

[2]) § 1098, 514 BGB. Mot. 3 S. 454, KProt. 3 S. 757

[3]) § 1103 BGB. KProt. 3 S. 765.

übt einer von ihnen das Recht nicht aus, so sind die übrigen berechtigt, das Vorkaufsrecht im Ganzen auszuüben[4]).

Mit Vorkaufsrechten können nur Grundstücke und die den Grundstücken gleichgestellten Rechte belastet werden, nicht auch bewegliche Sachen, jedoch kann das Vorkaufsrecht auf das Zubehör erstreckt werden, das mit dem Grundstück verkauft wird. Im Zweifel ist sogar anzunehmen, daß sich das Vorkaufsrecht auf das Zubehör erstrecken soll[5]).

Ein Grundstücksteil kann mit dem Vorkaufsrecht belastet werden, zu diesem Zwecke ist er von dem Grundstück abzuschreiben und als selbständiges Grundstück einzutragen[6]). Ein Bruchteil eines Grundstücks kann mit dem Vorkaufsrechte nur belastet werden, wenn er in dem Anteil eines Miteigentümers besteht[7]); auf diese Weise ist die Belastung einer Miteigentumsquote zu Gunsten der übrigen Miteigentümer zum Zwecke der Ausschließung Fremder möglich. Nicht zugelassen ist die Belastung einer Quote des Eigentums durch den Alleineigentümer oder einer Quote des Miteigentums durch den Miteigentümer.

§ 58. Entstehung.

Ein dingliches Vorkaufsrecht entsteht nur durch Rechtsgeschäft. Gesetzliche Vorkaufsrechte an Sachen gibt es nicht[1]). Gegenstand des gesetzlichen Vorkaufsrechtes der Miterben[2]) ist der Anteil am Nachlaß, nicht der Anteil an den einzelnen Nachlaßgegenständen. Buchersitzung ist bei dem dinglichen Vorkaufsrecht nicht möglich, weil dieses Recht nicht zu dem Besitze des Grundstücks berechtigt und seine Ausübung nicht possessorisch geschützt ist.

Für die rechtsgeschäftliche Begründung des Vorkaufsrechtes als eines Rechtes an einem Grundstück gelten die allgemeinen Vorschriften über Rechte an Grundstücken. Demnach ist zur Belastung eines Grundstücks mit dem Vorkaufsrechte die Einigung des Eigentümers und des anderen Teiles über den Eintritt der Rechtsänderung und die Eintragung der Belastung in das Grundbuch

---

[4]) §§ 1098, 513 BGB.

[5]) § 1096 BGB. KProt. 3 S. 761.

[6]) § 6 GBO. Es kann auch ein ganzes Grundstück mit einem Vorkaufsrecht, das einen Grundstücksteil betrifft, belastet werden.

[7]) § 1095 BGB. Mot. 3 S. 454, KProt. 3 S. 763. Dasselbe gilt für Reallasten (§ 1106), Hypotheken (§ 1114), Grund- und Rentenschulden (§§ 1192, 1199), jedoch nicht für Nießbrauch; der Nießbrauch kann an dem Bruchteil eines im Alleineigentum befindlichen Grundstücks bestehen (s. § 4 Ziff. 4). Bei Grunddienstbarkeiten und beschränkten persönlichen Dienstbarkeiten ist die Belastung eines Bruchteils überhaupt ausgeschlossen.

Zu § 58.

[1]) Über Retraktsrecht s. Stobbe-Lehmann §§ 117 ff. — Landesgesetzliche Vorschriften s. Art. 57—59, 62 ff., 109 EGBGB.

[2]) §§ 2034—2037 BGB.

erforderlich[3]). Eine besondere Form für diese Einigung ist nicht vorgeschrieben, insbesondere nicht die Auflassungsform, denn es handelt sich nicht um eine bedingte Übertragung des Eigentums an dem Grundstück[4]). Das Vorkaufsrecht kann aus Anlaß der Veräußerung des zu belastenden Grundstücks bestellt werden, aber auch selbständig, ohne solche Veranlassung.

Was für die Belastung des Grundstücks mit einem Vorkaufsrechte gilt, gilt auch für die Änderung des Inhalts eines solchen Rechtes. Vergl. § 877 BGB. S. § 8.

Für das Rangverhältnis sind die §§ 879 ff. BGB. maßgebend[5]).

Soweit ein dingliches Vorkaufsrecht übertragbar ist[6]), kommen auch für die Übertragung und Belastung eines solchen Rechtes die allgemeinen Vorschriften der §§ 873 ff. BGB. zur Anwendung[7]).

§ 59. Ausübung.

Das Vorkaufsrecht kann ausgeübt werden, sobald der Eigentümer des belasteten Grundstücks mit einem Dritten einen Kaufvertrag über das Grundstück oder einen Teil desselben geschlossen hat[1]). Der Kaufvertrag muß perfekt geworden sein, ehe die Ausübung des Vorkaufsrechtes erfolgen darf, der Verkäufer[2]) muß also die Verpflichtung übernommen haben, das Eigen-

[3]) S. § 8. Soweit Festsetzungen getroffen werden, die von der gesetzlichen Regel abweichen, sind sie im Grundbuch ersichtlich zu machen, z. B. Bestellung für mehrere Verkaufsfälle (§ 1097), Übertragbarkeit oder Vererblichkeit des subjektiv-persönlichen Vorkaufsrechtes (§ 1098 mit § 514). — Bezugnahme auf Eintragungsbewilligung s. § 874 BGB. — Wertbestimmung nach § 882 BGB. für solche Vorkaufsrechte, die für mehrere Verkaufsfälle gelten. Vergl. Jäckel S. 342, v. d. Pfordten S. 274.

[4]) Der Vertrag, durch welchen sich der Eigentümer verpflichtet, ein dingliches Vorkaufsrecht zu bestellen, fällt nicht unter § 313 BGB., denn die Verbindlichkeit, die er übernimmt, geht dahin, ein begrenztes Recht zu begründen, nicht dahin, das Eigentum an dem Grundstück zu übertragen. Es ist auch der Vertrag über die Verpflichtung zur Bestellung des Vorkaufsrechtes nicht das Kausalgeschäft, auf Grund dessen es schließlich zur Übertragung des Eigentums an dem Grundstück kommt. Übereinstimmend Turnau-Förster 1 S. 516, Oberneck 1 S. 591, dagegen Biermann S. 283, Planck 3 S. 481, Staudinger 3 S. 352, Willenbücher S. 132, Scherer JW. 1900 S. 889, Immerwahr Jherings Jahrb. 40 S. 294, Jena und KG. Recht 1901 S. 17 und 143. — Zweifelhaft könnte die Frage bei dem obligatorischen Vorkaufsrechte sein, allein auch hier ist sie zu verneinen. Vergl RG 4 III 1905 JW. S. 230[6], anders 4 XI 1904 E. 59 S. 132, Planck 2 S. 413.

[5]) S. § 9. Sofern nach Landesgesetz gesetzliche Vorkaufsrechte bestehen, hat auch das Landesrecht das Rangverhältnis dieser Rechte unter sich und mit dem dinglichen Vorkaufsrecht des BGB. zu regeln.

[6]) § 57 Ziff. 2, 3.

[7]) S. § 8.

Zu § 59.

[1]) §§ 1098, 504 BGB.

[2]) § 433 BGB.

tum an dem Grundstück zu verschaffen. Zur Übertragung des Eigentums braucht es noch nicht gekommen zu sein. Ist der Kaufvertrag nichtig, so ist auch die Ausübung des Vorkaufsrechts unwirksam.

Sache des Vorkaufsberechtigten ist es, im Bestreitungsfalle nachzuweisen, daß der Vertrag geschlossen ist und daß ein Kaufvertrag vorliegt. Damit der Vorkaufsberechtigte in den Stand gesetzt ist, von seinem Rechte Gebrauch zu machen, ist der Eigentümer verpflichtet, ihm den Inhalt des mit dem Dritten geschlossenen Veräußerungsvertrages unverzüglich mitzuteilen[3]).

Ausgeschlossen ist das Vorkaufsrecht, wenn der Verkauf im Wege der Zwangsvollstreckung[4]) erfolgt, auch, wenn der Konkursverwalter die Zwangsversteigerung betreibt; dagegen kann es ausgeübt werden, wenn das Grundstück von dem Konkursverwalter aus freier Hand verkauft wird[5]). Ist in dieser Weise das Vorkaufsrecht ausgeschlossen, so kann auch kein Schadensersatzanspruch gegen den Verpflichteten oder die Konkursmasse geltend gemacht werden[6]).

Sind die Voraussetzungen zur Ausübung des Vorkaufsrechts gegeben, so erfolgt die Ausübung des Rechts durch E r k l ä r u n g des Berechtigten gegenüber dem verkaufenden Eigentümer[7]). Steht das Vorkaufsrecht Mehreren gemeinschaftlich zu, so haben sie zusammen die Erklärung abzugeben; ist das Recht für einen der Berechtigten erloschen oder übt einer von ihnen das Recht nicht aus, was die Übrigen nötigenfalls zu beweisen haben, so sind diese berechtigt, das Vorkaufsrecht im Ganzen auszuüben[8]). Die Erklärung der Ausübung des Vorkaufsrechts bedarf nicht[9]) der für den Kaufvertrag bestimmten Form[10]), sie ist überhaupt an keine Form gebunden, sie ist eine einseitige Willenserklärung[11]), die als Annahme des dem Kaufvertrage zu Grunde liegenden Vertragsantrags durch den Vorkaufsberechtigten sich darstellt.

Die Ausübung des Vorkaufsrechts ist an die Einhaltung einer A u s s c h l u ß f r i s t gebunden. Ist vertragsmäßig für die Ausübung

---

[3]) § 510 Abs. 1 BGB.

[4]) Erfolgt die Versteigerung abteilungshalber (§ 753 BGB.), so kann das Vorkaufsrecht ausgeübt werden. Mot. 2 S. 350. §§ 180 ff. ZVG. Ebenso in dem Falle des § 175 ZVG. — Das auf einen einzigen Verkaufsfall beschränkte Vorkaufsrecht erlischt bei der Zwangsversteigerung, ein auf mehrere Verkaufsfälle bestelltes Vorkaufsrecht kann im geringsten Gebot Berücksichtigung finden.

[5]) §§ 1098, 512 BGB.

[6]) KProt. 2 S. 108.

[7]) § 505 BGB.

[8]) § 513 BGB.

[9]) § 505 BGB.

[10]) § 313 BGB.

[11]) §§ 130 ff. BGB.

eine Frist bestimmt[12]), so hat es dabei sein Bewenden. Ist keine Frist festgesetzt, so kann das Vorkaufsrecht nur bis zum Ablaufe von 2 Monaten nach Empfang der Mitteilung über den Abschluß des Verkaufs ausgeübt werden. Damit diese Frist in Lauf gesetzt wird, hat der Verkäufer dem Vorkaufsberechtigten unverzüglich, also ohne schuldhaftes Zögern[13]), nach Abschluß des Kaufvertrags den Inhalt desselben mitzuteilen. Die Mitteilung des Verkäufers wird durch die Mitteilung des Käufers und, wenn das Grundstück in das Eigentum eines Dritten gelangt, auch durch die Mitteilung eines solchen weiteren Erwerbers ersetzt. Eine derartige Mitteilung[14]) hat den Vertrag zwar nicht wörtlich, aber doch vollkommen kund zu machen, insbesondere Auskunft über die Person des Käufers und über die Bestimmungen des Vertrags zu geben[15]). Der Vorkaufsberechtigte ist nicht verbunden, mit der Ausübung des Vorkaufsrechts zuzuwarten, bis eine Mitteilung über den Abschluß des Kaufs an ihn ergeht; die Mitteilung ist nur notwendig, damit eine Verwirkung der Ausübung eintreten kann[16]).

Mit der Abgabe der Erklärung kommt der Kauf zwischen dem Berechtigten und dem verkaufenden Eigentümer zu stande und zwar unter den Bestimmungen, welche der Verkäufer mit dem Dritten vereinbart hat. Der Vorkaufsberechtigte tritt nicht an Stelle des Dritten in den Kaufvertrag ein, sondern durch seine Erklärung, daß er das Vorkaufsrecht ausübe, wird ein neuer selbständiger Vertrag abgeschlossen[17]). Soweit nicht der Vorkaufsberechtigte und der Verkäufer ein Anderes vereinbaren, haben beide gegenseitig die sämtlichen Verpflichtungen zu erfüllen, welche der zwischen dem Verkäufer und dem Dritten abgeschlossene Kaufvertrag den Vertragschließenden auferlegt. Auch etwaige Bedingungen des Kaufes gelten für das Rechtsverhältnis zwischen dem Verkäufer und dem Vorkaufsberechtigten. Jedoch ist eine Bedingung des Kaufvertrags, durch welche der Kauf von der Nichtausübung des Vorkaufsrechts abhängig gemacht oder dem Verkäufer für den Fall der Ausübung des Vorkaufsrechts der Rücktritt vorbehalten wird, dem Vorkaufsberechtigten gegenüber, nicht auch zwischen dem Verkäufer und dem Dritten, unwirksam[18]). Nach Abgabe der Erklärung über die Ausübung des Vorkaufsrechtes kann der Verkäufer nicht durch Vereinbarung mit dem Dritten

[12]) Die Festsetzung bedarf der Eintragung. S. § 58 Anm. 3.

[13]) § 121 BGB.

[14]) §§ 130 ff. BGB.

[15]) §§ 1099, 510 BGB. Durch schuldhafte Unterlassung oder Verzögerung der Mitteilung macht sich der Verkäufer schadensersatzpflichtig.

[16]) Unterbleibt die Mitteilung, so wird die Ausübung des Vorkaufsrechtes durch Zeitablauf nicht ausgeschlossen; eine Verjährung kommt nicht in Betracht, da das Vorkaufsrecht kein Anspruch ist.

[17]) KProt. 2 S. 100.

[18]) § 506 BGB.

die Bestimmungen des Kaufvertrages ändern, insbesondere nicht von dem Vertrage mit Einwilligung des Dritten abgehen, denn sobald der Vorkaufsberechtigte die Erklärung über die Ausübung des Vorkaufsrechtes abgegeben hat, besteht nur noch ein Kaufvertrag zwischen dem Verkäufer und dem Vorkaufsberechtigten. Etwaige nachträgliche Vereinbarungen des Verkäufers mit dem Dritten haben nur Wirkung für das Verhältnis zwischen dem Verkäufer und dem Dritten.

Ein Kaufpreis muß in Geld festgesetzt sein, jedoch ist es mit dem Wesen des Kaufes vereinbar, daß neben dem Geldpreise oder in Anrechnung auf ihn andere Leistungen von dem Käufer übernommen werden[19]). Hat sich der Dritte in dem Kaufvertrage zu Nebenleistungen verpflichtet, die der Vorkaufsberechtigte erfüllen kann, so hat es bei den Kaufsverabredungen sein Bewenden. Ist der Vorkaufsberechtigte zur Erfüllung der Nebenleistungen außerstande, so hat er statt der Nebenleistungen den Geldwert zu ersetzen, den sie zur Erfüllungszeit haben. Ist die Nebenleistung nicht in Geld schätzbar, so kommt es auf ihre Bedeutung für das Zustandekommen des Kaufvertrages an. Sie kommt nicht in Betracht, wenn der Vertrag mit dem Dritten auch ohne sie geschlossen worden wäre, im anderen Falle ist die Ausübung des Vorkaufsrechts ausgeschlossen[20]).

Hat der Dritte das belastete Grundstück mit anderen Gegenständen, auf die sich das Vorkaufsrecht nicht erstreckt, zu einem Gesamtpreise gekauft, so hat der Vorkaufsberechtigte einen verhältnismäßigen Teil des Gesamtpreises zu entrichten. Der Verkäufer kann verlangen, daß der Verkauf auf alle Sachen erstreckt wird, die — was er nachzuweisen hat — nicht ohne Nachteil für ihn getrennt werden können[21]). Die Ausdehnung des Vorkaufsrechtes kann der Vorkaufsberechtigte nicht verlangen[22]).

Ist der Kaufpreis in dem Kaufvertrage gestundet, so kann der Vorkaufsberechtigte die Stundung nur in Anspruch nehmen, wenn er für den gestundeten Betrag Sicherheit leistet. Einer Sicherheitsleistung, die nach §§ 232 ff., insbesondere nach § 238 BGB., zu erfolgen hätte, bedarf es jedoch insoweit nicht, als für den gestundeten Kaufpreis die Bestellung einer Hypothek an dem Grundstück vereinbart oder in Anrechnung auf den Kaufpreis eine Schuld, für die eine Hypothek an dem Grundstück besteht, übernommen worden ist[23]). Dabei ist nicht erforderlich,

---

[19]) Vergl. § 460 Entw. I. KProt. 2 S. 56.

[20]) § 507 BGB. KProt. 2 S. 104.

[21]) § 508 BGB. KProt. 2 S. 105.

[22]) Darf der Vorkaufsberechtigte von dem Vertrage zurücktreten? Ohne Einwilligung des Verkäufers wohl nicht. Vergl. Planck 2 S. 417.

[23]) § 509 BGB.

daß sich die Hypothek innerhalb der Grenzen hält, bis zu welchen Mündelgelder hypothekarisch angelegt werden können[24]).

Nach Abgabe der Erklärung, das Vorkaufsrecht auszuüben, hat der Verkäufer dem Vorkaufsberechtigten gegenüber die Verpflichtung, diesem das Grundstück zu übergeben und das Eigentum an dem Grundstück zu verschaffen[25]), seine Verpflichtungen sind nach Maßgabe des Kaufvertrages die eines gewöhnlichen Verkäufers. Ist der Verkäufer noch Eigentümer des Grundstücks, so kann sofort auf Grund des mit dem Dritten abgeschlossenen Kaufvertrages die Auflassung an den Vorkaufsberechtigten erfolgen.

Ist das Grundstück schon in das Eigentum des ersten Käufers oder durch diesen in das Eigentum eines Anderen gelangt, so hat der Verkäufer, gegen den das Vorkaufsrecht ausgeübt wird, den neuen Eigentümer zu benachrichtigen, sobald die Ausübung des Vorkaufsrechtes erfolgt oder ausgeschlossen ist[26]). Das Verhältnis des Vorkaufsberechtigten zu dem Dritten und zwar sowohl zu dem verdrängten Käufer als auch zu den Personen, die von dem Käufer Rechte an dem Grundstück erworben haben, ist dasselbe, wie wenn zur Sicherstellung des dem Vorkaufsberechtigten gegen den Vorkaufspflichtigen zustehenden Anspruchs auf Einräumung des Eigentums eine Vormerkung in das Grundbuch eingetragen wäre. Das eingetragene Vorkaufsrecht hat die Wirkung einer solchen Vormerkung[27]). Der Vorkaufsberechtigte verlangt demnach von dem Verkäufer die Übertragung des Eigentums, der eingetragene Eigentümer hat seine Zustimmung zur Eintragung des Vorkaufsberechtigten als Eigentümers zu geben. Diejenigen, welche von dem verdrängten Käufer Rechte an dem Grundstück erworben haben, sind verpflichtet, die Löschung zu bewilligen[28]).

Der in dem Grundbuch eingetragene Eigentümer kann, wenn er der Käufer oder ein Rechtsnachfolger des Käufers ist,

---

[24]) KProt. 2 S. 106.

[25]) § 433 BGB.

[26]) § 1099 Abs. 2 BGB. Hat eine Mehrheit von Verkäufen unter Nichtbeachtung des Vorkaufsrechts stattgefunden, so hat der Vorkaufsberechtigte die Wahl, bei welchem Verkaufe er sein Recht geltend machen will.

[27]) §§ 1098 Abs. 2, 883, 888 BGB., § 24 KO. — Der Vorkaufsberechtigte kann nicht die Löschung der nach dem Vorkaufsrecht eingetragenen begrenzten Rechte verlangen. Sein Recht geht dahin, das Grundstück vor Anderen kaufen zu dürfen, jedoch nicht dahin, das Grundstück unbelastet zu erhalten. Sollte zufolge des Kaufvertrags der Dritte auf dem Grundstück ruhende Lasten übernehmen, so kann der Vorkaufsberechtigte nicht die Beseitigung verlangen. Dingliche Rechte dagegen, die nach dem Eintritt des Vorkaufsfalles auf das Grundstück gelegt werden, müssen selbstverständlich dem dinglichen Rechte des Vorkaufsberechtigten weichen.

[28]) Nach § 955 Entw. I kann der von dem Berechtigten in Anspruch genommene Dritte sich aller Einwendungen bedienen, welche dem in Anspruch genommenen Vorkaufspflichtigen zustehen würden. In der 2. Lesung ist diese Bestimmung als selbstverständlich gestrichen worden. KProt. 3 S. 763.

die Zustimmung zur Eintragung des Vorkaufsberechtigten und die Herausgabe des Grundstücks verweigern, bis ihm der zwischen dem Vorkaufspflichtigen und dem Käufer vereinbarte Kaufpreis, soweit er berichtigt ist, erstattet wird. Soweit der eingetragene Eigentümer seinen Kaufpreis noch nicht berichtigt hat, wird er, falls er das Eigentum verliert, von der Verpflichtung, den Kaufpreis an den Verkäufer zu zahlen, frei; zurückfordern kann er den berichtigten Kaufpreis bei dem Verkäufer nicht, wegen dieses Anspruchs hat er sich an den Vorkaufsberechtigten zu halten. Der Vorkaufsberechtigte wird, soweit er dem Käufer oder dessen Rechtsnachfolger den Kaufpreis zu erstatten hat, von der Verpflichtung zur Zahlung des an den Verkäufer geschuldeten Kaufpreises frei. Hat der eingetragene Eigentümer seine Zustimmung zur Eintragung des Vorkaufsberechtigten gegeben, ehe ihm der berichtigte Kaufpreis erstattet worden ist, so behält er den Anspruch auf Erstattung des Kaufpreises gegen den Vorkaufsberechtigten; er kann Erstattung gegen Herausgabe des Grundstücks verlangen oder auch nach Herausgabe des Grundstücks den Anspruch geltend machen[29]).

§ 60. Erlöschen.

Das auf einzelne Veräußerungsfälle beschränkte Vorkaufsrecht erlischt, wenn diese Fälle eintreten, das Vorkaufsrecht aber nicht ausgeübt werden will oder nicht ausgeübt werden kann; es erlischt auch — mag es beschränkt oder unbeschränkt bestellt sein — mit der Ausübung[1]). Abgesehen hiervon erlischt es mit dem Ablaufe der Zeit, für die es bestellt ist, oder mit dem Eintritt der auflösenden Bedingung, unter der die Bestellung vorgenommen worden ist. Das nicht vererbliche subjektiv-persönliche Vorkaufsrecht erlischt mit dem Tode des Berechtigten oder mit dem Aufhören der juristischen Person, das subjektiv-dingliche mit dem Untergang des Grundstücks, mit dessen Eigentum das Recht verknüpft ist. Das Vorkaufsrecht erlischt ferner mit dem Untergang des Grundstücks, an welchem es bestellt worden ist. Es erlischt weiter durch Aufhebung; hierzu ist die Erklärung des Berechtigten, daß er das Recht aufgebe und die Löschung des Rechts im Grundbuch erfor-

[29]) Vergl. §§ 1100—1102 BGB. Mot. 3 S. 457, KProt. 3 S. 758. Der verdrängte Eigentümer hat dem Vorkaufsberechtigten gegenüber nicht die Stellung eines Besitzers, gegen den der Herausgabeanspruch des Eigentümers geltend gemacht wird (vergl. § 957 Abs. 3 Entw. I, KProt. 3 S. 760); hinsichtlich etwaiger Verwendungen, Nutzungen, Beschädigungen sind vielmehr die Vorschriften über ungerechtfertigte Bereicherung und über unerlaubte Handlungen in Anwendung zu bringen.

Zu § 60.

[1]) § 889 BGB. findet keine Anwendung.

derlich (§§ 875, 878 BGB. s. § 8); Zustimmung Beteiligter (§ 876 BGB.) s. § 8 Ziff. 50 ff.[2]).

Ein subjektiv-persönliches Vorkaufsrecht[3]) erlischt endlich mit der Erlassung eines Ausschlußurteils, das erwirkt werden kann, wenn der Vorkaufsberechtigte unbekannt ist und seit der letzten, auf das Vorkaufsrecht sich beziehenden Eintragung in das Grundbuch 10 Jahre verstrichen sind, auch das Vorkaufsrecht nicht innerhalb dieser Frist von dem Eigentümer in einer nach § 208 BGB. zur Unterbrechung der Verjährung geeigneten Weise anerkannt worden ist[4]). Für das Aufgebotsverfahren ist das Gericht zuständig, in dessen Bezirk das belastete Grundstück belegen ist. Antragsberechtigt ist der Eigentümer des belasteten Grundstücks und derjenige, welcher auf Grund eines im Range gleich- oder nachstehenden Rechtes Befriedigung aus dem Grundstück verlangen kann, sofern er für seinen Anspruch einen vollstreckbaren Schuldtitel erlangt hat. Das Aufgebot ist, wenn es nicht von dem Eigentümer beantragt ist, diesem von Amtswegen mitzuteilen. Der Antragsteller hat vor der Einleitung des Verfahrens glaubhaft zu machen, daß der Vorkaufsberechtigte unbekannt ist und daß nicht eine das Aufgebot ausschließende Anerkennung des Vorkaufsrechtes erfolgt ist. Zur Glaubhaftmachung genügt die Versicherung des Antragstellers an Eides Statt, unbeschadet der Befugnis des Gerichts, anderweitige Ermittelungen anzuordnen. In dem Aufgebot ist als Rechtsnachteil anzudrohen, daß die Ausschließung des Vorkaufsberechtigten mit seinem Rechte erfolgen werde[5]).

---

[2]) Landesgesetzliche Vorschriften nach Art. 120 Abs. 2 Ziff. 2 EGBGB.

[3]) Ein Vorkaufsrecht, das zu Gunsten des jeweiligen Eigentümers eines Grundstücks besteht, erlischt nicht mit der Erlassung des Ausschlußurteils (§ 1104 Abs. 2 BGB.).

[4]) §§ 1104, 1170 BGB. Vergl. § 887 BGB. KProt. 4 S. 601.

[5]) §§ 988, 983, 984, 985, 986, 946 ff. ZPO. Die Art der Veröffentlichung des Aufgebots und des Ausschlußurteils sowie die Aufgebotsfrist kann das Landesgesetz anders bestimmen, als in den §§ 948, 950, 956 vorgeschrieben ist (§ 1024 ZPO.).

VII. Abschnitt.

Reallasten.*)

§ 61. Begriff und Inhalt.

Unter Reallast versteht man die auf einem Grundstück ruhende Last des Inhalts, daß an eine bestimmte Person oder an den jeweiligen Eigentümer eines anderen Grundstücks wiederkehrende Leistungen zu entrichten sind, oder kürzer ausgedrückt, die Belastung eines Grundstücks mit der Entrichtung wiederkehrender Leistungen[1]). Die Reallastberechtigung ist das dingliche Recht an einem Grundstück, auf Grund dessen wiederkehrende Leistungen an eine bestimmte Person oder an den jeweiligen Eigentümer eines anderen Grundstücks zu entrichten sind[2]).

Zu § 61.

*) Am 1. Januar 1900 bestehende Reallasten bleiben mit dem sich aus den bisherigen Gesetzen ergebenden Inhalt und Range bestehen (Art. 184 EGBGB.). Die Begründung, Übertragung, Belastung und Aufhebung von Reallasten erfolgt nach den bisherigen Gesetzen, bis das Grundbuch als angelegt anzusehen ist, ebenso die Änderung des Inhalts und des Ranges dieser Rechte. Ein nach den Vorschriften des BGB. unzulässiges Recht kann jedoch vom 1. Jan. 1900 ab nicht mehr begründet werden. Nach Eintritt des Grundbuchrechts erfolgt die Aufhebung einer in diesem Zeitpunkt bestehenden Reallast noch nach den bisherigen Gesetzen, bis das Recht in das Grundbuch eingetragen ist (Art. 189 EGBGB). — Nach § 1110 BGB. kann eine subjektiv-dingliche Reallast nicht von dem Eigentum an dem Grundstück getrennt werden. Gehört die Untrennbarkeit zu dem Inhalt des Rechts? Die Frage wird (gegen Biermann S. 295) zu bejahen sein. Vom 1. Jan. 1900 ab werden trennbare subjektiv-dingliche Reallasten nicht mehr begründet werden können, aber die vor 1. Jan. 1900 begründeten bleiben bestehen. Vergl. Mot. 3 S. 589. A. M. Turnau-Förster 1 S. 537.

[1]) § 1105 BGB. Mot. 3 S. 581, KProt. 3 S. 729.

[2]) Öffentliche Lasten und Abgaben, Leistungen, die eine juristische Person des öffentlichen Rechts (Staat, Gemeinde 2c.) als solche, nicht auf Grund eines Privatrechtsverhältnisses zu fordern hat, kommen nicht in Betracht. Für die Kirchenbaulast und Schulbaulast sind die landesgesetzlichen Vorschriften aufrecht erhalten (Art. 132 EGBGB.), auch wenn die Verpflichtung privatrechtlichen Charakter hat. Rang der Ansprüche auf Entrichtung der öffentlichen Lasten des Grundstücks s. § 10 Abs. 1 N. 3 ZVG, § 4 EGZVG.

Die Reallast ist eine selbständige **Belastung eines Grundstücks**, nicht eine persönliche Verpflichtung des jeweiligen Eigentümers des Grundstücks. Mit der Reallast ist zwar eine persönliche Verpflichtung des Grundeigentümers vereinbar, es haftet sogar der Eigentümer für die während der Dauer seines Eigentums fällig werdenden einzelnen Leistungen nicht blos mit dem Grundstück, sondern auch persönlich (mit seinem sonstigen Vermögen), soweit nicht ein Anderes festgesetzt ist[3]), ebenso haften bei einer Teilung des Grundstücks die Eigentümer der einzelnen Teile als Gesamtschuldner[4])[5]); allein wesentlich ist die persönliche Haftung des Grundeigentümers für den Begriff Reallast nicht, eine Reallast liegt auch dann vor, wenn der Berechtigte keinen Anspruch gegen irgend eine Person hat, sein Recht sich vielmehr darauf beschränkt, daß auf dem Wege der Zwangsverwaltung und Zwangsversteigerung die aus dem Grundstück zu verlangenden Leistungen beigetrieben werden.

Die Leistungen sollen **aus dem Grundstücke** zu entrichten sein. Damit ist nicht gesagt, daß eine Reallast nur dann gegeben ist, wenn die Leistung unmittelbar aus den Nutzungen des Grundstücks zu entnehmen sind, es soll nur ausgedrückt werden, daß zur Bewirkung der Leistungen der bei der Zwangsversteigerung sich ergebende Erlös oder die bei der Zwangsverwaltung zu ziehende Nutzung zu verwenden ist.

Über den **Inhalt** der einzelnen Reallasten trifft das BGB. keine Bestimmung, es ist der Landesgesetzgebung überlassen, die Belastung von Grundstücken mit Reallasten zu untersagen oder zu beschränken und den Inhalt und das Maß dieser Rechte näher zu bestimmen[6]). Es können daher den Inhalt einer Reallast ebensogut wiederkehrende Lieferungen aus der dem Grundstück zu entnehmenden Ausbeute bilden (z. B. Steine, Sand, Kohlen) oder wiederkehrende Lieferungen von Erzeugnissen (z. B. Getreide

---

[3]) Die Festsetzung kann in dem Begründungsakt erfolgen, die Änderung kann auch später vor sich gehen. Die Vorschrift des § 877 BGB. greift Platz. A. M. Biermann S. 294.

[4]) § 1108 BGB. Mot. 3 S. 587, KProt. 3 S. 729. Die persönliche Haftung der Miteigentümer bestimmt sich nach allgemeinen Grundsätzen (§§ 420, 427 BGB.). Vergl. Mot. 3 S. 588, Biermann S. 294.

[5]) Die landesgesetzlichen Vorschriften bleiben unberührt, wonach im Falle der Veräußerung eines Teiles des belasteten Grundstücks dieser Teil von der Belastung befreit wird, wenn von der zuständigen Behörde festgestellt wird, daß die Rechtsänderung für den Berechtigten unschädlich ist; ferner bleiben unberührt die Vorschriften, nach welchen unter der gleichen Voraussetzung im Falle der Teilung des Grundstücks die Reallast auf die einzelnen Teile des Grundstücks verteilt wird, oder, im Falle der Teilung eines Grundstücks, das für den Staat oder eine öffentliche Anstalt mit einer Reallast belastet ist, nur ein Teil des Grundstücks mit der Reallast belastet bleibt, dafür aber zu Gunsten des jeweiligen Eigentümers dieses Teiles die übrigen Teile mit gleichartigen Reallasten belastet werden (Art. 120, 121 EGBGB.).

[6]) Art. 115 EGBGB.

Holz) als auch Arbeitsleistungen (z. B. Hand-[7]) und Spanndienste, Wegunterhaltung, Grabenreinigung ꝛc.) oder Lieferungen von Sachen, welche nicht unmittelbar aus dem Grundstück gewonnen werden können, auch wenn die Sache nicht, wie das Geld, als Wertrepräsentant der Nutzungen des Grundstücks sich darstellt. Die Begrenzung des zulässigen Inhalts der Reallast ist Sache der Landesgesetzgebung.

Besteht die Last darin, in regelmäßig wiederkehrenden Terminen an eine bestimmte Person eine bestimmte Geldsumme aus dem Grundstück zu zahlen, so kann sie Reallast oder Rentenschuld sein. Ist ein solches Recht für den jeweiligen Eigentümer eines Grundstücks zu bestellen, so kann nur eine Reallast bestellt werden. Soll das Recht für den Eigentümer des zu belastenden Grundstücks begründet werden, so kann nur die Form der Rentenschuld in Betracht kommen. — Altenteile, welche bei Überlassung landwirtschaftlicher Grundstücke vorbehalten werden, werden regelmäßig den Charakter von Reallasten haben und zwar nicht blos in Betreff der Rechte des Auszüglers, welche aus dem Grundstück selbst gewährt werden können, sondern in Betreff aller dem Gutsannehmer auferlegten Leistungen[8]).

Die Leistungen müssen wiederkehrend sein; sie müssen sich von Zeit zu Zeit, wenn auch nicht in regelmäßig wiederkehrenden Terminen, wiederholen. Daher kann z. B. die Verpflichtung, dem Berechtigten bei seinem Tode ein anständiges Begräbnis zu besorgen, nicht den Inhalt einer Reallast bilden[9]); die dingliche Sicherung einer derartigen Berechtigung läßt sich mittels einer Kautionshypothek erreichen. Als wiederkehrende Leistung läßt sich ein Unterlassen nicht auffassen[10]). Soweit die zu unterlassende Handlung auf dem belasteten Grundstück vorzunehmen wäre oder aus dem Eigentum an dem belasteten Grundstück sich ergeben würde, kann ein auf das Unterlassen gerichtetes dingliches Recht als Grunddienstbarkeit oder als beschränkte persönliche Dienstbarkeit begründet werden. Gerade darin unterscheidet sich die Reallast von der Dienstbarkeit, daß bei der Dienstbarkeit der Verpflichtete sich passiv zu verhalten hat, während der Berechtigte handelt, wogegen bei der Reallast eine Tätigkeit

---

[7]) Z. B. In-Gang-Halten einer Turmuhr. RGE. 4 S. 132.

[8]) Vergl. RGE. 27 S. 231. Altenteil (Leibgedinge, Leibzucht, Auszug) ist der bei Abtretung eines Bauernguts, gewöhnlich auf Lebenszeit, gemachte Vorbehalt von Nutzungen und Leistungen zum Unterhalt des Abtretenden oder auch anderer Personen. — Über die landesgesetzliche Regelung des sich aus einem solchen Vorbehalt ergebenden Schuldverhältnisses s. Art. 96 EGBGB. — Vergl. § 9 EGZVG.

[9]) Vergl. Mot. 3 S. 582. RG 19 IV 1904 JW. S. 297[26] (Verpflichtung, eine Straße auszubauen).

[10]) Vergl. KProt. 3 S. 734. A. M. Planck 3 S. 497.

auf der belasteten Seite und, von der Zwangsvollstreckung abgesehen, ein passives Verhalten auf Seite des Berechtigten erwartet wird.

§ 62. Berechtigter und Gegenstand der Belastung.

Die Reallast kann einer bestimmten natürlichen oder juristischen Person oder dem jeweiligen Eigentümer eines Grundstücks zustehen[1]).

Die subjektiv-dingliche Berechtigung ist nicht übertragbar, kann nicht von dem Eigentum an dem Grundstück getrennt werden[2]). Bei einer Veräußerung des Grundstücks kann die Reallast nicht zurückbehalten werden, sie geht mit dem Eigentum an dem Grundstück auf den Erwerber über.

Wird das Grundstück des Berechtigten geteilt, so kann der Berechtigte bestimmen, daß das Recht nur mit einem der Teile verbunden sein soll. Die Bestimmung hat dem Grundbuchamt gegenüber zu erfolgen und bedarf der Eintragung in das Grundbuch[3]). Veräußert der Berechtigte einen Teil des Grundstücks, ohne eine solche Bestimmung zu treffen, so bleibt das Recht mit dem Teile verbunden, den er behält. Gereicht die Reallast nur einem Teile zum Vorteil, so bleibt sie mit diesem Teile allein verbunden (z. B. wenn die Verpflichtung zur Reinigung eines Grabens in Frage steht, der nur einem Teile des Grundstücks zum Nutzen gereicht).[4]) Liegt keine dieser Voraussetzungen vor, so besteht die Reallast für die einzelnen Teile fort. Ist die Leistung teilbar, so bestimmen sich die Anteile der Eigentümer nicht gleichheitlich, sondern nach dem Verhältnisse der Größe der Anteile. Ist die Reallast-Leistung nicht teilbar, so kann nur an Alle gemeinschaftlich geleistet werden und kann Jeder nur die Leistung an Alle fordern; Jeder kann die Hinterlegung für Alle oder die Ablieferung an einen gerichtlich zu bestellenden Verwalter verlangen, im übrigen wirkt eine Tatsache, die nur in der Person eines der Berechtigten eintritt, nicht für und gegen die übrigen Berechtigten[5]). Die Ausübung des Rechtes ist im Zweifel nur in der Weise

---

Zu § 62.

[1]) § 1105 BGB.

[2]) § 1110 BGB. Mot. 3 S. 589, KProt. 3 S. 736. Auch durch Vereinigung oder Zuschreibung des Grundstücks (§ 890 BGB.) kann die Reallast nicht mit einem anderen Grundstück in Verbindung gebracht werden. Mot. 3 S. 592.

[3]) Die Vorschriften der §§ 876, 878 BGB. finden entsprechende Anwendung. § 1109 BGB. Mot. 3 S. 590, KProt. 3 S. 737.

[4]) Mot. 3 S. 591. — In diesen beiden Fällen finden die §§ 876, 878 keine Anwendung, die Änderung tritt kraft Gesetzes ein.

[5]) §§ 1109, 432 BGB.

zulässig, daß sie für den Eigentümer des belasteten Grundstücks nicht beschwerlicher wird[6]).

Die subjektiv-persönliche Reallastberechtigung kann nicht mit dem Eigentum an einem Grundstück verbunden werden[7]). Um an die Stelle einer subjektiv-persönlichen Reallast eine subjektiv-dingliche zu setzen, bedarf es der Aufhebung jenes und der Begründung dieses Rechtes. Die subjektiv-persönliche Reallast ist übertragbar und vererblich; wenn aber der Anspruch auf die einzelne Leistung nicht übertragbar ist[8]), so kann auch das Reallastrecht selbst nicht veräußert und nicht belastet werden[9]). Sind einige Leistungen unübertragbar, andere nicht, so ist das Recht selbst nicht übertragbar[10]).

Die Veräußerung oder Belastung eines Reallastrechtes erfolgt nach den allgemeinen Bestimmungen der §§ 873 ff. BGB. (s. § 8).

Soweit die Reallast übertragbar ist, ist sie auch pfändbar. Auf die Zwangsvollstreckung in eine Reallast finden die Vorschriften über die Zwangsvollstreckung in eine Forderung, für welche eine Hypothek besteht, entsprechende Anwendung[11]).

Gegenstand der Reallast ist ein Grundstück oder ein dem Grundstück gleichgestelltes Recht[12]). Ein Grundstücksteil kann mit einer Reallast belastet werden; es bedarf keiner Abschreibung, wenn keine Verwirrung zu besorgen ist[13]). Auch der Anteil eines Miteigentümers kann mit einer Reallast belastet werden[14]), eine Quote des Alleineigentums oder eine Quote des Miteigentums ist nicht belastbar.

Ist ein Grundstück mit einer Reallast belastet, so haftet es für die Reallast als Ganzes und für die einzelnen Leistungen.

---

[6]) § 1109 BGB.

[7]) § 1111 BGB. Mot. 3 S. 592, KProt. 3 S. 738.

[8]) Vergl. §§ 399, 400 BGB.

[9]) § 1111 BGB.

[10]) Nach § 1059 Entw. I sollte die Veräußerung und Belastung ausgeschlossen sein, „wenn und soweit der Anspruch auf die einzelne Leistung nicht übertragbar“ sei. In der Kommission für die 2. Lesung wurde beantragt, die Vorschrift zu fassen: „Die Veräußerung und Belastung des Rechtes ist ausgeschlossen, soweit der Anspruch auf die einzelne Leistung nicht übertragbar ist“. Dem Antrag wurde nicht stattgegeben, sachlich, heißt es KProt. 3 S. 738, wurde § 1059 Entw. I gebilligt. Das Gesetz lautet: „Ist der Anspruch auf die einzelne Leistung nicht übertragbar, so kann das Recht nicht veräußert oder belastet werden“. Das Wort „soweit“ ist also in Wegfall gekommen, daher erscheint eine teilweise Übertragung der Reallastberechtigung nicht zulässig. Übereinstimmend Turnau-Förster 1 S. 537. A. M. Biermann S. 296, Planck § 1111 Anm. 1b, Staudinger 3 S. 367.

[11]) § 857 Abs. 6 ZPO. Als Drittschuldner ist der Eigentümer des belasteten Grundstücks anzusehen. Vergl. RGE. 40 S. 396.

[12]) § 1017 BGB. Art. 63, 68 EGBGB.

[13]) § 6 GBO.

[14]) § 1106 BGB. Mot. 3 S. 586, KProt. 3 S. 734.

Die einzelnen Leistungen stehen den Zinsen einer Hypothekforderung gleich[15]), sie werden übertragen und belastet wie Zinsforderungen, erlöschen auch wie diese. Was die Haftung des Grundstücks für die einzelnen Leistungen betrifft, so ist kein Unterschied zu machen, ob die Leistung während der Dauer des Eigentums fällig wird oder ob die Leistungen aus der Zeit vor dem Erwerb des derzeitigen Eigentums rückständig sind, das Grundstück, und jeder Grundstücksteil, haftet für alle Leistungen. Anders ist es mit der persönlichen Haftung des Eigentümers. Die persönliche Haftung tritt ein, soweit nicht ein Anderes bestimmt wird[16]). Der Eigentümer haftet aber persönlich nur für die während der Dauer seines Eigentums fällig werdenden Leistungen. Zur Beitreibung anderer Leistungen kann, sofern nicht die persönliche Schuld des Rechtsvorgängers sonstwie auf den Eigentümer übergegangen ist, nur der Weg der Zwangsverwaltung und Zwangsversteigerung des Grundstücks beschritten werden.

§ 63. Entstehung; Schutz.

Eine Reallast entsteht nur durch Rechtsgeschäft. Ersitzung kommt nicht in Frage, weil die Reallast nicht zum Besitze des Grundstücks berechtigt und ihre Ausübung nicht nach Art des Besitzes geschützt ist. Kraft Gesetzes entstehen einige reallastähnliche Rechte, aber nicht wirkliche Reallasten[1]).

Zufolge der allgemeinen Vorschriften über die Rechte an Grundstücken sind für die Belastung eines Grundstücks mit einer Reallast, für die Übertragung und Belastung einer Reallastberechtigung, für die Änderung ihres Inhalts die Einigung des Eigentümers des zu belastenden oder belasteten Grundstücks und des anderen Teiles über den Eintritt der Rechtsänderung und die Eintragung der Rechtsänderung in das Grundbuch erforderlich (§§ 873 ff. BGB. s. § 8)[2]). Für den dinglichen Vertrag ist keine

---

[15]) § 1107 BGB. Mot. 3 S. 584, KProt. 3 S. 729. Übertragung s. §§ 1158, 1159 BGB. Erlöschen des Anspruchs auf Rückstände und Verzicht s. § 1178 BGB.

[16]) S. § 61 Ziff. 3.

Zu § 63.

[1]) §§ 914 Abs. 3, 917, 1021 Abs. 2, 1022 BGB. Auf Grund der Bestimmungen der Landesgesetze können insbesondere im Wege des agrarrechtlichen Auseinandersetzungs- und Ablösungs-Verfahrens Reallasten entstehen, vergl. Art. 113, 114 EGBGB.

[2]) Unberührt bleiben die landesgesetzlichen Vorschriften, nach welchen die dem Staate oder einer öffentlichen Anstalt infolge der Ordnung der gutsherrlich-bäuerlichen Verhältnisse oder der Ablösung von Dienstbarkeiten, Reallasten oder der Oberlehensherrlichkeit zustehenden Ablösungsrenten und sonstigen Reallasten zu ihrer Begründung und zur Wirksamkeit gegenüber dem öffentlichen Glauben des Grundbuchs nicht der Eintragung bedürfen (Art. 114 EGBGB.). Vergl. § 9 EGZVG.

besondere Form vorgeschrieben. Angabe des Höchstbetrages des Wertersatzes s. § 882 BGB. [3]). Vermerk der subjektiv-dinglichen Reallast auf dem Blatte des Grundstücks, mit dessen Eigentum das Recht verbunden ist (§ 8 GBO.) s. § 13 Ziff. 54 und 55. Auch für das Rangverhältnis gelten die allgemeinen Vorschriften s. § 9.

Ein besonderer Schutz ist für die Reallast nicht bestimmt. Besitzschutz kommt nicht in Frage, für den Feststellungsanspruch ist § 256 ZPO. maßgebend, Berichtigung des Grundbuchs ist gemäß §§ 894 ff. BGB. (s. § 10) herbeizuführen. Im übrigen kann der Berechtigte für die einzelnen Leistungen das belastete Grundstück oder auch (§ 1108 BGB.) sonstiges Vermögen des Eigentümers in derselben Weise wie ein Hypothekgläubiger in Anspruch nehmen [3]).

§ 64. Endigung.

Eine Reallast erlischt mit dem Ablaufe der Zeit, für die sie bestellt ist, und mit dem Eintritt der Bedingung, an welche das Aufhören ihrer Wirksamkeit geknüpft ist. Sie erlischt ferner mit dem Wegfall des Berechtigten, sei es, daß der Wegfall mit dem Tode der natürlichen oder mit dem Erlöschen der juristischen Person erfolgt, oder daß das Grundstück, mit dessen Eigentum das Recht verbunden ist, untergeht. Sie erlischt weiter mit dem Untergang des belasteten Grundstücks. Sie erlischt jedoch nicht dadurch, daß der Eigentümer des belasteten Grundstücks das Recht oder der Berechtigte das Eigentum des belasteten Grundstücks erlangt [1]), auch nicht dadurch, daß der Eigentümer des belasteten Grundstücks das Eigentum aufgibt [2]).

Die Reallast endigt auch durch Aufhebung des Rechts. Nach den allgemeinen Vorschriften bedarf es hierzu der Erklärung des Berechtigten, daß er das Recht aufgebe, und der Löschung im Grundbuch (§§ 875, 878 BBB. s. § 8). Zustimmung Dritter nach § 876 BGB. s. § 8 Ziff. 50 ff. Zum Verzicht auf rückständige

---

[3]) Die Beteiligten sind nicht verpflichtet, den Inhalt der Reallast so zu bezeichnen, daß die Umwandlung in eine Geldforderung erfolgen kann. A. M. KG 8 VII 1901 Recht 1901 S. 536, dagegen Planck § 1105 Anm. 3, Biermann S. 292.

[4]) Die den Hypothekgläubigern nach §§ 1134, 1135 BGB. wegen Verschlechterung des belasteten Grundstücks zustehenden Rechte sind zu Gunsten des Reallastberechtigten entsprechend anzuwenden. Vergl. RG 12 XII 1903 JW. 1904 S. 93[13].

Zu § 64.

[1]) § 889 BGB. Der Anspruch auf rückständige Leistungen dagegen erlischt gemäß §§ 1178 Abs. 1, 1107 BGB.

[2]) Vergl. §§ 58, 787 ZPO. Solange das Eigentum aufgegeben ist, kommt es zu keiner persönlichen Haftung für die Leistungen, die Haftung des Grundstücks besteht unverändert weiter.

Leistungen genügt die Erklärung des Berechtigten gegenüber dem Eigentümer nach § 1178 Abs. 2 in Verbindung mit § 1107 BGB.

Die Reallast erlischt durch Zuschlag des Grundstücks in der Zwangsversteigerung, falls sie nicht bei der Feststellung des geringsten Gebots berücksichtigt worden ist[3]) oder gemäß § 9 EGZVG. von der Zwangsversteigerung unberührt bleibt.

Eine subjektiv-persönliche Reallast erlischt in derselben Weise wie ein Vorkaufsrecht mit der Erlassung eines Ausschlußurteils, das erwirkt werden kann, wenn der Berechtigte unbekannt ist und seit der letzten auf die Reallast sich beziehenden Eintragung in das Grundbuch 10 Jahre verstrichen sind, auch die Reallast nicht innerhalb dieser Frist von dem Eigentümer des belasteten Grundstücks anerkannt worden ist[4]).

Durch Verjährung erlischt die Reallast nicht, auch wenn sie im Grundbuch mit Unrecht gelöscht sein sollte, da von einer Verjährung von Ansprüchen gegen den Eigentümer nur bezüglich der einzelnen fälligen Leistungen gesprochen werden kann[5]). Die Ansprüche auf die Rückstände der Leistungen verjähren in vier Jahren von der Entstehung des einzelnen Anspruchs ab[6]).

---

[3]) §§ 91, 92 ZVG. Ähnliche Bestimmungen gelten für den Fall einer Enteignung auf Grund eines Reichsgesetzes s. Art. 52, 53 EGBGB.

[4]) § 1112 BGB. KProt. 3 S. 738.

[5]) Die Frage ist streitig, ob bei selbständigen wiederkehrenden Leistungen so viele Ansprüche anzunehmen sind, als wiederkehrende Leistungen zu entrichten sind, oder ob ein der Verjährung unterliegender Gesamtanspruch anzunehmen ist. Die Kommission für die zweite Lesung hat (KProt. 1 S. 212) sich dahin ausgesprochen, die Unterstellung eines Gesamtanspruchs fließe nicht aus der Natur der Sache, beruhe vielmehr auf künstlicher Fiktion. Darnach unterliegen nur die Ansprüche auf die einzelnen Leistungen der Verjährung. Vergl. Turnau-Förster 1 S. 269, Cosack 2 S. 271, Planck 1 S. 371, a. M. Planck 3 S. 495, Biermann S. 97.

[6]) §§ 902 Abs. 1 Satz 2, 197, 198, 1107 BGB. Soweit es sich um Rückstände von Auszugsleistungen oder von regelmäßig wiederkehrenden Leistungen handelt, kann § 197 BGB. unmittelbar zur Anwendung kommen. Gemäß § 1107 haben übrigens auf die einzelnen Leistungen die für die Zinsen einer Hypothekforderung geltenden Vorschriften entsprechende Anwendung zu finden, demnach ist die Vorschrift des § 197, wonach die Ansprüche auf Rückstände von Zinsen in vier Jahren verjähren, allgemein entsprechend anzuwenden. In § 1060 Entw. I war hervorgehoben, daß in Ansehung der Übertragung und der Belastung sowie in Ansehung des Erlöschens der Ansprüche auf rückständige Reallastleistungen die für rückständige Hypothekenzinsen geltenden Vorschriften entsprechende Anwendung zu finden hätten. Aus Mot. 3 S. 593 ergibt sich, daß mit dieser Bestimmung auch das Erlöschen durch Verjährung geregelt werden sollte. In der Begründung zu § 157 Entw. I (§ 197 BGB.) ist (Mot. 1 S. 306) auf die Vorschrift des § 1060 Entw. I (§ 1107 BGB.) hingewiesen. Es kann daher wohl keinem Zweifel unterliegen, daß auch die nicht regelmäßig wiederkehrenden Reallastleistungen der kurzen Verjährung unterworfen werden sollten. Der Satz der Motive (1 S. 306 Abs. 4): „Dahin gehören namentlich Reallasten, soweit bei diesen die bezeichnete Voraussetzung zutrifft (§§ 1060, 847)" scheint sich auf Satz 1 des Abs. 4 zu beziehen, nicht auf Satz 2; darnach wäre zu lesen: Dahin gehören namentlich

Eine Reallast kann auch durch Ablösung endigen. Für die auf Grund gesetzlicher Bestimmung eintretende Ablösung gelten die landesgesetzlichen Vorschriften[7]); werden rechtsgeschäftlich, in dem Begründungsakt oder nachträglich unter Änderung des Inhalts des Rechts, Bestimmungen über die Ablösung getroffen, so kommen die Vorschriften über die Bedingung (§§ 158 ff. BGB.) zur Anwendung.

Reallasten, soweit es sich um rückständige Leistungen handelt. Bei anderer Auslegung paßt die Verweisung auf § 1060 Entw. I nicht, denn § 1060 handelt von rückständigen Leistungen, aber nicht von regelmäßig wiederkehrenden Leistungen. A. M. Planck § 1107 Anm. 1, Turnau-Förster 1 S. 533, dagegen Biermann S. 293, auch Crome 3 S. 625.

[7]) Art. 113 EGBGB. — Landesgesetzlich kommt insbesondere auch die Entziehung einer Reallast im öffentlichen Interesse in Betracht (Art. 109, 52, 53 EGBGB.).

VIII. Abschnitt.

Hypothek. Grundschuld. Rentenschuld.*)

§ 65. Übersicht.

Den Bedürfnissen des Kredits dienen verschiedene Arten von Belastungen der Grundstücke. Das BGB. unterscheidet drei Hauptformen solcher Belastungen: die Hypothek, die Grundschuld

---

Zu § 65.

*) Übergangsbestimmungen. Auch hier gilt die Regel, daß Rechte, mit denen eine Sache oder ein Recht am 1. Januar 1900 belastet ist, mit dem aus den bisherigen Gesetzen sich ergebenden Inhalt und Range bestehen bleiben (Art. 184 EGBGB.), und daß die Begründung, Änderung, Übertragung, Belastung und Aufhebung von Rechten an Grundstücken oder von Rechten an solchen Rechten auch nach dem Inkrafttreten des BGB. nach den bisherigen Gesetzen erfolgt, bis das Grundbuch als angelegt anzusehen ist, ein nach den Vorschriften des BGB. unzulässiges Recht aber vom 1. Januar 1900 ab nicht mehr begründet werden kann, ferner, daß die Aufhebung eines begrenzten Rechtes auch nach Eintritt des Grundbuchrechtes nach den bisherigen Gesetzen vor sich geht, bis das Recht in das Grundbuch eingetragen ist (Art. 189 EG.). — Dingliche Rechte, zu deren Begründung oder Wirksamkeit gegen Dritte es nach den bisherigen Gesetzen der Eintragung in das Grundbuch nicht bedurfte, bleiben bestehen, auch wenn sie nicht eingetragen sind. RG 11 XI 1903 E 56 S. 13 (anders RGE. 48 S. 63). Die nachträgliche Eintragung, die nach dem neuen Recht zum Schutze gegen den öffentlichen Glauben des Grundbuchs erforderlich ist, erfolgt auf dem Wege der Berichtigung des Grundbuchs; § 15 KO. steht nicht entgegen. RG 31 V 1904 JW. S. 403[1].

Ein bei Eintritt des Grundbuchrechts an einem Grundstück bestehendes Pfandrecht gilt von dieser Zeit ab als gewöhnliche Buchhypothek. Ist der Betrag der Forderung nicht bestimmt, so gilt das Pfandrecht als Sicherungshypothek. Ist das Pfandrecht dahin beschränkt, daß der Gläubiger Befriedigung aus dem Grundstück nur im Wege der Zwangsverwaltung suchen kann (Revenuenhypothek), so bleibt diese Beschränkung bestehen (Art. 192 EG.). Landesgesetzlich kann bestimmt werden, daß das Pfandrecht des alten Rechtes als Sicherungshypothek oder als Briefhypothek gelten soll, und daß ein Gläubiger die Löschung einer Eigentümerhypothek verlangen darf, wie wenn zur Sicherung des Rechtes auf Löschung eine Vormerkung eingetragen wäre (Art. 193 und 194 EG.). Eine bei Eintritt des Grundbuchrechts bestehende Grundschuld gilt als Grundschuld des BGB.; landesgesetzlich kann bestimmt werden, daß sie als Briefhypothek oder als Sicherungshypothek gelten soll (Art. 195 EG.).

Das Recht aus einer vor dem 1. Januar 1900 im Wege der Zwangsvollstreckung eingetragenen Vormerkung zur Erhaltung des Rechts auf

und die Rentenschuld. Die Rentenschuld ist zwar nur eine Unterart der Grundschuld, da aber der Gesetzgeber sie neben die Grundschuld stellt, muß sie als der Grundschuld gleichstehend behandelt werden.

Eintragung einer Hypothek ist kein Pfandrecht im Sinne des Art. 192. RG 18 VI 1902 E. 52 S. 40; vergl. RG 12 X 1901 E. 49 S. 106.

Das Pfandnutzungsrecht (PreußR.) gehört zu den Rechten an Grundstücken, die nach der Regel des Art. 184 mit ihrem Range und Inhalt fortbestehen; es zählt nicht zu den durch Art. 192 von dieser Regel ausgenommenen Pfandrechten, die fortan als Hypothek des BGB. gelten, und ist, wenn es mit einer Hypothek des früheren Rechts verbunden war, nicht in der Hypothek des BGB. aufgegangen. RG 27 X 1900 E. 47 S. 56.

Die Vorschriften des alten Rechts über den Inhalt des Eigentums bleiben nicht für die am 1. Januar 1900 bestehenden Hypotheken maßgebend, vielmehr erfaßt das alte Pfandrecht mit seinem aus den bisherigen Gesetzen sich ergebenden Inhalte, soweit nicht aus Art. 192 bis 195 ein Anderes sich ergibt, das Eigentum mit dem Inhalte, den das Eigentum nach dem Inkrafttreten des BGB. hat. Art. 883 code civil begründete eine Beschränkung des Inhalts des Eigentums; infolge dieser Beschränkung des Eigentums hing die Wirksamkeit der Teilhypothek von der Teilung ab. Mit dem Wegfall der Beschränkung wurden die Teilhypotheken an dem nach neuem Recht zu beurteilenden Miteigentum in dem Umfange wirksam, in welchem nach dem neuen Rechte eine Hypothek an dem Bruchteil eines Grundstücks wirksam bestellt werden kann. RG 21 III 1905 JW. S. 301[33].

Nach Art. 192 bestimmt sich der Inhalt und Umfang eines am 1. Januar 1900 bestehenden Hypothekrechtes fortan nach dem BGB. Alles, was die Entstehung, die Begründung und den Erwerb des Pfandrechtes betrifft, ist nach dem bisherigen Rechte zu beurteilen. RG 9 II 1901 E. 47 S. 229. Das persönliche Schuldverhältnis ist nach altem Recht zu beurteilen. RG 10 III 1902 JW. 1902 Beil. S. 218.

Das Hypothekrecht besteht bei Eintritt des Grundbuchrechts nicht, wenn die Hypothek unwirksam ist, wenn z. B. die Eintragungsbewilligung wegen Irrtums oder Betrugs ungültig war. RG 4 III 1903 E. 54 S. 83.

Nach dem früheren Preuß. Recht war eine eingetragene nicht valutierte Hypothek (d. h. eine Hypothek, welche für eine nicht entstandene Forderung bestellt war) nicht ohne dingliche Wirkung. Eine solche Hypothek ist mit dem Inkrafttreten des Liegenschaftsrechts gemäß § 1163 BGB. zu einer Eigentümerhypothek geworden. RG 2 III 1901 E. 48 S. 48, vergl. RG 8 I 1902 E. 50 S. 80; — sie steht demjenigen zu, der beim Inkrafttreten des neuen Liegenschaftsrechtes Eigentümer des belasteten Grundstücks war, nicht dem, der zur Zeit der Eintragung der Hypothek Eigentümer gewesen ist. Miterben haben die Hypothek nach Verhältnis der Bruchteile. RG 31 V 1902 E. 51 S. 398.

Die Kautionshypothek des Preuß. Rechts war eine bedingte Hypothek, bedingt dadurch, daß für den Gläubiger Forderungen aus dem durch die Kaution gesicherten Geschäftskreise entstanden. Seit 1. Januar 1900 gilt sie als Sicherungshypothek des BGB., und zwar als Höchsthypothek im Sinne des § 1190 BGB., also als eine unbedingte Belastung, bei der nur unbestimmt ist, wem sie zusteht. Vergl. RG 6 XI 1901 E. 49 S. 163, auch 15 VI 1903 E. 55 S. 219 (Sächs. Recht), ferner 20 X 1904 E. 56 S. 322. — Sind während der Herrschaft des bisherigen Rechts Ansprüche des Kautionsgläubigers nicht entstanden und ist das Rechtsverhältnis beendet, so daß Forderungen, für welche die Kautionshypothek haften würde, nicht mehr entstehen können, so bestand am 1. Januar 1900 kein Hypothekrecht, die Kautionshypothek ist also nicht zur Eigentümerhypothek geworden. Vergl.

Das BGB. unterscheidet weiter unter den Hypotheken: die gewöhnliche Hypothek[1]) und die Sicherungshypothek.

Unterarten der gewöhnlichen Hypothek sind: die Briefhypothek und die Buchhypothek. Unterarten der Sicherungshypothek sind: die Sicherungshypothek im engeren Sinne mit der Zwangshypothek als prozessualer Form, die Sicherungshypothek für Inhaber- und Orderforderungen, die Höchsthypothek mit der Arresthypothek als prozessualer Form.

Gemeinsam ist allen diesen Rechten der Charakter der Dinglichkeit[2]). Sie haben sämtlich unmittelbar Sachen zum Gegenstand und zwar unbewegliche Sachen, Grundstücke. Der Inhaber eines derartigen Rechtes steht in unmittelbarer Beziehung zu dem belasteten Grundstück und zwar besteht sein Recht darin, daß aus dem belasteten Grundstück (d. h. aus dem durch Zwangsversteigerung oder Zwangsverwaltung zu erzielenden Erlöse oder Ertrage) Geld an ihn zu zahlen ist.

Ist das dingliche Recht auf Zahlung einer bestimmten Summe, eines Kapitals, gerichtet, so kann es als Hypothek oder als Grundschuld sich darstellen. Ist kein Kapital, sondern sind Termine und zwar regelmäßig wiederkehrende Termine zu entrichten, so kann nur eine Rentenschuld in Frage kommen.

Ist das Grundstück mit einer Kapitalzahlung belastet worden behufs Befriedigung wegen einer (gegen eine Person bestehenden) Forderung, so liegt eine Hypothek vor; soll die Kapitalzahlung unabhängig von einer (persönlichen) Forderung vor sich gehen, so heißt das dingliche Recht Grundschuld. Steht die (persönliche) Forderung in derselben Weise wie das dingliche Recht unter dem Schutze des öffentlichen Glaubens des Grundbuchs, so handelt es sich um die gewöhnliche Hypothek. Bestimmt sich das dingliche Recht aus der Hypothek lediglich nach der (persönlichen)

RG 21 VI 1902 E. 52 S. 59, 5 XI 1902 E. 52 S. 411. Dies gilt auch insoweit, als die Kautionshypothek für einen Betrag bestellt worden ist, den die ihrer Höhe nach begrenzte sicherzustellende Forderung überhaupt nicht erreichen konnte. RG 2 VII 1902 E. 52 S. 111. — Eine Eigentümerhypothek kann aus der nach altem Recht bestellten Kautionshypothek nur dann entstehen, wenn entweder das zu Grunde liegende Kreditverhältnis auch unter der Herrschaft des neuen Rechts fortbesteht, oder wenn aus ihm unter der Herrschaft des bisherigen Rechts Ansprüche für die Kautionsgläubigerin begründet waren, die erst nach dem Inkrafttreten des neuen Rechts ihre Erledigung finden. Vergl. RG 17 X 1903 JW. 1903 Beil. S. 132.

[1]) § 1186 BGB. Die gewöhnliche Hypothek wird auch Normalhypothek genannt.

[2]) Daß Hypotheken, Grundschulden und Rentenschulden nicht zu den Rechten an Grundstücken im Sinne der §§ 1821 (Genehmigung des Vormundschaftsgerichts zu Verfügungen des Vormunds) und 1551 (Fahrnisgemeinschaft) gehören, ändert nichts an ihrer Eigenschaft als dinglicher Rechte. Über das Verfügungsrecht des Vorerben s. § 2114 BGB.

Forderung und kann der Gläubiger zum Beweise der Forderung sich nicht auf die Eintragung im Grundbuch berufen, so spricht das Gesetz von Sicherungshypothek.

Hypothek, Grundschuld und Rentenschuld können ohne oder mit Ausschließung der Erteilung eines Briefes bestellt werden. Wird die Erteilung des Briefes nicht ausgeschlossen, so entsteht eine Briefhypothek, Briefgrundschuld, Briefrentenschuld; wird sie ausgeschlossen, so heißt das Recht Buchhypothek, Buchgrundschuld, Buchrentenschuld. Mit dem Briefe ist das dingliche Recht in der Weise verbunden, daß der Gläubiger das Recht mit dem Briefe erwirbt, daß die Geltendmachung des Rechts durch die Vorlegung des Briefes bedingt ist und die Übertragung des Rechts durch die Übergabe des Briefes vermittelt wird. — Bei der Sicherungshypothek ist die Erteilung des Briefes immer ausgeschlossen.

Die Hypothek dient dem mit Personalkredit verbundenen Grundkredit; die Briefhypothek im Besondern ist für den Hypotheken-Verkehr eingerichtet, die Buchhypothek erspart dem Gläubiger die Aufbewahrung der Urkunde und die mit ihrem Verluste verknüpften Unzuträglichkeiten. Grundschuld und Rentenschuld sind Rechtsformen für den reinen Realkredit[3]).

Hypothek, Grundschuld und Rentenschuld sind nach der Auffassung des BGB. keine Pfandrechte. Aus diesem Grunde wird davon abzusehen sein, die Bestimmungen des neuen Rechts von pfandrechtlichem Gesichtspunkte aus zu betrachten[4])[5]).

---

[3]) Vergl. Denkschrift S. 669. KProt. 3 S. 510 ff., 640.

[4]) Vergl. § 1990 Abs. 2 BGB. — Wenn allerdings unter Grundstückspfandrecht nichts anderes verstanden wird als das auf einem Grundstück lastende dingliche Recht, kraft dessen der Berechtigte eine Geldsumme durch Zwangsvollstreckung aus dem Grundstücke beitreiben darf (Cosack 2 S. 216), so läßt sich gegen die Bezeichnung nichts einwenden. Es liegt nur die Gefahr nahe, daß, wenn das Grundstück als Pfand aufgefaßt wird, Folgerungen gezogen werden, die mit dem Gesetze nicht in Einklang stehen. — Enneccerus 1 S. 102 unterscheidet accessorische Pfandrechte und selbständige, je nachdem sie eine Forderung voraussetzen oder ohne Forderung bestehen können.

[5]) Für das Rangverhältnis der Hypotheken, Grundschulden und Rentenschulden unter sich und zu anderen Rechten sind die allgemeinen Bestimmungen der §§ 879 ff. BGB. maßgebend. S. § 9. Wird eine Hypothekforderung, eine Grundschuld oder Rentenschuld geteilt, so ist zur Änderung des Rangverhältnisses der Teilhypotheken, Teilgrundschulden oder Teilrentenschulden untereinander die Zustimmung des Eigentümers nicht erforderlich (§ 1151 BGB. KProt. 3 S. 94). Die Teilhypotheken haben, wenn nichts Anderes bestimmt wird, gleichen Rang; nur in den Fällen, in denen eine Teilhypothek kraft Gesetzes auf den Eigentümer, den persönlichen Schuldner oder einen Dritten übergeht, erhält die Hypothek des Gläubigers den Vorrang. Vergl. §§ 1143, 774, 1150, 1176, 268 BGB. — Bei der Zwangsversteigerung erfolgt die Befriedigung der Ansprüche nach der in den §§ 10 ff. ZVG. festgesetzten Rangordnung. — Landesgesetzlich kann für Meliorationsdarlehen des Staates oder einer öffentlichen Anstalt (Landeskultur-Renten-Anstalt) der Vorrang vor anderen Belastungen des Grundstücks eingeräumt werden, doch finden zu

§ 66. Begriff und Inhalt der Hypothek, Grundschuld und Rentenschuld.

A. Hypothek.

Unter **Hypothek** ist zu verstehen das zur Sicherung einer (persönlichen) Forderung bestimmte dingliche Recht, kraft dessen der Berechtigte aus dem belasteten Grundstück eine bestimmte Geldsumme verlangen darf[1]).

Das dingliche Recht ist **zur Sicherung einer Forderung bestimmt**. Die Begründung einer Hypothek kann nur in der Weise erfolgen, daß die aus dem Grundstück zu ziehende Geldsumme zur Befriedigung wegen einer dem Erwerber der Hypothek zustehenden Forderung zu dienen habe; allein untrennbar sind die Forderung gegen eine Person und das dingliche Recht nicht. Das dingliche Recht, die Hypothek, kann bestehen, wenn auch die persönliche Forderung nicht zur Existenz gekommen ist (z. B. wenn die in Aussicht gewesene Darlehenshingabe nicht erfolgt ist), die Hypothek kann fortbestehen, wenn auch die (persönliche) Forderung (z. B. durch Zahlung) erloschen ist oder nur auf Grund des öffentlichen Glaubens des Grundbuchs fingiert wird. Das Recht an dem Grundstück, die Hypothek, kann zwar nicht ohne die (persönliche) Forderung und die Forderung nicht ohne die Hypothek übertragen werden[2]), aber Forderung und Hypothek können trotzdem getrennt werden, es kann der Gläubiger z. B. auf die dingliche Sicherung seiner Forderung verzichten; in solchem Falle behält er seine Forderung, während das dingliche Recht (allerdings unter dem Namen Grundschuld) auf den Eigentümer des belasteten Grundstücks übergeht[3]). Auch ein Wechsel der Forderung ist möglich, es kann der Inhalt einer Hypothek dahin geändert werden, daß an die Stelle der ursprünglichen oder der bisherigen Forderung

---

Gunsten Dritter die Vorschriften der §§ 892, 893 BGB. Anwendung (Art. 118 EGBGB.).

Zu § 66.

[1]) Nach Förtsch (S. 314) ist die Hypothek eine Realobligation des Grundstücks, die neben der persönlichen Verbindlichkeit des Eigentümers oder eines Dritten steht, wie die Mitverpflichtung eines Gesamtschuldners neben der der anderen. Über Realobligation s. Windscheid § 225 Anm. 18. Vergl. KProt. 3 S. 572, 582. — Nach Stobbe-Lehmann (§ 155) ist die Hypothek des BGB. eine zur Sicherung eines bestimmten Anspruchs bestellte Forderung gegen den Eigentümer eines Grundstücks auf eine Geldsumme, verbunden mit dem dinglichen Rechte, mangels anderweiter Erfüllung Befriedigung aus dem Grundstücke zu suchen. — Nach Endemann (2 S. 450) ist die Normalhypothek die dingliche Belastung eines Grundstücks, kraft deren die zur Erfüllung einer Schuldverpflichtung erforderliche, bestimmte Geldsumme aus dem Grundstück zu zahlen ist.

[2]) § 1153 Abs. 2 BGB.

[3]) §§ 1168, 1177 BGB.

eine andere Forderung gesetzt wird[4]). Die neue Forderung kann dem bisherigen Hypothekgläubiger oder einem Dritten zustehen. Auf diese Weise kann trotz der Bestimmung des § 1153 BGB. eine Hypothek ohne die Forderung auf einen anderen Gläubiger übertragen werden[5]).

Die Hypothek läßt sich — von der Sicherungshypothek abgesehen — unter solchen Verhältnissen nicht als Accessorium der (persönlichen) Forderung bezeichnen, sie ist nicht von der Forderung abhängig, die Forderung dient vielmehr regelmäßig nur als Legitimation für den Anspruch auf Befriedigung aus dem Grundstück[6]).

Nur die Sicherungshypothek[7]) hat den Charakter eines accessorischen Rechts. Bei ihr bestimmt sich das Recht des Gläubigers aus der Hypothek nach der Forderung und kann sich der Gläubiger zum Beweise der Forderung nicht auf die Eintragung berufen[8]). Infolgedessen bleiben dem Eigentümer alle auf die Forderung[9]) bezüglichen Einwendungen ohne Eintragung[10]) auch gegenüber

[4]) § 1180 BGB.

[5]) Nach KProt. 3 S. 726 wurde Gewicht darauf gelegt, daß § 1153 die Übertragung regele, § 1180 die Änderung der Belastung zulasse, aus diesem Grunde wurde verneint, daß ein Widerspruch zwischen §§ 1180 und 1153 vorliege.

[6]) KProt. 3 S. 623. Übereinstimmend Biermann S. 300; a. M. Turnau-Förster 1 S. 592, Planck 3 S. 508.

[7]) § 1184 BGB. Mot. 3 S. 764, KProt. 3 S. 678. Durch Verpfändung einer Sicherungshypothek kann eine Sicherheitsleistung nicht erfolgen (§ 238 Abs. 2 BGB.), wohl aber kann durch Bestellung einer Sicherungshypothek an einem (inländischen) Grundstück Sicherheit geleistet werden (§ 232 BGB.).

[8]) Die Vorschriften der §§ 891 ff. BGB. finden auf die Forderung keine Anwendung. Das schließt nicht aus, daß der Gläubiger zum Nachweise seiner Forderung auch auf die Eintragungsbewilligung sich berufen kann. Der Gläubiger hat nur das Entstehen, nicht das Bestehen seiner Forderung darzutun.

[9]) Das dingliche Recht, die Hypothek, steht auch bei der Sicherungshypothek unter dem öffentlichen Glauben des Grundbuchs. Einwendungen gegen die Bestellung der Hypothek und gegen den Übergang der Hypothek auf den Eingetragenen können dem gutgläubigen Eingetragenen nur entgegengehalten werden, wenn sie sich aus dem Grundbuch ergeben. Dasselbe gilt für die in § 1157 BGB. bezeichneten Einreden gegen die Hypothek. Was die Anwendung des § 893 BGB. angeht, so sind auch hier Forderung und dingliches Recht auseinanderzuhalten. Wer mit dem Inhaber einer Sicherungshypothek ein Rechtsgeschäft schließt, kann sich nur darauf verlassen, daß das dingliche Recht, wie im Grundbuch eingetragen ist, dem Eingetragenen zusteht. Wird aber z. B. eine Zahlung geleistet, die den Übergang der Forderung auf den Zahlenden zur Folge hätte (vergl. § 1150 mit § 268), so kann, wenn der Eingetragene nicht der richtige Gläubiger ist, die Forderung nicht auf den Zahlenden übergehen, mit der Forderung aber bleibt die Hypothek verbunden. Vergl. Biermann S. 407, abw. Planck § 1185 Anm. 1b. Wird jedoch von dem eingetragenen Nichtgläubiger das dingliche Recht aufgegeben, so ist diese Verfügung durch den öffentlichen Glauben des Grundbuchs gedeckt.

[10]) Die Eintragung von Einreden ist aus diesem Grunde überhaupt unzulässig.

dem gutgläubigen Erwerber des dinglichen Rechtes unbenommen[11][12]). Die Sicherungshypothek muß im Grundbuch als Sicherungshypothek bezeichnet sein. Eine Hypothek für die Forderung aus einer Schuldverschreibung auf den Inhaber, aus einem Wechsel oder aus einem anderen Papier, das durch Indossament übertragen werden kann, kann nur als Sicherungshypothek bestellt werden und gilt als Sicherungshypothek, auch wenn sie im Grundbuch nicht als solche bezeichnet ist[13]). Ebenso gilt die Höchsthypothek (Maximalhypothek) als Sicherungshypothek, auch wenn sie im Grundbuch nicht als solche bezeichnet ist[14])[15]).

Eine Sicherungshypothek kann in eine gewöhnliche Hypothek, eine gewöhnliche in eine Sicherungshypothek umgewandelt werden, ohne daß die Zustimmung der im Range gleich oder nachstehenden Berechtigten erforderlich wäre[16]). Die Einigung des Gläubigers

---

[11]) Jedoch hindert die Verjährung des Anspruchs den Berechtigten nicht, seine Befriedigung aus dem Grundstück zu suchen, soweit nicht Rückstände von Zinsen verlangt werden (§ 223 BGB.).

[12]) Nicht ausgeschlossen sind für die Sicherungshypothek die Vorschriften über die Eigentümerhypothek und den Übergang der Hypothek auf den den Gläubiger befriedigenden Schuldner. Beim Fehlen der Forderung ist demnach die Sicherungshypothek nicht nichtig, besteht vielmehr als Eigentümergrundschuld.

[13]) § 1187 BGB. KProt. 3 S. 667.

[14]) § 1190 BGB. Mot. 3 S. 767, KProt. 3 S. 688. Die Höchsthypothek ist eine Hypothek, bei der nur der Höchstbetrag, bis zu dem das Grundstück haften soll, bestimmt, im übrigen die Feststellung der Forderung vorbehalten ist. Die Höchsthypothek belastet das Grundstück sofort und unbedingt zum vollen eingetragenen Höchstbetrag. Es ist nur unbestimmt, wem die Höchsthypothek zusteht. Soweit Forderungen nicht entstehen, steht sie als Eigentümergrundschuld dem Eigentümer zu (§§ 1163, 1177 BGB.), ebenso führt ein Erlöschen der Forderung zur Eigentümerhypothek, allein die Frage, ob eine Eigentümergrundschuld besteht, entscheidet sich erst bei Beendigung des Rechtsverhältnisses, zu dessen Sicherung die Höchsthypothek dient. Durch die Feststellung der endgültigen Forderung des Gläubigers wird bestimmt, bis zu welchem Betrage die Sicherungshypothek dem Gläubiger zusteht; in Höhe des Unterschiedes zwischen der endgültigen Forderung des Gläubigers und dem gesicherten Höchstbetrage steht die Hypothek dem Eigentümer zu. Vergl. RG 6 XI 1901 E. 49 S. 165. — Eine Höchsthypothek ist die Arresthypothek (§ 932 ZPO.). Der Geldbetrag, durch dessen Hinterlegung die Vollziehung des Arrestes gehemmt werden kann, ist bei der Eintragung als der Höchstbetrag zu bezeichnen, für welchen das Grundstück haftet. Die Eintragung erfolgt auf Antrag des Gläubigers. Der Antrag auf Eintragung gilt als Vollziehung des Arrestes im Sinne des § 929 ZPO. Sollen mehrere Grundstücke des Schuldners belastet werden, so ist der Betrag zu teilen. Wird der Arrest aufgehoben, so erwirbt der Eigentümer des Grundstücks die Hypothek.

[15]) Auch die nach § 848 ZPO. bestehende Hypothek ist Sicherungshypothek, ohne als solche im Grundbuch bezeichnet zu sein; wird sie jedoch eingetragen, so ist sie als Sicherungshypothek zu bezeichnen.

[16]) § 1186 BGB. Mot. 3 S. 776, KProt. 3 S. 692. Die gewöhnliche Hypothek kann die Brief- oder die Buchhypothek sein. Wie die umzuwandelnde Sicherungshypothek entstanden ist, ist ohne Bedeutung, auch eine Zwangshypothek kann umgewandelt werden.

und des Eigentümers genügt neben der Eintragung der Rechtsänderung; ist die Hypothek belastet, so bedarf es auch der Zustimmung des Dritten[17][18]). Ebenso kann eine Sicherungshypothek in eine Grundschuld oder Rentenschuld umgewandelt werden.

Das Recht, das die Hypothek gewährt, ist ein Vollstreckungsrecht gegen das Grundstück, nicht ein Recht, von dem Eigentümer eine Zahlung zu verlangen. Nicht einmal zur Zahlung der Zinsen ist der Eigentümer verpflichtet, dagegen hat er ein Recht, zu zahlen. Der Eigentümer ist berechtigt, den Gläubiger zu befriedigen, darf ihn auch durch Aufrechnung oder durch Hinterlegung befriedigen[19]). Der Gläubiger seinerseits darf, obgleich sein Recht auf Befriedigung aus dem Grundstück geht, das sonstwie beschaffte Geld nicht zurückweisen.

B. Grundschuld.

Unter Grundschuld ist zu verstehen das dingliche Recht, kraft dessen der Berechtigte aus dem belasteten Grundstück eine bestimmte Geldsumme verlangen darf[20]).

Der Grundschuldgläubiger kann eine persönliche Forderung haben, es kann auch in der persönlichen Forderung das Motiv liegen, aus dem die Grundschuld bestellt worden ist, allein als Erfordernis für die Begründung der Grundschuld kommt die persönliche Forderung nicht in Betracht. Ist die Grundschuld bestellt worden zur Sicherung einer Forderung gegen eine Person, so verbleibt die Grundschuld bei dem Grundschuldgläubiger, auch wenn die persönliche Forderung nicht zur Entstehung gelangt oder wenn sie erlischt. Der Eigentümer hat in einem solchen Falle nur einen persönlichen Anspruch auf Rückgewähr gegen den Grundschuld-

---

[17]) §§ 877, 876 BGB. Die Einigung hat zwischen dem Gläubiger und demjenigen, der zur Zeit der Umwandlung Eigentümer ist, zu erfolgen.

[18]) Für die Umwandlung einer Höchsthypothek in eine gewöhnliche Hypothek gilt nichts Besonderes, insbesondere bedarf es nicht der Zustimmung des persönlichen Schuldners, wenn Gläubiger und Eigentümer vereinbaren, daß an Stelle der Höchsthypothek das Grundstück für einen bestimmten Forderungsbetrag haften soll. — Eine Verpflichtung des Eigentümers, die Umwandlung der Höchsthypothek nach Feststellung der Forderung zu bewilligen, besteht gesetzlich nicht. Vergl. RGE. 49 S. 165. Mit der Umwandlung oder nach der Umwandlung kann Verzinslichkeit der Forderung festgesetzt werden (§ 1119 BGB.), § 1190 Abs. 2 gilt nur, solange die Hypothek Höchsthypothek ist.

[19]) Vergl. § 1142 BGB.

[20]) § 1191 BGB. Mot. 3 S. 779, KProt. 3 S. 708. Nach Stobbe-Lehmann (§ 155) ist die Grundschuld eine schlechthinige Forderung gegen den Eigentümer eines Grundstücks auf einmalige oder jährliche Zahlung einer bestimmten Geldsumme, verbunden mit dem dinglichen Rechte, mangels anderweiter Erfüllung Befriedigung aus dem Grundstücke zu suchen. Nach Oberneck 1 S. 1007 ist die Grundschuld das durch eine bestimmte Geldsumme begrenzte, grundbuchmäßig verselbständigte und abstrakte Grundstückswertrecht zu Gunsten einer in der Eintragung bezeichneten dritten Person.

gläubiger[21]). Die Grundschuld ist ein selbständiges Recht, sie hat ihren Zweck in sich selbst; sie soll dem Berechtigten eine bestimmte Summe Geld aus dem Grundstück verschaffen, gleichviel ob eine zur Zahlung verpflichtete Person vorhanden ist oder nicht[22]). Eine Zahlungsverbindlichkeit des Eigentümers besteht ebensowenig wie bei der Hypothek. Der Grundschuldgläubiger kann von dem Eigentümer nur beanspruchen, daß dieser dulde, daß die Beträge, welche den Gegenstand der Grundschuld bilden, im Wege der Zwangsverwaltung oder der Zwangsvollstreckung aus dem Grundstück beigetrieben werden[23]).

C. Rentenschuld.

Die Rentenschuld ist eine Unterart der Grundschuld. Sie ist das dingliche Recht, kraft dessen der Berechtigte in regelmäßig wiederkehrenden Terminen eine bestimmte Geldsumme aus dem belasteten Grundstück verlangen darf[24]).

Die Rentenschuld geht nicht auf Zahlung eines Kapitals, sondern bestimmter Rentenbeträge. Dem Grundschuldkapital entspricht die Summe, durch deren Zahlung die Rentenschuld abgelöst werden kann. Die einzelnen Renten stehen den Zinsen einer Grundschuld oder einer Hypothek gleich[25]). Eine Besonderheit besteht. Bei der Grundschuld kann das Kündigungsrecht dem Eigentümer oder dem Gläubiger zustehen. Bei der Rentenschuld hat der Eigentümer das Recht der Ablösung, und dieses Recht darf vertragsmäßig nicht weiter beschränkt werden, als daß der Eigentümer erst nach 30 Jahren kündigen kann und eine sechsmonatige Frist einhalten muß. Dem Gläubiger dagegen kann ein Kündigungsrecht nicht eingeräumt werden. Nur wenn im Falle einer Verschlechterung des Grundstücks die Sicherheit der Rentenschuld gefährdet ist und der Gläubiger erfolglos eine angemessene Frist zur Beseitigung der Gefährdung bestimmt hat, ist der Gläubiger be-

---

[21]) §§ 812 ff. BGB. Auf das Nichtbestehen der persönlichen Forderung kann der Eigentümer auch eine Einrede stützen. Diese fällt unter § 1157 BGB. und bedarf zum Schutze gegen den öffentlichen Glauben des Grundbuchs der Eintragung. Die Einrede läßt sich durch Widerspruch sichern, der Bereicherungsanspruch durch Vormerkung.

[22]) Im allgemeinen wird die Grundschuld behandelt, als ob ihr eine Forderung zu Grunde läge. So gelten die Vorschriften über den Nießbrauch an einer Forderung auch für den Nießbrauch an einer Grundschuld (§ 1080 BGB.), die Vorschriften über das Pfandrecht an einer Forderung auch für das Pfandrecht an einer Grundschuld (§ 1291 BGB.). Desgleichen finden auf die Zwangsvollstreckung in eine Grundschuld die Vorschriften über die Zwangsvollstreckung in eine Forderung, für welche eine Hypothek besteht, entsprechende Anwendung (§ 857 Abs. 6 ZPO.).

[23]) Vergl. Mot. 3 S. 779.

[24]) § 1199 BGB. KProt. 3 S. 771. Die Rentenschuld kann Brief- oder Buchrentenschuld sein. Die Termine müssen nicht immer gleich hoch sein; es kann z. B. für den Fall der Zahlungssäumnis Erhöhung festgesetzt sein.

[25]) § 1200 BGB. KProt. 3 S. 771.

rechtigt, die Zahlung der Ablösungssumme aus dem Grundstück zu verlangen, wenn nicht die Gefährdung durch Verbesserung des Grundstücks oder durch anderweitige Rentenschuldbestellung beseitigt worden ist[26]). Außerdem kann der Gläubiger die Zahlung der Ablösungssumme erst verlangen, wenn der Eigentümer gekündigt hat und die Kündigungsfrist abgelaufen ist[27]).

So wenig wie bei der Grundschuld hat der Eigentümer des belasteten Grundstücks bei der Rentenschuld eine Zahlungspflicht; er ist berechtigt, den Rentenschuldgläubiger zu befriedigen, hat aber keine Zahlungsverbindlichkeit. Bei der Reallast, die ebenfalls auf wiederkehrende Geldleistungen gerichtet sein kann, haftet der Eigentümer, soweit nicht ein Anderes bestimmt ist, für die während der Dauer seines Eigentums fällig werdenden Leistungen auch persönlich. Bei der Rentenschuld ist eine derartige persönliche Haftung des Eigentümers ausgeschlossen. Sollte sich der Eigentümer persönlich zur Zahlung der Renten verpflichtet haben, so berührt dies die Belastung des Grundstücks nicht. Diese Belastung ist unabhängig von einem derartigen Schuldverhältnisse.

§ 67. Gegenstand der Haftung.

Nur Grundstücke und selbständige Berechtigungen, die wie Grundstücke behandelt werden[1]), können mit Hypotheken, Grundschulden und Rentenschulden belastet werden.

---

[26]) §§ 1201, 1202 BGB. Unberührt bleiben die landesgesetzlichen Vorschriften, welche die Ausschließung des Kündigungsrechts des Eigentümers nur für eine kürzere als die im § 1202 Abs. 2 BGB. bestimmte Zeit zulassen (Art. 117 EGBGB.).

[27]) § 1202 Abs. 3 BGB. — Der Gläubiger hat grundsätzlich nur auf Zahlung der Rente, nicht auf Zahlung der Ablösungssumme ein Recht. Ein solches Recht darf ihm auch nicht eingeräumt werden. Die Ablösung darf daher nicht in der Weise vereinbart sein, daß mit der Rente eine Ablösungsrate zu zahlen ist. Auf Grund einer solchen Vereinbarung hätte der Gläubiger das Recht, die Zahlung der Ablösungssumme zu verlangen, nach § 1202 Abs. 3 BGB. darf er aber die Zahlung der Ablösungssumme erst auf Grund einer Kündigung des Eigentümers verlangen. Soll die Zahlung einer bestimmten Rente für eine beschränkte Dauer in der Weise festgesetzt werden, daß die Rente zu einem gewissen Betrag als Kapitalabzahlung gelten und die Ablösungssumme sich von Jahr zu Jahr nach Maßgabe des Tilgungsplanes verringern soll, so läßt sich dies durch Begründung einer von Seite des Gläubigers unkündbaren (§ 1193 Abs. 2 BGB.), allmählich zu tilgenden, verzinslichen Grundschuld erreichen. Vergl. Turnau-Förster 1 S. 887. — Auch die Begründung einer zeitlich begrenzten Rentenschuld erscheint unstatthaft falls der Gläubiger dadurch das Recht erhalten soll, nach Ablauf der Zeit, für die die Rentenschuld bestellt ist, die Ablösungssumme zu verlangen, denn ein Recht auf Zahlung der Ablösungssumme soll ihm erst zustehen, wenn der Eigentümer die Kündigung für zweckmäßig befunden hat.

Zu § 67.

[1]) § 1017 BGB., Art. 63, 68, 196, 67 EGBGB. Vergl. §§ 7, 84, 83 GBO. — Unberührt bleiben die landesgesetzlichen Vorschriften, welche die

Die Belastung ruht immer auf dem Grundstück selbst, sie kann nicht auf die Nutzungen des Grundstücks beschränkt werden. Revenuenhypotheken sind nur als Ausnahmen zugelassen[2]).

Ein Grundstücksteil kann als nicht wesentlicher Bestandteil des Grundstücks gesondert belastet werden; soll er aber mit einer Hypothek (Gr., R.) belastet werden, so soll dies nur in der Weise geschehen, daß er abzuschreiben und als selbständiges Grundstück einzutragen ist[3]). Die Landesjustizverwaltung kann Bestimmung treffen, inwieweit die Eintragung von einer Änderung des amtlichen Verzeichnisses der Grundstücke oder von der Beibringung einer die Lage und die Grenzen des Grundstücksteils darstellenden Karte abhängig sein soll[4]).

Die Belastung eines ideellen Teiles des Grundstücks ist zulässig, jedoch nur, wenn der Bruchteil in dem Anteil eines Miteigentümers besteht, also das Recht des Bestellers an dem Grundstück sich in dem Bruchteile erschöpft[5]). Es kann demnach Jemand, der zu 1/3 Miteigentümer des Grundstücks ist, dieses Drittel mit einer Hypothek (Gr., R.) belasten, nicht aber ist es zulässig, daß er einen Teil seines Anteils, also z. B. die Hälfte seines Drittels oder ein Sechstel des ganzen Grundstücks in dieser Weise belastet. Ebensowenig kann ein Alleineigentümer einen Bruchteil des Grundstücks hypothekarisch belasten. Vereinigen sich die Miteigentümeranteile in der Hand eines Miteigentümers, so daß dieser das

---

Belastung eines Grundstücks über eine bestimmte Wertgrenze hinaus untersagen (Art. 117 Abs. 1 EG.), ferner die landesgesetzlichen Vorschriften, welche die Belastung eines Grundstücks mit einer unkündbaren Hypothek oder Grundschuld untersagen oder die Ausschließung des Kündigungsrechts des Eigentümers bei Hypothekenforderungen und Grundschulden zeitlich beschränken und bei Rentenschulden nur für eine kürzere als die im § 1202 Abs. 2 BGB. bestimmte Zeit zulassen (Art. 117 Abs. 2 EG.).

[2]) Revenuenhypotheken des alten Rechts s. Art. 192 Abs. 2 EG. In Zukunft kann eine Revenuenhypothek nur in Fällen bestellt werden, in denen der Eigentümer in der Verfügung über die Substanz des Grundstücks beschränkt ist, insbesondere bei Familienfideikommissen und Lehen oder bei Grundstücken, die nach den Hausverfassungen nur beschränkt belastet werden dürfen. Art. 60 EGBGB.

[3]) § 6 GBO. Nach der Belastung können die Grundstücke wieder vereinigt werden (§ 890 BGB.), doch soll dies nur geschehen, wenn keine Verwirrung zu besorgen ist (§ 5 GBO.). — Die ohne Abschreibung des Grundstücksteiles erfolgte Belastung ist wirksam. Wird das Grundstück um einen einheitlichen Preis versteigert, so ist der Erlös entsprechend zu verteilen. RG 29 III 1905 JW. S. 319[6].

[4]) § 96 GBO.

[5]) §§ 1114, 1192, 1199 BGB. Mot. 3 S. 638, KProt. 3 S. 543. — Dasselbe gilt für die Entlastung; ein Bruchteil kann nur freigegeben werden, wenn er in dem Anteil eines Miteigentümers besteht. — Die Größe der Anteile ist aus dem Grundbuch ersichtlich (§ 48 GBO.). Grundstücke, die einer Gemeinschaft zur gesamten Hand gehören, sind Gesamtgut. S. § 29.

Alleineigentum erhält, so bleiben selbstverständlich die durch die einzelnen Miteigentümer früher bewilligten Rechte unverändert[6].

Die Hypothek (Gr., R.) umfaßt das Grundstück[7]) in seinem rechtlichen und wirtschaftlichen Bestande. Der im Grundbuch bezeichnete, nach dem Flurbuch zu ermittelnde Grundstückskörper wird von dem dinglichen Rechte in seinem wirklichen Bestande ergriffen[8]). Wird ein belastetes Grundstück geteilt, so haftet jeder Teil für die ganze Schuld[9]). Die Belastung ist auf das Grundbuchblatt des Trennstückes mitzuübertragen, damit nicht auf Grund des öffentlichen Glaubens das Recht durch eine Verfügung an einen gutgläubigen Dritten verloren geht. Einer Genehmigung des Gläubigers zur Abtrennung bedarf es nicht[10]). Wird ein Grundstück zum Bestandteil eines anderen Grundstücks gemacht, indem der Eigentümer es diesem Grundstück (z. B. einem Hofgut) im Grundbuch zuschreiben läßt[11]), so erstrecken sich die an dem Hauptgrundstück bestehenden Hypotheken, Grundschulden und Rentenschulden auf das zugeschriebene Grundstück, gehen jedoch den Rechten, mit denen das zugeschriebene Grundstück belastet ist, im Range nach[12]). Anders ist es, wenn ein Eigentümer zwei Grundstücke

---

6) Der Alleineigentümer kann die Belastung eines Bruchteils nicht auf das ganze Grundstück erstrecken. Eine Belastung des ganzen Grundstücks kann er herbeiführen, indem er die Last auf das Grundstück im Ganzen eintragen läßt, ohne daß dadurch die bereits bestehende Bruchteilshypothek berührt wird (Mot. 3 S. 640). Folgt die neue Eintragung im Range unmittelbar nach der Bruchteilsbelastung, so kann durch Löschung der Bruchteilsbelastung eine einheitliche Belastung des Grundstücks bewirkt werden. Die Ausdehnung der Bruchteilsbelastung auf die übrigen Bruchteile ist nicht zulässig. A. M. Förster Recht 1904 S. 91 gegen KG. 28 IX 1903 Recht 1904 S. 116, Falkmann ZBlFG. 5 S. 303.

7) Vergl. KProt. 3 S. 550. Für den Umfang des dinglichen Rechts ist zunächst der Bestand zur Zeit des Eintritts der Belastung maßgebend. — Bezeichnung des Grundstücks nach §§ 2, 28 GBO. — Unberührt bleiben die landesgesetzlichen Vorschriften über die Behandlung der einem Eisenbahn- oder Kleinbahnunternehmen gewidmeten Grundstücke und sonstiger Vermögensgegenstände als Einheit (Bahneinheit), über die Veräußerung und Belastung einer solchen Bahneinheit oder ihrer Bestandteile, insbesondere die Belastung im Falle der Ausstellung von Teilschuldverschreibungen auf den Inhaber (Art. 112 EGBGB.).

8) Über die tatsächlichen Angaben des Grundbuchs s. § 6 Ziff. 8 ff.

9) Wird ein Teil veräußert, so wird er von den Belastungen des Grundstücks befreit, wenn nach Maßgabe der Landesgesetze von der zuständigen Behörde festgestellt wird, daß die Rechtsänderung für die Berechtigten unschädlich ist (Art. 120 EGBGB.). Vergl. hierzu § 17 Abs. 2 HypBankges. v. 13. Juli 1899.

10) Vergl. Mot. 3 S. 654.

11) § 890 Abs. 2 BGB., § 5 GBO. KProt. 3 S. 552. — Über das Antrags- und Beschwerderecht des Hypothekgläubigers hinsichtlich der Eintragung einer von dem Eigentümer bewilligten Zuschreibung s. KG 18 V 1905 Recht 1905 S. 574.

12) § 1131 BGB. KProt. 3 S. 549, 6 S. 252. Das Grundstück ist ein einheitliches, die Hypotheken 2c. werden nicht zu Gesamthypotheken.

miteinander zu einem Grundstück vereinigt[13]); in diesem Falle bleibt die gesonderte Belastung der einzelnen Teile bestehen[14]).

Das dingliche Recht erfaßt auch die Rechte, welche mit dem Eigentum an dem Grundstück verbunden sind und als Bestandteile des Grundstücks gelten[15]). Es kommt dabei nicht darauf an, ob diese Rechte auf dem Blatte des Grundstücks vermerkt sind[16]) oder ob sie nur auf dem Blatte des durch sie belasteten Grundstücks stehen. Dem Rechte des Gläubigers unterstehen diese Rechte, gleichviel, ob sie zur Zeit der Bestellung der Hypothek (Gr., R.) mit dem Eigentum an dem Grundstück verbunden waren, oder ob sie erst später erworben worden sind. Zur Aufhebung des subjektiv-dinglichen Rechtes ist die Zustimmung des Hypothek- (Grundschuld-, Rentenschuld-) Gläubigers erforderlich, sofern nicht sein Recht durch die Aufhebung nicht berührt wird[17]).

Soweit es sich um nicht wesentliche Bestandteile des Grundstücks handelt, kann der Umfang der Haftung vertragsmäßig bestimmt werden[18]). Anders ist es mit den wesentlichen Bestandteilen. Daß die wesentlichen Bestandteile eines Grundstücks von den Belastungen, die auf dem Grundstück liegen oder darauf gelegt werden, getroffen werden müssen, ergibt sich aus der Bestimmung des § 93 BGB.

Zu den wesentlichen Bestandteilen des Grundstücks gehören insbesondere die Erzeugnisse des Grundstücks, so lange sie mit dem Boden zusammenhängen[19]). Werden sie vom Boden getrennt, so hören sie auf, wesentliche Bestandteile des Grundstücks zu sein und werden zu selbständigen beweglichen Sachen. Der Hypothek (Gr., R.) bleiben die von dem Grundstück getrennten Erzeugnisse und sonstigen Bestandteile unterworfen, soweit sie nicht mit der Trennung in das Eigentum eines Anderen als des Eigentümers oder des Eigenbesitzers des Grundstücks gelangen[20]). Soweit demnach ein Dritter vermöge eines

---

[13]) § 890 Abs. 1 BGB., § 5 GBO.

[14]) Kommt es zur Zwangsvollstreckung, so muß nicht das ganze Grundstück zur Zwangsvollstreckung gezogen werden. Es kann nur der Grundstücksteil zur Zwangsversteigerung gebracht werden, der mit dem dinglichen Recht belastet ist. A. M. Hachenburg S. 331.

[15]) § 96 BGB.

[16]) § 8 GBO.

[17]) § 876 BGB. S. § 8 Ziff. 50 ff. — Landesgesetzliche Vorschriften über Erklärung der Unschädlichkeit der Aufhebung s. Art. 120 Abs. 2 Ziff. 2 EGBGB. Vergl. § 21 GBO. (s. § 13 Ziff. 87).

[18]) Die in § 95 BGB. bezeichneten Sachen fallen nie unter das dingliche Recht, sie gehören nicht zu den Bestandteilen des Grundstücks.

[19]) § 94 BGB. Der Pfändung ungetrennter Erzeugnisse kann von dem Hypothek- (Gr., R.-) Gläubiger gemäß § 771 ZPO. widersprochen werden (§ 810 ZPO.).

[20]) Die Erzeugnisse und Bestandteile, die schon zur Zeit der Bestellung des dinglichen Rechts von dem Grundstück getrennt sind, werden von der Belastung nicht ergriffen.

dinglichen oder persönlichen Rechts oder als Nutzungsbesitzer befugt ist, sich die Erzeugnisse und Bestandteile anzueignen[21]), auch dem nur persönlich Berechtigten der Besitz des Grundstücks überlassen ist, werden die Erzeugnisse und Bestandteile mit der Trennung frei von dem dinglichen Rechte des Hypothek- (Gr., R.-) Gläubigers. Doch muß das Verhältnis, auf Grund dessen der Eigentumserwerb für den Dritten vor sich geht, der Hypothek (Gr., R.) im Range vorgehen oder (bei persönlichen Rechten) vor der Hypothek (Gr., R.) begründet sein[22]). Eine Ausnahme macht das Pachtverhältnis. Die dem Pächter zufallenden Früchte sind auch dann von der Haftung frei, wenn die Pacht nach der Bestellung der Hypothek (Gr., R.) begründet worden ist. Das Recht des Pächters auf den Fruchtgenuß wird selbst von der Beschlagnahme des Grundstücks nicht berührt[23]).

Um eine ordentliche Wirtschaftsführung zu ermöglichen, ist die Dauer der Haftung der beweglichen Sachen eingeschränkt.

Die Erzeugnisse und Bestandteile können von der Haftung frei werden

a) infolge Entfernung von dem Grundstück,

b) infolge Veräußerung und Entfernung.

Damit durch die bloße Entfernung der Sachen von dem Grundstück die Haftung wieder aufhöre, ist erforderlich,

1. daß die Erzeugnisse und Bestandteile innerhalb der Grenzen einer ordnungsmäßigen Wirtschaft von dem Grundstück getrennt worden sind,

2. daß sie von dem Grundstück entfernt worden sind, bevor ihre Beschlagnahme für den Gläubiger stattgefunden hat,

3. daß die Entfernung nicht zu einem vorübergehenden Zwecke stattgefunden hat[24]).

Beweispflichtig für die unter 1 und 2 angegebenen Voraussetzungen ist der Eigentümer. Behauptet der Gläubiger, die Entfernung sei zu einem vorübergehenden Zwecke erfolgt, so trifft ihn für diese Aufstellung die Beweislast.

---

[21]) §§ 954—957 BGB. (s. § 25 Ziff. 85 ff.).

[22]) Vergl. Denkschr. zu ZVG. § 21. Biermann S. 316, a. M. Planck § 1120 Anm. 2b. — Erlischt das Eigentum an den Erzeugnissen oder Bestandteilen durch Verarbeitung, Verbindung, Vermischung oder Vermengung, so erlischt auch die hypothekarische Haftung (§§ 949, 950 BGB.). Vergl. RG 16 XII 1903 GruchBeitr. 48 S. 380. (Nach Beschlagnahme des Grundstücks wird ein Schuppen abgerissen, die Materialien werden auf dem Grundstück des Erwerbers zu einem Bau verwendet, alsdann erfolgt der Zuschlag des beschlagnahmten Grundstücks — der Ersteher hat keinen Anspruch nach § 951 BGB.).

[23]) § 21 Abs. 3, 57, 148 ZVG. Statt der Früchte kann der Gläubiger den Pachtzins erhalten.

[24]) § 1122 Abs. 1 BGB. Mot. 3 S. 661, KProt. 3 S. 556. Es kommt nichts darauf an, ob die Sachen im Besitze des Eigentümers geblieben sind, das Wegschaffen von dem Grundstück beendigt die Haftung.

Auch die nicht innerhalb der Grenzen einer ordnungsmäßigen Wirtschaft getrennten Erzeugnisse und Bestandteile werden von der Haftung frei; jedoch bedarf es in diesem Falle außer der Entfernung der Sachen von dem Grundstück auch ihrer Veräußerung[25]). Gleichgültig, ob die Veräußerung vor der Entfernung oder die Entfernung vor der Veräußerung erfolgt, die Sachen werden von der Haftung frei, wenn sie veräußert und entfernt worden sind, bevor sie zu Gunsten des Gläubigers in Beschlag genommen worden sind[26]). Guter Glaube des Erwerbers hinsichtlich des dinglichen Rechtes des Gläubigers ist nicht verlangt.

Erfolgt die Beschlagnahme[27]), ehe es zur Veräußerung oder ehe es zur Entfernung von dem Grundstück gekommen ist, so treten die von der Beschlagnahme getroffenen Sachen unter ein Veräußerungsverbot. Auch bei einem Veräußerungsverbot finden die Vorschriften zu Gunsten derjenigen, welche Rechte von einem Nichtberechtigten erwerben, entsprechende Anwendung[28]).

Auf Grund der Bestimmungen über den Eigentumserwerb (§ 936 BGB.) erlischt das Recht an einer Sache, wenn ein Dritter das Eigentum erwirbt und zur Zeit des Erwerbes in Ansehung des begrenzten Rechtes in gutem Glauben ist. Einer Entfernung der Sachen von dem Grundstück bedürfte es hiernach nicht. Auf diese Bestimmung darf sich aber der Erwerber dem Gläubiger gegenüber nicht berufen, wenn die veräußerten Sachen zur Zeit der Beschlagnahme noch auf dem Grundstück sind, mag auch die Veräußerung schon vor der Beschlagnahme erfolgt sein. Die Unkenntnis von dem dinglichen Rechte des Gläubigers nützt dem Erwerber hier nichts. Entfernt jedoch der

---

25) Unter Veräußerung ist nur die Übereignung zu verstehen.

26) § 1121 Abs. 1 BGB. Mot. 3 S. 661, KProt. 3 S. 556.

27) Unter Beschlagnahme ist nicht blos die Beschlagnahme des Grundstücks zum Zwecke der Zwangsversteigerung oder der Zwangsverwaltung zu verstehen, sondern jede Zwangsvollstreckung des Gläubigers (Pfändung, Arrest, einstweilige Verfügung), die sich auf die haftenden Gegenstände erstreckt. — Die Beschlagnahme des Grundstücks zum Zwecke der Zwangsversteigerung umfaßt zwar alle Gegenstände, auf welche sich die Hypothek (Gr., R.) erstreckt, aber land- und forstwirtschaftliche Erzeugnisse des Grundstücks nur, soweit die Erzeugnisse noch mit dem Boden verbunden oder soweit sie Zubehör des Grundstücks sind; das Recht des Pächters auf den Fruchtgenuß bleibt unberührt (§§ 20 Abs. 2, 21 ZVG.). Die Beschlagnahme zum Zwecke der Zwangsverwaltung umfaßt auch die getrennten Erzeugnisse (§ 148 ZVG.). Vergl. §§ 22, 23 ZVG. Sobald die Beschlagnahme der haftenden beweglichen Sachen im Wege der Zwangsvollstreckung in das unbewegliche Vermögen erfolgt ist, unterliegen diese Sachen nicht mehr der Zwangsvollstreckung in das bewegliche Vermögen (§ 865 Abs. 2 ZPO.). Die Pfändung ist nichtig, nicht etwa nur dem Beschlagnahmegläubiger gegenüber unwirksam, der Weg der Zwangsvollstreckung in das unbewegliche Vermögen ist, sobald dieses Verfahren eingeleitet ist, für jeden Gläubiger die ausschließliche Form der Vollstreckung. RG 15 X 1904 E. 59 S. 91, 17 XII 1904 JW. 1905 S. 89[38].

28) §§ 136, 135 Abs. 2 BGB.

Erwerber die erworbene Sache von dem Grundstück, so ist die vor der Entfernung erfolgte Beschlagnahme ihm gegenüber nur wirksam, wenn er bei der Entfernung in Kenntnis oder grobfahrlässiger Unkenntnis von der Beschlagnahme war. Der Gläubiger hat das Fehlen des guten Glaubens zu beweisen. Die Kenntnis des Antrags auf Versteigerung des Grundstücks steht übrigens einer Kenntnis der Beschlagnahme gleich, auch gilt die Beschlagnahme in Ansehung der mithaftenden beweglichen Sachen als bekannt, sobald der Versteigerungs- oder Zwangsverwaltungsvermerk eingetragen ist[29]). — Werden die beweglichen Sachen erst veräußert, nachdem sie von dem Grundstück entfernt worden sind, so verbleibt es bei den allgemeinen Vorschriften, die zu Gunsten derjenigen gelten, welche Rechte von einem Nichtberechtigten herleiten.

Die Hypothek (Gr., R.) erstreckt sich weiter auf das Zubehör des Grundstücks[30]), mit Ausnahme der Zubehörstücke, welche nicht in das Eigentum des Eigentümers des Grundstücks gelangt sind[31]). Die Zubehörstücke werden von dem dinglichen Rechte des Gläubigers erfaßt, mögen sie vor oder nach der Begründung dieses Rechtes die Zubehöreigenschaft erlangt haben[32]). Die Zubehörstücke werden

---

[29]) § 23 Abs. 2 ZVG.

[30]) §§ 97, 98 BGB. Die Frage der Zubehöreigenschaft einer beweglichen Sache und ihrer Mithaftung für eine vor dem 1. Januar 1900 eingetragene Hypothek ist nach BGB. zu beurteilen (RG 26 IX 1903 JW. S. 388[17]), doch finden die Bestimmungen des BGB. keine Anwendung, solange das Grundbuch noch nicht angelegt ist (RG 4 XII 1903 SächsArch. 14 S. 352). Vergl. Schneider BayZfR. 1 S. 9, auch RG 27 II 1904 PuchZ. 35, S. 405. -- Bewegliche Sachen, die nach BGB. kein Zubehör sind, haften nicht, wenn sie unter neuem Recht einer Sachgesamtheit beigefügt worden sind, der unter der Herrschaft des früheren Rechts durch Privatwillkür Zubehöreigenschaft verliehen war. RG 19 IX 1903 E. 55 S. 291.

[31]) § 1120 BGB. Mot. 3 S. 650, KProt. 3 S. 549. Es kommt auf den Zeitpunkt der Begründung des dinglichen Rechts an. Sachen, die Zubehör waren, aber zur Zeit der Begründung des dinglichen Rechts kein Zubehör mehr sind, und Sachen, die zur Zeit der Begründung des dinglichen Rechts zwar Zubehör sind, aber nicht im Eigentum des Grundeigentümers stehen, werden von dem dinglichen Rechte nicht erfaßt. Ob der Gläubiger von einem Eigentumsvorbehalt des Verkäufers der Zubehörstücke Kenntnis hatte oder nicht, ist nicht von Belang (vergl. RG 27 IV 1901 JW. S. 382). Die Zwangsversteigerung dagegen erstreckt sich auch auf Zubehörstücke, die einem Dritten gehören, wenn sie sich im Besitze des Schuldners oder eines neu eingetretenen Eigentümers befinden. Der Dritte hat sein Recht nach Maßgabe des § 37 Nr. 5 ZVG. geltend zu machen (§ 55 Abs. 2 ZVG.). Von der Beschlagnahme sind solche Sachen nicht ergriffen, aber der Zuschlag erstreckt sich auf sie; bei dem Zuschlag entscheidet die tatsächliche Zugehörigkeit der Sachen zu dem Grundstück; immerhin müssen die Sachen Zubehör im Sinne des § 97 BGB. sein. Vergl. RGE. 49 S. 254.

[32]) Hatte der Verkäufer der Zubehörstücke sich das Eigentum bis zur Zahlung des Kaufpreises vorbehalten und hat erst der Konkursverwalter den Kaufpreis gezahlt, so haften die Sachen; § 15 KO. steht nicht entgegen. RG 24 I 1903 E. 53 S. 350.

von der Haftung frei, wenn die Zubehöreigenschaft innerhalb der Grenzen einer ordnungsmäßigen Wirtschaft vor der Beschlagnahme aufgehoben wird[33]). Trifft diese Voraussetzung nicht zu, so werden sie nur frei, wenn sie veräußert und von dem Grundstück entfernt werden, bevor sie zu Gunsten des Gläubigers in Beschlag genommen worden sind. Auch bezüglich der Zubehörstücke kann der Erwerber, wenn es zur Beschlagnahme gekommen und die Veräußerung vor der Entfernung vor sich gegangen ist, dem Gläubiger gegenüber sich nicht darauf berufen, daß er in Ansehung der Hypothek (Gr., R.) in gutem Glauben gewesen sei[34]). Hat der Erwerber die Sache von dem Grundstück entfernt, so werden sie von der Haftung trotz der Beschlagnahme frei; es müßte denn sein, daß der Erwerber bei der Entfernung in Kenntnis oder grobfahrlässiger Unkenntnis von der Beschlagnahme war[35])[36]).

Die Hypothek (Gr., R.) erstreckt sich, falls das belastete Grundstück vermietet oder verpachtet ist, auch auf die Miet- oder Pachtzinsforderungen. Diese Forderungen werden, soweit sie fällig sind, mit dem Ablauf eines Jahres nach dem Eintritt der Fälligkeit frei, wenn nicht vorher die Beschlagnahme erfolgt. Ist aber der Zins im Voraus zu entrichten, so erstreckt sich die Befreiung von der Haftung nicht auf den Miet- oder Pachtzins für eine spätere Zeit als für das zur Zeit der Beschlagnahme laufende und das folgende Kalendervierteljahr

---

[33]) § 1122 Abs. 2 BGB.

[34]) S. oben bei Ziff. 27 ff. Vergl. RG 31 I 1905 JW. S. 175[17] (Vieh wurde veräußert, auch übergeben, aber nicht von dem Gut entfernt, bei der Zwangsversteigerung erhielt die Ehefrau des bisherigen Eigentümers den Zuschlag, der Käufer wurde mit der auf Herausgabe des Viehs erhobenen Klage abgewiesen), auch Zweibrücken PuchZ. 39 S. 169.

[35]) § 1121 BGB. — Zubehörstücke können nicht gepfändet werden (§ 865 Abs. 2 ZPO.). Das Recht, das durch eine unter altem Recht erfolgte Pfändung erworben worden ist, bleibt unberührt. RGE. 46 S. 173. Die Vorschrift des § 865 Abs. 2 ZPO. hat die Anlegung des Grundbuchs zur Voraussetzung. RG 4 III 1902 JW. 1902 Beil. S. 217. — Dem Hypothek-(Gr., R.)-Gläubiger steht gegen die Pfändung der Zubehörstücke nicht allein der Rechtsbehelf aus § 766 ZPO., sondern auch die Widerspruchsklage aus § 771 ZPO. zu. RG 24 VI 1903 E. 55 S. 207. — Schadensersatzpflicht des Pfändenden setzt Verschulden voraus. RG 7 VI 1905 JW. S. 494[20].

[36]) Werden Zubehörstücke von dem Zuschlag ausgeschlossen, so wird damit die hypothekarische Haftung nicht aufgehoben. Daran ändert auch die nach dem Zuschlag des Grundstücks erfolgte Löschung der dinglichen Rechte, die an dem Grundstück bestanden, nichts. RG 24 X 1903 E. 55 S. 415. Das Verfahren richtet sich hinsichtlich der ausgeschlossenen Gegenstände nach § 65 ZVG. Die Ausschließung hat übrigens nur Wirkung für das anhängige Zwangsversteigerungsverfahren; ist dieses erledigt, z. B. weil der betreibende Gläubiger befriedigt ist, so besteht auch keine weitere hypothekarische Haftung der beweglichen Sachen. Abw. Jäckel S. 245. Vergl. Eccius GruchBeitr. 48 S. 472, Jäckel Recht 1904 S. 585.

jahr[37])[38]). Ist demnach am 1. Januar 1901 der Mietzins für die Jahre 1901 und 1902 fällig gewesen, aber nicht eingezogen worden, und erfolgt am 1. Februar 1902 die Beschlagnahme, so haftet noch die Mietzinsforderung für die Zeit vom 1. Juli 1902 ab.

Über die dem dinglichen Rechte des Hypothek- (Gr., R.-) Gläubigers unterliegenden Miet- und Pachtzinsforderungen **kann rechtswirksam verfügt werden**[39]), solange der Hypothek- (Gr., R.-) Gläubiger die Forderung nicht in Beschlag genommen hat. Die Einziehung oder sonstige Verfügung (Übertragung, Belastung, Erlaß) der Forderung ist dem Realgläubiger gegenüber wirksam. Wird die Forderung auf einen Dritten übertragen, so erlischt die Haftung der Forderung; einer Übertragung der Forderung steht es gleich, wenn das Grundstück ohne die Forderung veräußert wird. Wird die Forderung nicht übertragen, aber mit einem Rechte zu Gunsten eines Dritten belastet, so geht dieses Recht der Hypothek (Gr., R.) im Range vor. Aber jede Verfügung über den Miet- oder Pachtzins (Einziehung, Übertragung, Belastung, Erlaß) ist dem Realgläubiger gegenüber insoweit unwirksam, als sich die Verfügung auf den Miet- oder Pachtzins für eine spätere Zeit als das zur Zeit der Beschlagnahme laufende und das folgende Kalendervierteljahr bezieht[40]). Unter allen Umständen soll dem Realgläubiger der Miet- oder Pachtzins von dem zweiten auf die Beschlagnahme folgenden Kalendervierteljahr ab

---

[37]) § 1123 BGB. Mot. 3 S. 657, KProt. 3 S. 549. Da die dem Pächter zufallenden Früchte von dem dinglichen Recht frei werden, so tritt die Pachtzinsforderung an die Stelle der Früchte. Vergl. Mot. 3 S. 658. Die Hypothek (Gr., R.) erstreckt sich auf die Miet- und Pachtzinsforderungen, die zur Zeit der Begründung der Hypothek einer hypothekarischen Haftung noch ausgesetzt waren. Es wird nicht derjenige Zins frei, der für die der Bestellung der Hypothek voraufgehende Zeit geschuldet wird. A. M. Planck § 1123 Bem. 2, Biermann S. 320. Die rückständigen Pachtzinsen lassen sich wohl nicht anders behandeln als ausstehende Früchte, die hätten bezogen werden können, aber nicht bezogen worden sind.

[38]) Über Beschlagnahme s. Anm. 27. Die Beschlagnahme zum Zwecke der Zwangsversteigerung umfaßt nicht die Miet- oder Pachtzinsforderungen (§ 21 Abs. 2 ZVG.), wohl aber die Beschlagnahme zum Zwecke der Zwangsverwaltung (§ 148 ZVG.). Ist die Zwangsverwaltungsbeschlagnahme wirksam geworden, so unterliegen die Forderungen nicht mehr der Pfändung (§ 865 Abs. 2 ZPO.). Eine vorher zugestellte Benachrichtigung von dem Bevorstehen der Pfändung ist wirkungslos. Vergl. RG E. 59 S. 91. — Sicherung des Rechtes des Hypothek-(Gr., R.,) Gläubigers durch einstweilige Verfügung während des Konkursverfahrens s. RG 9 VII 1902 E. 52 S. 139. — Über das Verhältnis der Miet- und Pachtzinspfändung zur Immobiliarvollstreckung s. Steiner BayZfR. 1 S. 161 ff.

[39]) Die Verfügung kann auch durch den Konkursverwalter erfolgen, RG 23 V 1903 JW. 1903 Beil. S. 101, und im Wege der Zwangsvollstreckung, vergl. RGE. 59 S. 183.

[40]) § 1124 BGB. Mot. 3 S. 663, KProt. 3 S. 560. Einer Anfechtung bedarf es nicht; die Forderungen sind als ausstehend zu betrachten. Gegen den Zessionar steht dem Hypothekgläubiger kein Anspruch zu.

verbleiben; insoweit kann auch der Mieter oder Pächter nicht eine ihm gegen den Vermieter oder Verpächter zustehende Forderung gegen den Hypothek- (Gr., R.-) Gläubiger aufrechnen[41]).

Wie auf die Früchte erstreckt sich die Hypothek (Gr., R.) auch auf die Ansprüche aus einem Rechte auf wiederkehrende Leistungen[42]), wenn ein solches Recht mit dem Eigentum an dem Grundstück zur Zeit der Bestellung der Hypothek (Gr., R.) verbunden ist oder später damit verbunden wird. Soweit derartige Ansprüche fällig sind, werden sie mit dem Ablaufe eines Jahres nach dem Eintritt der Fälligkeit frei, wenn nicht vorher die Beschlagnahme erfolgt[43]). Verfügungen über die einzelnen Leistungen sind dem Hypothek- (Gr., R.-) Gläubiger gegenüber in derselben Weise wie Verfügungen über Miet- oder Pachtzinsforderungen wirksam[44]), unwirksam ist nur eine vor der Beschlagnahme erfolgte Verfügung über einen Anspruch auf eine Leistung, die erst drei Monate nach der Beschlagnahme fällig wird[45]). Ist die Verfügung dem Hypothek- (Gr., R.-) Gläubiger gegenüber unwirksam, so kann der Verpflichtete nicht eine ihm gegen den Eigentümer zustehende Forderung gegen den Realgläubiger aufrechnen[46]).

Das Recht des Hypothek- (Gr., R.-) Gläubigers erfaßt endlich auch die Forderungen gegen den Versicherer, wenn Gegenstände, die der Hypothek (Gr., R.) unterliegen, für den Eigentümer oder Eigenbesitzer des Grundstücks in Versicherung gebracht sind[47]). Zur Versicherung verpflichtet ist der Eigentümer nicht. Gegenstand der Haftung sind die Forderungen aus der Versicherung, nicht die Versicherungsgelder, und zwar nur die dem Eigentümer oder dem Eigenbesitzer, nicht die einem Dritten zu-

---

[41]) § 1125 BGB. KProt. 3 S. 561. Die Aufrechnung ist ausgeschlossen, auch wenn die Gegenforderung auf dem Miet- oder Pachtverhältnis beruht.

[42]) Z. B. Reallast, Überbau-, Notweg-Rente.

[43]) §§ 1126, 1123 Abs. 2 Satz 1 BGB. Mot. 3 S. 663, KProt. 3 S. 560. Die Ausnahme für Vorausleistungen (s. Ziff. 37) gilt hier nicht. — Die Beschlagnahme zum Zwecke der Zwangsversteigerung umfaßt die Ansprüche auf wiederkehrende Leistungen nicht (§ 21 Abs. 2 ZVG.), dagegen die Beschlagnahme zum Zwecke der Zwangsverwaltung (§ 148 ZVG.). Vergl. auch § 865 ZPO.; s. Anm. 27.

[44]) §§ 1126 mit 1124 Abs. 1, 3 BGB. S. Ziff. 39.

[45]) § 1126 BGB.

[46]) § 1126 mit 1125 BGB.

[47]) § 1127 BGB. Mot. 3 S. 659, KProt. 3 S. 562, 6 S. 243. Eine Ausdehnung dieser Vorschrift auf andere Forderungen, die dem Eigentümer infolge Untergangs oder Beschädigung der haftenden Gegenstände zustehen, erscheint nicht statthaft. — Vergl. jedoch Art. 53, 67, 109 EGBGB. Hierzu RG 12 VII 1905 JW. S. 523[1] (Rechte der Hypothekgläubiger an den Entschädigungsansprüchen des Eigentümers gegen Bergwerksbesitzer).

stehenden Forderungen[48]). Ob die Versicherung gegen Feuersgefahr oder gegen eine andere Gefahr genommen ist, macht keinen Unterschied, ebenso nicht, ob Gebäulichkeiten oder Zubehör, ungetrennte Erzeugnisse des Grundstücks oder sonstige Gegenstände, welche der Hypothek (Gr., R.) unterliegen, versichert sind. Das Realrecht umfaßt die Forderung aus der Versicherung gleichzeitig mit den versicherten Gegenständen, aber der Grund der Haftung der Versicherungsforderung liegt darin, daß für den Fall des Untergangs oder der Beschädigung der Gegenstände dem Realgläubiger ein Ersatz gesichert sein soll[49]). Die Haftung der Forderung gegen den Versicherer erlischt demgemäß, wenn der versicherte Gegenstand wiederhergestellt oder sonstiger Ersatz für ihn beschafft ist[50]). Das Erlöschen tritt kraft Gesetzes ein, auch wenn schon eine Beschlagnahme erfolgt sein sollte. Ist der Ersatz nicht vollständig, so verbleibt es wegen der Differenz bei der Haftung.

Was die Legitimation des Versicherten zur Erhebung der Versicherungssumme betrifft, so ist, wenn nach Maßgabe der Versicherungsbestimmungen der Versicherer nur verpflichtet ist, die Versicherungssumme zur Wiederherstellung des versicherten Gegenstandes zu zahlen, eine diesen Bestimmungen entsprechende Zahlung an den Versicherten dem Hypothek- (Gr., R.-) Gläubiger gegenüber wirksam[51]), mag tatsächlich das Geleistete dem Zwecke gemäß verwendet worden sein oder nicht.

Fehlt es an einer solchen Versicherungsbedingung, so muß zwischen Gebäudeversicherung und Versicherung anderer Gegenstände unterschieden werden.

Ist ein Gebäude versichert, so kann der Versicherer die Versicherungssumme mit Wirkung gegen den Hypothek- (Gr., R.)-Gläubiger an den Versicherten erst dann zahlen, wenn der Eintritt des Schadens durch ihn oder durch den Versicherten dem Hypothek- (Gr., R.-) Gläubiger angezeigt worden ist und seit dem

---

[48]) Dem Eigentümer steht die Forderung zu, wenn der Nießbraucher die Sache unter Versicherung bringt (§ 1045 BGB.); eine derartige Forderung haftet demnach dem Hypothek- (Gr., R.-) Gläubiger.

[49]) Der Hypothek- (Gr., R.-) Gläubiger ist nicht verpflichtet, der Wiederherstellung zuzustimmen, falls die Versicherungssumme nicht nach Maßgabe der Versicherungsbestimmungen zur Wiederherstellung zu verwenden ist. — Wirkung der Auszahlung der Versicherungssumme an den Gläubiger bei einer Höchsthypothek s. RGE. 56 S. 324. — Übergang des Anspruchs auf die Versicherungssumme an den Ersteher s. RG 13 V 1904 JW. S. 423[44].

[50]) § 1127 BGB. Vergl. Mot. 3 S. 665.

[51]) § 1130 BGB. Mot. 3 S. 665, KProt. 3 S. 562. Auch durch Beschlagnahme kann die Versicherungssumme ihrem Zwecke nicht entzogen werden. Ist dem Versicherten die Verwaltung des Grundstücks entzogen (§ 148 Abs. 2 ZVG.), so wird die Zahlung an den Verwalter zu leisten sein, die Zahlung an den Versicherten würde in einem solchen Falle den auf Wiederherstellung der versicherten Gegenstände gerichteten Bestimmungen nicht entsprechen. Vergl. Biermann S. 326.

Empfange der Anzeige ein Monat verstrichen ist. Die Anzeige darf unterbleiben, wenn sie untunlich ist; alsdann wird die Monatsfrist von dem Zeitpunkt an berechnet, in welchem die Versicherungssumme fällig wird. Bis zum Ablaufe der Frist kann der Hypothek- (Gr., R.-) Gläubiger dem Versicherer gegenüber der Zahlung widersprechen[52]). Im übrigen finden bei der Gebäudeversicherung die für verpfändete Forderungen geltenden Vorschriften Anwendung. Der Hypothek- (Gr., R.-) Gläubiger hat die Stellung eines Pfandgläubigers, und zwar ohne daß eine Anzeige des dinglichen Rechtes an den Versicherer erforderlich wäre, der Versicherer kann die bestehenden Hypotheken (Gr., R.) aus dem Grundbuch ersehen und kann sich nicht darauf berufen, daß er eine aus dem Grundbuch ersichtliche Hypothek nicht gekannt habe[53]) [54]).

Ist ein **anderer Gegenstand** als ein Gebäude versichert, also z. B. Zubehör, Früchte, auch Fensterscheiben eines Gebäudes[55]), so sind die Befugnisse des Eigentümers erweitert. Die Versicherungsforderung wird in einem solchen Falle mit dem Ablaufe eines Jahres nach dem Eintritte der Fälligkeit von der hypothekarischen Haftung frei, wenn nicht vorher die Beschlagnahme zu Gunsten des Realgläubigers erfolgt ist. Eine Verfügung, die der Eigentümer vor der Beschlagnahme über die Versicherungsforderung

---

[52]) Der Widerspruch bewirkt, daß, wenn die Hypothekforderung noch nicht fällig ist, die Zahlung an den Eigentümer und den Hypothekgläubiger gemeinschaftlich zu leisten ist (vergl. §§ 1281, 1285 Abs. 1 BGB.). Ist die Hypothekforderung fällig, so kann der Hypothekgläubiger die Forderung einziehen, soweit es zu seiner Befriedigung erforderlich ist (§ 1282 BGB.). Wird die Forderung von dem Eigentümer und dem Hypothekgläubiger gemeinschaftlich eingezogen (§ 1281), so sind Beide einander verpflichtet, zur verzinslichen Anlegung gemäß § 1288 Abs. 1 mitzuwirken.

[53]) § 1128 BGB. Mot. 3 S. 666, KProt. 3 S. 563. Damit an den Versicherten wirksam gezahlt werden kann, muß die Anzeige von dem Eintritt des Schadens den sämtlichen eingetragenen Hypothek- (Gr., R.-) Gläubigern gemacht werden. Legt ein eingetragener Gläubiger in der Monatsfrist Widerspruch ein, so hat dies nur Wirkung für ihn, nicht für die anderen Realberechtigten. Wer keinen Widerspruch einlegt, ist mit der Zahlung an den Versicherten einverstanden. Immerhin besteht das Pfandrecht der Realgläubiger bis zur Auszahlung der Versicherungssumme, kann also noch bis zu diesem Zeitpunkt geltend gemacht werden, nach dem Ablaufe der Widerspruchsfrist wird es jedoch einer Beschlagnahme bedürfen. Eine Aufhebung der Versicherungsforderung durch den Eigentümer ist nur mit Zustimmung der Realberechtigten statthaft (§ 1276 BGB.), ebenso können durch Pfändungen anderer Gläubiger des Eigentümers die Rechte der Realberechtigten nicht beeinträchtigt werden. Verhalten die Realberechtigten sich untätig, so wird die Versicherungssumme, soweit sie an den Versicherten auszuzahlen gewesen wäre, den Gläubigern, die mit Pfändungen vorgegangen sind, ausgezahlt. Vergl. Biermann S. 325.

[54]) Auf Grund landesgesetzlicher Vorschrift kann der dem Eigentümer zustehende Entschädigungsanspruch von den Realrechten befreit werden, wenn von der zuständigen Behörde festgestellt wird, daß die Rechtsänderung für die Berechtigten unschädlich ist (Art. 120 Abs. 2 Ziff. 3 EGBGB.).

[55]) Mot. 3 S. 667.

trifft (Einziehung, Übertragung, Belastung, Erlaß) ist dem Hypothek- (Gr., R.-) Gläubiger gegenüber wirksam. Die Haftung der Forderung erlischt, wenn die Forderung auf einen Dritten übertragen oder das Grundstück ohne die Forderung veräußert wird; wird die Forderung belastet, so geht das Recht des Dritten der Hypothek (Gr., R.) vor[56]).

§ 68. Wofür wird gehaftet?

A. Hypothek.

Das mit einer Hypothek belastete Grundstück haftet

1. für eine bestimmte Geldsumme, deren Betrag bei Bestellung der Hypothek anzugeben ist, für ein bestimmtes Kapital. Das Grundstück bleibt für das bei der Bestellung angegebene Kapital belastet, auch wenn die persönliche Forderung, zu deren Sicherstellung die Hypothek begründet worden ist, überhaupt nicht oder nicht in der bezeichneten Höhe besteht. Dies gilt auch für die Sicherungshypothek, im Besonderen für die Höchsthypothek. Bei dieser Hypothek wird nur der Höchstbetrag bestimmt, bis zu welchem das Grundstück haften soll, die Feststellung der Forderung wird vorbehalten[1]). Immerhin wird auch hier das Grundstück unbedingt belastet mit der ganzen in ihrem Höchstbetrage angegebenen Forderung. Es tritt daher die dingliche Belastung auch insoweit ein, als die Forderung nicht zur Entstehung kommen wird.

Die im Grundbuch bestimmte Summe bildet nicht die höchste Grenze der Haftung. Die Haftung erstreckt sich auch auf

2. die vertragsmäßigen Zinsen[2]). Der Zinssatz ist im Grundbuch anzugeben. War die Forderung unverzinslich oder ist der im Grundbuch angegebene Zinsfuß niedriger als fünf vom Hundert, so kann die Hypothek ohne Zustimmung der im Range gleich oder nachstehenden Berechtigten dahin erweitert werden,

---

[56]) § 1129 mit § 1123 Abs. 2 Satz 1 und § 1124 Abs. 1, 3 BGB. Mot. 3 S. 667, KProt. 3 S. 563. Die Beschlagnahme zum Zwecke der Zwangsversteigerung umfaßt die Forderung aus einer Versicherung land- und forstwirtschaftlicher Erzeugnisse des Grundstücks nur, soweit die Erzeugnisse noch mit dem Boden verbunden oder soweit sie Zubehör des Grundstücks sind (§ 21 Abs. 1 ZVG.). Die Beschlagnahme des Grundstücks zum Zwecke der Zwangsverwaltung umfaßt auch die Forderung aus der Versicherung der übrigen land- und forstwirtschaftlichen Erzeugnisse (§ 148 ZVG.). Vergl. § 865 ZPO.

Zu § 68.

[1]) § 1190 BGB. S. § 66 Anm. 14.

[2]) Bei der Zwangsversteigerung haben nur die Zinsen für das laufende und für die letzten zwei Jahre den Rang des Kapitals s. § 10 Ziff. 4, 8 ZVG. Über Sicherung der übrigen Zinsen durch selbständige Höchsthypotheken (Nebenkautionen) s. Schmitt BayZfR. 1 S. 270, ferner die Beschlüsse des LG. München 25 V 1905 BayZfR. 1 S. 287, BayObLG 23 VI 1905 BayZfR. 1 S. 350, RG 18 X 1905 BayZfR. 1 S. 490.

daß das Grundstück für Zinsen bis zu fünf vom Hundert hafte[3]). Dies gilt auch bei einer Hypothek, die aus einer Höchsthypothek nach Feststellung der Forderung in eine gewöhnliche Hypothek umgewandelt worden ist. Bei der Höchsthypothek werden die vertragsmäßigen Zinsen in den Höchstbetrag eingerechnet. Ist aber die Höchsthypothek in eine gewöhnliche Hypothek umgewandelt, so steht der Erweiterung der Belastung durch Eintragung eines Zinssatzes zu fünf vom Hundert aus dem Höchstbetrage nichts im Wege[4]).

Wird der Zinssatz über fünf vom Hundert erhöht, so hat der Überschuß nicht den Rang des Kapitals, wenn er auch keine neue selbständige Hypothek bildet. Soll der Zinssatz ermäßigt werden[5]), so bedarf es der Zustimmung des Eigentümers[6]).

Für die Zinsen aus der eingetragenen Hauptsumme haftet das Grundstück auch, wenn und soweit die persönliche Forderung nicht besteht oder erlischt. Wird die Hypothek zur Eigentümerhypothek, so bleiben in Ansehung der Verzinslichkeit und des Zinssatzes die für die Forderung getroffenen Bestimmungen maßgebend[7]).

3. sonstige Nebenleistungen (Vertragsstrafen, Kosten der Eintragung 2c.);

4. die gesetzlichen Zinsen der persönlichen Forderung. Hierzu gehören nicht allein die Verzugszinsen, sondern alle unmittelbar auf dem Gesetze beruhenden Zinsen[8]). Das Grundstück haftet für diese Beträge kraft Gesetzes; es bedarf keiner Eintragung und keiner Eintragungsbewilligung. An der Haftung ändert auch der Umstand nichts, daß die Voraussetzungen, unter denen der Zinsenlauf beginnt, nicht aus dem Grundbuch ersichtlich sind.

5. die Verzugszinsen, die gegenüber dem Eigentümer entstehen[9]). Die Haftung des Grundstücks besteht ohne Eintragung, sobald dem Eigentümer gegenüber die Voraussetzungen vorliegen, unter denen ein Schuldner in Verzug kommt[10]).

---

[3]) § 1119 BGB. Mot. 3 S. 646, KProt. 3 S. 548. Die Bestimmung gilt auch von Anlegung des Grundbuchs an für Änderungen des Zinssatzes der unter dem früheren Recht begründeten Hypotheken. — Die Änderung des Zinssatzes ist eine Änderung des Inhalts der Hypothek; sie verlangt Einigung und Eintragung. Zur Vornahme der Eintragung genügt (§ 19 GBO.) die Bewilligung des Eigentümers.

[4]) KProt. 3 S. 689. RG 5 III 1905. JW. S. 291[17].

[5]) Teilweise Aufhebung des Rechtes des Hypothekgläubigers §§ 875, 876 BGB.

[6]) § 1183 BGB., § 27 GBO.

[7]) § 1177 BGB. Bezüglich etwaiger Rückstände s. § 1178 BGB.

[8]) § 1118 BGB. Mot. 3 S. 647, KProt. 3 S. 549. Vergl. §§ 288, 291, 452, 641, 849 BGB.

[9]) § 1146 BGB. Mot. 3 S. 790, KProt. 3 S. 711. Auch für diese Verzugszinsen haftet der Eigentümer nur mit dem Grundstück.

[10]) Vergl. §§ 284, 285, 288 BGB. Für sonstige Schadensersatzansprüche

6. die Kosten der Kündigung und der die Befriedigung aus dem Grundstück bezweckenden Rechtsverfolgung[11]) (Prozeß und Zwangsvollstreckung). Auch für diese Beträge wird keine Eintragung genommen, das Grundstück haftet kraft Gesetzes. Unter den Kosten der Rechtsverfolgung sind nur die Kosten zu verstehen, die bei Verfolgung und Vollstreckung des dinglichen Rechtes gegen den Eigentümer erwachsen; Prozeßkosten, die wegen der Forderung dem persönlichen Schuldner gegenüber entstehen, fallen nicht darunter. Auch die Kosten der Bestellung und Eintragung der Hypothek gehören nicht hierher. Nur bei der Zwangs- und bei der Arresthypothek haftet das Grundstück auch für die dem Schuldner zur Last fallenden Kosten der Eintragung[12]).

Bei der Höchsthypothek werden die Kosten nicht in den Höchstbetrag der Forderung eingerechnet, dagegen fallen alle Zinsen, rechtsgeschäftliche und gesetzliche, sowie etwaige Nebenleistungen (Nr. 3) in den Höchstbetrag[13]).

B. Grundschuld.

Wie bei der Hypothek haftet das mit einer Grundschuld belastete Grundstück

1. für eine bestimmte Geldsumme, ein bestimmtes Kapital,
2. für Zinsen aus dem Kapital[14]),
3. für andere Nebenleistungen.

Auch bei der Grundschuld kann ohne Zustimmung der im Range gleich- oder nachstehenden Berechtigten die Haftung dahin erweitert werden, daß das Grundstück für Zinsen bis zu fünf vom Hundert hafte[15]). Desgleichen haftet das Grundstück ohne Eintragung.

4. für gesetzliche Zinsen aus dem Kapital, sowie für die Kosten der Kündigung und der die Befriedigung aus dem Grundstück bezweckenden Rechtsverfolgung[16]).

---

aus dem Verzuge haftet das Grundstück nicht. Ob der Eigentümer für Schadensersatzansprüche persönlich haftet, ist nach §§ 823 ff. BGB. zu beurteilen. Zu einer Zahlung ist der Eigentümer nicht verpflichtet, er hat nur die Vollstreckung zu dulden. — Befinden sich der persönliche Schuldner und der Eigentümer in Verzug, so können die Verzugszinsen nur einmal gefordert werden. Biermann S. 346.

[11]) § 1118 BGB. Kündigung § 1141 BGB. Die Kosten der Vollstreckung (§ 788 ZPO.) belasten das Grundstück auch, wenn die Versteigerung ergebnislos ist, nicht aber bei Zurücknahme des Versteigerungsantrages. — Rangordnung s. §§ 10 Abs. 2, 12 ZVG. — Auch für Hypotheken des alten Rechtes bedarf es (vergl. Art. 192 EG.) für die in § 1118 BGB. bezeichneten Ansprüche keiner Eintragung im Grundbuch.

[12]) §§ 867, 932 ZPO.

[13]) Vergl. § 1190 Abs. 2 BGB. Mot. 3 S. 767, KProt. 3 S. 689.

[14]) § 1191 BGB. Vergl. Mot. 3 S. 780, KProt. 3 S. 708.

[15]) § 1192 mit § 1119 BGB.

[16]) § 1192 mit §§ 1118, 1146 BGB.

Bei der Hypothek entscheidet sich die Frage, ob der Anspruch des Gläubigers fällig und an welchem Orte die Zahlung zu erfolgen hat, nach den für die persönliche Forderung geltenden Normen. Für die Grundschuld sind Bestimmungen über die Kündigung, über den Ort, wo die Zahlung des Kapitals, der Zinsen und Nebenleistungen erfolgen soll, bei Bestellung der Grundschuld besonders zu treffen. In Ermangelung besonderer Vereinbarung wird das Kapital der Grundschuld erst nach vorgängiger Kündigung fällig und steht die Kündigung sowohl dem Eigentümer als dem Gläubiger zu. Die Kündigungsfrist beträgt, soweit nicht ein Anderes verabredet wird, 6 Monate[17]). Die Zahlung des Kapitals, der Zinsen und Nebenleistungen erfolgt, soweit nicht ein Anderes bestimmt ist, an dem Orte, wo das Grundbuchamt seinen Sitz hat[18]). In welchen Terminen die Zinsen zu zahlen sind, haben die Beteiligten zu bestimmen; fehlt eine Angabe, so ist aus dem Zinssatze, der regelmäßig für das Jahr und vom Hundert zu verstehen ist, auf jährliche Zahlungstermine zu schließen[19]).

C. Rentenschuld.

Bei der Rentenschuld haftet das Grundstück für die Ablösungssumme und für die einzelnen Renten, für gesetzliche Zinsen aus der Ablösungssumme, soweit Kündigung zulässig ist, auch für die Kosten der Kündigung, endlich für die Kosten der die Befriedigung aus dem Grundstück bezweckenden Rechtsverfolgung. Auf die Renten finden die für Hypothekzinsen geltenden Vorschriften entsprechende Anwendung; soweit Nebenleistungen aus Zinsen vorkommen, haftet das Grundstück auch für die Nebenleistungen[20]).

Die Zahlung erfolgt, soweit nicht ein anderes bestimmt ist, an dem Orte, an dem das Grundbuchamt seinen Sitz hat[21]).

---

[17]) § 1193 BGB. Mot. 3 S. 788, KProt. 3 S. 710. Abweichende Vereinbarungen bedürfen der Eintragung. — Landesgesetzlich kann die Belastung des Grundstücks mit unkündbaren Grundschulden untersagt oder die Ausschließung des Kündigungsrechts des Eigentümers zeitlich beschränkt werden (Art. 117 EGBGB.).

[18]) § 1194 BGB. Mot. 3 S. 789, KProt. 3 S. 710. In der Ortschaft, wo das Grundbuchamt seinen Sitz hat, hat das Grundstück seine rechtliche Existenz.

[19]) Mot. 3 S. 789.

[20]) § 1200 BGB. Vergl. §§ 248, 289 BGB. Auch die Bestimmung des § 1119 Abs. 1 kann zur Anwendung kommen, so daß die Rente, wenn sie nicht einem Zinssatz von 5 vom Hundert der Ablösungssumme entspricht, ohne Zustimmung der gleich- oder nachstehenden Berechtigten bis zu 5 vom Hundert erhöht werden kann. Vergl. Planck § 1200 Bem. 1.

[21]) § 1194 BGB.

§ 69. Entstehung der Hypothek, Grundschuld und Rentenschuld.

A. Hypothek.

I. Entstehung durch dinglichen Vertrag und Eintragung.

Da die Hypothek eine Belastung des Grundstücks ist, bedarf es zu ihrer Entstehung regelmäßig der Einigung des Eigentümers und des Gläubigers über den Eintritt der Rechtsänderung, also des dinglichen Vertrags, und der Eintragung der Belastung in das Grundbuch. Die allgemeinen Vorschriften der §§ 873 ff. BGB. finden Anwendung[1]).

Berechtigt, die Belastung des Grundstücks zu bewilligen, ist der Eigentümer des Grundstücks. An künftig zu erwerbenden Grundstücken kann die Hypothek nicht bestellt werden, dagegen ist die Verfügung eines Nichteigentümers wirksam, wenn sie mit Einwilligung des Eigentümers erfolgt, und sie wird wirksam, wenn der Eigentümer sie genehmigt oder der Verfügende das Grundstück erwirbt[2]) oder wenn er von dem Eigentümer beerbt wird und dieser für die Nachlaßverbindlichkeiten unbeschränkt haftet. Wird die Belastung durch einen Nichteigentümer bewilligt, der im Grundbuch als Eigentümer eingetragen ist, so kann der Gläubiger auf Grund des öffentlichen Glaubens des Grundbuchs die Hypothek erwerben.

Ist der dingliche Vertrag gerichtlich oder notariell beurkundet oder sind die Erklärungen des Eigentümers und des Gläubigers vor dem Grundbuchamt abgegeben oder bei diesem eingereicht oder hat der Eigentümer dem Gläubiger eine den Vorschriften der Grundbuchordnung entsprechende Eintragungsbewilligung ausgehändigt, und ist der Antrag auf Eintragung bei dem Grund-

---

Zu § 69.

1) S. § 8.

2) § 185 BGB. Der Erwerber eines Grundstücks kann auf diese Weise, bevor er als Eigentümer eingetragen ist, sich mit dem Verkäufer über die hypothekarische Belastung des Grundstücks zu Gunsten des Kaufpreises einigen und die Eintragung der Hypothek bewilligen. Die Eintragung der Auflassung kann von der Eintragung der Hypothek abhängig gemacht werden (§ 16 Abs. 2 GBO.). — Bedarf der Ehemann, der bei dem Erwerb eines Grundstücks für den Kaufpreis eine Hypothek bestellt, der Einwilligung der Frau (§ 1445 BGB.)? Die Frage wird zu bejahen sein, denn die Verfügung trifft das Grundstück erst, nachdem es bedingungslos (§ 925 Abs. 2 BGB.) Gesamtgutseigenschaft erlangt hat. Daß die Vorschrift des § 1445 umgangen werden kann, unterliegt keinem Zweifel, allein dieser Umstand entbindet nicht von der Verpflichtung, sie in den Fällen anzuwenden, in denen die Voraussetzungen der Anwendbarkeit gegeben sind. Vergl. BayObLG 12 XII 1901 PuchZ. 33 S. 76; a. M. KG 11 III 1901 Recht 1901 S. 352, s. dagegen KG 16 II 1905 Recht 1905 S. 448 (der Prokurist kann das Grundstück, das er erwirbt, nicht belasten).

buchamte gestellt worden, bevor über das Vermögen des Eigentümers das Konkursverfahren eröffnet worden ist, so kann die Eintragung der Hypothek noch nach der Eröffnung des Konkursverfahrens erfolgen[3]).

Die Belastung erfolgt zu Gunsten eines Gläubigers behufs Sicherung und Befriedigung wegen einer ihm zustehenden Geldforderung. Schuldner der (persönlichen) Forderung kann der Eigentümer oder ein Dritter sein. Für den Eigentümer als Gläubiger kann die Hypothek durch dinglichen Vertrag nicht bestellt werden. Soweit es allerdings der dinglichen Einigung zwischen dem Eigentümer und dem Gläubiger nicht bedarf[4]), kann auch der Eigentümer Inhaber der zu sichernden Forderung sein.

Die (persönliche) Forderung muß auf eine bestimmte Geldsumme gehen. Sie kann bereits zu Recht bestehen oder als künftig entstehend in das Auge gefaßt sein, sie kann fällig oder betagt oder bedingt sein[5]). Die Belastung tritt ein, gleichgültig, ob die Forderung besteht oder nicht, ob sie je zur Entstehung gelangen wird oder nicht. Es kann aber auch das dingliche Recht selbst an eine Bedingung oder Zeitbestimmung geknüpft werden. Für eine bedingte Forderung kann eine Hypothek unbedingt, für eine unbedingte Forderung kann eine Hypothek bedingt bestellt werden. Der Unterschied ist augenscheinlich; ist die Hypothek bedingt bestellt, so hängt die Belastung des Grundstücks von dem Eintritt der Bedingung ab[6]); ist nur die Forderung bedingt, so ist ungewiß, wer zur Geltendmachung der Hypothek berechtigt sein wird.

Für den dinglichen Vertrag ist eine Form nicht vorgeschrieben[7]). Die Willenserklärung kann durch Urteil ersetzt werden, wenn z. B. der Eigentümer durch Rechtsgeschäft oder durch Gesetz (vergl. z. B. § 648 BGB.) zur Einräumung einer Hypothek verpflichtet ist[8]).

Außer der Einigung des Eigentümers und des Gläubigers ist zur Begründung der Hypothek die Eintragung notwendig.

---

[3]) §§ 878, 873 BGB., § 15 KO., s. § 8 Ziff. 37.

[4]) Vergl. § 1188 BGB. Mot. 3 S. 635.

[5]) § 1113 Abs. 2 BGB. Mot. 3 S. 637, KProt. 3 S. 508, 539. Wird die Hypothek für eine künftige Forderung bestellt, so erlangt der Gläubiger erst mit der Entstehung der Forderung ein materielles Hypothekrecht. RG 11 II 1902 JW. 1902 Beil. S. 223.

[6]) Ist eine Hypothek unter einer auflösenden Bedingung bestellt und ist die Bedingung eingetreten, so ist die Hypothek hinfällig, das Grundbuch unrichtig. RG 26 III 1902 JW. 1902 Beil. S. 222.

[7]) Der Kausalvertrag bedarf als solcher ebenfalls keiner Form. S. § 38 Anm. 8

[8]) Vergl. § 897 Abs. 2 ZPO. Damit der Gläubiger die Hypothek sofort mit der Eintragung erwerben kann, ist erforderlich, den Klagantrag auch auf Bewilligung der Aushändigung des Briefes an den Gläubiger (§ 1117 Abs. 2 BGB.) zu richten.

Die Eintragung erfolgt auf Bewilligung des (eingetragenen)[9]) Eigentümers[10]); von dem Nachweise der Einigung ist die Eintragung nicht abhängig. Die Einigung kann der Eintragung nachfolgen. Die Eintragung erfolgt auf Antrag; antragsberechtigt sind der Eigentümer und der Gläubiger[11]). Nachweis der Eintragungsbewilligung nach § 29 GBO.

In das Grundbuch gehört alles, was für die Begründung, den Inhalt, Umfang und Rang der Hypothek Bedeutung hat. Ist die Hypothek unter einer Bedingung oder Zeitbestimmung bestellt, so ist dies selbstverständlich einzutragen. Jedoch ist zu unterscheiden: Es müssen bei der Eintragung angegeben werden 1. der Gläubiger[12]), 2. der Geldbetrag der (persönlichen) Forderung, 3. wenn die Forderung verzinslich ist, der Zinssatz, 4. wenn andere Nebenleistungen[13]) zu entrichten sind, deren Geldbetrag. Ein Verstoß gegen diese Vorschriften bezüglich der Bezeichnung des Gläubigers oder des Geldbetrages der Forderung hat die Nichtigkeit der Eintragung zur Folge. Fehlt die Angabe des Zinssatzes oder des Betrags der Nebenleistungen, so haftet das Grundstück nicht für rechtsgeschäftliche Zinsen oder Nebenleistungen. Im übrigen kann zur Bezeichnung der persönlichen Forderung[14]) und zur näheren Bezeichnung des Inhalts des dinglichen Rechts[15]) auf die Eintragungsbewilligung Bezug genommen werden[16]). Ist eine Hypothek für ein Darlehen einer Kreditanstalt einzutragen, deren Satzung von der zuständigen Behörde öffentlich bekannt gemacht worden ist, so genügt zur Bezeichnung der außer den Zinsen

---

[9]) § 40 GBO. S. § 13 Ziff. 117.

[10]) § 19 GBO. S. § 13 Ziff. 79.

[11]) § 13 GBO. S. § 13 Ziff. 57. Notar s. § 13 Ziff. 64.

[12]) Bei der Sicherungshypothek für die Forderung aus einer Schuldverschreibung auf den Inhaber (§ 1188) ist als Gläubiger nicht eine bestimmte Person, sondern der Inhaber der Schuldverschreibung anzugeben.

[13]) Nebenleistungen sind Leistungen, die neben dem Kapital zu entrichten sind, außer den Zinsen z. B. Vertragsstrafen für unpünktliche Zinszahlung, Kosten, die nicht unter § 1118 fallen, Provisionen ꝛc. Läßt sich der Betrag der Nebenleistungen nicht angeben, so ist die Begründung einer Höchsthypothek erforderlich, sofern nicht auf die Satzung der Kreditanstalt Bezug genommen werden darf. Vergl. KProt. 3 S. 545.

[14]) Dazu gehören auch die Zahlungsbedingungen, die Zeit, der Ort und die Art der Zahlung, die Festsetzungen, wie und unter welchen Bedingungen die Kündigung erfolgen soll. RG 27 IV 1904 E. 57 S. 350.

[15]) § 874 BGB. Verfügungsbeschränkungen sind in das Grundbuch einzutragen, ferner der Rangvorbehalt (§ 881 Abs. 2 BGB.), die Unterwerfungsklausel (§ 800 ZPO.). Die Bezugnahme auf die Eintragungsbewilligung genügt nicht.

[16]) § 1115 BGB. Mot. 3 S. 640, KProt. 3 S. 544. Die Hypothek ist nicht ungültig, wenn der Rechtsgrund der Forderung falsch angegeben ist. Will der Gläubiger den Anspruch aus der Hypothek für ein anderes als das im Grundbuch bezeichnete Schuldverhältnis geltend machen, so trifft ihn die Beweislast. Vergl. RG 21 VI 1902 JW. S. 421[14].

satzungsgemäß zu entrichtenden Nebenleistungen[17]) die Bezugnahme auf die Satzung[18]).

Was die Bezeichnung des Gläubigers angeht, so ist der Gläubiger so bestimmt zu bezeichnen, daß seine Identität festgestellt werden kann. Angabe des Namens ist nicht unbedingt erforderlich, es kann z. B. für unbekannte Erben einer dem Namen nach bekannten Person eine Hypothek bestellt werden[19]). — Als Geldbetrag der Forderung ist eine bestimmte Summe, und zwar in Reichswährung[20]) anzugeben. — Bei der Eintragung des Zinssatzes genügt eine kurze Bezeichnung; bei verwickelten Verzinsungsbedingungen ist auf die Eintragungsbewilligung zu verweisen[21]). Sind andere Nebenleistungen zu entrichten, so ist nur ihr Geldbetrag einzutragen; die Art dieser Leistungen ergibt

---

[17]) Vergl. KProt. 3 S. 545.

[18]) Auf die (öffentlich bekannt gemachte) Satzung ist Bezug zu nehmen, die Bezugnahme auf die Eintragungsbewilligung genügt nicht.

[19]) Vergl. Mot. 3 S. 641, RG 14 X 1905 JW. S. 694[19]. Eintragungen für eine „Nachlaßmasse" oder eine „Konkursmasse" sind nicht nichtig, allein derartige Bezeichnungen sind zu vermeiden; wo irgend möglich, ist das Rechtssubjekt mit Namen zu bezeichnen. Statt der Nachlaßmasse sind die Erben, wenn möglich, zu benennen, statt der Konkursmasse der Gemeinschuldner einzutragen. Dasselbe gilt für die Eintragung der Firma eines Einzelkaufmanns. Nicht die Firma ist Gläubigerin, sondern derjenige, der zur Zeit der Bestellung der Hypothek Inhaber des Geschäfts ist. Immerhin wird sich regelmäßig auf Grund des Eintrags der Firma die Persönlichkeit des Gläubigers feststellen lassen, deshalb ist die Eintragung nicht nichtig. Vergl. Biermann S. 303, Planck § 1115 Bem. 2a. Landesrecht entscheidet nicht (a. M. Oberneck 1 S. 92), aber die Beantwortung der Frage, ob eine genügende Bezeichnung des Rechtssubjekts vorliegt, hängt von tatsächlichen Verhältnissen ab. — Ebensowenig sind Eintragungen für Zweigniederlassungen nichtig; vergl. RG 2 V 1904 Recht 1904 S. 614, BayObLG 11 VI 1904 Recht 1904 S. 389, RG 1 XI 1905 JW. S. 721[13].

[20]) § 28 GBO. (Ordnungsvorschrift), §§ 1113, 1115 BGB. — Die Vereinbarung, daß eine Schuld in Gold zurückzuzahlen sei (sog. Goldklausel), macht nicht notwendig den Geldbetrag zu einem unbestimmten. Unbestimmt ist der Schuldbetrag aber dann, wenn der Vereinbarung die Bedeutung beizulegen ist, daß die Hypothekschuld auch im Falle einer Währungsänderung, insbesondere wenn der Kurs des Geldes über dem Nennwert stehe, in Goldmünzen zu zahlen sei. Die Eintragung einer Klausel dieser Art ist unzulässig. Soweit die Geldklausel zulässig ist, bedarf es nicht der Aufnahme in den Eintragungsvermerk, vielmehr kann auf die Eintragungsbewilligung Bezug genommen werden. Das Grundbuchamt ist nicht verpflichtet, einem auf Eintragung gerichteten Antrag stattzugeben. RG 22 I 1902 E. 50 S. 145. — Ist der Schuldbetrag in einer bestimmten Summe angegeben, so unterliegt die Vereinbarung, daß nach Wahl des Schuldners die Rückzahlung in Geld oder in Pfandbriefen erfolgen könne (s. § 14 des Hypothekenbankgesetzes) keinem Bedenken. Unbestimmt aber wird der Schuldbetrag, falls die Rückzahlung nur in Pfandbriefen, die dem Kurswechsel unterworfen sind, erfolgen darf, oder die Tilgung nach Wahl des Gläubigers in Geld oder in Pfandbriefen erfolgen soll. Vergl. Perls Iherings Jahrb. 45 S. 225, Turnau-Förster 1 S. 601, abw. Biermann S. 304.

[21]) Es kann genügen, den Maximalzinssatz einzutragen und betreffs der Einzelheiten auf die Eintragungsbewilligung zu verweisen. Mot. 3 S. 643.

sich aus der Eintragungsbewilligung. — Auf die Eintragungsbewilligung kann weiter Bezug genommen werden für die Angabe des Grundes der Forderung, ob z. B. Darlehen oder Kaufpreis, für die Bestimmung, von wann die Zinsen laufen, wann die Zinsen zu zahlen sind, wann, wo und wie das Kapital zu entrichten ist[22]). Eine Bezugnahme auf die Schuldurkunde ist nicht zugelassen.

Wird eine Hypothek bestellt, ohne daß über die Art der Hypothek eine Angabe gemacht wird, so entsteht eine Briefhypothek. Soll eine Buchhypothek entstehen, so muß die Erteilung des Briefes ausgeschlossen werden. Dies kann bei der Bestellung geschehen. Die Ausschließung erfordert Einigung des Eigentümers und des Gläubigers, sowie Eintragung. Die Eintragung der Hypothekbestellung mit dem Ausschließungsvermerk erfolgt auf Bewilligung des Eigentümers[23]). Die Ausschließung kann auch nachträglich vor sich gehen. Zur nachträglichen Ausschließung ist ebenfalls die Einigung des Gläubigers und des Eigentümers sowie die Eintragung erforderlich. Für die Einigung gelten die allgemeinen Vorschriften der §§ 873 Abs. 2, 876, 878 BGB. Zur Eintragung der nachträglichen Ausschließung ist die Bewilligung des Gläubigers und des Eigentümers erforderlich[24]). Auf die gleiche Weise kann durch Aufhebung der Ausschließung eine Buchhypothek in eine Briefhypothek umgewandelt werden[25]).

Die Erteilung des Briefes ist kraft Gesetzes ausgeschlossen, wenn eine Hypothek als Sicherungshypothek bestellt und im Grundbuch als Sicherungshypothek bezeichnet wird[26]). Auch ohne solche Bezeichnung gilt die Hypothek als Sicherungshypothek und ist die Erteilung des Briefes ausgeschlossen, wenn

---

[22]) Die Bestimmungen über die Jahresleistungen (Annuitäten) zur Abtragung des Kapitals bedürfen der Eintragung nicht, die Bezugnahme auf die Eintragungsbewilligung genügt. RG 4 III 1903 E. 54 S. 88. — Zu einer Änderung der Zahlungszeit und des Zahlungsortes ist die Zustimmung der im Range gleich- oder nachstehenden Berechtigten nicht erforderlich (§ 1119 Abs. 2 BGB.). Die Änderung ist eine Änderung des Inhalts der Hypothek, für die die allgemeinen Vorschriften der §§ 873 ff. BGB. maßgebend sind. Die Eintragungsbewilligung ist von dem Gläubiger und dem Eigentümer zu erteilen.

[23]) § 1116 BGB. Mot. 3 S. 742, KProt. 3 S. 638.

[24]) Vergl. § 19 GBO. Behandlung des erteilten Briefes nach § 69 GBO.

[25]) § 1116 Abs. 3 BGB. Die Änderung ist von der Einigung des Gläubigers mit demjenigen abhängig, dem gerade das Eigentum zusteht. Derjenige, der bei Begründung der Hypothek der Eigentümer ist, kann nicht die Aufhebung der Ausschließung in einer die folgenden Eigentümer dinglich bindenden Weise bewilligen, so daß der Gläubiger berechtigt wäre, jederzeit die Umwandlung bei dem Grundbuchamt zu betreiben. Die Eintragung einer solchen Vereinbarung ist unzulässig. Vergl. Biermann S. 308.

[26]) § 1185 Abs. 1 BGB. Wird trotzdem ein Brief erteilt, so ist er ohne rechtliche Bedeutung.

für die Forderung aus einer Schuldverschreibung auf den Inhaber, aus einem Wechsel oder einem andern Papier, das durch Indossament übertragen werden kann, eine Hypothek bestellt wird[27]). Die Forderungsurkunde versieht hier die Stelle des Hypothekenbriefs. Jede Eintragung ist auf der Urkunde zu vermerken[28]). Nur dann braucht die Urkunde nicht vorgelegt zu werden, wenn für den jeweiligen Gläubiger ein Vertreter, der Treuhänder, aufgestellt ist, und dieser die Eintragungsbewilligung erteilt. Zur Bestellung eines solchen Vertreters ist die Eintragung in das Grundbuch erforderlich. Bei Schuldverschreibungen auf den Inhaber erfolgt die Aufstellung des Treuhänders durch den Eigentümer, bei den anderen Papieren bedarf es der Einigung zwischen Eigentümer und Gläubiger bei Begründung der Hypothek[29]).

Die Erteilung des Briefes ist auch ausgeschlossen, wenn nur

---

[27]) § 1187 BGB., vergl. §§ 793 ff. BGB., § 363 HGB. Eine Hypothek kann nur für Geldforderungen bestellt werden.

[28]) § 44 GBO.

[29]) Vergl. § 1189 BGB. KProt. 3 S. 674, 6 S. 259. Wird der Treuhänder bei Begründung der Hypothek bestellt, so bedarf es (§ 19 GBO.) für die Eintragung nur der Bewilligung des Eigentümers. Erfolgt die Aufstellung des Treuhänders erst nach der Begründung der Hypothek, so ist ebenso, wie materiell rechtlich zur Inhaltsänderung die Einigung zwischen dem Eigentümer und dem Gläubiger oder (bei Teilschuldverschreibungen) den sämtlichen Gläubigern erforderlich ist, auch nach § 19 GBO. die Bewilligung des Eigentümers und der (eingetragenen, § 40 GBO.) Gläubiger zu verlangen. — Der Treuhänder ist Vertreter der jeweiligen Gläubiger. Er hat deren Rechte auszuüben, bestimmte Verfügungen über die Hypothek zu treffen und die Hypothek gerichtlich und außergerichtlich geltend zu machen. Die Verfügungen, zu denen dieser Gläubiger-Vertreter ermächtigt sein soll, sind in der Eintragung zu bezeichnen. Er wird regelmäßig die Befugnis haben, für die jeweiligen Gläubiger zu kündigen, die Kündigung des Eigentümers entgegenzunehmen, die Befreiung von Trennstücken aus der Haftung zu bewilligen, Inhalts- und Rangänderungen zuzustimmen. Es erscheint zulässig, den Vertreter zu Verfügungen jeglicher Art zu ermächtigen. Ist der Eigentümer berechtigt, von den Gläubigern eine Verfügung zu verlangen, zu der der Vertreter befugt ist, so kann er die Vornahme der Verfügung von dem Vertreter verlangen. Die Geltendmachung der Hypothek obliegt dem Treuhänder im allgemeinen, er ist darin nicht eingeschränkt. Soweit das Gesetz über die gemeinsamen Rechte der Besitzer von Schuldverschreibungen vom 4. Dezember 1899 Anwendung findet, kann er verlangen, daß der Schuldner eine Versammlung der Gläubiger berufe, und kann die Gegenstände zur Beschlußfassung der Versammlung ankündigen (§ 16 des Ges.). In Prozessen ist der Treuhänder nicht Partei, sondern Vertreter der Gläubiger (vergl. Biermann S. 415). Eine Abberufung des Treuhänders stellt sich als Änderung des Inhalts der Hypothek dar, verlangt also Einigung des Eigentümers mit den Gläubigern und Eintragung. Soweit das Gesetz vom 4. Dezember 1899 Anwendung findet, kann die Abberufung nach Maßgabe des § 16 Abs. 3 des Ges. durch das Amtsgericht erfolgen. Die Vertretungsmacht des Treuhänders erlischt durch seinen Tod und durch das Erlöschen des der Erteilung zu Grunde liegenden Rechtsverhältnisses (§ 168 BGB.). Ist die Vertretungsmacht in dieser Weise erloschen, so ist das Grundbuch unrichtig. Vergl. Planck § 1189 Bem. 6.

der Höchstbetrag, bis zu dem das Grundstück haften soll, bestimmt, im übrigen die Feststellung der Forderung vorbehalten wird[30]). Der Höchstbetrag muß in das Grundbuch eingetragen werden. Ist die Forderung verzinslich, so werden die Zinsen in den Höchstbetrag eingerechnet, ebenso werden die Nebenleistungen[31]) eingerechnet. Zinssatz und Nebenleistungen kommen daher nicht eigens zur Eintragung. Diese Hypothek ist eine Sicherungshypothek, auch wenn sie im Grundbuch nicht als solche bezeichnet ist.

Unterbleibt bei Eintragung einer Hypothek die Bezeichnung als Sicherungshypothek, obgleich diese Bezeichnung notwendig wäre, so entspricht die Eintragung nicht dem dinglichen Vertrage, das Grundbuch ist daher unrichtig. Erst in der Hand eines Dritten, dem die Unrichtigkeit des Grundbuchs nicht bekannt ist, wird die unrichtig eingetragene Sicherungshypothek zur gewöhnlichen Hypothek.

Eine Hypothek kann entstehen

II. durch Umwandlung einer Grundschuld oder einer Rentenschuld in eine Hypothek. Bei der Umwandlung handelt es sich um eine Änderung des Inhalts des Rechts, demnach finden die Bestimmungen der §§ 873, 874, 876, 877 BGB. (s. § 8) Anwendung (dinglicher Vertrag und Eintragung, Zustimmung der Personen, die an dem umgewandelten Rechte ein Recht erlangt haben). Der Zustimmung der im Range gleich- oder nachstehenden Berechtigten bedarf es nicht[32]). — Über die Umwandlung einer

---

[30]) § 1190 BGB. Maximal-, Kautions-, Höchstbetrags-, Höchsthypothek. S. § 66 Anm. 14. Die Einigung muß darüber sich erstrecken, welche Forderung oder welche Forderungen durch die Hypothek gesichert werden sollen. Es können alle Forderungen, die der Gläubiger gegen den Eigentümer oder einen Dritten hat oder erlangen wird, durch die Hypothek gesichert werden, es kann die Hypothek auch auf die Ansprüche, die aus einem bestimmten Rechtsverhältnisse entstanden sind oder entstehen werden, beschränkt werden. Zur Bezeichnung der Forderung kann auf die Eintragungsbewilligung Bezug genommen werden (§ 1115 BGB.). Die Forderung oder das Rechtsverhältnis oder der Kreis der zu sichernden Forderungen ist in der Eintragung oder der Eintragungsbewilligung zu bezeichnen. Vergl. Biermann S. 417.

[31]) Für die Kosten der Kündigung und der Rechtsverfolgung haftet das Grundstück über den Höchstbetrag hinaus. S. § 68 Ziff. 13.

[32]) §§ 1198, 1203 BGB. Mot. 3 S. 795, KProt. 3 S. 720. Läßt sich eine Eigentümergrundschuld auf Grund der Erklärung des Eigentümers in eine Hypothek umwandeln? Die Frage dürfte zu verneinen sein. Soweit nicht das BGB. Ausnahmen zugelassen hat, bedarf es zur Änderung des Inhalts eines Rechtes an einem Grundstück einer Einigung (§ 877 mit § 873 BGB.), eine Ausnahme ist in § 1196 gegeben, wonach zur Bestellung einer Grundschuld für den Eigentümer die Erklärung des Eigentümers genügt, § 1198 enthält für die Umwandlung keine solche Bestimmung, es wird daher bei den Vorschriften verbleiben müssen, die für die Begründung der Hypothek maßgebend sind. Übereinstimmend Planck § 1198 Bem. 2a, a. M. Biermann S. 425, Turnau-Förster 1 S. 882, Oberneck 1 S. 1015. Die Umwandlung einer Eigentümergrundschuld in eine Hypothek erfolgt demnach auf dem Wege der Einigung des Eigentümers mit dem Gläubiger; für die Ein-

Sicherungshypothek in eine gewöhnliche Hypothek s. § 66 Ziff. 16 ff., über die Umwandlung einer Höchsthypothek s. § 66 Anm. 18. Ob die Höchsthypothek in eine gewöhnliche Hypothek oder in eine gewöhnliche Sicherungshypothek umgewandelt wird, bewirkt keinen Unterschied; auch bei der Umwandlung in eine gewöhnliche Sicherungshypothek handelt es sich um die Änderung des Inhalts des Rechtes, so daß Einigung und Eintragung zu verlangen ist.

III. durch einseitige Erklärung des Eigentümers und Eintragung.

Während für eine Forderung aus einem Wechsel oder aus einem anderen indossierbaren Papiere eine Hypothek nur mittels dinglichen Vertrags bestellt werden kann, genügt zur Bestellung einer Hypothek für die Forderung aus einer Schuldverschreibung auf den Inhaber[33]) die Erklärung des Eigentümers gegenüber dem Grundbuchamte, daß er die Hypothek bestelle, und die Eintragung der Hypothek in das Grundbuch[34]). Wie schon angeführt, entsteht hierdurch eine Sicherungshypothek.

Regelmäßig wird es sich bei hypothekarischer Sicherstellung von Inhaber-Schuldverschreibungen um eine Hypothek für Teilschuldverschreibungen handeln. Hierbei braucht nicht für die Forderung aus jeder einzelnen Teilschuldverschreibung eine besondere Hypothek eingetragen zu werden, vielmehr genügt es, wenn der Gesamtbetrag der Hypothek unter Angabe der Anzahl, des Betrags und der Bezeichnung der Teile eingetragen wird[35]).

IV. durch Eintragung auf Antrag des Gläubigers.

Keiner Einigung des Eigentümers und des Gläubigers bedarf es zur Entstehung der Zwangshypothek[36]). Ein Gläubiger, der einen vollstreckbaren Titel[37]) gegen den Eigentümer hat[38]), kann sich eine Sicherungshypothek[39]) durch Antrag bei dem Grund-

---

tragung genügt die Bewilligung des Eigentümers, daß er die auf ihn übergegangene Post dem Gläubiger zur Sicherung für dessen Forderung übertrage.

[33]) §§ 793 ff. BGB.

[34]) § 1188 BGB. KProt. 3 S. 672. Eröffnung des Konkursverfahrens oder Eintritt einer sonstigen Verfügungsbeschränkung s. § 878 BGB. (§ 8 Ziff. 37). — Die Hypothek kann auch auf dem Wege der Einigung zwischen Eigentümer und Gläubiger begründet werden. — Im Inland ausgestellte Schuldverschreibungen auf den Inhaber, in denen die Zahlung einer bestimmten Geldsumme versprochen wird, dürfen nur mit staatlicher Genehmigung in den Verkehr gebracht werden (§ 795 BGB.). Der Grundbuchbeamte hat die Eintragung der Hypothek von dem Nachweise der staatlichen Genehmigung abhängig zu machen. Vergl. RG 18 I 1905 E. 59 S. 386.

[35]) § 51 GBO.

[36]) §§ 866, 867 ZPO. Mot. 3 S. 769, KProt. 3 S. 694.

[37]) §§ 704, 794, 801 ZPO.

[38]) Urteile, die auf Bestellung einer Hypothek lauten (§§ 894 ff. ZPO.), fallen nicht unter die Bestimmung des § 866 ZPO. Ebenso findet § 866 im Falle des § 848 Abs. 2 ZPO. keine Anwendung.

[39]) Zur Eintragung einer Vormerkung berechtigt der Titel nicht. Vergl. RG 9 V 1905 JW. S. 432[12].

buchamt verschaffen, jedoch darf die Hypothek nur für eine den Betrag von 300 ℳ [40]) übersteigende Forderung [41]) eingetragen werden und findet auf Grund eines Vollstreckungsbefehles keine Eintragung statt [42]). Die Hypothek entsteht mit der Eintragung. Die Eintragung ist Zwangsvollstreckung; die Voraussetzungen für eine Zwangsvollstreckung müssen daher vorliegen [43]). Die Eintragung ist auf dem vollstreckbaren Titel zu vermerken. Sollen mehrere Grundstücke des Schuldners [44]) mit der Hypothek belastet werden, so ist der Betrag der Forderung auf die einzelnen Grundstücke zu verteilen. Die Größe der Teile bestimmt der Gläubiger [45]) [46]).

In gleicher Weise entsteht die Arresthypothek in Vollziehung eines Arrestes. Die Arresthypothek ist eine Höchsthypothek [47]).

V. durch Eintragung auf Ersuchen einer Behörde.

---

[40]) Die Vorschriften der §§ 4, 5 ZPO. finden entsprechende Anwendung (§ 866 Abs. 3 ZPO.). Nebenforderungen bleiben hiernach unberücksichtigt. — Über Eintragung der Kosten einer fruchtlosen Mobiliarzwangsvollstreckung s. KG 6 IV 1905 Recht 1905 S. 571.

[41]) Die Zusammenrechnung von Ansprüchen aus mehreren Schuldtiteln ist unzulässig. RG 17 VI 1900 E. 48 S. 247. Es erscheint auch unzulässig, nach Eintragung der Hauptforderung eine Nebenforderung von nicht mehr als 300 ℳ einzutragen. Turnau-Förster 1 S. 844, dagegen BayObLG. in BayZfR. 1 S. 431.

[42]) Wird gegen die Vorschrift verstoßen, so ist die Eintragung nichtig; es entsteht keine Eigentümerhypothek.

[43]) §§ 750 ff., 798, 724 ff. ZPO. Prüfung, ob Sicherheitsleistung bewirkt ist, s. § 751 Abs. 2 ZPO. Derjenige, gegen den der Antrag sich richtet, soll als Berechtigter eingetragen sein (§ 40 GBO). Belastung eines Bruchteils s. § 864 Abs. 2 ZPO., eines Nachlaßgrundstücks §§ 747 ff. ZPO., des Gesamtguts der ehelichen Gütergemeinschaft s. §§ 740 ff. ZPO., einer Gesellschaft s. § 736 ZPO., des eingebrachten Gutes der Ehefrau s. § 739 ZPO.

[44]) Handelt es sich um die Grundstücke mehrerer Schuldner, so bedarf es der Verteilung nicht; es entsteht alsdann Gesamthypothek. Hat einer der Gesamtschuldner mehrere Grundstücke, so ist Verteilung erforderlich. Lautet der Titel gegen den Ehemann (§ 740 ZPO.), so ist Verteilung auf die sämtlichen Grundstücke erforderlich, die auf Grund eines solchen Titels belastet werden können. Lautet der Titel auch gegen die Ehefrau, so ist die Ehefrau als neue Schuldnerin zu behandeln, es entsteht Gesamthypothek; hat die Ehefrau mehrere Grundstücke, so ist auf diese die Forderung zu verteilen. Abw. KG 25 III 1901 Recht 1901 S. 353, Turnau-Förster 1 S. 863.

[45]) Die Teilbeträge brauchen nicht 300 ℳ zu übersteigen.

[46]) Die Beschwerde gegen die Entscheidung des Grundbuchamts richtet sich nach den Vorschriften der GBO. RGE. 48 S. 243.

[47]) § 932 ZPO. Der festgestellte Geldbetrag ist als der Höchstbetrag zu bezeichnen, für welchen das Grundstück haftet. Die Eintragung kann nur für eine 300 ℳ übersteigende Forderung erfolgen. RG 15 III 1905 PuchZ. 36 S. 263, JW. S. 296[27]. Die Vollziehung des Arrestbefehls ist unstatthaft, wenn seit dem Tage, an welchem der Befehl verkündet oder der Partei, auf deren Gesuch er erging, zugestellt ist, zwei Wochen verstrichen sind. Die Vollziehung ist vor der Zustellung des Arrestbefehls an den Schuldner zulässig; sie ist jedoch ohne Wirkung, wenn die Zustellung nicht innerhalb der in § 829 Abs. 3 ZPO. bezeichneten Frist erfolgt. Der Antrag auf Eintragung der Hypothek gilt als Vollziehung des Arrestbefehls.

S. hierüber §§ 130, 134, 145 ZVG., § 54 FGG., Art. 91 EGBGB.

VI. ohne Eintragung.

Wie im Falle des § 1075 BGB.[48]) der Nießbraucher mit der Leistung des Schuldners den Nießbrauch an dem geleisteten Gegenstand erwirbt, so erwirbt ein Pfandgläubiger, der ein Pfandrecht hat an dem Rechte des Pfandschuldners, von einem Dritten das Eigentum an einem Grundstück übertragen zu erhalten, in dem Augenblick, in dem der Pfandschuldner als Eigentümer des Grundstücks im Grundbuch eingetragen wird, eine Sicherungshypothek für seine Pfandforderung an dem Grundstück[49]). Die Eintragung dieser Hypothek erfolgt auf dem Wege der Berichtigung des Grundbuchs. Rang der Hypothek von der Entstehung ab.

Ebenso verhält es sich bei der Pfändung eines Anspruchs auf Übertragung des Eigentums an einem Grundstück. Die Auflassung hat hier an einen Sequester als Vertreter des Schuldners zu erfolgen. Mit dem Übergang des Eigentums auf den Schuldner erlangt der Gläubiger eine Sicherungshypothek für seine Forderung. Der Sequester hat die Eintragung der Hypothek zu bewilligen[50]).

Im übrigen kommt auf Grund Gesetzes keine Hypothek zur Entstehung[51]), ebensowenig auf Grund Richterspruchs oder durch letztwillige Verfügung oder durch Ersitzung[52])[53]).

B. Grundschuld.

I. Dinglicher Vertrag und Eintragung.

Die Belastung eines Grundstücks mit einer Grundschuld erfolgt, wie bei der Hypothek, regelmäßig auf dem Wege der Einigung des Eigentümers mit dem Grundschuldgläubiger und der Eintragung der Grundschuld. Ebenso wie die Hypothek kann auch die Grundschuld an eine Bedingung oder Zeitbestimmung geknüpft werden.

Die Bestellung der Grundschuld kann ihre Ursache in einer persönlichen Zahlungspflicht des Eigentümers oder eines Dritten haben. Durch die Belastung des Grundstücks kann das Schuld-

[48]) S. § 45 Anm. 19.

[49]) § 1287 BGB. Nach Stobbe-Lehmann § 173 Anm. 25 gewährt § 1287 nur einen Anspruch auf die Hypothek. Ebenso Hachenburg S. 227.

[50]) § 848 ZPO.

[51]) Für bestehende gesetzliche Pfandrechte kann durch landesherrliche Verordnung bestimmt werden, daß sie vor dem 1. Januar 1910 der Eintragung nicht bedürfen (Art. 188 EGBGB.).

[52]) Die Rechte nach § 10 Ziff. 1, 2, 3 des ZVG. sind keine Hypotheken.

[53]) Infolge des Zuschreibens eines Grundstücks zu einem anderen Grundstück erstrecken sich die bestehenden Hypotheken auf das zugeschriebene Grundstück, neue Hypotheken entstehen jedoch dadurch nicht (§ 1131 BGB.).

verhältnis zum Erlöschen gebracht werden, indem der Gläubiger diese Leistung an Erfüllungsstatt annimmt[54]); es läßt sich auch durch eine Grundschuld die Erfüllung einer persönlichen Zahlungspflicht sichern; die Bestellung einer Grundschuld kann endlich auf Grund einer Vertragsverbindlichkeit vor sich gehen, ohne daß eine persönliche Verpflichtung zur Zahlung begründet wird. Wie auch die Verhältnisse gelagert sein mögen, jedenfalls kommt es auf den Rechtsgrund, aus welchem die Belastung des Grundstücks hervorgeht, für die Entstehung der Grundschuld nicht an. Fehlt es an einem Rechtsgrund, so kann auf Grund der Bestimmungen über ungerechtfertigte Bereicherung[55]) ein persönlicher Anspruch auf Rückgewähr gegen den Grundschuldgläubiger gegeben sein.

Die Eintragung der Grundschuld geschieht auf die Bewilligung des Eigentümers, ohne daß der dingliche Vertrag nachzuweisen wäre[56]). Bei der Eintragung müssen der Grundschuldgläubiger, die Geldsumme und, wenn Zinsen bedungen sind, der Zinssatz, wenn andere Nebenleistungen zu entrichten sind, ihr Geldbetrag angegeben werden; im übrigen kann auf die Eintragungsbewilligung Bezug genommen werden[57]).

Wird eine Grundschuld bestellt, ohne daß die Erteilung des Briefs ausgeschlossen wird, so entsteht eine Briefgrundschuld. Soll die Erteilung des Briefes ausgeschlossen werden, so muß dies besonders vereinbart und eingetragen werden. Die Ausschließung der Erteilung kann ebenso wie die Aufhebung der Ausschließung nachträglich erfolgen[58]).

II. Umwandlung.

Durch Umwandlung einer Hypothek oder einer Rentenschuld in eine Grundschuld kann die Grundschuld zur Entstehung kommen[59]). Mit der Umwandlung einer Hypothek in eine Grundschuld braucht die persönliche Forderung nicht zu erlöschen[60]), es wird nur das dingliche Recht von der persönlichen Forderung unabhängig gemacht[61]).

Zur Umwandlung ist die Zustimmung der im Range gleich- oder nachstehenden Berechtigten nicht erforderlich, jedoch darf infolge der Umwandlung keine Mehrbelastung des Grundstücks eintreten[62]).

---

[54]) § 364 BGB.

[55]) §§ 812 ff. BGB.

[56]) § 19 GBO.

[57]) §§ 1192, 1115 BGB. S. Anm. 16 ff. — Mot. 3 S. 781, KProt. 3 S. 709. — § 1115 Abs. 2 BGB. wird auch auf die Eintragung von Grundschulden für Kreditanstalten Anwendung zu finden haben.

[58]) § 1192 mit § 1116 BGB. S. Anm. 23 ff. Behandlung des Briefes s. §§ 70, 69 GBO.

[59]) §§ 1198, 1203 BGB. S. oben bei Ziff. 32.

[60]) Mot. 3 S. 796.

[61]) Die Rechtsänderung ist, wenn nicht die Erteilung eines neuen

III. Erklärung des Eigentümers und Eintragung.

In zwei Fällen kann eine Grundschuld durch einseitige Erklärung des Eigentümers und Eintragung in das Grundbuch entstehen.

In dem ersten Falle handelt es sich immer um eine Briefgrundschuld, nämlich um die Inhaber-Brief-Grundschuld. Während die Ausstellung eines Hypothekenbriefs auf den Inhaber unzulässig ist, die Inhaberhypothek (als Sicherungshypothek) immer Buchhypothek ist, gibt es bei der Grundschuld keine Buchgrundschuld auf den Inhaber. Zur Bestellung der Inhabergrundschuld genügt die Erklärung des Eigentümers gegenüber dem Grundbuchamte, daß er die Grundschuld bestelle, und die Eintragung in das Grundbuch[63]). Der Grundschuldbrief wird auf den Inhaber ausgestellt. Die für den Inhaber des Briefes eingetragene Grundschuld kann in Teile zerlegt werden, über jeden Teil wird alsdann ein besonderer Brief hergestellt[64]). Auf den Grundschuldbrief finden die Vorschriften über Schuldverschreibungen auf den Inhaber entsprechende Anwendung[65]).

Briefes verlangt wird, auf dem Hypothekenbriefe zu vermerken, auch ist die mit dem Hypothekenbriefe verbundene Schuldurkunde abzutrennen (§ 65 GBO.).

[62]) Vergl. jedoch § 1119 BGB.

[63]) §§ 1188, 878 BGB. Aufstellung eines Treuhänders (§ 1189 BGB.) s. oben Ziff. 29. Vergl. § 43 GBO.

[64]) §§ 51 Abs. 2, 70 GBO. Weitere Bestimmungen über Inhaber-Grundschuldbriefe in §§ 43, 54 Abs. 2, 62 GBO.

[65]) § 1195 BGB. KProt. 3 S. 712. Diese Vorschriften sind enthalten in den §§ 793 ff. BGB. Demnach bedarf es zum Erwerb der Grundschuld nicht der Übergabe des Briefes durch den Eigentümer; der Eigentümer wird auch dann verpflichtet, wenn der Brief ihm gestohlen worden, verloren gegangen oder sonst ohne seinen Willen in den Verkehr gelangt ist (§§ 793, 794 BGB.). Die Unterschrift des Grundbuchamts unter dem Briefe kann im Wege mechanischer Vervielfältigung hergestellt werden (§ 793 Abs. 2 BGB., vergl. Denkschrift zu § 70 GBO.). Die Briefe dürfen nur mit staatlicher Genehmigung in den Verkehr gebracht werden (§ 795). Der Grundbuchbeamte darf die Grundschuld nicht eintragen und die Grundschuldbriefe nicht aushändigen, bevor ihm die staatliche Genehmigung nachgewiesen ist (RG 18 I 1905 E. 59 S. 381). Die Übertragung der Grundschuld erfolgt durch Übergabe des Inhaberbriefes, nicht nach §§ 1154, 1155 BGB. Dem Inhaber können nur solche Einwendungen entgegengesetzt werden, welche die Gültigkeit der Ausstellung betreffen oder sich aus dem Briefe ergeben oder dem Eigentümer unmittelbar gegen den Inhaber zustehen (§ 796), Einwendungen gegen die Entstehung des dinglichen Rechts sind jedoch, so weit der öffentliche Glaube des Grundbuchs reicht, ausgeschlossen (vergl. Planck § 1195 Bem. 5). Einreden aus der Person eines Rechtsvorgängers (§ 1157 BGB.) sind nicht zulässig (vergl. Biermann S. 424, Turnau-Förster 1 S. 878). Der Eigentümer ist nur gegen Aushändigung des Briefes zur Leistung verpflichtet (§ 797), Erteilung eines neuen Briefes (§ 798 BGB. §§ 67, 68, 70 GBO.), Kraftloserklärung (§§ 799, 800), Erlöschen des Anspruchs mit dem Ablaufe von 30 Jahren nach dem Eintritt der für die Leistung bestimmten Zeit, wenn nicht der Brief vor dem Ablaufe der 30 Jahre gerichtlich geltend gemacht wird, Frist bei Zinsscheinen 4 Jahre (§§ 801, 802 in Verbindung mit § 902),

Der zweite Fall, in welchem eine Grundschuld durch Erklärung des Eigentümers und Eintragung bestellt werden kann, liegt vor bei Begründung einer Grundschuld für den Eigentümer selbst. Zu der Bestellung ist die Erklärung des Eigentümers gegenüber dem Grundbuchamt, daß die Grundschuld für ihn in das Grundbuch eingetragen werden soll, und die Eintragung erforderlich[66][67]).

IV. Verwandlung.

Eine Grundschuld kann endlich entstehen durch Verwandlung einer Hypothek in eine Grundschuld, wenn nämlich die Hypothek sich mit dem Eigentum in einer Person vereinigt, ohne daß dem Eigentümer auch die (persönliche) Forderung zusteht[68]). Die Ver-

---

Zins- und Erneuerungsschein (§§ 803, 804, 805), Umschreibung auf Namen unter Beachtung der Bestimmungen über Änderung des Inhalts des dinglichen Rechts (§§ 806, 877 BGB.).

[66]) § 1196 BGB. Mot. 3 S. 791, KProt. 3 S. 712. Für die Erklärung des Eigentümers ist im BGB., keine Form vorgeschrieben, es greift nur § 29 GBO. Platz. Hinsichtlich der Bindung s. § 8 Anm. 33.

[67]) Diese Form der Grundstücksbelastung ermöglicht, wie die Mot. 3 S. 792 hervorheben, eine rationelle Verwertung des Realkredits. Hat z. B. Jemand ein nicht belastetes Gut im Werte von 100000 ℳ und bedarf einer Summe von 20000 ℳ, die er nach den Verhältnissen des Geldmarktes bekäme, wenn auch das Gut schon mit 40000 ℳ belastet wäre, so ist ihm durch die Eigentümergrundschuld ermöglicht, den ganzen Gutswert durch Schaffung von Grundschulden zu erschöpfen und zunächst die minder sicheren unterzubringen, die besseren auf schlimmere Zeiten aufzuheben. Er belastet das Grundstück mit einer Eigentümergrundschuld von 40000 ℳ (oder mit mehreren Eigentümergrundschulden für diesen Gesamtbetrag) und bestellt alsdann erst die Grundschuld für die aufzunehmende Summe von 20000 ℳ. Der gleiche Zweck ließe sich mit einem Rangvorbehalt erreichen; die in dieser Weise vorbehaltene Befugnis geht jedoch bei einer Veräußerung auf den Erwerber über, während die für den Eigentümer bestellte Grundschuld dem Besteller verbleibt.

[68]) § 1177 BGB. Mot. 3 S. 733, KProt. 3 S. 722. In dieser Weise entsteht eine Eigentümergrundschuld (auch Eigentümerhypothek genannt) in den Fällen des § 1163 (Nichtentstehen der Forderung, Erlöschen der Forderung, Eintragung der Briefhypothek), § 1168 (Verzicht des Gläubigers auf die Hypothek; dieselbe Wirkung hat nach § 418 BGB. eine Schuldübernahme), § 1170 (Ausschluß des Hypothekgläubigers im Aufgebotsverfahren), ZPO. § 868 (Aufhebung des Vollstreckungstitels bei der Zwangshypothek und der Arresthypothek). Steht dem Eigentümer mit der Hypothek auch die Forderung zu, so bleibt die Hypothek in seiner Hand wirkliche Hypothek, eine Hypothek des Eigentümers. Das ist z. B. der Fall, wenn der Eigentümer die Hypothek für die Schuld eines Anderen bestellt hat, und die Forderung durch Abtretung, Erbgang, Befriedigung des Gläubigers (§ 1143 BGB.) oder sonstwie erwirbt. In beiden Fällen, mag dem Eigentümer nur das dingliche Recht oder auch die Forderung zustehen, kann der Eigentümer nicht die Zwangsvollstreckung in sein eigenes Grundstück zum Zwecke seiner Befriedigung betreiben und gebühren dem Eigentümer Zinsen nur, wenn das Grundstück auf Antrag eines Anderen zum Zwecke der Zwangsverwaltung in Beschlag genommen ist, und nur für die Dauer der Zwangsverwaltung

wandlung geht kraft Gesetzes vor sich. In Ansehung der Verzinslichkeit, des Zinssatzes, der Zahlungszeit, der Kündigung und des Zahlungsortes bleiben die für die Forderung getroffenen Bestimmungen maßgebend. Läßt der Eigentümer das dingliche Recht auf seinen Namen umschreiben, so wird es als Grundschuld umgeschrieben. Selbstverständlich kann die Grundschuld wieder mit einer persönlichen Forderung vereinigt und in eine Hypothek umgewandelt werden[69]).

C. Rentenschuld.

Die Rentenschuld kommt — abgesehen von der Verwandlung einer Hypothek in eine Grundschuld — zur Entstehung wie eine gewöhnliche Grundschuld[70]). Die Rentenschuld kann mit Brief und unter Ausschließung der Erteilung des Briefes bestellt werden, auch in der Weise, daß der Rentenschuldbrief auf den Inhaber gestellt wird, desgleichen kann die Rentenschuld für den Eigentümer bestellt werden. Bei der Bestellung der Rentenschuld muß der Betrag bestimmt werden, durch dessen Zahlung die Rentenschuld abgelöst werden kann. Die Ablösungssumme muß im

---

(§ 1197 und § 1177 Abs. 2 mit § 1197 BGB.; bis zur Zwangsverwaltung hat der Eigentümer die Einkünfte des Grundstücks). Die rechtliche Natur des dinglichen Rechts ändert sich nicht, wenn es dem Eigentümer zufällt, das dingliche Recht bleibt ein begrenztes Recht an dem Grundstück. Daß der Eigentümer ein begrenztes Recht an seinem Grundstück erwerben kann, ergibt sich aus der allgemeinen Vorschrift des § 889 BGB., daß er eine Grundschuld für sich bestellen kann, bestimmt § 1196 BGB. — Über die Natur der Eigentümerhypothek herrscht übrigens Streit. Nach Oberneck (die Eigentümerhypothek S. 9) ist die Eigentümerhypothek keine wirkliche Hypothek, sondern Ausfluß des Eigentumsrechts des Eigentümers in der Richtung der Verwertungsbefugnis des durch die Hypothek repräsentierten und dem Eigentümer wieder zugefallenen Wertteils, da (S. 5) in der Konstituierung einer Grundkreditbelastung ein Vertrag zwischen dem Eigentümer und dem Begünstigten liegt, durch welchen diesem eine durch den Rang der Eintragung genau bestimmte Wertquote behufs Befriedigung einer bestimmten Geldsumme angewiesen wird. Bruck sagt (S. 154): Die von dem Eigentümer am eigenen Grundstück bestellte Grundschuld oder Rentenschuld ist die Formalisierung eines ideellen Wertteiles des Grundstücks zum Zwecke der Haftung für eine eventuelle Schuld; die Eigentümerhypothek (Gr., R.) ist die Zurückgewinnung eines ideellen Wertteiles des Grundstücks, der gehaftet hatte. Nach Hirsch (ArchBürgR. 25 S. 230) ist die Eigentümerhypothek weder Grundschuld noch Hypothek, sondern nur die zu bestimmtem Teil und Rang im Grundbuch verlautbarte Surrogationsbefugnis des Eigentümers.

[69]) Obgleich § 1200 Abs. 2 BGB. bestimmt, daß die Zahlung der Ablösungssumme einer Rentenschuld die gleiche Wirkung hat wie die Zahlung des Kapitals einer Grundschuld, dürfte doch die Annahme richtig erscheinen, daß durch die Bestimmung keine Verwandlung der Rentenschuld in eine Grundschuld herbeigeführt werden sollte. Die Rentenschuld bleibt sonach auch in der Hand des Eigentümers Rentenschuld. Vergl. Turnau-Förster I S. 886, Planck § 1200 Anm. 2, Biermann S. 428.

[70]) S. unter B Ziff. 54 ff.

Grundbuch[71]) und bei Errichtung eines Briefes im Rentenschuldbriefe angegeben werden[72]). Ist die Bestimmung der Ablösungssumme unterblieben, so ist keine Rentenschuld begründet[73]).

Im übrigen kommen die Bestimmungen über die gewöhnliche Grundschuld zur entsprechenden Anwendung. Auch bei der Umwandlung einer Hypothek oder einer gewöhnlichen Grundschuld in eine Rentenschuld bedarf es, falls nicht die Belastung des Grundstücks unstatthaft erhöht wird, nicht der Zustimmung der im Range gleich- oder nachstehenden Berechtigten[74]).

§ 70. Der Berechtigte.

Bei der Frage, wer legitimiert ist, das durch die Hypothek, Grundschuld oder Rentenschuld an dem Grundstück entstandene Recht geltend zu machen, erscheint es wiederum zweckmäßig, die einzelnen Formen der Grundstücksbelastung auseinanderzuhalten. Die Gesamthypothek, Gesamtgrundschuld und Gesamtrentenschuld bleiben hier außer Betracht.

A. Briefhypothek.

1. Eigentümerhypothek[1]) bis zur Übergabe des Briefes.

Eine Hypothek, für welche die Erteilung des Briefes nicht ausgeschlossen ist, steht dem Eigentümer zu bis zur Übergabe des Briefes an den Gläubiger[2]). Die Hypothek entsteht, sobald die

---

[71]) § 1199 BGB. KProt. 3 S. 771.

[72]) § 70 GBO.

[73]) Ob den Erfordernissen zur Begründung einer Reallast genügt ist, wird nach den Umständen des einzelnen Falles zu beurteilen sein.

[74]) § 1203 BGB. KProt. 3 S. 782. Bei der Umwandlung darf die Höhe der Ablösungssumme nicht die Höhe des Kapitals überschreiten. Der Zinsbetrag ergibt die Höhe der Rente, dabei ist jedoch zu beachten, daß die Zinsen eines Kapitals ohne Zustimmung der im Range gleich oder nachstehenden Berechtigten bis zu 5% erhöht werden dürfen (s. § 68 Ziff. 3); sind die Zinsen unter 5%, so kann die Rente nach einem Zinssatz von 5% bemessen werden. Gleiches gilt für die Umwandlung einer Rentenschuld in eine Hypothek oder Grundschuld. Biermann (S. 430) nimmt an, bei der Umwandlung einer Rentenschuld dürfe das Kapital höher sein als die Ablösungssumme, wenn die Zinsen der Grundschuld niedriger seien als die Rente, die Belastung des Grundstücks bleibe dann die gleiche. Das erscheint, wie Turnau-Förster 1 S. 889 hervorheben, nicht zutreffend, jedenfalls dann nicht, wenn die Zinsen der Grundschuld 5% nicht erreichen, denn auf diesen Satz können sie ohne Zustimmung der übrigen Berechtigten jederzeit gebracht werden.

Zu § 70.

[1]) S. § 69 Anm. 68.

[2]) § 1163 Abs. 2 BGB. Mot. 3 S. 720, KProt. 3 S. 591.

Einigung des Eigentümers mit dem Gläubiger dahin stattgefunden hat, daß dem Gläubiger die Hypothek zustehe, und die Belastung eingetragen ist[3]). Ist dies geschehen, so wird dinglich berechtigt nicht der Gläubiger, sondern der Eigentümer[4]), dem Eigentümer wird auch der Brief ausgehändigt[5]). Die (persönliche) Forderung ist bei dem Gläubiger verblieben, die Hypothek hat sich mit dem Eigentum in einer Person vereinigt, ohne daß dem Eigentümer die Forderung zusteht, demnach verwandelt sich die Hypothek mit ihrem Entstehen in eine Grundschuld[6]). Kommt es nicht zur Übergabe des Briefes an den Gläubiger, so kann Antrag auf Berichtigung des Grundbuchs gestellt werden. Der Eigentümer kann von dem Gläubiger, der in dem Buche und in dem Briefe als Berechtigter erscheint, die Zustimmung zu der Berichtigung des Grundbuchs verlangen[7]). Das Grundbuchamt hat alsdann das Grundbuch zu berichtigen und, sofern nicht die Erteilung eines neuen Briefes beantragt wird, die Änderung auf dem Briefe zu vermerken und eine mit dem Briefe verbundene Schuldurkunde abzutrennen[8]).

---

[3]) Kommt es nur zur Eintragung, nicht auch zur Einigung, so entsteht die Hypothek nicht, auch nicht als Eigentümerhypothek. Das Gleiche gilt, wenn die Hypothekbestellung aus anderen Gründen von vornherein oder auf Grund Anfechtung nichtig ist. Vergl. KProt. 3 S. 603. — Die Anfechtung einer Hypothekbestellung nach §§ 29 ff. KO. und §§ 1 ff. des Gesetzes betr. die Anfechtung von Rechtshandlungen außerhalb des Konkursverfahrens führt nur zu einer relativen Unwirksamkeit (vergl. RGE. 47 S. 219, 52 S. 85, auch RG 10 II 1903 JW. S. 159[24]), ein Nachrücken der nachstehenden Realgläubiger tritt in diesen Fällen nicht ein.

[4]) Vor der Übergabe des Briefes ist daher das Vergehen nach § 241 KO. noch nicht verübt. RGE. in Strafs. 34 S. 172.

[5]) § 60 GBO.

[6]) § 1177 BGB. Die Grundschuld steht demjenigen zu, der zur Zeit der Eintragung der Hypothek Eigentümer ist; das Recht ist auflösend bedingt, es geht mit der Übergabe des Briefes auf den Gläubiger.

[7]) Der Eigentümer kann die Hypothek nicht einseitig löschen oder auf seinen Namen oder den Namen eines Dritten umschreiben lassen, denn nach dem Grundbucheintrag ist der Gläubiger der Berechtigte, seine Bewilligung ist in erster Linie zur Löschung oder Umschreibung erforderlich (§ 19 GBO.). — Den Nachweis der Unrichtigkeit des Grundbuchs (vergl. § 22 GBO.) vermag der Eigentümer nicht dadurch zu führen, daß er dartut, der Brief sei dem Gläubiger noch nicht übergeben, denn der Gläubiger könnte auf Grund einer nach § 1117 Abs. 2 BGB. getroffenen Vereinbarung die Hypothek mit der Eintragung erworben haben.

[8]) § 65 GBO. — Bevor der Eigentümer über die Eigentümergrundschuld verfügt, soll er (§ 40 Abs. 1 GBO.) als Berechtigter im Grundbuch eingetragen sein; es steht der Eintragung gleich, wenn er sich im Besitze des Briefes befindet und sein Gläubigerrecht nach § 1155 BGB. (z. B. durch das öffentlich beglaubigte Anerkenntnis des eingetragenen Gläubigers) nachweist (§ 40 Abs. 2 GBO.). Wenn auch das Recht des Eigentümers auf die Eigentümergrundschuld schon aus seiner Eintragung als Eigentümer hervorgeht (s. KG. Recht 1900 S. 439), ist der Eigentümer, solange er nur als Eigentümer eingetragen ist, nicht als Grundschuldgläubiger eingetragen. Durch

2. Übergabe des Briefes an den Gläubiger.

Der Eigentümer, dem der Hypothekenbrief von dem Grundbuchamt ausgehändigt worden ist, übergibt (z. B. bei dem Empfang des Darlehens) den Brief dem Gläubiger. Damit erwirbt dieser die Hypothek[9]). Die Übergabe des Briefes durch den Eigentümer an den Gläubiger kann durch die Vereinbarung ersetzt werden, daß der Gläubiger berechtigt sein soll, sich den Brief vom Grundbuchamt aushändigen zu lassen[10]). Eine solche Vereinbarung hat das Grundbuchamt nur dann zu beachten, wenn sie vor ihm zu Protokoll gegeben oder durch eine öffentliche oder öffentlich beglaubigte Urkunde nachgewiesen ist[11]). Erfolgt diese Vereinbarung vor der Eintragung der Hypothek, so wird der Gläubiger mit der Eintragung Hypothekberechtigter[12]), erfolgt sie nach der Eintragung, so wird der Gläubiger von der Vereinbarung ab Berechtigter.

Ist ohne eine derartige Vereinbarung der Brief dem Gläubiger ausgehändigt worden, so genügt zum Erwerbe der Hypothek die Einigung des Eigentümers und des Gläubigers über den Übergang auf den Gläubiger. Ist der Brief dem Eigentümer ausgehändigt worden, so kann der Gläubiger die Hypothek dadurch erwerben, daß zwischen ihm und dem Eigentümer ein Rechtsverhältnis vereinbart wird, vermöge dessen der Gläubiger den mittelbaren Besitz an dem in dem unmittelbaren Besitze des Eigentümers verbleibenden Briefe erlangt. Sollte der Brief in den Besitz eines Dritten gelangt sein, so kann die Übergabe an den Gläubiger dadurch ersetzt werden, daß der Eigentümer dem Gläu-

---

die Eigentümereintragung ist sonach dem Gebote des § 40 Abs. 1 GBO. hinsichtlich der Grundschuld nicht genügt. Vergl. Biermann S. 310, Planck § 1177 Bem. 4a, Achilles-Strecker S. 270, auch RG 18 X 1905 BayZfR. 1 S. 490, Recht 1905 S. 622 und JW. S. 731[30].

[9]) Sind auf der Eigentümerseite mehrere Personen vorhanden, sei es, daß das Eigentum des belasteten Grundstückes mehreren Personen nach Bruchteilen zusteht, oder daß die Hypothek auf mehreren Grundstücken verschiedener Eigentümer als Gesamthypothek eingetragen ist, so muß der Hypothekenbrief dem Gläubiger von den sämtlichen Eigentümern übergeben, oder, falls der Gläubiger bereits im Besitze des Briefes ist, die Einigung über den Übergang auf den Gläubiger von den sämtlichen Eigentümern mit dem Gläubiger getroffen werden, sonst ist die Übergabe nicht erfolgt, die Hypothek von dem Gläubiger nicht erworben. RG 25 X 1902 E. 52 S. 361.

[10]) § 1117 BGB. Mot. 3 S. 746, KProt. 3 S. 646. Die Vereinbarung bedarf zur Wirksamkeit keiner Form.

[11]) § 60 Abs. 2 GBO. Der Antrag des Gläubigers auf Aushändigung des Briefes bedarf keiner Beglaubigung. KG 25 V 1905 Recht 1905 S. 575.

[12]) Ist die Eintragung der Hypothek erfolgt und die Aushändigung des Briefes an den Gläubiger, wenn auch nur mündlich vereinbart, so kann der Gläubiger, wenn der Konkurs über das Vermögen des Eigentümers eröffnet wird, als Eigentümer des Briefes die Herausgabe vom Konkursverwalter verlangen; hat keine Vereinbarung stattgefunden und fällt der Eigentümer in Konkurs, ehe die Übergabe erfolgt ist, so gehört die Hypothek zur Konkursmasse. Vergl. Turnau-Förster 1 S. 615.

biger den Anspruch auf Herausgabe des Briefes abtritt[13]). In diesem Falle erwirbt der Gläubiger die Hypothek mit der Abtretung des Herausgabe-Anspruchs.

Wird nach der Eintragung der Hypothek, aber vor Übergabe des Briefes an den Gläubiger, das Grundstück veräußert, so verbleibt dem bisherigen Eigentümer die Hypothek; übergibt er den Brief dem Gläubiger, so wird dieser Berechtigter[14]).

Sobald der Gläubiger in dem unmittelbaren oder mittelbaren Besitze des Briefes ist, wird vermutet, daß die Übergabe von Seite des Eigentümers stattgefunden hat[15]). Dagegen knüpft sich nicht schon an die Tatsache, daß die Hypothek für den Gläubiger im Grundbuch eingetragen ist, die Vermutung, daß ihm das Recht zustehe[16]).

3. Eigentümerhypothek bei Nichtbestehen der Forderung.

Ist dem Gläubiger der Hypothekenbrief übergeben, so ist er zur Geltendmachung der Hypothek legitimiert. Ist aber die Forderung, für welche die Hypothek bestellt ist, nicht zur Entstehung gelangt[17]) (weil z. B. die Bedingung nicht eingetreten, das Darlehen nicht gegeben worden ist), so steht die Hypothek dem Eigentümer[18]) zu, und zwar wieder als Grundschuld[19]). Ist die Forderung nur zum Teil zur Entstehung gelangt, so hat der Gläubiger für den Teilbetrag die Hypothek, der Eigentümer für den anderen Teil die Eigentümerhypothek (richtig Grundschuld), die aber kraft gesetzlicher Bestimmung nicht zum Nachteile der Gläubiger-Hypothek geltend gemacht werden kann[20]) [21]).

---

[13]) §§ 1117 Abs. 1, 929, 930, 931 BGB. Ist der Eigentümer zur Bestellung einer Hypothek (Gr., R.) verurteilt, so gilt die Übergabe des Briefes als erfolgt, wenn der Gerichtsvollzieher den Brief zum Zwecke der Ablieferung an den Gläubiger wegnimmt (§ 897 Abs. 2 ZPO.).

[14]) Vergl. RG 15 VI 1903 E. 55 S. 220.

[15]) § 1117 Abs. 3 BGB.

[16]) KProt. 3 S. 646 und 729.

[17]) Ist die Hypothek für eine künftige Forderung bestellt, so erlangt der eingetragene Gläubiger ein materielles Hypothekenrecht erst mit der Entstehung der Forderung. RG 28 II 1902 E. 51 S. 44.

[18]) Die Hypothek steht demjenigen zu, der Eigentümer in dem Zeitpunkt ist, in welchem die Hypothek durch Eintragung zur Entstehung gelangt. RGE. 55 S. 220. Die Hypothek bleibt ihm, wenn er das Grundstück veräußert. — Miteigentümern steht die Hypothek im Verhältnis der Bruchteile zu. Vergl. RGE. 51 S. 400.

[19]) §§ 1163 Abs. 1, 1177 BGB. Es wird vorausgesetzt, daß die Hypothek wirksam begründet ist. S. Anm. 3.

[20]) § 1176 BGB. Mot. 3 S. 730, KProt. 3 S. 608. Eine Vereinbarung, daß der Gläubigerhypothek der Vorrang zukomme, ist, weil überflüssig, nicht eintragungsfähig.

[21]) Vermerk der Rechtsänderung auf dem Briefe s. § 65 GBO. Pflicht zur Vorlegung des Briefes behufs Berichtigung des Grundbuchs s. § 896 BGB. Vergl. RGE. 59 S. 318.

4. Übertragung durch Rechtsgeschäft.

Der Gläubiger kann Forderung und Hypothek auf einen Anderen übertragen. Mit der Übertragung der Forderung geht die Hypothek auf den neuen Gläubiger über. Die Forderung kann nicht ohne die Hypothek, die Hypothek nicht ohne die Forderung übertragen werden[22][23]). Eine Erklärung, die Forderung ohne die Hypothek zu übertragen, ist unwirksam[24]), ebenso ist die Erklärung, die Hypothek ohne die Forderung zu übertragen, unwirksam[25]).

Die Abtretung der Hypothek-Forderung erfolgt durch Vertrag zwischen dem Gläubiger und dem Erwerber unter Erteilung einer schriftlichen[26]) Abtretungserklärung und Übergabe des Hypothekenbriefes. Ein formloser Abtretungsvertrag genügt nicht[27]).

---

[22]) § 1153 BGB. Mot. 3 S. 704, KProt. 3 S. 585. Diese Bestimmung schließt nicht aus, daß dem gutgläubigen Erwerber der Hypothek das Fehlen der persönlichen Forderung, falls es nicht aus Buch oder Brief ersichtlich ist, nicht entgegengesetzt werden darf (§ 1138), daß ferner bei Erlöschen der Forderung die Hypothek auf den Eigentümer übergeht (§ 1163) und daß an Stelle der Forderung die Forderung eines Anderen treten kann (§ 1180). Die Bestimmung des § 1153 gilt für alle Arten der Übertragung, für die Übertragung durch Rechtsgeschäft (Abtretung § 398 BGB.), für die Übertragung kraft Gesetzes (§ 412 BGB.) und für die Übertragung durch richterliche Anordnung (§ 835 Abs. 2 ZPO.). Die Übertragung der Forderung geht kraft Gesetzes vor sich bei der Erbfolge, Eingehung einer gütergemeinschaftlichen Ehe, ferner in den Fällen der §§ 268, 426, 774, 1143, 1150 2c. Vergl. Mot. 3 S. 704.

[23]) Für die Eingehung der Verpflichtung zur Abtretung einer Hypothekforderung bestehen keine Formvorschriften. RG 13 III 1903 E. 54 S. 146.

[24]) Mot. 3 S. 706. Die Bestimmung des § 1250 Abs. 2 BGB., wonach das Pfandrecht erlischt, wenn bei der Übertragung der Forderung der Übergang des Pfandrechts ausgeschlossen wird, gilt nicht für die Hypothek. Will der Gläubiger die Forderung ohne die Hypothek übertragen, so kann er dies nur in der Weise bewirken, daß er vorher auf das dingliche Recht verzichtet (§ 1168 BGB.). Das dingliche Recht und die Forderung können auch durch Umwandlung der Hypothek in eine Grundschuld unabhängig voneinander gemacht werden. Dient aber die Grundschuld zur Sicherung einer Forderung, so darf der Gläubiger nicht etwa die Forderung an einen Anderen übertragen und die Grundschuld für sich geltend machen; der Eigentümer hat solchen Falles Anspruch auf Rückgewährung der Grundschuld.

[25]) Aber an die Stelle der Forderung, für welche die Hypothek besteht, kann eine andere Forderung gesetzt werden (§ 1180 BGB.), auch wird kraft Gesetzes das dingliche Recht ohne die Forderung übertragen (vergl. § 1164 BGB.).

[26]) § 126 BGB. Zur Erteilung der Erklärung gehört die Ausstellung und die Aushändigung.

[27]) § 1154 Abs. 1 BGB. Mot. 3 S. 707, KProt. 3 S. 647. Nach der Bestimmung des § 398 BGB. würde der formlose Vertrag zwischen dem Gläubiger und dem Erwerber der Forderung zur Übertragung der Forderung genügen, durch § 1154 wird die schriftliche Abtretungserklärung und die Übergabe des Hypothekenbriefes verlangt; für die Annahme des Vertragsantrages ist keine Form vorgeschrieben.

Die Übergabe des Briefes[28]) hat von dem bisherigen Gläubiger an den neuen zu erfolgen, sie braucht jedoch nicht von Hand zu Hand geschehen, sie kann in derselben Weise ersetzt werden, wie vorstehend unter Nr. 2 bezüglich der Übergabe des Briefes durch den Eigentümer angegeben ist[29]). Hat sich der Gläubiger zur Abtretung verpflichtet und ist demgemäß zur Abtretung verurteilt worden, so gilt die Übergabe mit der Wegnahme des Briefes durch den Gerichtsvollzieher als erfolgt[30]).

Die Abtretungserklärung kann auf den Brief oder auf ein besonderes Blatt geschrieben werden[31]). Der Erwerber der Forderung kann verlangen, daß der abtretende Gläubiger die Abtretungserklärung auf seine (des Gläubigers) Kosten öffentlich beglaubigen[32]) lasse[33]).

Der Erwerber einer Hypothekforderung hat sich auch die Abtretungserklärungen der Vorbesitzer, etwaige gerichtliche Überweisungsbeschlüsse und die Anerkenntnisse der kraft Gesetzes erfolgten Übertragungen bis zurück auf den in dem Grundbuch eingetragenen Gläubiger aushändigen zu lassen, da er dieser Urkunden zu seiner Legitimation vor dem Grundbuchamt und zur Geltendmachung der Hypothek[34]) bedarf.

Ergibt sich das Gläubigerrecht des Besitzers[35]) des Briefes aus einer zusammenhängenden, auf einen eingetragenen Gläubiger

---

[28]) Ist der Brief abhanden gekommen, so ist die Kraftloserklärung zu veranlassen (§ 1162 BGB.) und die Erteilung eines neuen Briefes zu betreiben (§ 67 GBO.). — Wird ein Teil einer Hypothekforderung abgetreten, so bedarf es nicht notwendig der Herstellung eines Teilhypothekenbriefes (§ 1152 BGB.), vielmehr genügt die Einräumung des Mitbesitzes am Stammhypothekenbrief. Vergl. Planck § 1154 Bem. 5.

[29]) Ist der Gläubiger im Besitze des Briefes, so wird vermutet, daß die Übergabe erfolgt sei (§ 1117 Abs. 3 BGB.).

[30]) § 897 ZPO.

[31]) Blankoabtretung ist nicht zugelassen. Vergl. Mot. 3 S. 783, KProt. 3 S. 649; auch RG 22 X 1901 JW. S. 809[24] (Gem.Recht).

[32]) § 129 BGB.

[33]) § 1154 Abs. 1 BGB. Die öffentliche Beglaubigung ist zur Legitimation des neuen Gläubigers vor dem Grundbuchamt und zur Geltendmachung der Hypothek erforderlich, zur Abtretung genügt die schriftliche Erklärung. — Die einfache schriftliche Abtretung war bisher namentlich in Fällen der Beleihung von Hypotheken zur Befriedigung eines eiligen und vorübergehenden Geldbedürfnisses üblich. In solchen Fällen wurde regelmäßig die Hypothekforderung nicht verpfändet, sondern fiduciarisch abgetreten. KProt. 3 S. 651.

[34]) Vergl. § 1160 BGB.

[35]) Der Brief muß im — unmittelbaren oder mittelbaren — Besitze des Gläubigers sein; hinsichtlich der Abtretungserklärungen und der sonstigen in § 1155 BGB. bezeichneten Urkunden genügt es, daß sie vorhanden sind. Ist der Gläubiger im Besitze des Briefes, so wird vermutet, daß die Übergabe durch den Rechtsvorgänger erfolgt ist (§ 1154 mit § 1117 BGB.). Wird die Vermutung durch Gegenbeweis zerstört, so ist damit dargetan, daß der Gläubiger die Forderung nicht erworben hat.

zurückführenden Reihe von öffentlich beglaubigten[36]) Abtretungserklärungen, öffentlich beglaubigten Anerkenntnissen[37])[38]) oder Überweisungsbeschlüssen[39]), so kommt dem Gläubiger dieselbe Stellung zu, wie wenn diese Erklärungen im Grundbuch ständen. Es wird vermutet, daß dem so Legitimierten das Recht zustehe, wie wenn er als Berechtigter im Grundbuch eingetragen wäre. Mängel im Rechte eines Vormannes sind dem gutgläubigen Erwerber gegenüber wirkungslos. Die Richtigkeit des Inhaltes der

---

[36]) Ist unter den Abtretungserklärungen eine nicht beglaubigte, so ist der Erwerber nicht gegen Einwendungen geschützt, die sich dahin richten, daß der Vormann, der nicht eingetragen und nicht durch eine öffentlich beglaubigte Abtretungserklärung legitimiert ist, nicht von dem wahren Gläubiger erworben habe. Vergl. KProt. 3 S. 267. Im übrigen kommen die Bestimmungen über den öffentlichen Glauben des Grundbuchs für die Grundbucheinträge und für die auf einen eingetragenen Gläubiger zurückführenden öffentlich beglaubigten Abtretungserklärungen zur Anwendung. Insoweit ist der Bestand der Forderung und der Hypothek nach §§ 892, 1138 BGB. gesichert; soweit aber der öffentliche Glaube des Grundbuchs nicht reicht, muß der Erwerber eine sonstige gültige Abtretung und auch eine Auszahlung gegen sich gelten lassen. Vergl. Turnau-Förster 1 S. 729, Biermann S. 361. Wird die Beglaubigung der einen Vormann legitimierenden Abtretungserklärung nachträglich bewirkt, so tritt der Schutz des öffentlichen Glaubens des Grundbuchs ein, sofern nicht der Erwerber inzwischen von einem Mangel in dem Rechte jenes Vormannes oder dessen Nachfolger Kenntnis erhalten hat. Planck § 1155 Bem. 2b.

[37]) Dem Anerkenntnis einer kraft Gesetzes erfolgten Übertragung der Forderung steht das Anerkenntnis des Überganges des dinglichen Rechtes allein (§ 1177 BGB.) gleich. Das Anerkenntnis ist die rechtsgeschäftliche Erklärung des bisherigen Gläubigers, daß die Hypothekforderung oder die Hypothek nicht mehr ihm zustehe, sondern auf den Anderen übergegangen sei. Auch der Fall des § 1163 Abs. 1 Satz 1 und der Fall des § 1163 Abs. 2 BGB. gehören hierher. Vergl. Planck § 1155 Bem. 2bγ. Keine Ausnahme bildet der Fall des § 1168, denn wenn auch der Verzicht des Gläubigers auf die Hypothek der Eintragung bedarf, so ist aus dieser Eintragung doch nicht zu ersehen, welche Person als Eigentümer das dingliche Recht erworben hat, ob der als Eigentümer Eingetragene oder eine andere Person. Übereinstimmend Planck § 1155 Bem. 2bγ, a. M. Turnau-Förster 1 S. 729, Biermann S. 359. — Das Anerkenntnis des bisherigen Gläubigers genügt auch in dem Falle des § 1164 für den Nachweis des Überganges auf den persönlichen Schuldner ferner in den Fällen der §§ 426, 774, 1173, 1174, 1182 BGB. Zur Ausstellung des Anerkenntnisses ist der bisherige Gläubiger in den Fällen der §§ 412, 413, 410, 1144, 1145 BGB. kraft Gesetzes verpflichtet.

[38]) Rechtskräftige Urteile nach § 894 ZPO. ersetzen öffentlich beglaubigte Abtretungserklärungen und öffentlich beglaubigte Anerkenntnisse. — Der urkundliche Nachweis derjenigen juristischen Tatsachen, aus denen die Übertragung kraft Gesetzes folgt, kann das Anerkenntnis nicht ersetzen, es unterbricht daher ein Todesfall den Zusammenhang der Abtretungserklärungen und Anerkenntnisse. Vergl. § 13 Anm. 122.

[39]) Nur die Überweisung an Zahlungsstatt bewirkt einen Übergang. — Es kommen nur Überweisungsbeschlüsse zu Gunsten der Vorleute in Betracht. Der neue Gläubiger, der sich auf den öffentlichen Glauben des Grundbuchs stützen will, muß auf dem Wege des Rechtsgeschäfts erworben haben. Vergl. Biermann S. 359.

Übertragungsurkunden wird fingiert. Soweit keine Grundbucheinträge oder Briefvermerke entgegenstehen, darf der gutgläubige Erwerber annehmen, daß der legitimierte Gläubiger nicht in der Verfügung über die Hypothekforderung beschränkt ist. Dem wirklichen Gläubiger gegenüber sind die an den legitimierten Gläubiger geleisteten Zahlungen und die mit ihm vorgenommenen Rechtsgeschäfte wirksam. Die Einwendung, daß eine Übergabe des Briefes an einen Vormann nicht stattgefunden habe, ist dem gutgläubigen Erwerber gegenüber unschädlich[40]). Die Vermutung und die Fiktion der Richtigkeit sind nicht auf das dingliche Recht beschränkt, sie erstrecken sich auch auf die Forderung, denn bei der gewöhnlichen Hypothek gilt zu Gunsten des gutgläubigen Erwerbers der Inhalt des Grundbuchs als richtig nicht blos hinsichtlich der Belastung des Grundstücks, sondern auch hinsichtlich der Forderung, für die das dingliche Recht bestellt ist. Der (gutgläubige) Dritte erwirbt die Forderung mit der Hypothek dem Inhalte des Grundbuchs entsprechend, mag auch die Forderung nie existiert haben oder mag sie ganz oder teilweise erloschen sein. Er kann die Hypothek geltend machen, wie wenn die Forderung bestünde und ihm zustünde; eine etwaige Eigentümerhypothek in Höhe der nicht bestehenden Forderung wird damit hinfällig. Der (gutgläubige) Erwerber hat auch keine nicht eingetragenen Einreden gegen die Forderung zu fürchten, denn wenn auch der Eigentümer gegen die Hypothek die dem persönlichen Schuldner gegen die Forderung zustehenden Einreden und die einem Bürgen aus einem Anfechtungsrecht des Schuldners oder einer Aufrechnungsbefugnis des Gläubigers erwachsenden Einreden vorschützen darf, so gilt doch auch hinsichtlich dieser Einreden der Grundsatz des öffentlichen Glaubens des Grundbuchs[41]). Ebenso verhält es sich mit Einreden, die dem Eigentümer auf Grund eines zwischen ihm selbst und dem bisherigen Gläubiger bestehenden Rechtsverhältnisses gegen die Hypothek zustehen, auch sie sind dem Erwerber gegenüber ausgeschlossen, wenn sie nicht eingetragen sind oder dem Dritten sonstwie bei dem Erwerbe bekannt waren[42]). Demgemäß hat der wirklich Berechtigte auch gegenüber dem Inhalte der in § 1155 BGB. bezeichneten Urkunden das Recht auf Berichtigung des Grundbuchs und Eintragung eines Widerspruchs.

Was den guten Glauben[43]) des Erwerbers angeht, so stehen in dieser Hinsicht die Einträge in dem Hypothekenbriefe

[40]) Der Mangel der Übergabe ist ebenso wie ein sonstiger Mangel geheilt, sobald der Brief an einen in dieser Hinsicht gutgläubigen, gehörig legitimierten Erwerber gelangt ist. Vergl. Mot. 3 S. 753.

[41]) §§ 1138, 1137, 770 BGB.

[42]) § 1157 BGB. Vergl. KProt. 3 S. 584.

[43]) Maßgebend ist der Zeitpunkt des Erwerbes, also der Zeitpunkt der Übergabe des Briefes, wenn die schriftliche Abtretungserklärung vorher

den Bucheinträgen gleich. Das Gesetz geht davon aus, daß der Erwerber seinen Hypothekenbrief kennt. Die Berufung auf den Inhalt des Grundbuchs ist daher ausgeschlossen, soweit die Unrichtigkeit des Grundbuchs aus dem Hypothekenbrief oder aus einem Vermerk aus dem Briefe hervorgeht, ebenso steht ein Widerspruch gegen die Richtigkeit des Grundbuchs, der aus dem Briefe oder aus einem Vermerk auf dem Briefe hervorgeht, einem im Grundbuch eingetragenen Widerspruch gleich[44])[45]). Alle Einträge, die im Buche bei einer Hypothek erfolgen, werden von dem Grundbuchamt auf dem Briefe vermerkt; die Vermerke werden mit Unterschrift und Siegel versehen[46]). In der Regel erfolgt eine Eintragung im Grundbuch nur, wenn der Brief vorgelegt wird[47])[48]).

Die Abtretung einer Hypothekforderung kann auch ohne schriftliche Abtretungserklärung vor sich gehen, nämlich in der Weise, daß die Abtretung in das Grundbuch eingetragen wird[49]). Die Eintragung ersetzt die schriftliche Abtretungserklärung, durch den Vermerk auf dem vorzulegenden Briefe[50]) erhält der neue Gläubiger eine öffentliche Urkunde über die Abtretung. Im übrigen ist die Stellung des Erwerbers die nämliche, wie wenn die Abtretung durch schriftliche öffentlich beglaubigte Abtretungserklärung erfolgt.

Zum Zwecke der Eintragung muß sich der abtretende Gläubiger legitimieren durch Vorlegung einer zusammenhängenden, auf einen eingetragenen Gläubiger zurückführenden Reihe von öffentlich beglaubigten Abtretungserklärungen, öffentlich beglaubigten Anerkenntnissen oder gerichtlichen Überweisungsbeschlüssen. Die Eintragung des neuen Gläubigers erfolgt auf Bewilligung

---

erteilt wurde, oder der Zeitpunkt der Erteilung der schriftlichen Abtretungserklärung, wenn die Übergabe des Briefes vorausging. Auf den Zeitpunkt der öffentlichen Beglaubigung der Abtretungserklärung kommt es hier nicht an.

[44]) § 1140 BGB. Mot. 3 S. 756, KProt. 3 S. 659. Auch Privatvermerke sind zu berücksichtigen; vergl. § 68 Abs. 2 GBO. und Denkschr. zu § 66 Entw.

[45]) Auf dem Briefe können Zahlungen, Einwendungen, Verfügungsbeschränkungen &c. vermerkt werden.

[46]) § 62 Abs. 2 GBO.

[47]) § 42 GBO.

[48]) Wenn auch der Brief die Berufung auf den öffentlichen Glauben des Grundbuchs ausschließen kann, so hat der Brief doch an sich nicht den öffentlichen Glauben, welcher dem Grundbuch beigelegt ist, noch die Aufgabe, durch seinen Inhalt eine zur Vollendung des dinglichen Vertrages erforderliche Eintragung zu ersetzen. Decken sich Brief und Buch in dieser oder in jener Beziehung nicht, so entscheidet das Buch. Mot. 3 S. 756. Vergl. KProt. 3 S. 662.

[49]) § 1154 Abs. 2 BGB. Übergabe des Briefes ist erforderlich.

[50]) §§ 62, 42 GBO.

des bisherigen. Der Eintragungsbewilligung bedarf es nicht, wenn der Erwerber, nachdem ihm die Hypothekforderung außerhalb des Grundbuchs abgetreten worden ist, sich in das Grundbuch als Gläubiger eintragen läßt[51]). Hat der Erwerber sich als Gläubiger eintragen lassen, so verlieren die bisherigen Abtretungserklärungen für den Verkehr ihren Wert.

Nach den Vorschriften über die Übertragung von Forderungen[52]) kann der Schuldner eine ihm gegen den bisherigen Gläubiger zustehende Forderung auch dem neuen Gläubiger gegenüber aufrechnen, wenn er nicht bei dem Erwerbe der Forderung von der Abtretung Kenntnis hatte oder die Forderung erst nach Erlangung der Kenntnis und später als die abgetretene Forderung fällig geworden ist, ferner muß der neue Gläubiger eine Leistung, die der Schuldner nach der Abtretung an den bisherigen Gläubiger bewirkt, sowie jedes Rechtsgeschäft, das nach der Abtretung zwischen dem Schuldner und dem bisherigen Gläubiger in Ansehung der Forderung vorgenommen wird, gegen sich gelten lassen, es sei denn, daß der Schuldner die Abtretung bei der Leistung oder der Vornahme des Rechtsgeschäfts kennt; in gleicher Weise muß der neue Gläubiger Leistungen und Rechtsgeschäfte des Schuldners gelten lassen, die einem Dritten gegenüber vorgenommen sind, dem der bisherige Gläubiger die abgetretene Forderung nochmals abgetreten hat, oder auf den die abgetretene Forderung durch gerichtlichen Beschluß oder durch Anerkenntnis des bisherigen Gläubigers übergegangen ist, auch hat der Gläubiger die Urteile in Rechtsstreiten gegen sich gelten zu lassen, die nach der Abtretung zwischen dem Schuldner und dem bisherigen Gläubiger oder dem Dritten über die Forderung anhängig geworden sind, falls nicht der Schuldner die Abtretung bei dem Eintritte der Rechtshängigkeit gekannt hat. Diese Bestimmungen finden auf das Rechtsverhältnis zwischen dem Eigentümer und dem neuen Gläubiger in Ansehung der Hypothek keine Anwendung[53]); nur eine dem bisherigen Gläubiger gegenüber erfolgte Kündigung des Eigentümers muß der neue Gläubiger gegen sich gelten lassen, falls nicht die Übertragung zur Zeit der Kündigung dem Eigentümer bekannt oder im Grundbuch eingetragen ist. In Ansehung der persönlichen Forderung verbleibt es bei den Vorschriften über die Übertragung von Forderungen, die persönliche Forderung kann demnach erlöschen, dem neuen Gläubiger steht alsdann die Hypothek zu ohne eine persönliche Forderung[54])[55]).

---

[51]) § 26 Abs. 1 GBO.

[52]) §§ 406—408 BGB., vergl. §§ 412, 413 BGB.

[53]) § 1156 BGB. Mot. 3 S. 711, KProt. 3 S. 589. Die Bestimmung gilt für alle Arten der Übertragung. S. Anm. 22.

[54]) Daß die Hypothek sich in eine Grundschuld verwandle, hat das Gesetz nicht bestimmt. Der Fall liegt ähnlich, wie wenn auf Grund des öffent-

Für Zinsen und sonstige Nebenleistungen sowie Kosten gelten besondere Bestimmungen. Das Recht auf die einzelne Zinsenrate löst sich mit der Fälligkeit von dem Rechte auf das Kapital, so daß es für den Gläubiger einen von der Hauptforderung unabhängigen Gegenstand der Verfügung bildet. Das Grundbuch selbst gibt über die geschuldeten Zinsen keine Auskunft[56]). Es werden daher Forderungen auf rückständige Zinsen[57]) und andere fällige Nebenleistungen[58]) sowie auf Kosten, für die das Grundstück kraft Gesetzes (§ 1118 BGB.) haftet, wie gewöhnliche Forderungen, also durch formlosen Abtretungsvertrag[59]), übertragen; auch das Rechtsverhältnis zwischen dem Eigentümer und dem neuen Gläubiger bemißt sich nach den für die Übertragung gewöhnlicher Forderungen geltenden allgemeinen Vorschriften[60]). Die Vorschriften über den öffentlichen Glauben des Grundbuchs finden auf diese Ansprüche keine Anwendung.

Zinsen und andere Nebenleistungen, die noch nicht fällig sind, können nur wie Teile des Kapitals übertragen werden. Soweit[61]) aber die Forderung auf Zinsen oder andere Nebenleistungen gerichtet ist, die nicht später als in dem Kalendervierteljahre, in welchem der Eigentümer von der Übertragung Kenntnis erlangt, oder in dem folgenden Vierteljahre fällig[62]) werden,

---

lichen Glaubens des Grundbuchs nach § 1138 die Forderung, obgleich sie erloschen ist, als bestehend gilt. In Wahrheit ist es eine Hypothek ohne Forderung.

[55]) In Ansehung des dinglichen Rechts sind übrigens die Bestimmungen der §§ 893, 1138 BGB. nicht außer acht zu lassen. Eine Leistung, die an den durch die Grundbucheinträge oder nach § 1155 legitimierten Hypothekgläubiger von dem Eigentümer gemacht wird, ist wirksam, ebenso ein Rechtsgeschäft, daß zwischen beiden vorgenommen wird und eine Verfügung über die Hypothek enthält.

[56]) Vergl. Mot. 3 S. 713.

[57]) Verzugszinsen sind nicht ausgenommen.

[58]) Für die Fälligkeit ist der Zeitpunkt der Übertragung maßgebend; eine formlose Abtretung nicht fälliger Zinsen wird nicht durch den Eintritt der Fälligkeit gültig.

[59]) §§ 398 ff. BGB.

[60]) § 1158 BGB. Mot. 3 S. 713, KProt. 3 S. 591, 653, 4 S. 604, 6 S. 256. Diese Ansprüche können mit der Hauptforderung oder ohne die Hauptforderung, mit der Hypothek oder ohne die Hypothek übertragen werden; vergl. § 401 BGB. Eine Eintragung im Grundbuch erfolgt nicht, § 1154 ist nicht anwendbar. Das Rechtsverhältnis steht unter den Vorschriften der §§ 398 ff. BGB. — Pfändung s. § 830 Abs. 3, Überweisung § 837 Abs. 2 ZPO. — Weitere Sondervorschriften für die Rückstände enthalten § 1178 und § 902 BGB.

[61]) Die Ausnahmebestimmung greift Platz, mögen die Ansprüche allein oder mit der Hauptforderung übertragen werden.

[62]) Trotz des Wortlautes des Gesetzes wird es nicht darauf ankommen, wann die Zinsrate fällig wird, sondern darauf, für welche Zeit der Zins geschuldet wird. Vergl. KProt. 6 S. 256, Biermann S. 365. — Daß der Eigentümer Kenntnis erlangte, hat der Gläubiger zu beweisen.

finden auf das Rechtsverhältnis zwischen dem Eigentümer und dem neuen Gläubiger — in Abweichung von den Vorschriften über die Übertragung der Hauptforderung[63]) — auch die Vorschriften der §§ 406 bis 408 BGB. Anwendung[64]). Der Eigentümer kann dem neuen Gläubiger, ohne daß der öffentliche Glaube des Grundbuchs in Betracht kommt, alle Einwendungen entgegensetzen, die auf Grund eines zwischen ihm und dem bisherigen Gläubiger bestehenden Rechtsverhältnisses gegen die Hypothek ihm zustehen oder die zur Zeit der Übertragung der Forderung gegen den bisherigen Gläubiger begründet waren; der Eigentümer kann eine ihm gegen den bisherigen Gläubiger zustehende Forderung auch dem neuen Gläubiger gegenüber unter den Voraussetzungen des § 406 BGB. aufrechnen, der neue Gläubiger muß eine Leistung, die der Eigentümer oder der persönliche Schuldner[65]) nach der Übertragung an den bisherigen Gläubiger bewirkt, sowie jedes Rechtsgeschäft, das nach der Übertragung zwischen dem Eigentümer oder dem persönlichen Schuldner und dem bisherigen Gläubiger in Ansehung der Forderung vorgenommen wird, gegen sich gelten lassen, sofern nicht der Eigentümer die Übertragung bei der Leistung oder der Vornahme des Rechtsgeschäfts kennt; der neue Gläubiger muß unter den Voraussetzungen des § 407 Abs. 2 BGB. ein zwischen dem Eigentümer oder dem persönlichen Schuldner und dem bisherigen Gläubiger ergehendes Urteil über die Forderung gegen sich gelten lassen, der Eigentümer ist endlich auch gemäß § 408 BGB. für den Fall geschützt, daß dieselbe Forderung an verschiedene Personen abgetreten oder nach der Übertragung einem Dritten überwiesen wird. Der Eigentümer kann unter diesen Umständen mit Sicherheit Zinsen auf ein halbes Jahr im Voraus entrichten[66]).

5. Übertragung durch richterliche Verfügung.

Zur Pfändung einer Hypothekforderung ist außer dem Pfändungsbeschlusse (§ 829 ZPO.) die Übergabe des Hypothekenbriefes an den Gläubiger erforderlich. Wird die Übergabe im Wege der Zwangsvollstreckung erwirkt, so gilt sie als erfolgt, wenn der Gerichtsvollzieher den Brief zum Zwecke der Ablieferung an den

---

[63]) S. Ziff. 52, 53.

[64]) § 1158 BGB. Mot. 3 S. 713, KProt. 3 S. 591, 653, 4 S. 604, 6 S. 253. Infolgedessen kann bei Befriedigung für Zinsen und Nebenleistungen, die nicht später als in dem Kalendervierteljahr, in welchem die Befriedigung erfolgt, oder im folgenden Quartal fällig werden, oder für Kosten, für die das Grundstück nach § 1118 haftet, kein Zahlungsvermerk auf dem Briefe oder die Ausstellung eines Teilhypothekenbriefes verlangt werden (§ 1145 BGB.).

[65]) Vergl. § 1137 BGB.

[66]) Die Zahlung weiterer Zinsen kann unter Beachtung der Vorschriften erfolgen, die für die Zahlung von Teilen des Kapitals gelten.

Gläubiger wegnimmt. Zur Überweisung der gepfändeten Forderung genügt die Aushändigung des Überweisungsbeschlusses an den Gläubiger[67].

Der Pfandgläubiger kann sich weder auf die Fiktion der Richtigkeit des Grundbuchs noch auf die Fiktion der Richtigkeit öffentlich beglaubigter Abtretungserklärungen (§ 1155 BGB.) berufen, denn nur der rechtsgeschäftliche Erwerb, nicht auch der Erwerb im Wege der Zwangsvollstreckung wird in dieser Weise geschützt.

6. Wechsel der Forderung.

An die Stelle der Forderung, für welche die Hypothek besteht, kann eine andere Forderung gesetzt werden[68]. Die Hypothek erhält durch den Wechsel der Forderung einen anderen Inhalt. Zu der Inhaltsänderung ist die Einigung des (neuen) Gläubigers und des Eigentümers sowie die Eintragung im Grundbuch erforderlich. Für die Bindung der Beteiligten (§§ 873 Abs. 2 mit 878)[69] und die Zustimmung berechtigter Dritter (§ 876)[70] gelten die allgemeinen Vorschriften. Die Einigung und Eintragung genügen, wenn die neue Forderung dem bisherigen Hypothekgläubiger zusteht. Steht die neue Forderung nicht dem bisherigen Hypothekgläubiger zu, so ist noch dessen Zustimmung erforderlich[71]. Die Zustimmung des bisherigen Hypothekgläubigers ist dem Grundbuchamt oder demjenigen gegenüber zu erklären, zu dessen Gunsten sie erfolgt. Wie derjenige, der ein dingliches Recht aufgibt, ist der bisherige Hypothekgläubiger an seine Erklärung nur gebunden, wenn er sie dem Grundbuchamt gegenüber abgegeben oder demjenigen, zu dessen Gunsten sie erfolgt, eine den Vorschriften der Grundbuchordnung entsprechende Eintragungsbewilligung ausgehändigt hat. Ist die bisherige Hypothekforderung belastet, so ist auch zu der Zustimmung des bisherigen Hypothekgläubigers die Zustimmung der Berechtigten erforderlich.

Der Zustimmung der im Range gleich- oder nachstehenden Berechtigten bedarf es nicht, ebensowenig der Zustimmung des persönlichen Schuldners der bisher hypothekarisch gesicherten Forderung[72][73].

---

[67]) §§ 830, 837 ZPO. Die Bestimmungen der §§ 1153 (s. Anm. 22), 1156 (s. Ziff. 53), 1158, 1159 (s. Ziff. 60, 64) gelten auch hier.

[68]) § 1180 BGB. KProt. 3 S. 725.

[69]) S. § 8 Ziff. 32 ff.

[70]) S. § 8 Ziff. 50 ff.

[71]) In beiden Fällen erfolgt die Eintragung auf Bewilligung des Eigentümers und des bisherigen Gläubigers.

[72]) Der persönliche Schuldner ist, da der Gläubiger das dingliche Recht aufgibt, durch die Bestimmung des § 1165 BGB. gesichert.

[73]) Der Übergang des dinglichen Rechts auf den neuen Gläubiger vollzieht sich, wenn die neue Forderung nicht dem bisherigen Gläubiger zusteht, auf dem Wege des Rechtsgeschäfts, das Recht geht aber nicht von Gläubiger

7. Übergang der Forderung bei Befriedigung des Gläubigers.

Die Forderung kann kraft Gesetzes auf einen Anderen übertragen werden. Sie geht nicht auf Jeden über, der den Gläubiger befriedigt, nur in bestimmten Fällen hat die Befriedigung des Gläubigers die Wirkung, daß die Forderung auf denjenigen übergeht, der die Befriedigung gewährt. Mit der Forderung geht die Hypothek selbst über[74]).

Soweit ein Bürge des persönlichen Schuldners den Gläubiger befriedigt, geht die Forderung des Gläubigers gegen den persönlichen Schuldner auf den Bürgen über. Gleiches gilt, soweit ein Gesamtschuldner, der den Gläubiger befriedigt, von den übrigen persönlichen Schuldnern Ausgleichung verlangen kann[75]).

Ebenso verhält es sich bei einer Ablösung der Hypothekforderung. Verlangt nämlich der Gläubiger Befriedigung aus dem Grundstücke oder betreibt er die Zwangsvollstreckung in andere der Hypothek haftende Gegenstände, so ist Jeder, der Gefahr läuft, durch die Zwangsvollstreckung ein Recht an einem Gegenstand zu verlieren, auf den die Zwangsvollstreckung sich bezieht, berechtigt, den Gläubiger zu befriedigen. Das gleiche Recht steht dem Besitzer einer Sache zu, wenn er Gefahr läuft, durch die

---

zu Gläubiger über, dazu bedürfte es der Einigung zwischen den beiden Gläubigern. Daraus, daß die Einigung zwischen dem Eigentümer und dem neuen Gläubiger verlangt ist, dürfte zu entnehmen sein, daß der Vorgang so aufzufassen ist, als hätte der bisherige Gläubiger den Verzicht auf das dingliche Recht erklärt — für diese Annahme spricht auch die Gleichstellung der in § 1180 Abs. 2 erforderten Zustimmung mit der Aufhebungserklärung (§ 875) — und der Eigentümer die auf ihn übergegangene Grundschuld auf den neuen Gläubiger übertragen. Falls die Erteilung des Hypothekenbriefes nicht ausgeschlossen wird, erwirbt der neue Gläubiger die Hypothek von dem Eigentümer mit der Übergabe des Briefes. Der Erwerb des dinglichen Rechtes erfolgt unter dem Schutze des öffentlichen Glaubens des Grundbuchs. Anders steht es hinsichtlich der Forderung. Die Forderung des bisherigen Gläubigers wird völlig von dem dinglichen Rechte getrennt. Hinsichtlich der neuen Forderung liegt kein rechtsgeschäftlicher Erwerb vor; der neue Gläubiger ist der erste Inhaber, erst bei seinen Rechtsnachfolgern kann der öffentliche Glaube des Grundbuchs hinsichtlich der Forderung von Bedeutung werden. Entsprechendes hat folgerichtig auch in dem Falle zu gelten, wenn die Person des Gläubigers nicht wechselt. Auch in diesem Falle geht die Einigung zwischen dem Eigentümer und dem Inhaber der neuen Forderung vor sich, jedoch bedarf es wegen der Personeneinheit auf der Gläubigerseite nicht noch der Zustimmung, die der Inhaber der bisherigen Forderung zu erteilen hätte. Demnach ist anzunehmen, daß auch in diesem Falle der Gläubiger das dingliche Recht auf rechtsgeschäftlichem Wege von dem Eigentümer erlangt. Vergl. Biermann S. 398, dagegen Planck § 1180 Bem. 4 b, Turnau-Förster 1 S. 792. — Behandlung des Briefes s. § 65 Abs. 2 GBO.

[74]) Vergl. §§ 412, 401, 1153 BGB.

[75]) § 774 und § 426 BGB. Soweit die Forderung nicht übergeht, erlischt sie; soweit sie erlischt, wird das dingliche Recht zur Eigentümergrundschuld.

Zwangsvollstreckung den Besitz zu verlieren[76]). Dementsprechend kann jeder nachstehende Realgläubiger, aber auch der vorgehende, dessen Ansprüche wegen rückständiger Zinsen[77]) bedroht sind, ferner ein Mieter, Pächter rc., den Gläubiger durch Bewirkung der geschuldeten Leistung sowie durch Hinterlegung[78]) oder durch Aufrechnung[79]) befriedigen. Der Gläubiger darf die angebotene Befriedigung, sofern es sich nicht um eine Teilleistung handelt, nicht ablehnen; wird nur wegen eines Teiles der Forderung die Befriedigung verlangt, so kann das Ablösungsrecht nur bezüglich dieses Teiles ausgeübt werden. Soweit der Gläubiger befriedigt wird, geht seine Forderung auf den Ablösenden über; der Übergang der Forderung mit Hypothek tritt kraft Gesetzes ein. Das Ablösungsrecht kann nicht durch eine Vereinbarung zwischen Gläubiger und Eigentümer ausgeschlossen werden. Unter mehreren Ablösungsberechtigten gebührt demjenigen der Vorzug, der die Leistung zuerst bewirkt. Eine bei teilweiser Befriedigung dem Gläubiger verbleibende Resthypothek geht dem von dem Ablösenden erworbenen Rechte vor[80]).

Der Eigentümer, der nicht der persönliche Schuldner der Forderung ist, hat, selbst wenn er dem Schuldner gegenüber zur Befriedigung des Gläubigers sich verpflichtet haben sollte, die Stellung eines Bürgen. Soweit er den Gläubiger befriedigt[81]), geht die Forderung mit der Hypothek kraft Gesetzes auf ihn[82]) über[83])[84]). Forderung und Hypothek bleiben in solchem

---

[76]) §§ 1150, 268 BGB. Mot. 3 S. 960, KProt. 3 S. 577, 4 S. 603.

[77]) § 10 Abs. 1 N. 4, 8 ZVG.

[78]) §§ 372 ff. BGB.

[79]) §§ 387 ff. BGB.

[80]) Erfolgt die Zahlung nach dem Beginne der Versteigerung an das Gericht, so wird das Verfahren einstweilen eingestellt (§ 75 ZVG.).

[81]) Die Befriedigung kann auch durch Hinterlegung oder durch Aufrechnung erfolgen (§ 1142 Abs. 2 BGB.). Sie kann aus Gegenständen bewirkt werden, die der Hypothek haften, das Erlöschen der Hypothek nach § 1181 tritt erst ein, wenn der Gläubiger durch Zwangsvollstreckung aus dem Grundstück befriedigt wird. Vergl. RG 20 I 1904 E. 56 S. 325.

[82]) Der Leistende muß zur Zeit der Befriedigung Eigentümer sein, es genügt nicht, daß er früher der Eigentümer war, oder daß er die Erwerbung des Grundstücks beabsichtigt. Die Forderung mit Hypothek verbleibt ihm, wenn er, nachdem die Befriedigung bewirkt ist, das Grundstück veräußert. — Ein Miteigentümer, der den Gläubiger befriedigt, ohne persönlicher Schuldner zu sein, erwirbt die Hypothekforderung zum vollen Betrag.

[83]) § 1143 BGB. Mot. 3 S. 725, KProt. 3 S. 607. Auf Hypothekvormerkungen bezieht sich § 1143 BGB. nicht. Wird der durch Vormerkung gesicherte persönliche Anspruch erfüllt, so erlischt die Forderung. A. M. Turnau-Förster 1 S. 703.

[84]) Dem Schuldner stehen alle Einwendungen und Einreden zu, die ein Schuldner nach der Übertragung der Forderung gegen den neuen Gläubiger hat (§§ 412, 404 ff. BGB.), er kann insbesondere geltend machen, daß die persönliche Schuld nicht mehr bestand, denn § 1138 gilt nicht für das

Falle vereinigt, der Eigentümer hat eine wirkliche Hypothek, ein mit einer Forderung verbundenes dingliches Recht, aber dieses Recht kann in seiner Hand nicht der Sicherstellung der Forderung dienen, die Rechte des Eigentümers und Gläubigers bestimmen sich daher, so lange die Vereinigung besteht, nach den für eine Grundschuld des Eigentümers geltenden Vorschriften[85]). Erst wenn der Eigentümer die Forderung oder das Grundstück auf einen Anderen übertragen hat, kann der Hypothekberechtigte die Rechte eines wirklichen Hypothekgläubigers geltend machen. — Erfolgte die Befriedigung des Gläubigers durch den Eigentümer nur teilweise, so kann der Übergang der Hypothekforderung auf den Eigentümer nicht zum Nachteile des Gläubigers geltend gemacht werden[86]); die Resthypothek hat also Vorrang vor der Hypothek des Eigentümers.

Infolge eines kraft Gesetzes eintretenden Übergangs der Hypothekforderung entsteht eine Unrichtigkeit des Grundbuchs. Zum Zwecke der Berichtigung des Grundbuchs hat der Gläubiger, der von dem Eigentümer oder von einem Ablösungsberechtigten befriedigt wird, Zug um Zug den Hypothekenbrief und die sonstigen Urkunden auszuhändigen, deren der Andere bedarf, um über die auf ihn übergegangene Post verfügen zu können, sie auf seinen Namen umschreiben oder löschen zu lassen[87]). Erfolgt die Befriedigung des Gläubigers, ohne daß die Urkunden ausgehändigt werden, so kann auf Aushändigung des Briefes und der Urkunden geklagt, auch die Berichtigung des Grundbuchs nach §§ 894 ff. BGB. veranlaßt werden.

Wird der Gläubiger nur teilweise befriedigt, so behält bezüglich des Restes der Brief seine Bedeutung. Um den Eigentümer oder den Ablösungsberechtigten zu schützen, ist die teilweise

---

persönliche Schuldverhältnis, ferner stehen dem Schuldner die Einwendungen aus dem zwischen dem Eigentümer und ihm bestehenden Rechtsverhältnisse zu (§ 774 BGB.).

[85]) §§ 1177 Abs. 2, 1197 BGB. Er kann nicht die Zwangsvollstreckung zum Zwecke seiner Befriedigung betreiben, Zinsen gebühren ihm nur für die Dauer einer auf Antrag eines Anderen angeordneten Zwangsverwaltung, da ihm nur für diese Zeit die Einkünfte des Grundstücks entzogen sind. Mot. 3 S. 734. Die Forderung geht an Hauptsumme, Zinsen und Lasten auf den Eigentümer über, aber die Hypothek für die Rückstände von Zinsen und anderen Nebenleistungen erlischt (§ 1178 BGB.).

[86]) § 774 Abs. 1 BGB.

[87]) §§ 1144, 1150 BGB. Mot. 3 S. 731, 758, KProt. 3 S. 610. Verzug des Gläubigers nach § 298 BGB. Vergl. § 273 BGB. — Wird dem Eigentümer zum Zwecke der Löschung eine Quittung erteilt, so ist in derselben zum Ausdruck zu bringen, ob der Eigentümer der persönliche Schuldner ist oder nicht. Vergl. Biermann S. 344. Soll die Umschreibung erfolgen, so kann ein Anerkenntnis (§ 1155) gegeben werden, daß die Hypothekforderung auf den Eigentümer übergegangen ist.

Befriedigung auf dem Briefe zu vermerken[88]). Um den Eigentümer oder den Ablösungsberechtigten in den Stand zu setzen, über den auf ihn übergegangenen Teil der Hypothekforderung zu verfügen, ist der Gläubiger verpflichtet, den Brief behufs Berichtigung des Grundbuchs oder zum Zwecke der Löschung dem Grundbuchamt oder zur Herstellung eines Teilhypothekenbriefes für den Eigentümer oder den Ablösenden der zuständigen Behörde oder einem zuständigen Notar vorzulegen[89]). — Bezüglich Zinsen, sonstiger Nebenleistungen und Kosten s. Anm. 64.

8. Übergang der Hypothek auf den persönlichen Schuldner.

Etwas anders ist die Sachlage, wenn der persönliche Schuldner, der nicht zugleich der Eigentümer ist[90]), den Gläubiger befriedigt oder wenn Forderung und Schuld in einer Person zusammentreffen, der persönliche Schuldner aber von dem Eigentümer oder einem Rechtsvorgänger des Eigentümers Ersatz verlangen kann (wenn z. B. der Käufer des Grundstücks die Hypothek in Anrechnung auf den Kaufpreis übernommen hat, ohne daß der Gläubiger die Schuldübernahme genehmigte, und der Verkäufer als persönlicher Schuldner Zahlung leistet[91]). In einem solchen Falle erlischt zwar die ursprüngliche Forderung, aber die Hypothek geht, insoweit der Schuldner Ersatz verlangen kann, auf den Schuldner über[92]) und zwar zur Sicherung der Ersatzforderung. Es tritt demnach kraft Gesetzes an die Stelle der bisherigen Forderung die Ersatzforderung des Schuldners[93]). Der ersatzberechtigte Schuldner kann, ebenso wie ein Ablösungsberechtigter, bei Befriedigung des Gläubigers die Aushändigung des Briefs

---

88) § 1145 BGB. Mot. 3 S. 759, KProt. 3 S. 665, 6 S. 253. Vergl. § 1140 BGB.

89) Vergl. §§ 61, 68 GBO.

90) Ist der Schuldner zugleich der Eigentümer, so kommt es zur Eigentümerhypothek (vergl. Nr. 9), auch wenn nur der persönliche Anspruch geltend gemacht worden ist.

91) Vergl. § 416 BGB. Denkschrift S. 672. Über einen anderen Fall s. RGE. 53 S. 382.

92) § 1164 BGB. KProt. 1 S. 418, 3 S. 605, 727.

93) Vergl. § 1180. Übereinstimmend Biermann S. 375, Planck § 1164 Bem. 3, Oberneck 1 S. 828, a. M. Turnau-Förster 1 S. 753. Dem Eigentümer stehen die Einwendungen zu gegen die Forderung, auf deren Tilgung der persönliche Schuldner seine Ersatzforderung stützt, ferner die Einwendungen aus dem Regreßverhältnis, auch Einwendungen gegen das dingliche Recht, Einreden aus einem zwischen ihm und dem Regreßnehmer bestehenden Rechtsverhältnis und Einreden aus dem zwischen ihm und dem bisherigen Gläubiger bestandenen Rechtsverhältnisse (§§ 1137, 1157 BGB.). Der Erwerb des Schuldners ist kein rechtsgeschäftlicher, steht deshalb nicht unter dem öffentlichen Glauben des Grundbuchs.

und der sonstigen Urkunden verlangen, die zur Berichtigung des Grundbuchs und Umschreibung der Hypothek erforderlich sind [94]).

Ist dem Schuldner nur teilweise Ersatz zu leisten, so kommt es für diesen Teil zur Schuldnerhypothek, für den Rest der erloschenen Forderung zur Eigentümerhypothek. Die Eigentümerhypothek kann nicht zum Nachteile des Schuldners geltend gemacht werden [95]).

Wird der Gläubiger nur teilweise befriedigt, so kann die dem Schuldner oder dem Eigentümer zufallende Hypothek nicht zum Nachteile der bei dem Gläubiger verbleibenden Hypothek geltend gemacht werden [96]).

Geht die Hypothek nur zu einem Teilbetrag auf den Schuldner über, sei es, weil er trotz Auszahlung der ganzen Forderung nur zu einem Teile ersatzberechtigt ist [97]), oder sei es, weil er den Gläubiger nur teilweise befriedigt, so kann er die Aushändigung des Briefes nicht verlangen. Es ist in diesem Falle zu verfahren, wie bei einer teilweisen Befriedigung des Gläubigers durch einen Ablösungsberechtigten [98]).

Damit die dem Schuldner gewährte Sicherung nicht dadurch vereitelt werden kann, daß der Gläubiger auf die Hypothek verzichtet [99]) oder sie mit Zustimmung des Eigentümers aufhebt [100]) oder einem anderen Rechte den Vorrang einräumt [101]), ist bestimmt [102]), daß in diesen Fällen der persönliche Schuldner

---

[94]) § 1167 BGB. Mot. 3 S. 731, KProt. 3 S. 610. S. Anm. 87. Nach den sonstigen Vorschriften könnte der Schuldner nur eine Quittung (§ 368 BGB.) und Rückgabe der Schuldurkunde (§ 371 BGB.) verlangen.

[95]) § 1164 BGB.

[96]) § 1176 BGB.

[97]) Auch in diesem Falle kommt § 1145 zur Anwendung, denn nicht die Befriedigung des Gläubigers verschafft dem Schuldner das Recht auf die Aushändigung der Urkunden, sondern seine Ersatzberechtigung. Kann der Schuldner nur teilweise Ersatz verlangen, so ist der Fall des § 1145 BGB. gegeben. A. M. Biermann S. 377, Planck § 1167 Bem. 3c, Turnau-Förster 1 S. 759.

[98]) §§ 1167, 1145 BGB. S. Ziff. 88. Die in den §§ 1144, 1145 BGB. bezeichneten Rechte hat der Schuldner auch, wenn er im Falle der Befriedigung ein sonstiges rechtliches Interesse an der Berichtigung des Grundbuchs hat (§ 1167 BGB.), wenn er sich z. B. dem Eigentümer gegenüber zur Befreiung des Grundstücks verpflichtet hat. Mot. 3 S. 731.

[99]) § 1168 BGB. Mot. 3 S. 719, KProt. 3 S. 602. Darin, daß der Gläubiger die Veräußerung des haftenden Inventars nicht hindert, kann ein Verzicht auf die Hypothek nicht gefunden werden, dagegen ist unter Umständen der Einwand der Arglist begründet. RG 17 IX 1904 E. 58 S. 426.

[100]) § 1183 BGB.

[101]) § 880 BGB.

[102]) § 1165 BGB. KProt. 3 S. 609. Der Erlöschungsgrund des § 1165 trifft auch Schuldverhältnisse, die unter dem früheren Recht begründet sind. RG 30 I 1903 E. 53 S. 380.

insoweit frei wird, als er ohne eine solche Verfügung aus der Hypothek hätte Ersatz erlangen können [103]).

Im Falle der persönliche Schuldner berechtigt ist, von dem Eigentümer oder von einem Rechtsvorgänger des Eigentümers [104]) Ersatz zu verlangen, falls er den Gläubiger befriedigt, hat er auch Interesse daran, daß das belastete Grundstück bei einer Zwangsversteigerung nicht zu einem Preise zugeschlagen wird, der die Forderung des Gläubigers nicht deckt. Dem Gläubiger, der die Zwangsversteigerung des Grundstücks betreibt [105]), obliegt es deshalb, den persönlichen Schuldner, sofern dieser ersatzberechtigt ist, unverzüglich [106]) zu benachrichtigen. Unterläßt er dies und erleidet er bei der Zwangsversteigerung einen Ausfall, so kann der persönliche Schuldner die Befriedigung wegen dieses Ausfalls insoweit verweigern, als er infolge der Nichtbenachrichtigung einen Schaden erleidet [107]). Auf andere Gläubiger als den betreibenden bezieht sich diese Vorschrift nicht. Die Nichtbenachrichtigung hat die bezeichnete Folge nur, wenn die Unterlassung eine schuldhafte ist; die Benachrichtigung darf unterbleiben, wenn sie untunlich ist [108]). Hat der Schuldner auf andere Weise Kenntnis von dem Zwangsversteigerungsverfahren erhalten, so ist ausgeschlossen, daß er einen Schaden infolge der Unterlassung der Benachrichtigung erlitten hat [109]). Beweispflichtig für die Unterlassung der rechtzeitigen Benachrichtigung sowie für die Schädigung ist der Schuldner [110]).

---

[103]) Der Schuldner ist beweispflichtig dafür, daß und wie weit er ohne die Verfügung aus der Hypothek hätte Ersatz erlangen können. Insoweit er den Ersatz hätte erlangen können, erlischt die Forderung kraft Gesetzes. Ob der Schuldner aus andern Vermögensstücken den Ersatz erlangen könnte, ist nicht von Belang.

[104]) Vergl. RG 2 XI 1904 BayZfR. 1 S. 27.

[105]) Der Gläubiger, der dem Verfahren beitritt, ist ebenfalls betreibender Gläubiger. Vergl. RGE. Anm. 104.

[106]) § 121 BGB. Vor der Anordnung der Zwangsversteigerung (§ 20 ZVG.) braucht die Benachrichtigung nicht zu erfolgen.

[107]) Wird das Grundstück zu einem angemessenen Preise zugeschlagen, so entsteht regelmäßig kein Schaden. Vergl. RGE. Anm. 104. — Trotz Benachrichtigung wird der Gläubiger, der das Grundstück zu geringem Preise sich zuschlagen läßt, regelmäßig nicht den ganzen Ausfall von dem Schuldner verlangen dürfen; denn indem er durch die Zwangsversteigerung den Ausfall erleidet, erlangt er durch die Zwangsversteigerung auch einen Vorteil in Höhe der Differenz zwischen seinem Höchstgebot und dem wahren Wert des Grundstücks. Vergl. RG 13 X 1902 PuchZ. 34 S. 325.

[108]) § 1166 BGB. KProt. 3 S. 611. Die Benachrichtigung ist untunlich, wenn die Person oder der Aufenthalt des Schuldners dem Gläubiger nicht bekannt ist. KProt. 3 S. 612.

[109]) KProt. 3 S. 613. Der Schuldner soll Gelegenheit haben, durch eigenes Mitbieten und durch Herbeischaffung anderer Bieter den Ausfall der Hypothek des Gläubigers zu verhindern.

[110]) § 1166 gibt dem Schuldner eine Einrede, deren Unterlage der Schuldner zu beweisen hat. Daß es sich bei dem Beweise der Nichtbenach-

9. Eigentümerhypothek bei Erlöschen der Forderung.

Erlischt die persönliche Forderung (z. B. durch Erfüllung, Hingabe an Erfüllungsstatt, Hinterlegung, Aufrechnung, Erlaß, Vereinigung der Forderung mit der Schuld[111]), Eintritt der auflösenden Bedingung, des Endtermins), ohne daß die Hypothek auf den Schuldner übergeht, so geht das dingliche Recht auf den Eigentümer[112]) über[113]); erlischt sie nur zum Teilbetrag, so kann die dem Eigentümer zufallende Hypothek nicht zum Nachteile der dem Gläubiger verbleibenden Hypothek geltend gemacht werden[114]). Ebenso wie in dem Falle, wo die Forderung von Anfang an nicht besteht, bleiben hier die nachstehenden Rechte von dem Schicksale der Forderung unberührt, sie rücken nicht vor, sondern behalten den Rang, den sie von Anfang an hatten[115]), während der Eigentümer die ihm zugefallene Eigentümerhypothek mit dem Range, der ihr bisher zukam, weiterbegeben[116]) oder die Hypothek zur Löschung[117]) bringen kann.

Die Verpflichtung zur Löschung kann der Eigentümer einem Anderen[118]) gegenüber vertragsmäßig übernehmen und zwar nicht blos für den Fall des Erlöschens der Forderung, sondern allgemein für den Fall, daß die Hypothek sich mit dem Eigentum in

---

richtigung um den Beweis einer Verneinung handelt, ist ohne Bedeutung. Vergl. Turnau-Förster 1 S. 757; anders RG 13 V 1903 E. 54 S. 373, wonach der Gläubiger nachzuweisen hat, er habe den Schuldner unverzüglich benachrichtigt. — Über die Beweispflicht des Schuldners bei der Einklagung eines Teiles der Ausfallsforderung s. RGE. 54 S. 375.

[111]) Ist der Schuldner nur als Miterbe an dem Nachlasse des Gläubigers beteiligt, so erlischt dadurch die Schuld noch nicht.

[112]) Das dingliche Recht geht auf diejenige Person über, der zur Zeit des Erlöschens der Forderung das Eigentum zusteht. Bei einer Veräußerung des Grundstücks wird das Recht nicht mit dem Eigentum auf den Erwerber des Grundstücks übertragen.

[113]) § 1163 BGB. Mot. 3 S. 720, KProt. 3 S. 591.

[114]) § 1176 BGB.

[115]) Wer auf zweite oder dritte Hypothek Geld ausleiht, kann nicht darauf rechnen, daß die vorhergehende Hypothek zu seinen Gunsten wegfällt. KProt. 3 S. 600.

[116]) Erfordernis für die Weiterbegebung ist die vorherige Eintragung der Person, die das dingliche Recht erlangt hat; nicht nur die Ordnungsvorschrift des § 40 Abs. 1 GBO. verlangt die Eintragung, falls nicht die Voraussetzungen des § 40 Abs. 2 GBO. gegeben sind. Ist derjenige, der die Eigentümergrundschuld weiterbegibt, nicht als Grundschuldberechtigter eingetragen, und liegen die Voraussetzungen des § 1155 nicht vor, so kann sich derjenige, der die Grundschuld erwirbt, nicht auf den öffentlichen Glauben des Grundbuchs berufen.

[117]) Die Löschung kann herbeigeführt werden auf Grund der Löschungsbewilligung des Hypothekgläubigers und der Zustimmung des Eigentümers.

[118]) Der Andere braucht nicht ein nachstehender Realberechtigter zu sein, er kann der Inhaber der zu löschenden Hypothek selbst sein oder eine nicht dinglich berechtigte Person. Vergl. RG 7 VI 1902 E. 52 S. 8.

einer Person vereinigt. Der Anspruch auf Löschung läßt sich durch Vormerkung dinglich sichern[119]) mit der Wirkung, daß jede Verfügung[120]), die durch den Eigentümer oder die im Wege der Zwangsvollstreckung oder der Arrestvollziehung oder durch den Konkursverwalter nach der Eintragung der Vormerkung getroffen wird, insoweit unwirksam ist, als sie den Löschungsanspruch vereiteln oder beeinträchtigen würde[121]).

Sobald sich die Hypothek mit dem Eigentum in einer Person vereinigt, verwandelt sie sich in eine Grundschuld s. oben Ziff. 19. Die Hypothek für Rückstände von Zinsen und anderen Nebenleistungen sowie für Kosten, die dem Gläubiger zu erstatten sind, erlischt, wenn sie sich mit dem Eigentum in einer Person vereinigt. Insoweit kommt es nicht zur Eigentümerhypothek. Das Erlöschen der Hypothek tritt nicht ein, solange einem Dritten ein Recht (Nießbrauch, Pfandrecht) an dem Anspruch auf eine solche Leistung zusteht[122]).

---

[119]) § 1179 BGB. KProt. 3 S. 605. Art. 194 EGBGB. — Der Eintritt der Eigentümerhypothek wird nicht verhindert, sondern nur ein Anspruch auf Löschung gewährt. — Während regelmäßig eine Eintragung nur stattfindet, wenn derjenige, gegen dessen Recht sie sich richtet, als Berechtigter eingetragen ist, erfolgt die Eintragung der Vormerkung nach § 1179, ohne daß der verpflichtete Eigentümer als Inhaber der Hypothek, zu deren Löschung er sich verpflichtet, eingetragen ist (s. S. 79 Anm. 37). Im übrigen kommen die Bestimmungen über die Vormerkung zur Anwendung. Der Anspruch auf Löschung richtet sich gegen denjenigen, der die Verpflichtung übernommen hat. Die Verpflichtung geht dahin, daß die Hypothek zu löschen ist, wenn sie sich mit dem Eigentum in einer Person vereinigt, sie beschränkt sich nicht auf den Fall, daß der Verpflichtete als Eigentümer die Hypothek erwirbt. Der Anspruch auf Löschung wird demnach auch für den Fall dinglich gesichert, daß die Vereinigung der Hypothek mit dem Eigentum bei einem späteren Eigentümer eintritt. Von dem Vormerkungsberechtigten hängt es ab, ob und wann er den Löschungsanspruch zur Geltung bringen will; die nachstehenden Berechtigten haben kein Recht auf den Wegfall der Hypothek. — So lange die Löschung nicht bewirkt ist, besteht die Eigentümergrundschuld zu Recht und ist bei der Zwangsversteigerung zu berücksichtigen. Vergl. RG 23 III 1904 E. 57 S. 211.

[120]) Dazu gehört auch die Zustimmung zu einem Rangrücktritt. S. § 9 Anm. 31.

[121]) Die Eintragung erfolgt zweckmäßig bei der Hypothek, deren Löschung gesichert werden soll. Sie kann nur bei oder nach der Eintragung der zu löschenden Hypothek vorgenommen werden. Vergl. Biermann S. 396. Vermerk im Hypothekenbrief s. §§ 42, 62 GBO.

[122]) § 1178 BGB. Mot. 3 S. 720, 735, KProt. 3 S. 614. Auf Kosten, die der Eintragung bedürfen (s. § 68 zu Ziff. 11), bezieht sich die Vorschrift nicht (vergl. §§ 1145, 1159, 1160 BGB.). — Beträge, die zur Abzahlung des Kapitals entrichtet werden, zur Amortisation dienen, fallen nicht unter die Vorschrift; sie sind Gegenstand der Eigentümerhypothek. S. § 21 Abs. 2 Hyp.-Bankges. 13 VII 1899. A. M. Biermann S. 394, Kretschmar DJZ. 1903 S. 331. — Ist für Zins- und Kostenansprüche eine besondere Höchsthypothek bestellt, so findet § 1178 keine Anwendung; aus der Höchsthypothek kann eine Eigentümerhypothek erwachsen. Vergl. BayObLG. 23 VI 1905. Recht S. 432[53].

10. Eigentümerhypothek bei Fortbestehen der Forderung, aber Verzicht auf die Hypothek.

Es kommt weiter der Fall in Betracht, daß die Forderung bestehen bleibt, der Gläubiger aber auf die Hypothek[123]) entgeltlich oder unentgeltlich verzichtet. Auch hier erwirbt der Eigentümer die Hypothek[124]). Das Gleiche tritt ein, wenn infolge einer Schuldübernahme das Recht des Gläubigers aus der für die Forderung bestehenden Hypothek erlischt[125]).

Der Verzicht auf die Hypothek ist dem Grundbuchamt oder dem Eigentümer gegenüber zu erklären und bedarf der Eintragung. Die Vorschriften der §§ 875 Abs. 2, 876, 878 BGB. finden entsprechende Anwendung[126]).

Zum Verzicht auf die Hypothek für Rückstände von Zinsen und anderen Nebenleistungen sowie für Kosten genügt die Erklärung des Gläubigers gegenüber dem Eigentümer, ohne daß es einer Eintragung bedarf. So lange aber einem Dritten ein Recht an dem Anspruch auf eine solche Leistung zusteht, ist die Zustimmung des Dritten erforderlich. Die Zustimmung ist demjenigen gegenüber zu erklären, zu dessen Gunsten sie erfolgt; sie ist unwiderruflich[127]).

Mit der Eintragung des Verzichts verwandelt sich die Hypothek in eine Grundschuld[128]). Die Eintragung der Rechtsänderung ist auf dem bisherigen Briefe zu vermerken, sofern nicht die Erteilung eines neuen Briefes beantragt wird[129]). Verzichtet

---

[123]) § 1168 BGB. Mot. 3 S. 719, KProt. 3 S. 602. Wird auf die Forderung verzichtet, so entsteht die Eigentümerhypothek nach Nr. 9. — Durch den Zuschlag erlischt die Hypothek, an ihre Stelle tritt das Recht auf Befriedigung aus dem Erlöse. Ein Verzicht auf das Hypothekenrecht mit der Folge des Entstehens einer Eigentümerhypothek kann nach dem Zuschlage nicht mehr stattfinden. Vergl. RG 8 VII 1903 E. 55 S. 264, 8 III 1905 JW. S. 291[18], E. 60 S. 251, s. jedoch RGE. 55 S. 223 (für Höchsthypotheken).

[124]) In den KProt. 3 S. 603 heißt es, in der Begründung einer Hypothek liege zugleich die Bestellung einer Eigentümerhypothek. Die Eigentümerhypothek könne nicht geltend gemacht werden, so lange sie mit dem Rechte des Gläubigers belastet sei. Falle aber das Recht des Gläubigers durch Verzicht fort, so gelange die Eigentümerhypothek zur Wirksamkeit und zwar ohne einen Akt der Übertragung. Die Richtigkeit dieser Auffassung dürfte zu bezweifeln sein. Solange die Gläubigerhypothek besteht, kann die Eigentümerhypothek nicht bestehen, es belastet auch die Gläubigerhypothek das Grundstück, nicht die Eigentümerhypothek.

[125]) § 418 Abs. 1 BGB. Willigt der Eigentümer in die Schuldübernahme ein, so bleibt die Hypothek bei dem Gläubiger.

[126]) S. § 8 Ziff. 45, 46, 50. Über die Wirkung des Verzichts eines eingetragenen Nichtgläubigers s. § 7 Ziff. 19.

[127]) § 1178 Abs. 2 BGB. Der Verzicht auf die Hypothek für die laufenden und für künftige Zinsen fällt unter § 1168 BGB. — Über Kosten s. Anm. 122.

[128]) § 1177 Abs. 1 BGB.

[129]) §§ 42, 65, 67, 68 GBO. Die in § 1144 BGB. bestimmten Rechte stehen dem Eigentümer nicht zu; Herausgabe des Briefes kann er nach § 952 Abs. 2 BGB. verlangen. Vergl. Biermann S. 378.

der Gläubiger nur für einen Teil der Forderung auf die Hypothek, so stehen dem Eigentümer die Rechte aus § 1145 BGB. zu [130]). Die dem Eigentümer zufallende Teilhypothek kann nicht zum Nachteile der dem Gläubiger verbleibenden Hypothek geltend gemacht werden [131]).

Unter Umständen kann der Eigentümer den Gläubiger zum Verzichte zwingen. Wenn nämlich dem Eigentümer eine Einrede zusteht, durch welche die Geltendmachung der Hypothek dauernd ausgeschlossen wird, kann der Eigentümer verlangen, daß der Gläubiger auf die Hypothek verzichtet [132]). Derartige Einreden, durch die die Hypothek zwar in ihrem Bestande nicht angegriffen, aber ihre Geltendmachung dauernd gehindert wird, sind nicht zahlreich. Sie können gegen die Forderung oder gegen die Hypothek begründet sein, es können auch Einreden sein, die dem persönlichen Schuldner gegen die Forderung zustehen [133]). Eine peremptorische Einrede gegen die Forderung, nämlich die aus § 1166 BGB., bleibt der Natur der Sache nach außer Betracht. Eine andere, die aus der Verjährung entspringende (§ 222 BGB.), gehört nicht hierher, weil die Verjährung eines Anspruchs, für den eine Hypothek besteht, den Berechtigten nicht hindert, seine Befriedigung aus dem Grundstück zu suchen [134]). Im übrigen können die §§ 821, 853, 1990 Abs. 2 BGB. in Frage kommen. Steht dem Eigentümer eine solche Einrede zu, so entsteht die Eigentümerhypothek, sobald der Gläubiger auf die Hypothek verzichtet hat oder zur Abgabe der Verzichtserklärung verurteilt worden ist und im Grundbuch die Eintragung erfolgt ist [135]).

11. Eigentümerhypothek auf Grund Aufgebots.

Auch nach dem Erlöschen der Forderung kann die Berichtigung des Grundbuchs nur erfolgen, wenn sie von demjenigen, den das Grundbuch als Berechtigten ausweist, bewilligt und die Bewilligung vor dem Grundbuchamt zu Protokoll gegeben oder durch öffentliche oder öffentlich beglaubigte Urkunde nachgewiesen wird [136]). Ist der Gläubiger unbekannt, so ist es dem Eigentümer unmöglich, die Eintragungsbewilligung sich zu verschaffen. Für diesen Fall ist ein Aufgebotsverfahren zugelassen. Der seiner Person nach unbekannte [137]) Gläubiger kann im Wege des Aufgebotsverfahrens mit seinem Rechte ausgeschlossen werden,

---

130) S. Ziff. 88, 89.

131) § 1176 BGB.

132) § 1169 BGB. Mot. 3 S. 724, KProt. 3 S. 601.

133) §§ 1137, 1157 BGB.

134) § 223 BGB.

135) Der Anspruch ist ein dinglicher, er kann auch im Konkursverfahren geltend gemacht werden. KProt. 3 S. 602.

136) §§ 19, 29 GBO.

137) Ist nur der Aufenthalt des Gläubigers unbekannt, so kann Klage erhoben, aber nicht das Aufgebotsverfahren betrieben werden.

wenn seit der letzten sich auf die Hypothek beziehenden Eintragung in das Grundbuch zehn Jahre verstrichen sind und das Recht des Gläubigers nicht innerhalb dieser Frist von dem Eigentümer durch Abschlagszahlung, Zinszahlung, Sicherheitsleistung oder in anderer Weise anerkannt worden ist[138]). Sofern für die Forderung eine nach dem Kalender bestimmte Zahlungszeit besteht, beginnt die Frist nicht vor dem Ablaufe des Zahlungstages. Für das Aufgebotsverfahren gelten die besonderen Bestimmungen der §§ 982 ff., 1024 ZPO. Mit der Erlassung des Ausschlußurteils erwirbt der Eigentümer[139]) die Hypothek und zwar (gemäß § 1177 Abs. 1) als Grundschuld[140]). Gleichzeitig wird der dem Gläubiger erteilte Hypothekenbrief kraftlos[141]). Auf Grund des Ausschlußurteils kann die Erteilung eines neuen Briefes beantragt werden, ebenso genügt die Vorlegung des Ausschlußurteils, wenn die Erteilung des Briefes nachträglich ausgeschlossen oder die Hypothek gelöscht werden soll[142]).

Auf dem Wege des Aufgebots kann der Eigentümer auch die Befriedigung des Gläubigers herbeiführen. Voraussetzung des Verfahrens ist auch hier, daß der Gläubiger unbekannt ist; der antragstellende Eigentümer hat dies glaubhaft zu machen. Auf die Zeit, welche seit der letzten Eintragung verstrichen ist, kommt nichts an, dagegen muß der Eigentümer zur Befriedigung des Gläubigers oder zur Kündigung berechtigt sein, sich vor Einleitung des Verfahrens zur Hinterlegung des dem Gläubiger gebührenden Betrags erbieten und den Betrag der Forderung für den Gläubiger unter Verzicht auf das Recht zur Rücknahme hinterlegen[143]). Die Hinterlegung von Zinsen ist nur erforderlich, wenn der Zinssatz im Grundbuch eingetragen ist; Zinsen für eine frühere Zeit als das vierte Kalenderjahr vor der Erlassung des Ausschlußurteils sind nicht zu hinterlegen[144]). Die Hinterlegung der Hauptsumme und der Zinsen braucht nicht bei der Einleitung des Verfahrens zu geschehen, das Ausschlußurteil darf aber erst dann erlassen werden, wenn die Hinterlegung erfolgt ist. Mit der Er-

---

[138]) § 1170 BGB. Mot. 3 S. 738, 763. KProt. 3 S. 617. Die Behauptung, die Forderung sei erloschen, ist nicht erforderlich. KProt. 3 S. 619.

[139]) Die Hypothek erwirbt derjenige, der zur Zeit der Erlassung des Ausschlußurteils Eigentümer ist. Die Eintragung im Grundbuch ist zum Schutze gegen den öffentlichen Glauben des Grundbuchs erforderlich.

[140]) Die Forderung bleibt von dem Verfahren unberührt. — Sind in dem Ausschlußurteile bestimmten Personen die Rechte vorbehalten, so steht dies dem Erwerb des dinglichen Rechts nicht entgegen. Die Dritten werden ihre Rechte durch Widerspruch zu wahren haben. A. M. Biermann S. 381.

[141]) § 1170 Abs. 2 BGB. Vergl. Mot. 3 S. 763.

[142]) §§ 42 Abs. 2, 67 GBO.

[143]) § 376 BGB.

[144]) Werden Nebenleistungen geschuldet, so ist auch ihr Betrag zu hinterlegen. Wiederkehrende Nebenleistungen kommen gleich den Zinsen nur für vier Kalenderjahre vor Erlassung des Ausschlußurteils in Betracht.

lassung des Ausschlußurteils gilt der Gläubiger als befriedigt, sofern nicht nach § 378 BGB. die Befriedigung schon vorher erfolgt ist. Es treten demnach dieselben Rechtsfolgen ein, wie wenn der Gläubiger durch Zahlung befriedigt worden wäre. Hat z. B. der persönliche Schuldner die Hinterlegung bewirkt, so geht die Hypothek in Höhe des Ersatzanspruchs auf ihn über [145]), hat der Eigentümer die Hinterlegung bewirkt, so erfolgt, im Falle er nicht der persönliche Schuldner ist, Übergang der Forderung auf ihn (s. Nr. 7) und, falls der Eigentümer der persönliche Schuldner ist, Erlöschen der Forderung (s. Nr. 9).

Der dem Gläubiger erteilte Hypothekenbrief wird kraftlos [146]). Auf Grund des Ausschlußurteils kann der Eigentümer die Erteilung eines neuen Briefes beantragen oder die Erteilung des Briefes ausschließen oder die Hypothek löschen lassen [147]).

Der Gläubiger, der sich nicht rechtzeitig gemeldet hat, erleidet den Nachteil, daß er seine Befriedigung nicht mehr aus dem Grundstück, sondern nur aus dem hinterlegten Betrage fordern kann, und auch dieses Recht erlischt, wenn er sich nicht vor dem Ablaufe von 30 Jahren nach der Erlassung des Ausschlußurteils bei der Hinterlegungsstelle meldet. Meldet sich der Gläubiger nicht innerhalb dieser Frist, so ist der Hinterleger zur Rücknahme berechtigt, auch wenn er auf das Recht zur Rücknahme verzichtet hat [148]).

B. Buchhypothek.

Wird die Erteilung des Briefes bei der Bestellung der Hypothek ausgeschlossen, so erwirbt der Gläubiger die Hypothek sofort mit der Begründung, vorausgesetzt, daß die (persönliche) Forderung zur Entstehung gelangt ist. Ist die Forderung nicht zur Entstehung gelangt, so steht die Hypothek dem Eigentümer zu [149]). So lange aber das Grundbuch nicht berichtigt oder ein Widerspruch eingetragen ist, ist das Recht des Eigentümers gefährdet, da auch die (persönliche) Forderung unter dem Schutze des öffentlichen Glaubens des Grundbuchs steht [150]).

Für Darlehenshypotheken ist deshalb dem Eigentümer ein besonderer Schutz gewährt. Ist bei der Bestellung einer Hypothek für ein Darlehen die Erteilung des Hypothekenbriefes

---

[145]) § 1164 BGB. S. Nr. 8. Vergl. Biermann S. 383.
[146]) § 1171 Abs. 2 BGB.
[147]) §§ 42, 67 GBO.
[148]) § 1171 Abs. 3 BGB., KProt. 3 S. 619, § 987 ZPO. Treffen die Landesgesetze über die Hinterlegung nähere Bestimmungen, so muß dem Hinterleger die Rücknahme des hinterlegten Betrags mindestens während eines Jahres von dem Zeitpunkt an gestattet werden, mit welchem das Recht des Gläubigers auf den hinterlegten Betrag erlischt (Art. 145 EGBGB.).
[149]) § 1163 BGB. S. oben A. Nr. 3.
[150]) § 1138 BGB.

ausgeschlossen worden, so kann ein Widerspruch, der sich darauf gründet, daß die Hingabe des Darlehens unterblieben sei, auf einseitigen Antrag[151]) des Eigentümers in das Grundbuch eingetragen werden, ohne daß also eine Bewilligung des Gläubigers oder eine gerichtliche Anordnung erfolgt wäre. Jedoch kann ein solcher Antrag nur vor dem Ablaufe eines Monats nach der Eintragung der Hypothek gestellt werden. Wird der Widerspruch rechtzeitig gestellt und auch noch innerhalb des Monats eingetragen, so hat er rückwirkende Kraft; die Eintragung des Widerspruchs hat alsdann die gleiche Wirkung, wie wenn der Widerspruch zugleich mit der Hypothek eingetragen worden wäre[152]). Wird der Widerspruch zwar rechtzeitig gestellt, aber erst nach Ablauf des Monats eingetragen, so ist er zwar wirksam, hat aber keine rückwirkende Kraft[153]). In jedem Falle sichert der Widerspruch nur den Gebrauch der Einrede der fehlenden Hingabe des Darlehens, ändert aber nichts an der Beweislast[154]).

Auch für die Buchhypothek gilt der Satz, daß mit der **Übertragung** der Forderung die Hypothek auf den neuen Gläubiger übergeht und daß die Forderung nicht ohne die Hypothek, die Hypothek nicht ohne die Forderung übertragen werden kann[155]). Die Abtretung der Forderung selbst richtet sich nach den allgemeinen Vorschriften der §§ 873, 878 BGB., verlangt also Einigung und Eintragung[156]). Im übrigen s. unter A. Nr. 4 S. 402 ff.

Was die Übertragung durch **richterliche Verfügung** angeht (A. Nr. 5 S. 409), so ist zur Pfändung der Forderung die Eintragung der Pfändung in das Grundbuch erforderlich; sie erfolgt auf Grund des Pfändungsbeschlusses. Zur Überweisung an Zahlungs-

---

[151]) Der Antrag ist der gewöhnliche Eintragungsantrag des § 13 GBO.

[152]) § 1139 BGB. Mot. 3 S. 703, KProt. 3 S. 584. Die Bestimmung bezieht sich nur auf die Bestellung, nicht auch auf die Übertragung einer Darlehenshypothek.

[153]) KProt. 3 S. 585. Wird der Antrag später gestellt, so sind die Voraussetzungen zur Eintragung eines Widerspruchs zu erfüllen. S. § 11 A.

[154]) Für den Gläubiger gilt die Vermutung des § 891 BGB. Wie die Sache sich weiter gestaltet, hängt von den Umständen des Falles ab. — Wird die Berichtigung des Grundbuchs begehrt, weil trotz Vorliegens eines Schuldbekenntnisses über den Empfang eines baren Darlehens kein Gegenwert gegeben worden sei, so genügt zur Entkräftung des Schuldbekenntnisses nicht, daß der Gläubiger zugibt, ein bares Darlehen sei nicht gegeben worden, die Hypothek diene zur Deckung einer Wechselmitschuld des Klägers, vielmehr ist Kläger beweispflichtig, daß die Schuldverbindlichkeit aus dem Wechsel nicht bestehe. RG 3 II 1904 E. 57 S. 320.

[155]) § 1153 BGB. S. Anm. 22.

[156]) § 1154 Abs. 3 BGB. S. § 8. — Über die Anwendung des § 185 BGB. auf die Abtretung einer Buchhypothek durch einen Nichtberechtigten s. RG 9 V 1903 E. 54 S. 362.

statt ist die Eintragung der Überweisung erforderlich; sie erfolgt auf Grund des Überweisungsbeschlusses[157]).

Des Weiteren gilt das unter A. Nr. 6, 7, 8, 9, 10 und 11 Gesagte auch für die Buchhypothek, nur hat sich die Berichtigung des Grundbuchs nach den allgemeinen Vorschriften zu vollziehen und bleiben Bestimmungen über den Hypothekenbrief außer Betracht.

C. Sicherungshypothek.

Bei der Sicherungshypothek ist die Erteilung des Briefes kraft Gesetzes ausgeschlossen[158]). Da dem Eigentümer alle Einwendungen gegen die Forderung auch gutgläubigen Erwerbern gegenüber unbenommen sind[159]), bleibt die Bestimmung über die Eintragung eines Widerspruchs bei der Darlehenshypothek außer Anwendung[160]). Dagegen gelten die Vorschriften über die Eigentümerhypothek und über den Übergang der Hypothek auf den den Gläubiger befriedigenden Schuldner[161]).

Mit dem Entstehen der Hypothek wird demnach der Gläubiger Hypothekberechtigter, vorausgesetzt, daß die Forderung zur Entstehung gelangt ist. Ist die Forderung nicht zur Entstehung gelangt, so steht die Hypothek dem Eigentümer zu[162]). Die Abtretung der Forderung erfolgt wie bei der gewöhnlichen Buchhypothek nach den für die Übertragung von Rechten an Grundstücken geltenden Vorschriften[163]). So wenig aber der Erwerber einer Sicherungshypothek gegen Einwendungen geschützt ist, die zur Zeit der Übertragung der Forderung bestehen, so wenig ist er geschützt gegen Einwendungen, die einem Schuldner nach Übertragung der Forderung erwachsen können. Bei Übertragung einer gewöhnlichen Forderung kann der Schuldner eine ihm gegen den bisherigen Gläubiger zustehende Forderung auch dem neuen Gläubiger gegenüber aufrechnen, wenn er nicht bei dem Erwerbe der Forderung von der Abtretung Kenntnis hatte oder die Forderung erst nach Erlangung der Kenntnis und später als die abgetretene

---

[157]) §§ 830, 837 ZPO. Zinsen und Kosten s. Anm. 60. Die Eintragung der Überweisung zur Einziehung ist unzulässig.

[158]) § 1185 Abs. 1 BGB. Mot. 3 S. 765, KProt. 3 S. 682. S. § 66 Ziff. 7 ff.

[159]) § 1138 BGB. gilt nicht; vergl. §§ 1184, 1185 Abs. 2 BGB. Der Gläubiger kann sich für das Bestehen der Forderung nicht auf den Inhalt des Grundbuchs berufen, er muß die Entstehung der Forderung nachweisen. Gegen die Einwendungen hinsichtlich des dinglichen Rechts schützt der öffentliche Glaube des Grundbuchs.

[160]) §§ 1139, 1185 Abs. 2 BGB.

[161]) Abgesehen von der Höchsthypothek gilt auch für die Sicherungshypotheken die Bestimmung des § 1153, daß die Forderung nicht ohne die Hypothek, die Hypothek nicht ohne die Forderung übertragen werden kann.

[162]) § 1163 BGB. S. Anm. 19. Für die Zwangs- und die Arresthypothek kommt die Vorschrift des § 868 ZPO. hinzu.

[163]) § 1154 Abs. 3 BGB.

Forderung fällig geworden ist. Weiter muß der neue Gläubiger eine Leistung (z. B. Auszahlung), die der Schuldner nach der Abtretung an den bisherigen Gläubiger bewirkt, und jedes Rechtsgeschäft, das nach der Abtretung zwischen dem Schuldner und dem bisherigen Gläubiger in Ansehung der Forderung vorgenommen wird, gegen sich gelten lassen, falls nicht der Schuldner die Abtretung bei der Leistung oder der Vornahme des Rechtsgeschäfts kennt, ebenso muß der neue Gläubiger, wenn in einem nach der Abtretung zwischen dem Schuldner und dem bisherigen Gläubiger anhängig gewordenen Rechtsstreit ein rechtskräftiges Urteil über die Forderung ergangen ist, dieses Urteil gegen sich gelten lassen, sofern nicht der Schuldner die Abtretung bei dem Eintritte der Rechtshängigkeit gekannt hat. Auch ist der Schuldner in dieser Weise einem früheren Erwerber gegenüber gesichert, wenn eine abgetretene Forderung von dem bisherigen Gläubiger nochmals an einen Dritten abgetreten oder die bereits abgetretene Forderung durch gerichtlichen Beschluß einem Dritten überwiesen oder von dem bisherigen Gläubiger dem Dritten gegenüber anerkannt wird, daß die bereits abgetretene Forderung kraft Gesetzes auf den Dritten übergegangen sei, und der Schuldner an den Dritten leistet oder zwischen ihnen ein Rechtsgeschäft vorgenommen oder ein Rechtsstreit anhängig wird. Diese Bestimmungen zum Schutze eines gutgläubigen Schuldners finden bei der gewöhnlichen Hypothek keine Anwendung, wenn der Anspruch aus der Hypothek gegen den Eigentümer erhoben wird[164]), aber bezüglich einer Sicherungshypothek haben sie Geltung[165]), demnach kann insbesondere eine Zahlung, welche der Schuldner ohne Kenntnis der Abtretung nach dem Übergange der Sicherungshypothek an den Cedenten leistet, dem Erwerber der Sicherungshypothek entgegengehalten werden[166]).

Von der Regel, daß die Abtretung der Forderung mit Sicherungshypothek nach Maßgabe der §§ 873, 878 BGB. vor sich geht, gibt es Ausnahmen. Zur Abtretung der Forderung aus einer *Schuldverschreibung auf den Inhaber*, aus einem *Wechsel* oder aus einem *anderen Papier, das durch Indossament übertragen werden kann*, bedarf es keiner Eintragung in das Grundbuch[167]). Die Abtretung der Forderung

---

[164]) § 1156 in Verbindung mit §§ 406 bis 408 BGB. S. Ziff. 52 ff.

[165]) § 1185 Abs. 2 BGB.

[166]) Der Erwerber der Sicherungshypothek wird sich in der Regel sichern können, indem er dem Eigentümer und dem persönlichen Schuldner von der Abtretung Kenntnis gibt.

[167]) §§ 1187, 1154 Abs. 3 BGB. Die Eintragung ist nicht unzulässig, aber mit Schwierigkeiten verknüpft, falls sie nicht auf Bewilligung eines Eingetragenen erfolgt. Soll die Eintragung des Erwerbers auf dem Wege der Berichtigung des Grundbuchs vor sich gehen, so ist nicht allein die Ur-

mit der Sicherungshypothek vollzieht sich bei der Schuldverschreibung auf den Inhaber mit der Übergabe des Papiers, bei Wechseln und indossabeln Papieren durch das Indossament. Die Schuldurkunde hat die Bedeutung eines Briefes, deshalb soll auch eine Eintragung in das Grundbuch nur erfolgen, wenn die Schuldurkunde vorgelegt wird oder wenn die Eintragung auf Grund der Bewilligung des Treuhänders oder auf Grund einer gegen ihn erlassenen gerichtlichen Entscheidung bewirkt werden soll[168]). — Über die Pfändung und Überweisung solcher Forderungen s. §§ 830 Abs. 3, 831, 837 Abs. 2 ZPO. — Die Vorschriften über die Eigentümerhypothek kommen zur Anwendung. Die Schuld erlischt jedoch nicht, wenn die Urkunde an den Schuldner gelangt; daher entsteht, wenn der Eigentümer, welcher der persönliche Schuldner ist, die Urkunde erwirbt, keine Grundschuld, vielmehr bleibt das Recht in der Hand des Eigentümers eine Hypothek.

Bei der Höchsthypothek kann die Forderung nicht allein nach Maßgabe der §§ 873, 878 BGB., sondern auch nach den für die Übertragung gewöhnlicher Forderungen geltenden Vorschriften übertragen werden. Wird die Forderung oder ein Teil der Forderung durch formlosen Abtretungsvertrag[169]) übertragen, so geht die Hypothek nicht mit über[170]). Dadurch ist ermöglicht, daß ein einzelner Anspruch aus dem durch die Hypothek gesicherten Verhältnisse (z. B. Kreditverhältnis) während der Dauer desselben abgetreten wird, ohne daß die Sicherheit für das Schlußguthaben sich mindert. — Über die Pfändung und Überweisung s. § 837 Abs. 3 ZPO. — Für die Entstehung der Eigentümerhypothek gelten die allgemeinen Vorschriften. Insbesondere entsteht die Eigentümerhypothek (als Grundschuld) bei Nichtentstehung der Forderung; berechtigt ist derjenige, der zur Zeit der Bestellung der Hypothek Eigentümer ist oder war[171]). Die Eigentümerhypothek entsteht ferner, wenn die Forderung erlischt, ohne daß ein Anderer die Hypothek erwirbt; berechtigt ist derjenige, der zur

---

kunde vorzulegen (§ 44 Abs. 1 GBO.), sondern sind auch die Indossamente in der durch § 29 GBO. geforderten Form beizubringen.

[168]) § 44 GBO.

[169]) §§ 398 ff. BGB. Erfolgt die Abtretung der Forderung mit der Hypothek, so ändert die Hypothek ihren Charakter nicht, sie bleibt Höchsthypothek. Abw. Planck § 1190 Bem. 3b.

[170]) § 1190 Abs. 4 BGB. Diese Übertragung ohne das dingliche Recht ist zulässig, solange die Hypothek als Höchsthypothek eingetragen ist. Die Festsetzung der Forderung allein macht die Höchsthypothek noch nicht zu einer gewöhnlichen Sicherungshypothek, dagegen kann in der Feststellung der Forderung und Eintragung der festgestellten Forderung der Umwandlungswille zum Ausdruck kommen. Die Hypothek ist alsdann im Grundbuch als Sicherungshypothek zu bezeichnen, wenn nicht die Umwandlung in die gewöhnliche Hypothek gewollt ist. Solange nicht eine Umwandlung erfolgt ist, fallen die Zinsen in den Höchstbetrag.

[171]) Vergl. RG 15 VI 1903 E. 55 S. 220.

Zeit des Erlöschens der Forderung Eigentümer ist oder war[172]). Die Frage, ob die Forderung zur Entstehung gekommen, ob und inwieweit sie erloschen ist, entscheidet sich erst bei Endigung der Höchsthypothek[173]), bei der Umwandlung in ein anderes Recht, oder bei der Verteilung des Steigerungserlöses[174]). Vor diesem Zeitpunkte kann derjenige, dem gerade das Eigentum an dem Grundstück zusteht, nicht als Hypothek- oder Grundschuldgläubiger im Grundbuch eingetragen werden, auch kann aus diesem Grunde gegen ihn als Hypothek- oder Grundschuldberechtigten kein Pfändungseintrag im Grundbuch bewirkt werden[175]).

Im übrigen gelten für die Sicherungshypothek keine besonderen Bestimmungen bezüglich des Wechsels der Forderung des Übergangs der Forderung bei Befriedigung des Gläubigers, des Übergangs der Hypothek auf den persönlichen Schuldner, der Eigentümerhypothek bei Erlöschen der Forderung, der Eigentümerhypothek bei Verzicht des Gläubigers auf die Hypothek und der Eigentümerhypothek auf Grund Aufgebots[176]), nur ist bei einer Hypothek für die Forderung aus einer Schuldverschreibung auf den Inhaber die Ausschließung des Gläubigers mit seinem Rechte nach § 1170 nur zulässig, wenn die in § 801 BGB. bezeichnete Vorlegungsfrist verstrichen ist. Ist innerhalb der Frist die Schuldverschreibung vorgelegt oder der Anspruch aus der Urkunde gerichtlich geltend gemacht worden, so kann die Ausschließung erst erfolgen, wenn die Verjährung eingetreten ist[177]).

D. Brief-Grundschuld.

Auf die Grundschuld finden, wie schon angeführt, im allgemeinen die Vorschriften über die Hypothek entsprechende Anwendung; für Zinsen der Grundschuld gelten die Vorschriften über die Zinsen einer Hypothekforderung[178]).

1. Eigentümergrundschuld bis zur Übergabe des Briefes.

Eine Grundschuld, für welche die Erteilung des Briefes nicht ausgeschlossen ist, steht bis zur Übergabe des Briefes an den

---

172) Vergl. RGE. 55 S. 220.

173) Vergl. RGE. 56 S. 325, 51 S. 117, ferner RG 27 V 1905 JW. S. 434[14].

174) Vergl. RGE. 55 S. 222.

175) Vergl. RGE. 51 S. 115, 55 S. 378. Der Anspruch auf Pfändung läßt sich nicht durch Vormerkung sichern. RGE. 56 S. 14. — Die Möglichkeit, daß der als Eigentümer Eingetragene künftig Inhaber der Eigentümergrundschuld werde, genügt nicht, ihn als eingetragenen Hypothek- oder Grundschuldberechtigten zu behandeln. A. M. BayObLG 23 VI 1905 Recht S. 432[53], dagegen KG 16 II 1905 Recht S. 447[20], RG 18 X 1905 BayZfR. 1 S. 490, Recht 1905 S. 622.

176) S. unter B., ferner A. Nr. 6 bis 11.

177) § 1188 Abs. 2 BGB. S. auch § 986 Abs. 2 ZPO. KProt. 3 S. 673.

178) § 1192 BGB. Mot. 3 S. 780, KProt. 3 S. 709.

Gläubiger dem Eigentümer zu[179]). Der Brief ist dem Eigentümer auszuhändigen[180]).

2. Übergabe des Briefes an den Gläubiger.

Der im Grundbuch eingetragene Grundschuldberechtigte erwirbt die Grundschuld erst, wenn ihm der Brief von dem Eigentümer übergeben wird. S. A. Nr. 2 S. 400.

3. Übertragung durch Rechtsgeschäft.

Für die Übertragung des Anspruchs aus einer Grundschuld kommen die Vorschriften über die Abtretung einer Hypothekforderung zur Anwendung. Erteilung der Übertragungserklärung in schriftlicher Form — s. A. Nr. 4 S. 402 — und Übergabe des Grundschuldbriefes sind erforderlich[181]). Die schriftliche Form der Übertragungserklärung kann dadurch ersetzt werden, daß die Übertragung in das Grundbuch eingetragen wird[182]). Als Grundschuldberechtigter kann hiernach auftreten, wer als Gläubiger in das Grundbuch eingetragen ist und den Grundschuldbrief besitzt, oder wer den Brief besitzt und sein Gläubigerrecht durch eine zusammenhängende, auf einen eingetragenen Gläubiger zurückführende Reihe von öffentlich beglaubigten Abtretungserklärungen oder gerichtlichen Überweisungsbeschlüssen oder öffentlich beglaubigten Anerkenntnissen von kraft Gesetzes erfolgten Übertragungen nachzuweisen vermag[183]). Der Geltendmachung der Grundschuld kann widersprochen werden, wenn der Gläubiger nicht den Brief und, falls er nicht eingetragen ist, die Abtretungsurkunden vorlegt[184]).

Bei Inhabergrundschulden steht das Gläubigerrecht jedem Inhaber des Grundschuldbriefes zu; es gelten die Vorschriften über Schuldverschreibungen auf den Inhaber[185]).

4. Übertragung durch richterliche Verfügung.

Auf die Zwangsvollstreckung in eine Grundschuld finden die Vorschriften über die Zwangsvollstreckung in eine Forderung, für welche eine Hypothek besteht, entsprechende Anwendung[186]).

---

[179]) § 1192 mit § 1163 Abs. 2 BGB.

[180]) §§ 60, 70 GBO. Im Falle nachträglicher Erteilung wird der Brief dem Gläubiger ausgehändigt.

[181]) §§ 1192 mit 1154, 1155 BGB. Über die Unzulässigkeit einer Blankozession s. § 70 Anm. 31.

[182]) Zur Eintragung einer übertragenen Grundschuld genügt die Vorlegung der Abtretungserklärung an Stelle einer Eintragungsbewilligung (§ 26 GBO.).

[183]) S. A Nr. 4. Zur Verfügung über die Grundschuld bedarf es, wie bei der Briefhypothek, der vorherigen Eintragung des Berechtigten nicht (§ 40 Abs. 2 GBO.).

[184]) §§ 1192, 1160 BGB.

[185]) §§ 1195, 793, 794, 796, 797 BGB. Vorlegung des Briefes bei Eintragungen, falls nicht ein Treuhänder bestellt ist, s. § 43 GBO.

[186]) § 857 Abs. 6 ZPO. S. A. Nr. 5 S. 409. Für Eigentümer-Grundschulden gilt keine Ausnahme. Vergl. RG 12 XII 1903 E. 56 S. 185, 17 XII 1904 E. 59 S. 316. — S. Anm. 175.

5. Übergang der Grundschuld bei Befriedigung des Gläubigers.

Die Grundschuld geht auf den Eigentümer über, soweit er den Gläubiger befriedigt[187]).

Ebenso geht die Grundschuld auf einen Ablösungsberechtigten über, der den Gläubiger befriedigt[188]).

6. Eigentümergrundschuld bei Verzicht des Berechtigten.

Verzichtet der Grundschuldgläubiger auf seine Rechte oder auf einen Teil der Geldsumme, so erwirbt der Eigentümer, soweit der Verzicht geht, die Grundschuld[189]).

7. Eigentümergrundschuld auf Grund Aufgebots.

Die Bestimmungen der §§ 1170, 1171 BGB. kommen zur entsprechenden Anwendung[190]). Für die Kraftloserklärung eines Inhaber-Grundschuldbriefes kommen die Vorschriften der §§ 799, 800 BGB., §§ 1003 ff. ZPO. zur Anwendung.

E. Buch-Grundschuld.

Wird die Erteilung des Briefes bei der Bestellung der Grundschuld ausgeschlossen, so wird die Grundschuld sofort mit ihrer Entstehung von demjenigen erworben, zu dessen Gunsten sie bestellt wird. S. oben unter B S. 422. Die Vorschrift des § 1139 über Eintragung eines Widerspruchs wegen Nichtempfangs des Darlehens erscheint unanwendbar, da die Grundschuld von dem Bestehen oder Nichtbestehen einer Forderung nicht berührt wird.

Für die Übertragung der Grundschuld gelten die allgemeinen Vorschriften über die Übertragung von Rechten an Grundstücken[191]).

Über die Zwangsvollstreckung s. § 857 Abs. 6 ZPO.[192]) und oben Ziff. 157.

---

[187]) § 1192 mit § 1143 BGB. S. A. Nr. 7 S. 411. — § 1163 Abs. 1 BGB. kommt nicht zur Anwendung. Hat der Grundschuldgläubiger die Grundschuld ohne rechtlichen Grund erlangt oder ist der rechtliche Grund später weggefallen (§ 812 BGB.), so kann derjenige, der zur Zeit der Begründung des Rechtes oder bei Wegfall des rechtlichen Grundes Eigentümer ist oder war, die Übertragung der Grundschuld verlangen. Ist der nach § 812 Berechtigte noch Eigentümer des Grundstücks, so bedarf es keiner Übertragung sondern genügt der Verzicht des Grundschuldgläubigers. Vergl. RGE. 8. III. 1905 JW. S. 291[18].

[188]) § 1192 mit § 1150 BGB. S. A. Nr. 7. — Die Vorschrift des § 1164 BGB. kommt nicht zur Anwendung. Vergl. Biermann S. 375, Staudinger 3 S. 475. Ebensowenig erscheint § 1167 BGB. anwendbar; bei der Grundschuld kommen dem etwaigen persönlichen Schuldner in dieser Eigenschaft keine Rechte zu. A. M. Planck § 1192 Bem. 5, Biermann S. 422.

[189]) §§ 1192 mit 1168, 1169 BGB. S. A. Nr. 10. § 418 BGB. bezieht sich nicht auf Grundschulden. KProt. 1 S. 418.

[190]) S. A. Nr. 11. Vergl. §§ 43, 42 GBO.

[191]) §§ 1192 mit 1154 Abs. 3, 873, 878 BGB. S. Ziff. 156.

[192]) Für die Pfändung von Eigentümergrundschulden besteht keine Ausnahme. RG 17 X 1903 E. 55 S. 378, 11 XI 1903 E. 56 S. 10. Vergl. Anm. 186.

Über den Übergang der Grundschuld bei Befriedigung des Gläubigers s. D. Nr. 5, bei Verzicht des Berechtigten s. D. Nr. 6 und auf Grund Aufgebots s. D. Nr. 7.

F. Rentenschuld.

Für die Rentenschuld gilt dasselbe, was unter D. und E. für die gewöhnliche Grundschuld gesagt ist, mit der Maßgabe, daß die Leistung der einzelnen Renten als Zinszahlung anzusehen ist und daß die Ablösungssumme dem Grundschuldkapital gleichsteht. Die Zahlung der Ablösungssumme an den Gläubiger hat die gleiche Wirkung wie die Zahlung des Kapitals einer Grundschuld[193]).

§ 71. Der Brief nach der Grundbuchordnung.

Der Hypotheken-, Grundschuld- oder Rentenschuldbrief[1]) wird von dem Grundbuchamt erteilt und dem Eigentümer des Grundstücks, im Falle nachträglicher Erteilung dem Gläubiger ausgehändigt[2]). Der Brief muß die Bezeichnung als Hypothekenbrief oder als Grundschuldbrief oder als Rentenschuldbrief enthalten, den Geldbetrag der Hypothek (Grundschuld, Rente) und das belastete Grundstück bezeichnen, sowie mit Unterschrift und Siegel versehen sein[3]). Der Rentenschuldbrief muß auch die Ablösungssumme angeben[4]).

---

[193]) § 1200 BGB. KProt. 3 S. 771. S. § 69 Anm. 69.

Zu § 71.

[1]) Der Brief ist weder eine bloße Beweisurkunde noch ist er Träger des Rechts. Ob er als Wertpapier zu bezeichnen ist, hängt von dem Begriffe des Wertpapiers ab; im Sinne der §§ 1818, 1819 BGB. ist er Wertpapier. Der Brief ist ein Legitimationspapier, ein amtliches Zeugnis über ein dem Besitzer zustehendes Recht, und zwar ein Legitimationspapier, dessen Besitz regelmäßig die Voraussetzung für den Erwerb, die Übertragung, die Belastung und die Geltendmachung des Rechtes ist. Vergl. Fischer ArchBürgR. 14 S. 233, Leske 1 S. 521, Dennler SeuffBl. 68 S. 153. — Der Hypothekenbrief ist für sich allein kein zur Zwangsvollstreckung geeigneter Gegenstand. RG 22 VIII 1902 JW. S. 530[4].

[2]) § 60 GBO. Das Eigentum steht dem Gläubiger zu (§ 952 BGB.). Das Eigentum an dem Hypothekenbriefe ist derartig mit dem Hypothekenrecht verbunden, daß es von diesem nicht losgelöst und selbständig übertragen werden kann. Eigentümer des Briefes kann nur der jeweilige Gläubiger sein. RG 17 I 1903 JW. S. 110[39].

[3]) § 56 GBO. Ohne diesen Inhalt ist das Papier kein Hypothekenbrief. Zwischen Siegel und Stempel wird unterschieden (vergl. §§ 182 Abs. 1, 184 Abs. 2, 183 Abs. 2 FGG.); die Verwendung eines Stempels an Stelle des Siegels genügt nicht (Denkschr. zu § 54 Entw. GBO.). Der Stempel wird unmittelbar auf das Papier ab- oder eingedrückt, das Siegel in einen mit dem Papier verbundenen Stoff (Siegellack, Oblate) eingedrückt. Aufkleben eines mit dem Aufdrucke des Farbstempels versehenen Papierstückes ist kein Siegeln. Vergl. für § 317 Abs. 3 ZPO. RG 19 IV 1900 E. 46 S. 364; ferner Scherer JW. 1901 S. 481, Schmitt SeuffBl. 65 S. 497.

[4]) § 70 GBO.

Der Brief soll die Nummer des Grundbuchblattes angeben und einen Auszug aus dem Grundbuch enthalten.

In den Auszug sollen aufgenommen werden

1. Die Bezeichnung des Grundstücks nach dem Inhalte des Grundbuchs,

2. die Bezeichnung des Eigentümers,

3. der Inhalt der die Hypothek (Grundschuld, Rentenschuld) betreffenden Eintragungen und, soweit zur Ergänzung einer Eintragung auf eine Urkunde Bezug genommen ist, auch der Inhalt dieser Urkunde. Im Falle des § 1115 Abs. 2 BGB. (Bezugnahme auf die Satzung einer Kreditanstalt) braucht der Inhalt der Satzung nicht aufgenommen zu werden. Ist die über die Forderung ausgestellte Urkunde in Urschrift oder in öffentlich beglaubigtem Auszuge mit dem Hypothekenbriefe verbunden, so unterbleibt die Aufnahme des Inhalts der Urkunde in den Hypothekenbrief.

4. die kurze Bezeichnung des Inhalts der Eintragungen, welche der Hypothek (Grundschuld, Rentenschuld) im Range vorgehen oder gleichstehen[5]).

Durch die Landesjustizverwaltung kann angeordnet werden, daß dieser Auszug noch andere Angaben über das Grundstück enthalten und daß, wenn sich der Betrag der Hypothek, Grundschuld oder Rentenschuld mindert, auf dem Briefe durch einen Vermerk ersichtlich gemacht werden soll, für welchen Betrag das Recht noch besteht[6]).

Wenn sich der Inhalt des Grundbuchs ändert, ist der Auszug auf Antrag zu ergänzen[7]).

Die Eintragungen, die bei der Hypothek (Grundschuld, Rentenschuld) erfolgen, sind von dem Grundbuchbeamten auf dem Briefe zu vermerken; der Vermerk ist mit Unterschrift und Siegel zu versehen. Ist zur Richtigstellung des Grundbuchs von Amts wegen ein Widerspruch oder ein Löschungsvermerk einzutragen, so hat das Grundbuchamt den Besitzer des Briefes zur Vorlegung anzuhalten. Ebenso ist zu verfahren, wenn nachträglich ein im Grundbuch eingetragener Widerspruch (§ 42 Abs. 1 Satz 2, § 54 Abs. 2 GBO.) auf dem Briefe zu vermerken ist[8]).

---

[5]) §§ 57, 58 Abs. 2, 70 GBO.

[6]) § 97 GBO.

[7]) § 57 Abs. 3 GBO.

[8]) §§ 62, 54 Abs. 1 GBO. Insbesondere ist auch, falls nicht die Erteilung neuer Briefe beantragt wird, die Eintragung der Rechtsänderung auf dem bisherigen Briefe zu vermerken, wenn eine Hypothek sich in eine Grundschuld verwandelt (§ 1177 Abs. 1 BGB.) oder eine Umwandlung der Belastung vor sich geht (§ 1198 BGB.) oder an Stelle einer Hypothekforderung eine andere gesetzt wird (§ 65 GBO.). — Ob das Grundbuchamt die Vorlegung des Briefes durch Ordnungsstrafen erzwingen kann, bemißt sich nach Landesrecht. Vergl. Art. 15 ff. Preuß.Ges. über die freiw. Gerichtsbarkeit, Art. 20 BayAGGBO. mit Art. 129 BayAGBGB. — Die Partei bringt

Ist eine Urkunde über die Forderung, für welche eine Hypothek besteht, ausgestellt [9]), so soll die Urkunde mit dem Hypothekenbriefe verbunden werden. Erstreckt sich der Inhalt der Urkunde auch auf andere Angelegenheiten, so genügt es, wenn ein öffentlich beglaubigter Auszug aus der Urkunde mit dem Hypothekenbriefe verbunden wird. Bei Verwandlung der Hypothek in eine Grundschuld oder Umwandlung in eine Grundschuld oder Rentenschuld oder bei Änderung des Inhalts der Hypothek durch Einsetzung einer anderen Forderung ist die bisherige Schuldurkunde abzutrennen. Wird ein Hypothekenbrief unbrauchbar gemacht, so ist die Schuldurkunde ebenfalls abzutrennen und, wenn sie nicht mit einem neuen Hypothekenbriefe zu verbinden ist, zurückzugeben [10]). — Zum Nachweise, daß eine Schuldurkunde nicht ausgestellt ist, genügt eine darauf gerichtete Erklärung des Eigentümers [11]).

Wird ein Teilbrief [12]) hergestellt, so soll die Herstellung auf dem bisherigen Briefe vermerkt werden [13]). Ist eine für den Inhaber des Briefes eingetragene Grundschuld oder Rentenschuld in Teile zerlegt, so ist über jeden Teil ein besonderer Brief herzustellen [14]). Die Unterschrift kann in solchen Fällen (nach §§ 1195, 793 BGB.) im Wege mechanischer Vervielfältigung hergestellt werden [15]).

Teilbriefe können von dem Grundbuchamt, einem Gericht oder einem Notar hergestellt werden. Der Teilbrief muß die Bezeichnung als Teilhypothekenbrief, Teilgrundschuldbrief oder Teilrentenschuldbrief sowie eine beglaubigte Abschrift der Angaben des bisherigen Briefes über die Bezeichnung dieses Briefes als Hypothekenbriefes, Grundschuldbriefes oder Rentenschuldbriefes, über den Geldbetrag der Hypothek, Grundschuld oder Rentenschuld,

---

die Verpflichtung des Gegners zur Vorlegung nach § 883 ZPO., nicht nach § 888 ZPO. zum Vollzug. RG 7 VI 1905 JW. S. 439[23].

[9]) Schuldurkunde; vergl. § 1153 BGB. Auf Abtretungserklärungen bezieht sich die Bestimmung nicht. KG 17 XI 1902 Recht 1903 S. 149. — Wird der Schuldvertrag geändert, so ist die abändernde Urkunde gleichfalls mit dem Briefe zu verbinden. KG 18 V 1905 Recht 1905 S. 575.

[10]) §§ 58 Abs. 1, 65, 69 GBO.

[11]) § 58 Abs. 3 GBO. — § 29 GBO. findet auf die Erklärung keine Anwendung. Turnau-Förster 2 S. 325, abw. Denkschr. zu § 56 Entw. GBO.

[12]) Die Bildung eines Teilbriefes ist hauptsächlich veranlaßt, wenn ein Teil der Forderung, sei es auf dem Wege des Rechtsgeschäfts oder in sonstiger Weise, auf einen Anderen übertragen wird oder wenn ein Teil belastet werden soll. Dem Erwerber wird durch den Teilbrief die selbständige Verfügung über die Teilpost ermöglicht. Vergl. § 1152 BGB., auch Mot. 3 S. 761. Ein Recht auf Herstellung eines Teilbriefes wird gewährt in §§ 1145, 1150, 1167, 1168, 1192 BGB. — Es steht nichts im Wege, für künftige Zinsen, die bei einer Übertragung als Teile des Kapitals behandelt werden (s. § 70 Ziff. 56 ff.), Teilbriefe zu bilden.

[13]) § 61 Abs. 3 GBO. Ein Vermerk im Grundbuch ist nicht vorgeschrieben.

[14]) § 70 Abs. 2 GBO.

[15]) Begründung zu § 70 GBO.

über die Ablösungssumme der Rentenschuld und über das belastete Grundstück enthalten, den Teilbetrag der Hypothek, Grundschuld oder Rentenschuld, auf den er sich bezieht, bezeichnen, auch mit Unterschrift und Siegel der ausstellenden Behörde versehen sein. Er soll außerdem eine beglaubigte Abschrift der sonstigen Angaben des bisherigen Briefes und der auf diesem befindlichen Vermerke enthalten. Eine mit dem bisherigen Briefe verbundene Schuldurkunde soll in beglaubigter Abschrift mit dem Teilhypothekenbriefe verbunden werden[16]).

Über eine Gesamthypothek, Gesamtgrundschuld und Gesamtrentenschuld soll nur ein Hypothekenbrief, Grundschuldbrief oder Rentenschuldbrief erteilt werden. Sind die belasteten Grundstücke in den Bezirken verschiedener Grundbuchämter belegen, so soll jedes Amt für die Grundstücke seines Bezirks einen besonderen Brief erteilen; die Briefe sind miteinander zu verbinden[17]).

Wird nach der Erteilung eines Briefes mit der Hypothek, Grundschuld oder Rentenschuld noch ein anderes, in dem Bezirke desselben Grundbuchamtes belegenes Grundstück belastet, so ist, sofern nicht die Erteilung eines neuen Briefes über die Gesamthypothek, Gesamtgrundschuld oder Gesamtrentenschuld beantragt wird, die Mitbelastung auf dem bisherigen Briefe zu vermerken und zugleich der Inhalt des Briefes in Ansehung des anderen Grundstücks zu ergänzen[18]).

Wird eine Gesamthypothek, Gesamtgrundschuld oder Gesamtrentenschuld auf die einzelnen Grundstücke verteilt[19]), so ist für jedes Grundstück ein neuer Brief zu erteilen[20]).

Stehen einem Gläubiger mehrere Hypotheken zu, die gleichen Rang haben oder im Range unmittelbar aufeinander folgen, so ist ihm auf seinen Antrag mit Zustimmung des Eigentümers über die mehreren Belastungen ein Brief in der Weise zu erteilen, daß der Brief die sämtlichen Hypotheken umfaßt[21]). Dasselbe gilt für Grundschulden und für Rentenschulden[22]).

Ein Brief, der abhanden gekommen oder vernichtet ist, kann im Wege des Aufgebotsverfahrens für kraftlos erklärt werden[23]).

---

[16]) §§ 61, 70 GBO.
[17]) § 59 GBO.
[18]) § 63 GBO.
[19]) Vergl. §§ 1132 Abs. 2, 1172, 1175 BGB.
[20]) § 64 GBO.
[21]) § 66 GBO. Gemeinschaftlicher Hypothekenbrief.
[22]) § 70 GBO. Der Brief kann nur entweder Hypotheken oder Grundschulden oder Rentenschulden enthalten. Daß die Zusammenfassung von Hypotheken mit einer Teilhypothek unzulässig wäre, ist aus dem Gesetze nicht zu entnehmen; ist der Teilhypothekenbrief hergestellt, so kommt für die Teilhypothek der Stammbrief nicht mehr in Betracht. A. M. KG 15 II 1900 Recht S. 262[6], dazu 27 IV 1903 Recht S. 398. Vergl. Achilles-Strecker S. 316.
[23]) § 1162 BGB. Mot. 3 S. 762, KProt. 3 S. 666.

Zum Antrage ist der Inhaber des Realrechtes berechtigt. Das Verfahren richtet sich nach den §§ 1003 ff., 1024 ZPO. Bei Grundschuldbriefen auf den Inhaber erfolgt die Kraftloserklärung nach Maßgabe der Bestimmungen über Schuldverschreibungen auf den Inhaber [24]).

Ist der Brief für kraftlos erklärt oder ist in den Fällen der §§ 1170, 1171 BGB. Ausschlußurteil ergangen, so ist dem Antrage des Berechtigten auf Erteilung eines neuen Briefes [25]) stattzugeben, wenn das Ausschlußurteil vorgelegt wird. In anderen Fällen ist dem Antrage des Berechtigten auf Erteilung eines neuen Briefes stattzugeben, wenn der bisherige Brief vorgelegt wird [26]). Die Einwilligung des Eigentümers ist nicht erforderlich.

Der neue Brief ist nach dem Grundbuch anzufertigen. Er hat die Angabe zu enthalten, daß er an die Stelle des bisherigen tritt. Aus dem bisherigen Briefe sind etwaige Vermerke, die nach §§ 1140, 1145, 1157 BGB. für das Rechtsverhältnis zwischen dem Eigentümer und dem Gläubiger in Betracht kommen, auf den neuen Brief zu übertragen. Die Erteilung des Briefes ist im Grundbuch zu vermerken [27]). Der neue Brief tritt in jeder Richtung an die Stelle des alten. Kommt der alte wieder zum Vorschein, so kann er doch nicht mehr, auch nicht zu Gunsten eines mit der Kraftloserklärung unbekannten Dritten, die Erwerbung des Realrechts vermitteln. Anders ist es, wenn das Ausschlußurteil angefochten und infolge der Anfechtung aufgehoben wird. Alsdann ist der neue Brief zurückzugeben und das Grundbuch zu berichtigen [28]).

Ein Brief ist unbrauchbar zu machen, wenn die Hypothek, Grundschuld oder Rentenschuld gelöscht wird, ebenso wenn die Erteilung des Briefes über eine Hypothek, Grundschuld oder Rentenschuld nachträglich ausgeschlossen oder an Stelle des bisherigen Briefes ein neuer Hypotheken-, Grundschuld- oder Rentenschuldbrief erteilt wird. Ist mit dem Hypothekenbriefe eine Schuldurkunde verbunden, so ist sie abzutrennen und, sofern sie nicht mit dem neuen Hypothekenbriefe zu verbinden ist, zurückzugeben [29]).

---

[24]) §§ 1195, 799 ff. BGB.

[25]) Des neuen Briefes bedarf der Berechtigte für eine Übertragung oder Belastung, zur Geltendmachung des Rechts gegenüber dem Eigentümer ist der Berechtigte auf Grund des Ausschlußurteils befugt (§ 1018 ZPO.), die Vorlegung des Ausschlußurteils genügt auch, wenn das Realrecht gelöscht oder die Erteilung des Briefes nachträglich ausgeschlossen werden soll (§ 42 Abs. 2 GBO.).

[26]) § 67 GBO.

[27]) § 68 GBO.

[28]) Vergl. Mot. 3 S. 763, auch § 1018 Abs. 2 ZPO.

[29]) § 69 GBO. Vergl. § 127 ZVG.

§ 72. Rechtsverhältnis zwischen dem Berechtigten und dem Eigentümer.

Der Eigentümer hat, soweit nicht das dingliche Recht entgegensteht, freie Verfügung über sein Grundstück. Diese Verfügungsbefugnis kann durch Rechtsgeschäft nicht ausgeschlossen und nicht beschränkt werden[1]). Auch kann dem Realrecht nicht durch Vertrag ein anderer als der gesetzlich bestimmte Inhalt gegeben werden.

Obligatorisch kann sich ein Eigentümer im allgemeinen verbindlich machen, sein Grundstück nicht zu veräußern oder nicht zu belasten, dingliche Kraft oder Wirkung gegenüber Dritten hat aber eine solche Vereinbarung nicht, erhält sie auch nicht durch etwaige Eintragung in das Grundbuch. Dem Inhaber einer Hypothek, Grundschuld oder Rentenschuld gegenüber kann sich der Eigentümer nicht einmal obligatorisch verpflichten, das Grundstück nicht zu veräußern oder nicht weiter zu belasten, eine derartige Vereinbarung, die der Eigentümer vor, bei oder nach Bestellung des dinglichen Rechtes dem Gläubiger gegenüber eingeht, ist nichtig[2]), kann infolgedessen auch keinen Schadensersatzanspruch begründen[3]).

Nach freiem Belieben darf der Eigentümer trotzdem nicht mit dem Grundstück verfahren. Der dinglich Berechtigte[4]) hat einen Anspruch darauf, daß die mit der Haftung des Grundstücks

---

Zu § 72.

[1]) § 137 BGB.

[2]) § 1136 BGB. Mot. 3 S. 681, KProt. 3 S. 573. Die Bestimmung des § 1136 BGB. gilt vom 1. Jan. 1900 ab, frühere Vereinbarungen behalten ihre obligatorische Wirksamkeit, die dingliche Wirkung hört mit Eintritt des Grundbuchrechts auf. — Wird einem Vorbesitzer wegen rückständigen Kaufgeldes eine Hypothek bestellt, so ist er Hypothekgläubiger, eine Verpflichtung, das Grundstück nicht zu veräußern oder weiter zu belasten, kann daher ihm gegenüber nicht bestehen. Selbstverständlich muß diese Verpflichtung in irgend einer Beziehung zu der Gläubigereigenschaft stehen; die Vereinbarung z. B., daß ein Grundstück nur an Käufer deutscher Nationalität veräußert werden dürfe, hat mit der Vorschrift des § 1136 nichts zu tun. RGE. 6 VI 1903 E. 55 S. 78. — Wird bei einem Gutsüberlassungsvertrage verabredet, daß der Übernehmer das Grundstück ohne Zustimmung des Veräußerers nicht veräußern oder belasten dürfe, so ist diese Vereinbarung, auch wenn sie nicht zur Sicherung des Übernahmepreises erfolgt, daher obligatorische Wirkung hat, nicht eintragsfähig. Dingliche Sicherung läßt sich nur mit einer Vormerkung erreichen. Zweifelnd Turnau-Förster 1 S. 675. — Zulässig ist die Vereinbarung, daß der Gläubiger zur Kündigung berechtigt sei, wenn das Grundstück veräußert oder weiter belastet werde. Biermann S. 334.

[3]) Auch die Vereinbarung einer Vertragsstrafe ist unwirksam (§ 344 BGB.). — Ist die einzelne Vereinbarung nichtig, so ist das ganze Rechtsgeschäft nichtig, wenn nicht anzunehmen ist, daß es auch ohne den nichtigen Teil vorgenommen sein würde (§ 139 BGB.).

[4]) Der Vormerkungsberechtigte hat die Rechte aus §§ 1133 ff. nicht. — Über die Anwendung der §§ 1134, 1135 BGB. auf Rentengüter s. RG 12 XII 1903 JW. 1904 S. 93[13].

gegebene Sicherheit ungeschmälert bleibe. Wirkt der Eigentümer oder ein Dritter in solcher Weise auf das Grundstück ein, daß eine die Sicherheit des Realrechts gefährdende Verschlechterung des Grundstücks zu besorgen ist, so kann der Gläubiger auf Unterlassung klagen[5]). Ein solcher Fall der drohenden Verschlechterung des Grundstücks ist z. B. dann gegeben, wenn der Eigentümer den auf dem Grundstück stehenden Wald einem anderen zum Abholzen überlassen, das Gutsinventar verkauft, die Entfernung desselben aber noch nicht veranlaßt hat[6]). Einer Verschlechterung des Grundstücks steht es gleich, wenn Zubehörstücke, auf die sich das Realrecht erstreckt, verschlechtert oder den Regeln einer ordnungsmäßigen Wirtschaft zuwider von dem Grundstück entfernt werden[7]).

Geht die Einwirkung von dem Eigentümer aus, so hat das Gericht auf Antrag des Gläubigers die zur Abwendung der Gefährdung erforderlichen Maßregeln anzuordnen. Dies hat auch zu geschehen, wenn die Verschlechterung deshalb zu besorgen ist, weil der Eigentümer die erforderlichen Vorkehrungen gegen Einwirkungen Dritter oder gegen andere Beschädigungen unterläßt[8]). Welche Maßregeln zum Schutze des Realrechts geeignet sind, müssen die Umstände des einzelnen Falles ergeben. Die Einleitung einer Verwaltung ist nicht ausgeschlossen, sie wird insbesondere am Platze sein, wenn es sich um die Bestellung von Feldern oder um notwendige Bauten zur Abwendung drohender Schäden handelt. Die Maßregeln sind im Wege der Klage gegen den Eigentümer zu beantragen, so daß das Urteil, welches sie anordnet, den Beklagten zugleich verurteilt, die Vornahme zu dulden. Auf ein Tun geht der Anspruch gegen den Eigentümer nicht[9]).

Ist eine Verschlechterung[10]) des Grundstücks schon ein-

---

[5]) § 1134 Abs. 1 BGB. Mot. 3 S. 669, KProt. 3 S. 568. Verschulden ist nicht erforderlich. Zwangsvollstreckung nach § 890 ZPO. Voraussetzung für den Anspruch des Gläubigers ist eine positive Einwirkung seitens des Eigentümers oder eines Dritten, da der Gläubiger kraft seines dinglichen Rechtes kein Tun, sondern nur die Unterlassung von Einwirkungen verlangen kann, durch die sein Recht beeinträchtigt wird (KProt. 3 S. 569).

[6]) Mot. 3 S. 670. Die Verfügungen über Früchte, welche keine Zubehörstücke sind, über Pacht- oder Mietzinsforderungen rc. können nicht als Verschlechterung des Grundstücks aufgefaßt werden.

[7]) § 1135 BGB. Mot. 3 S. 674, KProt. 3 S. 570.

[8]) § 1134 Abs. 2 BGB. Die Unterlassung genügender Feldbestellung dürfte hinreichend sein. Vergl. RG 18 X 1902 JW. 1902 S. 277. — Unterlassung der Versicherung der Gebäude gegen Feuersgefahr s. RG 15 X 1902 E. 52 S. 295.

[9]) Mot. 3 S. 670. Die Zulässigkeit einstweiliger Verfügungen bemißt sich nach der Zivilprozeßordnung. — Für das Zwangsversteigerungsverfahren s. § 25 ZVG., für die Zwangsverwaltung s. § 149 Abs. 2 ZVG.

[10]) Verschlechterung ist nicht gleichbedeutend mit Wertminderung; die körperliche Beschaffenheit muß eine Einbuße erlitten haben. Vergl. Biermann S. 331.

getreten (z. B. ein Gebäude niedergerissen) oder sind Zubehörstücke, auf welche die Hypothek (Grundschuld, Rentenschuld) sich erstreckt, verschlechtert oder den Regeln einer ordnungsmäßigen Wirtschaft zuwider vom Grundstück entfernt worden, und ist infolge davon die Sicherheit des Realrechtes gefährdet[11]), so kann der Gläubiger, wenn sein Anspruch noch nicht fällig ist[12]), dem Eigentümer[13]) eine angemessene Frist zur Beseitigung der Gefährdung bestimmen und nach Ablauf dieser Frist sofort Befriedigung aus dem Grundstück suchen[14]), bei einer Rentenschuld die Zahlung der Ablösungssumme aus dem Grundstück verlangen[15]), wenn nicht die Gefährdung durch Verbesserung des Grundstücks (z. B. Wiederaufbau des Hauses) oder durch anderweitige Bestellung einer Hypothek, Grundschuld oder Rentenschuld[16]) beseitigt[17]) worden ist. Ist die Forderung unverzinslich und noch nicht fällig[18]), so gebührt dem Gläubiger nur die Summe, welche mit Hinzurechnung der gesetzlichen Zinsen[19]) für die Zeit von der Zahlung bis zur Fälligkeit dem Betrage der Forderung gleichkommt[20]). Der Anspruch des Gläubigers ist nicht davon abhängig, daß ein Verschulden des Eigentümers vorliegt, der Anspruch besteht, auch wenn die Verschlechterung eine Folge von Naturereignissen ist. Zur Beseitigung der Verschlechterung oder der Gefährdung der Sicherheit ist der Eigentümer berechtigt, aber nicht verpflichtet. Die Verschlechterung des Grundstücks braucht nur

---

[11]) Vergl. RGE. 50 S. 72.

[12]) Ist der Anspruch fällig, so kann der Gläubiger die Zwangsversteigerung oder Zwangsverwaltung betreiben. Mot. 3 S. 672.

[13]) Bei Verfolgung des dinglichen Rechts gilt zu Gunsten des Gläubigers derjenige, welcher im Grundbuch als Eigentümer eingetragen ist, als der Eigentümer (§ 1148 BGB.).

[14]) Zu Gunsten der Hypothekenbanken besteht, wenn der Verschlechterung nicht ein unwirtschaftliches Verfahren des Besitzers zu Grunde liegt, das Recht auf sofortige Befriedigung aus dem Grundstück nur in Ansehung des Betrages, für welchen in dem verminderten Werte nicht mehr die nach dem Gesetz oder der Satzung erforderliche Deckung vorhanden ist. Vergl. § 17 HypBankges. v. 13. Juli 1899.

[15]) § 1201 Abs. 2 BGB.

[16]) Mit einer sonstigen Sicherheitsleistung braucht sich der Gläubiger nicht zu begnügen, aber Einräumung eines besseren Ranges wird einer anderweiten Hypothekbestellung gleichzustellen sein.

[17]) § 1133 BGB. Mot. 3 S. 670, KProt. 3 S. 569. — Die Beseitigung kann noch nach Ablauf der Frist bis zum Schluß der Versteigerung erfolgen. A. M. Turnau-Förster 1 S. 670.

[18]) Fälligkeit der persönlichen Forderung wird nicht herbeigeführt. RG 23. VI 1897 E. 39 S. 324.

[19]) § 246 BGB.: 4 vom Hundert.

[20]) Hofmannsche Formel: (100 + Zinsen zu 4 % für die Zeit von der Zahlung bis zur Fälligkeit) : 100 = Kapital : x oder $x = \frac{100 \times k}{100 + (z \times 4)}$. Vergl. Mot. 3 S. 674.

insoweit beseitigt zu werden, daß die Sicherheit des dinglichen Rechtes nicht mehr gefährdet ist[21]).

Den Kern der Rechte, welche dem Hypothek-, Grundschuld- oder Rentenschuldberechtigten dem Eigentümer gegenüber zustehen, bildet die Befugnis, die Zwangsvollstreckung in das belastete Grundstück und in die Gegenstände, auf welche das dingliche Recht sich erstreckt, vorzunehmen und aus dem durch Versteigerung oder Verwaltung zu erzielenden Erlöse oder Ertrage sich zu befriedigen[22]). Der Eigentümer hat sich passiv zu verhalten, er hat das Vorgehen des Berechtigten zu dulden, eine Zahlungspflicht obliegt ihm in seiner Eigenschaft als Eigentümer nicht, dagegen hat er ein Recht, den Gläubiger zu befriedigen, sobald die Forderung oder Grundschuld oder Rentenschuld ihm gegenüber fällig geworden oder bei der Hypothek der persönliche Schuldner zur Leistung berechtigt ist[23]).

Der Berechtigte hat ein Zwangsvollstreckungsrecht. Der gesetzliche Inhalt des dinglichen Rechtes kann nicht durch Rechtsgeschäft verändert werden. Ein dingliches Recht an dem Grundstück, die Veräußerung auf dem Wege des Privatverkaufes zu bewirken, kann rechtsgeschäftlich nicht begründet werden, ebenso läßt sich das Recht, das Grundstück zur Versteigerung zu bringen, nicht mit dinglicher Wirkung ausschließen[24]). Mit obligatorischer Wirkung könnte dem Gläubiger das Recht eingeräumt werden, die Veräußerung auf dem Wege des Privatverkaufs zu bewirken. Derartige Abmachungen haben aber unter bestimmten Voraus-

---

[21]) Vergl. Mot. 3 S. 671, KProt. 3 S. 570.

[22]) § 1147 BGB. Mot. 3 S. 675, KProt. 3 S. 571. Vergl. §§ 866, 865 ZPO.

[23]) § 1142 BGB. Mot. 3 S. 689, KProt. 3 S. 577, 4 S. 602. Die Leistung darf vor sich gehen, wie wenn der Eigentümer persönlicher Schuldner wäre; die Befriedigung kann durch Hinterlegung oder durch Aufrechnung erfolgen, sofern die Voraussetzungen dazu vorliegen (§§ 372, 387 BGB.). Der Eigentümer, der nicht persönlicher Schuldner ist, kann eine persönliche Forderung gegen den Anspruch aus der Hypothek, Grundschuld oder Rentenschuld aufrechnen, der Gläubiger hat diese Aufrechnungsbefugnis nicht, denn die Voraussetzungen zur Aufrechnung sind nur gegeben, wenn zwei Personen einander Leistungen schulden (KProt. 4 S. 603). Über die Aufrechnung mit einer Forderung des persönlichen Schuldners s. §§ 1137, 770 Abs. 2 BGB.

[24]) Über Revenuenhypothek s. Art. 60 und 192 EGBGB. Mot. 3 S. 633. — Nach § 866 Abs. 1 ZPO. erfolgt die Zwangsvollstreckung in ein Grundstück durch Eintragung einer Sicherungshypothek für die Forderung, durch Zwangsversteigerung und durch Zwangsverwaltung. Nach Abs. 2 kann der Gläubiger verlangen, daß eine dieser Maßregeln allein oder neben den übrigen ausgeführt werde. Eine vertragsmäßige Beschränkung dieser prozessualen Befugnis erscheint unstatthaft. Aus diesem Grunde dürfte anzunehmen sein, daß ein Vertrag, es dürfe der Gläubiger die Befriedigung nur auf dem Wege der Zwangsverwaltung suchen, nicht allein ohne dingliche, sondern auch ohne obligatorische Wirkung ist. Aus den Bestimmungen des BGB. allein läßt sich wohl die Nichtigkeit eines solchen Vertrages nicht begründen. Abw. Planck § 1147 Bem. 3c.

setzungen nicht einmal obligatorische Wirksamkeit. Der Eigentümer kann dem Gläubiger das Recht einräumen, zum Zwecke der Befriedigung die Übertragung des Eigentums an dem Grundstücke zu verlangen[25]), oder das Recht, die Veräußerung des Grundstücks auf andere Weise als im Wege der Zwangsvollstreckung zu bewirken[26]), aber eine derartige Vereinbarung darf erst eingegangen werden, wenn die Hypothekforderung oder Grundschuld dem Eigentümer gegenüber fällig geworden oder bei der Rentenschuld die Kündigungsfrist abgelaufen ist[27]). Wird eine solche Vereinbarung vorher abgeschlossen, so ist sie nichtig.

Keine Einschränkung ist getroffen für einen obligatorischen Vertrag, der dahin geht, daß der Gläubiger das Grundstück in Bewirtschaftung nehme, um sich aus den Nutzungen des Grundstücks zu befriedigen. Der Gläubiger, dem das Grundstück in Vollziehung eines solchen Vertrages übergeben wird, erlangt die Rechte eines Besitzers, Wirkung gegen Dritte hat das unter den Vertragschließenden bestehende Rechtsverhältnis nicht[28]).

Ist der Eigentümer selbst Hypothek-[29]), Grundschuld- oder Rentenschuldberechtigter, so kann er das Zwangsvollstreckungsrecht nicht ausüben, die Gläubigerrechte kann er nur bei der von einem

---

25) Die Formvorschrift des § 313 BGB. kommt zur Anwendung. Dingliche Sicherung kann durch Vormerkung (§ 883 BGB.) erlangt werden. Die Verpflichtung trifft nur den Eigentümer, der den Vertrag schließt, und seine Erben, nicht einen Sondernachfolger im Eigentum.

26) Diese Vereinbarung fällt nicht unter § 313; sie ist nach § 167 Abs. 2 formfrei. Unter den § 313 fällt nur der obligatorische Vertrag zwischen dem Veräußerer und dem Erwerber, also in dem gegebenen Falle der Vertrag zwischen dem bevollmächtigten Gläubiger und dem Dritten, der das Grundstück erwerben will. Ob die Vollmacht widerruflich ist oder nicht, ist für die Anwendung des § 167 Abs. 2 ohne Bedeutung. A. M. RG 5 II 1902 E. 50 S. 163, Planck § 1149 Bem. 3, Turnau-Förster 1 S. 713, Biermann S. 351. — Dingliche Sicherung der Vereinbarung durch Vormerkung kann nicht stattfinden.

27) § 1149 BGB. Mot. 3 S. 679, KProt. 3 S. 573. In Mot. 3 S. 681 ist die Auffassung vertreten, die Vereinbarung sei zulässig, daß an den Veräußerer, dem wegen des rückständigen Kaufgeldes eine Hypothek bestellt sei, das Eigentum des Grundstücks zurückfallen solle, wenn der Kaufpreis oder die Zinsen nicht pünktlich bezahlt würden. Die Motive verweisen in dieser Hinsicht auf § 871 des Entw. I, aber dieser Paragraph ist gestrichen worden (KProt. 3 S. 183). Mit der Vorschrift des § 925 Abs. 2 des Gesetzes erscheint die angeführte Ansicht unvereinbar. A. M. Planck § 1149 Bem. 2, dagegen Biermann S. 351. — Selbstverständlich ist ein Anspruch auf Rückauflassung gültig und vormerkbar.

28) Mot. 3 S. 63. — Vergl. KG 15 XII 1902 Recht 1903 S. 150[31].

29) Steht dem Eigentümer auch die Forderung zu (§ 1177 Abs. 2), so bleibt das dingliche Recht Hypothek, er selbst ist Hypothekgläubiger, kann die Forderung nicht ohne die Hypothek, die Hypothek nicht ohne die Forderung abtreten, muß auch die Einwendungen gegen sich gelten lassen, die einem Hypothekgläubiger entgegengesetzt werden können. Durch Verzicht auf die Hypothek kann er sich eine Grundschuld herstellen.

Anderen betriebenen Zwangsvollstreckung den übrigen Realberechtigten gegenüber für sich geltend machen[30]).

Daß der Eigentümer seine Rechte auf einen Dritten übertragen kann, der alsdann gegen ihn mit Zwangsvollstreckung vorgehen darf (z. B. zur Beseitigung von Rechten, die dem Realrechte des Eigentümers nachgehen), bedarf keiner Hervorhebung.

Zinsen gebühren dem Eigentümer nur, wenn das Grundstück auf Antrag eines Anderen zum Zwecke der Zwangsverwaltung in Beschlag genommen ist, und nur für die Dauer der Zwangsverwaltung[31]).

Der Gläubiger kann Befriedigung aus dem Grundstück regelmäßig erst verlangen, wenn das geltend zu machende Recht fällig ist; Verzug wird nicht erfordert. Hängt die Fälligkeit einer Hypothekforderung von einer Kündigung[32]) ab, so ist die Kündigung von dem Gläubiger dem Eigentümer gegenüber oder von dem Eigentümer dem Gläubiger gegenüber zu erklären. Eine Kündigung durch oder an den persönlichen Schuldner, der nicht zugleich der Eigentümer ist, ist für das dingliche Recht unwirksam[33]). So kann es aber vorkommen, daß die Forderung gegenüber dem persönlichen Schuldner (mangels Kündigung) noch nicht fällig

---

[30]) §§ 1197, 1177 BGB. Mot. 3 S. 678, 733, KProt. 3 S. 572, 610, 720. In KProt. 3 S. 723 heißt es, was der Eigentümer aus seinem eigenen Grundstücke bei der Zwangsvollstreckung erhalte, das erhalte er nicht als Befriedigung, weil ihm nicht etwas geleistet werde, was bisher außerhalb seines Vermögens gewesen sei, sondern weil lediglich ein Bestandteil seines Vermögens in Geld umgesetzt werde, die Hypothek sichere mithin nicht die Forderung, für welche sie bestellt sei, sondern schränke lediglich die nachstehenden Rechte zu Gunsten des Eigentümers ein, auch hier verwandle sich also die Hypothek in eine Grundschuld. Auf diese Erwägungen wird wenig Gewicht zu legen sein. Daß, wenn dem Eigentümer auch die Forderung zusteht, die Hypothek sich nicht in eine Grundschuld verwandelt, sondern Hypothek bleibt, ist in § 1177 BGB. zum Ausdruck gebracht. Erhält der Eigentümer bei der Zwangsvollstreckung auf Grund des dinglichen Rechtes, sei es Hypothek, sei es Grundschuld, einen Geldbetrag ausgezahlt, so erhält er diese Zahlung auf Grund des ihm zustehenden begrenzten Rechtes, nicht in seiner Eigenschaft als Eigentümer. Bleibt das Recht nach den Versteigerungsbedingungen bestehen, so besteht es als Hypothek weiter, wenn es mit einer persönlichen Forderung verknüpft ist, als Grundschuld, wenn es unabhängig ist von der Haftung einer Person.

[31]) § 1197 Abs. 2 BGB. Daß der Eigentümer die Zinsen nur aus den Erträgnissen der Zwangsverwaltung zu verlangen hat, bestimmt das Gesetz nicht. Nach RG 5 IV 1905 JW 341[13] richtet sich der Anspruch des Eigentümers nur gegen die Zwangsverwaltungsmasse.

[32]) Über Kündigung s. Schneider Recht 1904 S. 592, 621. Vergl. §§ 18, 19 HypBankges. v. 13. Juli 1899.

[33]) § 1141 BGB. Mot. 3 S. 687, KProt. 3 S. 574. Durch die Kündigung des Gläubigers an den Schuldner kann übrigens der Eigentümer zur Befriedigung des Gläubigers berechtigt werden (§ 1142). — Landesgesetzliche Vorschriften über das Kündigungsrecht s. Art. 117 Abs. 2 EGBGB.

ist, während für die Hypothekforderung in der Richtung gegen den Eigentümer Fälligkeit eingetreten ist.

Bezüglich der Kündigung gilt zu Gunsten des Gläubigers der Eingetragene als Eigentümer, auch wenn der Gläubiger die Unrichtigkeit des Eintrages kennt [34]). Kündigt der Eigentümer dem Gläubiger, so ist die Kündigung wirksam, wenn auch der bisherige Gläubiger seine Rechte schon auf einen Anderen übertragen hatte, es müßte denn sein, daß diese Übertragung zur Zeit der Kündigung dem Eigentümer bekannt oder im Grundbuch eingetragen war [35]) [36]). Bei der Briefhypothek oder Briefgrundschuld hat der Gläubiger sich durch Vorlegung des Briefes und, wenn er nicht im Grundbuch eingetragen ist, durch Vorlegung der öffentlich beglaubigten Abtretungserklärungen, Überweisungsbeschlüsse oder Anerkenntnisse (§ 1155 BGB.) auszuweisen. Legt der Gläubiger bei der dem Eigentümer gegenüber erfolgenden Kündigung oder Mahnung diese Urkunden nicht vor [37]), so ist die Kündigung oder Mahnung unwirksam, falls der Eigentümer sie aus diesem Grunde unverzüglich zurückweist [38]). Diese Vorschrift gilt auch für die

---

[34]) § 1141 Abs. 1. BGB. Der Gläubiger ist nicht verpflichtet, die Kündigung eines eingetragenen Nichteigentümers gegen sich gelten zu lassen.

[35]) § 1156 BGB. KProt. 3 S. 664. Es ist nicht vorausgesetzt (§ 893 BGB.), daß der bisherige Gläubiger im Grundbuch eingetragen ist. — § 1156 gilt für alle Übertragungen, auch für diejenigen, welche sich kraft Gesetzes vollziehen. Die Bestimmung gilt nicht für Sicherungshypotheken (§ 1185 Abs. 2 BGB.).

[36]) Für eine Kündigung, die der bisherige Gläubiger nach der Übertragung dem Eigentümer erklärt, kommen nur die Bestimmungen über den öffentlichen Glauben des Grundbuchs (vergl. §§ 893, 1155 BGB.) zur Anwendung.

[37]) Die Urkunden sind vorzulegen, es genügt nicht, dem Eigentümer zu gestatten, sie bei dem Gläubiger einzusehen. Sie sind in Urschrift vorzulegen; öffentlich beglaubigte Abschriften genügen nicht, es können in der Zeit zwischen der Beglaubigung und der Vorlage Zusätze oder Änderungen vorgenommen sein. — Über die Vorlegung der Legitimationsurkunden bei einseitigen Rechtsgeschäften s. Habicht JW. 1901 S. 770.

[38]) § 1160 Abs. 2 BGB. Mot. 3 S. 757, KProt. 3 S. 663. — Kann auf die Vorlegung mit dinglicher Wirkung verzichtet werden? Eine Vereinbarung mit obligatorischer Wirkung erscheint zulässig; es ist dem Eigentümer anheimgestellt, ob er die Kündigung oder Mahnung ohne Vorlegung der Urkunden gelten lassen will oder nicht, schenkt er dem Gläubiger Vertrauen, so kann er sich verbindlich machen, die Vorlegung der Urkunden von ihm nicht zu verlangen. Dasselbe gilt für die Geltendmachung der Forderung (§ 1161) und für die Geltendmachung der Hypothek (§ 1160 Abs. 1 BGB.); in der Kündigung und Mahnung liegt schon eine Geltendmachung des Rechts. Aber der Vereinbarung kann keine dingliche Wirkung gegeben werden, die Sondernachfolger im Eigentum sind also nicht gebunden, die Zessionare nicht berechtigt. Durch Vormerkung läßt sich die Vereinbarung nicht sichern; unter die nach § 1115 BGB. eintragbaren Bestimmungen, unter denen die Kündigung und die Tilgung zu erfolgen hat, fällt eine Vereinbarung darüber, daß der Gläubiger bei der Kündigung und Einziehung sich nicht zu legitimieren habe, nicht. A. M. RG 27 IV 1904 E. 57 S. 342 mit Zitaten, dagegen Kretzschmar ZBlFG 5 S. 12. Vergl. Jäckel Gruchots Beitr. 49 S. 551.

Geltendmachung der persönlichen Forderung, wenn der Eigentümer der persönliche Schuldner ist[39]), dagegen gilt sie auch im Verhältnisse zwischen Gläubiger und Eigentümer nicht, soweit es sich um die Ansprüche auf Rückstände von Zinsen oder anderen Nebenleistungen oder um den Anspruch auf Erstattung von Kosten handelt, für die das Grundstück kraft Gesetzes haftet[40]), denn für die Übertragung derartiger Ansprüche ist das Recht der Schuldverhältnisse maßgebend.

Will der Gläubiger kündigen, hat aber der Eigentümer im Inland keinen Wohnsitz oder befindet sich der Gläubiger über die Person des Eigentümers in einer nicht auf Fahrlässigkeit beruhenden Unkenntnis oder ist der Aufenthalt des Eigentümers unbekannt, so hat das Amtsgericht, in dessen Bezirk das Grundstück liegt, auf Antrag des Gläubigers einen Vertreter zu bestellen, dem gegenüber die Kündigung des Gläubigers erfolgen kann[41]).

Bei der Sicherungshypothek muß die Fälligkeit der Forderung, deren Akzessorium die Hypothek ist, zwischen dem persönlichen Schuldner und dem Gläubiger eintreten, die Kündigung hat also zwischen dem persönlichen Schuldner und dem Gläubiger zu erfolgen. Es bedarf nicht einmal einer Anzeige an den Eigentümer[42]).

Bei der Grundschuld erfolgt, falls nicht eine Kündigungsfrist ausgeschlossen ist, die Kündigung des Kapitals wie bei der gewöhnlichen Hypothek zwischen Eigentümer und Grundschuldgläubiger; sie kann dem Eigentümer oder dem Gläubiger oder beiden Teilen zustehen. Die Kündigungsfrist beträgt, falls keine abweichende Bestimmung getroffen ist, 6 Monate[43]).

Über die Kündigung einer Rentenschuld s. § 66 Ziff. 26.

Die Wirkungen einer stattgehabten Kündigung bestehen für und gegen jeden Rechtsnachfolger des Eigentümers oder Gläubigers fort, ohne daß die Kündigung in das Grundbuch eingetragen zu sein braucht. Die Kündigung ist der Erfüllung einer rechtsgeschäftlichen oder gesetzlichen Bedingung zu vergleichen. Wenn die Bedingtheit eingetragen oder unmittelbar durch das Gesetz bestimmt ist, so wird hierdurch ein jeder Erwerber darauf hingewiesen, daß er sich über den Stand der Bedingungs-Erfüllung außerhalb des Grundbuchs zu vergewissern habe[44]).

---

[39]) § 1161 BGB. Mot. 3 S. 760, KProt. 3 S. 665. Nach dem Rechte der Schuldverhältnisse hätte der persönliche Schuldner nur die Rechte nach §§ 410, 371, 820 BGB.

[40]) §§ 1160 Abs. 3, 1159 BGB. S. § 70 Ziff. 57.

[41]) § 1141 Abs. 2 BGB. Ist der Gläubiger unbekannt, so kann der Eigentümer nach § 1171 BGB. vorgehen.

[42]) § 1185 Abs. 2 BGB. KProt. 3 S. 684.

[43]) § 1193 BGB. Über die Fälligkeit der Zinsen ist keine besondere Vorschrift gegeben. Mot. 3 S. 789.

[44]) Mot. 3 S. 689.

Für die Rechtsverfolgung des Gläubigers gilt zwar nach den allgemeinen Grundsätzen der Schutz des öffentlichen Glaubens des Grundbuchs nicht; aber zu Gunsten des Gläubigers, der das dingliche Recht verfolgt, gilt derjenige, welcher im Grundbuch als Eigentümer eingetragen ist, als Eigentümer[45]. Der dingliche Anspruch ist gegen den Eingetragenen begründet, weil er infolge seiner Eintragung der Verwirklichung dieses Anspruchs im Wege steht[46]. Ob der Gläubiger den wirklichen Eigentümer kennt oder nicht, ist belanglos. Der gegen den eingetragenen Nichteigentümer erlangte Vollstreckungstitel genügt vorerst, der Eigentümer kann nicht schon nach § 750 ZPO. formelle Beanstandungen erheben. Dagegen bleibt das Recht des nicht eingetragenen Eigentümers, die ihm gegen das Realrecht zustehenden Einwendungen geltend zu machen, unberührt. Das Verfahren ist nur in der Weise vereinfacht, daß der Eigentümer die Einwendungen im Wege der Interventionsklage nach § 771 ZPO.[47] geltend machen muß und nicht den Gläubiger durch Berufung auf § 750 ZPO. zwingen kann, gegen ihn von neuem Klage auf Duldung der Zwangsvollstreckung zu erheben[48].

Zur Betreibung der Zwangsvollstreckung bedarf der Gläubiger eines vollstreckbaren Titels und zwar eines Titels gegen den Eigentümer. Ein Titel gegen den persönlichen Schuldner, der nicht Eigentümer des belasteten Grundstücks ist, genügt nicht.

Der Anspruch aus einer Hypothek sowohl wie aus einer Grundschuld oder Rentenschuld kann im gewöhnlichen Verfahren oder auch im Urkunden- oder Wechselprozeß oder im Mahnverfahren geltend gemacht werden[49], da, trotzdem ein Recht, von dem Eigentümer Zahlung zu verlangen, nicht besteht, doch der Anspruch aus einer Hypothek, einer Grundschuld oder einer Rentenschuld als ein Anspruch gilt, welcher die Zahlung einer Geldsumme zum Gegenstande hat[50]. Diese Bestimmung ist auch

---

[45]) § 1148 BGB. Mot. 3 S. 223, KProt. 3 S. 575.

[46]) KProt. 3 S. 575. Vergl. § 17 ZVG. Hat der Gläubiger gegen den wahren Eigentümer einen vollstreckbaren Titel, so kann er gemäß §§ 14, 22 Abs. 2 GBO. die Eintragung des Eigentümers erwirken und sodann gegen ihn die Zwangsversteigerung betreiben, vorausgesetzt, daß er sich die zur Berichtigung erforderlichen Urkunden (vergl. § 792 ZPO.) verschaffen kann.

[47]) Unter Umständen kann die Klage nach § 767 ZPO. zu erheben sein oder der Eigentümer nach § 66 ZPO. an einem Rechtsstreite sich beteiligen. Vergl. Biermann S. 350.

[48]) KProt. 3 S. 576. — Ist der Eigentümer in Konkurs, so geht die Klage des Realgläubigers gegen den Konkursverwalter (§ 6 Abs. 2 KO.). Vergl. RG 31 I 1901 JW. S. 183.

[49]) Für die Kostenpflicht sind besondere Bestimmungen nicht gegeben, die Anwendung des § 93 ZPO. ist nicht ausgeschlossen. Für die Kosten haftet das Grundstück (§ 1118 BGB.), nicht der Eigentümer als solcher persönlich. Vergl. Biermann S. 349, Tillich JW. 1905 S. 362.

[50]) §§ 592, 688 ZPO.

für Notarsurkunden getroffen[51]). Ein Urteil, das den Anspruch aus einer eingetragenen Hypothek, Grundschuld oder Rentenschuld betrifft, wirkt im Falle einer Veräußerung des belasteten Grundstücks in Ansehung des Grundstücks gegen den Rechtsnachfolger auch dann, wenn dieser die Rechtshängigkeit nicht gekannt hat. Gegen den Ersteher eines im Wege der Zwangsversteigerung veräußerten Grundstücks wirkt jedoch das Urteil nur dann, wenn die Rechtshängigkeit spätestens im Versteigerungstermine vor der Aufforderung zur Abgabe von Geboten angemeldet worden ist[52]).

Der Anspruch des Gläubigers gegen den Eigentümer geht dahin, daß der Eigentümer die Zwangsvollstreckung in das Grundstück zum Zwecke der Befriedigung des Gläubigers in Höhe der zu bezeichnenden Summe dulde[53])[54]).

---

[51]) § 794 Nr. 5 ZPO. Vergl. Art. VIII des Ges. v. 17. Mai 1898, betr. Änderungen der ZPO. — Der Eigentümer kann sich in einer nach § 794 Ziff. 5 ZPO. aufgenommenen Notarsurkunde in Ansehung einer Hypothek — Höchsthypotheken ausgenommen, da der Anspruch nicht die Zahlung einer bestimmten Geldsumme zum Gegenstande hat, — einer Grundschuld oder einer Rentenschuld der sofortigen Zwangsvollstreckung in der Weise unterwerfen, daß die Zwangsvollstreckung aus der Urkunde gegen den jeweiligen Eigentümer des Grundstücks zulässig sein soll. Die Unterwerfung bedarf in diesem Falle der Eintragung in das Grundbuch; eine Bezugnahme auf die Eintragungsbewilligung an Stelle der Eintragung genügt nicht. Bei der Zwangsvollstreckung gegen einen späteren Eigentümer, der im Grundbuch eingetragen ist, bedarf es nicht der Zustellung der den Erwerb des Eigentums nachweisenden Urkunde. Vergl. § 800, auch § 799 ZPO. Durch die Unterwerfung unter die sofortige Zwangsvollstreckung für den jeweiligen Eigentümer wird der Inhalt des dinglichen Rechts nicht geändert, sondern ein Vollstreckungsrecht gewährt, für das nicht die Bestimmungen des BGB. sondern die Bestimmungen der ZPO. maßgebend sind. Vergl. Gaupp-Stein ZPO. § 800 unter I, RG 19 IX 1904 Recht S. 644. — Eine Vormerkung zur Sicherung des Anspruchs auf Einräumung der Unterwerfungsklausel nach § 800 ZPO. ist nicht statthaft Wilhelm DJZ. 1904 S. 1082.

[52]) § 325 Abs. 3 ZPO.

[53]) Vergl. Leske 1 S. 544 Ziff. 8, Biermann S. 347, Staudinger S. 439, Planck § 1147 Bem. 2a, Oberneck 1 S. 932, auch RG 19 II 1902 JW. 1902 Beil. S. 198. Der Klagantrag geht nicht auf Verurteilung, bei Vermeidung der Zwangsvollstreckung zu zahlen. Brzezinski SeuffBl. 63 S. 167, Turnau-Förster 1 S. 571. Aus § 592 Satz 1 ZPO. läßt sich nichts zur Fassung des Antrags entnehmen, denn die Zulässigkeit des Urkundenprozesses beruht auf Satz 2 des § 592. — Dernburg (§ 236 Nr. 1) hält den Antrag für richtig, dem Beklagten gegenüber festzustellen, daß die hypothekarischen Ansprüche des Klägers in das Grundstück vollstreckbar sind.

[54]) Der Anspruch aus dem dinglichen Recht findet nicht blos gegen den Eigentümer oder Besitzer des Grundstücks, sondern auch gegen Jeden statt, der durch sein Verhalten die Verwirklichung der Hypothek hindert. Mot. 3 S. 677. — Nach § 17 ZVG. darf die Zwangsversteigerung nur angeordnet werden, wenn der Schuldner (d. h. derjenige, gegen den vollstreckt werden soll, nicht etwa der persönliche Schuldner) als Eigentümer des Grundstücks eingetragen oder wenn er Erbe des eingetragenen Eigentümers ist. Für die Zwangsverwaltung ist eine Ausnahme gemacht, es findet die Zwangsverwaltung wegen des Anspruchs aus einem eingetragenen Rechte auch dann statt, wenn zwar derjenige, gegen den vollstreckt werden soll, nicht als

Was die Einwendungen[55]) des Eigentümers betrifft, so kann der Geltendmachung des dinglichen Rechtes[56]) bei der Briefhypothek, Briefgrundschuld oder Briefrentenschuld widersprochen werden, wenn der Gläubiger nicht den Brief vorlegt. Ist der Gläubiger nicht im Grundbuch eingetragen, so kann der Eigentümer auch die Vorlegung der öffentlich beglaubigten Abtretungserklärungen, Anerkenntnisse und gerichtlichen Überweisungsbeschlüsse (§ 1155 BGB.) verlangen[57]). Die Vorlage des Briefes und dieser Urkunden gehört nicht zur Begründung des Klaganspruchs, der Kläger darf abwarten, ob der Beklagte die Vorlegung verlangt. Wird die Vorlegung verlangt und kommt der Kläger dem Verlangen nicht so rechtzeitig nach, daß der Beklagte sich überzeugen kann, ob der Kläger zur Erhebung des Anspruchs legitimiert ist, und ob nicht nach den Urkunden dem erhobenen Anspruch Einwendungen entgegenstehen, so ist die Klage abzuweisen[58]). Betrifft der geltend gemachte Anspruch nur Rückstände von Zinsen (Renten) oder anderen Nebenleistungen oder Kosten, für die das Grundstück kraft Gesetzes haftet, so kann der Eigentümer die Vorlegung nicht verlangen[59]). — Bei der Buchhypothek, Buchgrundschuld oder Buchrentenschuld ergibt sich der Nachweis des Rechtes des Gläubigers aus dem Grundbuch.

Im übrigen können die Einwendungen entweder gegen den Bestand oder die Wirksamkeit des von dem Gläubiger geltend gemachten dinglichen Rechtes sich richten, oder soweit eine (persönliche) Forderung in Betracht kommt, gegen diese Forderung.

Daß der Eigentümer die aus dem Grundbuch hervorgehenden und die das Bestehen des dinglichen Rechtes verneinenden Einwendungen (z. B. Einwendungen gegen den dinglichen Ver-

---

Eigentümer eingetragen oder Erbe des eingetragenen Eigentümers ist, aber das Grundstück im Eigenbesitze hat (§ 147 ZVG.). Es genügt also in diesem Falle ein vollstreckbarer Titel gegen den Besitzer, vorausgesetzt, daß für den Anspruch das Grundstück belastet und das dingliche Recht eingetragen ist. — Wird ein Grundstück versteigert, das sich in fremdem Besitze (d. h. nicht in dem Besitze des Erstehers) befindet, so bildet der Beschluß, durch welchen der Zuschlag erteilt wird, einen Vollstreckungstitel, aus dem gegen den Besitzer die Zwangsvollstreckung auf Räumung und Herausgabe erfolgt. Vergl. § 93 ZVG.

[55]) Der Ausdruck Einwendungen umfaßt auch die Einreden. S. § 11 Anm. 63.

[56]) Ist der Eigentümer der persönliche Schuldner, so hat er diese Einrede auch gegen die Geltendmachung der (persönlichen) Forderung (§ 1161 BGB.).

[57]) § 1160 Abs. 1 BGB. S. Anm. 38.

[58]) RG 27 VI 1903 E. 55 S. 227. Sind im Laufe des Prozesses die Urkunden vorgelegt, so kommt es darauf, ob der Kläger bei Erhebung der Klage im Besitze war, nicht weiter an. Vergl. RG 13 II 1904 E. 56 S. 414.

[59]) § 1160 Abs. 3 BGB. Es gelten die Vorschriften des Rechts der Schuldverhältnisse. S. § 70 Ziff. 60.

trag) vorbringen darf, ist selbstverständlich, ebenso unterliegt es keinem Zweifel, daß er die Einwendungen geltend machen darf, welche in einem zwischen ihm und dem Gläubiger bestehenden Rechtsverhältnisse sich gründen, also Einwendungen aus einem persönlichen Rechte, z. B. wenn der Gläubiger dem Eigentümer gegenüber sich verpflichtet hat, von seinem dinglichen Rechte keinen oder nur einen in irgend welcher Richtung beschränkten Gebrauch zu machen[60]). Es können aber auch dem Erwerber des dinglichen Rechtes die dem Vorgänger gegenüber begründeten, aus einem Rechtsverhältnis zwischen dem Vorgänger des Gläubigers und dem Eigentümer entstandenen Einwendungen entgegengesetzt werden, jedoch nur, soweit nicht der Sondernachfolger durch die Bestimmungen über den öffentlichen Glauben des Grundbuchs geschützt ist[61]). Derartige Einwendungen können demnach demjenigen, der das Realrecht durch Rechtsgeschäft erworben hat[62]), nur entgegengehalten werden, wenn sie im Grundbuch eingetragen oder auf dem Briefe vermerkt oder ihm sonstwie zur Zeit seines Erwerbes bekannt waren[63]). Für die Eintragung oder Löschung solcher Einwendungen gelten die Vorschriften über die Berichtigung des Grundbuchs, insbesondere auch über die Sicherung durch Widerspruch[64]).

Bei der Hypothek kann die Verteidigung des Eigentümers sich auch gegen die Forderung richten, die dem Gläubiger gegen den persönlichen Schuldner zusteht. Sowohl wenn der Eigentümer persönlicher Schuldner ist, als auch dann, wenn er nicht persönlich haftet, sei es, weil er die Hypothek für die Schuld eines Dritten bestellt oder das Grundstück erst nach Bestellung der Hypothek erworben hat, kann der Eigentümer gegen die Hypothek die dem persönlichen Schuldner gegen die Forderung zustehenden Einreden[65]) geltend machen[66]). Der Eigentümer kann auch, gleich einem Bürgen, die Befriedigung des Hypothekgläubigers verweigern, so lange dem persönlichen Schuldner das Recht zusteht, das seiner Verbindlichkeit zu Grunde liegende Rechts-

---

[60]) Vergl. Mot. 3 S. 696, KProt. 3 S. 581.

[61]) § 1157 BGB. Mot. 3 S. 696, KProt. 3 S. 580.

[62]) Der öffentliche Glaube des Grundbuchs schützt nur den rechtsgeschäftlichen Erwerb.

[63]) §§ 1157, 892, 1140 BGB. Vergl. KProt. 3 S. 583. — Ist das Rechtsverhältnis zwischen dem Eigentümer und dem bisherigen Gläubiger erst nach der Übertragung entstanden, so können dem neuen Gläubiger daraus keine Einwendungen entgegengesetzt werden, auch wenn dem Eigentümer die Übertragung unbekannt war. Vergl. § 1156 BGB., s. § 70 Ziff. 52 ff.

[64]) §§ 1157, 894—899 BGB. — Die Sonderbestimmungen für Zinsen und sonstige Nebenleistungen (§§ 1158, 1159 BGB.) s. § 70 Ziff. 56 ff.

[65]) S. § 11 Anm. 63. Wird behauptet, die Forderung sei ganz oder zum Teile nicht entstanden oder erloschen, so wird die Legitimation des Hypothekgläubigers bestritten und das Vorliegen einer Eigentümerhypothek behauptet. Vergl. Mot. 3 S. 698.

geschäft anzufechten oder solange sich der Gläubiger durch Aufrechnung gegen eine fällige Forderung des persönlichen Schuldners befriedigen kann[67]. Die Einrede der Vorausklage (§ 771 BGB.) hat der Eigentümer nicht. Auf die Verjährung der (persönlichen) Forderung kann, was das Kapital betrifft, der Eigentümer sich nicht berufen, wohl aber auf die Verjährung von Ansprüchen auf Rückstände von Zinsen oder anderen wiederkehrenden Leistungen[68]. Dagegen ist die Einrede, daß der Erbe des persönlichen Schuldners für die Schuld nur beschränkt hafte, dem Eigentümer versagt[69]. Steht dem Eigentümer eine Einrede zu, so verliert er sie, wenn er nicht der persönliche Schuldner ist, nicht dadurch, daß der persönliche Schuldner auf sie verzichtet[70]. Gleichwie aber der Bürge die Einreden nach § 770 BGB. nur so lange hat, als dem Hauptschuldner das Recht zusteht, das Rechtsgeschäft anzufechten, oder dem Hauptschuldner eine fällige Forderung gegen den Gläubiger zusteht, werden auch die auf § 770 beruhenden Einreden des Eigentümers gegenstandslos, sobald durch Verzicht des persönlichen Schuldners die Anfechtungsbefugnis erloschen oder die Aufrechnungsmöglichkeit ausgeschlossen ist[71].

In der Geltendmachung der Einreden gegen die Hypothek ist der Eigentümer, — falls es sich nicht um eine Sicherungshypothek handelt[72] — dadurch beschränkt, daß die Bestimmungen der §§ 891—899 BGB. auch auf die Forderung und die Einreden gegen die Forderung sich erstrecken[73]. Infolgedessen hat

---

[66] § 1137 BGB. Mot. 3 S. 699, KProt. 3 S. 580. Dem persönlichen Schuldner können auch Einwendungen aus der Person des Rechtsvorgängers des Gläubigers zustehen; solche Einwendungen darf der Eigentümer ebenfalls gegen die Hypothek geltend machen.

[67] §§ 1137, 770 BGB.

[68] § 223 Abs. 1, 3, § 902 BGB. Mot. 3 S. 699.

[69] § 1137 Abs. 1 BGB. — Durch einen Zwangsvergleich werden die Rechte des Gläubigers aus der Hypothek, Grundschuld oder Rentenschuld nicht berührt (§ 193 KO.).

[70] § 1137 Abs. 2 BGB.

[71] Vergl. Biermann S. 336, Staudinger 3 S. 425.

[72] §§ 1185 Abs. 2, 1138 BGB. S. § 70 Ziff. 158 ff. — Einwendungen gegen Schuldverschreibungen auf den Inhaber s. § 796 BGB., Wechsel s. Art. 82 WO., Orderpapiere s. § 364 Abs. 2 HGB. Die Anwendung der Bestimmung des § 1157 BGB. ist nicht ausgeschlossen; Eintragung im Grundbuch für eine unter § 1157 fallende Einrede ist nicht unumgänglich, Kenntnis des Erwerbers genügt. Vergl. Biermann S. 411, a. M. Turnau-Förster 1 S. 823.

[73] § 1138 BGB. Mot. 3 S. 694, KProt. 3 S. 580, 584. Diese Beschränkung gilt nur für die Hypothek, nicht auch für den Anspruch des Gläubigers gegen den persönlichen Schuldner. Bei Verbindung der persönlichen mit der dinglichen Klage kann sonach in der einen Richtung Abweisung, in der anderen Zuspruch erfolgen. Vergl. RG 30 IX 1905 BayZfR. 1 S. 470. — Durch § 1138 wird übrigens nur Schutz gewährt gegen Einwendungen aus Tatsachen, die vor der Übertragung sich ereignet haben, gegen Einwendungen aus Tatsachen, die in die Zeit nach der Übertragung fallen, schützt § 1156. S. § 70 Ziff. 52 ff.

der Gläubiger bei der Briefhypothek oder der gewöhnlichen Buchhypothek die Rechtsvermutung für sich, daß die Forderung ihm zustehe [74]), und ist demjenigen, der, ohne die Unrichtigkeit des Grundbuchs zu kennen, die Hypothekforderung oder ein Recht an ihr erwirbt oder an den eingetragenen Gläubiger eine Leistung bewirkt oder mit ihm ein die Forderung betreffendes Rechtsgeschäft vornimmt, der Inhalt des Grundbuchs als richtig gewährleistet [75]). Erleidet die Forderung des Hypothekgläubigers eine Änderung oder wird eine Einrede begründet, so ist es Sache der Beteiligten, die Berichtigung des Grundbuchs herbeizuführen, nötigenfalls das Recht durch Widerspruch zu sichern. Die Berufung auf den öffentlichen Glauben des Grundbuchs ist übrigens ausgeschlossen, soweit die Unrichtigkeit des Grundbuchs aus dem Briefe oder einem Vermerk auf dem Briefe hervorgeht; auch steht ein Widerspruch gegen die Richtigkeit des Grundbuchs, der aus dem Briefe oder einem Vermerke auf dem Briefe hervorgeht, einem im Grundbuch eingetragenen Widerspruch gleich [76]).

Über die Einwendung der fehlenden Hingabe des Darlehens s. § 70 Ziff. 151.

Ist der Gläubiger im Besitze eines vollstreckbaren Titels gegen den Eigentümer, sei es, daß er bei Begründung des dinglichen Rechtes einen solchen erhalten, sei es, daß er ihn sich später verschafft hat, so kann er zur Zwangsvollstreckung schreiten, und zwar steht ihm der Weg der Zwangsvollstreckung in das unbewegliche Vermögen offen für die Grundstücke und die Berechtigungen, für welche die sich auf Grundstücke beziehenden Vorschriften gelten [77]), einschließlich der Gegenstände, auf welche sich außerdem eine Hypothek erstrecken kann, aber auch der Weg der Zwangsvollstreckung in das bewegliche Vermögen hinsichtlich dieser Gegenstände, soweit sie kein Zubehör sind und solange nicht ihre Beschlagnahme im Wege der Zwangsvollstreckung in das unbewegliche Vermögen erfolgt ist [78]).

§ 73. Die Gesamthypothek, Gesamtgrundschuld, Gesamtrentenschuld.

Ruht ein dingliches Recht [1]) (Hypothek, Grundschuld, Renten-

---

[74]) RG 12 VI 1901 E. 49 S. 8.

[75]) Vergl. §§ 891, 892, 893 BGB.

[76]) §§ 894–899, 1140 BGB.

[77]) §§ 864, 870 ZPO. Die Zwangsvollstreckung in den Bruchteil eines Grundstücks ist nur zulässig, wenn der Bruchteil in dem Anteil eines Miteigentümers besteht oder wenn sich der Anspruch des Gläubigers auf ein Recht gründet, mit welchem der Bruchteil als solcher belastet ist (§ 864 Abs. 2 ZPO.) — Vergl. § 2 EGZVG.

[78]) § 865 ZPO.

Zu § 73.

[1]) Es ist nicht erforderlich, daß das Recht an jedem der Grundstücke eine gleich hohe Summe sichert, auch kann der Zinsfuß bei den einzelnen

schuld) auf mehreren Grundstücken[2]), so besteht eine Art Gesamtschuldverhältnis unter den Grundstücken. Der Gläubiger kann die Leistung nur einmal fordern, er kann aber aus jedem der Grundstücke die ganze Leistung verlangen; jedes Grundstück haftet für die ganze Hypothek, Grundschuld oder Rentenschuld. Nach seinem Belieben, ohne Rücksicht auf die Interessen der nachstehenden Berechtigten, kann der Gläubiger die Befriedigung aus jedem der Grundstücke ganz oder zu einem Teile suchen[3]).

Eine Gesamthypothek, Gesamtgrundschuld oder Gesamtrentenschuld kann dadurch entstehen, daß von vornherein mehrere Grundstücke mit dem Rechte belastet werden oder daß nachträglich mit dem an einem Grundstück bestehenden Rechte noch ein anderes selbständiges Grundstück belastet wird oder daß von dem einen belasteten Grundstück ein Teil als selbständiges Grundstück abgetrennt[4]) und veräußert wird oder in der Hand des bisherigen Eigentümers eine besondere Stelle im Grundbuch erhält[5]).

Aus einer Gesamt-Hypothek (G., R.) kann eine Einzelhypothek (G., R.) entstehen dadurch, daß der Eigentümer die belasteten Grundstücke zu einem Grundstück vereinigt, ferner dadurch, daß der Gläubiger nur das dingliche Recht an einem Grundstück behält und auf das Recht an den anderen Grundstücken ver-

---

Grundstücken verschieden sein. Vergl. Planck § 1132 Bem. 1b. — Hat ein Gläubiger für eine Forderung an einem Grundstück eine Verkehrshypothek, so kann er sich für dieselbe Forderung an anderen Grundstücken desselben Eigentümers noch eine Sicherungshypothek (Zwangshypothek) verschaffen, die auf die anderen Grundstücke zu verteilen ist. Vergl. BayObLG 5 VI 1902 Recht S. 374, Biermann Recht 1905 S. 267.

[2]) Bruchteile stehen den Grundstücken gleich. Sind mehrere Bruchteile mit demselben Recht belastet, so besteht eine Gesamthypothek (Gr., R.). Dasselbe gilt, wenn ein Grundstück und ein Erbbaurecht mit demselben Recht belastet sind. Haben sämtliche Miteigentümer ein Grundstück mit einer Hypothek belastet, so liegt eine Einzelhypothek vor. — Sind mehrere Grundstücke zu einem Grundstück vereinigt (§ 890 BGB.), so bilden die mehreren Stücke nur ein einziges Grundstück.

[3]) § 1132 BGB. Mot. 3 S. 668, KProt. 3 S. 568, 620. S. jedoch Anm. 36. Über die Verteilung der Gesamthypothek im Zwangsversteigerungsverfahren s. § 64 ZVG.

[4]) Vergl. BayObLG 24 II 1903 Recht S. 151[35].

[5]) Soweit eine Mitbelastung besteht, ist sie im Grundbuch auf dem Blatte jedes Grundstücks erkennbar zu machen, soweit eine Mitbelastung erlischt, ist dies von Amts wegen zu vermerken (§ 49 GBO.). Damit die Zusammengehörigkeit der Grundstücke noch mehr hervortritt, soll über das Gesamtrecht nur Ein Brief erteilt werden. Liegen die belasteten Grundstücke in den Bezirken verschiedener Grundbuchämter, so soll jedes Amt für die Grundstücke seines Bezirkes einen besonderen Brief erteilen; die Briefe sind miteinander zu verbinden (§ 59 GBO.). Wird nach der Erteilung eines Briefes noch ein anderes, im Bezirke desselben Grundbuchamts belegenes Grundstück belastet, so ist, sofern nicht die Erteilung eines neuen Briefes über die Gesamtbelastung beantragt wird, die Mitbelastung auf dem bisherigen Briefe zu vermerken und zugleich der Inhalt des Briefes in Ansehung des anderen Grundstücks zu ergänzen (§ 63 GBO.).

zichtet. Der Berechtigte[6]) kann auch aus der Gesamt-Hypothek (G., R.) Einzel-Hypotheken (G., R.) bilden, indem er den Geldbetrag, für den die Grundstücke zusammen haften, auf die einzelnen Grundstücke in der Weise verteilt, daß jedes Grundstück nur für den zugeteilten Betrag haftet. Bei der Verteilung handelt es sich um eine Entlastung der einzelnen Grundstücke, also um Aufhebung von Rechten an Grundstücken, es finden daher auf die Verteilung die allgemeinen Vorschriften über die Aufhebung eines Rechtes an einem Grundstück (§§ 875, 876, 878 BGB. s. § 8) entsprechende Anwendung[7])[8]).

Besonderheiten bestehen bezüglich der Eigentümerhypothek[9]).

Die Gesamt-Hypothek (G., R.) steht den Eigentümern der belasteten Grundstücke gemeinschaftlich zu und zwar ganz oder zum Teile:

1. wenn die Erteilung des Briefes nicht ausgeschlossen ist, bis zur Übergabe des Briefes,

2. bei der Hypothek, wenn die Forderung nicht zur Entstehung gelangt ist,

3. ebenfalls bei der Hypothek, wenn die Forderung erloschen ist, ohne daß der Eigentümer eines der belasteten Grundstücke oder ein ersatzberechtigter Schuldner den Gläubiger befriedigt hat[10]). Besteht die Eigentümerhypothek nur zu einem Teilbetrage, so kann sie nicht zum Nachteile des dem Gläubiger verbleibenden Realrechts geltend gemacht werden.

Die Gemeinschaft unter den Eigentümern ist eine Art Gemeinschaft zur gesamten Hand, es können nur Alle gemeinsam und einheitlich über die Gesamthypothek verfügen[11]). Falls nicht

---

[6]) Das Recht der Verteilung hat selbstverständlich auch der Eigentümer, wenn ihm das begrenzte Recht zusteht.

[7]) § 1132 Abs. 2 BGB. Zur Löschung ist die Zustimmung des Eigentümers erforderlich (§ 27 GBO.). A. M. Turnau-Förster 1 S. 666; vergl. Biermann S. 330. — Wird die Verteilung vorgenommen, so ist für jedes Grundstück ein neuer Brief zu erteilen, falls nicht die Erteilung eines Briefes ausgeschlossen ist (§ 64 GBO.). Die Benutzung des bisherigen Gesamtbriefes oder der mehreren verbundenen Briefe (§ 59 GBO.) ist unstatthaft. — Der Gläubiger kann nicht etwa die Gesamt-Hypothek (G., R.) in der Weise verteilen, daß er das dingliche Recht an dem einen Grundstück abtritt, an einem anderen zurückbehält, oder das dingliche Recht an den einzelnen Grundstücken auf verschiedene Erwerber überträgt.

[8]) Bei der Zwangshypothek und der Arresthypothek ist die Entstehung einer Gesamthypothek ausgeschlossen, soweit es sich um Grundstücke desselben Schuldners handelt (§§ 867 Abs. 2, 932 Abs. 2 ZPO.).

[9]) Über die Gründe s. KProt. 3 S. 620 ff.

[10]) §§ 1172, 1163, 1173, 1174, 1176 BGB. Befriedigung erfolgt auch im Falle des § 1171 BGB. Gehören die belasteten Grundstücke einem und demselben Eigentümer, so hat dieser das Gesamtrecht allein und kann es, vorbehaltlich der Rechte Dritter (§ 876 BGB.), nach Belieben auf die einzelnen Grundstücke verteilen.

[11]) Vergl. Biermann S. 384.

ein Anderes verabredet ist[12]), kann jeder Eigentümer die Auseinandersetzung in der Weise verlangen, daß das dingliche Recht an seinem Grundstück auf den entsprechenden Teilbetrag beschränkt und in dieser Beschränkung ihm zugeteilt wird[13]). Der auf das einzelne Grundstück treffende Teilbetrag wird in der Weise berechnet, daß vor allem der Wert[14]) der einzelnen Grundstücke ermittelt wird. Von dem Wertbetrage sind alsdann die Belastungen in Abzug zu bringen, die der Gesamt-Hypothek (G., R.) im Range vorgehen. In dem Verhältnisse in welchem der so gefundene freie Wert des einzelnen Grundstücks zu dem freien Werte der übrigen Grundstücke steht, wird die Eigentümer-Hypothek (G., R.) auf die einzelnen Grundstücke ausgeschlagen und den einzelnen Eigentümern zugeteilt[15]). Im Grundbuch kommt die Verteilung in der Weise zum Ausdruck, daß bei dem einzelnen Grundstück der auf die übrigen Grundstücke entfallende Betrag und der Vermerk der Gesamthaft gelöscht wird[16]).

---

[12]) Damit der Vertrag gegen die Rechtsnachfolger der Eigentümer wirke, bedarf er der Eintragung. Die Eintragung wird in der Form der Vormerkung nach § 1179 BGB. erfolgen können. Vergl. Biermann S. 385.

[13]) Die Eigentümer können nacheinander aus der Gemeinschaft ausscheiden, es ist nicht erforderlich, daß die Gemeinschaft gleichzeitig für alle aufgehoben wird.

[14]) Es wird der Wert zur Zeit der Verteilung maßgebend sein müssen. Nach KProt. 3 S. 629 bestand übrigens Einverständnis darüber, daß der Zeitpunkt entscheiden solle, in welchem die Hypothek als Gesamthypothek zur Entstehung gelangt sei. Vergl. Biermann S. 385, a. M. Planck § 1172 Bem. 4b, Lang ArchZivPr. 89 S. 298.

[15]) § 1172 BGB. KProt. 3 S. 628. Beispiel: Drei Grundstücke der Eigentümer A, B und C sind mit einer Gesamthypothek von 5000 ℳ belastet. Die Forderung erlischt. Das Grundstück des A hat einen Wert von 3000 ℳ, das des B von 4000 ℳ, das des C von 6000 ℳ. Der Gesamthypothek geht im Range vor auf dem Grundstück des A eine Hypothek von 2000 ℳ, bleibt freier Wert dieses Grundstücks 1000 ℳ, auf dem Grundstück des B geht eine Belastung in Höhe von 1000 ℳ vor, bleibt freier Wert 3000 ℳ, auf dem Grundstück des C steht die Gesamthypothek an erster Stelle, freier Wert 6000 ℳ. A erhält demnach eine Sonderhypothek für den Betrag von 500 ℳ $\left(\frac{1000}{10000}=\frac{x}{5000}\right)$, B eine Sonderhypothek für den Betrag von 1500 ℳ $\left(\frac{3000}{10000}=\frac{x}{5000}\right)$, C eine solche in Höhe von 3000 ℳ $\left(\frac{6000}{10000}=\frac{x}{5000}\right)$. Bei Abrechnung der Belastungen werden nur wirkliche Belastungen, nicht bloße Rangvorbehalte (§ 881 BGB.) oder Vormerkungen (§ 883 BGB.) zu berücksichtigen sein, die Hypotheken ꝛc. aber auch dann, wenn sie zu Gunsten des Eigentümers bestehen. Vorgehende Gesamthypotheken werden bei jedem Grundstück mit dem ganzen Betrage angesetzt. Nach Turnau-Förster 1 S. 770, Planck § 1172 Bem. 4a, Biermann S. 395 sind auch Vormerkungen, die zur Sicherung von Ansprüchen auf Belastungen dienen, zu berücksichtigen.

[16]) KProt. 3 S. 629. Die Vorschriften der §§ 875, 876, 878 BGB. kommen zur Anwendung. Ausstellung neuer Briefe s. § 64 GBO.

Den Eigentümern der mit einer Gesamt-Hypothek (G., R.) belasteten Grundstücke fällt

4. das Gesamtrecht gemeinschaftlich zu, wenn der Gläubiger auf die Gesamt-Hypothek (G., R.) verzichtet[17]), und

5. wenn der Gläubiger wegen Nichtbestehens seines Rechtes im Wege des Aufgebotsverfahrens ausgeschlossen wird[18]). Die Auseinandersetzung unter den Eigentümern geht auch in diesen Fällen in der vorgeschilderten Weise vor sich. Hat der Gläubiger nur auf einen Teilbetrag verzichtet, so können die Teilrechte der Eigentümer nicht zum Nachteile des dem Gläubiger verbleibenden Rechtes geltend gemacht werden[19]).

Anders verhält es sich, wenn der Gläubiger nur auf das dingliche Recht an einem der Grundstücke ganz oder zum Teil verzichtet oder wenn er nur bezüglich eines Grundstücks nach § 1170 BGB. mit seinem Rechte ausgeschlossen wird. In diesem Falle erlischt das dingliche Recht an diesem Grundstück, fällt also weder dem Eigentümer dieses Grundstücks noch der Gesamtheit der Eigentümer zu[20]). Das Gesetz geht zwar von dem Falle aus, daß die mit der Gesamt-Hypothek (G., R.) belasteten Grundstücke mehreren Eigentümern gehören, allein der Verzicht hat keine andere Wirkung, wenn die mehreren Grundstücke in der Hand eines einzigen Eigentümers sich befinden. Gibt also der Gläubiger nicht alle Grundstücke, sondern nur eines oder einige frei, so erlischt die Hypothek an den freigegebenen Grundstücken und rücken die nachstehenden Berechtigten vor.

Die Gesamt-Hypothek (G., R.) erlischt ferner, wenn der Gläubiger aus den sämtlichen belasteten Grundstücken oder auch nur aus einem der haftenden Grundstücke oder aus den übrigen Gegenständen, auf die sich das Realrecht erstreckt, auf dem Wege der Zwangsvollstreckung befriedigt wird[21])[22]). Es erlangt demnach auch bezüglich der frei gewordenen Grundstücke der Eigen-

[17]) §§ 1175, 1168 BGB. KProt. 3 S. 629. Die Schuldübernahme hat dieselbe Wirkung wie der Verzicht auf die Hypothek (§ 418 BGB.).

[18]) §§ 1175, 1170 BGB.

[19]) § 1176 BGB. Mot. 3 S. 730, KProt. 3 S. 608.

[20]) § 1175 BGB. Die Denkschrift hebt hervor (S. 673), der Erwerb der aus der Gesamthaft losgelösten Hypothek durch den Eigentümer würde die Rechte gleich- oder nachstehender Gläubiger beeinträchtigen.

[21]) § 1181 BGB. Mot. 3 S. 687, 720, KProt. 3 S. 620. Das Verhältnis der Gesamthypothek ist in der Weise gedacht, daß die Summe, mit welcher die mehreren Grundstücke belastet sind, nur einmal verlangt werden kann, und daß die Belastung jedes einzelnen Grundstücks unter der auflösenden Bedingung erfolgt, daß die Belastung erlischt, wenn der Gläubiger seine Befriedigung aus einem anderen der mitverhafteten Grundstücke erlangt. KProt. 3 S. 623.

[22]) Ist der Eigentümer nicht persönlicher Schuldner, so geht die Forderung nach §§ 1143, 774 BGB. auf ihn über. Vergl. KProt. 6 S. 257, Biermann S. 400.

tümer keine Verfügung über die Belastungen. Nur soweit der Eigentümer des Grundstücks, aus dem der Gläubiger befriedigt wird, von dem Eigentümer eines der anderen Grundstücke oder einem Rechtsvorgänger dieses Eigentümers Ersatz verlangen kann, geht das dingliche Recht an dem Grundstück dieses Eigentümers in Höhe des Ersatzanspruchs auf ihn über[23]). Dieses kraft Gesetzes auf den ersatzberechtigten Eigentümer übergehende dingliche Recht kann aber nicht zum Nachteile der dinglichen Rechte geltend gemacht werden, mit denen das ausgleichungspflichtige Grundstück belastet ist, wenn auch diese Rechte der Gesamt-Hypothek (G., R.) im Range gleich- oder nachstanden. Das Gesetz geht auch hier davon aus, daß bei der Begründung dieser Rechte die Beteiligten darauf gerechnet haben, daß die gleich- oder vorstehende Gesamt-Hypothek (G., R.) erlöschen werde, falls der Gläubiger aus einem anderen mithaftenden Grundstücke Befriedigung erlange[24]). Damit diese Erwartung nicht getäuscht werde, soll das dem Ersatzberechtigten zufallende Recht nicht zum Nachteile der auf dem Grundstück des Ersatzpflichtigen schon ruhenden dinglichen Rechte geltend gemacht werden können. Dagegen stehen Rechte, welche erst nach Entstehung des Ersatz-Rechtes an dem Grundstück des Ersatzpflichtigen begründet werden, dem Ersatz-Rechte nach[25]). Ist der Gläubiger nur teilweise befriedigt worden, so kann das dingliche Recht für den Ersatzanspruch auch nicht zum Nachteile des dem Gläubiger verbleibenden Rechtes geltend gemacht werden[26]).

Befriedigt der Eigentümer eines der mit der Gesamt-Hypothek (G., R.) belasteten Grundstücke — gleichgültig, ob er persönlicher Schuldner ist oder nicht[27]) -- den Gläubiger frei-

---

[23]) § 1182 BGB. KProt. 3 S. 624, 6 S. 257. Die Vorschrift gilt auch für Grundschulden und Rentenschulden. Daß die Grundschuld oder Rentenschuld sich in eine Hypothek verwandle, bestimmt das Gesetz nicht. KProt. 3 S. 710. Die Annahme, es erwerbe der Ersatzberechtigte in allen Fällen eine Sonderhypothek, erscheint nicht zutreffend. A. M. Biermann S. 402, dagegen Turnau-Förster 1 S. 799.

[24]) Denkschr. S. 673, KProt. 3 S. 627.

[25]) Beispiel: Der Grundbesitzer A hat ein Grundstück b, das mit anderen ihm gehörigen Grundstücken mit einer Gesamthypothek von 3000 ℳ belastet ist, an B verkauft unter der Verpflichtung, das Grundstück frei zu machen. Der Gläubiger befriedigt sich jedoch aus dem verkauften Grundstück. B hat infolgedessen einen Anspruch auf Ersatz von 3000 ℳ gegen A und eine Hypothek an dessen Grundstücken, soweit sie mit der Gesamthypothek belastet waren. Diese Hypothek des B hat zwar den Rang der alten Gesamthypothek, aber sie kann nicht zum Nachteile der Rechte geltend gemacht werden, die zur Zeit der Befriedigung des Gesamthypothek-Gläubigers auf den Grundstücken des A ruhten.

[26]) § 1182 BGB.

[27]) § 1173 BGB. Mot. 3 S. 727, KProt. 3 S. 632. Ist der Eigentümer der persönliche Schuldner, so verwandelt sich die auf ihn übergehende Hypothek in eine Grundschuld, ist er nicht der persönliche Schuldner, so erwirbt er die Hypothek als Hypothek. — Befriedigt ein Miteigentümer den

willig, so erwirbt er das dingliche Recht in Höhe des getilgten Gesamtrechtes an seinem Grundstück, während die Belastung der übrigen Grundstücke erlischt. Der Befriedigung [28]) des Gläubigers steht es gleich, wenn das Gläubigerrecht auf den Eigentümer übertragen wird [29]) oder wenn sich Forderung und Schuld in der Person des Eigentümers vereinigen (z. B. der Eigentümer und persönliche Schuldner den Gläubiger beerbt [30]). Kann aber der Eigentümer, der den Gläubiger befriedigt, von dem Eigentümer eines der anderen Grundstücke oder einem Rechtsvorgänger dieses Eigentümers Ersatz verlangen, so geht in Höhe des Ersatzanspruchs auch das dingliche Recht an dem Grundstück dieses Eigentümers auf ihn über und bleibt mit dem Rechte an dem eigenen Grundstück ein Gesamt-Recht [31]). Die Grundstücke, deren Eigentümer oder Vorbesitzer nicht ersatzpflichtig sind, werden also frei, das dingliche Recht an ihnen erlischt kraft Gesetzes, das eigene Grundstück des ersatzberechtigten Eigentümers und die Grundstücke, bezüglich deren die Ersatzpflicht besteht, bleiben, wenn der befriedigende Eigentümer nicht der persönliche Schuldner ist, belastet mit der Hypothek des befriedigten Gläubigers [32]). War der befriedigende Eigentümer persönlicher Schuldner, so erwirbt er das dingliche Recht an seinem eigenen Grundstück als Grundschuld [33]), ebenso erwirbt er in Höhe des Ersatzanspruchs das dingliche Recht an den ersatzpflichtigen Grundstücken. Das dingliche Recht an den ersatzpflichtigen Grundstücken und die Grundschuld an dem eigenen Grundstück sind als Gesamtgrundschuld zu behandeln. Stand dem

---

Gläubiger, der ein Recht an dem gemeinschaftlichen Grundstück hat, so kommt die Bestimmung des § 1173 nicht zur Anwendung (s. § 70 Anm. 82); die Vorschriften über die Gesamthypothek sind nur anwendbar, wenn das Recht an den einzelnen Miteigentumsbruchteilen besteht. Abw. Planck § 1173 Bem. 7. — Befriedigt ein Ablösungsberechtigter (§§ 1150, 268 BGB.) den Gläubiger, so erhält er das Gesamtrecht an allen belasteten Grundstücken.

[28]) Die Befriedigung kann durch Hinterlegung oder Aufrechnung erfolgen (§ 1142 Abs. 2 BGB.). Zur Befriedigung des Gläubigers kommt es auch im Falle des § 1171 BGB. — Erlöscht die Schuld ohne Befriedigung des Gläubigers (z. B. durch Erlaß), so kommt § 1172 zur Anwendung. Vergl. Biermann S. 387.

[29]) Die Übertragung kann durch Rechtsgeschäft oder kraft Gesetzes erfolgen. Eine Übertragung liegt daher auch vor, wenn der Eigentümer durch Erbschaft das Gläubigerrecht erlangt.

[30]) Beerbt der Gläubiger den Eigentümer, der persönlicher Schuldner ist, so vereinigen sich Forderung und Schuld nicht in der Person des Eigentümers, wie in § 1173 Abs. 1 gefordert ist.

[31]) § 1173 Abs. 2 BGB. Vergl. Biermann Recht 1905 S. 266, 267.

[32]) An den ersatzpflichtigen Grundstücken bleibt die Hypothek in Höhe des Ersatzanspruchs bestehen, im übrigen erlischt sie, soweit es sich um die ersatzpflichtigen Grundstücke handelt. Bis zur Höhe des Ersatzanspruchs bleibt die Hypothek Gesamthypothek, für den Mehrbetrag belastet sie nur das Grundstück oder die Grundstücke des befriedigenden Eigentümers.

[33]) § 1177 Abs. 1 BGB.

Gläubiger nicht eine Gesamthypothek sondern eine Gesamtgrundschuld zu, so bleibt das dingliche Recht, das der befriedigende Eigentümer an seinem eigenen Grundstück erlangt, Grundschuld, in Höhe des Ersatzanspruchs erwirbt er das dingliche Recht an den ersatzpflichtigen Grundstücken; die Grundschuld an dem eigenen Grundstück und das dingliche Recht an den ersatzpflichtigen Grundstücken sind als Gesamtgrundschuld zu behandeln[34]). Die Gesamthaftung dient zum Vorteile derjenigen, die an dem Grundstück des Ersatzberechtigten im Range nach der Gesamt-Hypothek (G., R.) Rechte haben. Sie rücken z. B. vor, wenn der Ersatzberechtigte in Höhe des Gesamt-Rechtes aus den mithaftenden Grundstücken befriedigt wird[35])[36]). — Wird der Gläubiger nur für einen Teilbetrag befriedigt, so kann das dem Eigentümer zufallende dingliche Recht nicht zum Nachteile des dem Gläubiger verbleibenden Rechtes geltend gemacht werden[37]).

Befriedigt der persönliche Schuldner, der nicht Eigentümer eines der haftenden Grundstücke ist[38]), den Gesamthypothekgläubiger, ohne daß ihm ein Ersatzanspruch gegen einen der Eigentümer oder den Rechtsvorgänger eines Eigentümers zusteht, so kommt es infolge Erlöschens der Forderung zur gemeinschaftlichen Eigentümerhypothek[39]). Hat der Schuldner den Ersatzanspruch gegen alle Eigentümer, so erwirbt er bis zur Höhe dieses Anspruchs die Gesamt-Hypothek, falls er, ohne Eigentümer eines

---

[34]) Vergl. Turnau-Förster 1 S. 774, abw. Biermann S. 388, Planck § 1173 Bem. 4 b, Staudinger 3 S. 489.

[35]) S. oben Ziff. 21.

[36]) Mit dem freien Wahlrecht, das § 1132 BGB. dem Gläubiger einräumt, steht es zwar nicht in Einklang, daß dem Gläubiger Nachteile erwachsen, wenn er ein Grundstück freigibt oder die Belastung eines Grundstücks ermäßigt. Andrerseits sind die Bestimmungen der §§ 1165, 1166, 1167 nicht für unanwendbar erklärt, aus Prot. 3 S 636 kann sogar entnommen werden, daß die Anwendbarkeit für selbstverständlich gehalten wurde. Es dürfte daher dem Gesetze entsprechen anzunehmen, daß die §§ 1165 ff. auch bei der Gesamthypothek zu Gunsten des persönlichen Schuldners Anwendung zu finden haben. Ist aber diese Annahme geboten, so hat § 1165 zu Gunsten des ersatzberechtigten Eigentümers zur entsprechenden Anwendung zu kommen. Wenn demnach der Gläubiger auf die Hypothek an dem Grundstück des Ersatzpflichtigen ganz oder zum Teil (z. B. durch Verteilung gemäß § 1132 Abs. 2) verzichtet, oder die Hypothek nach § 1183 aufhebt oder einem anderen Rechte den Vorrang einräumt, so wird der ersatzberechtigte Eigentümer, falls er persönlicher Schuldner ist, von der persönlichen Schuld insoweit frei, als er ohne die Verfügung aus der Hypothek hätte Ersatz erlangen können, ist er nicht persönlicher Schuldner, so kann er in Höhe des bezeichneten Betrages die Befriedigung des Gläubigers verweigern und dessen Verzicht gemäß § 1169 fordern. Vergl. Planck § 1173 Bem. 4 c, Biermann S. 388, Turnau-Förster 1 S. 776.

[37]) § 1176 BGB.

[38]) Ist der Schuldner Eigentümer eines der Grundstücke, so kommt § 1173 zur Anwendung.

[39]) § 1172 BGB. S. Ziff. 10.

der haftenden Grundstücke zu sein, den Gläubiger befriedigt oder Forderung und Schuld in einer Person sich vereinigen [40]); für den etwaigen Überschuß der Gesamt-Hypothek über die Ersatzforderung kommt es wieder zu der gemeinschaftlichen Eigentümerhypothek. Hat aber der Schuldner nur von dem Eigentümer eines der Grundstücke oder von dem Rechtsvorgänger eines der Eigentümer Ersatz zu verlangen, so geht die Hypothek an diesem Grundstück auf ihn über, während die Hypothek an den übrigen Grundstücken erlischt. Wird der Gläubiger nur für einen Teilbetrag befriedigt, so kann die dem Schuldner zufallende Hypothek nicht zum Nachteile der dem Gläubiger verbleibenden Gesamt-Hypothek geltend gemacht werden. Ist dem Schuldner nur für einen Teil der getilgten Hypothek von dem Eigentümer eines der Grundstücke oder dem Rechtsvorgänger eines der Eigentümer Ersatz zu leisten, so geht die Hypothek an dem ersatzpflichtigen Grundstück nur zu diesem Teilbetrage auf den Schuldner über [41]), während für den Restbetrag die Eigentümer die Gesamt-Hypothek gemeinschaftlich erhalten. Bei der Auseinandersetzung unter den Eigentümern hat sich der Eigentümer, hinsichtlich dessen die Hypothek zu dem Teilbetrage auf den Schuldner übergegangen ist, diesen Betrag auf den ihm gebührenden Teil des (übrigbleibenden) Betrags der Gesamt-Hypothek anrechnen zu lassen [42]).

---

[40]) § 1164 BGB. Die den Schutz des persönlichen Schuldners bezweckenden Vorschriften der §§ 1165 ff. (s. § 70 Ziff. 90 ff.) finden Anwendung. S. Anm. 36.

[41]) Dies gilt auch, wenn ein Ersatzanspruch gegen alle Eigentümer, aber gegen jeden nur für einen bestimmten Teil der Gesamt-Hypothek besteht. Wenn bei dem Verkaufe von drei Grundstücken, die mit einer Gesamt-Hypothek von 6000 ℳ belastet sind, der eine Käufer 1000 ℳ, der andere 2000 ℳ, der Dritte 3000 ℳ abzutragen übernimmt, so erhält der Verkäufer, wenn er als persönlicher Schuldner den Hypothekgläubiger befriedigt, drei Sonderhypotheken für Ersatzansprüche von 1000, 2000 und 3000 ℳ. Hachenburg S. 349.

[42]) § 1174 BGB. KProt. 3 S. 630. – Über die Fälle des § 1174 s. Meikel SeuffBl. 68 S. 112. — Beispiel: Die Grundstücke a, b und c der Eigentümer A, B und C sind belastet mit einer Gesamt-Hypothek wegen einer Forderung des F gegen D in Höhe von 5000 ℳ. D war früher Eigentümer der drei Grundstücke, hat c an Z verkauft, der die Verpflichtung übernahm, 2000 ℳ für D an F zu zahlen. Ohne dieser Verpflichtung nachzukommen, hat Z sein Grundstück an C verkauft. Die Grundstücke a und b hat D an A und B veräußert und dabei sich verbindlich gemacht, den Hypothekgläubiger baldigst zu befriedigen. D zahlt an den Gläubiger F die Summe von 5000 ℳ. Für den Betrag von 2000 ℳ hat D einen Ersatzanspruch gegen Z, den Rechtsvorgänger des C. Für den Betrag von 2000 ℳ hat auf Grund der Zahlung D eine Hypothek an c; bezüglich dieser 2000 ℳ erlischt die Gesamt-Hypothek an den Grundstücken a und b. In Höhe von 3000 ℳ geht die Gesamt-Hypothek auf A, B und C über; sie steht ihnen gemeinschaftlich zu. Beträgt der freie Wert des Grundstücks a 1000 ℳ, b 3000 ℳ, c 6000 ℳ (vergl. Anm. 10), so wird auf A eine Eigentümerhypothek von 500 ℳ, auf B eine solche von 1500 ℳ und auf C eine solche von 1000 ℳ zu fallen haben. Vergl. Best S. 120, Stobbe-Lehmann § 160 Anm. 12, Staudinger 3 S. 491, Biermann S. 390, Hachenburg S. 350. Mit dem Wortlaute des Gesetzes dürfte

Für die Übertragung oder Belastung einer Gesamt-Hypothek (G., R.) sind besondere Bestimmungen nicht getroffen. Es wird demnach, soweit eine Eintragung in das Grundbuch überhaupt erforderlich ist, die Übertragung oder Belastung der Gesamt-Hypothek (G., R.) erst wirksam sein, wenn bei sämtlichen belasteten Grundstücken die Eintragung geschehen ist[43]).

Über die Behandlung der Gesamt-Hypothek im Zwangsversteigerungsverfahren s. §§ 64, 83 Ziff. 3, 122, 123 ZVG.

§ 74. Endigung der Hypothek, Grundschuld, Rentenschuld.

Eine Hypothek (G., R.) kann endigen, ohne daß im Grundbuch eine Löschung erfolgt, sie kann auch gelöscht sein, ohne daß eine Endigung eingetreten ist. Die Löschung ist kein Endigungsgrund [1]).

Das dingliche Recht endigt — von den Sonderbestimmungen über die Gesamt-Hypothek (G., R.) abgesehen —

1. mit dem Untergange des Grundstücks, auf dem sie ruht, d. h. mit dem Verschwinden von der Erdoberfläche. Die Zerstörung von Gebäulichkeiten, die auf dem belasteten Grundstück errichtet sind, hat auf den Bestand des dinglichen Rechtes keinen Einfluß.

2. mit dem Eintritt der auflösenden Bedingung oder des Endtermins. Die Endigung tritt ein, ohne daß es einer Löschung bedarf; die Löschung erfolgt zur Berichtigung des Grundbuchs. Zur Löschung bedarf es der Zustimmung des Eigentümers [2]).

---

dies jedoch nicht in Einklang stehen, denn auf diese Weise wird nicht der „übrigbleibende Betrag der Gesamt-Hypothek" (= 3000 ℳ), sondern die ganze Gesamt-Hypothek (= 5000 ℳ) unter A, B und C verteilt und von dem auf C treffenden Betrage der Gesamt-Hypothek der Betrag der Regreß-hypothek in Abzug gebracht. Würde der „übrigbleibende Betrag der Gesamt-Hypothek" mit 3000 ℳ auf A, B und C ausgeschlagen, so würden bei einem Wertverhältnis von 1, 3, 6 auf A 300 ℳ, auf B 900 ℳ, auf C 1800 ℳ treffen. Wollte man nun die Regreßhypothek mit 2000 ℳ „auf den dem C gebührenden Teil des übrigbleibenden Betrages der Gesamt-Hypothek anrechnen", so ginge C, da sein Teil nur 1800 ℳ beträgt, leer aus, während die auf A und B treffenden Teile auf 750 und 2250 ℳ zu erhöhen wären. Ein solches Ergebnis ist vom Gesetze wohl nicht gewollt.

[43]) Vergl. KProt. 3 S. 637. Planck § 1132 Bem. 4. Soweit bei der Gesamt-Hypothek eine Verschiedenheit der Belastung stattfinden kann (z. B. hinsichtlich der Verzinsung, der Höhe des Kapitals), kann eine Änderung auf ein einzelnes Grundstück beschränkt werden. Auch die Kündigung braucht nicht für sämtliche Eigentümer gleichzeitig zu erfolgen, denn der Gläubiger darf sich aus jedem der Grundstücke befriedigen.

Zu § 74.

[1]) Das Realrecht geht auch nicht unter bei lastenfreier Übertragung des Grundstücks auf ein neues Blatt (§ 47 Abs. 2 GBO.). Eine derartige Übertragung gilt als Löschung der Eintragung.

[2]) § 27 Abs. 1 GBO. Vernichtung des Briefes s. §§ 69, 70 GBO.

3. durch Befriedigung des Gläubigers aus den belasteten Gegenständen oder einem Teile derselben im Wege der Zwangsvollstreckung [3]). Die Endigung erfolgt ohne Löschung. Soweit es sich um Rechte an dem Vollstreckungsobjekte handelt, erfolgt die Löschung auf Ersuchen der Vollstreckungsbehörde [4]), im übrigen werden die Eigentümer für die Berichtigung des Grundbuchs zu sorgen haben.

4. durch Zuschlag des belasteten Grundstücks bei der Zwangsversteigerung, wenn auch der Gläubiger keine Befriedigung erhält. Gemäß § 91 ZVG. erlöschen durch den Zuschlag alle Rechte, welche nicht nach den Versteigerungsbedingungen bestehen bleiben sollen. Die Berichtigung des Grundbuchs erfolgt von Amts wegen [5]).

5. durch rechtsgeschäftliche Aufhebung. Zur Aufhebung ist die Erklärung des Berechtigten, daß er sein Recht aufgebe, und die Löschung des Rechtes im Grundbuch erforderlich, falls das dingliche Recht selbst belastet ist, auch die Zustimmung dieser Berechtigten (§§ 875, 876, 878 BGB. s. § 8). Unter allen Umständen ist zur rechtsgeschäftlichen Aufhebung des dinglichen Rechtes die Zustimmung des Eigentümers erforderlich. Die Zustimmung ist dem Grundbuchamt oder dem Gläubiger gegenüber zu erklären; sie ist unwiderruflich [6]). So lange die Zustimmung des Eigentümers nicht vorliegt, ist die Aufhebungserklärung des Berechtigten unwirksam [7]). Ist der Eigentümer selbst der Berechtigte, so genügt zur Aufhebung des Rechts seine Erklärung, daß er das Recht aufgebe, und die Löschung im Grundbuch [8]).

Soweit der Anspruch aus dem dinglichen Rechte des Hypothek- (G., R.) Gläubigers einer Verjährung unterliegt, kann

6. eine Hypothek (G., R.) auch durch Verjährung endigen, falls das Recht im Grundbuch mit Unrecht gelöscht oder ein kraft Gesetzes entstandenes Recht an einem fremden Grundstück nicht in das Grundbuch eingetragen worden ist [9]) [10]).

---

[3]) § 1181 BGB. RG 20 I 1904 E. 56 S. 322. Erlangt der Gläubiger auf Grund der persönlichen Forderung zwangsweise Befriedigung, so erlischt die Hypothek nicht.

[4]) §§ 130, 158 ZVG.

[5]) § 130 ZVG.

[6]) § 1183 BGB. Mot. 3 S. 719, KProt. 3 S. 615. § 878 kommt bezüglich der Zustimmung des Eigentümers nicht zur Anwendung; eine nachträgliche Verfügungsbeschränkung ist schlechthin ohne Einfluß. Vergl. RGE. 52 S. 416. — Die Verpflichtung, der Aufhebung zuzustimmen, kann nicht durch Vormerkung gesichert werden. S. dagegen § 1179 BGB.

[7]) Sie darf nicht etwa als Verzicht (§ 1168 BGB.) aufgefaßt werden. Der Verzicht ermöglicht dem Eigentümer die Verfügung über das dingliche Recht, die Aufhebungserklärung kann nur zur Löschung führen.

[8]) KProt. 3 S. 616.

[9]) § 901 BGB. KProt. 3 S. 620.

[10]) Auf Grund landesgesetzlicher Vorschriften kann ein Erlöschen eines Hypothek- (Gr., R.) Rechtes stattfinden, insbesondere auf Grund einer Zwangs-

In anderen Fällen, in denen das Recht eines Gläubigers erlischt, geht das dingliche Recht nicht unter, sondern auf einen Anderen über. Über diese Fälle s. § 70.

Besonderheiten bestehen für die Hypothek (G., R.) hinsichtlich der Rückstände von Zinsen (Renten) und anderen Nebenleistungen, sowie der Kosten, die dem Gläubiger zu erstatten sind. Das dingliche Recht erlischt hinsichtlich dieser Ansprüche, wenn es sich mit dem Eigentum in einer Person vereinigt; es kommt also in der Regel nicht zu einer Eigentümer-Hypothek (G., R.) bezüglich dieser Beträge. Doch tritt das Erlöschen nicht ein, solange einem Dritten ein Recht an den Anspruch auf eine solche Leistung zusteht. Hat ein Dritter ein Recht an dem Anspruch auf eine solche Leistung, so entsteht auch in dieser Richtung die Eigentümer-Hypothek (G., R.). Zu einem Verzicht auf das dingliche Recht für die bezeichneten Leistungen genügt die Erklärung des Gläubigers gegenüber dem Eigentümer. Eintragung des Verzichts ist nicht erforderlich. Dagegen bedarf es zum Verzicht der Zustimmung des Dritten, dem ein Recht an dem Anspruch auf eine solche Leistung zusteht. Die Zustimmung ist demjenigen gegenüber zu erklären, zu dessen Gunsten sie erfolgt; sie ist unwiderruflich[11]).

---

enteignung (Art. 109 EG.), Flurbereinigung ꝛc. (Art. 113 EG.), bezüglich abgetrennter Grundstücksteile auf Grund eines Unschädlichkeitszeugnisses (Art. 120 EG.).

[11]) § 1178 BGB. S. § 70 Ziff. 122, 127.

IX. Abschnitt.

Pfandrecht an beweglichen Sachen und an Rechten.*)

§ 75. Arten.

Für die Erfüllung einer persönlichen Verbindlichkeit kann Sicherheit durch ein Pfand gewährt werden. Die Haftung des Pfandes kann durch Rechtsgeschäft begründet werden, sie kann auf Grund gesetzlicher Vorschrift entstehen oder durch Pfändung erwirkt werden; auf Ersitzung kann sie nicht beruhen [1]. Das Pfändungspfandrecht ließe sich als gesetzliches Pfandrecht bezeichnen, denn wie bei dem gesetzlichen Pfandrecht die Haftung des Pfandes unabhängig von dem Willen der Beteiligten eintritt, sobald die Voraussetzungen gegeben sind, an die das Gesetz die Entstehung der Pfandhaftung knüpft, so schließt sich auch das Pfändungspfandrecht an die Vornahme der nach Maßgabe der Prozeßordnung erfolgenden Pfändung an, unabhängig davon, ob der Eintritt des Pfandrechts gewollt ist oder nicht [2]. Das Gesetz unterscheidet jedoch drei Arten: durch Rechtsgeschäft bestellte Pfandrechte [3], gesetzliche Pfandrechte und durch Pfändung erlangte Pfandrechte.

---

*) Ein Pfandrecht, mit dem eine Sache oder ein Recht am 1. Jan. 1900 belastet ist, bleibt mit dem sich aus den bisherigen Gesetzen ergebenden Inhalt und Range bestehen (Art. 184 EGBGB.). Was das Erlöschen des Rechtes angeht, so finden im allgemeinen die Vorschriften des neuen Rechtes Anwendung, jedoch nur insoweit, als es sich um die Wirkung von Ereignissen handelt, die unabhängig von dem Inhalte des Rechts von außen herantreten, nicht aber, wenn das Erlöschen oder Nichterlöschen aus dem Wesen des betreffenden Rechtes sich ergibt. Vergl. RG 22 XI 1901 JW. 1902 S. 9. — Die landesgesetzlichen Vorschriften, welche den Geschäftsbetrieb der gewerblichen Pfandleiher und der Pfandleihanstalten betreffen, sind aufrechterhalten (Art. 94 EGBGB.).

Zu § 75.

[1] Für Nießbrauch ist in § 1033 BGB. Bestimmung getroffen.

[2] Vergl. Mot. 3 S. 796 ff.

[3] Der Ausdruck Faustpfandrecht ist im Gesetze vermieden und in §§ 48, 127 KO. durch die Worte „durch Rechtsgeschäft bestelltes Pfandrecht" ersetzt. In § 804 Abs. 2 ZPO. findet sich noch das Wort Faustpfandrecht.

Im Bürgerlichen Gesetzbuch ist die rechtsgeschäftliche Begründung des Pfandrechts geordnet. Die Voraussetzungen zur Entstehung eines gesetzlichen Pfandrechtes sind den betreffenden Gesetzen zu entnehmen[4]); ist kraft Gesetzes ein Pfandrecht entstanden, so finden, soweit nicht besondere Vorschriften bestehen[5]), die Vorschriften des Bürgerlichen Gesetzbuches über das durch Rechtsgeschäft begründete Pfandrecht, insbesondere über die Befriedigung aus dem Pfande, entsprechende Anwendung[6])[7]). Für das Pfändungspfandrecht sind nur die Bestimmungen der Prozeßordnung maßgebend; die aushilfsweise Heranziehung der Vorschriften über das durch Rechtsgeschäft begründete Pfandrecht erscheint jedoch nicht ausgeschlossen[8])[9]).

---

[4]) Vergl. §§ 233, 559–563, 581, 585, 590, 704, 647 BGB., §§ 397, 410, 421, 440, 623, 674, 725, 751, 755 HGB., ferner das Binnenschiffahrtsgesetz §§ 89, 97, 103, 109, 112, das Gesetz über die privatrechtlichen Verhältnisse der Flößerei §§ 22, 28.

[5]) Z. B. HGB. §§ 368 Abs. 2, 440 Abs. 4, 443 u. a.

[6]) § 1257 BGB. Mot. 3 S. 797. Die Bestimmungen der §§ 1207, 1208 BGB. über den Schutz des guten Glaubens bei der Entstehung des gesetzlichen Pfandrechts finden demnach keine Anwendung. Für § 559 BGB. s. Colmar PuchZ. 33 S. 89, Brückner Recht 1901 S. 525, Bieringer JW. 1901 S. 879. — Das gesetzliche Pfandrecht des Kommissionärs, des Spediteurs, des Lagerhalters und des Frachtführers ist hinsichtlich des Schutzes des guten Glaubens einem gemäß § 366 Abs. 1 HGB. durch Vertrag erworbenen Pfandrechte gleichgestellt (§ 366 Abs. 3 HGB.).

[7]) Die Bestimmung des § 1259 BGB., wonach für das Pfandrecht an einem im Schiffsregister eingetragenen Schiffe die besonderen Vorschriften der §§ 1260 bis 1271 gelten, bezieht sich auch auf das gesetzliche Pfandrecht an einem eingetragenen Schiffe, vergl. § 1266 mit § 1257 BGB. Nicht anwendbar sind die Bestimmungen, die sich auf die Bestellung des Pfandrechts beziehen, oder eine Bestellung voraussetzen. Die Eintragung eines gesetzlichen Pfandrechtes kann im Wege der Berichtigung des Schiffsregisters erfolgen (§ 1263 BGB.). Vergl. Biermann S. 479.

[8]) Vergl. Mot. 3 S. 797. RG 9 X 1905 JW. S. 691[15]. Auch bei gutem Glauben des Pfändenden hat die Pfändung eines dem Schuldner nicht gehörenden Gegenstandes dem Eigentümer gegenüber nicht auf Grund des § 1207 BGB. Wirksamkeit. Vergl. RGE. 26 S. 101, ferner JW. 1899 S. 287[29]. Ein Pfändungspfandrecht aber, das sich auf eine bei Vornahme der Pfändung dem Schuldner nicht gehörige Sache bezieht, wird, wenn das Hindernis während Bestehens der Pfändung wegfällt, mit dem Zeitpunkt des Eigentumserwerbs wirksam. Vergl. RG 31 I 1905 JW. S. 168[6] (Pfändung einer unter Eigentumsvorbehalt gekauften Sache, für die der Kaufpreis während Bestehens der Pfändung gezahlt wird). Die Einwilligung des Gläubigers in die Wegnahme der Pfändungszeichen bringt das Pfändungspfandrecht zum Erlöschen, gleichgültig, ob der Gläubiger auf das Pfandrecht verzichten will oder nicht; selbst der Vorbehalt des Pfandrechts ist wirkungslos. RG 18 III 1904 JW. S. 263[12].

[9]) Für Privatpfändungen zum Schutze der Grundstücke und der Erzeugnisse von Grundstücken gelten die landesgesetzlichen Vorschriften (Art. 89 EG.); vergl. jedoch § 18 des Gesetzes über das Postwesen. Der Landesgesetzgebung ist auch die Entscheidung darüber überlassen, ob der Pfändende ein gesetzliches Pfandrecht, ein Zurückbehaltungsrecht oder was sonst für ein Recht durch die Pfändung erlangt (Mot. zu EG. S. 189).

§ 76. Das Pfand.

Ein Pfandrecht kann begründet werden

1. an beweglichen Sachen. Alle Sachen, welche nicht Grundstückseigenschaft haben[1]), können Gegenstand eines Pfandrechts sein, auch verbrauchbare Sachen, auch Geldstücke, desgleichen Sachen, die der Pfändung nicht unterworfen sind oder nicht gepfändet werden sollen[2])[3]). Die Sache muß eine eigene, abgesonderte Existenz haben, ein ungetrennter Teil einer beweglichen Sache läßt sich nicht als Pfand bestellen. Dagegen ist ein Pfandrecht an dem ideellen Teile einer Sache möglich, insbesondere an dem Anteile eines Miteigentümers[4]). Das Pfandrecht kann an mehreren Einzelsachen bestehen, jede Sache haftet alsdann für die ganze Forderung[5]), eine Verpfändung eines Sachinbegriffs oder eines aus Sachen und Rechten bestehenden Vermögens gibt es nicht, nur die einzelnen Bestandteile der Gesamtheit können verpfändet werden[6]).

Die verpfändete Einzelsache haftet in allen ihren Teilen; wird sie körperlich zerlegt, so besteht das Pfandrecht an den in Einzelsachen getrennten Teilen fort. Dasselbe gilt, wenn der von der Hauptsache getrennte Teil die Eigenschaft eines Erzeugnisses hat. Das Pfandrecht erstreckt sich auf die Erzeugnisse, die von

---

Zu § 76.

[1]) Ein Pfändungspfandrecht ist an nicht getrennten Bodenerzeugnissen möglich (§ 810 ZPO.). Solange die Bodenerzeugnisse zu den wesentlichen Bestandteilen des Grundstücks gehören (§§ 93, 94, 95 BGB.), können sie dem rechtsgeschäftlichen Pfandrecht nicht unterworfen werden, allein es ist möglich, für die Zeit nach der Trennung die Verpfändung vorzunehmen, indem dem Gläubiger gestattet wird, die Erzeugnisse nach der Trennung in Pfandbesitz zu nehmen. Die Bestimmungen der §§ 956, 957 BGB. sind entsprechend anzuwenden. Vergl. Mot. 3 S. 799, KProt. 3 S. 440.

[2]) §§ 811, 812 ZPO. — Da die Befriedigung des Pfandgläubigers durch Verkauf erfolgen soll, werden als Pfänder nur Gegenstände in Betracht zu kommen haben, die einem Verkauf unterstellt werden können, daher z. B. nicht Legitimationspapiere als solche. Ein etwa vereinbartes Zurückbehaltungsrecht hat keine dingliche Wirkung. Vergl. Biermann S. 433.

[3]) Für das Pfandrecht an Schiffen, die nicht im Schiffsregister eingetragen sind, gelten die Vorschriften über das Pfandrecht an beweglichen Sachen. Für die Verpfändung eingetragener Schiffe gelten die besonderen Vorschriften der §§ 1259 ff. BGB.

[4]) Vergl. § 1258 BGB. Für die Bestellung gelten die allgemeinen Bestimmungen.

[5]) § 1222 BGB.

[6]) Es steht jedoch nichts im Wege, daß dies unter der zusammenfassenden Benennung geschieht, die der Verkehr für den Inbegriff anwendet, und daß diese Verpfändung in dem Sinne geschieht, daß die bestimmungsgemäß veräußerten Sachen aus der Pfandhaftung aus- und die neu angeschafften Stücke in die Pfandhaftung eintreten. Immer aber muß ein Verhältnis des Gläubigers zu den Pfändern hergestellt sein, das als Allein- oder Mitbesitz zu kennzeichnen ist und die ausschließliche Verfügungsmacht des Verpfänders beseitigt. RG 23 XII 1902 E. 53 S. 218 (Verpfändung eines Holzlagers).

dem Pfande getrennt werden[7]), und zwar auch dann, wenn sie mit der Trennung Eigentum eines Dritten werden. Eine künftige Sache, z. B. das zu erwartende Junge eines Tieres, läßt sich in der Weise zum Pfande geben, daß das Muttertier verpfändet wird unter der Bedingung der Rückgabe nach der Geburt des Jungen. — Das Zubehör wird nicht ohne weiteres von dem Pfandrechte ergriffen; im Zweifel erstreckt sich die Verpflichtung, eine Sache zu verpfänden, auch auf das Zubehör[8]).

2. an Rechten. Ausgenommen sind die Rechte, welche wie Grundstücke behandelt werden (Erbbaurecht rc.)[9]). Die Rechte können dinglich sein oder persönlich; soweit jedoch ein Recht nicht übertragbar ist, kann ein Pfandrecht daran nicht bestellt werden[10]). Bei Rechten, welche, wie z. B. der Nießbrauch, zwar nicht übertragen werden können, bei denen aber die Überlassung der Ausübung möglich ist, kann das Recht selbst nicht verpfändet werden, aber an dem übertragbaren persönlichen Rechte zur Ausübung kann ein Pfandrecht bestellt werden[11]). Ein subjektiv-dingliches Recht, das nicht von dem Eigentum des Grundstücks getrennt werden kann (Grunddienstbarkeit, Vorkaufsrecht, Reallast), kann nicht verpfändet werden. Das Pfandrecht selbst ist kein selbständiges Recht, sondern ein Anhängsel der Pfandforderung, ein Pfandrecht an einem Pfandrecht läßt sich daher nicht begründen, wohl aber ein Pfandrecht an der Forderung des Pfandgläubigers, soweit diese Forderung übertragbar ist.

---

[7]) § 1212 BGB. Mot. 3 S. 805, KProt. 3 S. 449. Der Nießbraucher, dessen Recht dem Pfandrecht im Range nachsteht, erwirbt die Erzeugnisse belastet mit dem Pfandrecht, ebenso wie der Eigentümer und der Eigenbesitzer (§§ 953—955 BGB.).

[8]) § 314 BGB. — Bei einem eingetragenen Schiffe erstreckt sich das Pfandrecht auf das Zubehör des Schiffes mit Ausnahme der Zubehörstücke, die nicht in das Eigentum des Eigentümers des Schiffes gelangt sind (§ 1265 Abs. 1 BGB.). Über Zubehör eines Schiffes s. § 478 HGB., Pfändung unzulässig s. § 865 ZPO., Zwangsversteigerung § 870 Abs. 2 ZPO. Auf die Haftung der Zubehörstücke eines eingetragenen Schiffes finden die Vorschriften der §§ 1121, 1122 BGB. (s. § 67 Ziff. 33 ff.) entsprechende Anwendung (§ 1265 Abs. 2 BGB.). Für Bestandteile gelten die Vorschriften der §§ 1121, 1122 nicht, sie bleiben nach der Trennung dem Pfandrecht unterworfen.

[9]) § 1017 BGB., Art. 63, 68, 196 EGBGB. — Für das Pfandrecht an einer Schiffspart gelten die Vorschriften der §§ 1260—1271 BGB. (§ 1272 BGB.). Unter einer Schiffspart ist zu verstehen ein Anteil an einem im Schiffsregister eingetragenen Schiffe (§ 858 ZPO.). S. KProt. 3 S. 506.

[10]) § 1274 BGB. Mot. 3 S. 852, KProt. 3 S. 517. Über unübertragbare Rechte s. § 43 Anm. 4. Ein Pfandrecht kann nur an bestehenden, nicht an erst zu begründenden Rechten bestellt werden. Ein dingliches Recht des Inhalts, daß der Gläubiger eine Sache, statt sie zu verkaufen, mit einem Rechte solle belasten können, um auf diesem Wege zu seiner Befriedigung zu gelangen, ist nicht zugelassen. Mot. 3 S. 852.

[11]) KProt. 3 S. 517.

Das Pfandrecht an einer Forderung (einschließlich Grundschuld und Rentenschuld [12]) erstreckt sich, vorbehaltlich der Ausnahme für Wertpapiere, auf die Zinsen der Forderung [13]). Soweit die Zinsen (Renten) fällig sind, werden sie mit dem Ablaufe eines Jahres nach dem Eintritt der Fälligkeit von der Haftung frei, wenn nicht vorher der Pfandgläubiger dem Schuldner anzeigt, daß er von dem Einziehungsrechte [14]) Gebrauch mache. Sind die Zinsen (Renten) im Voraus zu entrichten, so erstreckt sich die Befreiung nicht auf die Zinsen für eine spätere Zeit als das zur Zeit der Anzeige laufende und das folgende Kalendervierteljahr. Werden die Zinsen eingezogen, bevor die Anzeige des Pfandgläubigers an den Schuldner gemacht ist, oder wird vor der Anzeige in anderer Weise über sie verfügt, so ist die Verfügung dem Pfandgläubiger gegenüber wirksam. Besteht die Verfügung in der Übertragung der Zinsforderung an einen Dritten, so erlischt die Haftung der Zinsforderung; erlangt ein Dritter ein Recht an der Zinsforderung, so geht das Recht dem Pfandrechte im Range vor. Der Übertragung der Zinsforderung auf einen Dritten steht es gleich, wenn die Hauptforderung ohne die Zinsforderung veräußert wird. Soweit sich eine Verfügung auf die Zinsen für eine spätere Zeit als das zur Zeit der Anzeige laufende und das folgende Kalendervierteljahr bezieht, ist sie dem Pfandgläubiger gegenüber unwirksam. — Soweit die Einziehung der Zinsen dem Pfandgläubiger gegenüber unwirksam ist, kann der Schuldner nicht eine ihm gegen den Gläubiger zustehende Forderung gegen den Pfandgläubiger aufrechnen [15]).

Bei Wertpapieren erstreckt sich das Pfandrecht nur dann auf die zu dem Papiere gehörenden Zins-, Renten- oder Gewinnanteilscheine, wenn sie dem Pfandgläubiger übergeben sind. Aber auch wenn sie dem Pfandgläubiger übergeben sind, kann der Eigentümer in Ermangelung einer abweichenden Vereinbarung die Herausgabe der Scheine verlangen, soweit sie vor Eintritt der Verkaufsberechtigung des Pfandgläubigers fällig werden [16]).

---

[12]) § 1291 BGB. Mot. 3 S. 867, KProt. 3 S. 536.

[13]) § 1289 BGB. Mot. 3 S. 866, KProt. 3 S. 534. Gesetzliche Zinsen sind einbegriffen; auch sonstige Erweiterungen der Forderung infolge eines Verschuldens unterliegen mit der Forderung dem Pfandrecht. Mot. 3 S. 867.

[14]) § 1282 und § 1281 BGB.

[15]) § 1289 mit §§ 1123 Abs. 2, 1124, 1125 BGB. S. § 67 Ziff. 37 ff.

[16]) § 1296 BGB. KProt. 3 S. 534. Wertpapiere sind Urkunden, in denen das verbriefte Recht verkörpert ist. Vergl. RGE. 26 S. 45, 36 S. 38. Nach Kuhlenbeck (1 S. 158) ist Wertpapier eine Urkunde über ein Vermögensrecht, welches mit voller Wirksamkeit nur zugleich mit der Urkunde verwertet werden kann. Vergl. Cosack 2 S. 362, Staub 1 S. 49, Biermann S. 1. RGE. 54 S. 351 (Kuxe). — Sind keine Zinsscheine ausgegeben, so richtet sich die Haftung der Zinsen nach § 1289 BGB. (s. Anm. 13 ff.); über Dividenden s. RGE. 42 S. 155.

§ 77. Begriff des Pfandrechts.

Das Pfandrecht ist das zur Sicherung einer Forderung bestimmte dingliche Recht, kraft dessen der Berechtigte aus der belasteten beweglichen Sache oder dem belasteten Rechte Befriedigung für seine Forderung suchen darf[1]).

Das Pfandrecht an einer beweglichen Sache ist ein dingliches, kein obligatorisches Recht. Es besteht eine unmittelbare Herrschaft des Berechtigten über die Sache, die unabhängig von der Person ihres Eigentümers haftet. Die Belastung der Sache dient dazu, für die Erfüllung einer persönlichen Verbindlichkeit Sicherheit zu bieten. Die Befugnis, welche die dingliche Belastung gewährt, geht dahin, daß der Berechtigte durch Verkauf der Sache sich Befriedigung verschaffen kann.

Das Pfandrecht an einem Rechte ist seiner Natur nach von dem Pfandrecht an einer beweglichen Sache nicht verschieden. Auch das Pfandrecht an einem Rechte ist ein Recht, kraft dessen der Berechtigte sich für seine Forderung aus dem Pfandgegenstand, der fremdes Vermögensstück bleibt, aus eigener Machtvollkommenheit Befriedigung verschaffen darf. Wenn man unter dem Ausdrucke dingliche Rechte nicht blos solche Rechte verstehen will, die an Sachen, also an körperlichen Gegenständen, bestehen, sondern auch eine unmittelbare Herrschaft einer Person über ein Rechtsverhältnis anerkennt, in welchem eine andere Person zu einer Sache oder einer Person steht, so wird man auch das Pfandrecht an einem Rechte als dingliches Recht bezeichnen dürfen. Die Unmittelbarkeit der Herrschaft über das Rechtsverhältnis, in welchem der Pfandschuldner als Berechtigter steht, zeigt sich darin, daß eine Verfügung des Pfandgläubigers hinsichtlich des fremden Rechtsverhältnisses stattfindet, ohne daß die Mitwirkung des Berechtigten notwendig wäre. Wenn der Pfandgläubiger P. ein Recht, das dem G. gegen Sch. zusteht, ohne Mitwirkung des G. wirksam veräußern und den Erlös zur Befriedigung der Forderung, die er gegen H. hat, verwenden kann, erscheint es nicht ungeeignet, von einem dinglichen Rechte zu sprechen, das dem Pfandgläubiger an dem Rechte eines Anderen zusteht[2]).

§ 78. Die Forderung des Pfandberechtigten.

Das Pfandrecht ist ein akzessorisches Recht. Es kann nur begründet werden zur Sicherung einer Forderung, läßt sich von

---

Zu § 77.

[1]) § 1204 BGB. Mot. 3 S. 797, KProt. 3 S. 440.
[2]) S. § 3 Ziff. 4.

der Forderung nicht trennen, erlischt mit der Forderung[1]); es kann nicht ohne die Forderung übertragen werden, es geht mit der Übertragung der Forderung auf den neuen Gläubiger über. Wird bei der Übertragung der Forderung der Übergang des Pfandrechts ausgeschlossen, so erlischt das Pfandrecht[2]).

Die Forderung muß, damit ein Pfandrecht mit ihr verknüpft werden kann, eine vermögensrechtliche sein, denn nur wenn ihr Gegenstand Geld ist oder in Geld übergehen kann, kann der Zweck der Pfandbestellung, dem Gläubiger durch Veräußerung des Pfandes Befriedigung zu gewähren, erreicht werden[3]). Im übrigen erscheint jeder Anspruch geeignet, durch Pfandbestellung gesichert zu werden, mag seine Erfüllung in einer Geldleistung, in der Hingabe einer Sache oder in der Leistung von Diensten bestehen, mag er bedingt oder betagt sein, auf Rechtsgeschäft beruhen oder einer unerlaubten Handlung entspringen, mag die Schuld die eigene des Verpfänders oder die eines Dritten sein. Daß für eine künftige Forderung ein Pfandrecht bestellt werden kann, ist ausdrücklich bestimmt; die Zulässigkeit ist nicht davon abhängig gemacht, daß schon ein Rechtsverhältnis besteht, aus welchem die künftige Forderung hervorgehen soll[4]). Auch wenn die durch das Pfandrecht zu sichernde Forderung eine künftige oder bedingte ist, kommt das dingliche Recht sofort mit der Bestellung des Pfandrechts zur Entstehung und hat Rang von dem Zeitpunkte der Bestellung ab[5]). Ist das Pfandrecht selbst bedingt oder betagt, so datiert es erst vom Eintritt des Termins oder der Bedingung[6]).

Inwiefern mit einer Forderung, deren Rechtswirksamkeit eingeschränkt ist (sog. natürliche Verbindlichkeit), ein Pfandrecht verbunden sein kann, ist aus den Bestimmungen zu entnehmen, welche den Umfang der Unvollkommenheit der Verbindlichkeit festsetzen[7]). Was im Besonderen die verjährte Forderung angeht, so hindert der Eintritt der Verjährung einer Forderung, für welche ein Pfandrecht besteht, den Berechtigten nicht, seine Befriedigung aus dem verhafteten Gegenstand zu suchen, soweit es sich nicht um Rückstände von Zinsen oder anderen wiederkehrenden Leistungen

---

Zu § 78.

[1]) § 1252 BGB.

[2]) § 1250 BGB.

[3]) Vergl. Mot. 3 S. 798.

[4]) § 1204 Abs. 2 BGB. Vergl. Förster-Eccius 3 S. 468, Windscheid 1 S. 674 Anm. 6.

[5]) § 1209 BGB.

[6]) Das Pfandrecht an einem eingetragenen Schiffe kann in der Weise bestellt werden, daß nur der Höchstbetrag, bis zu dem das Schiff haften soll, bestimmt, im übrigen die Feststellung der Forderung vorbehalten wird. Der Höchstbetrag muß in das Schiffsregister eingetragen werden. Ist die Forderung verzinslich, so werden die Zinsen in den Höchstbetrag eingerechnet (§ 1271 BGB.).

[7]) Mot. 3 S. 798.

handelt[8]). Einer verjährten Forderung kommt aber auch insoweit Rechtswirksamkeit zu, daß zu ihrer Sicherstellung ein Pfandrecht bestellt werden kann; der Pfandschuldner kann sich nicht darauf berufen, daß seine Leistung ohne rechtlichen Grund erfolgt sei, selbst wenn die Sicherstellung in Unkenntnis der Verjährung bewirkt worden ist[9])[10]).

Veränderungen, welche die durch das Pfand gesicherte Forderung erleidet, sind auf den Bestand des dinglichen Rechtes ohne Einfluß. Sofern nicht ein anderes vereinbart worden ist, haftet das Pfand für die Forderung in ihrem jeweiligen Bestande und Umfang, insbesondere auch für die auf Gesetz oder Rechtsgeschäft beruhenden Zinsen, für Vertragsstrafen, für die Ansprüche des Pfandgläubigers auf Ersatz von Verwendungen, für die dem Pfandgläubiger zu ersetzenden Kosten der Kündigung und der Rechtsverfolgung mit Einschluß der Kosten des Verkaufs des Pfandes[11]). Ob und inwieweit rechtsgeschäftliche Erweiterungen der Forderung durch das Pfand gesichert sind oder sein sollen, ist nach den Umständen des einzelnen Falles zu entscheiden. Regelmäßig wird es darauf ankommen, ob es sich um Änderung einer bestehenden Schuld oder um Kontrahierung einer neuen Schuld handelt[12]). Ist der persönliche Schuldner nicht Eigentümer des Pfandes, so wird durch ein Rechtsgeschäft, das der Schuldner nach der Verpfändung vornimmt, die Haftung nicht erweitert[13]). Dies gilt sowohl in dem Falle, wenn das Pfandrecht für eine fremde Schuld bestellt worden ist, als auch in dem Falle, wenn nach der Verpfändung das Eigentum des Pfandes ohne die persönliche Schuld auf einen Andern übertragen worden ist[14]).

§ 79. Bestellung.

Zur Bestellung eines Pfandrechts an einer beweglichen Sache ist regelmäßig erforderlich, daß der Eigentümer die zu verpfändende Sache dem Gläubiger oder einem Dritten, der für den Gläubiger den Besitz ausüben soll, übergibt und Gläubiger und Verpfänder

---

[8]) § 223 BGB.

[9]) § 222 BGB.

[10]) Vergl. § 66 des Börsenges., ferner RG 25 X 1902 E. 52 S. 362 (Auftrag zur Verpfändung für Börsentermingeschäfte).

[11]) § 1210 BGB. Mot. 3 S. 803, KProt. 3 S. 445. Unter den Kosten der Rechtsverfolgung sind auch die Kosten der persönlichen, nicht blos die Kosten der dinglichen Rechtsverfolgung zu verstehen.

[12]) KProt. 3 S. 448.

[13]) § 1210 Abs. 1 BGB.

[14]) Ein eingetragenes Schiff haftet nur in demselben Umfange wie ein Grundstück, vergl. § 1264 BGB.

darüber einig sind, daß dem Gläubiger das Pfandrecht zustehen soll [1]) [2]).

Wie bei der Übertragung des Eigentums an einer beweglichen Sache ist auch hier unter Übergabe der Sache die Überlassung des Besitzes der Sache zu verstehen [3]). Ist der Gläubiger schon im Besitze der Sache, so genügt die Einigung über die Entstehung des Pfandrechts. Ist der Eigentümer im mittelbaren Besitze der Sache, so kann die Übergabe des Besitzes dadurch ersetzt werden, daß der Eigentümer den mittelbaren Besitz auf den Pfandgläubiger überträgt und die Verpfändung dem Besitzer anzeigt [4]). Infolge dieser Anzeige hat der Besitzer die Sache nicht dem Verpfänder, sondern dem Pfandgläubiger herauszugeben. Die Übertragung des Herausgabeanspruchs des Eigentümers gegenüber einem Besitzer, zu welchem der Eigentümer nicht in dem Verhältnisse eines mittelbaren Besitzers steht, hat, auch wenn sie dem Besitzer angezeigt wird, nicht die Wirkung, daß der Besitzer verpflichtet wäre, die Sache an den Pfandgläubiger herauszugeben, es kann daher in dieser Weise kein Pfandrecht bestellt werden [5]). Dagegen genügt an Stelle der Übergabe der Sache die Einräumung des Mitbesitzes, sofern die Sache unter dem Mitverschlusse des Gläubigers sich befindet, oder, falls sie im Besitze eines Dritten ist, der Dritte verpflichtet ist, die Herausgabe nur an den Eigentümer und den Gläubiger gemeinschaftlich zu bewirken. Ein Mitverschluß besteht aber nicht schon dann, wenn dem Gläubiger der Zugang zu der Sache ermöglicht ist, sondern nur, wenn dem Verpfänder die freie Verfügung genommen ist, wenn also Verpfänder und Gläubiger zusammenwirken müssen, um zu der Sache gelangen zu können [6]).

Zu § 79.

[1]) § 1205 BGB. Mot. 3 S. 800, KProt. 3 S. 441. Einigung und Übergabe müssen nicht zeitlich zusammentreffen. RG 14 III 1905 JW. S. 290[15]. — Der Gläubiger braucht keine individuell bestimmte Person zu sein, es kann z. B. ein Pfandrecht durch Übergabe des Pfandes an einen Pfandhalter für den Forderungsberechtigten aus einem Wechsel oder aus einer Schuldverschreibung auf den Inhaber bestellt werden. KProt. 3 S. 440.

[2]) Über Vorrechte für Inhaber von Pfandbriefen der Kreditanstalten und für Inhaber von eingetragenen Schuldverschreibungen s. § 43 des Hyp.-Bankges. v. 13. Juli 1899.

[3]) Die Übergabe eines Lagerscheines, Ladescheines, Konnossements (§§ 424, 450, 647 HGB.) hat die Wirkung einer Übergabe des Gutes.

[4]) § 1205 BGB. Zur Verpfändung eines Bestandteiles einer Sachgesamtheit genügt die Bezeichnung nach Zahl und Menge nicht, die einzelnen Sachen müssen individuell bestimmt werden. Vergl. RG 28 X 1902 E. 52 S. 385 (Teerlager).

[5]) KProt. 3 S. 442.

[6]) § 1206 BGB. Mot. 3 S. 802, KProt. 3 S. 443, 6 S. 260. Unter dieser Voraussetzung können die verpfändeten Sachen auch in den Räumlichkeiten des Verpfänders (z. B. in dem Keller, auf dem Speicher) lagern.

Die Übergabe der Sache kann nicht dadurch ersetzt werden, daß der Gläubiger und der Eigentümer ein Rechtsverhältnis vereinbaren, vermöge dessen der Gläubiger den mittelbaren Besitz an der im Besitze des Eigentümers verbleibenden Sache erlangt. Solange der Eigentümer im Besitze ist, kann das Pfandrecht nicht entstehen [7]).

Außer der Übergabe der Sache ist zur Bestellung des Pfandrechtes erforderlich, daß der Eigentümer und der Gläubiger darüber einig sind, daß dem Gläubiger das Pfandrecht zur Sicherung seiner Forderung zustehen soll. Dieser dingliche Vertrag bedarf keiner besonderen Form. Die Pfandhaftung kann, wie schon hervorgehoben, von einer Bedingung oder Befristung abhängig gemacht werden; in diesem Falle tritt die Wirkung der Bestellung des Pfandrechtes ein mit dem Eintritt der aufschiebenden Bedingung oder des Anfangstermins und endigt mit dem Eintritt der auflösenden Bedingung oder des Endtermins.

Die Bestellung eines Pfandrechtes ist wirksam, wenn der Besteller befugt ist, über die Sache zu verfügen. Die Befugnis zu einer solchen Verfügung steht dem Eigentümer zu; ein Miteigentümer kann nur seinen Anteil an der Sache belasten. Die Bestellung eines Pfandrechts, die ein Nichteigentümer vornimmt, ist wirksam, wenn sie mit Einwilligung des Eigentümers vor sich geht, sie wird wirksam, wenn der Eigentümer sie genehmigt oder wenn der Verfügende die Sache erwirbt oder wenn er von dem Eigentümer beerbt wird und dieser für die Nachlaßverbindlichkeiten unbeschränkt haftet [8]).

Gutgläubige sind auch bei dem Erwerbe eines Pfandrechtes besonders geschützt. Ein Gläubiger erwirbt das Pfandrecht selbst auf Grund der Bestellung durch einen Nichtberechtigten, sofern ihm nicht bei der Übergabe der Sache (Einräumung des Mitbesitzes) oder, wenn er bei der Einigung über die Verpfän-

---

Wenn aber der Verpfänder zwei Schlüssel hat, den einen dem Gläubiger behändigt, den anderen für sich behält, so wird keine Verpfändung bewirkt. Vergl. RGE. 37 S. 31. Ist aber der Zugang verschlossen, der einzige zu dem Schlosse gehörige Schlüssel dem Gläubiger ausgehändigt, so ist die Verpfändung bewirkt. Daß der Verpfänder sich zu dem Fabrikschloß einen passenden Nachschlüssel verschafft, ist ohne Einfluß. Vergl. RG 29 IV 1904 GruchBeitr. 48 S. 955.

[7]) Zur Begründung des Pfandrechts genügt ein constitutum possessorium nicht. Die Zwecke einer Pfandbestellung können übrigens dadurch erreicht werden, daß Eigentum gemäß § 930 BGB. übertragen wird entweder unter der Verpflichtung der Rückübertragung nach Tilgung der Forderung oder unter der Bedingung, daß der frühere Zustand wieder eintritt, sobald die Forderung getilgt wird. Erfolgt die Eigentumsübertragung nur zum Scheine, so kommt § 117 Abs. 2 BGB. zur Anwendung. Vergl. RG 17 VI 1902 JW. 1902 Beil. S. 259, 11 III 1904 E. 57 S. 175, 22 IV 1904 JW. S. 355⁴, 16 IX 1904 PuchZ. 35 S. 654, 8 XI 1904 E. 59 S. 146.

[8]) § 185 BGB.

dung den Besitz (Mitbesitz) von dem Verpfänder schon erlangt hat, zur Zeit der Einigung bekannt oder nur infolge grober Fahrlässigkeit[9]) unbekannt ist, daß die Sache nicht dem Verpfänder gehört. Ist der Verpfänder mittelbarer Besitzer der fremden Sache, so erwirbt der Gläubiger das Pfandrecht mit der Übertragung des mittelbaren Besitzes auf ihn und der Anzeige der Verpfändung an den (unmittelbaren) Besitzer, es sei denn, daß er zu dieser Zeit nicht in gutem Glauben ist. Der Erwerb des Pfandrechtes durch Einigung mit einem Nichteigentümer tritt jedoch nicht ein, wenn es sich um andere Sachen als Geld oder Inhaberpapiere handelt und die Sachen dem Eigentümer, oder, falls der Eigentümer nur mittelbarer Besitzer war, dem (unmittelbaren) Besitzer gestohlen worden, verloren gegangen oder sonst abhanden[10]) gekommen waren[11]). — Diese Vorschriften finden auch Anwendung, wenn der Nichteigentümer zur Bestellung des Pfandrechtes verurteilt worden ist[12])[13]).

---

[9]) Vergl. RG 20 V 1904 E. 58 S. 162 (Wertpapiere ohne die Zins- und Erneuerungsscheine von einem Bankhause in Pfand genommen).

[10]) Bewegliche Sachen, die der Eigentümer im mittelbaren Besitze hatte, sind diesem nicht abhanden gekommen, wenn sie der unmittelbare Besitzer verpfändet oder weggibt. RG 24 II 1903 E. 54 S. 68. S. § 25 Anm. 37.

[11]) § 1207 mit §§ 932, 934, 935 BGB. Mot. 3 S. 802, KProt. 3 S. 441. Vergl. §§ 366, 367 HGB. Da auf dem Wege öffentlicher Versteigerung kein Pfandrecht begründet wird, kommt § 935 Abs. 2 nicht in allen Teilen zur Anwendung. — Schadloshaltung s. § 816 BGB. — § 1207 gilt nicht für gesetzliche Pfandrechte, s. § 75 Anm. 6, und nicht für Pfändungspfandrechte, s. § 75 Anm. 8. — Unberührt bleiben die landesgesetzlichen Vorschriften, nach welchen öffentlichen Pfandleihanstalten das Recht zusteht, die ihnen verpfändeten Sachen dem Berechtigten nur gegen Bezahlung des auf die Sache gewährten Darlehens herauszugeben (Art. 94 Abs. 2 EGBGB.).

[12]) §§ 894, 897, 898 ZPO.

[13]) Zur Bestellung des Pfandrechts an einem eingetragenen Schiffe ist die Einigung des Eigentümers des Schiffes und des Gläubigers darüber, daß dem Gläubiger das Pfandrecht zustehen soll, sowie die Eintragung des Pfandrechts in das Schiffsregister erforderlich. Die Vorschriften des § 873 Abs. 2 und der § 878 finden entsprechende Anwendung. In der Eintragung müssen der Gläubiger, der Geldbetrag der Forderung und, wenn die Forderung verzinslich ist, der Zinssatz angegeben werden. Zur näheren Bezeichnung der Forderung kann auf die Eintragungsbewilligung Bezug genommen werden (§ 1260 BGB.). Über das Verfahren bei Eintragungen in das Schiffsregister s. §§ 100 ff. FGG. Das Schiffsregister hat nicht, wie das Grundbuch, öffentlichen Glauben. Mot. 3 S. 847. Auch § 1207 BGB. findet keine Anwendung. — Solange das Pfandrecht im Schiffsregister eingetragen ist, behält es im Falle der Veräußerung oder Belastung des Schiffes seine Kraft, auch wenn der Erwerber in gutem Glauben ist. Ist das Pfandrecht mit Unrecht gelöscht, so gelten im Falle der Veräußerung des Schiffes die Vorschriften des § 936 Abs. 1 Satz 1, Abs. 2 auch dann, wenn der Erwerber das Eigentum ohne Übergabe erlangt; die Vorschrift des § 936 Abs. 3 findet keine Anwendung. Wird ein Pfandrecht, welches dem mit Unrecht gelöschten Pfandrecht im Range nachsteht, auf einen Dritten übertragen, so findet die Vorschrift des § 1208

Für die Bestellung des Pfandrechtes an Rechten gelten einige Besonderheiten [14]).

Inhaberpapiere [15]) werden als bewegliche Sachen behandelt. Es erfolgt demnach die Bestellung des Pfandrechtes so, wie wenn an dem Blatt Papier das Pfandrecht zu begründen wäre [16]).

Die Verpfändung eines sonstigen Rechtes geht im allgemeinen nach den Vorschriften vor sich, die für die Übertragung des zu belastenden Rechtes gelten [17]); soweit ein Recht nicht über-

---

Satz 1 Anwendung (§ 1262 BGB.). Steht der Inhalt des Schiffsregisters in Ansehung eines Pfandrechts mit der wirklichen Rechtslage nicht im Einklange, so kann die Berichtigung des Registers nach den für die Berichtigung des Grundbuchs geltenden Vorschriften der §§ 894, 895, 897, 898 verlangt werden. Ist ein Pfandrecht mit Unrecht gelöscht worden, so kann ein Widerspruch gegen die Richtigkeit des Schiffsregisters nach § 899 Abs. 2 eingetragen werden. Solange der Widerspruch eingetragen ist, gilt im Falle der Veräußerung oder Belastung des Schiffes dem Erwerber gegenüber das Gleiche, wie wenn das Pfandrecht eingetragen wäre (§ 1263 BGB.). Zur Bestellung eines Pfandrechts für die Forderung aus einer Schuldverschreibung auf den Inhaber genügt die Erklärung des Eigentümers gegenüber der Registerbehörde, daß er das Pfandrecht bestelle und die Eintragung in das Register; die Vorschrift des § 878 BGB. findet Anwendung (§ 1270 mit § 1188 BGB.). Bei einem Pfandrecht für die Forderung aus einer Schuldverschreibung auf den Inhaber, aus einem Wechsel oder aus einem anderen Papiere, das durch Indossament übertragen werden kann, kann für den jeweiligen Gläubiger ein Vertreter mit der Befugnis bestellt werden, mit Wirkung für und gegen jeden späteren Gläubiger bestimmte Verfügungen über das Pfandrecht zu treffen und den Gläubiger bei der Geltendmachung des Pfandrechts zu vertreten. Zur Bestellung des Vertreters ist die Eintragung in das Register erforderlich. Ist der Eigentümer berechtigt, von dem Gläubiger eine Verfügung zu verlangen, zu welcher der Vertreter befugt ist, so kann er die Vornahme der Verfügung von dem Vertreter verlangen (§ 1270 mit § 1189 BGB.).

[14]) Die §§ 1207, 1208 über den Schutz des gutgläubigen Erwerbers eines Pfandrechts finden, abgesehen von den Inhaberpapieren, keine Anwendung für das Pfandrecht an Rechten. Mot. 3 S. 854. Dagegen kann unter Umständen der Pfandgläubiger auf den öffentlichen Glauben des Grundbuchs (§§ 892, 893, auch § 1155 BGB.) sich berufen. — Über die Belastung von Schuldverschreibungen, die in das Reichsschuldbuch eingetragen sind, s. §§ 7 ff. des Ges. v. 31. Mai 1891 (RGBl. S. 321), über die Belastung von Forderungen, die in ein Staatsschuldbuch eingetragen sind, s. Art. 97 EGBGB.

[15]) In Betracht kommen Schuldverschreibungen auf den Inhaber, Grundschuldbriefe auf den Inhaber, Inhaberaktien, auch die zugehörigen Zins-, Renten-, Gewinnanteilscheine, sowie die in § 807 BGB. bezeichneten Urkunden.

[16]) § 1293 BGB. Mot. 3 S. 868, KProt. 3 S. 530. Die Bestellung des Pfandrechtes durch Einräumung des Mitbesitzes (§ 1206) ist nicht wegen der Bestimmung des § 1294 ausgeschlossen. A. M. Turnau-Förster 1 S. 915.

[17]) § 1274 BGB. Mot 3 S. 852, KProt. 3 S. 517. Die Verpfändung von Geschäftsanteilen einer Gesellschaft m. b. H. bedarf der Formvorschrift des § 15 des Ges. betr. die Ges. m. b. H. RG 2 XII 1902 E. 53 S. 107.

tragbar ist, kann ein Pfandrecht durch Rechtsgeschäft nicht begründet werden. Demgemäß wird an einer Buchhypothek das Pfandrecht in der Weise begründet, daß der Hypothekgläubiger als Verpfänder und der Pfandgläubiger sich über die Belastung der Hypothek einigen und die Belastung in das Grundbuch eingetragen wird, wobei die allgemeinen Vorschriften der §§ 873 ff. BGB. zur Anwendung kommen.

Ist zur Übertragung des Rechts die Übergabe einer Sache erforderlich, so finden auf die Übergabe die Vorschriften der §§ 1205, 1206 (s. Ziff. 4 ff.) Anwendung[18]). Zur Übertragung einer Briefhypothek ist gemäß § 1154 Erteilung einer Abtretungserklärung in schriftlicher Form und Übergabe des Hypothekenbriefs erforderlich. Die Verpfändung kann in der Weise vor sich gehen, daß eine Verpfändungserklärung in schriftlicher Form erteilt und der Hypothekenbrief nach Maßgabe der Vorschriften der §§ 1205, 1206 übergeben wird, wobei also die Übergabe durch constitutum possessorium ausgeschlossen ist[19]).

Für die Verpfändung einer Forderung, zu deren Übertragung der Abtretungsvertrag genügt[20]), genügt nicht die Einigung über die Bestellung des Pfandrechts. Die Verpfändung einer solchen Forderung ist nur wirksam, wenn der Forderungs-Gläubiger sie dem Schuldner anzeigt[21]). Verpfändungsvertrag und Anzeige sind formlos. Die dingliche Bindung tritt erst mit der Benachrichtigung des Schuldners[22]) durch den

---

Dagegen kann die Verpflichtung eines Gesellschafters zur Verpfändung eines Geschäftsanteils formlos begründet werden. RG 2 VI 1904 E. 58 S. 225. — Verpfändet ein Miterbe seinen Nachlaßanteil, so bedarf es der Form des § 2033 Abs. 1 BGB. Die Formvorschrift kann nicht umgangen werden, indem der obligatorische Anspruch des einen Miterben gegen den andern auf Auseinandersetzung zum Gegenstand des Pfandvertrags gemacht wird. Das Verlangen der Auseinandersetzung oder der Anspruch darauf kann nicht verpfändet werden, Gegenstand der Verpfändung kann nur das Recht oder der Inbegriff von Rechten sein, der dem Miterben an der Erbschaft zusteht. Vergl. RG 30 I 1905 IV 335/04.

[18]) § 1274 Abs. 1 BGB. Das Pfandrecht erlischt durch Rückgabe der Sache (§ 1278 BGB.).

[19]) Neben den Vorschriften der §§ 1205, 1206 ist für die Anwendung des § 1117 Abs. 2, 3 kein Raum. A. M. Planck § 1274 Bem. 2a, Turnau-Förster 1 S. 901. — Die Verpfändung eines Hypothekenbriefes hat keine Pfandwirkung. RG 28 IX 1904 JW. S. 555[15].

[20]) Z. B. Sparkassenforderung, Forderung aus Lebensversicherung. — Der Besitz einer Lebensversicherungspolice allein gewährt keine dingliche Sicherung. Vergl. RG 14 III 1902 E. 51 S. 86, 5 VII 1904 JW. S. 485[8]. — Gesellschaftsanteile sind nicht als Forderungen gegen die Gesellschaft aufzufassen; § 1280 findet auf ihre Verpfändung keine Anwendung. RG 26 IV 1904 E. 57 S. 414.

[21]) § 1280 BGB. Mot. 3 S. 855, KProt. 3 S. 519.

[22]) Vergl. §§ 130 ff. BGB. — Der Zeitpunkt der Benachrichtigung ist demnach für die Anfechtung im Konkurse von Bedeutung. Vergl. RG 17 II 1902 JW. S. 185[21].

Gläubiger ein; Benachrichtigung durch den Pfandgläubiger genügt nicht. Die Übergabe einer Schuldurkunde an den Pfandgläubiger ist nicht erforderlich[23]).

Zur Verpfändung eines Wechsels oder eines anderen Papiers, das durch Indossament übertragen werden kann, bedarf es keiner Anzeige an den Schuldner. Es genügt die Einigung des Gläubigers und des Pfandgläubigers und die Übergabe des auf den Pfandgläubiger indossierten Papiers[24]). Der Pfandgläubiger wird durch das Indossament nach außen als Berechtigter legitimiert, für das Verhältnis zwischen ihm und dem Verpfänder ist jedoch der Pfandvertrag maßgebend.

§ 80. Rang.

Wird an einer beweglichen Sache[1]), die mit dem Rechte (Pfandrecht oder Nießbrauch) eines Dritten belastet ist, ein Pfandrecht bestellt, so erlischt das Recht des Dritten zwar nicht wie bei der Übertragung des Eigentums[2]) an der Sache, aber es tritt im Range hinter das Pfandrecht zurück, sofern nicht dem Pfandgläubiger zur Zeit des Erwerbes des Pfandrechts das die Sache belastende Recht bekannt oder nur infolge grober Fahrlässigkeit unbekannt ist[3]). Dieser Rangverlust für die alten Rechte tritt nicht ein,

wenn der Pfändgläubiger zur Zeit der Einigung schon im Besitze der Sache war, den Besitz aber von einem Andern als dem Verpfänder erlangt hatte, ferner,

wenn das Pfandrecht bestellt worden ist unter Übertragung des mittelbaren Besitzes auf den Pfandgläubiger, das die Sache belastende Recht aber dem (unmittelbaren) Besitzer zusteht, endlich,

wenn die Sache — Geld und Inhaberpapiere ausgenommen — dem Eigentümer, oder bei mittelbarem Besitze des Eigen-

---

[23]) § 15 EGKO. ist aufgehoben.

[24]) § 1292 BGB. Mot. 3 S. 868, KProt. 3 S. 527. Der Vermerk, daß das Indossament nur zu Pfandzwecken erfolge, ist zulässig. KProt. 6 S. 263. — Die Verpfändung des Rechts aus dem Papier kann auch nach § 1274 BGB. erfolgen, wie z. B. das Wechselrecht durch Zession übertragen werden darf (vergl. RGE. 33 S. 147). Übergabe des Papiers ist dazu erforderlich, so daß § 1274 Abs. 1 Satz 2 BGB. zur Anwendung kommt

Zu § 80.

[1]) Für Inhaberpapiere gilt dasselbe (§ 1293 BGB.). — Das Rangverhältnis der an einem eingetragenen Schiffe bestellten Pfandrechte bestimmt sich nach den Vorschriften der §§ 879—881 und des § 1151 (§ 1261 BGB.).

[2]) § 936 BGB.

[3]) Es kommt nicht darauf an, wie das Recht des Dritten entstanden ist. — Ist das Recht aufgehoben, die Aufhebung aber anfechtbar, so besteht der gute Glaube des Pfandgläubigers in der Unkenntnis der Anfechtbarkeit der Aufhebung. Mot. 3 S. 806.

tümers dem Besitzer, gestohlen worden, verloren gegangen oder sonst abhanden gekommen war[4]).

Bei dem Pfandrechte an einem Rechte — Inhaberpapiere ausgenommen — kommen diese Bestimmungen nicht zur Anwendung. Das neu begründete Pfandrecht geht demnach, wenn das verpfändete Recht mit dem Rechte eines Dritten belastet ist, diesem Rechte nicht vor, auch wenn der Pfandgläubiger in Unkenntnis von dem Rechte des Dritten ist[5]).

Im übrigen richtet sich der Rang eines bestellten oder gesetzlichen Pfandrechts[6]) nach der Zeit der Bestellung oder Entstehung des Rechts. Die Zeit der Bestellung ist auch maßgebend, wenn das Pfandrecht für eine künftige oder eine bedingte Forderung besteht[7]). Eine Bevorzugung eines Pfandrechtes wegen der Art der Forderung kennt das Bürgerliche Gesetzbuch nicht, dagegen finden sich solche Bestimmungen an anderen Orten. So geht das Recht der Reichskasse, der Staatskassen und der Gemeinden, ferner der Amts-, Kreis- und Provinzialverbände wegen öffentlicher Abgaben und in Ansehung der zurückgehaltenen oder in Beschlag genommenen zoll- und steuerpflichtigen Sachen den durch Rechtsgeschäft bestellten, den gesetzlichen und den durch Pfändung erlangten Pfandrechten auch außerhalb des Konkurses vor[8]).

Eine rechtsgeschäftliche Änderung in der Rangordnung mehrerer an einem und demselben Gegenstande bestehender Pfandrechte läßt sich nur durch Aufhebung oder Neubegründung der Rechte unter Beteiligung aller Personen, die dabei interessiert sind, bewirken. Ein Vertrag, in welchem ein vorgehender Pfandgläubiger zu Gunsten eines nachfolgenden auf den seinem Pfandrechte zukommenden Rang verzichtet, hat nur obligatorische Wirkung.

§ 81. Übertragung.

Der Erwerb eines bestehenden, rechtsgeschäftlich begründeten oder gesetzlichen, Pfandrechtes tritt ein mit dem Erwerbe der

---

[4]) § 1208 BGB. Mot. 3 S. 805, KProt. 3 S. 452. Wie bei der Übertragung einer fremden Sache zu Eigentum der Mangel des Verfügungsrechtes auf Seite des Veräußerers durch den guten Glauben des Erwerbers gedeckt wird, so wird bei der Begründung eines Pfandrechtes der hinsichtlich der fremden Rechte bestehende Mangel im Verfügungsrechte des Pfandbestellers durch den guten Glauben des Pfandgläubigers geheilt.

[5]) § 1273 Abs. 2 BGB. Die Vorschriften über den öffentlichen Glauben des Grundbuchs (§§ 892, 893, auch § 1155 BGB.) bleiben unberührt.

[6]) Für Pfändungspfandrechte s. § 804 ZPO.

[7]) § 1209 BGB. Mot. 3 S. 805, KProt. 3 S. 451. Ist aber das Pfandrecht selbst bedingt oder befristet bestellt, so entsteht es erst mit Eintritt der Bedingung oder des Termins.

[8]) § 49 Abs. 2 KO. mit Art. III Ges. v. 17. Mai 1898. Vergl. ferner § 443 HGB.

Forderung, zu deren Sicherung das Pfandrecht besteht. Wird die durch das Pfandrecht gesicherte Forderung abgetreten oder geht sie kraft Gesetzes oder durch Überweisung an Zahlungs Statt auf einen Anderen über, so geht auch das Pfandrecht auf den neuen Gläubiger über[1], ohne daß es einer Übergabe des Pfandes oder einer Eintragung im Grundbuch bedürfte[2]. Das Pfandrecht kann auf diese Weise vom Besitze des Pfandes getrennt werden, aber der neue Pfandgläubiger ist berechtigt, von dem bisherigen Pfandgläubiger die Herausgabe des Pfandes zu verlangen[3]. Hat sich der bisherige Pfandgläubiger bei der Übertragung der Forderung den Besitz des Pfandes vorbehalten, so wirkt diese Vereinbarung nur obligatorisch, nicht dinglich. Der Sondernachfolger des neuen Pfandgläubigers ist nicht daran gebunden[4].

Mit der Erlangung des Besitzes[5] des Pfandes tritt der neue Pfandgläubiger in die mit dem Pfandrechte verbundenen Verpflichtungen[6] gegen den Verpfänder ein. Erfüllt

---

Zu § 81.

[1] §§ 1250, 1273 BGB. Mot. 3 S. 836, KProt. 3 S. 483. Die Vorschrift des § 1250 gilt auch für das Pfandrecht an einem eingetragenen Schiffe.

[2] Besteht das Pfandrecht an einem eingetragenen Rechte (Hypothek, Grundschuld, Rentenschuld, Reallast), so wird durch die außerhalb des Grundbuchs sich vollziehende Übertragung der Forderung des Pfandgläubigers das Grundbuch unrichtig. Der bei dem gebuchten Rechte als Pfandgläubiger Eingetragene ist für den Eigentümer der buchmäßig Berechtigte, gegenüber welchem nach § 893 BGB. alle vorkommenden Rechtsgeschäfte ohne Gefahr vorgenommen werden können, solange dem Eigentümer keine Kenntnis von einer Rechtsübertragung und von der Person des neuen Pfandgläubigers verschafft ist. Das Interesse des neuen Pfandgläubigers erfordert, die Übertragung eintragen zu lassen. Um die Eintragung der Übertragung der Forderung, für die ein eingetragenes Recht als Pfand haftet, zu bewirken, genügt es, wenn (an Stelle einer Eintragungsbewilligung) die Abtretungserklärung des bisherigen Gläubigers vorgelegt wird (§ 26 Abs. 2 GBO.). Vergl. Mot. 3 S. 853.

[3] Vergl. § 1227 BGB. — Ohne die Forderung kann das Pfandrecht nicht übertragen werden. Wird die Forderung übertragen, der Übergang des Pfandrechts ausgeschlossen, so erlischt das Pfandrecht (§ 1250 Abs. 2). — Der Übergang des Pfandrechts ist mit der Übertragung der Forderung verknüpft, nicht mit der Übertragung des Besitzes der Pfandsache; es kann auch infolge der Übertragung einer Pfandsache durch einen Gläubiger, dem kein Pfandrecht zusteht, kein Pfandrecht zur Entstehung kommen. Vergl. Mot. 3 S. 837.

[4] Mot. 3 S. 837.

[5] Der Besitz kann mittelbar oder unmittelbar, Allein- oder Mitbesitz sein.

[6] S. §§ 1214, 1215, 1223 BGB. In die Verpflichtungen, die aus pflichtwidrigem Verhalten des bisherigen Pfandgläubigers entstanden sind, tritt er nicht mit der Erlangung des Besitzes ein. Streitig ist, ob für § 1217 eine Ausnahme zu machen ist, ob also der Verpfänder, wenn er vor Erlangung des Besitzes durch den neuen Pfandgläubiger nach § 1217 gegen den bisherigen Pfandgläubiger den Anspruch auf Hinterlegung oder Ablieferung

er die Verpflichtungen nicht, so haftet für den von ihm zu ersetzenden Schaden der bisherige Pfandgläubiger wie ein Bürge, der auf die Einrede der Vorausklage verzichtet hat. Diese Haftung tritt jedoch nicht ein, wenn die Forderung kraft Gesetzes auf den neuen Gläubiger übergeht oder ihm auf Grund einer gesetzlichen Verpflichtung abgetreten wird[7]). Ein Übergang kraft Gesetzes findet statt, wenn der Verpfänder, der nicht der persönliche Schuldner ist, den Pfandgläubiger befriedigt; soweit er den Pfandgläubiger befriedigt, geht die Forderung auf ihn über, wie wenn er als Bürge den Gläubiger befriedigt hätte[8]). Ist der Verpfänder Eigentümer des Pfandes, so erlischt in der Regel das Pfandrecht bei diesem Forderungsübergang, da das Pfandrecht überhaupt erlischt, wenn es mit dem Eigentum in einer Person zusammentrifft[9]).

Die mit dem Pfandrecht gesicherte Forderung geht auch über, wenn ein Ablösungsberechtigter den Gläubiger befriedigt. Ablösungsberechtigt ist, wer durch die Veräußerung des Pfandes ein Recht[10]) an dem Pfande verlieren würde d. i. der Eigentümer der beweglichen Sache, ein Pfandberechtigter[11]), ein Nießbraucher[12]). Jede dieser Personen kann den Pfandgläubiger befriedigen, sobald

---

des Pfandes an einen Verwahrer oder auf Rückgabe des Pfandes gegen Befriedigung des Gläubigers erlangt hat, diese Ansprüche auch gegen den neuen Pfandgläubiger geltend machen kann. S. § 1187 Abs. 3 Entw. I. Nach KProt. 3 S. 485 wurde eine besondere gesetzliche Vorschrift für nicht erforderlich erachtet, in der Annahme, es sei selbstverständlich, daß ein Recht nur mit der Beschränkung übertragen werden könne, welche es vor dem Übertragungsakt erlitten habe Der Auffassung der Kommission dürfte beizutreten sein. A. M. Planck § 1251 Bem. 3b, Biermann S. 471, dagegen Staudinger 3 S. 592.

[7]) § 1251 BGB. Mot. 3 S. 837, KProt. 3 S. 483. Über Verweigerung der Herausgabe des Pfandes bei Überweisung einer durch ein Pfandrecht an einer beweglichen Sache gesicherten Forderung s. § 838 ZPO.

[8]) § 1225 BGB. Mot. 3 S. 816, KProt. 3 S. 462. Die Befriedigung kann durch Hinterlegung oder durch Aufrechnung erfolgen (§ 1224 BGB.) Mit der Forderung geht das Pfandrecht über (§ 1250). Die Vorschriften des § 774 finden entsprechende Anwendung. Über die Anwendung des § 774 Abs. 2 s. Sellner Recht 1904 S. 477.

[9]) § 1256 BGB. Das Erlöschen tritt nicht ein, solange die Forderung, für welche es besteht, mit dem Rechte eines Dritten belastet ist. Das Pfandrecht gilt als nicht erloschen, soweit der Eigentümer ein rechtliches Interesse an dem Fortbestehen des Pfandrechts hat. — Ist der Verpfänder persönlicher Schuldner, so erlischt das Pfandrecht (§ 1252 BGB.).

[10]) Besitz (vergl. §§ 268 Abs. 1, 1150 BGB.) genügt hier nicht. — Der Verpfänder kann die Rückgabe des Pfandes gegen Befriedigung des Pfandgläubigers verlangen, sobald der Schuldner zur Leistung berechtigt ist. (§ 1223 Abs. 2 BGB.), vergl. § 271 BGB.

[11]) Wenn ein nachstehender Pfandgläubiger gemäß § 1232 veräußern kann, ist auch das Recht des vorstehenden Pfandgläubigers gefährdet.

[12]) Nicht gefährdet ist nur der allen Pfandrechten vorgehende Nießbrauch.

der Schuldner zur Leistung berechtigt ist; der Einleitung der Vollstreckung bedarf es nicht. Die Befriedigung kann durch Hinterlegung oder Aufrechnung erfolgen. Zum Nachteile des Gläubigers kann der Übergang der Forderung und des Pfandrechtes nicht geltend gemacht werden[13]), und zwar gilt dies auch, soweit dem Gläubiger wegen anderer Forderungen etwa ein Zurückbehaltungsrecht zustehen sollte[14])[15]).

§ 82. Rechte und Pflichten des Pfandgläubigers.

Durch die Bestellung des Pfandrechts erlangt der Pfandgläubiger den Besitz oder doch den Mitbesitz der verpfändeten Sache[1]). Zur Benutzung des Pfandes ist er regelmäßig nicht berechtigt; der Gebrauch des Pfandes ruht, die abgetrennten Erzeugnisse haften selbst als Pfand. Es kann aber das Pfandrecht in der Weise bestellt werden, daß der Pfandgläubiger dinglich[2]) berechtigt ist, die Nutzungen des Pfandes zu ziehen, also die Früchte sich anzueignen und die Vorteile, welche der Gebrauch des Pfandes gewährt, zu genießen. Ist eine von Natur fruchttragende Sache dem Pfandgläubiger zum Alleinbesitze übergeben[3]), so ist sogar im Zweifel anzunehmen, daß der Pfandgläubiger zum Bezuge der natürlichen Früchte berechtigt sein soll[4]). Diese Auslegungsregel gilt jedoch nicht für das Pfandrecht an Rechten, auch wenn sie Erträge liefern[5]).

Steht dem Pfandgläubiger das Recht zu, die Nutzungen zu ziehen, so ist er, soweit nicht abweichende Bestimmungen getroffen

---

[13]) § 1249 mit § 268 Abs. 2, 3 BGB. Mot. 3 S. 815, KProt. 3 S. 461. Zwischenzins (§ 1217 Abs. 2) kommt nicht in Abzug.

[14]) KProt. 3 S. 465. Es kann demnach die Herausgabe des Pfandes nicht verlangt werden.

[15]) Erlöschen des Pfandrechts bei Vereinigung mit dem Eigentum s. Ziff. 9.

Zu § 82.

[1]) Für das Pfandrecht an einem Inhaberpapier gelten die Vorschriften über das Pfandrecht an beweglichen Sachen (§ 1293 BGB.).

[2]) Vergl. § 954 BGB. Daß einem Pfandgläubiger ein Benutzungsrecht mit obligatorischer Wirkung eingeräumt werden kann, unterliegt keinem Bedenken.

[3]) Alleinbesitz liegt im Falle des § 1206 nicht vor. — Übergabe zum Alleinbesitze ist auch anzunehmen, wenn die Verpfändung nach § 1205 Abs. 1 Satz 2 oder nach § 1205 Abs. 2 erfolgt und der Pfandgläubiger später den unmittelbaren Alleinbesitz erlangt; nur die Fälle des § 1206 sollten ausgeschlossen werden. Vergl. Mot. 3 S. 809, Planck § 1213 Bem. 2. Für den Fall des § 1231 trifft die Bestimmung nicht zu.

[4]) § 1213 BGB. Mot. 3 S. 807, KProt. 3 S. 452. Es kommt besonders die Verpfändung von Vieh hier in Betracht.

[5]) § 1273 Abs. 2 BGB. Die Berechtigung, die Nutzungen zu ziehen, kann auch bei dem Pfandrecht an einem Rechte eingeräumt werden, vergl. § 1283 Abs. 1 BGB. — Über den Zinsenbezug bei dem Pfandrecht an einer Eigentümerhypothek s. RG 5 IV 1905 JW. S. 341[13], über die Ausübung des Stimmrechts auf Grund verpfändeter Aktien s. Frankfurt 28 I 1903 Recht S. 128[30], Förtsch Recht 1903 S. 561.

sind, verpflichtet, für die Gewinnung der Nutzungen zu sorgen und Rechenschaft[6]) abzulegen, denn er bezieht die Nutzungen zwar kraft eigenen Rechts, aber für fremde Rechnung. Der Ertrag der Nutzungen, die der Pfandgläubiger gezogen hat oder hätte ziehen sollen, wird nach Abzug der Kosten der Gewinnung[7]) auf die geschuldete Leistung und, wenn Kosten und Zinsen zu entrichten sind, zunächst auf diese angerechnet[8]). Abweichende Vereinbarungen, z. B. daß keine Rechnungsstellung stattzufinden habe und dem Pfandgläubiger die Nutzungen an Zahlungs Statt zur Tilgung der Zinsen zufallen sollen, sind zulässig[9]) und können mit dinglicher Wirkung getroffen werden, so daß sie für und gegen Sondernachfolger gelten.

Dem Rechte des Pfandgläubigers auf den Besitz des Pfandes entspricht seine Verpflichtung, das Pfand zu verwahren[10]). Die Verwahrungspflicht besteht gegenüber dem Verpfänder. Der Eigentümer der verpfändeten Sache ist auf die Eigentumsansprüche angewiesen. Der Pfandgläubiger, als bewußter Besitzer einer fremden Sache, begeht übrigens durch jede Überschreitung der durch sein obligatorisches Verhältnis zum Verpfänder bestimmten Grenzen seines Rechtes zugleich eine objektive Verletzung des Eigentums[11]).

Besteht das Pfandrecht[12]) an dem Anteile eines Miteigentümers, so übt der Pfandgläubiger die Rechte aus, die sich aus der Gemeinschaft der Miteigentümer in Ansehung der Verwaltung der Sache und der Art ihrer Benutzung[13]) ergeben. Vor dem Eintritte der Verkaufsberechtigung kann der Pfandgläubiger nur gemeinschaftlich mit dem Miteigentümer die Aufhebung der Gemeinschaft verlangen, nach diesem Zeitpunkt kann er, falls er nicht von seinem Rechte, den Anteil zu verkaufen, Gebrauch machen will, die Aufhebung der Gemeinschaft verlangen, ohne daß es der Zustimmung des Miteigentümers bedarf. Er ist dabei nicht an eine Vereinbarung gebunden, durch welche die Miteigentümer das Recht, die Aufhebung der Gemeinschaft zu verlangen,

---

[6]) Vergl. § 259 BGB.

[7]) Auch die gewöhnlichen Unterhaltungskosten sind in Abzug zu bringen. Vergl. Biermann S. 440.

[8]) Die Anrechnung erfolgt in erster Linie auf die Kosten, vergl. § 367 BGB.

[9]) § 1214 BGB. Mot. 3 S. 807, KProt. 3 S. 452.

[10]) § 1215 BGB. Mot. 3 S. 810, KProt. 3 S. 454, 464. Vergl. §§ 688 ff. BGB. Die Verpflichtung, die Pfandsache gegen Brandschaden zu versichern, obliegt dem Pfandgläubiger nicht. OLG. Zweibrücken 29 I 1902 PuchZ. 34 S. 361.

[11]) KProt. 3 S. 456; §§ 989, 991 Abs. 2 BGB.

[12]) Das Pfandrecht kann bestellt, kraft Gesetzes entstanden oder im Wege der Zwangsvollstreckung (hierfür s. § 751 Satz 2 BGB.) begründet sein.

[13]) Auf den Bezug der Nutzungen hat der Pfandgläubiger nur unter den allgemeinen Voraussetzungen (s. Ziff. 2 ff.) Anspruch. Das Pfandrecht erstreckt sich (§ 1212) auf die dem Miteigentümer zufallenden Erzeugnisse. Die Verpflichtungen aus der Gemeinschaft verbleiben dem Miteigentümer.

für immer oder auf Zeit ausgeschlossen oder eine Kündigungsfrist bestimmt haben. Wird die Gemeinschaft aufgehoben, so gebührt dem Pfandgläubiger das Pfandrecht an den Gegenständen, welche an die Stelle des Anteils treten [14]).

Bei dem Pfandrecht an Rechten tritt statt des Besitzes des Pfandes und der Verwahrungspflicht eine teilweise Sukzession in das belastete Recht ein. Ist ein Recht, kraft dessen eine Leistung gefordert werden kann, Gegenstand des Pfandrechts, so finden auf das Rechtsverhältnis zwischen dem Pfandgläubiger und dem Verpflichteten die Vorschriften entsprechende Anwendung, welche im Falle der Übertragung des Rechts für das Rechtsverhältnis zwischen dem Erwerber und dem Verpflichteten gelten [15]). Die Aufhebung eines verpfändeten Rechtes durch Rechtsgeschäft oder eine das Pfandrecht beeinträchtigende Änderung ist nur mit Zustimmung des Pfandgläubigers möglich. Die Zustimmung ist demjenigen gegenüber zu erklären, zu dessen Gunsten sie erfolgt; sie ist unwiderruflich. Ist das verpfändete Recht ein Recht an einem Grundstück, so kann die Zustimmung auch dem Grundbuchamt gegenüber erklärt werden [16]). Übrigens bleiben die Vorschriften zu Gunsten gutgläubiger dritter Erwerber unberührt; bei dem Fehlen der Zustimmung liegt ein teilweiser Rechtsmangel vor, der außer Betracht bleiben muß, wo der gänzliche Rechtsmangel außer Betracht bleiben würde [17]).

Die Befugnis zur Ausübung des dem Pfandrecht unterliegenden Rechtes ist in der Regel nicht in dem Pfandrecht enthalten, sondern nur das Recht, aus dem Pfande sich zu befriedigen. Bei Wechseln, anderen Papieren, die durch Indossament übertragen werden können, und Inhaberpapieren ist aber der Pfandgläubiger allgemein, auch wenn eine Verkaufsberechtigung noch nicht eingetreten ist, zur Einziehung und, falls Kündigung erforderlich ist, zur Kündigung berechtigt. Der Schuldner kann nur an ihn leisten [18]). Der Pfandgläubiger

---

14) § 1258 BGB. Mot. 3 S. 834, KProt. 3 S. 482, 4 S. 600. Das Pfandrecht an den Gegenständen, die an die Stelle des Anteils treten, entsteht erst mit der Bestellung. — Kraft Gesetzes kann ein Pfandrecht an einem Bruchteil einer in Alleineigentum stehenden Sache entstehen (vergl. § 949 BGB.). In solchem Falle kommt § 1258 zur entsprechenden Anwendung. Mot. 3 S. 835, KProt. 3 S. 486, 4 S. 600. Vergl. Planck § 1258 Bem. 7. — Über die Anwendung des § 1258 auf das Pfandrecht an einer Schiffspart s. Biermann S. 489.

15) § 1275 BGB. Mot. 3 S. 853, KProt. 3 S. 518, 5 S. 126. Vergl. § 1070 BGB., s. § 45 Ziff. 15 ff.

16) § 1276 BGB. Mot. 3 S. 856, KProt. 3 S. 520, 6 S. 245 Vergl. § 1071 BGB., s. § 49 Ziff. 5. Durch Vereinigung des verpfändeten Rechtes mit der Verbindlichkeit erlischt das Pfandrecht nicht. KProt. 3 S. 536.

17) Mot. 3 S. 857.

18) § 1294 BGB. Mot. 3 S. 869, KProt. 3 S. 522, 6 S. 262. Das Einziehungsrecht setzt den Alleinbesitz der Urkunde voraus, es steht dem Pfand-

hat für die ordnungsmäßige Einziehung zu sorgen, und von der erfolgten Einziehung den Gläubiger unverzüglich zu benachrichtigen, sofern nicht die Benachrichtigung untunlich ist[19]).

Ist eine andere Forderung (auch Grundschuld, Rentenschuld)[20]) mit einem Pfandrecht belastet, so kann, wenn nicht Pfandgläubiger und Gläubiger ein Anderes vereinbaren, der Schuldner, solange die Verkaufsberechtigung noch nicht eingetreten ist, nur an den Pfandgläubiger und den Gläubiger gemeinschaftlich leisten[21]). Jeder von beiden kann verlangen, daß an sie gemeinschaftlich geleistet wird; jeder kann statt der Leistung verlangen, daß die geschuldete Sache für beide hinterlegt oder, wenn sie sich nicht zur Hinterlegung eignet, an einen gerichtlich zu bestellenden Verwahrer abgeliefert wird[22]). Für die Bestellung des Verwahrers ist das Amtsgericht zuständig, in dessen Bezirk sich die Sache befindet. Vor der Bestellung sind die Beteiligten soweit tunlich zu hören, ebenso vor der Entscheidung über eine von dem Verwahrer beanspruchte Vergütung[23])[24]).

Hängt die Fälligkeit der verpfändeten Forderung (auch Grundschuld, Rentenschuld) von einer Kündigung ab, so steht das Kündigungsrecht bei dem Gläubiger, dieser bedarf jedoch zur Kündigung der Zustimmung des Pfandgläubigers, falls der Pfandgläubiger berechtigt ist, die Nutzungen zu ziehen. Kündigt der Schuldner, so muß die Kündigung, um wirksam zu sein, dem Pfandgläubiger und dem Gläubiger erklärt werden[25]). Abweichende Vereinbarungen des Pfandgläubigers und Gläubigers sind statthaft[26]). Der Pfandgläubiger kann von dem Gläubiger die Kündigung verlangen, wenn die Einziehung der Forderung wegen Gefährdung ihrer Sicherheit nach den Regeln einer ordnungsmäßigen Vermögensverwaltung geboten ist[27]).

---

gläubiger aber als Pfandberechtigten zu, demnach auch für den Fall, daß das Pfandrecht nach § 1274, nicht nach § 1292, begründet ist. A. M. Biermann S. 507.

[19]) § 1285 Abs. 2 BGB.

[20]) § 1291 BGB.

[21]) Pfandgläubiger und Gläubiger sind einander verpflichtet, zur Einziehung mitzuwirken, wenn die mit dem Pfandrecht belastete Forderung fällig ist (§ 1285 BGB.).

[22]) § 1281 BGB. Mot. 3 S. 860, KProt. 3 S. 522. Vergl. § 1077 BGB., s. § 45 Ziff. 30. — Geht die Forderung auf Übertragung eines Grundstücks, so hat die Auflassung an den Verwahrer zu erfolgen; vergl. § 1287 BGB.

[23]) § 165 FGG.

[24]) Ist die Verkaufsberechtigung eingetreten, so ist an den Pfandgläubiger allein zu leisten (§ 1282 BGB.).

[25]) § 1283 BGB. Mot. 3 S. 860, KProt. 3 S. 525. Über die Zustimmung s. §§ 182 ff. BGB. — Im Falle des § 1294 steht die Kündigung dem Pfandgläubiger zu, s. Ziff. 18.

[26]) § 1284 BGB.

[27]) § 1286 BGB. Mot. 3 S. 860, KProt. 3 S. 525. Soll die Kündigung erzwungen werden, so hat die Vollstreckung des Urteils nach § 888 ZPO. zu erfolgen. Vergl. Turnau-Förster 1 S. 910.

Leistet der Schuldner, sei es an den Pfandgläubiger und den Gläubiger gemeinschaftlich, sei es an den Verwahrer, sei es an den Pfandgläubiger allein, so erwirbt mit der Leistung der Gläubiger den geleisteten Gegenstand (Sache oder Recht), der Pfandgläubiger aber ein Pfandrecht an dem Gegenstand, sofern ein Pfandrecht an dem Gegenstand überhaupt bestehen kann. Besteht die Leistung in der Übertragung des Eigentums an einem Grundstück, so erwirbt der Pfandgläubiger mit der Leistung des Schuldners eine Sicherungshypothek an dem Grundstück[28]. Der Erwerb der Sicherungshypothek tritt ohne weiteres ein; eine Eintragung erfolgt nur zur Berichtigung des Grundbuchs und zur Sicherstellung des Pfandgläubigers gegenüber dem öffentlichen Glauben des Grundbuchs.

Wird eine Geldforderung (auch Grundschuld, Rentenschuld) vor Eintritt der Verkaufsberechtigung eingezogen, so sind Pfandgläubiger und Gläubiger einander verpflichtet, dazu mitzuwirken, daß der eingezogene Betrag, soweit es ohne Beeinträchtigung des Interesses des Pfandgläubigers tunlich ist, nach den für die Anlegung von Mündelgeld geltenden Vorschriften verzinslich angelegt und gleichzeitig dem Pfandgläubiger das Pfandrecht bestellt wird. Die Art der Anlegung bestimmt der Gläubiger[29] (nicht Pfandgläubiger).

Der Pfandgläubiger, der eine Sache in Besitz hat, ist, wie schon angeführt, zur Verwahrung verpflichtet; dagegen obliegt ihm keine Verpflichtung zu Verwendungen. Macht er Verwendungen auf das Pfand, so handelt er regelmäßig in eigenem Interesse. Die Ersatzpflicht des Verpfänders bestimmt sich daher nur nach den Vorschriften über die Geschäftsführung ohne Auftrag[30], nicht nach den Vorschriften über die Verwahrung[31]. Für die Verwendungsansprüche haftet das Pfand[32]. Einrichtungen, mit denen der Pfandgläubiger das Pfand versehen hat, kann er jederzeit wegnehmen[33]. Die Ansprüche des Pfandgläubigers auf Ersatz von Verwendungen oder auf Gestattung der Wegnahme einer Einrichtung verjähren in 6 Monaten. Die

---

[28]) § 1287 BGB. Mot. 3 S. 864, KProt. 3 S. 522, 532. Abgesehen von den Wirkungen des öffentlichen Glaubens des Grundbuchs hat die Hypothek des Pfandgläubigers Rang von der Übertragung des Eigentums an dem Grundstück ab, nicht erst von der Eintragung an. — Für Pfändung s. § 848 ZPO.

[29]) §§ 1288, 1281 BGB. Mot. 3 S. 865, KProt. 3 S. 522.

[30]) §§ 677 ff. BGB.

[31]) § 693 BGB.

[32]) § 1210 Abs. 2 BGB.

[33]) § 1216 BGB. Mot. 3 S. 813, KProt. 3 S. 459.

Verjährung beginnt mit der Beendigung des Pfandverhältnisses[34]. — Gegenüber dem Eigentümer sind für die Verwendungsansprüche des Pfandgläubigers die Bestimmungen maßgebend, welche für die Verwendungsansprüche des Besitzers gegenüber dem Eigentümer gelten, sie sind also davon abhängig, daß der Eigentümer die Sachen wieder erlangt oder die Verwendungen genehmigt[35].

Besondere Vorschriften bestehen für den Fall, daß der Verderb des Pfandes oder eine die Sicherheit des Pfandgläubigers gefährdende Wertsminderung zu besorgen ist. Ist der Verderb der Pfandsache zu besorgen, so hat der Pfandgläubiger dem Verpfänder unverzüglich Anzeige zu machen, sofern nicht, was der Pfandgläubiger zu beweisen hat, die Anzeige untunlich ist. Droht nur eine, wenn auch wesentliche, Wertsminderung, so obliegt dem Pfandgläubiger keine Benachrichtigungspflicht. Aber in beiden Fällen, sowohl wenn der Verderb des Pfandes droht, als auch, wenn eine wesentliche Minderung des Wertes zu besorgen ist, muß der Pfandgläubiger auf Verlangen des Verpfänders das Pfand gegen anderweitige Sicherheitsleistung zurückgeben. Die Sicherheitsleistung durch Bürgen braucht der Pfandgläubiger nicht anzunehmen[36]. Der Pfandgläubiger seinerseits kann, wenn seine Sicherheit durch den drohenden Verderb des Pfandes oder durch eine zu besorgende wesentliche Minderung des Wertes gefährdet wird[37], das Pfand öffentlich[38] versteigern lassen[39]. Die Versteigerung ist erst zulässig, nachdem sie dem Verpfänder angedroht worden ist; die Androhung darf unterbleiben, wenn, was der Pfandgläubiger zu beweisen hat, das Pfand dem Verderb ausgesetzt und mit dem Aufschub der Versteigerung Gefahr verbunden oder die Androhung sonstwie untunlich ist. Im Falle der Wertsminderung hat außerdem der Pfandgläubiger dem Verpfänder, damit dieser das Pfand sich erhalten kann, eine angemessene Frist zur Leistung anderweitiger Sicherheit zu bestimmen. Die Fristbestimmung darf unterbleiben,

---

[34] § 1226 BGB. KProt. 3 S. 460.

[35] § 1001 BGB.

[36] § 1218 BGB. Mot. 3 S. 812, KProt. 3 S. 457. Eine Wertsminderung liegt z. B. vor, wenn der Kurs des Wertpapiers sinkt.

[37] Die Sicherheit ist gefährdet, sobald zweifelhaft ist, ob bei einem Verkaufe des Pfandes die Forderung gedeckt wird. Vergl. § 237 BGB.

[38] § 383 Abs. 3 BGB. Hat das Pfand einen Börsen- oder Marktpreis, so kann der Pfandgläubiger den Verkauf aus freier Hand durch einen zu solchen Verkäufen öffentlich ermächtigten Handelsmäkler oder durch eine zur öffentlichen Versteigerung befugte Person zum laufenden Preise bewirken (§ 1221 BGB.). Der Börsenpreis ist der gemeine Preis, um den die betreffende Ware zu der in Betracht kommenden Zeit an der in Frage kommenden Börse gehandelt wird. RGE. 47 S. 113.

[39] § 1219 BGB. Mot. 3 S. 812, KProt. 3 S. 457.

wenn sie untunlich ist. Von der Versteigerung oder dem Verkaufe hat der Pfandgläubiger dem Verpfänder unverzüglich zu benachrichtigen, wenn nicht die Benachrichtigung untunlich ist; im Falle der Unterlassung ist er zum Schadensersatze verpflichtet[40]). Der bei der Versteigerung oder dem Verkaufe erzielte Erlös tritt an die Stelle des Pfandes. Auf Verlangen des Verpfänders ist der Erlös zu hinterlegen[41])[42]).

Nach dem Erlöschen des Pfandrechts hat der Pfandgläubiger dem Verpfänder das Pfand zurückzugeben[43]).

Das Hauptrecht des Pfandgläubigers ist das Verkaufsrecht[44]). Das Recht, durch Verkauf sich aus dem Pfande zu befriedigen, ist für den Pfandvertrag wesentlich. Ein Vertrag, nach welchem nur durch den Besitz oder durch die Nutzungen einer Sache Befriedigung für eine Forderung gewährt werden soll, ist kein Pfandvertrag. Auf der anderen Seite ist eine Vereinbarung, nach welcher dem Pfandgläubiger, falls er nicht oder nicht rechtzeitig befriedigt wird, das Eigentum zufallen oder, sei es auch zum Börsen- oder Marktpreis, übertragen werden soll, nichtig, sofern diese Vereinbarung vor dem Eintritt der Verkaufsberechtigung getroffen worden ist[45]). Eine solche Vereinbarung hat nicht einmal obligatorische Wirkung. Dagegen ist nicht verboten, nach dem Eintritt der Verkaufsberechtigung zu vereinbaren, daß das Eigentum an dem Pfande behufs Tilgung der Forderung auf den Pfandgläubiger übergehe.

Die Verkaufsberechtigung des Pfandgläubigers tritt ein, sobald die durch das Pfandrecht gesicherte Forderung ganz oder nur zum Teil fällig ist, vorausgesetzt, daß es sich um eine Geld-

---

[40]) § 1220 BGB. Mot. 3 S. 812, KProt. 3 S. 457.

[41]) § 1219 BGB. An dem Erlös entsteht ein Pfandrecht. Gehen Geld oder Wertpapiere bei der Hinterlegung in das Eigentum der Hinterlegungsanstalt, so besteht das Pfandrecht an der Forderung auf Rückerstattung (§ 233 BGB.). Die Hinterlegung erfolgt im Interesse des Verpfänders, daher auf seine Kosten.

[42]) Da die §§ 1219 bis 1221 den Besitz des Pfandes voraussetzen, erscheinen sie für das Pfandrecht an einem eingetragenen Schiffe nicht anwendbar (§ 1266 BGB.). Vergl. Biermann S. 486.

[43]) § 1223 BGB.

[44]) Eine Verkaufspflicht besteht nicht, aber der Schuldner kann einer Vollstreckung in sein sonstiges Vermögen unter den Voraussetzungen des § 777 ZPO. widersprechen. Für Bürgen s. § 772 Abs. 2 BGB. Vergl. ferner § 127 KO., RG 4 VII 1902 JW. S. 444[8].

[45]) § 1229 BGB. Mot. 3 S. 820, KProt. 3 S. 467. Umfang der Nichtigkeit s. § 139 BGB. — Auflösend bedingte Eigentumsübertragungen werden von der Bestimmung des § 1229 nicht getroffen. Vergl. Mot. 3 S. 821. — Bei Verpfändung von Geld wird es der regelmäßigen Parteiabsicht entsprechen, daß die Rechtsbeziehungen der Parteien in gleicher Weise gelöst werden wie im Falle der Aufrechnung. KProt. 3 S. 469; vergl. Mot. 3 S. 821.

forderung handelt. Besteht der geschuldete Gegenstand nicht in Geld, so ist der Verkauf erst zulässig, wenn die Forderung in eine Geldforderung übergegangen ist[46]). Verzug des Schuldners ist keine Voraussetzung der Verkaufsberechtigung. Wird verkauft, ehe die Forderung ganz oder zum Teil fällig ist, oder ehe sie in eine Geldforderung übergegangen ist, so ist die Veräußerung des Pfandes nicht rechtmäßig[47]).

Hat der Pfandgläubiger mehrere Pfänder, so kann er, soweit nicht ein Anderes bestimmt ist, diejenigen auswählen, welche verkauft werden sollen. Er darf aber nur so viele Pfänder zum Verkaufe bringen als zu seiner Befriedigung erforderlich sind. Wird ein Pfand veräußert, ohne daß die Veräußerung zur Befriedigung des Pfandgläubigers erforderlich ist, so ist die Veräußerung nicht rechtmäßig[48]).

Um den Verkauf vornehmen zu können, muß der Pfandgläubiger im unmittelbaren Alleinbesitze des Pfandes sein. Ist der Pfandgläubiger nicht im unmittelbaren oder mittelbaren[49]) Alleinbesitz des Pfandes, so kann er nach dem Eintritte der Verkaufsberechtigung die Herausgabe des Pfandes von dem Verpfänder oder dem Dritten, dem gegenüber sein Pfandrecht wirkt, fordern; auf Verlangen des Verpfänders hat an Stelle der Herausgabe die Ablieferung an einen gemeinschaftlichen Verwahrer zu erfolgen, der sich bei der Ablieferung zu verpflichten hat, das Pfand zum Verkaufe bereitzustellen[50]). Ein vorgehender Pfandgläubiger ist nicht verpflichtet, einem ihm im Range nachstehenden Pfandgläubiger das Pfand zum Zwecke des Verkaufs herauszugeben. Ist der vorgehende Pfandgläubiger nicht im — unmittelbaren oder mittelbaren — Alleinbesitze des Pfandes, so kann er, sofern er nicht selbst den Verkauf betreibt,[51]) dem Verkaufe durch den nachstehenden Pfandgläubiger nicht widersprechen[52]). Haben die Pfandgläubiger gleichen Rang (ist z. B. die Forderung ge-

---

[46]) § 1228 BGB. Mot. 3 S. 817, KProt. 3 S. 463. Vergl. §§ 280, 283, 286, 325 BGB.

[47]) § 1243 mit § 1228 Abs. 2 BGB.

[48]) § 1230 mit § 1243 BGB. Mot. 3 S. 828, KProt. 3 S. 479. Für Pfändungen s. §§ 803, 818 ZPO. — Bei teilweiser Befriedigung des Pfandgläubigers kann von dem Verpfänder nicht Rückgabe einzelner Gegenstände verlangt werden.

[49]) Ist er mittelbarer Alleinbesitzer, so hat er auf Grund des zwischen ihm und dem unmittelbaren Besitzer bestehenden Rechtsverhältnisses sich den unmittelbaren Besitz zu verschaffen.

[50]) § 1231 BGB. KProt. 3 S. 463.

[51]) Der vorgehende Pfandgläubiger kann die Herausgabe von dem nachgehenden verlangen.

[52]) § 1232 BGB. Mot. 3 S. 819, KProt. 3 S. 466. Der vorgehende Pfandgläubiger behält sein Vorrecht an dem Erlöse (§ 1247 BGB.). — Für Pfändung s. § 805 ZPO.

teilt), so findet in Ansehung des Rechtes auf den Pfandbesitz eine Art von Gemeinschaftsverhältnis statt; der einzelne Genosse kann den zur Veräußerung des Pfandes erforderlichen Maßnahmen nicht widersprechen[53]).

Für die Vornahme des Verkaufs der Pfandsache[54]) stehen zwei Wege offen:

a) Verkauf nach den Vorschriften, die für den Verkauf einer gepfändeten Sache gelten[55]).

Diesen Weg kann der Pfandgläubiger nur einschlagen, wenn er einen vollstreckbaren Titel gegen den Eigentümer erlangt hat. Vollstreckbarer Titel gegen den persönlichen Schuldner genügt nicht[56]). Ist der Eigentümer auch der Schuldner der durch das Pfandrecht gesicherten Forderung, so kann der Pfandgläubiger gegen ihn als den Schuldner vorgehen, sich einen vollstreckbaren Titel verschaffen und das Pfand als Gegenstand der Zwangsvollstreckung benutzen. Um die Realisierung des Pfandrechts handelt es sich bei solchem Vorgehen nicht[57]). Ist der Eigentümer dagegen nicht zugleich Schuldner der Forderung, so kann der Pfandgläubiger gegen ihn nur den dinglichen Anspruch geltend machen und sich für die Verpflichtung des Eigentümers, die Vornahme des Pfandverkaufs zu dulden, einen vollstreckbaren Titel verschaffen. Im Urkundenprozeß (§ 592 ZPO.) oder im Mahnverfahren (§ 688 ZPO.) oder durch Notarsurkunde (§ 794 Abs. 1 Ziff. 5 ZPO.) kann ein solcher Titel, da er nicht die Zahlung einer Geldsumme zum Gegenstande hat und nicht kraft gesetzlicher Vorschrift als ein solcher Anspruch gilt, nicht erlangt werden. Auf Grund des § 1233 Abs. 2 kann der Pfandgläubiger durch Klage einen Titel auf Duldung des Pfandverkaufs erlangen. Für die Kosten haftet das Pfand[58]). Der Titel ermöglicht die Vornahme des Pfandverkaufs auf Grund der Vorschriften der Prozeßordnung[59]).

---

[53]) Mot. 3 S. 820; §§ 744 ff. BGB.

[54]) Inhaberpapier (§ 1293 BGB.). — Aus einem eingetragenen Schiffe und dem Zubehör kann der Pfandgläubiger seine Befriedigung nur auf Grund eines vollstreckbaren Titels nach den für die Zwangsvollstreckung geltenden Vorschriften suchen (§ 1268 BGB.). Vergl. KG 19 VII 1904 Recht 1905 S. 55. Über die Zwangsvollstreckung in eine Schiffspart s. § 858 ZPO.

[55]) § 1233 Abs. 2 BGB. Mot. 3 S. 822, KProt. 3 S. 474.

[56]) Auch ein vollstreckbarer Titel gegen den Verpfänder, der nicht der Eigentümer ist, genügt nicht. Doch gilt bei dem Verkaufe zu Gunsten des Pfandgläubigers der Verpfänder als der Eigentümer, wenn der Pfandgläubiger nicht weiß, daß der Verpfänder nicht der Eigentümer ist (§ 1248 BGB.). Es kommt darauf an, ob noch im Zeitpunkte des Verkaufs der Pfandgläubiger den Verpfänder für den Eigentümer gehalten hat. Abw. Biermann S. 455.

[57]) KProt. 3 S. 475.

[58]) § 1210 Abs. 2 BGB.

[59]) Für den Pfandverkauf nach § 1233 Abs. 2 erscheinen anwendbar die §§ 814, 816, 817 Abs. 1—3, 820 ZPO.; an Stelle der §§ 817 Abs. 4,

b) Außergerichtlicher Verkauf.

Der Pfandgläubiger kann den Pfandverkauf außergerichtlich betreiben. Es handelt hierbei kraft eigenen Rechtes, nicht als Vertreter des Eigentümers[60]). Auf Grund seines dinglichen Rechtes an dem Pfande kann er für Rechnung des Eigentümers den Kaufvertrag im eigenen Namen abschließen und durch Verschaffung des Eigentums an dem fremden Vermögensgegenstande erfüllen.

Über die Art des Pfandverkaufs können Eigentümer und Pfandgläubiger Vereinbarungen mit dinglicher Wirkung treffen[61]). Vertragsmäßige Beschränkungen des Rechtes des Pfandgläubigers sind unbedingt zulässig; es kann z. B. der außergerichtliche Pfandverkauf ganz ausgeschlossen und der Pfandgläubiger auf den Weg des gerichtlichen Pfandverkaufs verwiesen werden. Dagegen kann der Eigentümer vor dem Eintritt der Verkaufsberechtigung nicht darauf verzichten, daß der Verkauf im Wege der öffentlichen Versteigerung oder um den Börsen- oder Marktpreis erfolge, daß Zeit und Ort der Versteigerung öffentlich bekannt zu machen und Gold- oder Silbersachen nicht unter dem Gold- oder Silberwerte zuzuschlagen seien[62]).

Erscheint die Beobachtung der gesetzlichen Vorschriften über die Formen des Pfandverkaufs (§§ 1235 bis 1240) unzweckmäßig

---

818, 819 ZPO. werden die Vorschriften in § 1239 Abs. 1 Satz 2, § 1230 Satz 2 und § 1247 BGB. treten. Nicht anwendbar ist § 806 ZPO. Vergl. Biermann S. 456, a. M. Planck § 1233 Bem. 2 b.

[60]) Der Pfandbestellungsvertrag begründet ein Schuldverhältnis zwischen dem Verpfänder und dem Pfandgläubiger, bei dem Pfandverkaufe steht dem Pfandgläubiger der Eigentümer gegenüber, doch gilt bei dem Verkaufe des Pfandes zu Gunsten des Pfandgläubigers der Verpfänder als der Eigentümer, es sei denn, daß der Pfandgläubiger weiß, daß der Verpfänder nicht der Eigentümer ist (§ 1248 BGB.). Fahrlässiges Nichtwissen genügt nicht.

[61]) Bei rechtmäßiger Veräußerung des Pfandes erlöschen die Pfandrechte an der Sache und der Nießbrauch, der nicht allen Pfandrechten im Range vorgeht (§ 1242 Abs. 2 BGB.). Steht einem Dritten ein solches Recht zu, das durch die Veräußerung erlischt, so ist seine Zustimmung zu den Vereinbarungen des Pfandgläubigers mit dem Eigentümer erforderlich. Die Zustimmung ist demjenigen gegenüber zu erklären, zu dessen Gunsten sie erfolgt; sie ist unwiderruflich (§ 1245 BGB.). Die Vereinbarungen zwischen Pfandgläubiger und Eigentümer sind formlos, sie sind aber für den Inhalt des Pfandrechts bestimmend.

[62]) § 1245 Abs. 2 BGB. Mot. 3 S. 828, KProt. 3 S. 479. Die Abänderung der Bestimmung des § 1230 Satz 2, wonach nur soviele Pfänder zum Verkaufe gebracht werden können, als zur Befriedigung des Pfandgläubigers erforderlich sind, ist vor Eintritt der Verkaufsberechtigung zulässig trotz der Bestimmung des § 1243 Abs. 1 BGB. — Die Vorschrift des § 1228 Abs. 2 betrifft nicht die Art des Pfandverkaufs; sie ist der rechtsgeschäftlichen Änderung entzogen. Vergl. Biermann S. 466.

und entspricht eine davon abweichende Art des Pfandverkaufs nach billigem Ermessen den Interessen der Beteiligten, so kann jeder von ihnen, auch der berechtigte Dritte, verlangen, daß der Verkauf in dieser Art erfolge. Bei mangelnder Einigung entscheidet das Amtsgericht des Ortes, wo das Pfand aufbewahrt wird. Vor der Entscheidung sind die Beteiligten soweit tunlich zu hören[63]).

Hat der Verkauf nach Maßgabe der gesetzlichen Vorschriften zu erfolgen, so hat der Pfandgläubiger nach dem Eintritt der Verkaufsberechtigung dem Eigentümer (Verpfänder gemäß § 1248) den Verkauf anzudrohen und dabei den Geldbetrag zu bezeichnen, wegen dessen der Verkauf stattfinden soll; Benachrichtigung des Schuldners ist nicht vorgeschrieben. Die Androhung darf unterbleiben, wenn sie, was der Pfandgläubiger zu beweisen hat, untunlich[64]) ist. Der Verkauf darf nicht vor dem Ablaufe eines Monats nach der Androhung oder, wenn die Androhung untunlich war, nach dem Eintritt der Verkaufsberechtigung erfolgen[65]). — Die Rechtmäßigkeit der Veräußerung ist von der Beobachtung dieser Vorschriften nicht abhängig gemacht; der Pfandgläubiger ist aber zum Schadensersatze verpflichtet, wenn er eine dieser Vorschriften in schuldhafter Weise verletzt[66]).

Der Verkauf des Pfandes ist im Wege öffentlicher Versteigerung zu bewirken, also öffentlich durch einen für den Versteigerungsort bestellten Gerichtsvollzieher oder anderen zu Versteigerungen befugten Beamten oder öffentlich angestellten Versteigerer. Hat das Pfand einen Börsen- oder Marktpreis, so kann der Pfandgläubiger den Verkauf aus freier Hand durch einen zu solchen Verkäufen öffentlich ermächtigten Handelsmäkler oder durch eine zur öffentlichen Versteigerung befugte Person zum laufenden Preise vornehmen[67]). — Wird gegen diese Vor-

---

[63]) § 1264 BGB. Mot. 3 S. 829, KProt. 3 S. 479. § 166 FGG. Eine Abweichung von der Vorschrift des § 1234 über die Androhung des Verkaufs und über die einzuhaltende Frist darf nicht angeordnet werden. Auch bleibt die in § 1245 Abs. 2 angeordnete Beschränkung (s. Ziff. 62) bestehen. Beteiligte sind der Eigentümer, der Pfandgläubiger und etwaige Dritte, deren Rechte bei der Veräußerung erlöschen (s. Anm. 61), nicht auch der persönliche Schuldner. Gegenstand der Entscheidung ist nur die Art und Weise des Pfandverkaufs.

[64]) Bei der Frage der Tunlichkeit kommt § 132 Abs. 2 BGB. über die öffentliche Zustellung von Willenserklärungen nicht in Betracht. Mot. 3 S. 824.

[65]) § 1234 BGB. Mot. 3 S. 823, KProt. 3 S. 476. Abkürzung der Frist bei Handelsgeschäften s. § 368 HGB.

[66]) § 1243 BGB. — Besteht Streit über die Frage, ob Eintritt der Verkaufsberechtigung (§ 1228 Abs. 2 BGB.) vorliegt, so kann der Eigentümer die Entscheidung auf dem Wege der Eigentums-Störungsklage herbeiführen, der Pfandgläubiger kann auf Duldung des Verkaufs (§ 1233 Abs. 2) klagen.

[67]) § 1235 BGB. Mot. 3 S. 824, KProt. 3 S. 476. S. Anm. 38.

schriften verstoßen, so ist die Veräußerung des Pfandes nicht rechtmäßig[68]).

Die Versteigerung hat in der Ortschaft zu erfolgen, wo das Pfand aufbewahrt wird. Ist von einer Versteigerung an dem Aufbewahrungsort kein angemessener Erfolg zu erwarten, so ist das Pfand an einem geeigneten anderen Orte zu versteigern. Der Pfandgläubiger hat darüber zu entscheiden. Schuldhafter Verstoß gegen die durch diese Vorschrift begründete Verpflichtung macht schadensersatzpflichtig[69]).

Zeit und Ort der Versteigerung sind unter allgemeiner Bezeichnung des Pfandes öffentlich bekannt zu machen. Wird gegen diese Vorschrift verstoßen, so ist die Veräußerung des Pfandes nicht rechtmäßig[70]). Der Eigentümer (Verpfänder § 1248) sowie Dritte, denen Rechte an dem Pfande zustehen, sind besonders zu benachrichtigen. Die Benachrichtigung des Eigentümers kann mit der Androhung des Pfandverkaufs verbunden werden. Die Benachrichtigung darf unterbleiben, wenn sie untunlich ist. Ein Verstoß hiergegen macht, wenn Verschulden vorliegt, den Pfandgläubiger schadensersatzpflichtig[71]).

Der Verkauf des Pfandes erfolgt gegen Barzahlung. Das Pfand darf nur mit der Bestimmung verkauft werden, daß der Käufer den Kaufpreis sofort, Zug um Zug mit der Übergabe, bar zu entrichten hat und seiner Rechte verlustig sein soll, wenn dies nicht geschieht. Eine Stundung geschieht auf Gefahr des Pfandgläubigers; erfolgt der Verkauf ohne die bezeichnete Bestimmung, so ist der Kaufpreis als von dem Pfandgläubiger empfangen anzusehen, die Rechte des Pfandgläubigers gegen den Ersteher bleiben unberührt. Das Gleiche gilt, wenn die Bestimmung der Barzahlung mit der Verwirkungsklausel aufgenommen ist, aber nicht vor dem Schlusse des Versteigerungstermins von dem Vorbehalte der Rechtsverwirkung Gebrauch gemacht wird[72]).

Bei der Versteigerung können der Pfandgläubiger, der Eigentümer und der Schuldner mitbieten, nicht aber auch der mit der Vornahme oder Leitung des Verkaufs Beauftragte und die von ihm zugezogenen Gehilfen. Da gegen den Eigentümer und den Schuldner die Vermutung spricht, daß es ihnen an den nötigen Mitteln fehlt, darf ihr Gebot von dem den Verkauf be-

---

[68]) §§ 1243, 1244 BGB.

[69]) § 1236 mit § 1243 BGB. Mot. 3 S. 824, KProt. 3 S. 478.

[70]) § 1237 mit § 1243 BGB. Mot. 3 S. 824, KProt. 3 S. 477.

[71]) § 1237 Satz 2 mit § 1243 Abs. 2 BGB.

[72]) § 1238 BGB. Mot. 3 S. 827, KProt. 3 S. 479.

treibenden Pfandgläubiger zurückgewiesen werden, wenn nicht der Betrag bar erlegt wird. Erhält der Pfandgläubiger den Zuschlag, so ist der Kaufpreis als von ihm empfangen anzusehen[73]).

Gold- und Silbersachen dürfen nicht unter dem Gold- oder Silberwerte zugeschlagen werden. Wird kein genügendes Gebot abgegeben, so kann der Verkauf durch eine zur öffentlichen Versteigerung befugte Person aus freier Hand zu einem den Gold- oder Silberwert erreichenden Preise erfolgen[74]). Wird gegen diese Vorschrift verstoßen, so ist die Veräußerung des Pfandes nicht rechtmäßig[75]).

Von dem erfolgten Verkaufe und dem Ergebnisse hat der Pfandgläubiger den Eigentümer (Verpfänder § 1248) unverzüglich zu benachrichtigen, sofern nicht die Benachrichtigung untunlich ist. Schuldhafte Unterlassung macht schadensersatzpflichtig[76]).

Durch die rechtmäßige Veräußerung[77]) des Pfandes erlangt der Erwerber — auch der Pfandgläubiger, wenn ihm der Zuschlag erteilt wird, — die gleichen Rechte, wie wenn er die Sache von dem Eigentümer erworben hätte. Er wird Eigentümer, sollte auch der Pfandgläubiger sein Pfandrecht von einem Nichtberechtigten hergeleitet haben. Mit dem Erwerb des Eigentums durch den Ersteher erlöschen alle Rechte an der Sache, auch wenn sie dem Erwerber bekannt sind, nur ein Nießbrauch, der allen Pfandrechten im Range vorgeht, erlischt nicht, wenn der Erwerber in Ansehung dieses Rechtes nicht in gutem Glauben ist[78]).

Wird eine Sache als Pfand veräußert[79]), ohne daß dem Veräußerer ein Pfandrecht zusteht, oder ist gegen Vorschriften verstoßen worden, von denen die Rechtmäßigkeit der Veräußerung abhängt[80]), so wird der Ersteher Eigentümer, sofern wenigstens der Verkauf des Pfandes im Wege öffentlicher Ver-

---

[73]) § 1239 BGB. Mot. 3 S. 825, KProt. 3 S. 479. Vergl. §§ 457, 456, 458 BGB. Wird ein Gebot zurückgewiesen, so bleibt das voraufgehende Gebot in Kraft. Vergl. § 72 Abs. 1 ZVG.

[74]) § 1240 BGB. Mot. 3 S. 827, KProt. 3 S. 479.

[75]) § 1243 Abs. 1 BGB.

[76]) § 1241 mit § 1243 Abs. 2 BGB. Mot. 3 S. 830, KProt. 3 S. 480.

[77]) Die Erfordernisse der Übereignung bestimmen sich nach §§ 929 ff. BGB. In dem Zuschlage kommt die Einigung zu stande.

[78]) § 1242 BGB. Mot. 3 S. 830, KProt. 3 S. 480. Erforderlich ist, daß das Pfandrecht zur Entstehung gelangt ist. — Vergl. § 936 BGB.

[79]) Die Sache wird als Pfand veräußert, wenn die Veräußerung nach § 1233 Abs. 1 oder Abs. 2 vor sich geht; für die Veräußerung nach § 1233 Abs. 1 s. insbesondere § 1235 Abs. 1, § 1235 Abs. 2, § 1240 Abs. 2 BGB.

[80]) S. § 1243 Abs. 1 BGB.

steigerung vor sich geht oder aus freier Hand durch eine zur öffentlichen Versteigerung befugte Person zum Börsen- oder Marktpreis oder zu einem den Gold- oder Silberwert erreichenden Preise erfolgt, es müßte denn sein, daß der Ersteher in Kenntnis oder grobfahrlässiger Unkenntnis davon ist[81]), daß dem Veräußerer das Pfandrecht nicht zusteht oder daß den bezeichneten Formvorschriften nicht genügt ist[82]). Mangelt es in der einen oder in der anderen Richtung, so bleibt die veräußerte Sache im Eigentum des bisherigen Eigentümers und ist der Ersteher dem Herausgabeanspruch des Eigentümers ausgesetzt. — Ist die Sache mit dem Rechte eines Dritten belastet, so erlischt mit dem Erwerbe des Eigentums das Recht, auch wenn es dem Erwerber bekannt war; nur ein Nießbrauch, der allen Pfandrechten im Range vorgeht, erlöscht nicht, wenn der Erwerber in Ansehung dieses Rechtes nicht in gutem Glauben ist[83]).

Soweit der Erlös aus dem Pfande dem Pfandgläubiger zu seiner Befriedigung gebührt, gilt die Forderung als von dem Eigentümer berichtigt; im übrigen tritt der Erlös an die Stelle des Pfandes[84]).

Besteht der Erlös in Bargeld, das bei der Veräußerung von dem Erwerber gezahlt worden ist, so bezieht der Pfand-

---

[81]) Die Vorschriften der §§ 932 bis 934 BGB. finden entsprechende Anwendung; § 935 BGB. findet keine Anwendung, auch wenn der Verkauf freihändig erfolgt. Mot. 3 S. 832.

[82]) § 1244 BGB. Mot. 3 S. 831, KProt. 3 S. 482.

[83]) § 1244 in Verbindung mit § 936 und § 1242 BGB. Der gute Glaube des Erwerbers besteht in der Unkenntnis davon, daß dem Veräußerer das Pfandrecht nicht zusteht und daß den Formvorschriften nicht genügt ist. Ist der Erwerber in dieser Weise gutgläubig, so erwirbt er das Eigentum und erlöschen die Rechte Dritter (§ 936) ebenso, wie wenn eine rechtmäßige Veräußerung stattgefunden hätte (§ 1242 Abs. 1 und 2). Ob der Erwerber die Rechte der Dritten kennt oder nicht, ist nur insoweit von Belang, als der allen Pfandrechten vorgehende Nießbrauch erlischt, wenn der Erwerber dieses Recht nicht kennt und die Unkenntnis nicht auf grober Fahrlässigkeit beruht. Kennt der Erwerber den an erster Stelle stehenden Nießbrauch, so wird der Erlös entsprechend geringer werden, weil der Nießbrauch bestehen bleibt. Kennt er den an erster Stelle stehenden Nießbrauch nicht, so wird der Erlös regelmäßig dem Werte des Pfandes entsprechen. Der Erlös tritt an die Stelle des Pfandes (§ 1247). Die Rechte, die an dem auf den Erwerber übergehenden Pfande erlöschen, ruhen auf dem Erlöse. Dabei kann es auf die Kenntnis oder Unkenntnis des Erwerbers von den Pfandrechten oder einem nachstehenden Nießbrauch nicht ankommen. Der Erwerber darf darauf rechnen, daß die sämtlichen an dem Pfande erlöschenden Rechte in dem Erlöse den ihnen zukommenden Ersatz finden. Vergl. Biermann S. 464, a. M. Planck § 1244 Bem. 3b.

[84]) § 1247 BGB. Mot. 3 S. 833, KProt. 3 S. 482. Der Erlös tritt an die Stelle des Pfandes, wenn das Eigentum auf den Ersteher übergeht; auch im Falle des § 1244 BGB. (s. Anm. 83). Hat der betreibende Pfandgläubiger kein Pfandrecht, so gebührt ihm kein Teil des Erlöses.

gläubiger den Teil, der ihm nach dem Rangverhältnisse zu den übrigen Beteiligten gebührt, als sein Eigentum, wie wenn der Eigentümer die Forderung berichtigt hätte; das Geld, das ihm nicht gebührt, hat er für den Eigentümer und für diejenigen inne, welche dingliche Rechte an dem Pfande hatten und nunmehr an dem Surrogate des Pfandes besitzen[85]).

Ist der Pfandgläubiger selbst der Ersteher oder gilt aus einem sonstigen Grunde der Kaufpreis als von dem Pfandgläubiger empfangen[86]), so ist seine Forderung, soweit ihm Befriedigung gebührt, erloschen, gleich als ob der Eigentümer zur Tilgung der Forderung den Kaufpreis an ihn gezahlt hätte; für den Betrag, der dem Pfandgläubiger nicht zukommt, hat der Eigentümer eine Forderung gegen diesen, die aber belastet ist durch die Nießbrauch- und Pfandrechte, die an dem Pfande bestanden hatten und an dem Pfande erloschen sind, aber jetzt an der Forderung des Eigentümers gegen den Pfandgläubiger bestehen. Die Befriedigung der dinglich Berechtigten erfolgt nach dem Rangverhältnis, in welchem ihre Rechte stehen, der verbleibende Rest gebührt dem Eigentümer.

Bei dem Pfandrechte an einem Rechte ist der Privatverkauf regelmäßig unstatthaft. Der Pfandgläubiger kann, sofern nichts Anderes bestimmt ist, seine Befriedigung nur auf Grund eines, auf Duldung der Zwangsvollstreckung lautenden, vollstreckbaren Titels gegen den Inhaber des verpfändeten Rechtes suchen[87]) nach den Vorschriften, die für die Zwangsvollstreckung gelten[88]). Auch hier ist eine vor dem Eintritte der Verkaufsberechtigung getroffene Vereinbarung, nach welcher dem Pfandgläubiger, falls er nicht oder nicht rechtzeitig befriedigt wird, das mit dem Pfandrechte belastete Recht zufallen oder übertragen werden soll, nichtig. Ebenso kann, auch wenn vereinbart ist, daß Privatverkauf stattfinden dürfe, vor dem Eintritt der Verkaufsberechtigung nicht darauf verzichtet werden, daß ein Verkauf des Pfandes im Wege öffentlicher Versteigerung zu bewirken ist und daß nur, wenn das Pfand einen Börsen- oder Marktpreis haben sollte, der Pfandgläubiger den Verkauf aus freier Hand durch einen zu solchen Verkäufen

---

[85]) Schwierigkeiten, die bei der Ausscheidung sich ergeben könnten, lassen sich durch die Annahme eines Miteigentums erledigen, das dem Pfandgläubiger an dem Gelde zusteht nach dem Verhältnisse des ihm gebührenden Betrages zu der Summe des Erlöses. Vergl. Mot. 3 S. 834.

[86]) §§ 1238 Abs. 2, 1239 BGB.

[87]) § 1277 BGB. Mot. 3 S. 858, KProt. 3 S. 521.

[88]) §§ 828, 835 ff. ZPO. Einer Pfändung bedarf es für den Pfandgläubiger nicht. A. M. Planck § 1277 Bem. 1. Auf Grund eines auf Zahlung lautenden Titels kann unabhängig von dem Pfandrecht zur Pfändung geschritten werden.

öffentlich ermächtigten Handelsmäkler oder durch eine zur öffentlichen Versteigerung befugte Person zum laufenden Preise bewirken kann, ferner, daß Zeit und Ort der Versteigerung unter allgemeiner Bezeichnung des Pfandes öffentlich bekannt zu machen sind, endlich, daß der Verkauf von Rechten, die sich auf Gold- oder Silbersachen beziehen, nicht unter dem Gold- oder Silberwerte vor sich gehen darf und daß, wenn ein genügendes Gebot nicht abgegeben wird, der Verkauf durch eine zur öffentlichen Versteigerung befugte Person aus freier Hand zu einem den Gold- oder Silberwert erreichenden Preise zu erfolgen hat[89]).

Ohne Einhaltung der Vorschriften über die Zwangsvollstreckung, ohne die für einen Privatverkauf vorgeschriebenen Förmlichkeiten kann der Pfandgläubiger ein verpfändetes Papier, das durch Indossament übertragen werden kann und einen Börsen- oder Marktpreis hat, nach dem Eintritt der Verkaufsberechtigung aus freier Hand durch einen zu solchen Verkäufen öffentlich ermächtigten Handelsmäkler oder durch eine zur öffentlichen Versteigerung befugte Person zum laufenden Preise verkaufen lassen[90]).

Bei Forderungen (auch Grundschulden, Rentenschulden), die mit einem Pfandrechte belastet sind, hat der Pfandgläubiger, soweit nicht er und der Gläubiger ein Anderes vereinbaren, auch ein Einziehungsrecht. Zur Einziehung ist, wenn mehrere Pfandrechte an der Forderung (Grundschuld, Rentenschuld) bestehen, nur derjenige Pfandgläubiger berechtigt, dessen Pfandrecht den übrigen Pfandrechten vorgeht[91]). Im allgemeinen besteht das Einziehungsrecht erst von dem Zeitpunkte der Fälligkeit der durch

---

[89]) § 1277 mit §§ 1229, 1245 Abs. 2 BGB. Die Bestimmung des § 1246 ist nicht anwendbar. Für die Vereinbarungen, durch die Abweichungen von der gesetzlichen Regel bestimmt werden, gilt § 1245 Abs. 1 BGB. (s. Anm. 61).

[90]) § 1295 BGB. KProt. 3 S. 531, 6 S. 262. Für den Verkauf eines Inhaberpapieres gelten die Vorschriften der §§ 1234 ff. BGB. Hat das Inhaberpapier einen Börsen- oder Marktpreis, so kann der Verkauf nach § 1235 Abs. 2 mit § 1221 aus freier Hand erfolgen. Für den Verkauf der Orderpapiere nach § 1295 ist die Beobachtung der Bestimmung des § 1234 (Androhung des Verkaufs) nicht vorgeschrieben. Vergl. Biermann S. 508, Turnau-Förster 1 S. 915; a. M. Planck § 1295 Bem. 2.

[91]) § 1290 BGB. Mot. 3 S. 863, KProt. 3 S. 532. Die Einziehung einer Geldforderung steht dem Pfandgläubiger nur insoweit zu, als sie zu seiner Befriedigung erforderlich ist (§ 1282 Abs. 1). Daraus ist nicht zu entnehmen, daß der nachstehende Pfandgläubiger den die Forderung des vorgehenden Pfandgläubigers übersteigenden Betrag vor dem vorgehenden Pfandgläubiger einziehen dürfte; es besteht keine Sicherheit, daß der Schuldner im stande ist, den Rest der Forderung zu zahlen. Abw. Planck 3 § 1290 Bem. 2. — Haben die Pfandrechte gleichen Rang, so geht keines von ihnen den anderen vor, sie sind daher nur gemeinsam zur Einziehung berechtigt. Vergl. Turnau-Förster 1 S. 913, abw. Planck § 1290 Bem. 3, Biermann S. 504.

das Pfand gesicherten Geldforderung an; erst wenn dieser Zeitpunkt eingetreten ist (§ 1228 Abs. 2), ist der Pfandgläubiger zur Einziehung der Forderung berechtigt und kann der Schuldner nur an ihn leisten[92]). Ist aber ein Wechsel, ein anderes Papier, das durch Indossament übertragen werden kann, oder ein Inhaberpapier Gegenstand des Pfandrechts, so ist, auch bevor die Fälligkeit der Forderung des Pfandgläubigers eingetreten ist, der Pfandgläubiger zur Einziehung und zur Kündigung berechtigt und kann der Schuldner nur an ihn leisten[93]).

Ist der Eintritt des in § 1228 Abs. 2 bezeichneten Zeitpunktes Voraussetzung des Einziehungsrechtes, so ist es Sache des Schuldners, zu prüfen, ob die durch das Pfandrecht gesicherte Forderung fällig und ob sie eine Geldforderung ist. Dem Gläubiger gegenüber ist der Pfandgläubiger, soweit er berechtigt ist, ohne Mitwirkung des Gläubigers die Forderung einzuziehen, verpflichtet, für die ordnungsmäßige Einziehung zu sorgen, auch hat er den Gläubiger von der erfolgten Einziehung unverzüglich zu benachrichtigen, sofern nicht die Benachrichtigung untunlich ist[94]).

Leistet der Schuldner, so erwirbt mit der Leistung der Gläubiger den geleisteten Gegenstand und der Pfandgläubiger ein Pfandrecht an dem Gegenstand. Besteht die Leistung in der Übertragung des Eigentums an einem Grundstücke, so erwirbt der Pfandgläubiger eine Sicherungshypothek[95]).

---

[92]) § 1282 BGB. Mot. 3 S. 861, KProt. 3 S. 522. Nur zur Einziehung, nicht auch zu anderen Verfügungen über die Forderung (z. B. Privatverkauf) ist der Pfandgläubiger berechtigt, abgesehen von dem Rechte, auf Grund eines vollstreckbaren Titels die Zwangsvollstreckung zu betreiben (§ 1282 Abs. 2). Die durch Aufrechnung bewirkte Tilgung der Forderung fällt unter den Begriff der Einziehung. RG 3 V 1904 E. 58 S 108.

[93]) § 1294 BGB. Mot. 3 S. 869, KProt. 3 S. 529. Es besteht kein Grund, die Bestimmung bei Orderpapieren auf den Fall einer Verpfändung nach § 1292 (im Gegensatz zu § 1274), bei Inhaberpapieren auf den Fall des unmittelbaren Alleinbesitzes des Pfandgläubigers zu beschränken. Der Pfandgläubiger hat das in § 1294 bezeichnete Recht als Pfandberechtigter, unabhängig davon, ob er nach außen als der allein legitimierte Gläubiger erscheint oder nicht. Ist bei Verpfändung nach § 1292 der Vermerk des Pfandrechts beigefügt (s. § 79 Anm. 24), so erscheint der Pfandgläubiger auch nach außen nur als Pfandberechtigter, nicht als Inhaber des Rechts. Was den Alleinbesitz des Inhaberpapiers angeht, so ist nur anzuerkennen, daß der Pfandgläubiger, wenn er von der durch § 1294 ihm erteilten Befugnis Gebrauch machen will, in der Lage sein muß, die Urkunde gegen die Leistung auszuhändigen. Ist er hierzu nicht in der Lage, so kann er die Befugnis nicht ausüben, das bildet aber keinen Grund, die gesetzliche Vorschrift einzuschränken. A. M. Biermann S. 507, Planck § 1294 Bem. 1.

[94]) § 1285 BGB. Mot. 3 S. 860, KProt. 3 S. 527.

[95]) § 1287 BGB. Mot. 3 S. 864, KProt. 3 S. 532. Das Pfandrecht entsteht mit der Leistung, sofern überhaupt an dem Gegenstand ein Pfandrecht bestehen kann. Kann an dem Gegenstand kein Pfandrecht bestehen, so ist anderweite vertragsmäßige Regelung geboten (§ 1284 BGB.). Mot. 3 S. 864.

Die Einziehung einer **Geldforderung** (auch Grundschuld, Rentenschuld) steht, wenn nicht ein anderes vereinbart ist, dem Pfandgläubiger nur insoweit zu, als sie zu seiner Befriedigung erforderlich ist[96]). Mit der Einziehung gilt die Forderung des Pfandgläubigers, soweit ihm der eingezogene Betrag zu seiner Befriedigung gebührt, als von dem Gläubiger berichtigt[97]). Soweit der Pfandgläubiger zur Einziehung berechtigt ist, kann er auch verlangen, daß ihm der Gläubiger die Geldforderung an Zahlungs Statt abtrete[98]). Mit der Abtretung gilt der Pfandgläubiger als befriedigt, soweit die Forderung besteht.

So lange die durch das Pfandrecht gesicherte Forderung noch keine Geldforderung oder noch nicht fällig ist, steht[99]) dem Gläubiger das Recht zu, eine verpfändete Forderung zu kündigen, wobei er der Zustimmung des Pfandgläubigers nur bedarf, wenn dieser berechtigt ist, die Nutzungen zu ziehen. Geht die durch das Pfandrecht gesicherte Forderung auf eine Geldleistung und ist sie fällig, so ist auch der Pfandgläubiger zur **Kündigung** der verpfändeten Forderung berechtigt. Daneben besteht das Kündigungsrecht des Gläubigers fort, der nach wie vor zur Kündigung der Zustimmung des Pfandgläubigers bedarf, wenn dieser berechtigt ist, die Nutzungen zu ziehen. Für die Kündigung des Schuldners genügt, sobald die bezeichneten Voraussetzungen des § 1228 Abs. 2 eingetreten sind, die Erklärung gegenüber dem Pfandgläubiger, während vor Eintritt der Fälligkeit der durch das Pfandrecht gesicherten Geldforderung die Kündigung des Schuldners, um wirksam zu sein, dem Pfandgläubiger und dem Gläubiger zu erklären ist[100]). Pfandgläubiger und Gläubiger können bezüglich der Kündigung andere Vereinbarungen treffen[101]), an die sich auch der Schuldner zu halten hat, wenn sie ihm bekannt sind. Bedarf der Gläubiger der Zustimmung des Pfandgläubigers zur Kündigung, so kann er von dem Pfandgläubiger diese Zustimmung — nötigenfalls auf dem Klageweg — verlangen, wenn die Einziehung der verpfändeten Forderung wegen Gefährdung ihrer Sicherheit nach den Regeln einer ordnungsmäßigen Vermögensverwaltung geboten ist[102]). —

Dem Pfandgläubiger kommt während des Bestehens des Pfandverhältnisses, insoweit er Sachbesitzer ist, **Besitzschutz** zu (s. § 17). Außerdem ist ihm als dinglich Berechtigten eine ähn-

---

[96]) § 1282 Abs. 1 BGB.

[97]) § 1288 Abs. 2 BGB. Mot. 3 S. 865, KProt. 3 S. 522.

[98]) § 1282 Abs. 1 BGB. Abweichende Vereinbarungen sind zulässig (§ 1284).

[99]) S. Ziff. 25.

[100]) § 1283 BGB. Mot. 3 S. 860, KProt. 3 S. 525.

[101]) § 1284 BGB.

[102]) § 1286 BGB. Mot. 3 S. 860, KProt. 3 S. 525.

liche Stellung eingeräumt wie dem Eigentümer. Wird das Recht des Pfandgläubigers durch Entziehung oder Vorenthaltung des Besitzes oder in anderer Weise beeinträchtigt, so kann der Pfandgläubiger auf Grund des ihm zustehenden Pfandrechts, vor oder nach Eintritt der Fälligkeit der durch das Pfandrecht gesicherten Forderung, in ähnlicher Weise Ansprüche geltend machen, wie sie dem Eigentümer bei Beeinträchtigung des Eigentums zustehen (s. § 27)[103]. Diese Ansprüche bestehen gegenüber dem Eigentümer und jedem Dritten, der das Recht des Pfandgläubigers beeinträchtigt.

Besondere Vorschriften bestehen für einzelne Fälle gesetzlicher Pfandrechte, so für das Pfandrecht des Vermieters in § 561, des Gastwirtes in § 704.

§ 83. Rechte des Verpfänders (Eigentümers, Gläubigers).

So lange das Pfand nicht durch den Pfandgläubiger zur Veräußerung gebracht ist, kann der Eigentümer insoweit darüber verfügen, als den Rechten des Pfandgläubigers kein Eintrag geschieht. Der Eigentümer kann das Pfand veräußern und weiter belasten, soweit eine Weiterbelastung ausführbar ist. Der Verpfänder ist mittelbarer Besitzer, kann auch Mitbesitzer sein, daher stehen ihm, wenn das Pfand eine Sache ist, die Befugnisse eines Sachbesitzers zu. Dem Verpfänder gegenüber bestehen die Verpflichtungen, welche durch das Gesetz dem Pfandgläubiger auferlegt sind; sie haben ihre Grundlage in dem Verpfändungsvertrage. Der Eigentümer, der nicht der Verpfänder ist, ist auf seine Eigentumsansprüche angewiesen. Da aber der Pfandgläubiger das Pfand als bewußter Besitzer einer fremden Sache inne hat, enthält jede Überschreitung der für das Verhältnis zu dem Verpfänder gezogenen Grenzen auch eine objektive Verletzung des Eigentums. Dabei kommt nichts darauf an, ob der Pfandgläubiger den Verpfänder für den Eigentümer hält oder nach dem Erwerbe des Pfandrechts den Rechtsmangel des Verpfänders erfahren hat. Von Bedeutung wird dieser Umstand nur insoweit, als es sich um die Frage handelt, ob eine mit Genehmigung des Verpfänders vorgenommene Verfügung über das Pfand ihm als Verschulden anzurechnen ist. Im übrigen haftet der Pfandgläubiger dem

---

[103]) § 1227 BGB. Mot. 3 S. 809, KProt. 3 S. 454. Der Pfandgläubiger hat demnach die Ansprüche auf Herausgabe des Pfandes, die Ansprüche wegen Beeinträchtigung des Pfandrechtes, auch die Ansprüche aus §§ 1005 ff. BGB. zum Schutze seines Rechtes.

Eigentümer, Verschulden vorausgesetzt, für Untergang, Verschlechterung und subjektives Unvermögen zur Rückgabe des Pfandes[1]).

Der Verpfänder kann — abgesehen von den Einwendungen gegen das dingliche Recht — auch wenn er nicht der persönliche Schuldner ist, dem Pfandgläubiger gegenüber die dem persönlichen Schuldner gegen die Forderung des Pfandgläubigers zustehenden Einreden — die Einrede der beschränkten Haftung des Erben ausgenommen — vorbringen, auch wie ein Bürge die Erfüllungsverweigerung geltend machen, so lange dem persönlichen Schuldner das Recht zusteht, das seiner Verbindlichkeit zu Grunde liegende Rechtsgeschäft anzufechten, und so lange sich der Pfandgläubiger durch Aufrechnung gegen eine fällige Forderung des persönlichen Schuldners befriedigen kann[2]). Der Verpfänder, der nicht der persönliche Schuldner ist, verliert eine Einrede nicht dadurch, daß der persönliche Schuldner auf sie verzichtet[3]); befriedigt er den Pfandgläubiger, so geht die Forderung mit dem Pfandrecht auf ihn über[4]).

Steht dem Pfandrecht eine Einrede entgegen, durch welche die Geltendmachung des Pfandrechts dauernd ausgeschlossen wird, so kann der Verpfänder sowohl wie der Eigentümer die Rückgabe des Pfandes verlangen, und dadurch das Pfandrecht zum Erlöschen bringen[5]).

Verletzt der Pfandgläubiger die Rechte des Verpfänders (z. B. durch unbefugte Benutzung des Pfandes) in erheblichem Maße und setzt er das verletzende Verhalten ungeachtet einer Ab-

---

Zu § 83.

[1]) Vergl. KProt. 3 S. 456. Bei dem Verkaufe des Pfandes gilt zu Gunsten des Pfandgläubigers der Verpfänder als der Eigentümer, es sei denn, daß der Pfandgläubiger weiß, daß der Verpfänder nicht der Eigentümer ist (§ 1248 BGB.). Grobfahrlässige Unkenntnis steht dem Wissen nicht gleich.

[2]) § 1211 BGB. Mot. 3 S. 804, KProt. 3 S. 445. Auch der Eigentümer kann die Einreden geltend machen, denn das Eigentum wird beeinträchtigt, wenn die Sache veräußert werden soll zu Gunsten einer Pfandforderung, gegen welche die Einreden bestehen. Vergl. Planck § 1211 Bem. 1a. Außer den Einreden (z. B. Stundungseinrede, Einrede der Vorausklage 2c.) können Verpfänder und Eigentümer auch geltend machen, daß die Pfandforderung nicht entstanden oder daß sie erloschen sei. Mit solchen Einwendungen wird das Bestehen des Pfandrechtes bestritten. — Die Verjährung des persönlichen Anspruchs hindert die Geltendmachung des Pfandrechtes nicht (§ 223 BGB.).

[3]) § 1211 Abs. 2 BGB.

[4]) § 1225 mit § 1250 BGB. Ist der Verpfänder der Eigentümer, so kommt § 1256 zur Anwendung. Ist der Verpfänder der persönliche Schuldner, so erlischt die Forderung. Mit dem völligen Erlöschen der Forderung erlischt auch das Pfandrecht (§ 1252).

[5]) § 1254 BGB. Mot. 3 S. 841, KProt. 3 S. 490.

mahnung des Verpfänders fort, so kann der Verpfänder verlangen, daß das Pfand auf Kosten des Pfandgläubigers hinterlegt, oder, wenn es sich nicht zur Hinterlegung eignet, an einen gerichtlich zu bestellenden Verwahrer abgeliefert werde[6]). Für die Bestellung des Verwahrers ist das Amtsgericht zuständig, in dessen Bezirk sich die Sache befindet. Vor der Bestellung sind die Beteiligten soweit tunlich zu hören[7]). Statt der Hinterlegung oder der Ablieferung an einen Verwahrer kann der Verpfänder die Rückgabe des Pfandes gegen Befriedigung[8]) des Gläubigers verlangen. Ist die Forderung unverzinslich und noch nicht fällig, so gebührt dem Pfandgläubiger nur die Summe, welche mit Hinzurechnung der gesetzlichen Zinsen für die Zeit von der Zahlung bis zur Fälligkeit dem Betrage der Forderung gleichkommt[9])[10]).

Ist an einem Rechte ein Pfandrecht bestellt und ist in der vorbezeichneten Weise die Ausübung des Pfandrechts einem Verwahrer übertragen, so ist dem Verpflichteten gegenüber, von dem kraft des verpfändeten Rechtes eine Leistung gefordert werden kann, die Übertragung erst wirksam, wenn er von der getroffenen Anordnung Kenntnis erlangt oder wenn ihm eine Mitteilung von der Anordnung zugestellt wird. Das Gleiche gilt von der Aufhebung der gerichtlichen Anordnung[11]).

Die Rückgabe des Pfandes gegen anderweitige Sicherheitsleistung kann der Verpfänder verlangen, wenn der Verderb des Pfandes oder eine wesentliche Minderung des Wertes zu besorgen ist. Es kommt dabei nicht darauf an, ob die Sicherheit des Pfandgläubigers gefährdet ist. Die Sicherheitsleistung durch Bürgen ist ausgeschlossen[12]).

Die Rückgabe des Pfandes gegen Befriedigung des Pfandgläubigers kann der Verpfänder verlangen, sobald der persönliche Schuldner zur Leistung berechtigt ist; die Befriedigung kann durch Hinterlegung oder durch Aufrechnung erfolgen[13]). Befriedigt

---

[6]) § 1217 BGB. Mot. 3 S. 811, KProt. 3 S. 454.

[7]) § 165 FGG.

[8]) Die Befriedigung kann auch durch Hinterlegung oder durch Aufrechnung erfolgen (§ 1224 BGB.).

[9]) § 1217 BGB. S. § 1133 BGB. § 72 Ziff. 20. — Die Ersatzansprüche des Verpfänders wegen Veränderungen oder Verschlechterungen des Pfandes verjähren in 6 Monaten. Die Verjährung beginnt mit dem Zeitpunkt, in welchem er die Sache zurückerhält. Mit der Verjährung des Anspruchs des Verpfänders auf Rückgabe des Pfandes verjähren auch die Ersatzansprüche (§ 1226 BGB.).

[10]) Über die Rechte des Eigentümers s. Ziff. 1, auch § 991 Abs. 2 BGB.

[11]) § 1275 mit § 1070 Abs. 2 BGB. Mot. 3 S. 853, KProt. 3 S. 518.

[12]) § 1218 BGB. Mot. 3 S. 812, KProt. 3 S. 457.

[13]) §§ 1223 Abs. 2, 1224 BGB. Mot. 3 S. 811, KProt. 3 S. 454. Die Rückgabe hat Zug um Zug gegen die Befriedigung zu erfolgen, jedoch bedarf es zur Begründung des Anspruchs auf Rückgabe des Erbietens zur Befriedigung. — Über das Befriedigungsrecht des Eigentümers s. § 81 Ziff. 10 ff.

der Verpfänder, der nicht der persönliche Schuldner ist, den Pfandgläubiger, so geht die Forderung auf ihn über. Der Übergang kann nicht zum Nachteile des Pfandgläubigers geltend gemacht werden, auch bleiben Einwendungen des Schuldners aus einem zwischen ihm und dem Verpfänder bestehenden Rechtsverhältnisse unberührt [14]) [15]).

§ 84. Endigung des Pfandrechts.

Das Pfandrecht erlischt

1. mit dem Eintritt der **Bedingung**, wenn die Bestellung unter einer auflösenden Bedingung vorgenommen worden ist [1]);

2. mit dem Eintritt des **Endtermins**, wenn für das Pfandrecht ein Endtermin bestimmt ist [2]);

3. mit dem **Untergange** des Pfandes. Das Pfandrecht erstreckt sich nicht ohne weiteres auf die dem Verpfänder aus der Zerstörung der Sache erwachsenden Ersatzansprüche oder auf eine aus einer Versicherung zustehende Forderung [3]). Das Pfandrecht an einer Forderung erlischt nicht dadurch, daß die verpfändete Forderung und die Verbindlichkeit in derselben Person sich vereinigen, der Gläubiger (Verpfänder) z. B. seinen Schuldner beerbt oder der Schuldner den Gläubiger [4]).

4. durch Erlöschen [5]) der **Forderung** [6]), für die das Pfandrecht besteht [7]). Ein Eigentümerpfandrecht an einer beweglichen

---

[14]) § 1225 BGB. Mot. 3 S. 816, KProt. 3 S. 462. Haften für die Forderung mehrere Pfänder, die von verschiedenen Verpfändern gestellt sind, so richtet sich die Haftung unter den Pfändern nach § 774 Abs. 2 mit § 426. Die entsprechende Anwendung dieser Bestimmungen dürfte dazu führen, nicht die Zahl der Pfänder oder der Verpfänder als maßgebend für die Ausgleichung anzunehmen, sondern den Wert der Pfänder. A. M. Planck § 1225 Bem. 1c, Biermann S. 448. — S. § 81 Anm. 8.

[15]) Der Verpfänder eines eingetragenen Schiffes kann gegen Befriedigung des Pfandgläubigers die Aushändigung der zur Löschung des Pfandrechts erforderlichen Urkunden verlangen. Das gleiche Recht steht dem persönlichen Schuldner zu, wenn er ein rechtliches Interesse an der Berichtigung des Schiffsregisters hat (§ 1267 BGB.).

Zu § 84.

[1]) §§ 158 ff. BGB.

[2]) § 163 BGB.

[3]) Vergl. KProt. 3 S. 451. Der Pfandgläubiger ist auf seine Ansprüche wegen Beeinträchtigung des Pfandrechts angewiesen (§ 1227 BGB.).

[4]) § 1223 Entw. I. KProt. 3 S. 536.

[5]) Dieses Erlöschen kann bewirkt werden durch auflösende Bedingung, Endtermin, Erfüllung, Aufrechnung, Hinterlegung, Erlaß 2c.

[6]) Einschließlich der Nebenansprüche, s. z. B. § 1210 Abs. 2 BGB.

[7]) § 1252 BGB. Mot. 3 S. 840, KProt. 3 S. 490. § 1252 ist nicht auf die vor dem 1. Jan. 1900 entstandenen Pfandrechte anwendbar.

Sache ist vom Gesetze nicht anerkannt. Nicht jede Befriedigung des Pfandgläubigers führt zum Erlöschen der Forderung. Bei Befriedigung durch den Verpfänder, der nicht der persönliche Schuldner ist, geht die Forderung auf den Verpfänder über, ebenso geht sie auf den Berechtigten über, der durch die Veräußerung des Pfandes ein Recht an dem Pfande verlieren würde[8]). Kommt der Grund, aus welchem die Forderung als erloschen anzusehen war, in Wegfall, weil z. B. das aufhebende Rechtsgeschäft anfechtbar oder auflösend bedingt ist oder der Aufhebungsgrund sonstwie nachträglich entkräftet wird, so muß sich aus den Vorschriften, in deren Folge der Aufhebungsgrund eine Schwächung erleidet, ergeben, was alsdann Rechtens ist[9]).

Das durch Rechtsgeschäft bestellte Pfandrecht erlischt auch infolge einer Schuldübernahme, sofern nicht der Eigentümer in die Schuldübernahme einwilligt[10])[11]).

5. durch Rückgabe des Pfandes. Das Pfandrecht erlischt, wenn der Pfandgläubiger die mit dem Pfandrechte belastete Sache oder das verpfändete Inhaberpapier oder die Sache, deren Übergabe zur Verpfändung des Rechts erforderlich war (z. B. Hypothekenbrief, Wechsel), dem Verpfänder oder dem Eigentümer aus freien Stücken oder auf Grund einer Verpflichtung, für immer oder nur zu einem vorübergehenden Gebrauche zurückgibt[12]). Es ist nicht der Fortbestand des Pfandrechts an den Fortbestand des Pfandbesitzes geknüpft, es bedarf vielmehr zum Eintritt des Erlöschens des Pfandrechtes einer Willenserklärung. Diese Willenserklärung braucht jedoch nicht auf das Erlöschen des Pfandrechtes, sondern nur auf die Rückgabe gerichtet zu sein, das Erlöschen des

---

RG 22 XI 1901 JW. 1902 S. 9. — Die Verjährung der Forderung führt nicht zum Erlöschen des Pfandrechts, sofern es sich nicht um Ansprüche auf Rückstände von Zinsen oder anderen wiederkehrenden Leistungen handelt (§ 223 BGB.).

[8]) §§ 1225, 1249 BGB. S. § 81 Ziff. 8 ff.

[9]) Mot. 3 S. 840. Vergl. z. B. §§ 142, 158 Abs. 2, 379 BGB.

[10]) § 418 BGB.

[11]) Bei dem Pfandrecht an einem eingetragenen Schiffe kann der Gläubiger, wenn er unbekannt ist, im Wege des Aufgebotsverfahrens mit seinem Pfandrecht ausgeschlossen werden, wenn die im § 1171 oder die im § 1170 für die Ausschließung eines Hypothekengläubigers bestimmten Voraussetzungen vorliegen. Mit der Erlassung des Ausschlußurteils erlischt das Pfandrecht. Die Vorschrift des § 1171 Abs. 3 findet Anwendung (§ 1269 BGB.). Besteht das Pfandrecht für die Forderung aus einer Schuldverschreibung auf den Inhaber, so ist die Ausschließung des Gläubigers mit seinem Rechte nach § 1170 nur zulässig, wenn die im § 801 bezeichnete Vorlegungsfrist verstrichen ist. Ist innerhalb der Frist die Schuldverschreibung vorgelegt oder der Anspruch aus der Urkunde gerichtlich geltend gemacht worden, so kann die Ausschließung erst erfolgen, wenn die Verjährung eingetreten ist (§ 1270 mit § 1188 BGB.).

[12]) § 1253 mit §§ 1293, 1278 BGB. Mot. 3 S. 839, 859, KProt. 3 S. 487, 521.

Pfandrechtes knüpft sich alsdann kraft Gesetzes an die Handlung der Rückgabe. Der Vorbehalt der Fortdauer des Pfandrechtes ist unwirksam[13]). Wie es unzulässig ist, daß ein Pfandrecht bestellt wird, während der Verpfänder im Alleinbesitze des Pfandgegenstandes verbleibt, so kann auch das Pfandrecht nicht fortbestehen, wenn das Pfand mit dem Willen des Pfandgläubigers in den Besitz des Verpfänders oder Eigentümers oder eines Vertreters des Verpfänders oder Eigentümers gelangt[14]).

Ist der Pfandgegenstand im Besitze des Verpfänders oder des Eigentümers, so wird bis zum Beweise des Gegenteils vermutet, daß das Pfand ihm von dem Pfandgläubiger zurückgegeben worden ist. Diese Vermutung gilt auch, wenn sich das Pfand im Besitze eines Dritten befindet, der den Besitz nach der Entstehung des Pfandrechts von dem Verpfänder oder Eigentümer erlangt hat[15]).

6. durch Erwerb des Eigentums der Pfandsache von Seite eines gutgläubigen Dritten (vergl. §§ 936, 945, 949, 950, 964, 974 BGB.)[16]).

7. durch rechtsgeschäftliche Aufhebung. Es genügt zur Aufhebung des Pfandrechtes die Erklärung des Pfandgläubigers gegenüber dem Verpfänder, Eigentümer, Gläubiger, daß er das Pfandrecht aufgebe. Ist die durch das Pfandrecht gesicherte Forderung mit dem Rechte eines Dritten belastet, so ist die Zustimmung des Dritten erforderlich. Diese Zustimmung ist demjenigen gegenüber zu erklären, zu dessen Gunsten sie erfolgt, sie ist unwiderruflich[17]). Durch den formlosen Verzicht des Pfandgläubigers erlischt das Pfandrecht auch, wenn es an einer Hypothek, Grundschuld oder Rentenschuld besteht. Die Löschung im Grundbuch erfolgt nur zum Zwecke der Berichtigung des Grundbuchs[18]).

8. durch Übertragung der durch das Pfandrecht gesicherten Forderung unter Ausschluß des Übergangs des Pfandrechts[19]). Das Pfandrecht erlischt, weil es ohne die Forderung nicht bestehen kann, gleichviel ob das Erlöschen des Pfandrechtes bei der Übertragung der Forderung gewollt war oder nicht.

---

[13]) Vergl. RG 18 III 1904 E. 57 S. 323 (Erlöschen des Pfändungspfandrechts durch die mit Einwilligung des Gläubigers erfolgte Wegnahme der Pfändungszeichen).

[14]) Vergl. Mot. 3 S. 839. In ähnlicher Weise erlischt das gesetzliche Pfandrecht des Vermieters (Gastwirts) mit dem Wegschaffen der Sache von dem Grundstück s. §§ 560, 561, 704 BGB.

[15]) § 1253 Abs. 2 BGB.

[16]) Für das Pfandrecht an einem eingetragenen Schiffe s. § 1262 BGB.

[17]) § 1255 mit § 1273 Abs. 2 BGB. Mot. 3 S. 838, 852, KProt. 3 S. 487, 517, 6 S. 245.

[18]) § 27 Abs. 2 GBO.

[19]) § 1250 Abs. 2 BGB. Ist die Forderung mit dem Rechte eines Dritten belastet, so ist (gemäß § 1255 Abs. 2) zur Ausschließung des Übergangs des Pfandrechts die Zustimmung des Dritten erforderlich

9. durch Zusammentreffen des Pfandrechtes mit dem Eigentum der Pfandsache oder mit dem belasteten Rechte[20]). Das Pfandrecht erlischt, wenn es mit dem Eigentum in derselben Person zusammentrifft oder wenn eine und dieselbe Person Pfandgläubiger und Inhaber des mit dem Pfandrechte belasteten Rechtes ist. So lange jedoch die Forderung, für welche das Pfandrecht besteht, mit dem Rechte eines Dritten belastet ist, tritt das Erlöschen des Pfandrechtes nicht ein. Fällt das Recht des Dritten nachträglich hinweg, so erlischt das Pfandrecht. Es gilt als nicht erloschen, soweit der Eigentümer oder Gläubiger ein rechtliches Interesse an dem Fortbestehen des Pfandrechtes hat (gegenüber nachstehenden Pfand- oder Nießbrauchrechten). Aus diesem Grunde darf ein Pfandrecht, das an einer Hypothek, Grundschuld oder Rentenschuld besteht, — außer den Fällen der Berichtigung des Grundbuchs — nur mit Zustimmung desjenigen gelöscht werden, dem die Hypothek, Grundschuld oder Rentenschuld zusteht[21]).

10. durch Veräußerung des Pfandes gemäß §§ 1242 Abs. 2, 1244 BGB., soweit nicht gemäß § 1247 BGB. der Erlös an die Stelle des Pfandes tritt.

In den Fällen 1, 2, 4, 7 und 8 hat der Pfandgläubiger das Pfand nach dem Erlöschen des Pfandrechts dem Verpfänder zurückzugeben[22]).

---

[20]) § 1256 mit § 1273 Abs. 2 BGB. Mot. 3 S. 842, KProt. 3 S. 492. Durch die Vereinigung der dem Pfandrecht unterliegenden Forderung mit der betreffenden Verbindlichkeit erlischt das Pfandrecht nicht. Vergl. KProt. 3 S. 536. — Über Pfändung der eigenen Schuld s. RGE. 57 S. 363.

[21]) § 27 Abs. 2 GBO.

[22]) § 1223 BGB.

Quellenregister.

Die Zahlen bedeuten die Seiten und die Anmerkungen. Die Hauptstellen sind durch Fettdruck kenntlich gemacht.

Bürgerliches Gesetzbuch.

Einführungsgesetz zum Bürgerlichen Gesetzbuch.

Grundbuchordnung.

Zivilprozeßordnung.

Gesetz über die Zwangsversteigerung und Zwangsverwaltung.

Sachregister.

Die Zahlen bedeuten die Seiten.

B.

L.

M.

N.

O.

P.

Q.

R.

T.

U.

V.

W.